Handbuch
Mergers & Acquisitions

SCHÄFFER
POESCHEL

Handbuch Mergers & Acquisitions

Planung, Durchführung, Integration

Herausgegeben von

Prof. Dr. Gerhard Picot

Verfaßt von

Dr. Helmut Bergmann (Freshfields Deringer)
Dr. Alexander Dibelius (Goldman Sachs & Co. OHG)
Dr. Stephan Eilers, LL.M. (Tax) (Freshfields Deringer)
Dr. Tomas Koch (McKinsey & Company Inc.)
*Heinrich Pack** (Mannesmann AG)
*Prof. Dr. Gerhard Picot** (Freshfields Deringer)
Prof. Peter Pribilla (Siemens AG)
*Dr. Frank Richter** (McKinsey & Company Inc.)
Dr. Rainer Zimmermann (BBDO Düsseldorf GmbH)

* Institute for Mergers & Acquisitions (IMA) der Privatuniversität Witten/Herdecke

2000
Schäffer-Poeschel Verlag Stuttgart

Die Deutsche Bibliothek – CIP-Einheitsaufnahme

Mergers & Acquisitions:
Planung, Durchführung, Integration /
hrsg. von Gerhard Picot. Verf. von Helmut Bergmann ...
– Stuttgart : Schäffer-Poeschel, 2000
ISBN 3-7910-1604-0

Gedruckt auf chlorfrei gebleichtem, säurefreiem und alterungsbeständigem Papier

www.schaeffer-poeschel.de
info@schaeffer-poeschel.de
Einbandgestaltung: Willy Löffelhardt
Satz: Johanna Boy, Brennberg
Druck und Bindung: Franz Spiegel Buch GmbH, Ulm
Printed in Germany

Schäffer-Poeschel Verlag Stuttgart
Ein Tochterunternehmen der Verlagsgruppe Handelsblatt

Vorwort

Zu Beginn des neuen Millenniums führen die Mergers & Acquisitions mit ihren rasant zunehmenden Transaktionszahlen und -volumina weiterhin zu radikalen Veränderungen der Unternehmenslandschaft. Manager und M&A-Berater reagieren auf die zunehmende Globalisierung, die neuen technischen Herausforderungen insbesondere in den Bereichen Information und Kommunikation sowie auf die Öffnung und Deregulierung vieler Märkte. Getrieben von der Shareholder-Value-Philosophie prägen sie ein neues wirtschaftliches, soziales und kulturelles Umfeld. Nur mit einem vertieften Verständnis der Erfolgsfaktoren können sie das Transaktionsmanagement verbessern und neue ökonomische Werte schaffen.

Entsprechend der komplexen Natur der betroffenen Unternehmen stellen sich dabei vielschichtige branchen- und fachübergreifende ökonomische, rechtliche, technische und soziale Aufgaben, die eng miteinander verzahnt sind. Zugleich beinhalten die Mergers & Acquisitions erhebliche verfahrensmäßige Besonderheiten aufgrund ihrer vielfältigen nationalen und internationalen Erscheinungsformen, insbesondere der

- Unternehmenskäufe und -verkäufe
- Unternehmenszusammenschlüsse
- Allianzen, Kooperationen und Joint Ventures
- Unternehmenssicherungen und -nachfolgen
- Management Buy-Out und Buy-In
- Börsengänge / IPO

bis hin zu den erforderlichen Umwandlungsmaßnahmen und Restrukturierungen.

Mergers & Acquisitions bedürfen daher einer ganzheitlichen und fachübergreifenden Betrachtung ihrer drei Phasen: der Planung, der Durchführung sowie der Integration bzw. Implementierung.

Erstmalig bietet dies Handbuch entsprechend dem Wissenschaftskonzept des ersten deutschen »Institute for Mergers & Acquisitions – IMA« an der Privaten Universität Witten/Herdecke eine solch ganzheitliche und interdisziplinäre Darstellung der Thematik. Besondere Übersichtlichkeit erhalten die Ausführungen dadurch, dass sie in Aufbau und Problemdarstellung dem üblichen Verlauf der Transaktionen folgen, von der Planung und Durchführung der Transaktionen bis hin zur Integration in der Postmergerphase. Sie streben danach, vor allem den Unternehmern, Managern, Investmentbankern, Wirtschaftsjuristen, Wirtschaftsprüfern, sonstigen M&A-Beratern sowie den Studierenden ein praxisorientiertes und fundiertes »Handbuch« für den Bereich der Mergers & Acquisitions zu bieten.

Mein besonderer Dank gilt meinen Mitautoren, den Herren Dr. Helmut Bergmann, Dr. Alexander Dibelius, Dr. Stephan Eilers, Dr. Tomas Koch, Heinrich Pack, Prof. Peter Pribilla, Dr. Frank Richter und Dr. Rainer Zimmermann, dafür, dass sie neben ihrer starken beruflichen Beanspruchung das Erscheinen dieses Handbuches möglich gemacht haben. Ebenso verbindlich danke ich Herrn Volker Dabelstein und Frau Claudia Dreiseitel vom Schäffer-Poeschel Verlag für die gute und effiziente Zusammenarbeit bei der Herausgabe dieses Handbuches; ferner meinen Kollegen Frank Edelkötter, Dr. Ulrich Temme, Dr. Thomas Schmuck und Dr. Elmar Schnitker sowie meinen Mitarbeiterinnen Frau Annette Afflerbach und Frau Katja Langhoff aus unserer Sozietät Freshfields Deringer, die mich bei der Herausgabe dieses Handbuches tatkräftig unterstützt haben.

Köln, im März 2000 Prof. Dr. Gerhard Picot

Inhaltsübersicht

C. Integration bzw. Implementierung der Mergers & Acquisitions

---

Hinweise auf weiterführende Literatur befinden sich am Ende der einzelnen Abschnitte dieses Handbuches.

Inhaltsverzeichnis

Abkürzungsverzeichnis

a. A.	anderer Ansicht
AbfG	Abfallbeseitigungsgesetz
ABl	Amtsblatt
ABlEG	Amtsblatt der Europäischen Gemeinschaften
AFG	Arbeitsförderungsgesetz
AG	Aktiengesellschaft: Die Aktiengesellschaft (Zeitschrift)
AktG	Aktiengesetz
Amtl. Slg.	Amtliche Sammlung
AnfG	Anfechtungsgesetz
Anm.	Anmerkung
AO	Abgabenordnung
AöR	Archiv des öffentlichen Rechts (Band, Seite), (Zeitschrift)
ArbG	Arbeitsgericht
ArbPlSchG	Arbeitsplatzschutzgesetz
Art.	Artikel
Aufl.	Auflage
AÜG	Arbeitnehmerüberlassungsgesetz
AZO	Arbeitszeitordnung; Allgemeine Zollordnung
BABl.	Bundesarbeitsblatt
BAG	Bundesarbeitsgericht
BAGE	Entscheidungen des Bundesarbeitsgerichtes
BB	Betriebs-Berater (Zeitschrift)
BetrAVG	Betriebsrentengesetz
BetrVG	Betriebsverfassungsgesetz
BeurkG	Beurkundungsgesetz
BfAI	Bundesstelle für Außenhandelsinformation
BFH	Bundesfinanzhof
BFHE	Entscheidungen des Bundesfinanzhofs (Band, Seite): Amtliche Sammlung
BGB	Bürgerliches Gesetzbuch
BGBl.	Bundesgesetzblatt
BGH	Bundesgerichtshof
BiRiLiG	Bilanzrichtlinien-Gesetz
BKartA	Bundeskartellamt
BMWi	Bundeswirtschaftsministerium
BPO(St)	Betriebsprüfungsordnung (Steuer)
BR-Drucks.	Bundesrats-Drucksache
BT-Drucks.	Bundestags-Drucksache
BStBl.	Bundessteuerblatt
BVerfG	Bundesverfassungsgericht
BVerwG	Bundesverwaltungsgericht

CCA	Comparative Company Approach
c. i. c.	culpa in contrahendo
DB	Der Betrieb (Zeitschrift)
DCF	Discounted Cash Flow
DStR	Deutsches Steuerrecht (Zeitschrift)
DStZ	Deutsche Steuerzeitung (Zeitschrift)
DStZ/E	Deutsche Steuerzeitung, Ausgabe E (Eildienst)
DVBl.	Deutsches Verwaltungsblatt
DVO (oder: DV)	Durchführungsverordnung
E	Entscheidung
EBITDA	Earnings before interests, taxes, depreciation and amortisation
ECLR	European Competition Law Review
EFG	Entscheidung der Finanzgerichte
EG	Einführungsgesetz; Europäische Gemeinschaft
EGKS-Vertrag	Vertrag über die Europäische Gemeinschaft für Kohl und Stahl (Montanunion)
EinfGRealStG	Einführungsgesetz zu den Realsteuergesetzen
ErbSt	Erbschaftsteuer
ErbStDV	Erbschaftsteuer-Durchführungsverordnung
ErbStG	Erbschaftsteuergesetz
ESt	Einkommensteuer
EStDV	Einkommensteuer-Durchführungsverordnung
EStG	Einkommensteuergesetz
EStR	Einkommensteuer-Richtlinien
EStRG	Einkommensteuerreformgesetz
EU	Europäische Union
EuGH	Gerichtshof der Europäischen Gemeinschaften
EuGHE	Entscheidungen des Gerichtshofs der Eropäischen Gemeinschaften
EuR	Europa-Recht (Zeitschrift)
EuZW	Europäische Zeitschrift für Wirtschaftsrecht
EWGV	Vertrag zur Gründung der Europäischen Wirtschaftsgemeinschaft
EWS	Europäisches Wirtschafts- & Steuerrecht (Zeitschrift)
EzA	Enscheidungssammlung zum Arbeitsrecht
F & E	Forschung und Entwicklung
FG	Finanzgericht
FGG	Gesetz über die Angelegenheiten der freiwilligen Gerichtsbarkeit
FGO	Finanzgerichtsordnung
FKVO	Fusionskontrollverordnung
Fn.	Fußnote
FR	Finanz-Rundschau (Zeitschrift)
FS	Festschrift
GBl.	Gesetzblatt
GEI	Gericht Erster Instanz der Europäischen Gemeinschaften
GenG	Genossenschaftsgesetz
GeschmG	Geschmacksmustergesetz

GesO	Gesamtvollstreckungsordnung
GewSt.	Gewerbesteuer
GewStDV	Gewerbesteuer-Durchführungsverordnung
GewStG	Gewerbesteuergesetz
GG	Grundgesetz
GmbH	Gesellschaft mit beschränkter Haftung
GmbHG	GmbH-Gesetz
GoB	Grundsätze ordungsmäßiger Buchführung
GrESt.	Grunderwerbsteuer
GrEStG	Grunderwerbsteuergesetz
GrSt.	Grundsteuer
GrStDV	Grundsteuer-Durchführungsverordnung
GVBl.	Gesetz- und Verordnungsblatt
GVO	Gruppenfreistellungsverordnung
GWB	Gesetz gegen Wettbewerbsbeschränkungen
HdB	Handbuch der Bilanzierung
HdR	Handbuch der Rechnungslegung
HFR	Höchstrichterliche Finanzrechtsprechung, Entscheidungs-Sammlung
HGB	Handelsgesetzbuch
h.M.	herrschende Meinung
HURB	Handwörterbuch unbestimmter Rechtsbegriffe im Bilanzrecht
INF	Die Information über Steuer und Wirtschaft (Zeitschrift)
InsO	Insolvenzordnung
InvBeschFöG	Investitions- und Beschäftigungsförderungsgesetz
IStR	Internationales Steuerrecht (Zeitschrift)
JbFfSt.	Jahrbuch der Fachanwälte für Steuerrecht
JR	Juristische Rundschau (Zeitschrift)
KAGG	Gesetz über Kapitalanlagegesellschaften
KapErhG	Gesetz über die Kapitalerhöhung aus Gesellschaftsmitteln und Verschmelzung von GmbHs
KapErhStG	Gesetz über steuerrechtliche Maßnahmen bei Erhöhung des Nennkapitals aus Gesellschaftsmittlen
KapSt.	Kapitalertragsteuer
KG	Kommanditgesellschaft; Kammergericht
KGJ	Jahrbuch für Entscheidungen des Kammergerichts
KK	Kölner Kommentar zum Aktiengesetz
KSchG	Kündigungsschutzgesetz
KSt.	Körperschaftsteuer
KStDV	Körperschaftsteuer-Durchführungsverordnung
KStG	Körperschaftsteuergesetz
KStR	Körperschaftsteuer-Richtlinien
KTS	Konkurs-, Treuhand- und Schiedsgerichtswesen (Zeitschrift)
KVStDV	Kapitalverkehrsteuer-Durchführungsverordnung
KVStG	Kapitalverkehrsteuergesetz

LAG	Landesarbeitsgericht: mit Orts- oder Ländername
LBO	Leveraged Buy-Out
LFG	Lohnfortzahlungsgesetz
LG	Landgericht
LKartB	Landeskartellbehörde
LOI	Letter of Intent
MBO	Management Buy-Out
MBI	Management Buy-In
MDR	Monatsschrift für Deutsches Recht
MitbG	Mitbestimmungsgesetz
MTV	Manteltarifvertrag
MuSchG	Gesetz zum Schutze der erwerbstätigen Mutter (Mutterschutzgesetz)
MwSt.	Mehrwertsteuer
NJW	Neue Juristische Wochenschrift (Zeitschrift)
NSt.	Neues Steuerrecht (Zeitschrift)
NWB	Neue Wirtschafts-Briefe
NZA	Neue Zeitschrift für Arbeitsrecht
OFD	Oberfinanzdirektion
OFH	Oberster Finanzgerichtshof
OLGE	Sammlung der Rechtsprechung der Oberlandesgerichte
OVGE	Sammlung der Entscheidungen der Oberverwaltungsgerichte
PatG	Patentgesetz
PersVG	Personalvertretungsgesetz
PSVaG	Pensions-Sicherungs-Verein
RAP	Rechnungsabgrenzungsposten
RdA	Recht der Arbeit (Zeitschrift)
Rdnr. oder Rn.	Randnummer
RefE UmwG	Referentenentwurf eines Gesetzes zur Bereinigung des Umwandlungsrechts vom 15. 04. 1992
RegBl.	Regierungsblatt
RegE	Regierungsentwurf
RGZ	Reichsgericht, Entscheidungen in Zivilsachen
RIW	Recht der Internationalen Wirtschaft
RsprGH	Sammlung der Rechtsprechung des Gerichtshofes der Europäischen Gemeinschaften
SAE	Sammlung arbeitsrechtlicher Entscheidungen
SchwbG	Schwerbehindertengesetz
SozplKonKG	Gesetz über den Sozialplan im Konkurs- und Vergleichsverfahren
StuW	Steuer und Wirtschaft (Zeitschrift)
SubvG	Subventionsgesetz
S&PA	Sale & Purchase Agreement

TreuhG	Treuhandgesetz
TVG	Tarifvertragsgesetz
UFCF	Unlevered Free Cash Flow
UmwG	Umwandlungsgesetz
UmwStG	Umwandlungs-Steuergesetz
VAG	Versicherungsaufsichtsgesetz
VerlG	Gesetz über das Verlagsrecht
VermG	Vermögensgesetz
vGA	verdeckte Gewinnausschüttung
VO	Verordnung
VwGO	Verwaltungsgerichtsordnung
WuW	Wirtschaft und Wettbewerb
WuW/E	Wirtschaft und Wettbewerb, Entscheidungssammlung
WZG	Warenzeichengesetz
z. B.	zum Beispiel
ZfA	Zeitschrift für Arbeitsrecht
ZGR	Zeitschrift für Unternehmens- und Gesellschaftsrecht
ZHR	Zeitschrift für das gesamte Handelsrecht und Wirtschaftsrecht
ZIP	Zeitschrift für Wirtschaftsrecht
ZKW	Zeitschrift für das gesamte Kreditwesen
ZTR	Zeitschrift für Tarifpolitik

A. Planung der Mergers & Acquisitions

I. Wirtschaftliche und wirtschaftsrechtliche Parameter bei der Planung von Mergers & Acquisitions*

1. Einführung

Am Anfang des 21. Jahrhunderts stehen unsere Gesellschaft und Wirtschaft vor völlig neuen Herausforderungen.

Die rasante technologische Entwicklung und die damit einhergehende weltweite digitale Vernetzung begründen einen Wandel zu transkontinentalen, globalen und grenzenlosen Unternehmens-, Wettbewerbs-, Produktions- und Kommunikations-Systemen.

Zahl und Volumina nationaler, internationaler und grenzüberschreitender Mergers & Acquisitions, »Königsdisziplin« des Investmentbankings und des Corporate Finance, steigen deshalb seit Jahren zu immer neuen Rekorden.

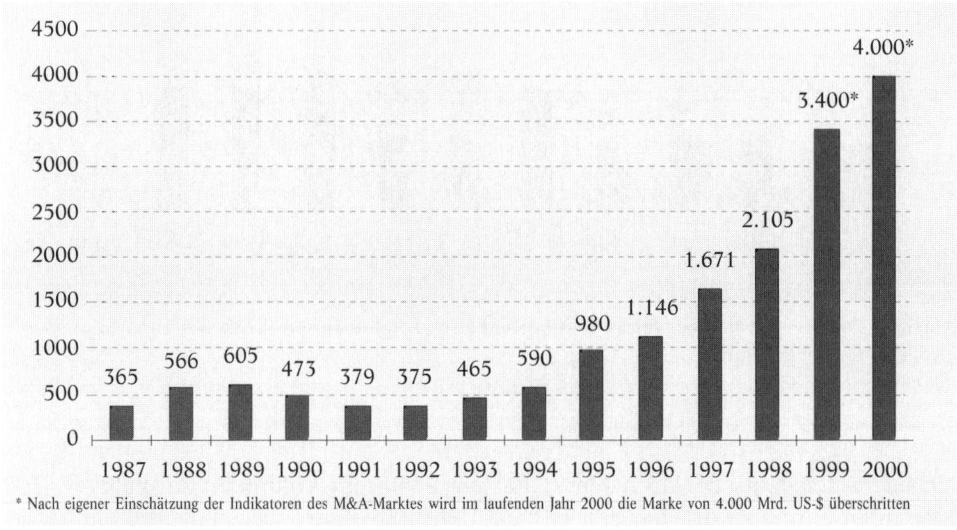

Abb. 1: Fusionswelle (Transaktionsvolumen weltweit in Mrd. US-$)
Quelle: Thomson Financial Securities Data

---

* Siehe dazu Gerhard Picot, Unternehmenskauf und Restrukturierung, Teil I; Gerhard Picot, Mergers & Acquisitions in Germany; Gerhard Picot/Land, Der internationale Unternehmenskauf, Der Betrieb 1998, S. 1600 ff.; Arnold Picot/Nordmeyer/Pribilla, Management von Acquisitionen.

Das weltweite M&A-Volumen erreichte im Jahre 1998 2.105 Mrd. US-$ und übersprang nach den Erhebungen des New Yorker Analyseunternehmens Securities Data auch 1999 mit 3.400 Mrd. US-$ wieder eine neue Rekordmarke.

Indizien der zunehmenden Globalisierung, Technisierung, insbesondere Informationstechnologie und Öffnung neuer Märkte sowie der damit einhergehenden Konzentrationen sprechen dafür, dass im laufenden Jahr 2000 die Marke von 4.000 Mrd. US-$ nicht unerheblich überschritten wird.

Das gesamte europäische M&A-Marktvolumen betrug im Jahre 1999 ca. 1.200 Mrd. Euro. Dabei wurden bei der Europäischen Kommission 270 Fälle von Fusionen und Akquisitionen angezeigt.

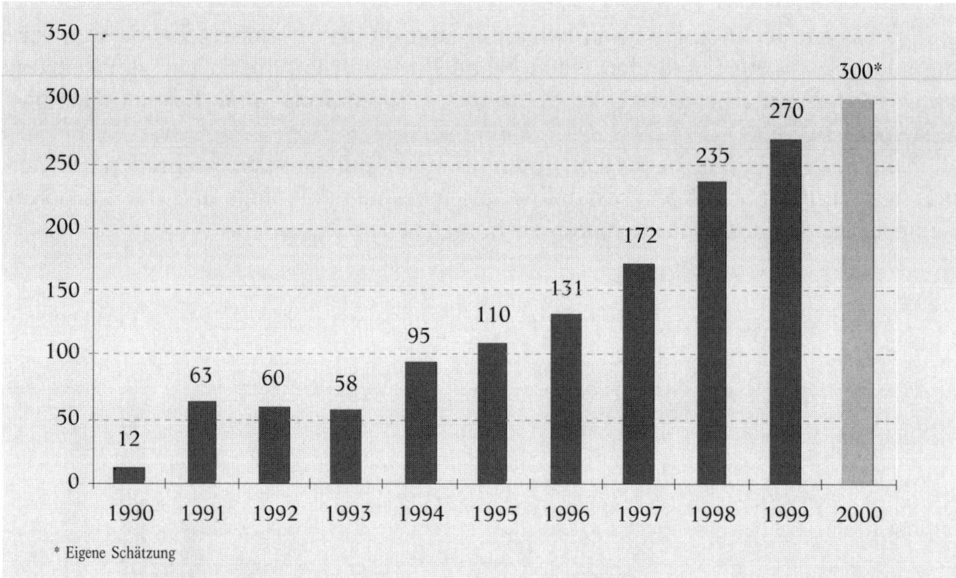

Abb. 2: Fusionen und Akquisitionen in Europa (angezeigte Fälle in Brüssel)
Quelle: EU-Kommission

Nachdem der deutsche M&A-Markt im Jahr 1998 ein Volumen von mehr als 200 Milliarden Euro aufwies, war er 1999 mit 194,5 Mrd. Euro wegen des zum Jahresbeginn 1999 eingetretenen Wegfalls der steuerlichen Begünstigung von Veräußerungsgewinnen nach Erhebungen der M&A International GmbH leicht rückläufig.

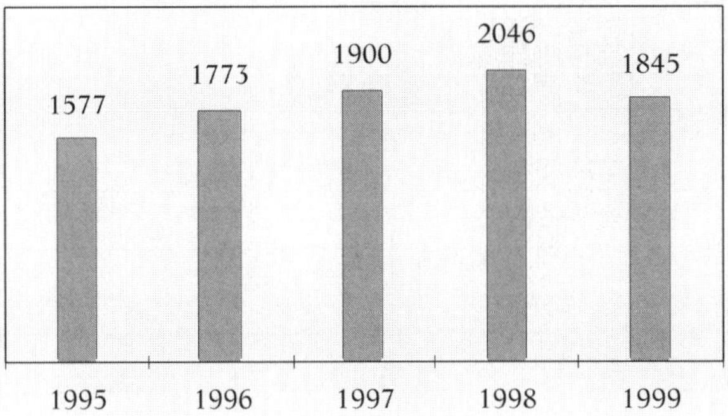

Abb. 3: Fusionen und Akquisitionen in Deutschland (Zahl der Transaktionen)
Quelle: M&A International GmbH, Handelsblatt vom 19.01.2000, Seite 16

Der deutsche Markt machte damit 1999 etwa 16% des gesamten europäischen Marktvolumens von ca. 1.200 Mrd. Euro aus.

Ebenso ging die Zahl der Transaktionen mehrheitlicher Firmenübernahmen mit deutscher Beteiligung gegenüber 2.046 im Jahre 1998 leicht auf 1.845 im Jahre 1999 zurück.

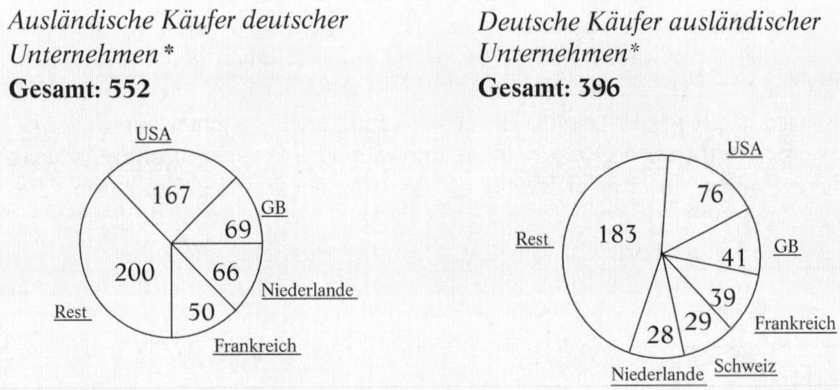

Abb. 4: M&A-Markt in Deutschland
Quelle: Handelsblatt-Grafik vom 19.01.2000, Seite 16

Nachfolgend werden die 20 größten internationalen Unternehmensübernahmen der Jahre 1996 bis 2000 in einer Übersicht zusammengestellt.

Rang	Käufer	Kaufobjekt	Branche	Jahr	Wert*)	
1	Vodafone Group (GB)	Mannesmann (D)	Telekommunikation	2000	400,0	
2	AOL (USA)	Time Warner (USA)	Internet/Medien	2000	331,7	Angebot
3	Pfizer (USA)	Warner-Lambert (USA)	Pharma	2000	173,0	
4	MCI Worldcom (USA)	Sprint (USA)	Telekommunikation	1999	231,2	
5	Exxon (USA)	Mobil (USA)	Öl	1998	150,9	
6	Travelers (Citigroup) (USA)	Citicorp (USA)	Banken	1998	144,7	
7	SBC Communications (USA)	Ameritech (USA)	Telekommunikation	1998	124,6	
8	Vodafone Group (GB)	Air Touch (USA)	Telekommunikation	1999	124,6	
9	NationsBank (USA)	Bank America (USA)	Banken	1998	120,6	
10	AT&T (USA)	MediaOne (USA)	Telekom./Kabel-TV	1999	116,6	
11	AT&T (USA)	Tele-Communications (USA)	Telekommunikation	1998	110,6	
12	Total Fina (F)	Elf Aquitaine (F)	Mineralöl	1999	106,5	
13	Bell Atlantic (USA)	GTE (USA)	Telekommunikation	1998	106,5	
14	Qwest (USA)	US West (USA)	Telekommunikation	1999	98,5	
15	BP (GB)	Amoco (USA)	Öl	1998	98,5	
16	Viacom (USA)	CBS (USA)	Medien	1999	74,4	
17	Global-Crossing (Bermuda)	US West (USA)	Telekommunikation	1999	74,4	
18	MCI Worldcom (USA)	MCI Communications (USA)	Telekommunikation	1997	74,4	
19	Zürich Versich. (CH)	BAT (GB)	Tabak/Finanz	1997	71,1	
20	Sandoz (Novartis) (CH)	Ciba-Geigy (CH)	Pharma	1996	72,4	

* in Milliarden DM; Umrechnungskurs Dollar 2,01, Engl. Pfund 3,23, Franz. Franc 0,3.

Abb. 5: Die 20 großen Unternehmens-Übernahmen
Quelle: FAZ-Archiv, FAZ vom 05.02.2000, S. 18

Insbesondere in den Branchen Automobilindustrie, Investitionsgüterindustrie, Chemie- und Pharma-Industrie, Energieversorgung, Banken und Versicherungen sowie der Information, Kommunikation und High-Tech und nicht zuletzt auch im Transportwesen wird sich die Unternehmenslandschaft weiterhin durch Mergers & Acquisitions nachhaltig verändern. Da neben der Geschwindigkeit der Markterschließung vor allem auch die Größe für den wirtschaftlichen Erfolg der Unternehmen entscheidend ist, plant etwa jedes zweite Unternehmen dieser Branchen zur Zeit die Übernahme eines Wettbewerbers oder einen Unternehmenszusammenschluss. Zusätzliche Stimulanz erfährt der Markt durch die Venture-Capital-Gesellschaften, die auch Unternehmensgründern mit großen kreativen Ideen und kleinem Budget bei erheblicher Gewinnphantasie und Risikobereitschaft das notwendige Kapital zur Verfügung stellen, um ihnen den Durchbruch zu ermöglichen. Renommierunternehmen wie Yahoo, Microsoft, Intel, Apple, Sun Microsystems, Intershop oder MobilCom begannen ihre Erfolgsstory vor dem Börsengang unter Zuhilfenahme von VC-Finanzierungen (siehe Abb. 6).

Angesichts der enormen wirtschaftlichen Bedeutung der zunehmenden Transaktionszahlen und -volumina ist zu beklagen, dass mehr als 50% sämtlicher Transaktionen für die Anteilseigner nicht den gewünschten Wertzuwachs und Renditeerfolg mit sich bringen. Einhellig belegen dies die Erfolgsstudien namhafter internationaler Management-Beratungsgesellschaften, wie z.B. diejenige von A.T. Kearney aus dem Jahre 1998 (siehe Abb. 7).

Nach einer neuen Untersuchung aller internationalen Transaktionen der börsennotierten Gesellschaften mit einem Volumen von über 500 Millionen US-Dollar in

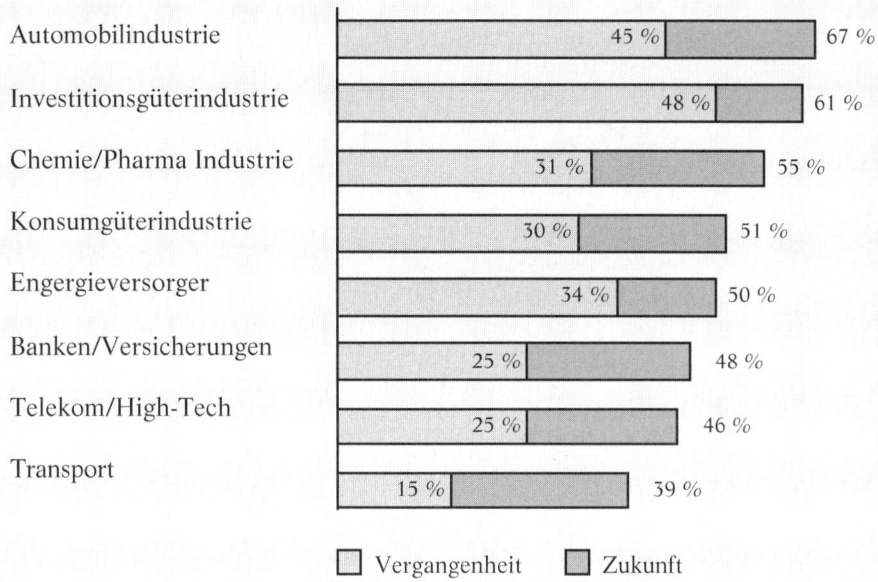

Abb. 6: % der Unternehmen, die M&A geplant haben und heute planen
Quelle: A. T. Kearney PMI Survey 1998

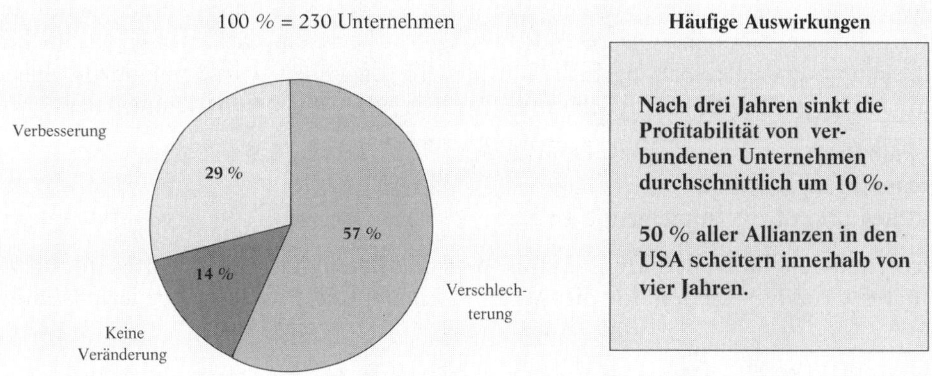

Abb. 7: Veränderung der Profitabilität nach der Transaktion
Quelle: A. T. Kearney Global PMI Survey 1998

der Zeit zwischen Januar 1996 und September 1998 gelangte McKinsey zwar zu einem etwas erfreulicheren Ergebnis. Nach dieser Studie war aus der Sicht des Unternehmenskäufers jeder zweite Unternehmenszusammenschluss bzw. -übernahme erfolgreich und für die Verkäufer waren sogar 90% der Transaktionen profitabel. Von den Unternehmen, die durch Übernahmen Werte schufen, waren 92% im eigenen Kerngeschäft leistungsstark.[1]

Gleichwohl sind die Manager und ihre M&A-Berater insgesamt nicht nur aufgefordert, die Erfolgsfaktoren der Transaktionen genauer zu erkennen. Vielmehr sind sie in besonderem Maße dazu aufgerufen, auf der Grundlage ihrer Branchenexpertise mit Hilfe kreativer Transaktionsstrategien und Finanzierungen die Schaffung neuer ökonomischer Werte zu optimieren und gleichzeitig ihrer ethischen und sozialen Verantwortung gerecht zu werden. Aufgrund des zunehmenden Umfanges der Transaktionen werden sie zukünftig verstärkt das Klischee zu widerlegen haben, das der ehemalige Bundeskanzler Helmut Schmidt wie folgt beschrieben hat: »Die wahren Motive für die Mega-Fusionen sind häufig nicht ökonomische Notwendigkeiten, sondern Großmannssucht und Habgier der Manager.«

Entsprechend der komplexen Natur der betroffenen Unternehmen als Sach- und Rechtsgesamtheiten stellen sich bei den Transaktionen regelmäßig vielschichtige fach- und branchenübergreifende Aufgaben. Dabei sind die relevanten betriebswirtschaftlichen Faktoren und die eng mit ihnen verzahnten wirtschaftsrechtlichen, technischen und sozialen Parameter zu definieren und in die Akquisitionsplanung einzubeziehen. Daneben sind auch die verfahrensmäßigen Besonderheiten zu beachten, die sich aus den vielfältigen Erscheinungsformen nationaler und internationaler Mergers & Acquisitions ergeben, von den Unternehmenszusammenschlüssen, Unternehmenskäufen und -verkäufen, Allianzen, Kooperationen und Joint Ventures bis hin zu den Integrations-, Umwandlungs- und Restrukturierungsmaßnahmen.

Die Transaktionserfolge werden sich nur dann nachhaltig optimieren lassen, wenn die Fusionspartner nach modernen Kapitalmarkterfordernissen ausgesucht und zusammengeführt werden und die Manager und ihre Berater das Transaktionsmanagement erheblich verbessern. Sie müssen den Bereich der Mergers & Acquisitions als eigenes, auf internationalem Know-how basierendes Fachgebiet begreifen, das einer ganzheitlichen Betrachtung und Handhabung bedarf. In der Vergangenheit wurde nur unzureichend berücksichtigt, dass dies bezüglich sämtlicher drei M&A-Phasen gilt, nämlich der

- Planung,
- Durchführung und
- Integration bzw. Implementierung.

Ferner müssen die an den Transaktionsprozessen Beteiligten ein vertieftes interdisziplinäres Grundverständnis für die Aspekte, Inhalte und Probleme der jeweils ande-

---

1 Siehe dazu Richter, »Planen und analysieren«, Wirtschaftswoche Nr. 6 / 03.02.2000. Eine Übersicht über die Studien betreffend die Akquisitionserfolge findet sich bei Jansen, Mergers & Acquisitions – Unternehmensakquisitionen und -kooperationen, 2. Auflage, 1999, S. 213 ff.

ren Fachbereiche aufbringen, um sich gegenseitig besser verständigen und die Effizienz der Transaktionen steigern zu können. Bei internationalen Transaktionen kommt die Notwendigkeit hinzu, die fachspezifischen Inhalte und Besonderheiten in allen Facetten in der jeweiligen, meistens englischen Verhandlungssprache kommunizieren zu können. Nur auf der Basis einer gemeinsamen Fachsprache – sozusagen einer gemeinsamen »Transaktionssprache« – ist eine enge und optimale Zusammenarbeit der verschiedenen Fachleute möglich.

Dies gilt zum Beispiel für die Kaufleute, Investmentbanker, Wirtschaftsprüfer, Techniker und anderen M&A-Berater, die in Kenntnis der grundlegenden wirtschaftsrechtlichen Zusammenhänge besser in der Lage sind, die wirtschaftlichen Chancen und Risiken z.B. in der Due Diligence, bei der Unternehmensbewertung und im Hinblick auf etwa notwendige Restrukturierungsmaßnahmen einzuschätzen. Gleiches gilt aber auch umgekehrt zum Beispiel für die Wirtschaftsjuristen, die nur mit einem soliden betriebswirtschaftlichen Basiswissen und einem gewissen technischen Verständnis in der Lage sind, die wirtschaftlichen Zielvorstellungen und Konzepte der Vertragspartner in schlüssige Vertragswerke zu gießen.

Bislang vertritt in Deutschland nur das »Institute for Mergers & Acquisitions – IMA« der Privaten Universität Witten/Herdecke (UWH) ein ganzheitliches und interdisziplinäres Wissenschaftskonzept entsprechend diesem gedanklichen Ansatz. Das Konzept basiert auf der bisher fast ausschließlich im anglo-amerikanischen Raum vertretenen Erkenntnis, dass sich die Optimierungspotenziale für die Transaktionen und das bei M&A-Fachleuten gebündelte Know-how angesichts der immer schneller werdenden Entwicklungsprozesse nur mit einem vertieften wissenschaftlichen Ansatz und Fundament werden erkennen und realisieren lassen. Die in der Praxis gewonnenen Erfahrungswerte müssen dabei systematisiert, strukturiert und erforscht werden, um anhand der empirischen Grundlagen kreative Wissenschaftsmodelle zur Verbesserung der Transaktionserfolge entwickeln zu können.

Neben der wissenschaftlichen Forschung ist aber in besonderem Maße auch die Lehre gefordert. In der Praxis wird nämlich dringend eine Vielzahl hochqualifizierter M&A-Fachleute für vielfältige Management- und Beratungsaufgaben benötigt. Sie alle müssen fachübergreifend theoretisch und praktisch an die transaktionsspezifischen Aufgaben und Fragestellungen herangeführt werden. Einschlägige Fachkenntnisse benötigen ferner die mittelständischen Unternehmer, wenn sie die von ihnen aufgebauten Unternehmen mit all ihrer persönlichen Befindlichkeit und Betroffenheit verkaufen oder an die Börse bringen wollen. Zur Erlangung der Fachkenntnisse muss ein möglichst interdisziplinäres und transaktionsbezogenes Lehr- und Weiterbildungsprogramm unter Einbeziehung der praktischen Erfahrungen angeboten werden. Zugleich muss den Studierenden die notwendige soziale Verantwortlichkeit und Kompetenz vermittelt werden. Insbesondere müssen sie lernen, auch schwierige Transaktionen mit Kreativität und diplomatischem Geschick unter Einsatz ihrer Persönlichkeit und ihrer persönlichen Vertrauenswürdigkeit zum Erfolg zu führen.

Es wäre zu begrüßen, wenn auch andere deutsche Universitäten und Hochschulen dem Beispiel der UWH folgen würden, ihr traditionelles Wissenschaftsverständnis fortzuentwickeln und dem internationalen Wettbewerb anzupassen. Denn aufgrund der großen wirtschaftlichen Bedeutung der Transaktionen ergibt sich auch hierzulande entsprechend dem Prinzip »Combining local strength with international skills« die dringende Notwendigkeit, unter Berücksichtigung der internationalen Standards eine eigenständige nationale Transaktionskultur herauszubilden.[2]

2. Fusionitis oder neue Managementstrategie

Angesichts der enormen wirtschaftlichen Bedeutung der Transaktionszahlen und -volumina ist es außerordentlich alarmierend, dass etwa die Hälfte sämtlicher Transaktionen für die Anteilseigner nicht den gewünschten Wertzuwachs und Renditeerfolg mit sich bringt.

Stark gefährdet sind vor allem solche Transaktionen, die auf rein finanziellen Überlegungen oder vermeintlich einmaligen Gelegenheiten beruhen. Wie die genannte Studie von McKinsey belegt, weisen diejenigen Transaktionen von Unternehmen eine höhere Erfolgswahrscheinlichkeit auf, bei denen vor der Akquisition eine hohe Leistungsfähigkeit in demselben Kerngeschäft vorhanden war und die den Zusammenschluss branchenverwandter Unternehmen betreffen.

Viele Unternehmen haben in den letzten Jahren ihre internen Optimierungsressourcen durch Umstrukturierungen, flexible Ablaufprozesse und moderne Informationssysteme weitgehend ausgeschöpft. Manager, die dem Wunsch der Unternehmenseigner und Aktionäre nach einer raschen Wertsteigerung des Unternehmens bzw. des Shareholder Value entsprechen möchten, stehen daher vor der Entscheidung: Wollen sie weitere Wachstumspotenziale durch eigene zeit- und kräftezehrende Unternehmens- und Produktentwicklungen erreichen; oder wollen sie dem zeitsparenden Zukauf oder dem Zusammenschluss mit branchengleichen oder -verwandten Unternehmen den Vorzug geben, wie dies im Fall DaimlerChrysler geschehen ist.

Entscheiden sich die Manager für einen Unternehmenszukauf oder einen Zusammenschluss, ist es verfehlt, ihnen pauschal »Fusionitis« bzw. krankhafte Fusionseuphorie vorzuwerfen. Die Herausforderung der Zukunft liegt vielmehr darin zu verstehen, dass die Erfolgsfaktoren der Mergers & Acquisitions erst allmählich praktisch und wissenschaftlich erkannt und durchdrungen werden. Die Unternehmen und ihre internen und externen M&A-Fachleute müssen ihre Beratungsinstrumente und ihr Fachwissen verbessern, ihre Erfahrungen bündeln und ihr Know-how fortentwickeln. Nur so können sie zukünftig die wirtschaftlichen Risiken, die mit jeder Transaktion als unternehmerischem Handeln verbunden sind, möglichst präzise einschätzen und beherrschen.

Zu diesem Zwecke können sie sich einerseits bei der Suche nach geeigneten Transaktions-Partnern und der Entwicklung kreativer Finanzierungsmodelle des Know-hows namhafter Investment-Berater bedienen.

---

2 Siehe dazu Gerhard Picot, Wirtschaftsrechtliche Parameter des Akquisitionsmanagements, in: Arnold Picot/Nordmeyer/Pribilla, Management von Akquisitionen, S. 121 ff.

Nach Transaktionsvolumen	Wert Mrd. $	Anzahl Deals	nach Zahl der Fälle	Anzahl Deals	Wert Mrd. $
Goldman Sachs	1.278,6	446	KPMG	509	21,1
M. Stanley Dean Witter	1.131,3	415	M. Stanley Dean Witter	446	1.131,3
Merrill Lynch	1.026,0	376	Goldman Sachs	415	1.278,6
Credit Suisse First Boston	526,9	327	Merrill Lynch	376	1.026,0
J.P. Morgan	514,6	240	Credit Suisse First Boston	327	526,9
Warburg Dillon Read	489,2	278	Donaldson, Luftkin & Jenr.	309	268,1
Salomon Smith Barney	455,6	275	Pricewaterhouse Coopers	300	15,2
Lazard Houses	375,0	164	Warburg Dillon Read	278	489,2
Lehman Brothers	310,8	193	Salomon Smith Barney	275	455,6
Deutsche Bank	290,9	223	J.P. Morgan	240	514,6

Abb. 8: Investment-Berater 1999
Quelle: Thomson Financial Securities Data

Desweiteren können sie mit der Planung, Durchführung und Integration auch nationale und internationale Anwaltskanzleien beauftragen.

99	(98)	Law Firm *	Zahl der Deals	Volumen (£ Mrd.)
1	(1)	Freshfields Deringer	113	302.4
2	(2)	Linklaters	112	285.2
3	(7)	Sullivan & Cromwell	14	220.1
4	(5)	Skadden Arps Slate Meagher & Flom	29	180.2
5	(15)	Norton Rose	55	132.4
6	(3)	Cleary Gottlieb Steen & Hamilton	14	106.7
7	(9)	Clifford Chance	92	104.5
8	(4)	Slaughter & May	83	102.3
9	(14)	Herbert Smith	45	98.4
10	(13)	Simpson Thacher Bartlett	26	97.5

* Die Anwaltsfirmen sind mit den Transaktionsvolumina aller bekannt gegebenen europäischen M&A-Transaktionen aufgeführt, bei denen sie den Bieter oder das Target-Unternehmen in wesentlichem Umfang beraten haben.

Abb. 9: Die 10 größten M&A-Law Firms in Europa 1999
Quelle: Financial News, 3.-9. Januar 2000

Gleiches gilt hinsichtlich der Beauftragung nationaler und internationaler Unternehmensberatungen, Wirtschaftsprüfungs-Gesellschaften oder Werbeagenturen.

	Umsatz (in Milliarden Dollar)	Beschäftigte
Andersen Consulting	8,31	65.134
PricewaterhouseCoopers	6,00	46.500
Ernst & Young International	3,97	19.050
Computer Sciences	3,50	k.A
Deloitte Consulting / DTT	3,24	19.560
KPMG	3,00	15.240
McKinsey & Company	2,50	k.A
Mercer Consulting Group	1,54	11.034
Arthur Andersen	1,37	9.196
A.T. Kearney	1,23	4.646

Abb. 10: Die größten Unternehmensberatungen der Welt
Quelle: Management Consultant International (Juni 1999)

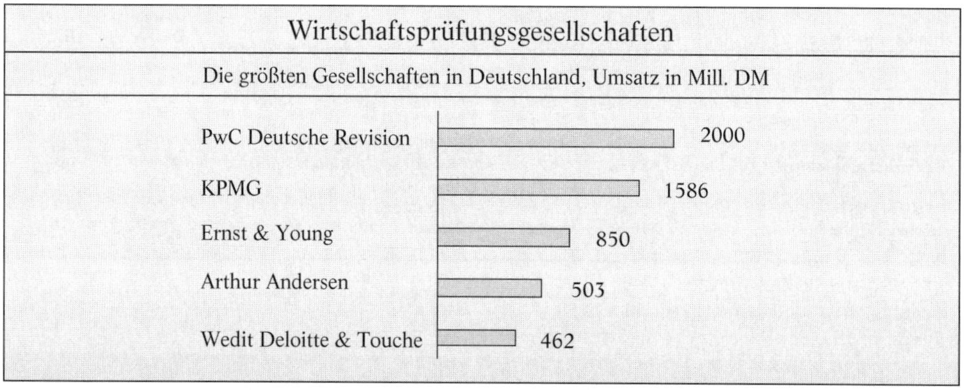

Abb. 11: Wirtschaftsprüfer
Quelle: Uni Mainz (siehe auch: Lenz, Die Wirtschaftsprüfung 1999, S. 540 f.)

Die größten deutschen Werbeagenturen						
Rang 1999	Agentur(-gruppe)	Hauptsitz	Bruttoumsatz in Mill. DM 1999	1998	Veränderung in %	Betreutes Werbevolumen in Mill. DM
1	BBDO Gruppe Deutschland	Düsseldorf	455,24	384,07	18,53	3.036,4
2	Grey Gruppe	Düsseldorf	225,29	200,97	12,10	1.502,7
3	Publicis Gruppe Deutschland	Düsseldorf	220,54	188,49	17,00	1.471,0
4	Young & Rubicam	Frankfurt	149,79	136,28	9,91	999,1
5	Ogilvy & Mather Gruppe	Frankfurt	147,54	127,58	15,64	984,1
6	McCann-Erickson Gruppe	Frankfurt	125,11	112,33	11,37	834,5
7	Scholz & Friends Group	Hamburg	123,22	103,32	19,26	821,9
8	Springer & Jacoby	Hamburg	122,76	108,65	12,99	818,8
9	J. Walter Thompson	Frankfurt	107,33	96,76	10,92	715,9
10	FCB Deutschland	Hamburg	102,80	42,00	144,76	685,7

Abb. 12: Die größten deutschen Werbeagenturen
Quelle: Horizont

Zusätzlich müssen die Unternehmen darauf reagieren, dass komplexe Transaktionen erheblich darunter leiden, wenn die aus Investmentberatern, Anwaltskanzleien, Wirtschaftsprüfern, Kaufleuten, Technikern, Sicherheitsfachleuten, Umweltberatern und anderen Consultants zusammengesetzten M&A-Teams angesichts ihrer einseitigen Fachverständnisse keine gemeinsame Sprache sprechen. Ganz zu schweigen von der Schwierigkeit, die notwendigen fachspezifischen Inhalte in allen Facetten in der inzwischen international üblichen englischen Verhandlungssprache zu kommunizieren. Bei grenzüberschreitenden internationalen Deals ist es zudem erforderlich, dass die Projektteams aus Vertretern der jeweiligen Nationalitäten und Kulturen zusammengesetzt werden, um die unterschiedlichen Unternehmens- und Belegschaftsinteressen schneller erkennen und darauf reagieren zu können.

All dies macht es erforderlich, vor dem Hintergrund der langjährigen internationalen und insbesondere anglo-amerikanischen Transaktions-Erfahrungen und -Gepflogenheiten auch in Deutschland eine eigene M&A-Kultur zu entwickeln. Dies ist einer der Gründe dafür, dass die großen, global tätigen Investmentbanken und Beratungsunternehmen dem deutschen M&A-Nachwuchs in diesem attraktiven Geschäftsbereich des Investmentbankings und des Corporate Finance hervorragende Chancen und Aussichten bieten können.

Auch in Deutschland ist es allerdings wünschenswert, dass nicht nur die genannten Institutionen ihre Beratungskompetenz mit erheblichem Aufwand verbessern. Vielmehr sollten die deutschen Universitäten und Hochschulen dem Vorbild der Privaten Universität Witten/Herdecke folgen, die als erste Universität in Deutschland mit ihrem »Institute for Mergers & Acquisitions – IMA« ihren Absolventen und bald auch Managern mit einem interdisziplinären betriebswirtschaftlichen und wirtschaftsrechtlichen Ansatz eine übergreifende, praxisorientierte Fachausbildung anbietet.[3]

Die Manager und ihre Berater müssen in die Lage versetzt werden, bereits im Vorfeld der Transaktionen so genau wie möglich zu prüfen und zu analysieren, ob und inwieweit die Unternehmen mit all ihren Rahmenbedingungen und Kulturen zueinander passen. Hierzu gehört auch die Frage, welche Schritte erforderlich sind, um das unternehmerische Gelingen der Transaktion in allen ihren Phasen unter möglichst weitgehender Berücksichtigung der Arbeitnehmerinteressen und Produktionsstandorte sicherzustellen. Dies reicht von der Planungs-Phase, d.h. den bloßen Vorüberlegungen für den Entscheidungsprozess der Transaktion, über die Durchführungs-Phase, d.h. die sorgfältige Unternehmensprüfung (Due Diligence), die Unternehmensbewertung sowie die Verhandlung und Gestaltung des Transaktionsvertrages, bis hin zur Integrations- bzw. Implementierungs-Phase.

Insgesamt gibt der dargestellte Sachverhalt Anlass zu der Frage, wie in Zukunft das Management der Mergers & Acquisitions, d.h. der Unternehmenszusammenschlüsse, der Unternehmenskäufe bzw. -verkäufe, Restrukturierungen, Unternehmenssicherungen und der Allianzen, Kooperationen und Joint Ventures sowie der Börsengänge bzw. IPOs optimiert sowie die Suche und Zusammenführung der Fusionspartner nach modernen Kapitalmarkterfordernissen verbessert werden kann, um zu einer nachhaltigen Verbesserung der Erfolgsquote zu gelangen.

Dabei ergeben sich folgende grundsätzliche Aspekte zur Optimierung der Erfolgsquote von Transaktionen[4]:

- Ganzheitliche Betrachtung der Planung, Durchführung und Implementierung bzw. Integration in jeder Transaktionsphase.
- Interdisziplinäres Grundverständnis für die Aspekte und Probleme der jeweils anderen Fachbereiche.

3 Siehe Leendertse, Wirtschaftswoche Nr. 4 / 20.01.2000, Seite 122 f.
4 Siehe dazu Müller-Stewens, Akquisitionen und der Markt für Unternehmenskontrolle: Entwicklungstendenzen und Erfolgsfaktoren, in: Arnold Picot/Nordmeyer/Pribilla, Management von Akquisitionen, S. 41 ff.

- Exakte Ermittlung der Entscheidungsgrundlagen und Visionen.
- Minimierung von Risiken im Portfolio sowie realistische Ein-(und nicht Über-)schätzung der Synergiepotenziale und Integrationskosten.
- Entwicklung systematischer und konsistenter Transaktionsstrategien.
- Klare Definition der Transaktion.
- Möglichst frühzeitige Bestimmung und Ordnung der Strukturen im Top- und Mittel-Management.
- Klare Definition und interne Kommunikation der Transaktion sowie Aufzeigung einer klaren Perspektive für alle Mitarbeiter.
- Exakte Umsetzung der Entscheidungsgrundlagen und Visionen.
- Integration der Unternehmen und Unternehmenskulturen; neue Unternehmens-Identität und „Wir-Gefühl« schaffen, gestalten und verdeutlichen.
- Vermeidung nationalen »Lagerdenkens« bei grenzüberschreitenden Transaktionen.
- Klare externe Kommunikation der Vision und Strategie der Transaktion.
- Berücksichtigung der üblichen Transaktionsrisiken infolge der allgemeinen wirtschaftlichen Anforderungen:
  - möglichst hohe Schnelligkeit
  - bei möglichst großer Entscheidungsrichtigkeit
  - und möglichst geringem Aufwand.

Neben den »allgemeinen« Erfolgsfaktoren ergeben sich daraus nach einer Untersuchung von A.T. Kearney insbesondere folgende sieben Erfolgsfaktoren, die für eine erfolgreiche Transaktion entscheidend sind:

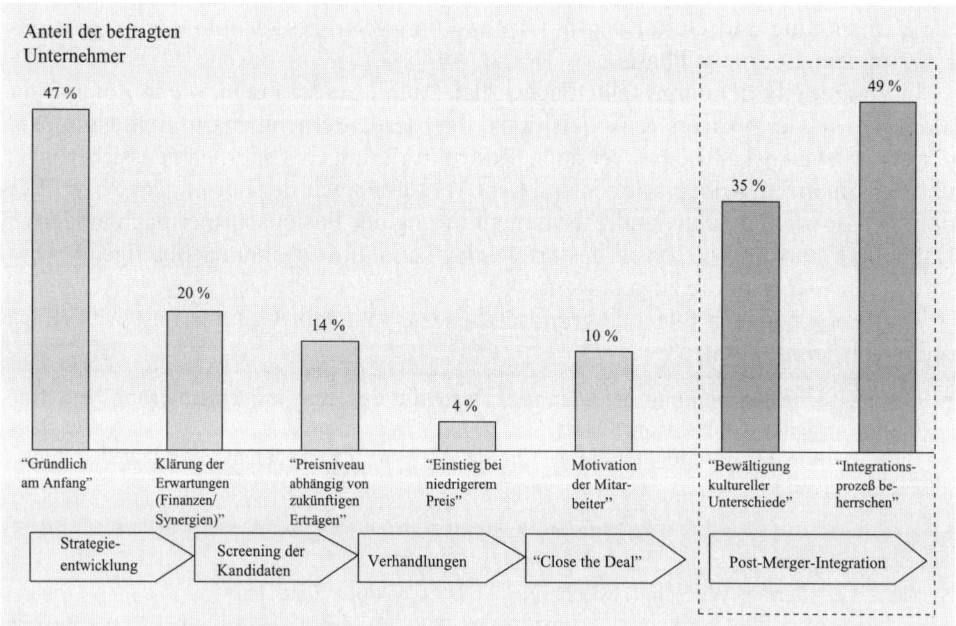

Abb. 13: Gewichtete Erfolgsfaktoren des gesamten Fusionsprozesses
Quelle: Business International; A.T. Kearney Global PMI Survey 1998

Je mehr es den Beteiligten gelingt, all diese Faktoren zu durchdringen, zu erkennen und zu beherrschen sowie Überwindungsstrategien für die Gefährdungspotenziale zu entwickeln, umso stärker wird die M&A-Erfolgskurve ansteigen und umso besser werden sich unternehmerische Wertzuwächse realisieren lassen. Empirisch zeigt sich dabei, dass bei den erfolgreichen Mergers & Acquisitions mehr Zeit und Kraft in die proaktive Gestaltung der Post-Merger-Integration-(PMI-)Phase investiert wurde.

3. Begriff der Mergers & Acquisitions, insbesondere der Unternehmenszusammenschluss sowie der Unternehmenskauf und -verkauf

Für das bereits zum deutschen Sprachgebrauch gehörende Begriffspaar der »Mergers & Acquisitions«, gibt es kein deutschsprachiges Pendant. Am besten lässt es sich mit dem deutschen Begriffspaar »Unternehmenszusammenschlüsse und Unternehmensübertragungen« übersetzen. Wie bereits dargestellt, umfasst es den Bereich der Unternehmenszusammenschlüsse und Kooperationen ebenso, wie zum Beispiel die Unternehmensübernahme durch Kauf und Tausch, die Unternehmenssicherungen und -nachfolgen, die Privatisierung und – um es in gutem Deutsch auszudrücken – den »Management Buy-Out«, »Management Buy-In« sowie den »Going Public«.

Ebenso wenig konkret ist freilich der deutsche Begriff »Unternehmenskauf«. Angesichts einer fehlenden Definition des Begriffes »Unternehmen« im deutschen Recht sind die Versuche einer treffenden Begriffbestimmung zahlreich. Während der Bundesgerichtshof (*BGHZ* 74, 359, 364) das Unternehmen als ein Gebilde bezeichnet, das sich institutionell und funktionell als Unternehmen im hergebrachten Sinne darstellt, versteht die Betriebswirtschaftslehre das Unternehmen als ökonomische Einheit der Gesamtwirtschaft, die von einem Unternehmen auf eigene Rechnung und Gefahr zum Zwecke des Erwerbs betrieben wird.

Ein »Unternehmen« ist jedenfalls weder eine Sache noch ein Recht im Sinne des deutschen Zivilrechts. Es ist vielmehr eine Gesamtheit von Sachen und Rechten, tatsächlichen Beziehungen und Erfahrungen sowie unternehmerischen Handlungen.

Dabei ist nicht zu übersehen, dass auch diese Definition Begriffe enthält, die ihrerseits näherer Bestimmung bedürfen. Merkmale, wie zum Beispiel Marktanteile, Ressourcen, Geschäftschancen, Vertragsbeziehungen und Arbeitsverträge geben zwar Hinweise zur Ausfüllung dieser Begriffe. Allerdings können auch diese nicht darüber hinwegtäuschen, dass eine umfassende Definition des Unternehmens und damit auch des Unternehmenskaufs nicht möglich ist. Wie bereits in der Einführung dargestellt wird der Begriff »Mergers & Acquisitions« deshalb hier in dem weitgefassten anglo-amerikanischen Sinn der vielfältigen Erscheinungsformen verstanden, von den

- Unternehmenskäufen und -verkäufen
- Unternehmenszusammenschlüssen

- Allianzen, Kooperationen und Joint Ventures
- Unternehmenssicherungen und -nachfolgen
- Management Buy-Out und Buy-In
- Börsengängen / IPO
- bis hin zu den erforderlichen Umwandlungsmaßnahmen
- und Restrukturierungen.

4. Die Planung der Mergers & Acquisitions

a) Vorarbeiten, Studien und Analysen

Jede komplexere Transaktion beginnt mit den internen Vorarbeiten, Studien und Analysen des Unternehmens, seines Wettbewerbsumfeldes, des Marktes und der angedachten und denkbaren Entwicklungsmöglichkeiten. Regelmäßig geschieht dies zunächst durch die Unternehmer, Manager und ihre Aufsichtsorgane unter Einbeziehung interner Fachleute insbesondere in den Abteilungen für Unternehmensentwicklung und Unternehmensplanung sowie in den Rechts- und Steuerabteilungen.

Schon bald ist in diese vorbereitenden Überlegungen die Frage einzubeziehen, welche externen M&A-Berater hinzugezogen werden sollen, um gemeinsam kreative Strategien und Finanzierungen zu entwickeln und geeignete Transaktions-Partner zu suchen. Insbesondere gilt dies für Berater aus den Bereichen des Investments, des Corporate Finance, des Wirtschaftsrechts und der allgemeinen Unternehmensberatung. Dabei müssen die Berater regelmäßig neben nachhaltiger M&A-Erfahrung eine besondere Branchen- und Fachexpertise aufweisen und – im Falle grenzüberschreitender Transaktionen – auch die internationale Kompetenz und ein schlagkräftiges Netzwerk mitbringen. Sodann erfolgt – gegebenenfalls nach einem sog. »Beauty Contest« oder »Pitching« – die Beauftragung der Berater.

b) Die Planung der Mergers & Acquisitions

In der Phase der Planung der Mergers & Acquisitions wird zunächst die gesamte Transaktion möglichst interdisziplinär und ganzheitlich geplant, insbesondere die betriebswirtschaftliche und (steuer-)rechtliche Technik und Optimierung, unter besonderer Berücksichtigung ihrer Durchführung sowie der Integration bzw. Implementierung.

Die Planungstätigkeit erstreckt sich dabei vor allem auf die Aspekte

- Ob
- Wann
- Wie

ein Merger oder eine Akquisition vorgenommen werden soll.

aa) Die Frage nach dem »Ob«

Bei der Frage nach dem »Ob« geht es vornehmlich um die Festlegung der Unternehmensziele und die Frage, welche dieser Ziele durch organisches Wachstum und welche dieser Ziele durch Merger- bzw. Akquisitionsaktivitäten in Form von Beteiligungen oder Vollübernahmen verfolgt werden sollen. Dabei sind zugleich die Konsequenzen der Wachstumsstrategie und ihre wirtschaftlichen bzw. finanziellen Auswirkungen vor dem Hintergrund der Wettbewerbssituation und der Steigerung der Wertschöpfungskette kritisch zu berücksichtigen.

Empirisch betrachtet wird bei etwa 85% aller Unternehmenszusammenschlüsse und Akquisitionen die Frage des »Ob« nach der Zielvorstellung eines Wachstums des Stammgeschäftes beantwortet.

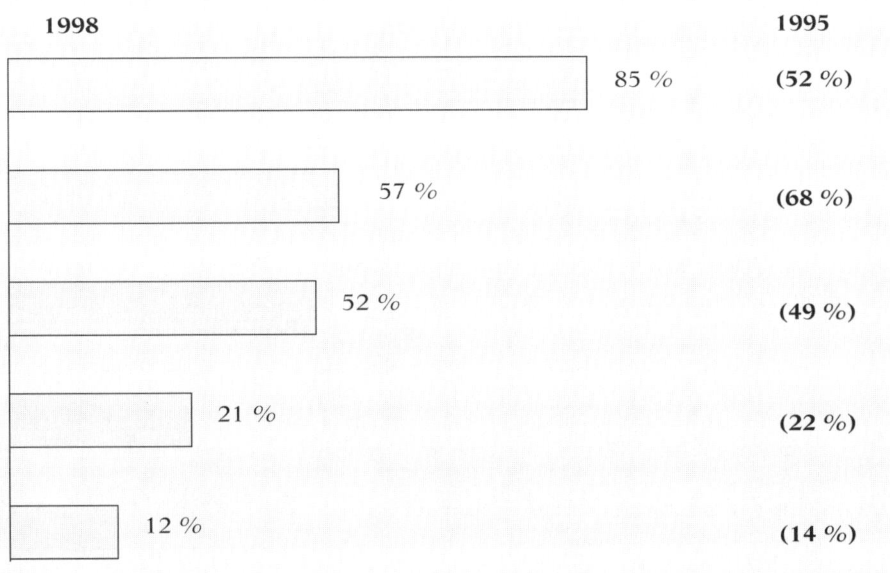

Abb. 13: Ziele von Unternehmenszusammenschlüssen und Akquisitionen
Quelle: Umfrage bei 260 M&A-Transaktionen von Fortune 500 Firmen, A. T. Kearney Global PMI Survey 1998

bb) Die Frage nach dem »Wann«

Die Beantwortung des »Wann« steht in enger Abhängigkeit einerseits von den Notwendigkeiten einer Stärkung des Stammgeschäftes und unternehmenspezifischen strategischen Überlegungen oder Sach- bzw. Markt-Zwängen sowie andererseits von den finanziellen Möglichkeiten des Unternehmens betreffend die angedachte M&A-Aktivität. Zugleich stellt sich damit die Frage der Priorisierung, die nur in der Weise beantwortet werden kann, dass verschiedene M&A-Optionen und -Gelegenheiten in die Klassen »Top«, »High«, »Medium« und »Low« eingeteilt werden. Aus dieser Klassifizierung lässt sich dann unter Berücksichtigung der (personellen) Machbarkeit die Reihenfolge der zu ergreifenden Aktivitäten herleiten.

Dabei kann die Entscheidung auch davon beeinflusst sein, dass sich gezielte M&A-Aktivitäten nach einem erfolgreichen Börsengang als wichtige Maßnahme zur Kurspflege beim Werben um die Investorengunst darstellen kann.

cc) Die Frage nach dem »Wie«

Bei der Frage nach dem »Wie« sind zunächst insbesondere die sich bietenden Formen der Mergers & Acquisitions zu prüfen, d.h. der Unternehmenszusammenschlüsse, der Unternehmenskäufe bzw. -verkäufe, der Restrukturierungen und Unternehmenssicherungen, der Allianzen, Kooperationen und Joint Ventures sowie der Börsengänge bzw. IPOs.

Dabei ist die zuvor vorgenommene Klassifizierung nochmals dahingehend zu überprüfen, ob das strategische Unternehmensziel mit einer bloßen Kooperation oder einer strategischen Allianz erreicht werden kann, oder ob eine Mehrheitsbeteiligung $\geq 50\%$ oder eine Akquisition $75\% \leq x \leq 100\%$ angestrebt werden soll.

Auf dieser Grundlage sind die geeigneten Zielunternehmen zu identifizieren, deren Ressourcen oder Fähigkeiten zu der Realisierung der M&A-Strategie passen. Die sich danach bietenden Möglichkeiten sind sodann mit den Fragen der Unternehmensbewertung, Bestimmung der Gegenleistung bzw. des Kauf- oder Tauschpreises etc. abzustimmen und mit der Integrationsplanung in Einklang zu bringen.

Die Planungstätigkeit erstreckt sich demgemäß insbesondere auf folgende Punkte:

- Analyse der gegenwärtigen und der zu erwartenden betriebswirtschaftlichen Situation des Unternehmens und des Targets, insbesondere etwaiger Synergien während und nach der Transaktion
- Festlegung der unternehmerischen Zielvorstellung
- Prüfung der betriebswirtschaftlichen und rechtlichen Vorgaben, Parameter und Auswirkungen der Transaktion
- Prüfung der unternehmerischen, insbesondere der steuerrechtlichen Gestaltungsmöglichkeiten
- Entwicklung der betriebswirtschaftlich gewünschten bzw. günstigsten Transaktions- sowie erforderlichenfalls der Restrukturierungs- bzw. Sanierungsstrategie
- Rechtliche Planung des Transaktions- oder Restrukturierungskonzeptes
- Erfassung der Führungsstruktur und der (allgemeinen) Struktur der möglicherweise betroffenen Belegschaft, insbesondere hinsichtlich Betriebszugehörigkeit und Lebensalter (sog. Population)
- Erfassung der (möglicherweise) konkret betroffenen Arbeitnehmer mit den entsprechenden Sozialdaten (z.B. Betriebszugehörigkeit, Lebensalter, Familienstand, Alterssicherung, Schwerbehinderung, Mutterschutz, Mitgliedschaft im Betriebsrat), einschließlich Funktion und Qualifikation
- Prüfung anderweitiger Beschäftigungsmöglichkeiten von Arbeitnehmern innerhalb des Unternehmens, des Konzerns oder in fremden Unternehmen

- Kalkulation der für die Übertragung, Integration und Restrukturierung aufzuwendenden internen und externen Kosten, einschließlich etwaiger Sozialplan-Kosten
- Aufstellung eines 3-phasigen detaillierten Zeit-, Ablauf- und gegebenenfalls Lay-Off-Planes für die Planung, Durchführung und Integration bzw. Implementierung der Transaktion und Restrukturierungsmaßnahmen, unter besonderer Berücksichtigung der wirtschaftsrechtlichen Bestimmungen, insbesondere der bedeutsamen nationalen und internationalen Rechtsfragen sowie etwaiger Risiko-Situationen (Risikomanagement und Vorsorge- bzw. Back-Up-Management)
- Festlegung der im Planungszeitraum und nach der Transaktion bzw. Restrukturierung benötigten Fertigungs-, Verwaltungs- und Personalkapazität und -Abläufe
- Erarbeitung der für die interne und externe Kommunikation der Maßnahmen bedeutsamen plausiblen und verständlichen Begründungen, Verlautbarungen und PR-Maßnahmen.

Stets ist bei diesen Planungsarbeiten die schwierige Gegenprüfung erforderlich, wie sich die Zukunft des Unternehmens ohne die angedachte Transaktion darstellen würde.

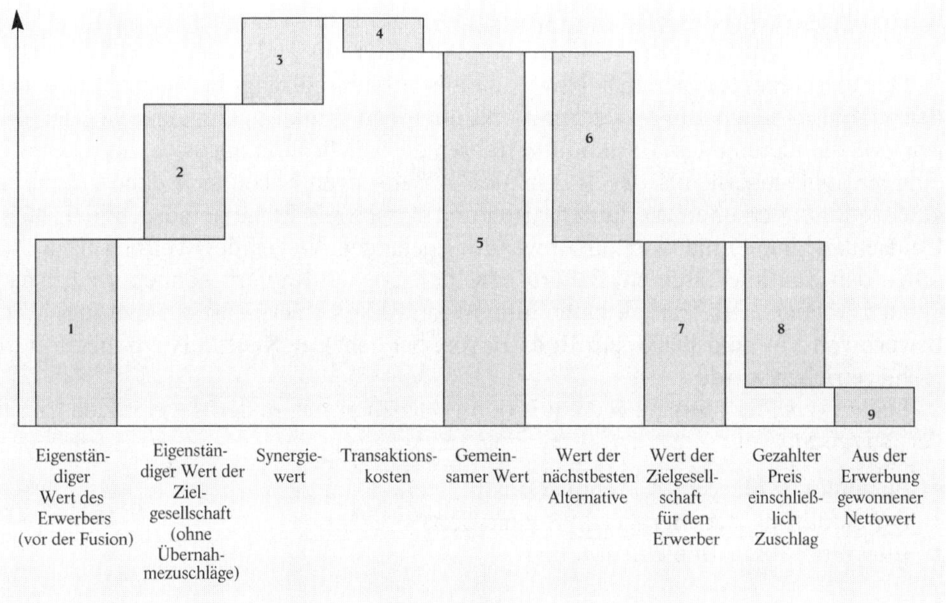

Abb. 14: Werte-Ermittlung von Mergers & Acquisitions
Quelle: Plinke, Mega-Mergers: Entwicklung, Motive und Herausforderungen, 06. November 1998

c) Die Ablaufplanung

Sind bei der Frage nach dem »Wie« die sich bietenden Formen der Mergers & Acquisitions abgewägt, so stellt sich die weitere Frage nach dem Ablauf einer solchen Transaktion.

Dabei ist zunächst festzustellen, dass der Ablauf der Transaktionen keinen festen Regeln unterliegt. Er ist ebenso vielfältig, wie die zu erwerbenden Unternehmen bzw. Unternehmensteile selbst, die sich bei ihnen ergebenden wirtschaftlichen und betrieblichen Fragestellungen und widerstreitenden Käufer- und Verkäufer-Interessen sowie die verschiedenartigen Erscheinungsformen der Mergers & Acquisitions.

Allerdings kann man unterscheiden zwischen

- der herkömmlichen Transaktion und
- der Transaktion im Wege des so genannten (beschränkten) Bietungs- bzw. Auktionsverfahrens.

Bei der herkömmlichen Transaktion wird sozusagen ein normaler »Shake-Hands-Deal« zwischen den Vertragspartnern abgeschlossen. Die Vertragsanbahnung kommt regelmäßig durch Kontakte auf höherer oder höchster Unternehmens-Ebene oder durch die Vermittlung professioneller M&A-Berater zustande.

Das (beschränkte) Bietungs- bzw. Auktionsverfahren gelangt insbesondere bei größeren Transaktionen zur Anwendung und unterliegt grundsätzlich ähnlichen Spielregeln wie die Bietungs- und Auktionsverfahren des »täglichen Lebens«. Aufgrund langjähriger anglo-amerikanischer Transaktions-Erfahrungen haben sich dabei allerdings gewisse Besonderheiten, Verfahrensarten und Sprachgebräuche herausgebildet, die in Deutschland immer häufiger zur Anwendung gelangen. Wegen des Wettbewerbes zwischen den Kaufinteressenten, Bietern bzw. potenziellen Käufern können sie zu spannenden Abläufen der Transaktionen führen. Ein Beispiel hierfür ist der Bietungs-Wettbewerb von VW und BMW um Rolls Royce, bei dem der Kaufpreis erheblich in die Höhe getrieben wurde.

Beide Typen der Mergers & Acquisitions vollziehen sich in der Regel in den folgenden 3 *Phasen*:[5]

- Planung der Mergers & Acquisitions
- Durchführung der Mergers & Acquisitions
- Integration bzw. Implementierung

aa) Die Ablaufplanung für herkömmliche Transaktionen

Dabei ergibt sich für die herkömmlichen Transaktionen der nachfolgend dargestellte 3-phasige Ablaufplan.

---

5 Siehe dazu auch die weitergehende 5-phasige Unterteilung des (beschränkten) Bietungsverfahrens/Auktionsverfahrens von Gerhard Picot, Unternehmenskauf und Restrukturierung, Teil I (Vertragsrecht), RN. 11 ff.

Ablaufplan für herkömmliche Transaktionen

1. Phase: Planung der Mergers & Acquisitions

- Ganzheitliche Planung der Transaktion, insbesondere der betriebswirtschaftlichen und (steuer-) rechtlichen Technik und Optimierung, unter besonderer Berücksichtigung der folgenden zwei Phasen, nämlich ihrer Durchführung sowie der Integration bzw. Implementierung

2. Phase: Durchführung der Mergers & Acquisitions

- Geheimhaltungsvereinbarungen
- Verhandlungsprotokolle/Punktation
- Letter of Intent
- Option
- Vorvertrag
- Due Diligence
- Unternehmensbewertung
- Vorlage des in der Regel vom Unternehmensverkäufer und seinen Rechtsberatern vorbereiteten Entwurfes eines Unternehmens-Kaufvertrages
- Verhandlung des Unternehmenskaufes, insbesondere
  - des Vertragsgegenstandes,
  - des Kaufpreises,
  - des Übergangszeitpunktes,
  - der zu übertragenden Forderungen und Rechtsverhältnisse, insbesondere Arbeitsverhältnisse,
  - der Haftung, Gewährleistung und Garantien
- Vertragsabschluss
- Closing

3. Phase: Integration bzw. Implementierung

bb) Die Ablaufplanung für Transaktionen im Wege des (beschränkten) Bietungs- bzw. Auktionsverfahrens

Im Vergleich zu der herkömmlichen Unternehmens-Transaktion weist die M&A-Transaktion im Wege des so genannten (beschränkten) Bietungs- bzw. Auktionsverfahrens die Besonderheit auf, dass ihr Ablauf zunehmend von den Investment- und Corporate Finance-Beratern oder anderen M&A-Beratern gestaltet wird. Interessenten bzw. Partner der Mergers & Acquisitions werden regelmäßig durch diese M&A-Experten nach modernen Kapitalmarkterfordernissen beraten, akquiriert bzw. ausgesucht und zusammengeführt.

Für die M&A-Transaktionen im Wege des so genannten (beschränkten) Bietungs- bzw. Auktionsverfahrenverfahrens ist etwa der folgende, nach den Erfordernissen des jeweiligen Einzelfalles zu variierende Ablauf denkbar, bei dem die Vertragspartner in einem sich zunehmend konkretisierenden Informationsverfahren und einem zunächst loseren und zunehmend intensiveren Bietungs-Wettbewerb und Angebotsprozess an die eigentlichen Vertragsverhandlungen und den Vertragsabschluss herangeführt werden.

Zu diesem Zweck wird zunächst ein sog. Informations-Memorandum mit den grundlegenden Informationen und Daten über das zu veräußernde Unternehmen erstellt. Sodann werden potenzielle Transaktionspartner identifiziert und zunächst bezüglich ihres generellen Interesses an der Transaktion kontaktiert.

Dann folgt die erste Runde des Bietungsverfahrens, die durch ein Anschreiben an die potenziellen Interessenten eingeleitet wird. In diesem Schreiben werden das Bietungsverfahren und die beabsichtigte Struktur der Transaktion, z.B. als Share Deal (Übertragung der Gesellschaftsanteile) oder als Asset Deal (Übertragung der einzelnen Vermögensgegenstände) beschrieben und der Adressat aufgefordert, ein erstes unverbindliches Gebot abzugeben. Dem Anschreiben wird regelmäßig das Informations-Memorandum sowie eine Vertraulichkeits- und Geheimhaltungserklärung beigefügt, die von dem Kaufinteressenten unterschrieben zurückzusenden ist. Vielfach wird dem Anschreiben an die potenziellen Interessenten auch bereits ein Entwurf des Transaktionsvertrages mit der Aufforderung beigefügt wird, die etwaigen (wesentlichen) Änderungswünsche schriftlich und abschließend zu vermerken.

Nun sind es die Bieter, die ihr erstes unverbindliches Angebot in der Regel als Absichtserklärung (Proposal) bzw. Letter of Intent (LoI) abgeben. Für sie empfiehlt es sich, die Unverbindlichkeit des Angebotes herauszustellen und sich das Recht vorzubehalten, den Ablauf des Verfahrens sowie die Struktur der Transaktion jederzeit ohne nachteilige Rechtsfolgen und Kosten (Break-up-Fees)[6] ändern oder beenden zu können. Ferner sollten die Grundlagen und Annahmen (Assumptions), auf denen ihre vorläufige Unternehmenseinschätzung und damit der gebotene Kaufpreis beruhen, möglichst genau zu fixieren. Erforderlich ist dies, um später eine Änderung des Gebotes rechtfertigen zu können, wenn sich herausstellen sollte, dass diese Annahmen nicht zutreffen und das Unternehmen infolgedessen einen geringeren Wert hat. Des weiteren sollte bereits das erste Gebot diejenigen Bedingungen enthalten, die aus der Sicht des Interessenten für den Vertragsabschluss unabdingbar sind; gleiches gilt gegebenenfalls auch für die wesentlichen Änderungswünsche betreffend den Entwurf des Transaktionsvertrages. Hierzu gehören zum Beispiel eine zufriedenstellende Prüfung des Unternehmens (Due Diligence – eingehend dazu Teil B, Abschnitt V.), Klauseln für Zusicherungen und Garantien sowie – soweit erforderlich – die Zustimmung der Gesellschaftsgremien (z.B. Hauptversammlung, Aufsichtsrat) und Behörden, insbesondere der Kartellbehörden.

Der Verkäufer sichtet sodann die eingegangenen Gebote und wählt aus dem Kreis der Bieter die ihm interessant erscheinenden Kandidaten aus. Entscheidend sollte dabei für ihn nicht nur

6 Siehe dazu Sieger/Hasselbach, Break-Fee-Vereinbarungen bei Unternehmenskäufen, BB 2000, S. 625 ff.

- die Höhe des Angebotes, insbesondere des Kaufpreises sein, sondern auch
- die Ernsthaftigkeit und Seriosität des Angebotes
- die Art der Finanzierung des Kaufpreises
- das Konzept für die Zukunftsentwicklung und die Sicherung der Arbeitsplätze des Unternehmens sowie
- die begründete Erwartung eines möglichst professionellen, komplikationsfreien und zeitnahen Abschlusses der Vertragsverhandlungen.

Die zweite Runde des Bietungsverfahrens wird eingeleitet durch ein weiteres Anschreiben an die ausgewählten Bieter (Preferred Bidder). Hierin werden die Bieter aufgefordert, nunmehr ein verbindliches Gebot (Binding Offer) abzugeben. Ferner werden gegebenenfalls der Inhalt und die Regeln für die Benutzung eines Datenraumes (Data Room Index and Procedures) aufgestellt und erläutert, in dem (gewisse) Unterlagen über das Unternehmen zur Einsichtnahme zur Verfügung gestellt werden. Falls nicht bereits zuvor geschehen, sollte jedenfalls mit diesem zweiten Aufforderungsschreiben der erste Entwurf des Unternehmenskaufvertrages übersendet werden.

Den Bietern ist dann zumindest eine begrenzte Due Diligence zu ermöglichen. Dies bedeutet, dass zunächst noch keine besonders sensiblen Unternehmensdaten offengelegt werden. Denn trotz der Vertraulichkeits- und Geheimhaltungserklärungen des Bieters und seiner Berater kann die Gefahr nicht vollends ausgeschlossen werden, dass diejenigen Bieter, mit denen nicht weiterverhandelt wird, die erhaltenen Informationen anderweitig und zu Lasten des Verkäufers verwerten.

Die Bieter müssen nun ein rechtsverbindliches Angebot unterbreiten, wenn sie weiter am Bietungsverfahren teilnehmen wollen. Bei der Gestaltung des Angebots können sie die zur Verfügung gestellten Informationen auswerten und berücksichtigen. Insbesondere werden der Kauf- oder Tauschpreis aufgrund der Erkenntnisse der inzwischen erhaltenen weiteren Informationen und der Due Diligence gegenüber dem ersten unverbindlichen Gebot entsprechend angepasst und konkretisiert; gleiches gilt aber auch zum Beispiel für ein angestrebtes Beteiligungsverhältnis oder einen notwendigen Anpassungs- bzw. Ausgleich-Mechanismus bei dem Vorhaben eines Gemeinschafts- bzw. Joint-Venture-Unternehmens. Ferner enthält das Angebot, soweit erforderlich, die oben genannten Zustimmungsvorbehalte der Aufsichtsgremien und damit immer noch in gewissem Umfang eine Ausstiegsmöglichkeit. In den Entwurf des Unternehmenskaufvertrages wird der Bieter nur diejenigen Änderungen einfügen, die er für unbedingt erforderlich hält, um nicht seine Chancen in dem Auswahlverfahren zu verschlechtern.

Im Falle einer Fremdfinanzierung der geplanten Akquisition wird in der Regel bereits mit Abgabe des verbindlichen Angebotes eine Vergütung für die Bereitstellung der Kredite durch die finanzierenden bzw. syndizierenden Kreditinstitute fällig. Dies ist für einen Bieter vor allem dann misslich, wenn nicht abzusehen ist, ob er überhaupt als bevorzugter Bieter (Preferred Bidder) ausgewählt wird. Nicht zuletzt aus diesem Grunde sollte er daher für den Fall der Auswahl zum bevorzugten Bieter Exklusivität (Exclusivity) für die weiteren Verhandlungen fordern. Als Gegenleistung hierfür wird der Verkäufer allerdings in der Regel eine gewisse Kaufpreisanzahlung oder sonstige

Bonusleistungen verlangen, die ihm im Falle eines vom Bieter verschuldeten Scheiterns der Verhandlungen zufallen. Umgekehrt sollte der Bieter für den Fall des Verstoßes gegen die Exklusivität eine Vertragsstrafe vereinbaren, damit das Exklusivitätsversprechen kein stumpfes Schwert bleibt.

Nach Erhalt der verbindlichen Angebote wählt der Verkäufer denjenigen Bieter aus, mit dem er die Transaktion bevorzugt verhandeln bzw. durchführen möchte, oder er versucht, die Bieter untereinander – wie im Fall Rolls Royce – zu jeweils höheren Angeboten zu treiben. Bei der Auswahlentscheidung bezüglich des bevorzugten Bieters werden neben den bereits oben dargestellten Kriterien vor allem der Inhalt und Umfang der Änderungsvorschläge der Bieter zum Transaktionsvertrag maßgebend sein. Für einen Verkäufer ist es natürlich ebenfalls von Vorteil, wenn ein Bieter für die abschließenden Verhandlungen keine Exklusivität fordert. Der Verkäufer wird nämlich bestrebt sein, sich nicht unter Druck setzen zu lassen und sich nach Möglichkeit weitere Bieter »warmzuhalten«. Je mehr Zeit nach der Auswahl des bevorzugten Bieters nämlich vergeht, desto schlechter wird die Verhandlungsposition des Verkäufers, da andere Bieter der »zweiten Wahl« möglicherweise ihr Interesse an der Transaktion verlieren, aus dem Bietungsverfahren abspringen und im Falle eines Scheiterns des Bietungsverfahrens allenfalls geraume Zeit später wieder auf ihr Interesse an der betreffenden Transaktion angesprochen werden können.

In den Vertragsverhandlungen sind nun von den Verhandlungsteams die Details des Transaktionsvertrages auszuhandeln. Ein besonderes Augenmerk verdient hierbei vorab die Benennung eines erfahrenen und auch diplomatisch geschickten Verhandlungsleiters. Während der Verhandlungen geht es dann vor allem um die Regelungen der zu vereinbarenden Gegenleistungen (z.B. Kaufpreiszahlung oder Aktientausch), des vertraglichen Gewährleistungs- und Haftungssystems sowie der gesamten Vertragsdurchführung und Implementierung. Zur Absicherung einer ordnungsgemäßen Übergabe des Unternehmens kann sich auch eine Vereinbarung empfehlen, wonach der Kaufpreis oder jedenfalls ein Teil davon, nur bei Erreichen bestimmter Kennzahlen in der Folgezeit nach dem Vertragsabschluss bzw. der Übergabe des Unternehmens (Closing) zu zahlen ist.

Soweit für die rechtliche Wirksamkeit des Vertragsabschlusses eine notarielle Beurkundung des Vertrages erforderlich ist, kann sich bei größeren Transaktionen aus Gründen der Kostenersparnis eine Beurkundung im Ausland, insbesondere in der Schweiz, empfehlen. In diesem Fall ist freilich zuvor sicherzustellen, dass die konkrete Auslandsbeurkundung von der deutschen Rechtsprechung als der deutschen Beurkundung gleichwertig anerkannt ist.

Nach Unterzeichnung des Vertrages wird in der Regel zeitnah eine Mitarbeiterversammlung und eine Pressekonferenz durchgeführt; bei börsennotierten Gesellschaften ist unverzüglich eine sog. Ad-hoc-Mitteilung vorzunehmen. Wirksam wird der Vertrag dann mit dem Eintritt der oben genannten aufschiebenden Bedingungen, wie z.B. der Zustimmung der zuständigen Aufsichtsgremien oder der Kartellbehörden. Mit dem Wirksamwerden des Transaktionsvertrages gehen je nach Gestaltung die Gesellschaftsanteile oder die einzelnen Vermögensgegenstände gegen Zahlung des Kaufpreises auf den Erwerber über.

Die M&A-Transaktion kann aber auch mit einem Closing, d.h. dem Vollzug des Vertrages abgeschlossen werden. Das Schicksal der betroffenen Unternehmen hängt nun von der erfolgreichen Integration bzw. Implementierung ab.

Insgesamt ergibt sich hiernach für größere M&A-Transaktionen im Wege des so genannten (beschränkten) Bietungs- bzw. Auktionsverfahrens der nachfolgend dargestellte summarische Ablaufplan. Für den Einzelfall sollte rechtzeitig eine konkret angepasste Ablaufplanung mit einem detaillierten Aktionsplan, insbesondere bezüglich der konkret durchzuführenden Einzelmaßnahmen, Verantwortlichkeiten und Zeitvorgaben bzw. Aktionsdaten festgelegt werden.

Ablaufplan für Transaktionen im Wege des (beschränkten) Bietungs- bzw. Auktionsverfahrens

Beginn der Transaktion (Kick off)

1. Phase: Planung der Mergers & Acquisitions

1.1 Benennung und Beauftragung eines verantwortlichen Projektleiters mit einem fachkundigen Projektteam, eventuell zusätzlich eines Verhandlungsteams sowie externer M&A-Berater

1.2 Analyse und Definition des Transaktions-Zieles, z.B. Kooperation, Joint Venture, Kauf- oder Verkauf (einschließlich des Targets und eines zu veräußernden Unternehmensgegenstandes)

1.3 Ganzheitliche Planung der Transaktion, insbesondere der betriebswirtschaftlichen und (steuer-) rechtlichen Technik und Optimierung, unter besonderer Berücksichtigung der nachfolgenden zwei Phasen, nämlich der Durchführung sowie der Integration bzw. Implementierung

1.4 Erstellung eines Aktions- und Dokumentations-Planes (Action- and Documentation-Plan)

1.5 Vorentscheidung z.B. über Asset- oder Share-Deal

1.6 Strukturierung des Transaktionsobjektes, Gestaltung des Target-Unternehmens, des Unternehmensteils, des Betriebes, des Betriebsteils, des Geschäftsbereiches oder der Produktionslinie zum Beispiel hinsichtlich der Rechtsform, Organisation oder der Beziehungen zum übrigen Unternehmen in der Weise, dass – eventuell unter der Führung einer Holdinggesellschaft – eine eigenständige, überschaubare, in sich geschlossene, eventuell auch rechtlich selbstständige und transaktionsfähige Einheit entsteht

1.7 Vorläufige Bewertung (Valuation) des Transaktionsgegenstandes anhand einer Finanzvorschau (Financial Forecast) und eines Geschäftsplanes (Business Plan)

1.8 Vorläufige Festlegung der Konditionen für die Transaktion, insbesondere die Verkaufs- oder Tauschkonditionen

1.9 Vorbereitung der für die M&A-Verhandlungen notwendigen Dokumentation, gegebenenfalls mit einem Entwurf des Transaktions-Vertrages, z.B. des Kaufvertrages (Sale and Purchase Agreement – S&PA)

1.10 Vorbereitung eines Informations-Vermerkes (Information Memorandum)

1.11 Anfertigung der sog. Management-Präsentation (Management Presentation)

1.12 Entwurf der Vertraulichkeits- und Geheimhaltungserklärungen für das erste Bietungsverfahren (Confidentiality Declarations / Statements of Non-Disclosure)

1.13 Entwurf der Anweisungen für die erste Runde des Bietungsverfahrens (First Round Bidding Instructions)

2. Phase: Durchführung der Mergers & Acquisitions

2.1 Erste Kontaktaufnahme zu potenziellen Interessenten bzw. Investoren (Initial Marketing Approach)
2.2 Vorläufige (Bonitäts-)Prüfung der favorisierten Interessenten
2.3 Schriftliche Bekundung des Transaktionsinteresses durch potenzielle Partner
2.4 Unterzeichnung der vorbereiteten Vertraulichkeits- und Geheimhaltungsvereinbarungen (Confidentiality Agreements – CA / Statements of Non-Disclosure) für das Informations- und Bietungsverfahren
2.5 Übergabe des Informations-Vermerkes (Information-Memorandum)
2.6 Übersendung der Anweisungen für die erste Runde des Bietungsverfahrens (First Round Bidding Instructions) und Aufforderung der Interessenten zur Abgabe eines vorläufigen und unverbindlichen Angebotes, gegebenenfalls mit einem Entwurf des Unternehmens-Transaktions-Vertrages, z.B. des Kaufvertrages (Sale and Purchase Agreement – S & PA)
2.7 Abgabe der vorläufigen unverbindlichen Gebote (First unbinding Bids) durch die Interessenten
2.8 Vorbereitung des weiteren und abschließenden Bietungsverfahrens (Final Bidding)
2.9 Entwurf einer Absichts-Erklärung (Letter of Intent)
2.10 Vorbereitung des Daten-Raumes (Data Room) auf der Grundlage des Aktions- und Dokumentations-Planes (Action- and Documentation-Plan) und der (eigenen) Due Diligence Liste
2.11 Vorbereitung einer erneuten, personenbezogenen Vertraulichkeits- und Geheimhaltungserklärung (Confidentiality Commitment / Statement of Non-Disclosure) für die von den Kaufinteressenten mit der Due Diligence beauftragten Mitarbeiter sowie Rechts- und Finanzberater
2.12 Festlegung der Regeln für die Benutzung des Daten-Raumes (Data Room Procedure)
2.13 Entscheidung des Anbietenden, welche Interessenten er in das weitere und abschließende Bietungsverfahren (Final Round Bidding) einbeziehen möchte
2.14 Weitgehende Offenlegung detaillierter Unternehmens-Daten und -Interna im Wege einer Management-Präsentation (Management Presentation)
2.15 Abgabe eines verbindlichen Gebotes (Final binding Offer)
2.16 Abgabe einer erneuten, personenbezogenen Vertraulichkeits- und Geheimhaltungserklärung (Confidentiality Agreement / Statement of Non-Disclosure) durch die Kaufinteressenten bzw. die von ihnen beauftragten Mitarbeiter und Berater
2.17 Zutritt der ausgewählten Interessenten zu dem Daten-Raum (Data-Room) und Einsichtnahme sowie finanzielle und rechtliche Prüfung (Due Diligence) aller für die wirtschaftliche und rechtliche Bewertung des Kaufobjektes relevanten Unterlagen
2.18 Eventuell zusätzliche Befragungen der Geschäftsführung, des Projektteams oder der M&A-Berater
2.19 Besichtigung der Betriebsstätten
2.20 Entscheidung und Erklärung des Anbietenden, mit welchem den verbliebenen Kaufinteressenten die entscheidenden Vertragsverhandlungen aufnehmen möchte
2.21 Aufnahme der ersten Vertragsverhandlungen, insbesondere betreffend
- den Vertragsgegenstand
- die Gegenleistung bzw. den Kaufpreis
- den Übergangszeitpunkt

- die zu übertragenden Forderungen und Rechtsverhältnisse, insbesondere Arbeitsverhältnisse
- die Haftung, Gewährleistung und Garantien sowie
- etwaige aufschiebende Bedingungen, wie z.B. Gremienvorbehalte, Genehmigung der Kartellbehörden

2.22 Zusammenfassung der in den ersten Gesprächen vertretenen Standpunkte der Verhandlungsteams in so genannten (noch unverbindlichen) Positions-Papieren (Position-Papers)

2.23 Abschluss der ersten Gesprächsrunde durch Bekräftigung der Absicht zum Vertragsabschluss unter Zusammenfassung der Kernpunkte der Verhandlungspositionen, der so genannten Meilensteine (Milestones), in einem Letter of Intent (LoI), einer Option, einem Memorandum of Understanding oder einem Vorvertrag

2.24 Abgabe einer entsprechenden Presse-Verlautbarung der Verhandlungspartner

2.25 (Spätestens) Übergabe des Entwurfes des Transaktionsvertrages (Sales and Purchase Agreement / S & PA)

2.26 Verhandlung über die Einzelheiten des Transaktionsvertrages und erforderlichenfalls über begleitende Vereinbarungen, wie z.B. Einbrinbungsvertrag, Term Sheets etc.

2.27 Abschluss des Transaktionsvertrages unter Beachtung der gesetzlich vorgeschriebenen Form

3. Phase: Integration bzw. Implementation

5. Wirtschaftsrechtliche Parameter der M&A-Planung

a) Nationale wirtschaftsrechtliche Parameter

Planung, Durchführung und Integration der Mergers & Acquisitions, insbesondere des Unternehmenskaufes bzw. -verkaufes, der Restrukturierung, Kooperationen und Unternehmenssicherung (Unternehmensnachfolge, MBO, MBI) unterliegen in besonderem Maße wirtschaftsrechtlichen Parametern.

Angesichts der vielfältigen Erscheinungsformen der Mergers & Acquisitions ist es dem Gesetzgeber allerdings unmöglich, für ihre Regelung und Umsetzung bereits im allgemeinen Vertragsrecht selbstständige Rechtskonzepte oder Rechtsinstitute als wirtschaftsrechtliche Parameter zur Verfügung zu stellen. Nur bestimmte Erscheinungsformen, wie z.B. der Kauf und Verkauf von Unternehmen, sind einer typisierenden Betrachtung und Ordnung zugänglich. So bietet vor allem das im Bürgerlichen Gesetzbuch geregelte (besondere) Kaufvertragsrecht für den Bereich des Unternehmenskaufs und -verkaufs konkrete Prinzipien und gesetzliche Bestimmungen, und zwar vom Beginn der ersten Kontaktaufnahme der Vertragspartner bis hin zur Abwicklung der Unternehmenstransaktion.

Ihre Ergänzung finden diese Regelungen vor allem in den nachfolgend genannten Rechtsgebieten, die zugleich die bei Mergers & Acquisitions bedeutsamen nationalen und internationalen Rechtsfragen beantworten:

- Vertragsrecht
- Gesellschaftsrecht
- Arbeitsrecht
- Betriebsrentenrecht
- Steuerrecht
- Kartellrecht
- Umweltrecht
- Insolvenzrecht
- Internationales Recht.

(Eingehend dazu: Gerhard Picot, Unternehmenskauf und Restrukturierung)

b) Überwindung nationaler Rechtsordnungen

Die Internationalisierung der Wirtschaft sowie nicht zuletzt der zunehmende Einfluss und das besondere M&A-Know-how der Investmentbanken, der internationalen Anwaltsfirmen sowie der Corporate Finance Abteilungen der Wirtschaftsprüfungsgesellschaften und Consultants führen dazu, dass Stil, Inhalt und Verfahren nationaler und internationaler Mergers & Acquisitions zunehmend vom anglo-amerikanischen Recht und der anglo-amerikanischen M&A-Praxis geprägt werden. Dabei spielen auch die internationalen Transaktions-Usancen eine immer größere Rolle, wie an den nachfolgenden Beispielen illustriert werden soll.

aa) Transnationale Gesellschaftsformen, insbesondere grenzüberschreitende Verschmelzung von Unternehmen

Nach deutschem Recht (§ 1 Abs. 1 Umwandlungsgesetz) können Verschmelzungen nur zwischen Rechtsträgern mit Sitz im Inland erfolgen; direkte grenzüberschreitende Verschmelzungen von Unternehmen sind daher noch nicht möglich. Während der Europäische Gerichtshof der Gründungstheorie zuneigt (ZIP 1999, 438 – Centros), bedeutet dies nach der in Deutschland herrschenden Sitztheorie, dass derzeit nur die in Rechtsformen des deutschen Rechtes bestehenden Gesellschaften verschmolzen werden können.[6]

Um solche und andere Hemmnisse nationaler Rechtsordnungen zu überwinden, drängt das europäische Recht – ähnlich, wie dies in der zweiten Hälfte des 19. Jahrhunderts in Deutschland geschehen ist – nach einer Angleichung der nationalen Unternehmens- und Gesellschaftsrechte sowie der Schaffung supranationaler Gesellschaftsformen.[7] Bereits seit der Gründung der Europäischen Wirtschafts-Gemeinschaft arbeiten Experten

6 Siehe dazu Meyer, EWiR, 1999, S. 259; Roth, ZIP 1999, S. 861 und Werlauff, ZIP 1999, S. 867

7 Vgl. Hommelhoff/Helms, GmbHR 1999, S. 53 ff.; Helms GmbHR 1999, S. 963 ff.

an der Schaffung einer Europäischen Privatgesellschaft und einer Europäischen Aktiengesellschaft.[8] Bislang leider ohne Erfolg, wenn man einmal von der rechtspraktisch wenig bedeutsamen »Europäischen Wirtschaftlichen Interessenvereinigung – EWIV« absieht. Neben allgemeinen dogmatischen Fragen besteht die hauptsächliche Schwierigkeit für die Entwicklung solcher europäischen und internationalen Gesellschaftsformen vor allem darin, dass die Beteiligungsrechte der Arbeitnehmer in den Mitgliedstaaten der Europäischen Gemeinschaft äußerst uneinheitlich sind; insbesondere lässt sich das deutsche Modell der Arbeitnehmer-Mitbestimmung in Europa zumeist nicht vermitteln. Es ist daher der Vorschlag gemacht worden, die europäische Privatgesellschaft in Anlehnung an das Vorbild aus Art. 3 Abs. 2c EWiV-VO nur für Unternehmen mit weniger als 500 Arbeitnehmern zu öffnen, um auf diese Weise die Mitbestimmungsproblematik zu vermeiden. Dieser Ansatz macht durchaus Sinn, da mehr als 99% der europäischen Unternehmen weniger als 500 Arbeitnehmer beschäftigen.[9]

Die Praxis sieht sich deshalb gezwungen, selbst Modelle zu erzeugen, um die Zusammenführung globaler Unternehmenseinheiten zu ermöglichen. Dabei bedient sie sich derjenigen nationalen Rechtsordnung, die für komplexe Transaktionsstrukturen die größtmögliche Gestaltungsfreiheit bietet.

Ein Beispiel ist etwa das »Business Combination Agreement« bei DaimlerChrysler, das als Modell für weitere supranationale Unternehmenszusammenschlüsse dienen mag.[10] Obwohl dieser Kernvertrag des Unternehmenszusammenschlusses in weiten Teilen gesellschaftsrechtliche Maßnahmen nach deutschem Recht zum Gegenstand hat, unterstellten die Vertragspartner diesen Vertrag dem flexibleren Recht des US-Bundesstaates Delaware.

bb) Globale Bewertungs- und Bilanzierungsstandards

Neben diesen Bemühungen um transnationale Gesellschaftsformen gehören zum Instrumentarium internationaler Mergers & Acquisitions – nicht zuletzt unter dem Einfluss der internationalen Kapitalmärkte – zunehmend auch globale Bewertungs- und Bilanzierungsstandards, wie zum Beispiel die »International Accounting Standards – IAS« und die häufig verwendeten »US – Generally Accepted Accounting Principles – US-GAAP«.

cc) Die »Welt-AG«

Insgesamt weisen die schon heute existierenden multi-nationalen Gesellschaften immer stärker globale Unternehmensstrukturen und Wesenszüge einer »Welt-AG« auf. Dies kann aber nicht darüber hinweg täuschen, dass der Weg zu einer grenzüber-

---

8 Vgl. Rasner, ZGR 1992, 315 ff. und Heinze, AG 1997, S. 289 ff.
9 Vgl. Hommelhoff/Helms, GmbHR 1999, S. 53, 58
10 Vgl. Thoma/Reuter, in: M&A Review, 1999, S. 314 ff.

schreitenden und globalen Gesellschaftsform noch sehr weit ist, obwohl es heutzutage in der Praxis für die global agierenden Unternehmen immer weniger darauf ankommt, nach welchem Recht sie inkorporiert sind.[11]

c) M&A-Usancen als eigenständiges »Transaktionsrecht«

Für die Praxis der Gestaltung von Transaktionsverträgen ist es zunehmend unerheblich, ob die Vertragspartner einen anglo-amerikanischen Vertrag dem deutschen Recht oder einen deutschen Vertrag einer anglo-amerikanischen Rechtsordnung unterstellen. Die M&A-Fachleute verlassen sich nämlich nicht mehr darauf, dass die von ihnen gewählte Rechtsordnung für die komplexen Interessenlagen angemessene Regelungen zur Verfügung stellt. Vielmehr schaffen sie sich zunehmend ihre eigenen, in sich geschlossenen umfassenden vertraglichen Regelwerke, die dann ihrerseits Muster-Charakter für weitere Transaktionen erhalten.

Die Transaktionsverträge bekommen damit den Charakter eigenständiger Rechtssysteme. Zugleich hat dies zur Folge, dass sich das Know-how von Transaktionen immer stärker in den Köpfen der M&A-Spezialisten sowie in ihren von Erfahrungen geprägten detaillierten Mustersammlungen bündelt. Unterstützt wird diese Entwicklung durch die internationalen Schiedsgerichte, die die von ihnen zu entscheidenden Rechtsstreitigkeiten vornehmlich mit wirtschaftlichen Argumenten aus der M&A-Praxis schlichten.

Insgesamt entsteht hierdurch ein international einheitliches »Transaktionsrecht«, das als Handelsbrauch längerfristig den Charakter einer eigenen verbindlichen Rechtsquelle erlangen wird. Den Wissenschaftlern und den Studierenden bleibt dieses Know-how weitgehend verborgen, sofern es ihnen nicht von den Praktikern aus den internationalen Law-Firms und Corporate-Finance-Abteilungen vermittelt wird.

d) Der Einfluss der anglo-amerikanischen M&A-Praxis

Mit dem Entstehen eines einheitlichen internationalen »Transaktionsrechtes« geht die zunehmende Verwendung anglo-amerikanischer Rechtsinstitute und Terminologien einher. Dies gilt immer mehr nicht nur bei den grenzüberschreitenden, sondern auch bei nationalen Transaktionen.

Wissenschaft und Praxis sind deshalb aufgerufen, das deutsche und europäische Wirtschafts- und Gesellschaftsrecht unter Einbeziehung der anglo-amerikanischen Institute fortzuentwickeln.

Insgesamt wird hierdurch freilich ein Verfahren ausgelöst, das nach traditioneller deutscher Sicht einen erheblich größeren Aufwand für die Planung, Gestaltung und Durchführung der Transaktionen erfordert.

---

11 Vgl. Maul, NZG, 1999, S. 741 ff.

e) Der Trend zur »One-Stop-Shop« M&A-Beratung

Aufgrund der hohen Nachfrage an M&A-Beratung verfolgen die internationalen Investment- und Beratungsgesellschaften immer mehr das Ziel, die Unternehmen bei nationalen und grenzüberschreitenden Transaktionen in allen Phasen, also bei Planung, Durchführung und Implementierung der Transaktionen ganzheitlich und »aus einer Hand« zu beraten.

Zugleich bemühen sie sich, den Unternehmen Gesamtkonzepte für die entsprechend ihrer komplexen Natur vielschichtigen und eng miteinander verzahnten branchen- und fachübergreifenden ökonomischen, rechtlichen, technischen und sozialen Aufgaben von Großtransaktionen anzubieten. Zu dem »One Stop Shop«-Angebot gehört deshalb neben der wirtschaftlich-finanziellen auch die juristische M&A-Beratung.

Von den Wirtschaftsanwälten verlangt diese Entwicklung eine immer größere Bereitschaft, sich mit mehr unternehmerischem Denken und Handeln auch den strategischen und wirtschaftlichen Fragestellungen des weiten M&A-Bereiches zu öffnen. Die bloßen Kenntnisse und Fertigkeiten in dem erlernten juristischen Fachgebiet reichen für die M&A-Kanzleien nicht mehr aus, um den vielschichtigen Anforderungen der Praxis als selbstständiges Beratungsunternehmen gewachsen zu sein. Die Anwaltschaft und vor allem die M&A-Anwälte müssen daher bestrebt sein, ihre betriebs- und finanzwirtschaftlichen Kenntnisse zu verbessern, um die Mandantschaft bei Transaktionen optimal beraten zu können. Umgekehrt gilt dies auch für die betriebswirtschaftlichen Berater, denen – wie bereits erwähnt – vom »Institute for Mergers & Acquisitions – IMA« der Privaten Universität Witten/Herdecke erstmalig in Deutschland ein interdisziplinäres betriebswirtschaftliches und wirtschaftsrechtliches M&A-Studium und eine entsprechende Weiterbildung angeboten wird.

Verständlicherweise erregen vor allem die »Mega-Mergers« das öffentliche Interesse und sorgen für die Schlagzeilen der Wirtschaftspresse. Beispiele hierfür sind die Fusion von DaimlerChrysler, die Übernahmen von Mannesmann durch Vodafone und von Bankers Trust durch die Deutsche Bank, die Verschmelzung der Degussa mit Hüls, die Zusammenführung der Bayerischen Hypotheken- und Wechselbank mit der Bayerischen Vereinsbank, die Fusionen von Krupp mit Thyssen und der VEBA mit Viag sowie die Verschmelzung von Hoechst mit Rhone-Poulenc zur Aventis. Nicht nur diese großen, sondern auch die »kleineren« Mergers & Acquisitions werden aufgrund der zunehmenden Globalisierung und der zusammenrückenden Märkte immer stärker international und »crossborder« geprägt sein. Sie alle bedürfen deshalb zunehmend einer internationalen, d.h. länderübergreifenden und hochqualifizierten Beratungskompetenz, die bislang nur die großen Investment- und Corporate-Finance-Beratungsgesellschaften sowie – aufgrund ihrer liberaleren Rechtssysteme – die ausländischen, insbesondere angelsächsischen »Law Firms« bieten können. Deshalb verwundert es nicht, dass die internationalen Beratungsgesellschaften, wie in der Einführung dargestellt, auch im Jahr 1999 die meisten Deals und zudem die größten Transaktionsvolumina in Europa auf sich haben vereinigen können.

Literatur

Achleitner, Ann-Kristin, Handbuch des Investment Banking 1999, S. 135 ff.
Beisel/Klumpp, Der Unternehmenskauf, 3. Auflage 1996
Günther, Unternehmenskauf, in: Münchener Vertragshandbuch Bd. 2, 4. Auflage 1997, II. 1.
Hölters, Handbuch des Unternehmens- und Beteiligungskaufs, 4. Auflage 1996
Holzapfel/Pöllath, Recht und Praxis des Unternehmenskaufs, 8. Auflage 1997
Hommelhoff, Der Unternehmenskauf als Gegenstand der Rechtsgestaltung, ZHR 1986, 254 ff.
Horn, Internationale Unternehmenszusammenschlüsse, ZiP 2000, S. 473 ff.
Huber, in: Soergel, Kommentar zum BGB, § 459 Rdn. 240 bis 286 (D. II. Unternehmen) und Rdn. 287 – 296 (D. III. Gesellschaftsanteile), 12. Auflage 1991
Jansen, Mergers & Acquisitions – Unternehmensakquisitionen und -kooperationen –, 2. Auflage 1999
Merkt, Internationaler Unternehmenskauf, 1997
Müller-Stewens, Akquisitionen und der Markt für Unternehmenskontrolle: Entwicklungstendenzen und Erfolgskontrolle, in: Arnold Picot/Nordmeyer/Pribilla, Management von Akquisitionen, 1999, S. 41 ff.
Oehlrich, Strategische Analyse von Unternehmensakquisitionen, – Das Beispiel der pharmazeutischen Industrie –, 1999
Picot, Arnold/Reichwald/Wigand, Die grenzenlose Unternehmung, Information, Organisation und Management, 3. Auflage 1998
Picot, Arnold/Freudenberg/Gassner, Management von Reorganisationen, – Maßschneidern als Konzept für den Wandel –, 1999
Picot, Arnold/Nordmeyer/Pribilla, Management von Akquisitionen, 1999
Picot, Gerhard, Unternehmenskauf und Restrukturierung, – Handbuch zum Wirtschaftsrecht –, 2. Auflage 1998
Picot, Gerhard, Mergers & Acquisitions in Germany, – Handbook, Second Edition 2000
Picot, Gerhard, Wirtschaftsrechtliche Parameter des Akquisitionsmanagements, in: Arnold Picot/Nordmeyer/Pribilla, Management von Akquisitionen, 1999, S. 121 ff.
Picot, Gerhard, Mergers & Acquisitions in Telekommunikation und Internet, in: DER FINANZBETRIEB 1999, S. 61 ff.
Picot, Gerhard/Land, Der internationale Unternehmenskauf, in: Der Betrieb 1998, 1600 ff.
Picot, Gerhard/Land, Management Buy-Outs in Germany Booming, International Business Lawyer 1998, S. 278 ff.
Picot, Gerhard/Land, Going Public – Typische Rechtsprobleme des Ganges an die Börse, in: DB 1999 S. 570 ff.
Picot, Gerhard/Aleth, Unternehmenskrise und Insolvenz, – Vorbeugung, Turnaround, Sanierung – Handbuch zum Wirtschaftsrecht, 1999
von Rosen/Seifert, Die Übernahme börsennotierter Unternehmen, 1999
Sieger/Hasselbach, Break Fee-Vereinbarungen bei Unternehmenskäufen, BB 2000, S. 625 ff.

II. Mergers & Acquisitions aus Sicht der Kapitalmärkte[1]

Mergers & Acquisitions sind Transaktionen, die sich innerhalb der Kapitalmärkte abspielen. Insofern ist der Kauf und Verkauf von Unternehmen, auch eine Fusion zwischen zwei Unternehmen, zunächst nicht viel anders zu betrachten, als eine Investitions- oder Desinvestitionstätigkeit in Eigen- oder Fremdkapitalinstrumente an einer Börse. Darüber hinaus gibt es neben einigen Unterschieden allerdings interessante Wechselwirkungen zwischen den Kapitalmärkten und M&A-Transaktionen.

Hauptunterschiede liegen zum einen in der Tatsache, dass es in M&A-Transaktionen in der Regel um die Kontrolle eines gesamten, in sich geschlossenen Vermögenswertes, also eines Unternehmens geht, zum anderen das Unternehmen als »gehandeltes« Objekt durch sein Management selbst Einfluss auf die Transaktion im Kapitalmarkt nimmt oder zumindest nehmen kann. Die Ereignisse um die Vodafone/Mannesmann Transaktion belegen dies deutlich. Das Unternehmen Mannesmann als das Objekt einer Transaktion zwischen einem Käufer (Vodafone) und einem möglichen Verkäufer (Aktionäre von Mannesmann), wird zum wesentlichen Einflussfaktor auf den Ausgang einer M&A-Transaktion. Die Frage der Kontrolle, also letztlich der uneingeschränkten Verfügbarkeit über alle oder zumindest die Mehrheit der Aktien eines Unternehmens, aber auch die Rolle des Unternehmens bzw. des Managements des Unternehmens unterscheiden M&A-Transaktionen von einfachen Kauf- oder Verkaufsaktionen an den Kapitalmärkten. Gleichzeitig können sich M&A-Transaktionen nicht den Kapitalmärkten mit ihren kodifizierten und nicht kodifizierten Gesetzmäßigkeiten entziehen.

Die wesentlichen Wechselwirkungen zwischen Kapitalmärkten und M&A-Transaktionen sollen in den folgenden fünf Abschnitten beschrieben und diskutiert werden.

Unternehmensbewertung und -wertfindung sowie die Beurteilung von Transaktionen finden an den Kapitalmärkten (»Demokratisierung der Wertfindung«) statt und die Akteure in M&A-Prozessen müssen sich daran orientieren. Shareholder Value, ein Schlagwort moderner Unternehmensführung, leitet sich unmittelbar vom Wert eines Unternehmens an den Kapitalmärkten ab. Ebenso wird der Erfolg von M&A-Strategien zunehmend am Kapitalmarkt beurteilt. Unmittelbare aber auch langfristige Reaktionen der Märkte auf Transaktionen prägen das kurzfristige Urteil über die Erfolgsaussichten einer Transaktion (»Acid Test für Transaktionen«). Einschlägige Untersuchungen haben übrigens ergeben, dass die unmittelbare Reaktion des Mark-

1 Mitverfasst von Till Hufnagel, Goldman, Sachs & Co. OHG

tes auf die Ankündigung einer M&A-Transaktion ein sehr guter Indikator für den langfristigen Erfolg, gemessen als längerfrister »Return to Shareholder«, ist. Die Größe der Marktkapitalisierung eines Unternehmens wird zunehmend zur strategischen Waffe. Zwar bleibt unter den traditionellen Messlatten unternehmerischen Erfolgs die Größe als einziges Kriterium weiterhin fraglich, zumal wenn es um die Größe des Umsatzes, der Assets oder Mitarbeiterzahl geht. Größe am Kapitalmarkt hingegen, also die Höhe der Marktkapitalisierung ist und bleibt ein, wenn nicht sogar das bestimmende Instrument bei M&A-Transaktionen, in denen Unternehmenskontrolle zur Disposition steht (»Marktkapitalisierung als strategische Waffe«).

M&A-Transaktionen erhöhen den Freiheitsgrad unternehmerischer Führung. Käufe oder Verkäufe von Unternehmen und Unternehmensanteilen, die in der Vergangenheit unmöglich oder undenkbar gewesen wären, sind plötzlich machbar. Investment Banker, Rechtsanwälte, Wirtschaftsprüfer, Investor Relations Spezialisten und/oder andere Professionals übernehmen dabei zunehmend die Rolle von »Market Makers« im »Market for Corporate Control«. Sie helfen idealerweise dabei durch ihre Dienstleistungen sicherzustellen, dass unternehmerische Zielsetzungen auch mit Hilfe des M&A-Marktes umgesetzt werden können (»Investment Banker als Market Agents«).

Schließlich hat der M&A-Markt, im Vergleich zu den öffentlichen Kapitalmärkten, einen zusätzlichen Regulierungsbedarf. Im Gegensatz zu den angelsächsischen aber auch anderen europäischen Ländern, befindet sich die effektive Regulierung von internationalen oder öffentlichen Transaktionen hierzulande noch in den Kinderschuhen (»Regulatorische Defizite« im deutschen Markt »for Corporate Control«).

Im Folgenden werden diese kurzfristigen Wechselwirkungen zwischen Kapitalmärkten und M&A-Transaktionen weiter thematisiert.

1. Marktkapitalisierung als strategische Waffe

Innerhalb der letzten Jahre ist die Marktkapitalisierung einzelner Unternehmen, und damit auch des Gesamtmarktes, enorm gewachsen. In nur 10 Jahren ist die Marktkapitalisierung der 100 am schnellsten wachsenden globalen Unternehmen um mehr als 30% pro Jahr gewachsen, der gesamte Markt lediglich um ca. 18%. Warum interessiert Marktkapitalisierung eines Unternehmens überhaupt? Ist das weitläufig verbreitete Paradigma, dass nicht Größe sondern Geschwindigkeit zählt und Größe Dynamik behindert, heute nicht mehr gültig?

Die enormen Marktkapitalisierungen bringen Unternehmen heute echte Vorteile bei der schnellen Realisierung von Wachstumsmöglichkeiten in einer expandierenden Weltwirtschaft. Das heißt, dass Größe und Wachstumsmöglichkeit nicht nur als »trade offs« zu sehen sind, sondern sich durchaus auch gegenseitig verstärken. Manche M&A-Transaktionen werden erst vor dem Hintergrund einer hohen Marktkapitalisierung möglich. Das mittlerweile entwickelte und auch über nationale Grenzen hinweg erprobte Instrumentarium des Aktientausches verschafft einer starken Marktkapitalisierung eine überragende Bedeutung im M&A-Markt. Bei über 80% der Transaktionen mit einer Transaktionssumme von mehr als 1 Mrd. Euro werden heute eigene Aktien und damit die eigene Marktkapitalisierung eingesetzt, um Transaktionen zu realisieren. Gleichzeitig schützt eine hohe Bewertung ein Unternehmen vor einer Übernahme. Im Gegensatz dazu bedeutet geringe Marktkapitalisierung und ein damit verbundenes langsames Wachstum der Marktkapitalisierung meist eine erhöhtes Risiko, selbst übernommen zu werden.

Unternehmen sehen sich damit einem neuen Paradigma gegenüber: Sie müssen sich, absolut gesehen, hohe Bewertungen sichern und bei ihren Marktkapitalisierungen relativ schneller wachsen als der Markt, um entweder ein großes und globales Unternehmen zu bleiben oder zu werden. Anderenfalls laufen sie Gefahr, die Kontrolle über ihr eigenes Schicksal zu verlieren. Airtouch, General Electric, Daimler Chrysler und andere Unternehmen haben bewiesen, wie M&A-Transaktionen dazu beitragen, diesem neuen Paradigma gerecht zu werden.

Wachstum der Marktkapitalisierungen ist in zwei Dimensionen erklärbar: Zum einen durch das Wachstum des Buchwertes des Eigenkapitals als Maß für die Summe der Vermögenswerte und des Wachstums des einbehaltenen Gewinns über eine Periode, zum anderen aber auch durch die Prämie, die der Kapitalmarkt über diese Buchwerte hinaus dem Unternehmen zuzumessen bereit ist. Interessanterweise sind bei den Top-Unternehmen in der Vergangenheit die Prämien über die Buchwerte (»Market over Book«) signifikant schneller gewachsen als die Buchwerte des Eigenkapitals.

Die Unterschiede der Unternehmen im Hinblick auf die Zunahme ihrer »Market to Book Ratio« korrelieren deutlich mit ihren unterschiedlichen Eigenkapitalrenditen (Return on Book Equity).

Zusammengenommen heißt dies, dass das Wachstum der Marktkapitalisierungen eher erzielbar ist durch wachsende Eigenkapitalrenditen, als durch absolutes Gewinnwachstum. Dies ist aufgrund von Untersuchungen bei global agierenden Unternehmen durch das historisch beobachtete überproportionale Wachstum der Marktkapitalisierung infolge einer Veränderung der Market to Book Ratio gegenüber dem Wachstum durch Veränderung des gesamten Buchwertes des Eigenkapitals plausibilisierbar. Market to Book Ratios sind also eher Folge von hohen Eigenkapitalrenditen als absolutem Gewinnwachstums. Aber nur die Unternehmen, die versuchen, hohes Gewinnwachstum bei gleichzeitig hohen Kapitalrenditen zu realisieren, sind vom Markt mit enormen Marktkapitalisierungen belohnt worden.

In einer sich globalisierenden, wachsenden Weltwirtschaft, die für Unternehmen enorme Wachstumspotenziale bietet, ergeben sich daraus für Unternehmen *verschiedene Ausgangspositionen (siehe Abbildung 1), um ihre strategische Zukunft zu kontrollieren.*

Keine Kontrolle: Unternehmen, die weder über die ausreichende Größe (gemessen als Buchwert des Eigenkapitals), noch über eine entsprechende Performance (gemessen als Market to Book Ratio) verfügen, sind verletzbar (hier unterer rechter Quadrant in Abb. 1). Die Unternehmen nutzen in der Regel ein geringes Kapital und

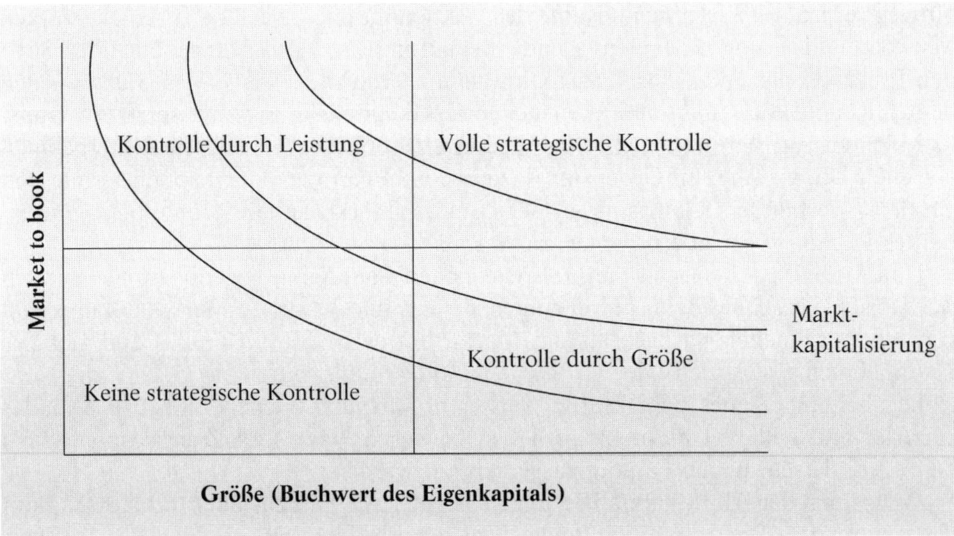

Abb. 1: Zusammenspiel von Unternehmensgröße und Performance

generieren darauf niedrige Renditen. Typischerweise agieren sie in reifen Geschäften auf nationaler Basis. Sie werden früher oder später von anderen Unternehmen übernommen, die höhere Renditen auf die Vermögenswerte erzielen können.

Kontrolle durch Leistung: Unternehmen im linken, oberen Quadranten generieren hohe Renditen auf ein relativ geringes eingesetztes Kapital. Sie agieren normalerweise in nur relativ engen Märkten und liefern Wertschöpfung, indem sie proprietäres Wissen bzw. Technologien einsetzen. Kaum andere Wettbewerber können so hohe Renditen auf das eingesetzte Kapital erwirtschaften. Insofern sind diese Unternehmen zumindest zeitweise geschützt. Ihre Herausforderung liegt in der Notwendigkeit, weitere Märkte oder neue Produkte zu finden. Oftmals lässt sich dies durch Zukauf erreichen. Anderenfalls laufen diese Unternehmen Gefahr, übernommen zu werden, wenn es ihnen nicht gelingt, ihre herausragenden Fähigkeiten auf eine größere, globale Asset Basis zu übertragen.

Kontrolle durch Größe: Unternehmen, die sich dem rechten, unteren Quadranten zuordnen lassen, überleben zumeist auf Basis ihrer bloßen Größe, obwohl sie niedrige Renditen erwirtschaften. Meist handelt es sich dabei um etablierte Unternehmen in kapitalintensiven Industrien, die in der Vergangenheit ihr Geschäft international ausgeweitet haben. Gelingt es solchen Unternehmen nicht, die Renditen durch Desinvestitionen von Assets mit den niedrigsten Renditen insgesamt zu steigern und diese Erlöse in Geschäfte mit besseren Renditen zu reinvestieren, laufen sie Gefahr, im Rahmen von Konsolidierungsakquisitionen übernommen zu werden.

Volle Kontrolle: Unternehmen im rechten, oberen Quadranten produzieren hohe Returns auf einer hohen Kapitalbasis. Sie sind in der Lage, ihre strategische Zukunft auf Basis der Marktkapitalisierung selbst zu bestimmen. Sie sind zumeist global tätig und verfügen über differenzierende Fähigkeiten. Ihre hohen Bewertungen erlauben die Akquisitionen von Wettbewerbern und schützen sie gleichzeitig vor Übernahmen. Somit sind sie in der Lage, nicht nur ihr eigenes Schicksal, sondern unter Umständen auch das Schicksal einer ganzen Industrie zu bestimmen. Ihre Herausforderung liegt in der Absicherung ihrer Position gegenüber neuen Wettbewerbern und dem Auffinden von weiteren profitablen Wachstumsmöglichkeiten.

2. Demokratisierung der Wertfindung

Die Wechselwirkung zwischen Kapitalmärkten und M&A-Transaktionen zeigt sich besonders stark bei der Frage der Unternehmensbewertung (siehe dazu B.IV.3.c) sowie B.VI.). Eine Transaktion kommt nur dann zum Abschluss, wenn Käufer und Verkäufer sich auf einen Preis einigen können.

Zunächst dient die Bewertung eines Unternehmens der Ermittlung des Betrages, den ein Käufer für ein Zielunternehmen zu investieren bereit ist. Die Entscheidungsträger sind hierbei zum einen das Management des akquirierenden Unternehmens, das meist mit Unterstützung professioneller Berater eine Vorstellung des Wertes der Zielgesellschaft aus der Perspektive des Unternehmens und dessen Aktionären entwickelt. Auf der anderen Seite befinden sich die Anteilseigner des Zielunternehmens, an die das Angebot adressiert wird. Nur mit ihrer Bereitschaft, das Angebot der Käuferseite zu akzeptieren, kann eine Transaktion durchgeführt werden. Diese Bereitschaft spiegelt sich letztendlich in der Reaktion der Kapitalmärkte wider. Oftmals sind deutliche Kursveränderungen die Folge der Bekanntgabe von Transaktionen bzw. Transaktionsabsichten.

Falls das Angebot an die Aktionäre des zu erwerbenden Unternehmens in bar erfolgt, wird sich in erster Linie am Aktienkurs des bietenden Unternehmens die Einschätzung der Anlegergemeinschaft bezüglich der gebotenen Kontrollprämie und der Sinnhaftigkeit der Transaktion festlegen lassen. Setzt ein Unternehmen dagegen eigene Aktien als Akquisitionswährung ein, legt der Kapitalmarkt bei einem fixierten Austauschverhältnis mittelbar die Höhe des Kaufpreises fest.

Um eine möglichst stichhaltige Wertermittlung zu ermöglichen, wurden in der Vergangenheit eine Vielzahl verschiedenster Methoden entwickelt und in der Bewertungspraxis eingesetzt. Unterschiede ergeben sich dabei sowohl in der Art der theoretischen Fundierung als auch der Eignung für die Praxis.[2]

2 Zur Unternehmensbewertung in Gesetzgebung und Rechtsprechung siehe B.IV.3.d).

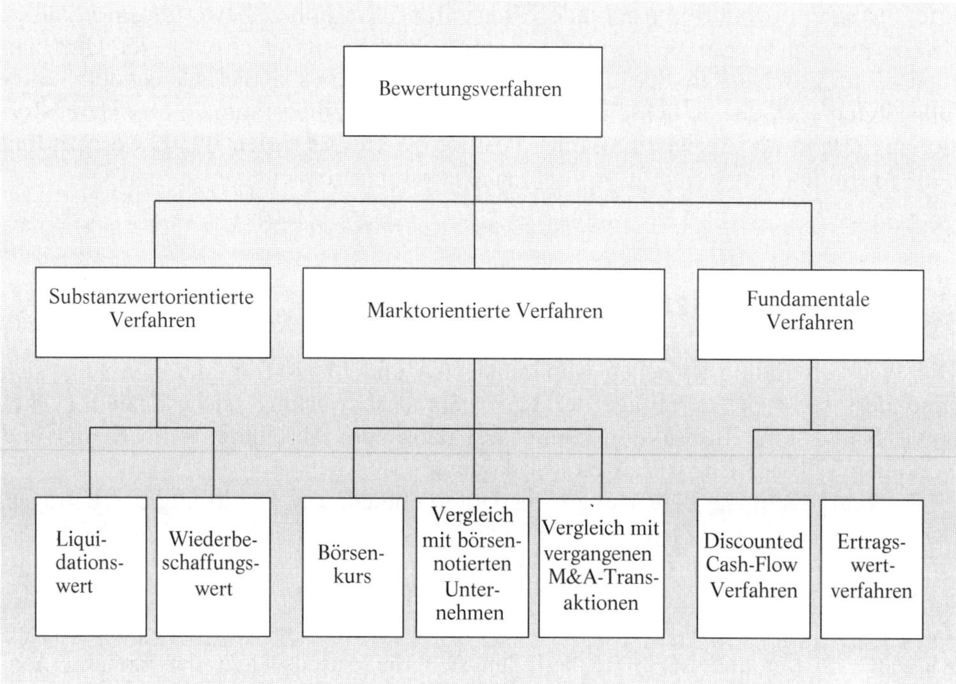

Abb. 2: Übersicht über verbreitete Bewertungsverfahren

3. Substanzwertorientierte Bewertungsverfahren

Substanzwertorientierte Bewertungsverfahren basieren auf der Annahme, dass ein Unternehmen nach der Höhe und Qualität seiner Aktiva beurteilt werden soll. Ein potenzieller Käufer wird demnach genau den Preis für ein Unternehmen bezahlen, der dem Wert dessen Vermögensgegenstände für ihn entspricht. Falls das Unternehmen fortgeführt werden soll, ist dies der Wiederbeschaffungswert, im Falle der Stilllegung der Liquidationswert, der sich im entsprechenden Zeitrahmen erzielen lässt. Dabei lassen sich auch immaterielle Vermögensgegenstände berücksichtigen, indem ein entsprechender Verkaufspreis für solche Werte berechnet wird.

Methoden, die an der Unternehmenssubstanz ansetzen, basieren somit auf der Einschätzung des Wertes eines Unternehmens durch den Käufer. Dieser sieht sich den Alternativen gegenüber, die entsprechenden Vermögensgegenstände als Gesamtheit zu erwerben oder aber schrittweise das gleiche Ergebnis zu erzielen (build-or-buy). Gerade darin liegt auch die größte Schwäche dieses Ansatzes. Andere wertbestimmende Faktoren, wie die Überwindung von Markteintrittsbarrieren durch die Akquisition eines Wettbewerbers oder die mögliche Realisierung von Synergien im Rahmen einer M&A-Transaktion, finden keine Berücksichtigung. Die Anwendbarkeit dieser Verfahren beschränkt sich deshalb im Regelfall auf die Bewertung unselbstständiger Unternehmensteile oder einzelner Anlagegüter und dient in diesem Zusammenhang meist als Preisuntergrenze.

Andererseits zeichnen sich die substanzwertorientierten Verfahren durch eine relativ einfache Wertermittlung aus. Im Falle einer gerichtlichen Überprüfung lassen sich die ermittelten Kaufpreise stichhaltig begründen und verteidigen. Trotzdem hat die Bedeutung dieser Methoden in der Praxis mit der Entwicklung der Kapitalmärkte abgenommen.

4. Marktorientierte Bewertungsverfahren

Weitverbreitet sind Bewertungsmethoden, die den Wert eines Unternehmens anhand des aktuellen Aktienkurses des Zielunternehmens oder von Wertrelationen vergleichbarer Börsenunternehmen oder Transaktionen ermitteln.

Bei letzteren Verfahren wird in einem ersten Schritt ein Universum von Unternehmen ermittelt, die mit dem zu bewerteten Unternehmen vergleichbar sind, die so genannten »Comparables«. Vergleichbarkeit macht sich hierbei an Kriterien wie dem Produktportfolio, den eingesetzten Produktionsverfahren, der Größe und geographischen Verteilung der bearbeiteten Märkte, der Umsatzgröße, etc. fest.

Für diese Vergleichsunternehmen werden bestimmte Verhältniszahlen, die »Multiples«, zwischen der Börsenbewertung und Leistungskennzahlen errechnet. Üblicherweise wird der an der Börse beobachtbare Unternehmenswert mit der Umsatzzahl, dem EBITDA, dem EBIT sowie der Höhe des Gewinnes ins Verhältnis gesetzt. Auch der Nettowert der Vermögensgegenstände als Bestandszahl findet in der Praxis Anwendung. Bei jungen Unternehmen, vor allem in der Telekommunikations-, Software- und Internetbranche, die sich noch in der Phase eines starken Wachstums befinden und demzufolge oftmals negative Gewinnzahlen aufweisen, greift man üblicherweise auf andere Vergleichsmaßstäbe wie die Anzahl der Anschlüsse, der Abonennten oder gar der hochqualifizierten Mitarbeiter zurück. Mittels der so errechneten Multiples lässt sich in einem weiteren Schritt ein Wert für das Unternehmen, das Ziel einer M&A-Transaktion ist, ermitteln. Meist verwendet man hierzu den Mittelwert oder den Median einer Verhältniszahl und multipliziert diesen mit der entsprechenden Kennzahl des Zielunternehmens.

Analog geht man bei der Methode vergleichbarer Transaktionen vor. Zur Wertermittlung werden Transaktionen aus der Vergangenheit herangezogen, bei denen hinreichende Vergleichbarkeit bezüglich der beteiligten Unternehmen und der Unternehmensgröße gegeben ist. Anstelle der aktuellen Börsenbewertung wird der Kaufpreis mit den entsprechenden historischen Kennzahlen ins Verhältnis gesetzt und der sich ergebende Multiple für die Bewertung verwendet. Gerade für das M&A-Geschäft hat diese Methode den großen Vorteil, dass auch Akquisitionsprämien in die Wertanalyse mit einfließen.

Marktwertorientierte Verfahren benutzen die Sichtweise des Kapitalmarktes als Instrument der Unternehmensbewertung. Der starken Bedeutung der Einschätzung von Transaktionen durch die Anleger kann Rechnung getragen werden, indem man auf Erfahrungswerte aus der Vergangenheit zurückgreift. Implizit werden alle wertbeeinflussenden Faktoren der betrachteten Unternehmen und Transaktionen berücksichtigt. Die Prämien, die bei historischen Transaktionen bezahlt wurden, spiegeln etwaige Synergien oder Markteintrittsbarrieren, die überwunden werden konnten, wider.

Allerdings sind solche Verfahren mit einigen Schwierigkeiten und Nachteilen verbunden. Zunächst erweist es sich meist als problematisch, eine genügend große Anzahl hinreichend vergleichbarer Unternehmen zu finden. Unterschiede in den Unternehmensgrößen, in der Zusammensetzung der Produktpaletten oder in den verwendeten Geschäftsmodellen beschränken die Vergleichbarkeit oftmals deutlich. Die Methoden basieren zudem auf der sehr restriktiven Annahme effizienter Kapitalmärkte (»Efficient Market Theory«). Demnach erkennt der Kapitalmarkt beispielsweise Inhomogenitäten in der Buchführung verschiedener Unternehmen und lässt diese in die Bewertung einfließen. Ein weiterer Nachteil besteht in der fehlenden Berücksichtigung des jeweiligen transaktionsspezifischen Risikos sowie, im Falle der Methode vergleichbarer Transaktionen, in der fehlenden Zukunftsorientierung. Trotz alledem liefern marktbezogene Bewertungsmethoden wertvolle Orientierungsmaßstäbe für die Bewertung von M&A-Transaktionen. Gerade bei Mischkonzernen dienen diese Verfahren im Rahmen einer »sum-of-the-part« Analyse dazu, eine Unterbewertung des gesamten Konzerns im Vergleich zu dem Wert der einzelnen Geschäftsfelder zu ermitteln, indem man passende Comparables für die einzelnen Teile des Gesamtgebildes verwendet.

5. Fundamentale Bewertungsverfahren

Während marktorientierte Methoden mit unternehmensexternen Wertgrößen arbeiten, orientieren sich fundamentale Methoden am »inneren Wert« eines Unternehmens. Analog einer jeden Investitionsentscheidung ergibt sich der Wert gemäß der Kapitalwertmethode aus der Summe der diskontierten zukünftigen Einzahlungsüberschüsse, die den Anteilseignern zustehen. Im Gegensatz zu den bisher betrachteten Methoden basieren fundamentale Ansätze somit auf Zukunftsgrößen. Das jeweilige subjektive Risiko einer Transaktion aus Sicht des Käufers findet dabei im risikoadjustierten Zinsfuss, der zur Diskontierung genutzt wird, Berücksichtigung.

Im angelsächsischen Raum ist die Discounted Cash Flow Methode (DCF) weit verbreitet, während vor allem in Deutschland auch die Ertragswertmethode Anwendung findet. Unterschiede ergeben sich vor allem hinsichtlich der zu verwendenden Einzahlungsgrößen und des Diskontierungszinssatzes. Bei den DCF-Methoden werden die prognostizierten Zahlungsströme mit dem gewogenen Mittel aus Eigen- und Fremdkapitalkosten, den so genannten Weighted Cost of Capital (WACC) abgezinst. Je nach Wahl der Cash Flow Größen und des entsprechenden WACC kann so der Gesamtunternehmenswert oder aber der Wert des Eigenkapitals direkt errechnet werden. Während sich die Fremdkapitalkosten aus den tatsächlichen Konditionen der Unternehmensschulden ergeben, leiten sich die Eigenkapitalkosten aus dem Capital Asset Pricing Modell (CAPM) ab. Dieses theoretische Modell basiert auf der Annahme, dass Anleger auf vollkommenen Kapitalmärkten ihr Risiko optimal diversifizieren können und deshalb lediglich die Übernahme des firmenspezifischen Risikos berücksichtigt werden darf. Dieses orientiert sich wiederum an der Volatilität der Kursentwicklung einer Aktie im Vergleich zur Bewegung des Marktportfolios, das vereinfachend durch einen Aktienindex dargestellt wird. Diese Abhängigkeit wird durch den Beta-Faktor angegeben, der meist aus der historischen Volatilität berechnet wird. Neben den individuell prognostizierten Unternehmenszahlen fließen somit ebenfalls Marktinformationen in die Bewertung ein und übernehmen eine gewisse Objektivierungsfunktion, die wiederum auf die Kapitalmärkte und damit implizit die Gesamtheit aller Investoren zurückgeht.

Das deutsche Ertragswertverfahren verwendet nachhaltig entziehbare Ertragsüberschüsse an Stelle von Cash Flows. Durch das Kriterium der Nachhaltigkeit soll sichergestellt werden, dass rechnungslegungspolitische Einflüsse keinen Einfluss auf die Bewertung haben. Die Ermittlung des Diskontierungzinsfußes ist beim Ertragswertverfahren weniger stark strukturiert und gibt grundsätzlich einen risikofreien Marktzins vor, der mittels eines nicht näher bestimmten Risikozuschlages auf die individuelle Situation angepasst wird. Dieses Verfahren wird im Rahmen der Gutachtertätigkeit von Wirtschaftsprüfern eingesetzt und beeinflusst vor allem Transaktionen im deutschen Rechtsraum im Rahmen von Verschmelzungsgutachten. Der HFA hat dazu entsprechende Richtlinien erlassen.

In der Bewertungspraxis haben sich DCF-Verfahren immer mehr durchgesetzt. Schwächen des Konzeptes sind vor allem in der Übertragbarkeit des CAPM auf die Bewertungspraxis zu sehen. Als theoretisch fundiertes Verfahren verwendet dieses Modell sehr restriktive Annahmen wie die der Existenz vollkommener Kapitalmärkte. Darüber hinaus erweist sich die Ermittlung der Beta Faktoren mithin als recht problematisch. Zahlreiche Studien haben ergeben, dass sich Betas im Zeitverlauf ändern, was eine Verwendung historischer Zahlenreihen problematisch macht. Der große Vorteil des Verfahrens liegt in der gleichzeitigen Beachtung unternehmensinterner und -externer Bewertungsinformationen und der Zukunftsorientierung. Die jeweiligen subjektiven Prognosen aller relevanten monetären Größen einer M&A-Transaktion können so transparent dargestellt und relativ objektiv verglichen werden. Auch Synergieeffekte oder subjektiv empfundene Risiken fließen in die Bewertung ein. Ergibt sich bei der Anwendung des DCF-Verfahren ein höherer Wert für ein Unternehmen als aus den marktorientierten Verfahren, so kann das Management Indikationen für eine Wertschaffung im Sinne des Shareholder Value gewinnen, indem man solche Wertlücken durch entsprechende M&A-Transaktionen schließt. Einen weiteren Pluspunkt stellt der relativ lange Zeithorizont der verwendeten Vorhersagen dar.

Allen am Kapitalmarkt orientierten Wertfindungen ist gemeinsam, dass sie sich aus dem Urteil und der Entscheidung von Millionen von Marktteilnehmern ergeben. Die laufende Preisbildung aus Nachfrage und Angebot ist eine wertvolle Orientierung. Fundamentale Verfahren, wie die DCF Analyse, helfen diese Entscheidungen zu plausibilisieren und zukunftsorientierte Wertentwicklungsmöglichkeiten abzugreifen. Es lässt sich nachweisen, dass die Korrelation zwischen der Entwicklung von Cashflow (»Free Cash Flow«) und Börsenwerten mittel- und längerfristig sehr hoch ist, wenngleich die unmittelbare EPS (Earnings per share oder Gewinn pro Aktie) Auswirkung einer Transaktion heute vielfach eher als Indikator für die Entwicklung des künftigen Aktienkurses gesehen wird.

6. Acid-Test für Transaktionen

Der Kapitalmarkt reagiert in der Regel auf die Ankündigung von Transaktionen mit Kursteigerungen oder –abschlägen.

Unmittelbar ist dies die Erfolgs- oder Misserfolgsbeurteilung des Kapitalmarktes. Allerdings ergibt die Analyse der anfänglichen Preisbewegungen nach Akquisitions- oder Mergerankündigungen, dass der Markt nicht immer recht hat. Benutzt man als Kriterium für den fundamentalen Erfolg einer Transaktion die Tatsache, dass ein Unternehmen langfristig mindestens die Kapitalkosten auf das für die Akquisition eingesetzt Kapital verdienen sollte, dann zeigt sich, dass der Kapitalmarkt nicht alle Transaktionen richtig beurteilt. Einem initialen Erfolgsurteil des Kapitalmarktes (Kursgewinn von mindestens 5% bei Ankündigung der Transaktion für das »kaufende« Unternehmen) entspricht nur in 50% aller Fälle auch ein fundamentaler Erfolg. Der Markt ist so gesehen deutlich optimistischer als die Realität. Bei der Beurteilung von Misserfolgen ist der prognostische Wert von initialer Marktreaktion ungleich höher. In mehr als 80% der untersuchten Fälle sind Preisabschläge als Folge einer Transaktionsankündigung mit einem fundamentalen Misserfolg, also einem unter den Kapitalkosten liegenden Return auf das eingesetzte Kapital, verbunden.

Zusammengefasst zeigen diese Punkte, dass der Markt wohl eher Misserfolge als Erfolge unmittelbar richtig beurteilen kann.

Diese auf den ersten Blick stichhaltigen Daten (Vergleich von ca. 50 Akquisitionen über einen Zeitraum von drei Jahren) und die sich daraus ableitenden Schlussfolgerungen, sind jedoch mit Vorsicht zu genießen. Die Kriterien für Erfolg oder Misserfolg einer Transaktion sind zwar eingängig und lassen sich auch, sieht man von der Datenerhebungsproblematik ab, eindeutig berechnen, sind aber letztlich für Aussagen zum Erfolg oder Misserfolg von M&A-Tätigkeit unzureichend. Dies liegt naturgemäß in der fehlenden Vergleichbarkeit der Entwicklung eines Unternehmens, das eine M&A-Transaktion durchführt, mit der Entwicklung desselben Unternehmens, das keine solche Transaktion durchführt. Erst ein solcher praktisch unmöglicher, in der Naturwissenschaft üblicher und einzig gültiger Beweis zur Auswirkung eines Einflussfaktors auf eine Gruppe gegenüber einer Kontrollgruppe, die zu Beginn des Experiments absolut gleich waren, würde hinreichend sicher nachweisen, ob nun eine Transaktion zum Erfolg eines Unternehmens beigetragen hat oder nicht. Auf das oben erwähnte fundamentale Erfolgsmaß für Transaktionen (»höhere

Rendite als Kapitalkosten«) bezogen, muss man feststellen, dass selbst eine nach diesem Kriterium missglückte Transaktion immer noch ein Erfolg gewesen sein könnte, solange niemand ausschließen kann, dass sich die Rendite der Unternehmen ohne diese Transaktion noch viel mehr reduziert hätte.

Nichtsdestoweniger lassen sich aus Untersuchungen, die Goldman Sachs aber auch eine Vielzahl von Unternehmensberatern durchgeführt haben, einige Aussagen zum Erfolg bzw. Misserfolg von Transaktionen herausarbeiten. Viele Unternehmen benutzen dabei als Kriterium für den Erfolg die Realisierung der bei der Ankündigung bekanntgegebenen Synergiepotenziale. Auch dieses Erfolgskriterium ist gründlich zu hinterfragen, denn Erfolg oder Misserfolg wäre bei Gültigkeit dieses Erfolgsmaßes vor allem Resultat vollmundiger oder eher bescheidener Ankündigungspolitik.

Faktoren, die sich immer wieder als Ursache für den Misserfolg von M&A-Transaktionen identifizieren lassen, sind vor allem die Überschätzung des Marktpotenzials (sog. Umsatzsynergien), Überschätzen der Kostensynergien und unzureichend schnelle und aggressive Integration nach dem Transaktionsabschluss. Erfolgreiche Transaktionen kennzeichnen sich nach diesen Untersuchungen vor allem durch eine starke Verbindung zum Kerngeschäft und ein entsprechend starkes strategisches Rational für die Transaktion. Diversifikationsakquisitionen sind langfristig eher kritisch zu bewerten.

Zusätzlich zeigt sich auch, dass große Akquisitionen weniger erfolgsversprechend zu sein scheinen als kleinere. Schließlich ist die saubere und detaillierte Abklärung und Aushandlung der Transaktionsbedingungen sowie ein schneller und radikaler Post-Merger Integration-Prozess eine oft beobachtbare Erfolgsvoraussetzung.

7. Investment Banker als Market Agents

Die Existenz und das Funktionieren eines Marktes für Corporate Control ist für eine Volkswirtschaft von enormer Bedeutung. Wirtschaftliche Restrukturierungs- und Anpassungsprozesse sind nötig, um die Erforschung und rasche Verbreitung neuer Technologien zu ermöglichen und generell das menschliche Wirtschaften mit den realen Bedürfnissen der Menschen abzustimmen.

Für Unternehmen stellt ein funktionierender Markt eine Erweiterung ihrer strategischen Optionen dar. Anstelle organischen Wachstums und der oftmals mühevollen eigenen Entwicklung neuer Technologien, kann durch Zukauf oder Verschmelzung Wachstum beschleunigt werden, können Markteintrittsbarrieren rasch überwunden werden und lässt sich unter Umständen zügig und kostengünstig der Zugang zu technologischen Neuerungen erwerben. Unternehmensbereiche, die nicht mehr in das strategische Konzept passen, lassen sich relativ problemlos abstoßen, statt sie kosten- und zeitintensiv zu schließen. Beispielsweise war die Umwandlung der Hoechst AG von einem breit diversifizierten Konglomerat zu einem reinen Life-Sciences Spezialisten innerhalb weniger Jahre nur durch eine Reihe von Unternehmenszukäufen und -verkäufen und den Merger mit Rhône-Poulenc zu Aventis möglich.

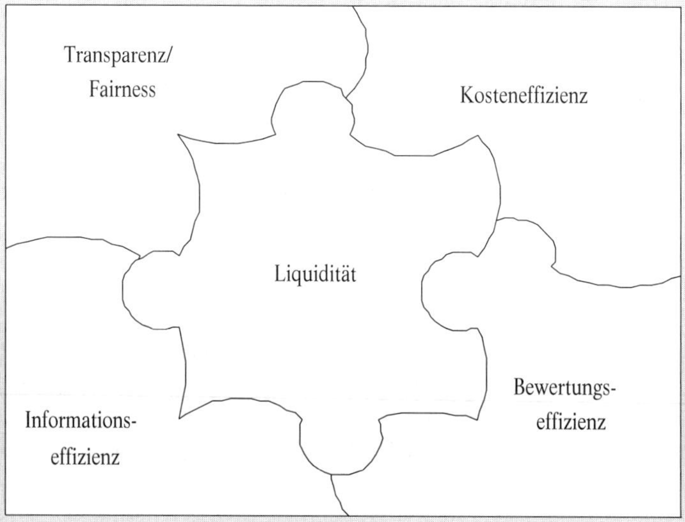

Abb. 3: Gütekriterien einer Börse

Die Effizienz des Marktes für Corporate Control lässt sich anhand einiger Kriterien beurteilen. Dabei soll das Modell einer Börse, an der sich Preise durch ein Auktionsverfahren bilden, verwendet werden, um zu verdeutlichen, welche Kriterien von besonderer Bedeutung sind und wie Investmentbanken zum Funktionieren des M&A-Marktes beitragen. Eine Börse zeichnet sich in erster Linie durch ihre Liquidität aus. Damit sich effiziente Preise bilden können, müssen zur jeder Zeit genügend Objekte angeboten und nachgefragt werden. Gerade im Bezug auf den M&A-Markt ist dies von hoher Bedeutung, da Strategien oftmals unter hohem Zeitdruck umgesetzt werden müssen. Die teilweise geringe Liquidität des deutschen M&A-Marktes wird häufig dafür verantwortlich gemacht, dass Konzerne in der Vergangenheit ihre viel zu breit diversifizierten Portfolios nicht oder nicht weitgehend genug bereinigt haben.

Wodurch lässt sich nun ein hoher Grad an Liquidität auf einem Markt erreichen? Wie bereits angesprochen, ist eine hinreichend große Anzahl von Marktteilnehmern, und deren Bereitschaft, Corporate Control zu »handeln« ausschlaggebend. Damit dies der Fall ist, muss der Markt transparent sein, damit sich keiner der Teilnehmer benachteiligt fühlt (Transparenz). Weiterhin sollten die Kosten der Marktbenutzung gering sein (Kosteneffizienz). Jeder Markt produziert Informationen. Diese sollten alle transaktionsbeeinflussenden Tatbestände enthalten, um den Akteuren fundiertes Handeln zu ermöglichen (Informationseffizienz). Schließlich ist das Kriterium der Bewertungseffizienz zu nennen. Nur, wenn es auf dem Markt für M&A gelingt, Preise zu ermitteln, die den Wert der gehandelten Unternehmen hinreichend gut widerspiegeln, werden Unternehmen bereit sein, als Anbieter und Nachfrager auf dem M&A-Markt aufzutreten (Bewertungseffizienz).

Inwieweit insbesondere Investmentbanken durch die oben genannten Kriterien zur Liquidität und damit der Effizienz des M&A-Marktes beitragen, soll im Folgenden diskutiert werden. Dabei wird sich zeigen, dass den Banken regelrecht die Rolle von Market Makern zukommt. Obgleich die Banken dabei in der Regel keine eigenen Positionen eingehen, so gewährleisten sie doch die Liquidität des M&A-Marktes.

Informationseffizienz: Informationen bilden einen Hauptbestandteil des Geschäftes von M&A-Beratern. Investmentbanken tragen als Spezialisten zunächst maßgeblich zur Gewinnung und Verarbeitung von Informationen auf dem M&A-Markt bei. Viele Banken sind in Industriegruppen organisiert, die regelmäßig Marktsegmente darauf hin analysieren, inwieweit M&A-Transaktionen sinnvoll und durchführbar sind. Bei einem solchen Screening von Märkten und Industrien werden wirtschaftliche Trends, volkswirtschaftliche Entwicklungen, Länder- und Branchenbesonderheiten sowie die Positionen und Merkmale einzelner Unternehmen mit einbezogen. Grundlage solcher Analysen sind Markt- und Unternehmensstudien von Researchanalysten aber auch die eigene Expertise, die die Banker bei der Durchführung von Transaktionen in der Vergangenheit erworben haben.

Projektbezogen können darauf aufbauend fundierte Konzepte und Strategien für einzelne Unternehmen erarbeitet werden. Die Investmentbank gibt in diesem Zusammenhang die Anforderungen des Kapitalmarktes an die Unternehmen weiter. So kann eine »Übersetzung« der Kapitalmarktansichten in die jeweilige Unternehmensstrategie erfolgen.

Auch im Rahmen der Ausführung von Transaktionen trägt die Investmentbank zur Qualität der relevanten Informationen bei. Bei Kaufs-, Verkaufs- und Fusionsmandaten sind die M&A-Berater maßgeblich in den Prozess der Due Diligence involviert, die dazu dient, alle relevanten Informationen herauszuarbeiten. Im Due Diligence Prozess ist üblicherweise zusätzlich das Wissen anderer Spezialisten wie Rechtsanwälten, Wirtschaftsprüfern oder Steuerberatern nötig. Investmentbanken rücken dabei oft in die Rolle eines Netzwerk-Brokers. Sie helfen den Kunden bei der Auswahl der Berater und vermitteln während der Transaktion zwischen den verschiedenen Parteien. Dadurch kann sichergestellt werden, dass die Informationsgewinnung und -verarbeitung in jeder Transaktionsphase durch geeignete Spezialisten vorgenommen wird.

Transparenz: Marktfairness ist für ein effizientes Funktionieren des M&A-Marktes unerlässlich. Damit alle Teilnehmer auf einem Level Playing Field agieren können, ist ein hohes Maß an Transparenz nötig. Als Intermediäre auf dem M&A-Markt sind Investmentbanken mitunter maßgebend für einen transparenten und fairen Transaktionsablauf verantwortlich.

Eine der Aufgaben des M&A-Beraters liegt darin, einen Mandaten bei der internen und externen Kommunikation zu unterstützen. Dies kann auf verschiedenste Art und Weise geschehen. So besteht der Beitrag der Investmentbank bei einem Verkaufsmandat unter Umständen darin, die Kommunikation mit den potenziellen Käufern dermaßen zu gestalten, dass diese zum einen mit den gleichen Informationen versorgt werden, zum anderen aber nicht wissen, welche anderen Konkurrenten am

Verkaufsprozess teilnehmen. Nur so lässt sich sicherstellen, dass keiner der Marktteilnehmer bevorzugt wird. Nur ein passendes Maß an Transparenz stellt so einen fairen und effizienten Ablauf des Verkaufsprozesses sicher.

Auch bei der Kommunikation mit den Investoren erweist sich die Kapitalmarktexpertise von beratenden Investmentbanken häufig als wertvolle Ressource. Kaum eine Presseveröffentlichung im Rahmen einer Unternehmensübernahme, insbesondere wenn es sich um feindliche Übernahmen handelt, wird nicht von den M&A-Beratern geprüft. Oftmals sind es die Banken selbst, die die Öffentlichkeitsarbeit der Mandanten übernehmen. Auch hierbei ermöglichen und erleichtern Investmentbanken den Kunden die Einschaltung von Anwälten oder anderen Fachspezialisten durch ihr bestehendes Kontaktnetzwerk.

Vor allem in Verhandlungssituationen, die sich im M&A-Geschäft zwangsläufig ergeben, kann es mitunter sehr schwierig sein, Fairness für alle Teilnehmer zu gewährleisten. Die M&A-Berater übernehmen dabei verschiedene Funktionen, wobei insbesondere die Reputation des Verhandlungsführers von Bedeutung ist. Durch Fachwissen und die Erfahrung, die geeignete Verhandlungsstrategie für den eigenen Mandanten zu entwickeln sowie den wirtschaftlichen Gehalt der von der Gegenseite vorgebrachten Argumente zu beurteilen und die dahinter liegenden Strategien zu erkennen, können die M&A-Berater zum Gelingen der Verhandlungen beitragen.

Kosteneffizienz: Um Investoren zur Nutzung eines Marktes zu bewegen, müssen die Kosten, die durch die Inanspruchnahme entstehen, gering sein. Ähnlich dem Handel mit Wertpapieren, entstehen auch bei Unternehmenskäufen und -verschmelzungen Transaktionskosten, die sich verschiedenen Phasen zuordnen lassen.

Informations- und Entscheidungsphase: Zunächst muss sich der Interessent hinreichend gut informieren, um entscheiden zu können, ob eine M&A-Maßnahme für ihn wirtschaftlich sinnvoll ist. Wie oben bereits dargelegt, fungieren Investmentbanken in dieser Phase als Informationslieferanten, die dem Mandaten die Entscheidungsfindung durch die Beschaffung, Aufarbeitung und Bereitstellung von Informationen deutlich erleichtern. Im Prozess der Due Diligence unterstützen die M&A-Berater ihre Kunden und kann durch ihr Fachwissen und ihre Erfahrung Transaktionskosten verringern. Diese Ersparnisse bestehen nicht nur in zeitlichen Vorteilen, sondern vor allem auch in geringeren Sicherungskosten. Oftmals ist es erfahrenen M&A-Beratern möglich, durch ein gezieltes Vorgehen bei der Due Diligence Risiken und Unregelmäßigkeiten einer potenziellen Transaktion sachgerecht einzuschätzen, was die Unsicherheit und die damit verbundenen Absicherungskosten deutlich begrenzen hilft.

Ausführungsphase: Entschließt sich ein Anleger für den Kauf oder Verkauf eines Wertpapiers, so gibt er eine Order an den Market Maker. Dieser bringt Angebot und Nachfrage zusammen. Kosten fallen in diesem Zusammenhang bei der Auftragsannahme und -weiterleitung sowie insbesondere bei der Suche der entsprechenden Vertragsgegenseite an. Hat der Market Maker zwei Parteien zusammengebracht, schließen diese einen Kaufvertrag ab. Neben den Kosten des Vertragsabschlusses entstehen Transaktionskosten bei der Abrechnung und bei der Absicherung gegen eventuelle Realisationsrisiken.

Analog müssen bei M&A-Transaktionen verschiedene Parteien zusammengebracht werden. Um diesen Prozess übersichtlich und kosteneffizient zu gestalten, kommt den Investmentbankern, Rechtsanwälten und Wirtschaftsprüfern dabei zunächst die Aufgabe einer effizienten Transaktionsstrukturierung zu. Für Unternehmenskäufe und -verkäufe impliziert dies zunächst die Bestimmung des Kaufgegenstandes und der Zahlungsmodalitäten. Objekt einer Transaktion können die Anteile der Zielgesellschaft (Share deal) oder aber die einzelnen Vermögensgegenstände (Asset deal) sein. Dabei ergeben sich steuerliche Unterschiede aus Sicht des Käufers und des Verkäufers. Den M&A-Beratern obliegt es, die für ihre Mandaten kostengünstigste Alternative zu ermitteln und zu realisieren. Nicht selten resultieren äußerst komplizierte Transaktionskonstrukte aus den angestellten Überlegungen und Analysen, wie beispielsweise im Falle Daimler/Chrysler.

Die Gegenleistung in einer M&A-Transaktion kann entweder in bar (Cash offer) oder aber in Form von Anteilen der Erwerbergesellschaft (Share offer) erbracht werden. Üblicherweise fällt die zu zahlende Übernahmeprämie bei einem Share deal wegen der geringeren Liquidität und des höheren Risikos von Wertpapieren gegenüber Bargeld höher aus. Zudem muss bei der Wahl von Aktien als Akquisitionswährung die Verwässerung der Stimmrechte und des Gewinnteils der Altgesellschafter beachtet werden. Auch in der steuerlichen Behandlung ergeben sich deutliche Unterschiede. So ist die Möglichkeit der Verwendung der Pooling-of-Interest-Methode bei einer Unternehmensübernahme nur beim Share deal gegeben. Durch ein geschicktes Ausbalancieren von Vor- und Nachteilen kann der M&A-Berater diejenige Zahlungsstruktur ermitteln, die seinem Mandanten am ehesten entgegenkommt.

Ähnlich verhält es sich bei der rechtlichen Ausgestaltung von Übernahme- und Verschmelzungsverträgen. Genau wie bei einem einfachen Wertpapierkauf dient der Vertrag bei einer M&A-Transaktion in erster Linie der Absicherung gegen Realisationsrisiken. Die Aufgabe der M&A-Berater liegt dabei darin, verschiedene Alternativen bei der Vertragsgestaltung zu ermitteln und die günstigste Option für den eigenen Auftraggeber auszuwählen und durchzusetzen. So werden beispielsweise bei der Festlegung des Kaufpreises oftmals Preisformeln, meist in Zusammenhang mit entsprechenden Rücktrittsrechten vereinbart. Auch Garantien können dazu dienen, das Risiko der Vertragsparteien bezüglich der von der Gegenseite gemachten Angaben oder Vorhersagen zu verringern. Während ein Käufer möglichst weitgehende Gewährleistungen auf alle vom Käufer gemachten Aussagen anstrebt, wird ein Verkäufer eher sehr spezielle Gewährleistungstatbestände in Verbindung mit umfassenden Haftungsanschlüssen bevorzugen. Die beratende Investmentbank kann in Zusammenarbeit mit den hinzugezogenen Rechtsanwälten sicherstellen, dass die getroffenen Regelungen bestmöglich mit den Interessen ihrer Mandanten übereinstimmen und zugleich keine unüberschaubaren Risiken bezüglich falscher Informationen einerseits und hohen Haftungsansprüchen andererseits beinhalten.

Generell dient auch bei rechtlichen Gestaltungsfragen die Reputation der M&A-Berater als vertrauensschaffendes Signal. Durch die Fachkompetenz und das Berufsethos der hinzugezogenen M&A-Berater kann ein Unternehmen der Vertragsgegenseite Vertrauenswürdigkeit signalisieren, was die Vertragsverhandlungen deutlich entspannen kann und dazu beiträgt, erhöhte Transaktionskosten zu vermeiden.

Bewertungseffizienz: Unternehmen werden auf dem M&A-Markt genau dann Transaktionen abschließen, wenn sie der Meinung sind, dass der Preis, den die Gegenseite zu akzeptieren bereit ist, den Wert des gehandelten Objektes wiedergibt. Aus volkswirtschaftlicher Sicht führt dies zu allokationseffizienten Preisen, die eine optimale Nutzung der Ressourcen einer Volkswirtschaft ermöglichen.

Um den Wert des Unternehmens auf den M&A-Markts sachgerecht zu bestimmen, ermittelt der Berater bei M&A-Transaktionen im Rahmen der Due Diligence zunächst die bewertungsrelevanten Tatbestände. Mittels seines Fachwissens gelingt es, die Informationen zu priorisieren und eventuelle Risiken aufzudecken. Durch den Einsatz eines geeigneten Bewertungsinstrumentariums errechnen die Investmentbanken eine Wertspanne, die als Grundlage für Verhandlungen dienen. Die Qualität der Wertfindung auf dem M&A-Markt kann so gewährleistet werden. Da in der Regel alle Verhandlungsparteien bei M&A-Transaktionen Berater hinzuziehen, gehen die Parteien von vergleichbaren Wertvorstellungen aus. Die Verhandlungen werden somit keine vollkommen irrationalen Ergebnisse liefern.

8. Regulatorische Defizite im deutschen Markt für Corporate Control

Die verbreitete Forderung nach effizienter Regulierung des deutschen M&A-Marktes mag angesichts des hohen Normierungs- und Bürokratisierungsgrades hierzulande zunächst als verwunderlich erscheinen. Im Vergleich zu den USA oder England funktioniert die bereits existierende Regulierung im Bereich von Unternehmensübernahmen jedoch noch nicht reibungsfrei. Der Grund dafür ist sicherlich die noch relativ geringe Anzahl an Transaktionen im deutschen M&A-Markt. In den angelsächsischen Ländern konnte sich in der Vergangenheit ein effizient arbeitendes Regulierungssystem entwickeln, das aus der Erfahrung einer großen Anzahl erfolgter Übernahmen und Übernahmeversuchen gewachsen ist.

Allgemein verfolgt man mit der Aufstellung von Normen die Besserstellung Aller auf Grund der erzielbaren Effizienzgewinne, die sich ergeben, wenn sich alle Beteiligten an die Normen halten. Ziel von Regeln, die den Bereich M&A-tangieren und letztendlich einen hohen Grad an Kapitalmarktdisziplin gewährleisten sollen, ist es, Anlegerschutz (insbesondere insoweit es sich um Minderheitsaktionäre handelt), Fairness, Schnelligkeit und Rechtssicherheit zu gewährleisten. Dabei leidet das deutsche M&A-Umfeld keineswegs an einem quantitativen Mangel an Regeln, sondern eher an der fehlenden Effizienz des vorhandenen Normenapparates. Dieser besteht aus mehreren Regelsystemen, die das Verhalten der an M&A-Transaktionen beteiligten Entscheidungsträger steuern. An dieser Stelle soll lediglich auf die Wichtigsten eingegangen werden.

Wettbewerbsrecht[3]: Freundliche wie feindliche Übernahmen unterliegen gleichermaßen der Aufsicht durch die zuständigen Wettbewerbsbehörden. Dabei ergibt sich in der EU zunächst die Frage, ob die EU-Fusionskontrolle oder aber das nationale Fusionskontroll-Regime, in Deutschland also das Gesetz gegen unlauteren Wettbewerb (GWB), Anwendung findet. Ausschlaggebend ist nach dem Auswirkungsprinzip[4], in welchem räumlichen Geltungsbereich die Markt- und Wettbewerbsverhältnisse beeinträchtigt werden. Bei Unternehmensübernahmen, die auch nicht-europäische Märkte betreffen, können je nach Auswirkung weitere Kartellbehörden einen geplanten Zusammenschluss einschränken. Gerade bei grenzüberschreitenden Transaktionen mit U.S.-amerikanischer Beteiligung verzögern sich Übernahmen oftmals erheblich und können letztendlich nur unter erheblichen Auflagen durchgeführt werden.

Gesellschaftsrecht[5]: Das deutsche Gesellschaftsrecht ist eine weitere wichtige rechtliche Basis für M&A-Transaktionen. Zunächst enthält das Aktienrecht und dort insbesondere das Konzernrecht einige Regelungen, die insbesondere die Rechte und Pflichten der Leitungs- und Geschäftsorgane festlegen und dem Schutz der Minderheitsaktionäre dienen sollen. Das deutsche Konzernrecht regelt Maßnahmen wie Verschmelzung, Umwandlung, Unternehmensvertrag oder Eingliederung. So ist beispielsweise im Falle einer Eingliederung gemäß §§ 320, 321 AktG den außenstehenden Aktionären eine angemessene Abfindung in Form einer Barzahlung oder aber eigener Aktien der Erwerbergesellschaft zu gewähren. Die Angemessenheit dieser Abfindung, also insbesondere der monetäre Gegenwert, ist gerichtlich nachprüfbar.

Aus der Generalklausel des § 93 AktG lässt sich eine allgemeine Sorgfaltspflicht der Vorstandsmitglieder ableiten. Der Vorstand ist demnach verpflichtetet, mit der Sorgfalt eines Treuhänders zu handeln, der fremde Vermögensinteressen zu vertreten hat. Daraus könnte sich u. a. die Verpflichtung ergeben, die eigenen Aktionäre vor der Annahme eines Übernahmeangebots über die Vor- und Nachteile der Transaktion aufzuklären.[6] Weitere Vorstandspflichten bei Unternehmensübernahmen ergeben sich aus dem Gesetz zur Kontrolle und Transparenz im Unternehmensbereich[7] (KonTraG), durch das das Aktiengesetz im wesentlichen reformiert wurde. Die Unternehmensführung wird unter anderem dazu verpflichtet, für ein angemessenes Risikomanagement Sorge zu tragen und ein internes Überwachungssystem einzurichten, um dadurch »den Fortbestand des Unternehmens gefährdende Entwicklungen« frühzeitig erkennen zu können.[8] Darunter fallen beispielsweise die im Rahmen einer Über-

---

3 Siehe dazu ausführlich B.VII.
4 In Deutschland nomiert in § 130 Abs. 2 GWB
5 Siehe dazu ausführlich B.IV.
6 Vgl. Beckmann: Der Richtlinienvorschlag betreffend Übernahmeangeboten auf dem Weg zu einer europäischen Rechtsangleichung, in: DB, 1995, Heft 48, S. 2407f.
7 Gesetz zur Kontrolle und Transparenz im Unternehmensbereich (KonTraG) vom 21.4.1998, BGB1. I 1998
8 Vgl.: § 91 Abs. 2 AktG; dazu Hirte: Kapitalgesellschaftrecht, 2. Aufl. 1999, S. 61, Rn. 185f.

nahme entstehenden Risiken in der Integrationsphase der zu übernehmenden Gesellschaft. Daneben wurde durch das KonTraG die Berichtspflicht des Vorstandes gegenüber dem Aufsichtsrat erweitert. Verpflichtend müssen nun Angaben über die künftige Geschäftspolitik gemacht werden, zu der M&A-Projekte, die üblicherweise strategischen Charakter haben, zu zählen sind. Hinzu kommt die Pflicht, auch die eigenen Aktionäre über die Hintergründe einer Übernahme bzw. eines Übernahmeversuchs aufzuklären und zu dem Übernahmeangebot Stellung zu nehmen.

Der Vorstand der Zielgesellschaft ist bei Übernahmen an den in § 53a AktG normierten Gleichbehandlungsgrundsatz aller Aktionäre seiner Gesellschaft gebunden. Handelt es sich bei dem Bieter mithin um einen Aktionär, so muss der Vorstand dem Bieter die gleichen Informationen zukommen lassen wie den übrigen Aktionären (§ 131 Abs. 4 Satz 1 AktG).

Im Sinne des Aktionärsschutzes sieht das deutsche Aktienrecht keine Möglichkeit eines Squeeze-Out vor. Eine übernehmende Gesellschaft kann somit, anders als beispielsweise in den USA, die Anteile etwaiger Minderheiten, die nach einem erfolgreichen öffentlichen Angebot in der Zielgesellschaft verbleiben, nicht gegen deren Willen erwerben.[9] Diese antiquierte Regelung kann sehr hindernd auf Unternehmensübernahmen wirken und die Effizienz des Marktes für Corporate Control deutlich beschränken. Die Beteiligung von Minderheiten führt zu Aufwand, der sich aus der Beachtung minderheitsschützender Normen und den Schädigungsmöglichkeiten durch Minderheitsaktionäre – z. B. durch die Erhebung unbegründeter Klagen – ergibt (Minderheitsaufwand).

Wertpapierhandelsgesetz: Das zweite und dritte Finanzmarktförderungsgesetz haben im Rahmen des Wertpapierhandelsgesetzes (WphG) einige Vorschriften eingeführt, die bei jeder M&A-Transaktion beachtet werden müssen. Zunächst ist die Veröffentlichungspflicht beim Überschreiten von Anteilen ab fünf Prozent zu nennen, die ein schrittweises, unbemerktes Aufkaufen eines Unternehmens deutlich erschwert. Weiterhin verbietet es die Ad hoc-Mitteilungspflicht bei wesentlichen preissensitiven Unternehmenstatbeständen dem Management der Zielgesellschaft, Übernahmevorhaben zu lange geheimzuhalten. Als drittes enthält das WphG Vorschriften zum Insiderhandel, die den Umgang mit sensitiven Informationen einschränken sowie das Handeln mit Papieren, die von einem Übernahmeangebot betroffen sind, strengstens verbieten. Das überwachende Organ für das WphG ist das Bundesaufsichtsamt für den Wertpapierhandel, das zur Durchsetzung der gesetzlichen Bestimmung auf ein starkes Sanktionsinstrumentarium zugreifen kann. So drohen den betroffenen Vorstandsmitgliedern bei Nichtbeachten Bußgelder bis zur Höhe von DM 3 Mio.[10]

Übernahmekodex: Obwohl M&A-Transaktionen in Deutschland einer Vielzahl von Regelungen aus verschiedenen Bereichen unterliegen, fehlte hierzulande lange

9 Vgl. Than: Zwangsweises Ausscheiden von Minderheitsaktionären nach Übernahmeangebot?, in: Festschrift für C.P. Claussen (1997), S. 405ff.

10 Claussen/Schwark: Insiderrecht für Finanzanalysten, 1997, S. 7

Zeit ein einziges, systematisiertes Regelwerk zur Schaffung klarer Rahmenbedingungen für Unternehmensübernahmen und -fusionen. 1979 legte die Börsensachverständigenkommission (BSK) Leitsätze für Übernahmeangebote vor. Im Wege der Selbstregulierung sollte der bis dahin in Deutschland relativ unbekannte Vorgang des öffentlichen Übernahmeangebots durch die Vorgabe von Normen geregelt werden. Die Einhaltung dieser Wohlverhaltensregeln bei Unternehmensübernahmen wurde jedoch nicht überwacht, da es keine zuständige Instanz gab, sodass die praktische Relevanz der Leitsätze gering blieb.[11]

Deswegen verabschiedete die BSK am 14. Juli 1995 den Übernahmekodex, der stark an den Londoner City Code angelehnt ist und etablierte mit der Übernahmekommission und ihrer Geschäftsstelle bei der Deutsche Börse AG in Frankfurt am Main eine Institution zur Kontrolle der Einhaltung und Weiterentwicklung der Kodexbestimmungen. Um bei der Interpretation und ständigen Anpassung der Kodexvorschriften einen hohen Grad an Praxisnähe zu gewährleisten, stammen die Mitglieder der Übernahmekommission aus verschiedenen Bereichen der Wirtschaft. Zur Zeit besteht die Kommission aus 15 Vertretern von

- Börsen
- Kreditwirtschaft
- Industrie
- Versicherungswesen
- Privatanleger
- Institutionelle Investoren
- Wissenschaft.

Der Kodex ist als ein dynamisches Regelwerk konzipiert, das den Bedürfnissen der M&A-Praxis entsprechen soll. Bereits zum 1.1.1998 wurden eine Reihe von Änderungsvorschlägen in den Kodex aufgenommen.

Unternehmensübernahmen sind in Deutschland somit nicht gesetzlich geregelt. Der Übernahmekodex stellt vielmehr die Empfehlung der BSK als einer unabhängigen Expertenkommission dar, der sich die betroffenen Unternehmen auf freiwilliger Basis unterwerfen können. Die Regelungen wirken somit nur subsidiär zu den beschriebenen gesetzlichen Vorschriften für M&A-Transaktionen. Verbindlich wird der Kodex lediglich, wenn ein Bieterunternehmen sich in seinem öffentlichen Übernahmeangebot vertraglich zur Einhaltung der Bestimmungen verpflichtet. Den Aktionären der Zielgesellschaft erwachsen in einem solchen Falle vertragliche Ansprüche, die sie geltend machen können.[12]

11 Schuster/Tschocke: Übernahmerecht, 1996, S. 17f.

12 Eingehend dazu nachfolgend B.IV.4.
Siehe auch Diekman: Hinweise zur Anwendung des Übernahmekodexes der Börsensachverständigenkomission, in: Wertpapier Mitteilungen IV, Zeitschrift für Wirtschafts- und Bankwesen, 1997, S. 897ff. sowie Groß: Übernahmekodex für öffentliche Übernahmeangebote: Anerkennung und Rolle des begleitenden Wertpapierdienstleistungsunternehmens, in: DB, 1996, S. 1909ff.

III. Steuerliche Strukturierung der Transaktionen[1]

1. Einleitung / Gang der Darstellung

Das Steuerrecht kennt – ebenso wie das Zivil- und Gesellschaftsrecht – keine besonderen Regeln für die Veräußerung und den Erwerb von »Unternehmen«. Das Steuerrecht sieht bereits keine einheitlichen Vorschriften über die Besteuerung der unternehmerischen Tätigkeit vor. Die unternehmerische Tätigkeit wird nach geltendem Recht rechtsformabhängig besteuert.[2] Des weiteren verknüpft der Unternehmenskauf zufällig zwei Steuerpflichtige, den Veräußerer und den Erwerber, die mit der Akquisition bzw. mit der Veräußerung eines Unternehmens unterschiedliche wirtschaftliche und auch steuerliche Interessen verfolgen. Die Entscheidung zur Akquisition eines Unternehmens oder zur Veräußerung desselben ist meist keine steuerliche, sondern eine unternehmensstrategische Entscheidung und sie sollte auch nie aus rein steuerlichen Motiven getroffen werden. Wenn diese Entscheidung einmal gefällt ist, treten dann aber die gegenläufigen wirtschaftlichen wie steuerlichen Interessen von Erwerber und Veräußerer in den Vordergrund. Während der Veräußerer einen möglichst hohen Verkaufspreis nach Steuern erzielen will, kommt es dem Erwerber darauf an, den zu zahlenden Kaufpreis möglichst schnell einkommensmindernd geltend machen zu können.[3] Diese gegenläufigen Interessen von Käufer und Verkäufer prägen die Technik des Unternehmenskaufes und seine steuerliche Optimierung. Deshalb ist es wichtig, die steuerliche Ausgangssituation von Erwerber und Veräußerer zu erfassen und im Rahmen der Vertragsverhandlungen befriedigend zu verknüpfen. Die Steuerstrukturierung und -planung ist deshalb in vielen Fällen eine gemeinsame Aufgabe von Veräußerer und Erwerber. Denn unter den heutigen Wettbewerbsbedingungen ist es sowohl im Interesse des Veräußerers, dem Erwerber eine möglichst günstige Steuerposition »mitzuverkaufen« als auch im Interesse des Erwerbers, dem Veräußerer Steuervorteile zu verschaffen, die den Kaufpreis nach Steuern erhöhen,

1 Mitverfasst von Dr. Hans-Gerd Wienands, Freshfields Deringer

2 Nach dem am 11. Januar 2000 vom Bundesfinanzministerium vorgestellten Entwurf eines Gesetzes zur Reform der Unternehmensbesteuerung und zur Senkung der Steuersätze (Steuerreformgesetz-Entwurf 2001) schafft das Halbeinkünfteverfahren, welches das Anrechnungsverfahren im Rahmen der Besteuerung von Kapitalgesellschaften ersetzen soll, die Möglichkeit der rechtsformunabhängigen Besteuerung, weil es wahlweise auch für Personenunternehmen zugelassen werden soll.

3 Vgl. zu dieser Ausgangssituation Holzapfel/Pöllath, Rz. 137 ff.; Koenen/Gohr, in: DB, 1993, S. 2541, 2543; Hötzel, S. 60 ff.

da die saldierte Steuerbelastung beider Parteien nicht unerhebliche Auswirkungen auf die Vertrags- und Preisverhandlungen hat.[4]

Nachdem zunächst allgemeine Grundsätze der steuerlichen Strukturierung von M&A-Transaktionen erläutert werden (2.), ist die steuerliche Ausgangssituation von Veräußerer und Erwerber Gegenstand des dritten Abschnitts (3.). Danach werden im Überblick die Besteuerung der fünf Akquisitionstechniken, des Kaufes von Wirtschaftgütern (»Asset Deal«), des Erwerbes von Anteilen an Kapitalgesellschaften (»Share Deal«), die Besteuerung des sogenannten Kombinationsmodelles, des Mitunternehmerschaftsmodelles sowie das durch das neue Umwandlungssteuergesetz 1995 möglich gewordene Umwandlungsmodell, dargestellt (4.). Die Entscheidung zwischen diesen fünf Akquisitionsmodellen ist die wichtigste steuerrechtliche Weichenstellung für die Gestaltung der Akquisition.

Im Anschluss daran wird unter 5. die steuerfreie Veräußerung von Beteiligungen an ausländischen Tochtergesellschaften gemäß § 8b KStG behandelt, die in der Praxis der Unternehmensrestrukturierung seit 1995 erheblich an Bedeutung gewonnen hat.[5]

Danach folgen allgemeine Hinweise für die Durchführung einer »Tax due diligence« (6.), die den Erwerber in die Lage versetzen soll, bestehende Steuerrisiken und -chancen des Zielunternehmens zu erkennen.

Der letzte Abschnitt (7.) beschäftigt sich mit den Folgen, die der Entwurf eines Gesetzes zur Reform der Unternehmensbesteuerung und zur Senkung der Steuersätze (Steuerreformgesetz-Entwurf 2001), den das Bundesfinanzministerium am 11. Januar 2000 vorgestellt hat, auf die steuerliche Behandlung von M&A-Transaktionen in Deutschland hat.

2. Allgemeine Grundsätze

Aus der Sicht der Praxis sind folgende allgemeine Grundsätze von entscheidender Bedeutung für die steueroptimale Strukturierung eines Unternehmenskaufes.

a) Frühzeitige Strukturierung

Die Planungsüberlegungen auf der Seite des Veräußerers und des Erwerbers müssen so früh wie möglich die steuerlichen Ausgangssituationen auf beiden Seiten einer möglichen Transaktion mit einbeziehen; nur in einem mittelfristigen, zum Teil auch nur in einem langfristigen Zeitrahmen, z.B. im Hinblick auf die 5-Jahres Frist in § 17

4 Siehe hierzu mit einem Beispiel Holzapfel/Pöllath, Rz. 140.

5 Vgl. ausführlich zu § 8b KStG Eilers/Wienands, in: Flick/Wassermeyer/Becker, AStG-Kommentar, § 8b KStG- Kommentierung.

Abs. 1 S. 1 EStG, lassen sich Steueroptimierungen erzielen, die auch von der Finanzverwaltung akzeptiert werden. Der zeitliche Aspekt spielt ebenfalls unter dem Gesichtspunkt der Durchführung eines Verfahrens zur Erteilung einer verbindlichen Auskunft (»Ruling-Verfahren«) eine Rolle. Sowohl die Entscheidung ob ein »Ruling« eingeholt werden soll und bei welcher Finanzbehörde der Antrag gestellt werden muss als auch die Erstellung des Antrags durch den steuerlichen Berater sowie die Entscheidung der Finanzbehörde über den Antrag, können einen langen Zeitraum in Anspruch nehmen. Die Fusion von börsennotierten Unternehmen hat z.B. unter dem Gesichtspunkt der Erstellung eines Prospektes, in dem den Aktionären ein Umtauschangebot für ihre Aktien unterbreitet wird, eine erhebliche zeitliche Dimension, die von vornherein in den Planungen berücksichtigt werden muss. Schließlich ist die Durchführung einer Due Diligence einschliesslich einer Tax Due Diligence durch den Erwerber, die heute Bestandteil jeder Unternehmensakquisition sein sollte, in die zeitliche Planung einer M&A-Transaktion einzubeziehen.

b) Keine einseitige Strukturierung

Vor dem Unternehmenskauf sind steuerliche Gestaltungsüberlegungen nicht nur auf Erwerberseite, sondern häufig auch auf der Seite des Veräußerers geboten. Die steueroptimale Gestaltung eines Unternehmensverkaufs kann vor dem Verkauf eine Umstrukturierung des Unternehmens durch den Verkäufer erforderlich machen. Aber auch in den Fällen, in denen aus Verkäufersicht steuerorientierte Gestaltungen nicht in Betracht kommen, ist die Kenntnis der seitens des Käufers nutzbaren steuerlichen Gestaltungspotenziale im Hinblick auf die Kaufpreisbildung von Bedeutung.[6]

c) Keine nur nationale Strukturierung

Die Mehrzahl der Unternehmenskäufe beinhalten heute internationale Strukturelemente, sodass anstelle der früher häufig nur erforderlichen nationalen Strukturierung steuerliche Gestaltungsüberlegungen auch unter internationalen Gesichtspunkten zu erfolgen haben. Ändert sich beispielsweise die steuerliche Ansässigkeit einer Muttergesellschaft im Rahmen eines Unternehmenserwerbs, muss die gesamte Steuerstruktur des erworbenen Unternehmens auf den Prüfstand. Die Dividendenflüsse müssen dann unter dieser neuen Struktur optimiert werden, gleiches gilt für die Lizenzzahlungsstruktur. Möglicherweise muss aber auch der Erwerb von einer anderen Unternehmenseinheit des Erwerbers durchgeführt werden, um Vorteile einer existierenden Struktur auf der Seite des Veräußerers nicht zu gefährden.

6 Schaumburg, in: Schaumburg (Hrsg.), Unternehmenskauf im Steuerrecht, S. 3.

d) Neue Formen des Unternehmenskaufes

Neben die klassischen Grundmodelle des Unternehmenskaufes, der Kauf von Wirtschaftsgütern, den Anteilserwerb, das Kombinationsmodell, das Mitunternehmerschaftsmodell sowie das Umwandlungsmodell, treten immer häufiger neue Formen des Unternehmenskaufes. Hierzu zählen z.B. Fusionen von börsennotierten Unternehmen in der Form, dass die Aktionäre des einen Unternehmens ihre Anteile gegen Anteile des anderen Unternehmens tauschen. Die sogenannten Business-Combinations haben vor allem deshalb an Bedeutung gewonnen, weil diese Erwerbe auf der Grundlage des Austausches von Aktien und nicht durch Zahlungen an die Gesellschafter des Zielunternehmens (Target) durchgeführt werden können (Mannesmann/ Vodafone; Daimler/Chrysler; Rhone-Poulenc/Hoechst). Dadurch sind auch sehr »teure« Akquisitionen finanzierbar geworden.

3. Steuerliche Ausgangssituation von Veräußerer und Erwerber

a) Veräußerer

Ziel des Veräußerers ist es in den meisten Fällen, die Versteuerung eines möglichen Veräußerungsgewinns, der aufgrund der im Kaufpreis zu berücksichtigenden stillen Reserven des Unternehmens entsteht, ganz zu vermeiden (Steuerfreiheit) oder durch eine begünstigte Besteuerung zu minimieren. Liegen die Voraussetzungen hierfür nicht vor, so fällt die Einkommensteuer in voller Höhe an.

aa) Steuerfreiheit

Ist der Veräußerer eine natürliche Person oder eine Personengesellschaft, so kann er steuerfrei veräußern:

- Anteile an einer Kapitalgesellschaft im Privatvermögen, soweit der Veräußerer innerhalb der letzten fünf Jahre vor der Veräußerung am Kapital der Gesellschaft nicht wesentlich beteiligt war (§ 17 Abs. 1 S. 1 EStG). Eine wesentliche Beteiligung liegt gemäß § 17 Abs. 1 S. 4 EStG dann vor, wenn der Veräußerer an der Gesellschaft zu mindestens 10 v.H. unmittelbar oder mittelbar beteiligt war.[7] Die Grenze zur wesentlichen Beteiligung lag bis zum 31.12.1998 bei »mehr als 25 v.H.« und ist durch das Steuerentlastungsgesetz 1999/2000/2002 vom 24.3.1999 mit Wirkung vom 01.01.1999 auf eine Beteiligungsquote von »mindestens 10

---

7 Vgl. zum Begriff der wesentlichen Beteiligung näher Schmidt/Weber-Grellet, EStG, § 17 Rz. 35 ff.; BFH, Urteil vom 10.11.1994, DB 1994, S. 765.

v.H.« herabgesetzt worden.[8] § 17 EStG erfasst dagegen nicht Anteile im Privatvermögen, die durch Einbringung eines Betriebs, Teilbetriebs, Mitunternehmeranteils (§ 20 Abs.1 S. 1 UmwStG) oder bestimmter Anteile an Kapitalgesellschaften (§ 20 Abs.1 S. 2 UmwStG) in eine Kapitalgesellschaft gegen Gewährung neuer Anteile an dieser Gesellschaft (Sacheinlage) unter dem Teilwert erworben wurden (einbringungsgeborene Anteile). Die Besteuerung dieser Anteile ist vorrangig in § 21 UmwStG geregelt.[9] Eine »steuerschädliche« wesentliche Beteiligung liegt auch dann vor, wenn diese nur für eine sogenannte »juristische Sekunde« bestanden hat; dies ist z.B. dann der Fall, wenn ein zu weniger als 10 v.H. an einer Kapitalgesellschaft beteiligter Gesellschafter einen weiteren Geschäftsanteil erwirbt, den er schon vor dem Erwerb an einen Dritten veräußert hatte, und mit diesem Anteil die Beteiligungsgrenze von mindestens 10 v.H. erreicht.[10]

- Anteile an einer vermögensverwaltenden Personengesellschaft im Privatvermögen. Im Einzelfall muss vom Veräußerer jedoch sehr sorgfältig geprüft werden, ob die Personengesellschaft, deren Anteile veräußert werden sollen, noch vermögensverwaltend tätig ist.[11]
- Immobilien und andere Wirtschaftsgüter im Privatvermögen nach Ablauf der Spekulationsfrist, die seit dem 01.01.1999 bei Immobilien zehn Jahre und bei anderen Wirtschaftsgütern ein Jahr beträgt (§ 23 Abs. 1 Nr. 1 bzw. Nr. 2 EStG).[12] Die Anwendung des § 23 EStG hat Vorrang vor § 17 EStG, mit der Folge, dass Verluste, die sich aus der Veräußerung von Anteilen an einer Kapitalgesellschaft innerhalb der Spekulationsfrist ergeben, nur mit Spekulationsgewinnen, nicht aber mit anderen Gewinnen verrechnet werden können (§ 23 Abs. 2 S. 2 EStG). Bei Gewinnen ist durch diesen Vorrang eine mögliche Begünstigung gemäß § 34 EStG ausgeschlossen.

---

8 Der Entwurf des Steuerreformgesetzes 2001 sieht eine weitere Absenkung der Beteiligungsgrenze des § 17 EStG auf 1 v.H. vor. Näheres hierzu siehe unter 7.; zur Rückwirkungsproblematik vgl. Schweyer/Dannecker, BB 1999, S. 2375 ff. Eilers/Wienands, GmbHR 1999, S. 505 ff.

9 In diesem Fall ist eine begünstigte Veräußerung i.S.v. §§ 16 und 34 EStG möglich.

10 Durchgangserwerb bei einer Vorausverfügung siehe BFH, Urteil vom 16.5.1996, BStBl. II 1996, 870.

11 Siehe hierzu BMF-Erlass vom 20.12.1990, DStR 1991, 34 ff.; BMF-Schreiben vom 27.2.1992, FR 1992, 224; BMF-Schreiben vom 20.10.1997, FR 1997, 876; vgl. auch BFH, Urteil vom 13.10.1993, DStR 1994, 322; Urteil vom 28.10.1993, FR 1994, 399.

12 § 23 EStG ist durch das Steuerentlastungsgesetz 1999/2000/2002 erheblich verschärft worden. Die Spekulationsfrist betrug bis zum 31.12.1998 für Grundstücke 2 Jahre und für andere Wirtschaftsgüter 6 Monate. Darüber hinaus werden Herstellungsfälle in den Bereich der Spekulationsgeschäfte mit einbezogen. Bislang unterlagen nur angeschaffte, nicht jedoch selbst hergestellte Wirtschaftsgüter dem Anwendungsbereich des § 23 EStG. Eine weitere Verschärfung tritt dadurch ein, dass nunmehr auch solche Veräußerungen als Spekulationsgeschäft angesehen werden, die nach einer Entnahme aus dem Betriebsvermögen vorgenommen werden (§ 23 Abs. 1 S. 2 EStG).

- »Steuerfreiheit« kann u.a. auch bei Gewinnen aus der Veräußerung von Grund und Boden sowie Gebäuden durch Reinvestition gemäß § 6b EStG erreicht werden, wenn die veräußerten Wirtschaftsgüter im Zeitpunkt der Veräußerung seit mindestens sechs Jahren zum Anlagevermögen einer inländischen Betriebsstätte gehört haben.[13] Falls ein begünstigtes Reinvestitionsobjekt dem Steuerpflichtigen zum Zeitpunkt der Veräußerung nicht zur Verfügung steht, ermöglicht § 6b Abs. 3 EStG dem Steuerpflichtigen, den Veräußerungsgewinn in eine Rücklage einzustellen. Die Reinvestition muss dann innerhalb von vier Jahren nach der Veräußerung erfolgen (bei neu hergestellten Gebäuden innerhalb von sechs Jahren). Durch das Steuerreformgesetz 1999/2000/2002 sind die bisher bestehenden Möglichkeiten, die sofortige Besteuerung der bei der Veräußerung bestimmter Wirtschaftsgüter des Anlagevermögens entstehende Gewinne durch Rücklagenbildung aufzuschieben, stark eingeschränkt worden. Der Gewinn aus der Veräußerung von Anteilen an Kapitalgesellschaften ist seit dem 01.01.1999 nicht mehr begünstigt, sodass im Bereich der Unternehmensveräußerungen in dieser Form § 6b EStG keine Bedeutung mehr hat.

bb) Steuerbegünstigung von außerordentlichen Einkünften

Mit Wirkung vom 01.01.1999 ist der bis dahin für außerordentliche Einkünfte (insbesondere für Veräußerungsgewinne i.S.d. §§ 16 und 17 EStG) anzuwendende halbe Steuersatz durch die Neufassung des § 34 EStG fortgefallen. An seine Stelle ist eine progressionsmildernde 1/5 Regelung getreten. Hiernach ist für Zwecke der Steuerberechnung in einem ersten Schritt für das Kalenderjahr, in dem die außerordentlichen Einkünfte erzielt worden sind, die Einkommensteuerschuld zu ermitteln, die sich ergibt, wenn die in dem zu versteuernden Einkommen enthaltenen außerordentlichen Einkünfte nicht in die Bemessungsgrundlage einbezogen werden. In einem zweiten Schritt ist sodann in einer Vergleichsberechnung die Einkommensteuer zu errechnen, die sich unter Einbeziehung eines Fünftels der außerordentlichen Einkünfte ergibt. Der Unterschiedsbetrag zwischen beiden Steuerbeträgen ist dann zu verfünffachen und der sich so ergebende Steuerbetrag ist der im ersten Schritt ermittelten Einkommensteuer hinzuzurechnen. Eine Kompensation für die Abschaffung des § 34 EStG a.F. kann durch die Progressionsmilderung des § 34 EStG n.F. wegen der erheblich geringeren Steuerbegünstigung von maximal DM 91.544,- nicht erzielt werden. In Fällen, in denen die Einkünfte des Steuerpflichtigen bereits ohne Einbeziehung der außerordentlichen Einkünfte mit dem Spitzensteuersatz zu besteuern sind, kommt es nach § 34 EStG n.F. zu keiner Steuerbegünstigung mehr.

Die Progressionsmilderung kann von dem Veräußerer (natürliche Person oder Personengesellschaft) in den folgenden Fallkonstellationen in Anspruch genommen werden:

---

13 Vgl. zu den Einzelheiten Schmidt/Glanegger, EStG, § 6b Rz. 1 ff.

- Der Veräußerer veräußert einen ganzen Gewerbebetrieb oder einen Teilbetrieb (§ 16 Abs. 1 Nr. 1 EStG). Eine Betriebsveräußerung in diesem Sinne liegt nur vor, wenn das wirtschaftliche Eigentum an allen wesentlichen Betriebsgrundlagen in einem einheitlichen Vorgang auf einen Erwerber übertragen wird und die bisher in diesem Betrieb entfaltete Betätigung des Erwerbers endet.[14] Unter einem Teilbetrieb i.S.v. § 16 Abs. 1 Nr. 1 EStG ist ein mit einer gewissen Selbständigkeit ausgestatteter, organisch geschlossener Teil des Gesamtbetriebes zu verstehen, der für sich allein lebensfähig ist.[15] Des weiteren setzt § 16 Abs. 1 Nr. 1 EStG die Veräußerung eines 100%igen Anteils an einer Kapitalgesellschaft einer steuerbegünstigten Veräußerung gleich. Diese Veräußerung ist jedoch – im Gegensatz zu der Veräußerung eines Teilbetriebs – gewerbesteuerpflichtig, wenn die Beteiligung in einem Betriebsvermögen gehalten und insgesamt und gleichzeitig veräußert wird.[16]
- Der Veräußerer veräußert seinen ganzen Anteil an einer gewerblich tätigen Personengesellschaft (Mitunternehmeranteil) oder einen Teil seines Mitunternehmeranteils gemäß § 16 Abs. 1 Nr. 2 EStG. Zu den begünstigten Veräußerungsvorgängen zählen auch der Eintritt weiterer Gesellschafter gegen Entgelt und die entgeltliche Veränderung der Beteiligungsverhältnisse sowie diejenigen Einbringungsvorgänge in eine Personengesellschaft (§ 24 UmwStG), bei denen das eingebrachte Betriebsvermögen zum Teilwert angesetzt wird. Bei der entgeltlichen Veräußerung von Anteilen an einer Personengesellschaft unter Einbeziehung eines negativen Kapitalkontos kann ein begünstigter Veräußerungsgewinn in Höhe der Differenz zwischen dem zusätzlichen Entgelt und der Höhe des negativen Kapitalkontos entstehen.[17]
- Nach § 16 Abs. 4 EStG ist der im Rahmen des § 16 EStG erzielte Veräußerungsgewinn auf Antrag des Veräußerers unter bestimmten persönlichen Voraussetzungen in Höhe eines Freibetrags von DM 60.000,- steuerfrei. Dieser Freibetrag ermäßigt sich um den Betrag, um den der Veräußerungsgewinn DM 300.000,- übersteigt. Das bedeutet, dass bei einem Veräußerungsgewinn von DM 360.000,- kein Freibetrag gewährt wird. Der Freibetrag ist dem Steuerpflichtigen (natürliche Person) nur einmal in dessen Leben zu gewähren (Objektbeschränkung), wobei die Gewährung eines Freibetrags gemäß § 16 Abs. 4 EStG vor dem 1.1.1996 auf die Objektbeschränkung nicht angerechnet wird.
- Der Veräußerer veräußert nach dem 01.01.1999 Anteile an einer Kapitalgesellschaft, an der er innerhalb der letzten fünf Jahre wesentlich, d.h. mindestens zu 10 v.H. unmittelbar oder mittelbar, am Nennkapital der Gesellschaft beteiligt war

---

14 Vgl. dazu BFH, Urteil vom 13.2.1996, DStR 1996, 1080; Urteil vom 12.6.1996, BStBl. II 1996, 527.

15 Zum Teilbetriebsbegriff vgl. BFH, BStBl. II 1989, 653; BFH/NV 1991, 291; Blumers/Siegel, DB, 1996, 7.

16 BFH, BStBl. II 1993, 131; Schmidt, EStG, § 16 Rz. 8.

17 BFH, BStBl. II 1993, 436.

(§ 17 Abs. 1 EStG).[18] Dies gilt nach Auffassung der Finanzverwaltung auch für solche Anteile, die vor dem 01.01.1999 wegen der bis dahin geltenden Beteiligungsgrenze von mehr als 25 v.H. nicht steuerverhaftet gewesen sind.[19] Der Veräußerungsgewinn i.S.d. § 17 Abs. 1 EStG ist neben der Progressionsmilderung gemäß § 34 EStG noch durch einen unter den Voraussetzungen des § 17 Abs. 3 EStG zu gewährenden Freibetrag von maximal DM 20.000,- begünstigt.

cc) Ungeminderte Einkommensteuer

Die Einkommensteuer fällt in folgenden Konstellationen in voller Höhe an:

- In Fällen, in denen die Einkünfte des Steuerpflichtigen bereits ohne Einbeziehung der außerordentlichen Einkünfte, z.B. Veräußerungsgewinne gemäß §§ 16 oder 17 EStG, mit dem Spitzensteuersatz zu besteuern sind, kommt es nach § 34 EStG n.F. zu keiner progressionsmildernden Steuerbegünstigung mehr.[20]
- Bei Spekulationsgewinnen gem. § 23 EStG.[21]
- Bei der Veräußerung einzelner Wirtschaftsgüter im Betriebsvermögen, die keinen Teilbetrieb im Sinne der oben beschriebenen Kriterien darstellen.[22]
- Ist der Veräußerer des Betriebs, Teilbetriebs oder Mitunternehmeranteils (§ 16 EStG) bzw. der Anteile an einer Kapitalgesellschaft (§ 17 EStG) eine Kapitalgesellschaft, so fällt grundsätzlich die ungeminderte Körperschaftsteuer auf einen Veräußerungsgewinn an, der wie bei einer Veräußerung durch eine natürliche Person oder Personengesellschaft zu ermitteln ist. Eine wichtige Ausnahme von diesem Grundsatz ist die Befreiung von Veräußerungsgewinnen aus der Veräußerung von Anteilen an ausländischen Kapitalgesellschaften gemäß § 8b Abs. 2 KStG.[23]

b) Erwerber

Der Erwerber wird regelmäßig den Erwerb von Wirtschaftsgütern von Einzelunternehmen bzw. Personengesellschaften und von Kapitalgesellschaften (Asset Deal) dem Erwerb von Anteilen an einer Kapitalgesellschaft (Share Deal) vorziehen, da ihm der Asset Deal die Möglichkeit eröffnet, den auf die abnutzbaren Wirtschaftsgüter entfallenden Teil des Kaufpreises in steuermindernde Abschreibung umzusetzen.[24] Im

---

18 Vgl. unter 3. a) aa).
19 Vgl. R 140 (2) S. 2 Einkommensteuer-Richtlinien 1999.
20 Vgl. 3. a) bb).
21 Vgl. 3. a) aa).
22 Vgl. 3. a) bb).
23 Siehe 5.
24 Müller, in: Hölters (Hrsg.), Teil IV Rz. 16 und 36.

Gegensatz dazu ist beim Erwerb von Kapitalgesellschaftsanteilen eine Umsetzung des Kaufpreises in laufende Abschreibung nicht möglich, da die Beteiligung an Kapitalgesellschaften zu den nicht abnutzbaren Wirtschaftsgütern gehört.[25] Sollte sich allerdings dem Erwerber lediglich die Möglichkeit bieten, Kapitalgesellschaftsanteile zu erwerben, kann durch nachgelagerte Maßnahmen in der Sphäre des Erwerbers eine steuerliche Optimierung herbeigeführt werden. Zu den Modellen, mit deren Hilfe die steuerlichen Vorteile eines Kaufes von Wirtschaftsgütern auch im Rahmen des Beteiligungskaufes realisiert werden können, gehören das Kombinationsmodell, das Mitunternehmerschaftsmodell und das Umwandlungsmodell.[26]

Der Erwerber verfolgt beim Erwerb von Einzelunternehmen oder von Anteilen an einer Personengesellschaft primär insbesondere folgende steuerliche Interessen:

- Verteilung des Kaufpreises auf abschreibungsfähige Wirtschaftsgüter,[27]
- steuerliche Abzugsfähigkeit der Finanzierungsaufwendungen durch steueroptimale Finanzierung des Kaufpreises,[28]
- steuereffektive Nutzung miterworbener Verlustvorträge.

Beim Erwerb von Anteilen an Kapitalgesellschaften ergeben sich aus der Sicht des Erwerbers neben der steuerlichen Abzugsfähigkeit von Finanzierungskosten und der steuerlichen Nutzung von Verlustvorträgen noch folgende steuerliche Zielvorstellungen:

- Umsetzung von Anschaffungskosten in Abschreibungspotenzial (Step up),[29]
- kurzfristige Realisierung gekaufter Körperschaftsteuerguthaben (Cash out).[30]

4. Beschreibung der einzelnen Akquisitionsmodelle

a) Veräußerung von Einzelwirtschaftsgütern (Asset Deal)

aa) Ertragsteuern

Der Veräußerungsgewinn, der im Rahmen der Veräußerung eines Unternehmens im Wege eines Asset Deal entsteht, ist für den Veräußerer, egal ob es sich hierbei um eine natürliche Person, eine Personengesellschaft oder um eine Kapitalgesellschaft handelt, immer steuerpflichtig.

---

25 Zu Einzelheiten Hötzel, S. 21 ff. und 164 ff.
26 Einzelheiten hierzu siehe 4. d).
27 Vgl. dazu Hörger, in: Schaumburg (Hrsg.), Unternehmenskauf im Steuerrecht, S. 99 ff.
28 Vgl. dazu Prinz, in: Schaumburg (Hrsg.), Unternehmenskauf im Steuerrecht, S. 203 ff.
29 Vgl. dazu Eilers/Nowack, in: Gerhard Picot (Hrsg.), Unternehmenskauf und Restrukturierung, Teil V. Rn. 84 ff. und 104 ff.; Hötzel, S. 167 ff.
30 Vgl. dazu Herzig, in: Schaumburg (Hrsg.), Unternehmenskauf im Steuerrecht, S. 119. ff.

Ist der Veräußerer eine natürliche Person oder eine Personengesellschaft kann er unter den Voraussetzungen der §§ 16 und 34 EStG den Freibetrag und die Progressionsmilderung in Anspruch nehmen.[31] Alternativ zu der Progressionsmilderung des § 34 EStG besteht für den Veräußerer auch die Möglichkeit, die Begünstigung des § 6b EStG zu wählen und den Veräußerungsgewinn, soweit er auf ein privilegiertes Wirtschaftsgut entfällt, in eine Rücklage einzustellen. Wie oben bereits erwähnt ist die Übertragung stiller Reserven bei der Veräußerung bestimmter Anlagegüter durch das Steuerreformgesetz 1999/2000/2002 jedoch stark eingeschränkt worden. Gewinne aus der Veräußerung eines Betriebes oder Teilbetriebes[32] durch eine natürliche Person oder Personengesellschaft unterliegen nicht der Gewerbesteuer.[33]

Die Veräußerung eines Betriebes oder Teilbetriebes durch eine Kapitalgesellschaft im Wege des Asset Deal ist gewerbesteuerpflichtig und unterliegt ohne Begünstigung der normalen Körperschaftsteuer.[34]

bb) Kaufpreisaufteilung

Beim Kauf eines Unternehmens im Wege des Asset Deal, der im Grundsatz nicht anders behandelt wird als der Erwerb einzelner Wirtschaftsgüter, wird in der Regel ein einheitlicher Gesamtkaufpreis vereinbart, der auf die einzelnen Wirtschaftsgüter sachgerecht aufgeteilt werden muss.[35] In der Mehrzahl der Fälle übersteigt der Kaufpreis die Buchwerte der einzelnen Wirtschaftsgüter des Veräußerers. Dieser Mehrbetrag ist auf die bilanzierten und nicht bilanzierten materiellen und immateriellen Wirtschaftsgüter aufzuteilen. Verbleibt nach der Aufteilung noch ein Restwert, so ist in dieser Höhe ein Geschäfts- oder Firmenwert anzusetzen. Eine entsprechende Aufteilung eines Minderbetrages hat zu erfolgen, wenn der Kaufpreis ausnahmsweise die Buchwerte unterschreitet.

Die Aufteilung des Mehrbetrages (bzw. Minderbetrages) hat auf der Grundlage des § 6 Abs. 1 Nr. 7 EStG im Verhältnis der Teilwerte der Wirtschaftsgüter zu erfolgen. Da in diesem Bereich noch einige Unklarheiten bestehen[36] und es sich bei der Festlegung der einzelnen Teilwerte nicht um einen exakt bestimmbaren Vorgang handelt, haben die Vertragsparteien einen gewissen Gestaltungsspielraum hinsichtlich der Aufteilung des Gesamtkaufpreises. Insoweit kommt eine kaufvertragliche Regelung der Aufteilung des Kaufpreises in Frage. In diesem Zusammenhang ist jedoch zum einen zu beachten, dass eine steueroptimale Aufteilung des Mehrbetrages beim

---

31 Vgl. 4. b) aa).

32 Zur gewerbesteuerlichen Behandlung der Veräußerung von Anteilen an einer Personengesellschaft siehe 4. b) aa).

33 Schmidt, EStG, § 16 Rz. 7.

34 Müller, in: Hölters (Hrsg.), Teil IV Rz. 27.

35 Vgl. dazu ausführlich Holzapfel/Pöllath, Rz. 145; Hötzel, S. 10 ff. und S. 145 ff.; Hörger, in: Schaumburg (Hrsg.), Unternehmenskauf im Steuerrecht, S. 99 ff.; Müller, in: Hölters (Hrsg.) Teil IV Rz. 6 ff.

36 Vgl. Hörger, in: Schaumburg (Hrsg.), Unternehmenskauf im Steuerrecht, S. 99, 107.

Erwerber in Einzelfällen den Interessen des Veräußerers bei der Aufteilung des Kaufpreises widersprechen kann. So hängt beim Veräußerer das Interesse an einer bestimmten Aufteilung des Kaufpreises von der von ihm gewählten Art der Versteuerung ab. Wendet er auf den Veräußerungsgewinn ganz oder teilweise § 6b EStG an und kommt deshalb eine Progressionsmilderung nicht in Betracht (§ 34 Abs. 1 S. 4 EStG), so hat er ein Interesse daran, den Kaufpreis möglichst den Wirtschaftsgütern Grund und Boden und Gebäuden zuzuordnen. Die Aufteilung des Kaufpreises ist aus der Sicht des Veräußerers dagegen unbeachtlich, wenn er die Progressionsmilderung des § 34 EStG in Anspruch nimmt. Der Erwerber ist regelmäßig daran interessiert, den Kaufpreis auf schnell abschreibbare Wirtschaftsgüter zu legen und gerade nicht auf Grund und Boden und Gebäude. Es bestehen somit gegenläufige Interessen, wenn der Veräußerer die Regelung des § 6b EStG in Anspruch nimmt, sodass in diesem Fall eine steueroptimale vertragliche Aufteilung nicht vorgenommen werden kann. Zum anderen ist für den Fall, dass keine unterschiedlichen Interessenlagen vorliegen, zu beachten, dass eine vertraglich vereinbarte Kaufpreisaufteilung keine rechtliche Bindungswirkung für die Finanzverwaltung oder die Rechtsprechung hat.[37] Wie bereits festgestellt richtet sich die Aufteilung nach dem Verhältnis der Verkehrs- bzw. Teilwerte und nicht nach dem der Vereinbarung zugrunde liegenden Willen der Beteiligten.[38] Eine willkürliche, ausschliesslich der Zielsetzung der Steuerpflichtigen entsprechende Aufteilung, die den wirtschaftlichen Gegebenheiten nicht entspricht und für die in erster Linie Gründe der Steuerersparnis maßgebend waren, ist damit ausgeschlossen. Allerdings hat eine vertragliche Aufteilung des Kaufpreises den ersten Anschein der sachlichen Richtigkeit, die dann von Bedeutung ist, wenn sie durch die Teilwertermittlung für die erworbenen Wirtschaftsgüter unterlegt ist.[39] Bei Erfüllung dieser Voraussetzung ist eine vertragliche Regelung empfehlenswert, da sie die Verhandlungen mit der Finanzbehörde erleichtern kann. Aus der Sicht des Erwerbers sollte dieser Empfehlung allerdings dann nicht gefolgt werden, wenn ihm zum Zeitpunkt des Vertragsschlusses die Detailkenntnisse fehlen, die ihm eine steuerlich optimale Aufteilung ermöglichen. Dann sollte wiederum keine vertragliche Aufteilung vorgenommen werden.

Die Abschreibungsdauer der erworbenen Wirtschaftsgüter – und damit die Höhe und Schnelligkeit der Abschreibung – bestimmt sich nach ihrer verbleibenden Restnutzungsdauer, die nach dem Erwerb neu festzulegen ist.[40] Eine generelle Fortführung der bisherigen Restnutzungsdauer des Veräußerers wird als nicht sachgerecht angesehen, da die zu erwartende Nutzungsdauer ausschließlich anhand betriebsindividueller Umstände beim Erwerber zu bestimmen ist. Eine Ausnahme von diesem Grundsatz sieht das Gesetz nur für die Abschreibungsdauer von Grundstücken und

37 Eilers/Nowack, in: Gerhard Picot (Hrsg.), Unternehmenskauf und Restrukturierung, Teil V. Rz. 45.
38 BFH, BStBl. II 1992, 512.
39 BFH, BStBl. II 1970, 804; 1978, 620.
40 Hötzel, S. 20, 21.

vom Firmenwert vor. Die Nutzungsdauer eines Firmenwerts beträgt gemäß § 7 Abs. 1 S. 3 EStG immer 15 Jahre und bei Gebäuden bestimmt sie sich nach § 7 Abs. 4 oder 5 EStG.

cc) Grunderwerbsteuer

Die Veräußerung von Grundstücken im Rahmen eines Asset Deal unterfällt gemäß § 1 Abs. 1 GrEStG der Grunderwerbsteuer, die 3,5 v.H. des Wertes der Gegenleistung für das erworbene Grundstück beträgt. Damit ist auch für grunderwerbsteuerliche Zwecke der Anteil des Kaufpreises, der auf die Grundstücke entfällt, aus der ertragsteuerlichen Kaufpreisaufteilung abzuleiten. Die Grunderwerbsteuer, für die nach § 13 Nr. 1 GrEStG beide Vertragspartner gesamtschuldnerisch haften, wird vertraglich zumeist vom Erwerber getragen.

dd) Umsatzsteuer

Gemäß § 1 Abs. 1a UStG unterliegt die Geschäftsveräußerung im Ganzen nicht der Umsatzsteuer.[41] Eine Geschäftsveräußerung in diesem Sinne liegt vor, wenn die wesentlichen Grundlagen eines Unternehmens oder eines gesondert geführten Betriebes an einen Unternehmer für dessen Unternehmen übertragen werden. Soweit einkommensteuerrechtlich eine Teilbetriebsveräußerung angenommen wird, kann umsatzsteuerrechtlich von der Veräußerung eines gesondert geführten Betriebes ausgegangen werden. Wenn jedoch die Voraussetzungen des § 1 Abs. 1a UStG nicht vorliegen, weil z.B. wesentliche Betriebsgrundlagen nicht mit veräußert werden, ist der Verkauf umsatzsteuerbar und nach den allgemeinen Regeln auch umsatzsteuerpflichtig, soweit nicht eine Steuerbefreiung (§ 4 UStG) eingreift. Eine wirtschaftliche Belastung für den Erwerber wird sich daraus in aller Regel nicht ergeben, weil er zum Vorsteuerabzug berechtigt ist.

b) Veräußerung von Anteilen an einer Personengesellschaft

aa) Ertragsteuern

Die Veräußerung von Anteilen an einer Personengesellschaft, die zivilrechtlich eine Beteiligungsveräußerung darstellt, wird steuerrechtlich der Veräußerung von Einzelwirtschaftsgütern (Asset Deal) gleichgestellt.[42] Die Ausführungen zur Veräußerung von Wirtschaftsgütern gelten somit sinngemäß auch bei der Anteilsveräußerung. Erwirbt der Käufer alle Mitunternehmeranteile im Rahmen einer Unternehmensakquisition, geht das Vermögen der Gesellschaft im Wege der Anwachsung auf den Erwer-

41 Vgl. hierzu ausführlich Reiß, in: Schaumburg (Hrsg.), Unternehmenskauf im Steuerrecht, S. 231 ff..

42 Vgl. hierzu Hötzel, S. 37 ff. und 161 f.

ber über und ist dort mit den aufgestockten Anschaffungskosten zu bilanzieren.[43] Umfasst der Erwerb dagegen nicht alle Anteile an der Personengesellschaft, sind die aufgestockten Werte für die einzelnen Wirtschaftsgüter nicht in der Bilanz der Gesellschaft, sondern in einer Ergänzungsbilanz des erwerbenden Gesellschafters aufzunehmen.[44] Abschreibungen auf die Mehrwerte in der Ergänzungsbilanz sind dann ausschließlich für die steuerliche Gewinnermittlung des Erwerbers von Bedeutung, belasten aber das handelsrechtliche Ergebnis der Personengesellschaft nicht.

Gewinne aus der Veräußerung von Mitunternehmeranteilen unterliegen nicht der Gewerbesteuer.[45] Dies wird im wesentlichen damit begründet, dass nur der laufende Ertrag eines Gewerbes Grundlage für eine »Betriebs«-besteuerung sein kann, sodass Vorgänge vor Beginn und nach Beendigung der werbenden Tätigkeit den Gewerbeertrag nicht beeinflussen.[46]

Die Gewerbesteuerfreiheit gilt ebenfalls für Veräußerungsgewinne, die von Kapitalgesellschaften erzielt werden, wenn es sich bei den veräußerten Anteilen an der Personengesellschaft um sog. »einbringungsgeborene Anteile« handelt, die durch Einbringung eines Betriebs oder Teilbetriebs zu Buchwerten oder Zwischenwerten (§ 24 UmwStG) entstanden sind.[47]

bb) Grunderwerbsteuer

Der Erwerb von Anteilen an einer Personengesellschaft ist grundsätzlich auch dann nicht grunderwerbsteuerpflichtig, wenn zum Vermögen der Gesellschaft Grundstücke gehören. Davon macht jedoch § 1 Abs. 3 GrEStG n.F. eine Ausnahme, sofern sich bei Erwerbsvorgängen nach dem 31.12.1999 unmittelbar oder mittelbar mindestens 95 v.H. der Anteile an der betreffenden Gesellschaft in der Hand des Erwerbers vereinen.[48] Für Erwerbsvorgänge vor dem 01.01.2000 setzte § 1 Abs. 3 GrEStG a.F. noch voraus, dass sich alle Anteile der Gesellschaft in einer Hand vereinigen. Zur Realisierung dieses Tatbestandes war nach ständiger Rechtsprechung erforderlich, dass sich nach der Übertragung tatsächlich alle Gesellschaftsanteile in der Hand eines Erwerbers oder einer von ihm abhängigen Person befinden.[49] Der Tatbestand der Anteilsvereingung ließ sich auf dieser Grundlage dadurch vermeiden, dass ein geringfügiger Anteil (sog. Zwerganteil) beim Veräußerer oder einer unab-

43 Stahl, KÖSDI 1990, 7992.

44 Vgl. dazu ausführlich Dreissig, Ergänzungsbilanzen, StBJb 1990/91, 221 ff.

45 Abschn. 39 Abs. 1 Nr. 1 S. 12 GewStR; Söffing/Söffing, DB 1994, 1795 ff.

46 RFH, RStBl. 1938, 356; BFH, BStBl. III 1962, 438.

47 BFH, Urteil vom 27.03.1996, DStR 1997, 325; ausführlich hierzu Eilers/Nowack, in: Gerhard Picot (Hrsg.), Unternehmenskauf und Restrukturierung, Teil V. Rz. 48, 49.

48 § 1 Abs. 3 GrEStG ist durch das Steuerentlastungsgesetz 1999/2000/2002 vom 24.3.1999 geändert worden und ist erstmals auf Erwerbsvorgänge anzuwenden, die nach dem 31.12.1999 verwirklicht werden.

49 BFH, Urteile vom 16.3.1966, BStBl. III 1966, 254 und 378.

hängigen dritten Person verblieb. Dieser weit verbreiteten Gestaltungsmaßnahme ist mit der Neuregelung nun die Grundlage entzogen worden. Soweit die Voraussetzungen des § 1 Abs. 3 GrEStG n.F. erfüllt sind, kommt als Bemessungsgrundlage nicht der Wert der Gegenleistung, sondern der regelmäßig niedrigere Grundbesitzwert gemäß § 138 Abs. 2 oder 3 BewG zum Ansatz.

Neben dem Tatbestand der Anteilsvereinigung kommt eine Grunderwerbsteuerpflicht bei der Übertragung von Anteilen an einer Personengesellschaft nach § 1 Abs. 2a GrEStG, der durch das Jahressteuergesetz 1997 eingefügt worden ist, in Betracht.[50] Hiernach wird die Übertragung von 95 v.H. der Anteile an einer Personengesellschaft, zu deren Vermögen ein Grundstück gehört, innerhalb eines Zeitraums von fünf Jahren wie ein unmittelbarer Grundstückserwerb behandelt. Bemessungsgrundlage der Grunderwerbsteuer ist auch hier für Erwerbsvorgänge nach dem 31.03.1999 nicht mehr der Wert der Gegenleistung, sondern der Grundbesitzwert gemäß § 138 Abs. 2 oder 3 BewG (§§ 8 Abs. 2 Nr. 3 i.V.m. 26 Abs. 6 S. 1 GrEStG).

cc) Umsatzsteuer

Die Veräußerung von Gesellschaftsanteilen, die streng von der Geschäftsveräußerung im ganzen zu trennen ist, ist grundsätzlich schon nicht umsatzsteuerbar, da der Gesellschafter in dieser Eigenschaft regelmäßig nicht Unternehmer ist. Jedenfalls ist die Anteilsveräußerung aber gemäß § 4 Nr. 8f UStG umsatzsteuerfrei, wenn die Beteiligung einem anderen Unternehmen des Gesellschafters dient. Im letzteren Fall hat der Unternehmer die Möglichkeit gemäß § 9 Abs. 1 UStG zur Umsatzsteuerpflicht des Vorgangs zu optieren.

c) Veräußerung von Anteilen an einer Kapitalgesellschaft (Share Deal)

aa) Ertragsteuern

Der Veräußerungsgewinn aus der Veräußerung von Anteilen an einer Kapitalgesellschaft im Privatvermögen ist unter den Voraussetzungen der §§ 17, 34 und 23 EStG steuerpflichtig, im Übrigen aber steuerfrei.[51]

Werden Anteile aus einem Betriebsvermögen veräußert, unterliegt der Veräußerungsgewinn grundsätzlich der vollen Versteuerung, gleichgültig, ob der Veräußerer eine natürliche Person, eine Personengesellschaft oder eine Kapitalgesellschaft ist.

---

50 Durch das Steuerentlastungsgesetz 1999/2000/2002 ist § 1 Abs. 2a GrEStG mit Wirkung vom 1.1.2000 insoweit geändert worden, als die »vollständige oder wesentliche« Änderung des Gesellschafterbestandes durch eine »unmittelbare oder mittelbare« Änderung des Gesellschafterbestandes »dergestalt, dass mindestens 95 v.H. der Anteile auf neue Gesellschafter übergehen«, ersetzt worden ist.

51 Vgl. dazu 3. a) aa).

Eine Ausnahme gilt für die Veräußerung von Anteilen an einer Kapitalgesellschaft durch eine natürliche Person oder Personengesellschaft, soweit die Beteiligung das gesamte Nennkapital der Gesellschaft umfasst (§ 16 Abs. 1 Nr. 1 EStG).[52] Unter den Voraussetzungen des § 8b Abs. 2 KStG sind Gewinne aus der Veräußerung von Anteilen an einer ausländischen Kapitalgesellschaft durch eine Kapitalgesellschaft ausnahmsweise ebenfalls nicht körperschaftsteuerpflichtig.

Der Erwerber kauft aus steuerrechtlicher Sicht lediglich die Gesellschaftsrechte an der Kapitalgesellschaft. Er bilanziert die Beteiligung als eigenständiges Wirtschaftsgut mit der Folge, dass nicht die Buchwerte der einzelnen Wirtschaftsgüter aufgestockt werden, sondern nur die erworbene Beteiligung mit ihren Anschaffungskosten aktiviert wird. Eine Abschreibung der erworbenen Anteile ist außer in den Fällen einer Teilwertabschreibung nicht möglich. Deshalb stellt sich bei einem Share Deal auch nicht die Frage einer Kaufpreisaufteilung, sofern nicht postakquisitorische Restrukturierungsmaßnahmen beabsichtigt sind, durch die die stillen Reserven in Abschreibungspotenzial umgewandelt werden sollen. Eine Teilwertabschreibung auf Anteile an einer Kapitalgesellschaft ist nur zulässig[53], wenn

- der Substanzwert der Beteiligung infolge einer nachhaltigen Erzielung von Verlusten unter den bilanzierten Wert der Beteiligung abgesunken ist;
- sich die Anschaffung der Beteiligung als eine Fehlmaßnahme erweist;
- sich der Substanzwert der Beteiligung infolge von Gewinnausschüttungen erheblich unter dem aktivierten Beteiligungserwerb bewegt.

Der Gewinn aus der Veräußerung einer zum Betriebsvermögen einer natürlichen Person oder Personengesellschaft gehörenden Beteiligung an einer Kapitalgesellschaft unterliegt auch dann der Gewerbeertragsteuer, wenn die Beteiligung das gesamte Nennkapital umfasst (§ 16 Abs. 1 S. 2 EStG), es sei denn, die Veräußerung erfolgt im engen Zusammenhang mit der Aufgabe des Gewerbebetriebs.[54] Die Veräußerung von Anteilen an einer inländischen Kapitalgesellschaft durch eine Kapitalgesellschaft ist stets gewerbesteuerpflichtig. Gewinne aus der Veräußerung von Anteilen an einer ausländischen Kapitalgesellschaft i.S.d. § 8b Abs. 2 KStG bleiben dagegen auch bei der Gewerbesteuer außer Ansatz.

bb) Umsatzsteuer

Die Veräußerung von Kapitalgesellschaftsanteilen im Privatvermögen ist schon nicht umsatzsteuerbar. Die Veräußerung von Anteilen im Betriebsvermögen ist umsatzsteuerfrei (§ 4 Nr. 8f UStG).

52 Vgl. dazu 3. a) bb).
53 BFH, BStBl. II 1988, 274; BStBl. II 1990, 343; BFH, Urteil vom 23.10.1996, FR 1997, 222; Groh, in: Schaumburg (Hrsg.), Unternehmenskauf im Steuerrecht, S. 149 ff.
54 Abschn. 39 Abs. 1 Nr. 1 S. 13 GewStR.

cc) Grunderwerbsteuer

Der Erwerb von Anteilen an einer Kapitalgesellschaft kann unter den Voraussetzungen der Anteilsvereinigung gemäß § 1 Abs. 3 GrEStG Grunderwerbsteuer auslösen.[55]

d) Nachgelagerte Maßnahmen beim Erwerb von Anteilen an Kapitalgesellschaften

Wie bereits erwähnt, scheidet eine Transformation von Anschaffungskosten in Abschreibungsvolumen grundsätzlich aus, wenn der Unternehmenskäufer Anteile an einer Kapitalgesellschaft erwirbt, da es sich bei den Kapitalgesellschaftsanteilen um nicht abnutzbare Wirtschaftsgüter handelt. Dieser steuerliche Nachteil des Share Deal kann durch nachgelagerte Maßnahmen in der Sphäre des Erwerbers kompensiert werden. Mit Hilfe der drei nachfolgend beschriebenen Modelle kann der steuerliche Vorteil eines Kaufes von Einzelwirtschaftsgütern auch im Rahmen des Kaufes von Kapitalgesellschaftsanteilen erreicht werden.

aa) Kombinationsmodell

Bis zum In-Kraft-Treten des Umwandlungssteuergesetztes 1995 war das sog. Kombinationsmodell das in der Praxis gängigste Gestaltungsinstrument zur Realisierung der oben genannten Zielsetzung des Käufers von Anteilen an Kapitalgesellschaften.[56]

- In einem ersten Schritt kauft der Erwerber die Anteile an der Zielkapitalgesellschaft und bilanziert sie mit ihren Anschaffungskosten.
- Im Anschluss hieran veräußert die Zielkapitalgesellschaft ihre materiellen und immateriellen Wirtschaftsgüter an den Erwerber oder an eine Konzerngesellschaft des Erwerbers (z.B. Schwestergesellschaft) zu verkehrsüblichen Preisen. Die Zielgesellschaft erzielt damit einen Veräußerungsgewinn in Höhe der aufgedeckten stillen Reserven, der körperschaftsteuer- und gewerbesteuerpflichtig ist. Gleichzeitig erhält die erwerbende Gesellschaft zusätzliches Abschreibungspotenzial in Höhe der aufgedeckten stillen Reserven (Step-up).
- Die Zielkapitalgesellschaft schüttet nun den durch den Verkauf der Wirtschaftsgüter realisierten Gewinn in voller Höhe an den Erwerber aus. Der Erwerber erzielt damit Einkünfte, die auch das Körperschaftsteueranrechnungsguthaben umfassen. Bei Vorliegen der Voraussetzungen für das Schachtelprivileg gemäß § 9

---

55 Zu den Voraussetzungen vgl. dazu 4. b) bb).

56 Zum Kombinationsmodell ausführlich Hötzel, S. 167 ff.; Herzig, in: Schaumburg, Unternehmenskauf im Steuerrecht, S. 123.

Nr. 2a GewStG oder für eine Organschaft gemäß § 2 Abs. 2 S. 2 GewStG, unterliegt dieser Gewinn bei der Muttergesellschaft (Erwerber) keiner zusätzlichen Gewerbesteuerbelastung.

- Schließlich nimmt der Erwerber eine ausschüttungsbedingte Teilwertabschreibung auf die Anteile an der »entleerten« Zielgesellschaft vor. Damit erzielt er einen Verlust, mit dem der zuvor erzielte Ausschüttungsgewinn einkommen- bzw. körperschaftsteuerlich neutralisiert wird. Bei der Gewerbeertragsteuer wirkt sich die ausschüttungsbedingte Teilwertabschreibung seit Einführung des § 8 Nr. 10 GewStG jedoch nicht mehr neutralisierend aus, weil die für die Teilwertabschreibung ursächliche Gewinnausschüttung beim Anteilseigner schachtelprivilegiert zugeflossen ist (siehe Stufe 3). Das gleiche gilt im Ergebnis auch, wenn zwischen dem Erwerber und der Zielkapitalgesellschaft vor Durchführung der einzelnen Stufen des Kombinationsmodells eine körperschaftsteuerliche und gewerbesteuerliche Organschaft hergestellt worden ist.[57] Demzufolge kann das Kombinationsmodell zwar körperschaftsteuerlich neutral durchgeführt werden, führt aber gewerbeertragsteuerlich zu einer Einmalbelastung des Step-up Betrages.

Die Durchführung des Kombinationsmodells kann in Ausnahmefällen als missbräuchliche Gestaltung gemäß § 42 AO zu qualifizieren sein.[58] Das kann nach der Rechtsprechung des BFH[59] dann der Fall sein, wenn für die angestrebten wirtschaftlichen Ziele der beteiligten Parteien eine weniger aufwendige und angemessenere Alternative zur Verfügung steht und zudem ausschliesslich steuerliche Gründe für die Wahl dieses Modells entscheidend waren. Es ist daher für die Verringerung des Risikos eines Gestaltungsmissbrauchs (§ 42 AO) wichtig, dass bei der Anwendung des Kombinationsmodells nicht steuerliche, sondern wirtschaftliche, finanzielle oder zivilrechtliche Ziele im Vordergrund stehen.

Das Kombinationsmodell führt dann nicht zu den gewünschten steuerlichen Folgen, wenn und soweit die Voraussetzungen für die Entstehung eines Sperrbetrages gemäß § 50 c EStG vorliegen. Denn bis zur Höhe des Sperrbetrages darf die Teilwertabschreibung den Gewinn nicht mindern.

bb) Mitunternehmerschaftsmodell

Auch das Mitunternehmerschaftsmodell, welches dem Kombinationsmodell sehr ähnlich ist und mit dem ebenfalls eine gewerbeertragsteuerliche Neutralität des Step-up erreicht werden soll, vollzieht sich in mehreren Schritten.

- Im ersten Schritt kauft der Erwerber ebenfalls die Anteile an der Zielkapitalgesellschaft.

---

57 Vgl. BFH, Urteil vom 02.02.1994, DStR 1994, 613; ausführlich hierzu Eilers/Nowack, in: Gerhard Picot (Hrsg.), Unternehmenskauf und Restrukturierung, Teil V. Rz. 88 ff.

58 Vgl. hierzu Hötzel, S. 171 ff.; Eilers/Nowack, in: Gerhard Picot (Hrsg.), Unternehmenskauf und Restrukturierung, Teil V. Rz. 95 ff.; Holzapfel/Pöllath, Rz. 244.

59 BFH, BStBl. II 1993, 426, 428.

- In einem zweiten Schritt bringt die Zielkapitalgesellschaft ihre Wirtschaftsgüter in eine von ihr gegründete Personengesellschaft steuerneutral gegen Gewährung von Gesellschaftsrechten ein (§ 24 UmwStG). An die Stelle der Wirtschaftsgüter treten bei der Zielkapitalgesellschaft somit Anteile an einer Mitunternehmerschaft (sog. einbringungsgeborene Anteile).
- Anschließend veräußert die Zielkapitalgesellschaft ihre Mitunternehmeranteile an den Erwerber zu einem angemessenen Preis, was zur Realisierung der stillen Reserven führt. Der dadurch erzielte Veräußerungsgewinn unterliegt bei der Zielkapitalgesellschaft zwar der Körperschaftsteuer, nicht jedoch der Gewerbesteuer. Der Grund hierfür ist darin zu sehen, dass der Gewinn aus der Veräußerung eines Mitunternehmeranteiles auch dann nicht zum Gewerbeertrag gehört, wenn der Veräußerer eine Kapitalgesellschaft ist.[60] Die Finanzverwaltung hat die von ihr hierzu vertretene entgegenstehende Rechtsauffassung[61] nach der Entscheidung des BFH vom 27.3.1996[62] aufgegeben.[63]
- Genauso wie beim Kombinationsmodell erhält der Erwerber der Mitunternehmeranteile durch die Aufdeckung der stillen Reserven, die er in einer Ergänzungsbilanz erfasst, entsprechendes Abschreibungsvolumen.
- Die Zielkapitalgesellschaft schüttet in einem vierten Schritt den entstandenen Gewinn an den Erwerber aus. Hierbei stellt sich eine vollständige Entlastung von der Körperschaftsteuer ein, soweit der Erwerber körperschaftsteueranrechnungsberechtigt ist. Die Gewinnausschüttung ist entweder aufgrund des Schachtelprivilegs gemäß § 9 Nr. 2a GewStG oder nach Organschaftsregeln (§ 2 Abs. 2 S. 2 GewStG) gewerbesteuerfrei.
- Schließlich wird die beim Erwerber eingetretene ausschüttungsbedingte Vermögensmehrung durch eine entsprechende Teilwertabschreibung auf die Anteile der Zielkapitalgesellschaft neutralisiert. Gemäß § 8 Nr. 10 GewStG ist auch hier sowohl im Falle einer gewerbesteuerlichen Organschaft als auch beim Eingreifen des Schachtelprivilegs gemäß § 9 Nr. 2a GewStG eine Hinzurechnung in Höhe der Teilwertabschreibung für gewerbeertragsteuerliche Zwecke vorzunehmen.

Das Mitunternehmerschaftsmodell hat gegenüber dem Kombinationsmodell somit den Vorteil, dass eine gewerbesteuerliche Erfassung der stillen Reserven auf der Ebene der Zielkapitalgesellschaft (Schritt 3) nicht eintritt.

Allerdings besteht bei diesem Modell das Risiko eines Gestaltungsmissbrauchs i.S.v. § 42 AO, auf das auch der BFH[64] hingewiesen hat. Gibt es jedoch gute wirtschaftliche Gründe für die Ausgliederung in eine Personengesellschaft und liegt ein

---

60 Abschn. 39 Abs. 1 Nr. 1 S. 12 GewStR 1998.

61 Abschn. 41 Abs. 2 S. 5 GewStR 1990.

62 BFH, BStBl. II 1997, 224 oder DStR 1997, 325.

63 Vgl. Eilers/Nowack, in: Gerhard Picot (Hrsg.), Unternehmenskauf und Restrukturierung, Teil V. Rz. 48,49; Hötzel, S. 197 ff.

64 BFH, Urteil vom 27.3.1996, BStBl. II 1997, 224.

angemessener Zeitraum zwischen Ausgliederung und Veräußerung[65], wird § 42 AO keine Anwendung finden.

cc) Umwandlungsmodell

Das neue – seit dem 1.1.1995 geltende – Umwandlungssteuergesetz ermöglicht die Anwendung des Umwandlungsmodelles[66], das neben die bereits beschriebenen Modelle tritt und ebenfalls den Zweck verfolgt, im Zusammenhang mit einem Share Deal die Transformation von Anschaffungskosten in Abschreibungspotenzial zu verwirklichen. Nach dem Erwerb der Kapitalgesellschaftsanteile folgt beim Umwandlungsmodell eine Umwandlung der erworbenen Zielkapitalgesellschaft in bzw. auf eine Personengesellschaft. Der Rechtsformwechsel einer Kapitalgesellschaft in eine Personengesellschaft kann sich u.a. im Wege der Verschmelzung (§§ 2 ff. UmwG) oder im Wege eines Formwechsels (§§ 190 ff. UmwG) vollziehen. Bei dem Formwechsel ist, im Gegensatz zur Verschmelzung, nur ein Rechtsträger beteiligt, der unter Wahrung der Identität und ohne Vermögensübergang in einen Rechtsträger anderer Rechtsform umgewandelt wird (»Identitätswahrender Formwechsel«). Deshalb ist der Formwechsel beim Weg von der Kapitalgesellschaft in die Personengesellschaft einfacher durchzuführen und regelmäßig kostengünstiger als die Verschmelzung. Zum einen fallen geringere Notargebühren an und zum anderen unterliegt der Vorgang mangels Rechtsträgerwechsel nicht der Grunderwerbsteuer.[67]

In den §§ 3 bis 10 des Umwandlungssteuergesetzes ist der folgende Mechanismus für die Standardvariante des Umwandlungsmodelles im Wege des Formwechsels vorgesehen.

- Die untergehende Kapitalgesellschaft setzt die Wirtschaftsgüter in ihrer Schlussbilanz mit ihren Buchwerten an und lässt die durch § 3 Abs. 1 UmwStG mögliche Buchwertaufstockung ungenutzt. Auf der Ebene der Kapitalgesellschaft kommt es somit nicht zu einer ertragsteuerlichen Belastung.
- Die übernehmende Personengesellschaft ist verpflichtet, die übergegangenen Wirtschaftsgüter mit den Werten aus der steuerlichen Schlussbilanz der übertragenden Kapitalgesellschaft anzusetzen (§ 4 Abs. 1 UmwStG). Damit werden die stillen Reserven in voller Höhe von der Kapitalgesellschaft auf die Personengesellschaft übertragen.

---

65 Der BFH (Fn. 61) hat in dem konkreten Fall, in dem zwischen Ausgliederung und Veräußerung ein Zeitraum von 22 Monaten lag, einen Gestaltungsmissbrauch nicht einmal ansatzweise diskutiert.

66 Vgl. ausführlich hierzu Herzig/Rödder, in: Schaumburg (Hrsg.), Unternehmenskauf im Steuerrecht, S. 125 ff. und S. 381 ff.; Hötzel, S. 200 ff.

67 BFH, Beschluss vom 24.7.1996, DB 1997, 79; Fin.Min. Baden-Württemberg, koordinierter Ländererlass vom 18.09.1997, DB 1997, 2002; beachte hierzu § 5 Abs. 3 GrEStG, der mit Wirkung vom 1.1.2000 durch Steuerentlastungsgesetz 1999/2000/2002 eingefügt worden ist.

- Die Anteile der Gesellschafter an der untergehenden Kapitalgesellschaft gelten als in das Betriebsvermögen der übernehmenden Personengesellschaft eingelegt, soweit sie nicht bereits von der Personengesellschaft gehalten werden (§ 5 UmwStG). Hierbei wird unterstellt, dass es sich um Anteile im Betriebsvermögen oder wesentliche Beteiligungen im Privatvermögen bzw. einbringungsgeborene Anteile sowie die ausschließliche Beteiligung von Steuerinländern handelt.[68]
- Auf der Ebene der übernehmenden Personengesellschaft kann nunmehr aus der Gegenüberstellung des Buchwerts der Anteile der übertragenden Kapitalgesellschaft (Anschaffungskosten der Anteile an der Zielkapitalgesellschaft) und der Summe der Buchwerte der übergehenden Wirtschaftsgüter ein Übernahmegewinn oder -verlust ermittelt werden. Da die Anteile an der Kapitalgesellschaft regelmäßig unmittelbar vor der Transaktion erworben wurden, sind die stillen Reserven als Anschaffungskosten der Anteile in der Personengesellschaft bilanziert. Der Buchwert der Anteile ist folglich höher als der Buchwert der übernommenen Wirtschaftsgüter. Der daraus entstehende Übernahmeverlust entspricht regelmäßig den stillen Reserven in den angeschafften Anteilen der Kapitalgesellschaft.
- Zudem findet eine Erhöhung des Übernahmegewinns bzw. eine Verminderung des Übernahmeverlustes um das anrechnungsfähige Körperschaftsteuerguthaben der Kapitalgesellschaft statt (§ 4 Abs. 5 UmwStG). Daneben ist ein möglicher Sperrbetrag gemäß § 50c EStG ebenfalls ergebniserhöhend zu berücksichtigen.[69]
- Der beim Umwandlungsmodell in der beschriebenen Konstellation typischerweise entstehende Übernahmeverlust ist steuerlich wie folgt zu berücksichtigen. In Höhe des nach der Verrechnung mit dem Körperschaftsteuerguthaben der Kapitalgesellschaft (sowie gegebenenfalls mit einem § 50c EStG Sperrbetrag) verbleibenden Übernahmeverlustes werden die Buchwerte der übergegangenen Wirtschaftsgüter erfolgsneutral bis zu ihrem jeweiligen Teilwert aufgestockt (§ 4 Abs. 6 UmwStG). Ein dann noch verbleibender Übernahmeverlust wird durch die Aktivierung der bis dahin nicht bilanzierten Wirtschaftsgüter einschließlich eines Firmenwertes ausgeglichen. Ist der Übernahmeverlust auch dann noch nicht völlig verbraucht, wird ein steuerlicher Ausgleichsposten aktiviert, der wie der Firmenwert über 15 Jahre abzuschreiben ist (§ 4 Abs. 6 S. 2 UmwStG).[70] Durch diese gesetzlich geregelte Aufstockung (Step up) wird im Ergebnis die gewünschte Verteilung des Gesamtkaufpreises auf die einzelnen Wirtschaftsgüter erreicht.
- Das Körperschaftsteuerguthaben der umgewandelten Kapitalgesellschaft ist schließlich gemäß § 10 Abs. 1 UmwStG auf die Einkommensteuer oder Körper-

---

68 Zu abweichenden Fallgestaltungen siehe Herzig/Rödder, in: Schaumburg (Hrsg.), Unternehmenskauf im Steuerrecht, S. 125 ff. und S. 381 ff.; Hötzel, S. 200 ff.

69 Eilers/Nowack, in: Gerhard Picot (Hrsg.), Unternehmenskauf und Restrukturierung, Teil V. Rz. 109 ff.

70 Ein bis zum Inkrafttreten des Gesetzes zur Fortführung der Unternehmenssteuerreform am 6.8.1997 möglicher Sofortabzug dieses Betrages kommt nicht mehr in Betracht.

schaftssteuer der Gesellschafter der übernehmenden Personengesellschaft anzurechnen (Cash out).[71]

Gemäß § 18 Abs. 2 S. 1 UmwStG in der Fassung des Steuerentlastungsgesetzes 1999/2000/2002 wird der im Rahmen des Umwandlungsmodelles entstandene Übernahmeverlust und damit auch die Buchwertaufstockung ab dem 01.01.1999 gewerbesteuerlich ausdrücklich nicht mehr erfasst. Das bedeutet, dass sich der Step up zwar bei der Einkommen- bzw. Körperschaftsteuer, nicht aber bei der Gewerbesteuer auswirkt. Die zukünftigen Mehrabschreibungen, die aus der gemäß § 4 Abs. 6 UmwStG vorzunehmende Buchwertaufstockung resultieren, wirken sich folglich nicht mehr gewerbesteuermindernd aus. Die Finanzverwaltung vertritt die Auffassung, dass auch schon vor der ausdrücklichen gesetzlichen Regelung in § 18 Abs. 2 S. 1 UmwStG n.F. ein bei der Umwandlung einer Kapitalgesellschaft in eine Personengesellschaft entstandener Übernahmeverlust gewerbesteuerlich unbeachtlich sei.[72] Dieser Auffassung steht jedoch der klare Wortlaut des § 18 Abs. 2 UmwStG in der bis 1998 geltenden Fassung, der den Übernahmeverlust und den Step up nicht erwähnt, entgegen. Aus diesem Grund, und weil § 18 Abs. 2 S. 1 UmwStG 1999 offensichtlich rechtsbegründende Wirkung hat, ist die Ansicht der Verwaltung abzulehnen.[73]

Außerdem unterliegt der Gewinn, der bei einer Veräußerung des Betriebs, Teilbetriebs oder von Mitunternehmeranteilen an der Personengesellschaft innerhalb von fünf Jahren nach dem Formwechsel entsteht, gemäß § 18 Abs. 4 UmwStG der Gewerbesteuer.

dd) Beurteilung der verschiedenen Modelle

Von entscheidender Bedeutung für die Beurteilung der beschriebenen Modelle ist die gewerbesteuerliche Auswirkung der Aufdeckung von stillen Reserven. Beim Umwandlungsmodell ist zumindest ab dem 01.01.1999 zwar nicht der Step up gemäß § 4 Abs. 6 UmwStG mit Gewerbesteuer belastet. Doch wirken sich die aus dem Step up resultierenden zukünftigen Gewinnminderungen durch die Abschreibung nicht mehr gewerbesteuermindernd aus. Beim Kombinationsmodell löst die Aufdeckung der stillen Reserven sofort eine Gewerbesteuerbelastung in voller Höhe aus. Beim Vorliegen der Voraussetzungen des Mitunternehmerschaftsmodelles tritt dagegen eine gewerbesteuerliche Erfassung der stillen Reserven auf der Ebene der Zielkapitalgesellschaft nicht ein. Diese gewerbesteuerlich günstige Auswirkung kann ein wichtiges Entscheidungskriterium für die Wahl des Mitunternehmerschaftsmodelles

---

71 Die Umwandlung löst keine Kapitalertragsteuer aus und macht auch keine Herstellung der Ausschüttungsbelastung erforderlich.

72 Tz. 18.02 des Umwandlungssteuererlasses vom 25.03.1998, BStBl. I 1998, 268.

73 Eilers/Nowack, in: Gerhard Picot (Hrsg.), Unternehmenskauf und Restrukturierung, Teil V. Rz. 114; Rödder, in: Schaumburg (Hrsg.), Unternehmenskauf im Steuerrecht, S. 402 ff.

sein. Bei der Entscheidung für die Durchführung eines der Modelle kommt es jedoch immer auf den Einzelfall an, sodass auch andere steuerliche Vor- und Nachteile zu berücksichtigen sind.[74]

5. Die steuerfreie Veräußerung von Anteilen an ausländischen Kapitalgesellschaften gemäß § 8b KStG

a) Bedeutung und Funktion von § 8b Abs. 2 KStG

§ 8b Abs. 2 KStG begründet die Steuerfreistellung eines im Inland erzielten Gewinns aus einer Beteiligungsveräußerung. Nach Maßgabe von Art. 13 Abs. 4 OECD-Musterabkommen 1997 dürfen Gewinne aus der Veräußerung einer ausländischen Beteiligung nur in dem Vertragsstaat besteuert werden, in dem der Veräußerer ansässig ist. § 8b Abs. 2 KStG stellt diese Gewinne in Deutschland von der Besteuerung frei. Diese Steuerfreistellung erfolgt für die Zwecke der Körperschaftsteuer dadurch, dass die Gewinne bei der Einkommensermittlung der inländischen Körperschaft außer Ansatz (§ 8b Abs. 2 S. 1 KStG) bleiben und für die Zwecke der körperschaftsteuerlichen Gliederungsrechnung dem EK 01 zugeordnet werden. Durch § 8 Abs. 2 KStG soll nach der Gesetzesbegründung bewirkt werden, dass die Rücklagen der ausländischen Gesellschaft auch dann (in der Bundesrepublik Deutschland) unbesteuert bleiben, wenn sie durch »Einmalausschüttung« in Gestalt von Veräußerungsgewinnen realisiert werden. Zur Nachholung der Besteuerung kommt es bei der Weiterausschüttung an einen Anteilseigner, der nicht selbst eine unbeschränkt steuerpflichtige Kapitalgesellschaft oder sonstige Körperschaft im Sinne des § 43 KStG ist.[75]

Ziel der Neuregelung war es, steuerliche Nachteile gegenüber anderen europäischen Holding-Standorten auszugleichen.

b) Tatbestandsmerkmale von § 8b Abs. 2 KStG

aa) Körperschaft

Die Steuervergünstigung wird nur einer Körperschaft im Sinne von § 1 Abs. 1 Nr. 1, 2, 3 oder 6 KStG gewährt.[76]

---

74 Vgl. dazu ausführlich Herzig/Rödder, in: Schaumburg (Hrsg.), Unternehmenskauf im Steuerrecht, S. 125, 128 ff. und S. 381, 418; Hötzel, S. 200 ff.; Eilers/Nowack, in: Gerhard Picot (Hrsg.), Unternehmenskauf und Restrukturierung, Teil V. Rz. 104, 119.

75 Entwurf der BReg. zu § 8b Abs. 2 KStG, Bt-Drs. 12/4487 S. 38.

76 Zu Einzelfragen (Berechtigung von Stiftungen unter § 8b Abs. 2 KStG) vgl. Förster, DB

bb) Veräußerungsgewinn

Eine Veräußerung liegt vor, wenn die Beteiligung ganz oder teilweise auf einen anderen Rechtsträger gegen Entgelt übertragen wird. Keine Privilegierung gibt es für weitere, im Zusammenhang mit der Anteilsübertragung erfolgende Veräußerungen, wie z.B. für den Verkauf von Wirtschaftsgütern, die bislang leih- oder mietweise an die Tochtergesellschaft überlassen wurden.

Zu den Veräußerungsgewinnen im Sinne von § 8b Abs. 2 KStG zählt auch der Gewinn aus dem Tausch einer Auslandsbeteiligung gegen andere Wirtschaftsgüter.[77]

Streitig ist die Anwendbarkeit von § 8b Abs. 2 KStG auf verdeckte Gewinnausschüttungen.[78] Während Abschn. 41 Abs. 5 Satz 5 KStR 1995[79] die Anwendbarkeit von § 8b KStG auf verdeckte Gewinnausschüttungen generell ausschließt, bestehen darüber in der Literatur unterschiedliche Auffassungen.[80]

Nach der wohl herrschenden Auffassung, der sich auf der 12. Kölner Steuerkonferenz auch Vertreter der Finanzverwaltung angeschlossen haben, ist bei einer Veräußerung unter dem Teilwert auf der Ebene der veräußernden Kapitalgesellschaft eine verhinderte Vermögensmehrung in Höhe der in diesem Kaufpreis nicht vergüteten stillen Reserven anzunehmen.[81] Diese verdeckte Gewinnausschüttung wäre dann aber nach dem Sinn von § 8b Abs. 2 Satz 1 KStG steuerfrei.[82] Insoweit wird § 8 Abs. 3 Satz 2 KStG als Gewinnkorrekturvorschrift durch die Privilegierung des § 8b Abs. 2 KStG überlagert, da § 8b Abs. 2 KStG eben den gesamten Veräußerungsgewinn erfasst.[83]

Nicht als Veräußerung gilt gemäß Abschn. 41 Abs. 5 Satz 4 KStR 1995 die verdeckte Einlage. Auch insoweit ist die Literatur anderer Auffassung.[84] Entscheidend ist auch hier, dass durch die Übertragung auf einen anderen Rechtsträger im Wege der verdeckten Einlage die stillen Reserven der übertragenen Beteiligung einer Ein-

---

1994, S. 385f., restriktiver jedoch BMF-Schreiben vom 30.12.1983, IV C 5-S1300-386/83, DB 1984, S. 217 sowie Eilers/Wienands, in: Flick/Wassermeyer/Becker, AStG-Kommentar, § 8b Rz. 172 – 174.

77 Vgl. Abschn. 41 Abs. 5 Satz 3 KStR 1995.

78 Eine solche verdeckte Gewinnausschüttung entsteht z.B., wenn die Tochtergesellschaft (TG 1) einer Holding ihre Beteiligung an einer ausländischen Enkelgesellschaft auf die Holding oder eine weitere Tochtergesellschaft (TG 2) unentgeltlich oder aber zu einem unter dem Teilwert liegenden Kaufpreis überträgt.

79 Teile des Veräußerungsgewinns, die als verdeckte Gewinnausschüttung zu behandeln sind, sind nicht begünstigt.

80 Vgl. zuletzt die Nachweise bei Köhler, IStR 1996, 70–72; Eilers/Wienands, in: Flick/Wassermeyer/Becker, AStG-Kommentar, § 8b KStG Rz. 185ff.

81 Vgl. Köhler, IStR 1996, 70ff.; Eilers/Wienands, in: Flick/Wassermeyer/Becker, AStG-Kommentar, § 8b KStG Rz. 188.

82 Vgl. Förster, DB 1994, 388.

83 So auch Köhler, IStR 1996, 70, 72.

84 Vgl. Förster, DB 1994, S. 385, 388; Eilers/Wienands, in: Flick/Wassermeyer/Becker, AStG-Kommentar, § 8b KStG Rz. 191.

malausschüttung vergleichbar realisiert werden. Der Gesetzgeber wollte aber gerade verhindern, dass dieser Gewinn der Besteuerung unterworfen wird.[85]

cc) Veräußerungsgewinn muss wie eine Schachteldividende steuerbefreit sein

Die Steuerbefreiung des § 8b Abs. 2 KStG knüpft an die Steuerfreiheit der (potenziell) zu empfangenden Dividende aus der ausländischen Tochtergesellschaft an. Je nach anwendbarem DBA ist von einer Mindestbeteiligungsquote von 10% (neuere DBA, z.B. DBA USA) oder 25% (ältere DBA) auszugehen. § 8b Abs. 5 KStG senkt diese Mindestbeteiligungsquote für Zwecke des § 8b KStG auf 10% herab. Weiterhin zu beachten sind bei den Doppelbesteuerungsabkommen die sogenannten Aktivitätsvorbehalte, die das Schachtelprivileg ggf. ausschließen können.[86]

Eine Mindestbesitzzeit ergibt sich nach den DBA nicht. Im Hinblick auf die für die Gewährung des Schachtelprivilegs geforderte Mindestbeteiligungsquote ist im Regelfall auf das Nennkapital der Tochtergesellschaft abzustellen.

Die Begünstigung des Veräußerungsgewinns kann sich auch aus § 26 Abs. 2 oder Abs. 3 KStG ergeben, sofern keine vorrangigen DBA-Regelungen bestehen. Dazu ist erforderlich, dass die Dividenden der ausländischen Tochtergesellschaft nach § 26 Abs. 2 bzw. Abs. 3 KStG begünstigt wären.

Die Steuerbefreiung nach § 26 Abs. 2 und Abs. 3 KStG setzt allerdings eine Mindestbesitzzeit von 12 Monaten und den Nachweis von Erträgen aus aktiven Tätigkeiten im Sinne des § 8 Abs. 1 Nr. 1 - 6 AStG voraus. Die Aktivitätserfordernisse werden durch § 8b Abs. 2 Satz 3 KStG noch verschärft. Diese Vorschrift verlangt, dass die veräußernde inländische Körperschaft nachweisen muss, dass der Aktivitätsvorbehalt seit der Gründung oder während der letzten fünf Jahre vor und in dem Veranlagungszeitraum, in dem Einkünfte im Sinne des § 8b Abs. 2 KStG bezogen wurden, erfüllt worden ist. Die sachliche Begründung dieses zeitlichen Vorbehaltes liegt nach Auffassung der Finanzverwaltung[87] darin, dass es sich bei der Beteiligungsveräußerung, Auflösung und Kapitalherabsetzung im Gegensatz zu der sich ständig wiederholenden Dividendenausschüttung um einen Einmaltatbestand handelt, durch den langfristig angehäufte stille Reserven realisiert werden. Dieser langjährigen Anhäufung von stillen Reserven würde eine Regelung nicht gerecht werden, die ausschließlich auf die aktive Tätigkeit der Tochtergesellschaft im Jahre der Beteiligungsveräußerung, Auflösung oder Kapitalherabsetzung abstellt.[88]

---

85 Entwurf der BReg. zu § 8b Abs. 2 KStG, Bt-Drs. 12/4487 S. 38.

86 Vgl. z.B. No. 8 Ergänzungsprotokoll zum deutsch-portugiesischen Doppelbesteuerungsabkommen, BGBl. 1982 II, 129, oder beispielsweise den Ausschluss der luxemburgischen Finanzholdinggesellschaften, die nach dem Gesetz vom 31.07.1929 gegründet wurden, gemäß Art. 1 des Schlussprotokolls zum deutsch-luxemburgischen DBA in der Fassung des Ergänzungsprotokolls vom 15.06.1978, BGBl. 1978 II, 109.

87 Vgl. Hundt, DB 1993, 2098, 2100.

88 Vgl. zu Einzelheiten und Kritik dieser Nachweispflichten Eilers, in: Herzig (Hrsg.), Gesellschafterfremdfinanzierung und Beteiligung an ausländischen Gesellschaft im Körper-

Es stellt sich allerdings die Frage, ob § 8b Abs. 2 KStG voraussetzt, dass im Falle des Dividendenzuflusses eine nach § 26 Abs. 2 bzw. 3 KStG anrechenbare Auslandssteuer tatsächlich entstanden wäre. Weiterhin stellt sich die Frage, ob diese anzurechnende Auslandssteuer ihrer Höhe nach der deutschen Körperschaftsteuer entsprechen muss. Dafür könnte sprechen, dass § 8 b Abs. 2 KStG Veräußerungsgewinne nur deswegen begünstigt, weil der Gesetzgeber davon ausgeht, dass der Veräußerungsgewinn eine Einmalausschüttung der in der Tochtergesellschaft thesaurierten Erträge darstellt. Wenn die durch die inländische Muttergesellschaft empfangene Dividende nun entweder überhaupt nicht oder aber teilweise nach § 26 Abs. 2 KStG von der deutschen Steuer freigestellt wird, weil das Steuerniveau des Staates, in dem die Tochtergesellschaft ansässig ist, geringer ist oder aber eine Steuerbelastung überhaupt nicht vorhanden ist, geht die vollständige Freistellung des Veräußerungsgewinns nach § 8 b Abs. 2 KStG weiter als § 26 Abs. 2 KStG. Dies führt zur Umwandlung von nicht bzw. teilweise begünstigten laufenden Dividenden in vollständig steuerbefreite Veräußerungsgewinne. Der Wortlaut des § 8 b Abs. 2 KStG deutet jedoch nicht auf eine Konnexität zwischen dem Steuerniveau des Ansässigkeitsstaates der ausländischen Tochtergesellschaft und der Steuerbefreiung des Veräußerungsgewinns nach § 8 b Abs. 2 KStG hin. Sind die Voraussetzungen Mindestbehaltefrist und Aktivitätsvorbehalt erfüllt, greift die Regelung des § 8 b Abs. 2 KStG unabhängig davon, in welcher Höhe Auslandssteuern auf Dividenden indirekt angerechnet wurden oder anzurechnen wären.[89] Dies ergibt sich auch aus dem Verweis des § 8b Abs. 2 KStG auf § 26 Abs. 3 KStG, wonach die ausländische Steuer als so hoch gilt wie die deutsche Steuer.

dd) Fehlende vorherige Teilwertabschreibung

Gewinne, die auf einer vorangegangenen Teilwertabschreibung beruhen (d.h., die nur dadurch entstehen, dass in dem erzielten Veräußerungsgewinn eine vorher vorgenommene Teilwertabschreibung auf die Beteiligung wieder aufgeholt wird), sind nicht von der Besteuerung freigestellt (§ 8b Abs. 2 Satz 1 letzter Halbsatz KStG).

ee) Betriebsausgabenabzug bei steuerfreien Veräußerungsgewinnen (§ 8b Abs. 7 KStG)

Im Hinblick auf die steuerliche Freistellung des Veräußerungsgewinns gemäß § 8b Abs. 2 KStG war umstritten, inwieweit Finanzierungsaufwand und andere Betriebsausgaben (z.B. Verwaltungskosten) im Zusammenhang mit dem Erwerb und dem Halten von steuerprivilegierten Auslandsbeteiligungen gemäß § 3c EStG zum Be-

---

schaftsteuerrecht, 1995, S. 101f.; Eilers/Wienands, in: Flick/Wassermeyer/Becker, AStG-Kommentar, § 8b KStG Rz. 221–225.

89 Menck, in: Blümich (Hrsg.), EStG/KStG Kommentar, § 8 b KStG Rdnr. 14; Eilers/Wienands, in: Flick/Wassermeyer/Becker, AStG-Kommentar, § 8b KStG Rz. 205 ff.

triebsausgabenabzug zuzulassen sind. Der BFH hat in den Entscheidungen vom 29.05.1996[90] seine bisherige Rechtsprechung[91] bestätigt, nach der die im Rahmen des Erwerbs einer Schachtelbeteiligung anfallenden Schuldzinsen als Betriebsausgaben abzugsfähig sind, soweit die steuerfreien Dividendeneinnahmen aus der Schachtelbeteiligung den Betrag der aufzuwendenden Schuldzinsen nicht decken.[92] Hiernach sind die Schuldzinsen dann in voller Höhe abziehbar, wenn keine steuerfreien Dividenden zufließen. Diese Rechtsprechung gilt auch für nach § 8b Abs. 2 KStG steuerfreie Veräußerungsgewinne.

Durch das Steuerentlastungsgesetz 1999/2000/2002 hat der Gesetzgeber nun den § 8b Abs. 7 KStG eingefügt. Diese Neuregelung hat u.a. auch hinsichtlich der steuerfreien Veräußerungsgewinne Auswirkungen auf die o.g. Rechtsprechung. Die unmittelbare Wirkung der ab dem 1.1.1999 geltenden Vorschrift besteht darin, dass 15% aller nach einem DBA oder nach § 8b Abs. 4 und Abs. 5 KStG steuerfrei gestellten Gewinnausschüttungen einer ausländischen Tochtergesellschaft als (fiktiv) nichtabziehbare Betriebsausgaben der inländischen Besteuerung unterliegen.[93] Dies gilt unabhängig davon, ob überhaupt und gegebenenfalls in welcher Höhe die inländische Muttergesellschaft tatsächlich Ausgaben getätigt hat, die mit den steuerfreien Einnahmen im wirtschaftlichen Zusammenhang stehen. Im Übrigen unterliegen die Betriebsausgaben keinem Abzugsverbot. Zur Begründung führt der Gesetzgeber an, dass damit die Schwierigkeit entfalle, die den Dividenden zuzuordnenden Ausgaben im einzelnen zu ermitteln.[94]

Aus der Tatsache, dass § 8b Abs. 7 KStG nach seinem eindeutigen Wortlaut lediglich auf Gewinnausschüttungen einer ausländischen Gesellschaft anzuwenden ist, folgt, dass Veräußerungsgewinne i.S.d. § 8b Abs. 2 KStG nicht von der Fiktion des Abs. 7 erfasst werden. Damit kommt es zu einer endgültigen Steuerfreistellung, wenn die Gewinne der ausländischen Gesellschaft vollständig thesauriert werden und der inländische Gesellschafter die Beteiligung zu einem späteren Zeitpunkt steuerfrei gemäß § 8b Abs. 2 KStG veräußert.

Insbesondere, wenn Unternehmen ihre Auslandsbeteiligungen mit Eigenmitteln finanziert haben, bestehen jedoch erhebliche verfassungsrechtliche Bedenken gegen § 8b Abs. 7 KStG, denn in diesem Fall stehen der 15 prozentigen Steuerpflicht ausländischer Schachteldividenden in der Regel nur geringe tatsächliche Ausgaben (Verwaltungskosten) gegenüber, sodass die Pauschalierung unverhältnismäßig sein könnte.[95]

---

90 Vgl. Urteile vom 29.05.1996, I R 167/94, I R 21/95, I R 15/94 IStR 1996, 336 ff. = DStR 1996, 1160ff. = DB 1996, 1549 ff., mit Anm. von Wassermeyer, IStR 1996, 336 und Krabbe, IStR 1996, 387.

91 Vgl. dazu Eilers/Nowack, IStR 1994, 257ff.

92 Dieser Rechtsprechung hat sich auch die Finanzverwaltung angeschlossen, vgl. BMF vom 20.1.1997, BStBl. I 1997, 115; IStR 1997, 90.

93 Vgl. hierzu ausführlich Thömmes/Scheipers, DStR 1999, 609, 611; Füger/Rieger, IStR 1999, 257 ff.

94 Bericht des Finanzausschusses, BT-Drucksache 14/443, S. 76.

95 Thömmes/Scheipers, DStR 1999, 609, 612.

Für Gewinnausschüttungen ausländischer EU-Tochtergesellschaften könnte die Neuregelung des § 8b Abs. 7 KStG schließlich auch gegen Art. 4 Abs. 2 der Mutter-/Tochterrichtlinie vom 23.7.1990 verstoßen[96]. Hiernach kann jeder Mitgliedstaat bestimmen, dass Kosten der Beteiligung an der Tochtergesellschaft nicht vom steuerpflichtigen Gewinn der Muttergesellschaft abgezogen werden können. Wenn in diesem Fall die mit der Beteiligung zusammenhängenden Verwaltungskosten pauschal festgelegt werden, darf der Pauschalbetrag 5% der von der Tochtergesellschaft ausgeschütteten Gewinne nicht übersteigen. Insoweit ist zu erwarten, dass der Gesetzgeber den Prozentsatz richtlinienkonform von derzeit 15% auf 5% reduzieren wird.[97]

ff) Verluste bei der Veräußerung von Schachtelbeteiligungen (§ 8b Abs. 2 S. 2 KStG n.F.)

Bislang konnten Verluste, die bei der Veräußerung, Auflösung oder Kapitalherabsetzung hinsichtlich der nach § 8b Abs. 2 KStG begünstigten Auslandsbeteiligungen entstanden sind, – trotz der Steuerfreistellung von Veräußerungsgewinnen – auf der Ebene der inländischen Muttergesellschaft abgezogen werden.[98] Dieser Verlustabzug wird nunmehr durch die Neufassung des § 8b Abs. 2 S. 2 KStG[99] für Verluste, die nach dem 31.12.1998 entstehen, untersagt (§ 54 Abs. 6c KStG). Nach der Gesetzesbegründung sollen dadurch Doppelbegünstigungen, die einerseits in der Steuerfreistellung von Veräußerungsgewinnen und andererseits in der Steuerwirksamkeit von Veräußerungsverlusten bestanden haben, verhindert werden.

Eine Berücksichtigung des Veräußerungsverlustes, der im Rahmen der Veräußerung von ausländischen Schachtelbeteiligungen entsteht, ist damit im Inland nicht mehr möglich und kann auch nicht über Gestaltungen erreicht werden.

In dem Fall, in dem durch DBA dem Ansässigkeitsstaat des Gesellschafters das Besteuerungsrecht zugewiesen wird (z.B. Art. 7 DBA Österreich), ergibt sich das Problem, dass der Veräußerungsverlust ebenfalls nicht im Ausland abgezogen werden kann. Ein Abzug im Ausland, der daher nur über Gestaltungen möglich ist, könnte z.B. dadurch erreicht werden, dass die ausländischen Kapitalgesellschaftsanteile über eine ausländische Betriebsstätte oder Personengesellschaft gehalten werden, die aus anderweitigen Quellen Gewinne erzielt oder ausländische Tochtergesellschaften nicht unmittelbar, sondern über eine im ausländischen Staat belegene Holding gehalten werden.[100]

---

96 *Bejahend:* Thömmes, DB 1999, 500 ff.; Prinz, FR 1999, 356, 358; *verneinend:* Krabbe, IStR 1999, 365 f..
97 Vgl. § 8b Abs. 5 KStG in der Fassung des Steuerreformgesetzes 2000.
98 Abschn. 41 Abs. 10 KStR.
99 Vgl. Steuerentlastungsgesetz 1999/2000/2002, BGBl. I 1999, 402.
100 Prinz, FR 1999, 356, 360; Thömmes/Scheipers, DStR 1999, 609, 610.

6. Tax Due Diligence

a) Ziele und Inhalt der Tax Due Diligence

Zur Feststellung und Beurteilung von Chancen und Risiken bei Unternehmenskäufen hat sich das Institut der Due Diligence, die sich auf verschiedene Bereiche in einem Unternehmen beziehen kann, entwickelt.

Mit der Tax Due Diligence[101] verschafft sich der Erwerber einen Einblick in die Struktur und die steuerliche Situation der Zielgesellschaft. Die Tax Due Diligence soll ihn in die Lage versetzen, bestehende Steuerrisiken, die sich aus der Haftung gem. § 75 AO (Haftung des Betriebsübernehmers) oder der Struktur des Zielunternehmens ergeben, aufzudecken und zu bewerten. Sie soll aber auch Strukturchancen im Zielunternehmen aufzeigen. Deshalb sollte sich die Tax Due Diligence nicht allein auf die Aufdeckung von (Steuer-) Risiken konzentrieren. Das Ergebnis der Due Diligence ermöglicht dem Erwerber, eine Kaufentscheidung auf einer objektivierten Datengrundlage zu treffen. Im Rahmen der Prüfung haben aufgedeckte Steuerrisiken damit auch Einfluss auf die Kaufpreisgestaltung und -höhe sowie insbesondere auf die Ausgestaltung der im Unternehmenskaufvertrag zu vereinbarenden Gewährleistungsklauseln.

b) Stellung der Tax Due Diligence im Akquisitionsprozess

Die Due Diligence einschließlich einer Tax Due Diligence sollte heutzutage Bestandteil jeder Unternehmensakquisition sein. Ihre Durchführung erfordert intensive Vorbereitungsarbeiten. Der Investor wird sich typischerweise mit seinem Berater darüber verständigen, welche Bereiche schwerpunktmäßig zu untersuchen sind, und sich auf eine Liste mit Prüfungspunkten einigen, die Grundlage für die von dem Berater durchzuführende Due Diligence sein soll. Wir empfehlen – entgegen der in der Praxis häufig anzutreffenden Verwendung von Formular-Checklisten – die Überprüfung anhand einer speziell für den Einzelfall erstellten Checkliste, denn jede einzelne Unternehmensakquisition hat ihre speziellen Besonderheiten.

Im Rahmen einer steuerlichen Due Diligence sollten folgende (nicht abschließend genannte) Gesichtspunkte für einen Zeitraum von mindestens fünf Jahren vor dem Akquisitionszeitpunkt untersucht werden:

- Prüfung der Anteilseignerstruktur der Zielgesellschaft in den letzten 10 Jahren (§ 50c EStG);
- Prüfung der gesellschaftsrechtlichen und steuerrechtlichen Struktur (z. B. Gesellschaften in Niedrigsteuerländern);

---

101 Eingehend zur Due Diligence B.V. Vgl. ausführlich hierzu Eilers, in: Schaumburg (Hrsg.), Unternehmenskauf im Steuerrecht, 2. Auflage 2000.

- Prüfung der Jahresabschlüsse, Geschäftsberichte;
- Betriebsprüfungsberichte der zwei bis drei letzten Betriebsprüfungen;
- Berichte der letzten Lohnsteuer- und Umsatzsteueraußenprüfung;
- Prüfung der letzten Steuererklärungen und Steuerbescheide (sämtliche Steuerarten);
- Prüfung der Verträge mit verbundenen Unternehmen sowie mit Gesellschaftern (Geschäftsführern) im Hinblick auf die Angemessenheit der Verrechnungspreise und im Hinblick auf das Risiko möglicher verdeckter Gewinnausschüttungen bzw. möglicher verdeckter Entnahmen (bei Personengesellschaften), Konzernumlageverträge, Verrechnungspreise, Cash Center Management, etc.;
- Prüfung des Ausschüttungsverhaltens während der letzten Wirtschaftsjahre;
- Prüfung des verwendbaren körperschaftsteuerlichen Eigenkapitals gemäß der Erklärung zur gesonderten Feststellung gem. § 47 KStG;
- Prüfung des bilanzmäßigen Eigenkapitals;
- Prüfung der Passivierung sämtlicher Verbindlichkeiten als Verbindlichkeit oder Rückstellung;
- Prüfung der Werthaltigkeit der Aktiva (Zeitwert mindestens gleich Bilanzansatz);
- Prüfung der steuerlichen Wirksamkeit von Unternehmensverträgen (Ergebnisabführungs- und Beherrschungsverträge);
- Prüfung von Investitionszulagen und anderen Steuervergünstigungen, die dem Zielunternehmen gewährt wurden und werden, einschließlich Behaltefristen;
- Prüfung evtl. vorhandener Verlustvorträge, damit zusammenhängend Prüfung der Entwicklung oder Veränderung wirtschaftlicher Aktivitäten oder Geschäftsfelder (§ 8 Abs. 4 KStG n.F., § 12 Abs. 3 Satz 2 UmwStG n.F.);
- Prüfung des Finanzierungsverhaltens (z.B. Darlehensverzichte); bei Beteiligung ausländischer Anteilseigner auch für Zwecke des § 8a KStG;
- Informationen über Steuerplanung des Unternehmens, insbesondere Korrespondenz mit Steuerberater der Zielgesellschaft;
- Prüfung von Teilwertabschreibungen im Beteiligungskreis der Zielgesellschaft.

Nach Durchführung der Due Diligence erstellt der Berater einen Due Diligence-Report über den Umfang und die Ergebnisse der Untersuchung. Typische Elemente eines Tax Due Diligence-Reports sind:

- Eingrenzung des Untersuchungsgegenstands, Beschreibung der geprüften Unterlagen
- Darstellung der steuerlichen Verhältnisse: evtl. Organschaftsverhältnisse, steuerliche Verlustvorträge, Steuerstruktur
- Betriebsprüfungen in den letzten 5 Jahren, Analyse der Betriebsprüfungsberichte
- Analyse der Steuerbescheide der letzten 5 Jahre; Trennung nach Steuerarten
- Eigenkapitalgliederung, ggf. vorhandenes Körperschaftsteuerguthaben
- Risikoanalyse.

Schließlich muss der Due Diligence-Report am Ende eine insgesamte Risikoeinschätzung der Akquisition beinhalten, auch im Hinblick auf eine nach der Akquisition geplante Restrukturierung (Steuerchancen der Akquisition).

c) Vertragliche Begleitmaßnahmen aus der Sicht des Erwerbers

Trotz und gerade wegen der Durchführung einer Due Diligence wird der Erwerber Wert darauf legen, vom Veräußerer umfangreiche Zusicherungen zu erhalten, da der Veräußerer aufgrund einer Garantie auch dann in Anspruch genommen werden kann, wenn der Käufer den Umstand bei Abschluss des Unternehmenskaufvertrages bereits kannte.[102] Deshalb nehmen Regelungen über Gewährleistung, Zusicherungen und Garantien in vielen Unternehmenskaufverträgen einen breiten Raum ein. Die Due Diligence versetzt den Erwerber in die Lage, sich im Zuge der Kaufvertragsverhandlungen gegen einzelne, im Rahmen der Due Diligence aufgedeckte Risiken abzusichern. Dies erfolgt in der Praxis über ein ausdifferenziertes System von Zusicherungen, Bilanz- und Eigenkapitalgarantien sowie Steuerklauseln.

d) Typische Problemfelder für die Tax Due Diligence

Die Tax Due Diligence muss das Zielunternehmen wie eine Betriebsprüfung prüfen. Regelmäßig ist von den jüngsten Betriebsprüfungsberichten auszugehen. Diese sind darauf zu untersuchen, welche Risiken aufgedeckt wurden. Wenn beispielsweise die Betriebsprüfung die Angemessenheit des konzerninternen Lieferungs- und Leistungsverkehrs in Ermangelung einer entsprechenden Dokumentation beanstandet hat, gilt es als erstes zu prüfen, wie die Gesellschaft darauf reagiert hat und welche Maßnahmen unternommen wurden, um zukünftig keine Beanstandungen mehr hervorzurufen, im Beispielsfall etwa, ob die fehlende Dokumentation für die noch offenen Jahre ordnungsgemäß vorliegt.

Die typischerweise zu untersuchenden steuerlichen Problemfelder, die hier nur stichpunktartig aufgeführt werden können[103], sind:

- Der Bereich der verdeckten Gewinnausschüttung.
- Die angemessene Bildung von Rückstellungen.
- Das Wertaufholungsgebot für Teilwertabschreibungen.
- Verlustvorträge und deren Verfügbarkeit für den Erwerber.
- Das Vorhandensein wesentlicher Beteiligungen an ausländischen Gesellschaften (§ 8b Abs. 2 KStG).
- Das Vorhandensein eines Sperrbetrages gemäß § 50c EStG.
- Die Vorsteuerkorrektur gemäß § 15a Abs. 6a UStG.
- Die Gewährung von Investitionszulagen und Sonderabschreibungen an den Veräußerer.

---

102 Eilers/Nowack, in: Gerhard Picot (Hrsg.), Unternehmenskauf und Restrukturierung, Teil V. Rz. 129.

103 Vgl. hierzu ausführlich Eilers, in: Schaumburg (Hrsg.), Unternehmenskauf im Steuerrecht, 2. Auflage 2000.

- Die Überprüfung der Absetzungen für Abnutzung.
- Organschaftsfragen.

d) Einfluss der Tax Due Diligence auf die zivilrechtlichen Gewährleistungsrechte des Käufers[104]

Haftung und Gewährleistung sind für den Unternehmenskauf von großem Interesse. Die Wechselwirkung zwischen der Due Diligence und den bei einem Unternehmenskauf anwendbaren zivilrechtlichen Gewährleistungsregeln ist deshalb in zweierlei Hinsicht relevant. Zum einen für die Frage nach der Bedeutung der Due Diligence für die Abfassung eines vertraglichen Gewährleistungssystems, und zum anderen für die Frage, welchen rechtlichen Einfluss die Due Diligence auf die Gewährleistungsrechte des Käufers hat.

Die Durchführung einer Due Diligence versetzt den potenziellen Erwerber in die Lage, die Risiken genauer zu bestimmen, die sich aus dem Erwerb ergeben können. Insbesondere dann, wenn sich der Erwerber in einer schwächeren Verhandlungsposition als der Veräußerer befindet und daher nicht in der Lage ist, umfassende Garantien in den Kaufvertrag zu integrieren, erscheint die Durchführung einer Due Diligence als zwingende Voraussetzung vor der endgültigen Kaufentscheidung. Darüber hinaus ermöglicht die Due Diligence dem Erwerber, gerade bei einer schwierigen Verhandlungssituation die zentralen erkannten Risiken durch vertragliche Zusicherungen seitens des Verkäufers abzusichern.

Es ist jedoch darauf hinzuweisen, dass die Durchführung einer Due Diligence im Einzelfall dazu führen kann, dass der Käufer bestimmte Ansprüche wegen Verletzung der Aufklärungspflichten durch den Veräußerer bzw. wegen Mängel des Zielunternehmens nicht mehr geltend machen kann oder eine Anspruchskürzung hinnehmen muss. Dies betrifft aber nur die folgenden Sonderfälle:

- im Rahmen der Due Diligence erkennt der Käufer einen Mangel bzw. erkennt diesen grob fahrlässig nicht. Z.B. erkennt er, dass die Ertragsfähigkeit des Zielunternehmens über mehrere Jahre hinweg vom Verkäufer unrichtig dargestellt wird. Dies führt zu einem Anspruchsausschluss der gesetzlichen Gewährleistungsrechte gem. § 460 BGB (unberührt bleiben jedoch weitergehende Rechte wie z.B. Anfechtung wegen Arglist des Verkäufers, Schadensersatz wegen Betrugs etc.);
- der Verkäufer weist auf bestimmte Risiken nicht hin, die jedoch bei genauerer Untersuchung durch den Erwerber aufgedeckt worden wären (z.B. sind die Angaben zum Reinertrag und Umsatz unzutreffend). Wenn der Käufer z. B. wegen Branchennähe oder der Einschaltung professioneller Berater als »geschäftsge-

104 Siehe dazu im einzelnen B.IV.2.f), B.IV.3.e) und B.V.

wandt« anzusehen ist, besteht hier das Risiko einer Anspruchsminderung bzw. eines Anspruchsausschlusses bzgl. der c.i.c.-Ansprüche (unberührt bleiben jedoch weitergehende Rechte wie z.B. Anfechtung wegen Arglist des Verkäufers, Schadensersatz wegen Betrugs etc.);

- bei Vorliegen der Voraussetzungen des § 464 BGB verliert der Käufer sowohl seine Gewährleistungsrechte aus §§ 462, 463 BGB als auch aus c.i.c. (unberührt bleiben jedoch auch hier weitergehende Rechte wie z.B. Anfechtung wegen Arglist des Verkäufers, Schadensersatz wegen Betrugs etc.).

Daher ist die Due Diligence sorgfältig und umfassend durchzuführen und durch flankierende Garantien des Verkäufers zu ergänzen. Der Veräußerer kann aufgrund einer Garantie auch dann in Anspruch genommen werden, wenn der Käufer den Umstand, der zur Inanspruchnahme führt, bei Abschluss des Unternehmenskaufvertrags bereits kannte. Der Umfang der Garantieversprechen ergibt sich typischerweise aus den Erkenntnissen des Erwerbers aufgrund der due diligence.

7. Mögliche Auswirkungen des Entwurfs des Steuerreformgesetzes 2001 auf die steuerliche Strukturierung von M & A Transaktionen

Am 11. Januar 2000 hat das Bundesfinanzministerium den Entwurf eines Gesetzes zur Reform der Unternehmensbesteuerung und zur Senkung der Steuersätze (Steuerreformgesetz-Entwurf 2001) vorgestellt. Das Reformgesetz soll am 01.01.2001 in Kraft treten. Ob der Referentenentwurf in der vorliegenden Form das Gesetzgebungsverfahren unverändert durchläuft, kann derzeit (Februar 2000) nicht beurteilt werden. Da sich aus dem vorgelegten Entwurf jedoch auch weitreichende Änderungen für die steuerliche Behandlung von Mergers & Acquisitions in Deutschland ergeben, sollen die wesentlichen Inhalte, soweit sie M&A-Transaktionen betreffen, bereits an dieser Stelle kurz dargestellt werden.

a) Ersetzung des Körperschaftsteueranrechnungsverfahren durch das Halbeinkünfteverfahren

Das körperschaftsteuerliche Vollanrechnungsverfahren wird durch das sog. Halbeinkünfteverfahren ersetzt. Als Begründung für die Abschaffung des Anrechnungsverfahrens wird die mangelnde Europatauglichkeit (keine Anrechnung über die Grenze) sowie die Kompliziertheit und Missbrauchsanfälligkeit (»Dividend Stripping«) des gegenwärtigen Systems angeführt. Bei dem Halbeinkünfteverfahren müssen Anteilseigner einer Kapitalgesellschaft, die selber keine Kapitalgesellschaft sind, zukünftig nur noch 50 v.H. der Dividende besteuern. Die Werbungskosten sind ebenfalls nur zur Hälfte abzugsfähig. Dadurch wird der Sparerfreibetrag zwar geschont. Doch bis zu einem Grenzsteuersatz von etwa 40 v.H. führt das Halbeinkünfteverfahren insgesamt zu einer steuerlichen Mehrbelastung des Dividendenempfängers. Das Halbeinkünfteverfahren gilt sowohl für Dividenden aus inländischen als auch aus ausländischen Kapitalgesellschaften. Dadurch werden Beteiligungen an ausländischen Kapitalgesellschaften attraktiver, denn es kommt faktisch zu einer grenzüberschreitenden partiellen Anrechnung der auf der Ebene der Kapitalgesellschaft gezahlten Steuer. Des weiteren soll die Kapitalertragsteuer auf 20 v.H. abgesenkt werden.

Dividenden von inländischen und ausländischen Kapitalgesellschaften an inländische Kapitalgesellschaften werden nicht besteuert (Dividendenfreistellung). Eine Mindestbeteiligungsgrenze oder eine Mindestbesitzzeit ist nicht zu beachten. Damit ist eine Innenfinanzierung durch Nutzbarmachung von Verlustvorträgen im Konzern durch konzerninterne Ausschüttungen nicht mehr möglich. Die Verlustvorträge müssen nun mit der Einkunftsquelle vereinigt werden, z.B. durch Verschmelzung (§ 12 Abs. 3 S. 2 UmwStG) oder durch eine Organschaft, die nach dem Entwurf ab dem 01.01.2001 unter vereinfachten Voraussetzungen begründet werden kann.

b) Körperschaftsteuersatz

Der Körperschaftsteuersatz beträgt einheitlich und definitiv für Thesaurierung und Ausschüttung 25 v.H. Damit wird das Besteuerungsniveau für einbehaltene Gewinne um 15 v.H. gesenkt, was die Innenfinanzierung im Konzern erleichtert, die zuvor nur durch das sogenannte Schütt-aus-Hol-zurück-Verfahren erreicht werden konnte.

c) Veräußerungsgewinne

Gewinne aus der Veräußerung von Anteilen, die eine inländische Kapitalgesellschaft an in- und ausländischen Kapitalgesellschaften hält, sind nicht steuerpflichtig. Die geltende Regelung des § 8b Abs. 2 KStG wird damit auf Veräußerungsgewinne aus Beteiligungen an inländischen Kapitalgesellschaften erweitert. Mindestbeteiligungen oder Mindestbehaltefristen sind nicht vorgesehen. Ausschüttungsbedingte Teilwertabschreibungen und die Geltendmachung von Veräußerungsverlusten sind jedoch vollständig ausgeschlossen (§ 8b Abs. 3 KStG-Reformgesetz).

d) Beteiligungsgrenze des § 17 EStG

Da die gesenkte Besteuerung nicht ausgeschütteter Gewinne einen Anreiz schafft, Gewinne zu thesaurieren und steuerfrei durch Veräußerung der Beteiligung zu realisieren, wird die Beteiligungsgrenze für das Vorliegen einer wesentlichen Beteiligung gemäß § 17 EStG auf 1 v.H. abgesenkt.

e) Wegfall des Umwandlungs- und des Kombinationsmodelles

Die im Rahmen des Umwandlungsmodelles[104] gegebene Möglichkeit der steuerneutralen Realisierung des Abschreibungspotenzials für Zwecke der Körperschaftsteuer durch einen Formwechsel der erworbenen inländischen Kapitalgesellschaft in eine Personengesellschaft wird durch den Entwurf des Steuerreformgesetzes 2001 aufgehoben. Denn die bislang durch den Formwechsel steuerneutral realisierte Differenz zwischen den Anschaffungskosten der Beteiligung und dem Eigenkapital der inländischen Kapitalgesellschaft wird nach dem Entwurf der Körperschaftsteuer unterworfen (§ 3 S. 5 UmwStG-Reformgesetz). Für Zwecke der Gewerbesteuer dürfte es dagegen nicht zu einer Besteuerung des Differenzbetrages kommen (§ 18 Abs. 2 S. 1 UmwStG).

Im Ergebnis hat dies zur Folge, dass die steuerliche Entlastung des Veräußerers aufgrund von § 8b Abs. 2 KStG-Reformgesetz mit einer steuerlichen Mehrbelastung des Erwerbers verbunden ist. Diese steuerliche Mehrbelastung wird der Erwerber dem Veräußerer beim Erwerb der Beteiligung typischerweise kaufpreismindernd in Rechnung stellen. Das wird nur dann nicht geschehen, wenn

- die veräußerte Beteiligung für den Erwerber wirtschaftlich so interessant ist, dass er den steuerlichen Nachteil in Kauf nimmt, oder
- der Erwerber lediglich eine Minderheitsbeteiligung erwirbt. Der Formwechsel kommt dann regelmäßig nicht in Betracht, weil der Erwerber nicht über die erforderliche qualifizierte Mehrheit von 75 v.H. in der Gesellschafterversammlung verfügt, um den Formwechsel gesellschaftsrechtlich zu bewirken.

Anderenfalls mindert sich der Gewinn des Veräußerers jedoch in Höhe der durch den Erwerber in Rechnung gestellten steuerlichen Mehrbelastung. Bei wirtschaftlicher Betrachtungsweise kommt es damit faktisch doch zu einer Besteuerung des Veräußerungsvorganges. Diese faktische Besteuerung lässt sich nur vermeiden, wenn andere Transaktionsstrukturen entwickelt werden können, die den durch § 3 S. 5 UmwStG-Reformgesetz begründeten steuerlichen Nachteil des Erwerbers außer Kraft setzen. Derzeit ist allerdings noch nicht abzusehen, ob solche Alternativstrukturen nach Einführung des Steuerreformgesetzes 2001 umsetzbar sind.

Die Durchführung des Kombinationsmodelles[105] ist durch die Abschaffung der ausschüttungsbedingten Teilwertabschreibung (§ 8b Abs. 3 KStG-Reformgesetz) ebenfalls nicht mehr möglich.

105 Vgl. 4. d) cc).
106 Vgl. 4. d) aa).

Literatur

Beisel/Klumpp, Der Unternehmenskauf, 3. Auflage 1996, zit. Beisel/Klumpp, Rz.
Dehmer, Umwandlungsgesetz/Umwandlungssteuergesetz, 2. Auflage 1996
Eilers/Nowack, in: Gerhard Picot (Hrsg.), Untenehmenskauf und Restrukturierung – Handbuch zum Wirtschaftsrecht –, 2. Auflage 1997, Teil V (Steuerrecht)
Fischer, Besteuerung des internationalen Unternehmenskaufs, 1999
Hayn, IAS/US-GAAP/HGB im Vergleich, 2000
Hölters (Hrsg.), Handbuch des Unternehmens- und Beteiligungskaufs, 4. Auflage 1996, zit. Verfasser, in: Hölters (Hrsg.), Teil IV. Rz.
Hötzel, Unternehmenskauf und Steuern, 2. Auflage 1997, zit. Hötzel, Seite
Holzapfel/Pöllath, Recht und Praxis des Unternehmenskaufs, 8. Auflage 1997, zit. Holzapfel/Pöllath, Rz.
Picot, Gerhard (Hrsg.), Unternehmenskauf und Restrukturierung – Handbuch zum Wirtschaftsrecht –, 2. Auflage 1997
Schaumburg (Hrsg.), Unternehmenskauf im Steuerrecht, 1. Auflage 1997, zit. Verfasser, in: Schaumburg (Hrsg.), Unternehmenskauf im Steuerrecht, Seite
Schaumburg (Hrsg.), Unternehmenskauf im Steuerrecht, 2. Auflage 2000, Erscheinungstermin Frühjahr 2000
Schmidt, Einkommensteuergesetz Kommentar, 18. Auflage 1999, zit. Schmidt/Verfasser, EStG, § Rz.

B. Durchführung der Mergers & Acquisitions

IV. Wirtschaftsrechtliche Aspekte der Durchführung von Mergers & Acquisitions, insbesondere der Gestaltung des Transaktionsvertrages

1. Allgemeine wirtschaftsrechtliche Aspekte der Durchführung von Mergers & Acquisitions[1]

Unternehmen sind komplexe Transaktions-Gegenstände. Mergers & Acquisitions d.h.

- Unternehmenskäufe und -verkäufe
- Unternehmenszusammenschlüsse
- Joint Ventures und Kooperationen
- Unternehmenssicherungen und -nachfolgen
- Management-Buy-Out und Management-Buy-In
- Going Public / Börsengänge (IPO)
- Internationale (crossborder) Mergers & Acquisitions
- bis hin zu den Integrations-, Umwandlungs- und Restrukturierungsmaßnahmen

bedürfen daher einer sehr sorgfältigen Planung und Durchführung, insbesondere Verhandlung.

Die bloße Aufnahme von Vertragsverhandlungen begründet lediglich ein vertragsähnliches Vertrauensverhältnis, das den Vertragspartnern Pflichten zur gegenseitigen Rücksichtnahme, Fürsorge und Loyalität auferlegt und ihnen die Sorgfalt von Schuldnern abverlangt. Daraus ergibt sich, dass auch die Haftung vertragsähnlich ist und daher Vorsatz oder Fahrlässigkeit voraussetzt. Deshalb begründet auch der bloße Abbruch von Vertragsverhandlungen[2] grundsätzlich keine Schadensersatzverpflichtung. Im Vorfeld des Vertragsschlusses müssen zahlreiche rechtlich relevante Einzelheiten beachtet werden, die sowohl für das Zustandekommen und die Durchführung des Vertragswerkes bzw. der Transaktion als auch für etwaige Ansprüche oder deren Abwehr beim Scheitern der Vertragsverhandlungen bedeutsam sind.

---

1 Eingehend dazu: Gerhard Picot, Unternehmenskauf und Restrukturierung, Teil I. (Vertragsrecht); Gerhard Picot, Mergers & Acquisitions in Germany; Gerhard Picot/Land, Der internationale Unternehmenskauf, DB 1998, S. 1600 ff.; Gerhard Picot, Mergers & Acquisitions in Telekommunikation und Internet, Finanz Betrieb (FB) 1999, S. 61 ff.

2 Sieger/Hasselbach, Break Fee-Vereinbarung bei Unternehmenskäufen, BB 2000, S. 625 ff.

Bei größeren Mergers & Acquisitions ist es nicht ungewöhnlich, dass der Abfassung eines Letter of Intent (LoI) oder eines Memorandum of Understanding (MoU) längerwierige Verhandlungen und Absprachen über die Details und Konditionen der Transaktion folgen. Außerordentlich wichtig ist es dann, dass all diese Vorgespräche und die daran anschließenden Due Diligence-Prüfungen rechtlich möglichst genau in dem Transaktions- bzw. Unternehmenskaufvertrag abgebildet werden. Der Transaktionsvertrag ist damit das wesentliche Kernstück für die optimale Gestaltung der Mergers & Acquisitions sowie für ihre Umsetzung.

Ein wesentlicher Verhandlungs- und Regelungsgegenstand ist stets das Gewährleistungs- und Haftungsrecht. Dabei sind bei der Übernahme von Unternehmen zunächst wesentliche Unterschiede zwischen dem Asset Deal und dem Share Deal zu beachten. Grundsätzlich finden beim Asset Deal nämlich die Regeln über die Sachmängelhaftung Anwendung, mit dem Recht zur Minderung des Kaufpreises oder gar Rückabwicklung des Unternehmenskaufvertrages. Beim Share Deal hingegen hat der Veräußerer grundsätzlich nur für den Bestand der verkauften Rechte bzw. Beteiligungen einzustehen, ohne für ihren wirtschaftlichen Wert zu haften. Je nach der Höhe der übernommenen Beteiligung kann der Share Deal aber – wirtschaftlich betrachtet – auch den Kauf des von der Gesellschaft betriebenen Unternehmens selbst beinhalten; der Anteilskauf wird dann rechtlich wie ein Sachkauf behandelt, mit der Folge der Anwendbarkeit der Sachmängelhaftung. Besondere Bedeutung haben daneben aber auch die allgemeinen gesetzlichen Regeln der Leistungsstörungen sowie der Verschuldens- und Vertauenshaftung.

Da die gesetzlichen Gewährleistungs- und Haftungsregeln tatsächlich nicht auf den Erwerb eines Unternehmens zugeschnitten sind und insoweit zum Teil recht unterschiedliche rechtliche Beurteilungen seitens der Gerichte erfahren haben, erfreuen sich die diesbezüglichen Verhandlungen häufig eines besonderen Engagements der Verhandlungspartner. Dabei ist es weitgehend üblich geworden, in den Unternehmenskaufvertrag umfangreiche Zusicherungen und Garantieerklärungen (sog. Warrantees and Guarantees) des Veräußerers mit konkreten Bestimmungen zur Haftungsfolge und zum Umfang der Haftung bzw. zu ihrer Beschränkung aufzunehmen. Der Veräußerer versichert dabei regelmäßig, dass das Unternehmen bestimmte Gegebenheiten bzw. Eigenschaften aufweist und sich z. B. die Produktionsanlagen in einem Zustand befinden, der eine Fortführung des Betriebes mit bestimmten Qualitätsstandards und Jahresmengen erlaubt. Der Haftungsrahmen ist dabei ein gewisses Spiegelbild derjenigen Gegebenheiten und Daten des Unternehmens, die der Käufer im Rahmen seiner Due Diligence-Prüfung im Datenraum zur Kenntnis genommen hat oder hätte zur Kenntnis nehmen können.

Der Transaktionsvertrag bzw. Unternehmenskaufvertrag (Sales & Purchase-Agreement – S&PA) muss somit insbesondere regeln bzw. berücksichtigen:

- den Vertragsgegenstand (z. B. Übertragung von Gesellschaften, Betrieben, Betriebsteilen)
  - die Gegenleistung, insbesondere den Kauf- oder (Aktien-) Tauschpreis
  - den Zeitpunkt des wirtschaftlichen Überganges

- die Übernahme von Rechten und Pflichten aus Vertragsverhältnissen, insbesondere aus Arbeitsverhältnissen
- das Gewährleistungs- und Haftungsrecht
- die Haftung für Altverbindlichkeiten
- Wettbewerbsvereinbarungen
- etwaige Verfügungsbeschränkungen, Zustimmungs- und Genehmigungserfordernisse
- aufschiebende Bedingungen nach deutschem und europäischem Kartellrecht
- die formalen Aspekte
- das Closing.

2. Vorvertragliches Verhandlungsstadium

a) Geheimhaltungsvereinbarungen

Ein allzu frühes Bekanntwerden einer beabsichtigten Transaktion kann für alle Beteiligten nachteilige Auswirkungen haben. Bereits aufgrund des vorvertraglichen Schuldverhältnisses sind die Beteiligten verpflichtet, die Vertragsverhandlungen vertraulich zu behandeln und die gewonnenen Erkenntnisse nicht zum Nachteil des Verhandlungspartners zu verwenden.

Die Reichweite solcher vorvertraglicher Geheimhaltungspflichten kann im Einzelfall zweifelhaft sein. Sie kann daher durch vertragliche Geheimhaltungs- und Unterlassungsvereinbarungen (so genannte Statements of Non-disclosure) bekräftigt und präzisiert werden.

b) Verhandlungsprotokolle

Während der ersten Phase längerer Vertragsverhandlungen können die Parteien Verhandlungsprotokolle, Positionspapiere oder so genannte Punktationen erstellen und austauschen. Damit werden Punkte, über die bereits (abschließend) verhandelt wurde, schriftlich festgelegt, um sie in die weiteren Vertragsverhandlungen als bereits verhandelten Teil der Vorverhandlungen einzubringen.

c) Letter of Intent (LoI)

Das aus dem angelsächsischen Rechtskreis stammende Institut des Letter of Intent (LoI) entzieht sich einer allgemeingültigen Definition. Die häufigste Erscheinungsform ist die Erklärung der Absicht, zu einem bestimmten rechtsgeschäftlichen Ergebnis, nämlich der Transaktion zu gelangen. Grundsätzlich kommt dem Letter of Intent noch keine rechtliche Bindungswirkung zu.

Der Bezeichnung eines Schreibens als »Letter of Intent« allein kommt für die rechtliche Beurteilung, ob er rechtlich unverbindlich oder (bereits) verbindlich ist, keine entscheidende Bedeutung zu. Nach §§ 133, 157 BGB ist vielmehr auf den Parteiwillen abzustellen.[3] Danach bindet ein LoI den Verhandlungspartner grundsätzlich noch nicht im Sinne einer (vor-) vertraglichen Verpflichtung, sondern beinhaltet nur die rechtlich nicht verbindliche Fixierung seiner Verhandlungspositionen. Auch bei einem rechtlich unverbindlichen LoI können allerdings Sorgfaltspflichtverletzungen zu einer Vertrauenshaftung aus c.i.c. führen, insbesondere, wenn z.B. ohne einen triftigen Grund von dieser Verhaltensgrundlage abgewichen wird. Rechtlich bindend kann ein LoI aber dann sein, wenn der rechtliche Bindungswille einer Partei durch den Inhalt des LoI ausdrücklich oder konkludent belegt wird.[4]

d) Option

Optionen geben einem Vertragspartner das Recht, den Vertragsschluss durch einseitige Erklärung herbeizuführen, z.B. das Unternehmen entweder zu kaufen oder zu verkaufen. Durch die Abgabe der Optionserklärung erlangt ein aufschiebend bedingter Vertrag seine endgültige Wirksamkeit.[5]

e) Vorvertrag

Vorverträge begründen eine Verpflichtung zum Abschluss des Hauptvertrages, der unter Umständen deswegen noch nicht vereinbart werden kann, weil bestimmte, von den Parteien als klärungsbedürftig angesehene Punkte noch offen sind. Für die Wirksamkeit eines Vorvertrages müssen alle für einen Vertragsschluss wesentlichen Punkte genügend bestimmt sein.[6] Diese hinreichende Bestimmtheit ist regelmäßig gegeben, wenn Kaufgegenstand und Kaufpreis sowie die von den Parteien als wesentlich angesehenen Nebenpunkte geregelt sind oder sich im Wege der Auslegung bestimmen lassen. Bedarf der Hauptvertrag der notariellen Form, so genügt für die Wirksamkeit eines Vorvertrages nicht eine nur schriftlich getroffene Vereinbarung.[7]

Da bereits die hinreichende Bestimmtheit der für einen Vertragsschluss wesentlichen Punkte für die Wirksamkeit eines Vorvertrages genügt und – im Gegensatz zu einem LoI – bereits Erfüllungsansprüche begründet werden, ohne dass sich die Vertragspartner über sämtliche Vertragsdetails geeinigt haben, sollte mit diesem rechtlichen Instrument äußerst zurückhaltend umgegangen werden.

---

3 OLG Köln, OLG Report Köln 1994, 61.
4 Siehe dazu Kösters, Letter of Intent – Erscheinungsformen und Gestaltungshinweise, NZG 1999, 623 ff.
5 Vgl. BGHZ 47, 388, 391; OLG Bamberg, NJW-RR 1989, 1449.
6 BGH, NJW 1990, 1234, 1235 f.; BGH, BB 1990, 585.
7 RGZ 124, 81, 83; RGZ 169, 185, 188.

f) Due Diligence und Pre-Acquisition Audit

Um Klarheit über einerseits den Inhalt bzw. Umfang und andererseits den Wert des Transaktionsgegenstandes zu erlangen, ist es in der Praxis üblich und empfehlenswert, in einem möglichst frühen Verhandlungsstadium und vor der Abgabe eines bindenden Angebotes eine sorgfältige Unternehmensprüfung (so genannte Due Diligence) durchzuführen und sowohl hinsichtlich der rechtlichen als auch der wirtschaftlichen Gegebenheiten, Exspektanzen, Chancen und Risiken eine eingehende Analyse (so genannte Pre Acquisition Audit) vorzunehmen. Das Ergebnis dieser vorbereitenden Prüfung wird in der Regel durch juristische und andere Fachberater (zur Tax Due Diligence siehe A.III.6.) separat in einem so genannten Due Diligence Report zusammengefasst und den Entscheidungsgremien des erwerbenden Unternehmens vorgelegt. Ausnahmsweise, z.B. aus zeitlichen Gründen, kann eine derartige Prüfung aber auch als Post-Acquisition Audit nach dem Abschluss des Transaktionsvertrages durchgeführt werden; in den Transaktionsvertrag sollten dann entprechende Vorbehalte in Form von rechtlichen Bedingungen, Annahmen etc. aufgenommen werden.

Da die Thematik der Due Diligence nachfolgend in Abschnitt B. V. ausführlich behandelt wird, seien an dieser Stelle zum besseren Verständnis der rechtlichen Bedeutung lediglich die drei verschiedenen Funktionen der Due Diligence-Prüfung hervorgehoben:

- Zunächst dient die Due Diligence Prüfung dem Vertragspartner zur Informationsbeschaffung über den Transaktionsgegenstand.
- Ferner hat die Prüfung für den Käufer den Zweck, Chancen, Risiken und Schwachstellen des Target-Unternehmens zu erkennen.
- Schließlich wird durch die Due Diligence das Target-Objekt auch zu Beweiszwecken offengelegt und dokumentiert.

Niemand kennt das Unternehmen so gut, wie der bisherige Eigentümer bzw. das bisherige Management. Für den Transaktionspartner, insbesondere den Unternehmenskäufer und Joint-Venture-Partner ist die sorgfältige Prüfung des Zielunternehmens deshalb nicht nur eine Grundvoraussetzung für das Gelingen eines Deals, sondern erforderlich für die angemessene Bewertung des Zielunternehmens, die Fixierung eines verbindlichen Gegenleistungs-Angebotes und die Vertragsverhandlung, insbesondere auch im Hinblick auf das zu vereinbarende Gewährleistungs- und Haftungssystem. Eine gewisse Einschränkung der Due Diligence mag dann in Betracht kommen, wenn z.B. ein Wettbewerber als Kaufinteressent auftritt, der bereits gewisse Vorstellungen über den Gegenstand und das Umfeld der Transaktion hat. Gleiches gilt auch beim Management-Buy-Out (MBO) oder Management-Buy-In (MBI), bei dem sich die Investoren die Insider-Kenntnisse der internen oder externen Manager über das Targetunternehmen, den Unternehmenswert, die Entwicklungsressourcen und den Markt durch eine wirtschaftliche Beteiligung der Manager an dem Zielunternehmen zunutze machen.

Zwischen der Due Diligence einerseits sowie den gesetzlichen und vertraglichen Gewährleistungs-, Garantie- und Haftungspflichten des Verkäufers andererseits besteht ein enges Wechselspiel, das bei den Vertragsverhandlungen intensiv beachtet werden muss. Dabei gilt der Grundsatz: Je weniger Daten und Informationen von einem Vertragspartner zur Verfügung gestellt werden, umso umfangreicher und detaillierter werden die Forderungen des anderen Vertragspartners nach vertraglichen Gewährleistungs-, Garantie- und Haftungsversprechen ausfallen. Umgekehrt wird z.B. der Verkäufer dem Käufer nach der Due Diligence regelmäßig entgegenhalten, dass er nunmehr den gleichen Kenntnisstand habe, wie der Verkäufer selbst. Der Verkäufer wird demgemäß bemüht sein, seine Haftung für offengelegte Risiken bereits im Unternehmenskaufvertrag auszuschließen, oder jedenfalls die Geltendmachung von Ansprüchen durch den Käufer zurückzuweisen.

3. Der Unternehmenskaufvertrag – Vertragsgestaltung, Abschluss und Durchführung[8]

Aufgrund der vom Gesetzgeber in den §§ 433 ff. BGB typisierten Struktur des Kaufvertragsrechtes erscheint es zweckmäßig, die Gestaltung, den Abschluss und die Durchführung von Mergers & Acquisitions zunächst am Beispiel des Unternehmenskaufvertrages (Sales- & Purchase Agreement / S&PA) darzustellen. Danach sollen auch die Sonderformen der Mergers & Acquisitions erläutert werden und zwar

- die feindliche Übernahme (Hostile Takeover)
- Unternehmenszusammenschlüsse
- Joint Ventures und Kooperationen
- Unternehmenssicherungen und -nachfolgen
- Management-Buy-Out und Management-Buy-In
- Going Public / Börsengänge (IPO)
- Internationale (crossborder) Mergers & Acquisitions.

a) Arten des Unternehmenskaufs: Kauf einzelner Wirtschaftsgüter (Asset Deal) und Kauf einer Gesellschaft bzw. einer Beteiligung an einer Gesellschaft (Share Deal)

Der Unternehmenskauf ist zwar ein Kauf im Sinne der §§ 433 ff. BGB. Unternehmenskaufverträge lassen sich aber nicht mit den einfachen Kategorien des Sach- und

8 Eingehend dazu: Gerhard Picot, Unternehmenskauf und Restrukturierung, Teil I (Vertragsrecht); Gerhard Picot, Mergers & Acquisitions in Germany; Gerhard Picot, Mergers & Acquisitions in Telekommunikation und Internet, Finanz Betrieb (FB) 1999, S. 61 ff.

Rechtskaufes erfassen, sondern beinhalten ein ganzes Bündel besonderer Rechte und Pflichten. In der Literatur wird deshalb vorgeschlagen, den Unternehmenskauf zumindest teilweise der Einordnung als Kauf im Sinne des BGB zu entziehen. Eine dem wirtschaftlichen Tatbestand und den gesellschaftlichen Anschauungen angepasste Betrachtungsweise lässt es jedoch als sachgerecht erscheinen, das Unternehmen als Gegenstand des Kaufrechts anzuerkennen.[9]

Der Unternehmenskauf kann durch den Kauf einzelner Wirtschaftsgüter, d.h. die Übertragung der Gesamtheit der Wirtschaftsgüter, also der Aktiva und Passiva des Unternehmens erfolgen. Diese Variante wird als »Kauf durch Singularsukzession« oder »Asset Deal« bezeichnet und stellt einen Sachkauf im Sinne des § 433 I Satz 1 BGB dar.[10]

Der Kauf eines Unternehmens kann auch durch die Übertragung des Rechtsträgers im Wege des Anteils- bzw. Beteiligungserwerbs, d.h. durch den Kauf einer Gesellschaft oder Beteiligung an einer Gesellschaft geschehen. Rechtsträger eines Unternehmens kann eine juristische Person (z.B. AG, GmbH), eine Personengesellschaft (OHG, KG, GmbH & Co. KG, GmbH & Co. KGaA) oder ein Einzelunternehmen sein. Bei der Kapital- und Personengesellschaft ist das dem Unternehmen zugeordnete Vermögen eindeutig vom Privatvermögen der Gesellschafter getrennt. Der unmittelbare rechtliche Kaufgegenstand ist die gesellschaftsrechtliche Beteiligung des Verkäufers, sodass die Identität des Unternehmens unberührt bleibt. Diese Form des Unternehmenskaufs wird als »Share Deal« bezeichnet und ist ein Rechtskauf im Sinne des § 433 I Satz 2 BGB.[11] Ein Sachkauf liegt neben dem Rechtskauf nur dann vor, wenn das Mitgliedschaftsrecht in einem Wertpapier, z.B. einer Aktie verkörpert ist.

Problematisch und von erheblicher praktischer Bedeutung ist die Frage, ab welcher Beteiligungsquote der (Rechts-) Kauf der Gesellschaftsanteile auch den Kauf des von der Gesellschaft betriebenen Unternehmens selbst beinhaltet, sodass der Kauf als Sachkauf gemäß §§ 433 ff. BGB zu werten ist, mit der Folge der Anwendbarkeit der Gewährleistungsbestimmungen der §§ 459 ff. BGB. Hierauf wird im Rahmen der gewährleistungs- und haftungsrechtlichen Darstellung unter B.IV.3.e) näher einzugehen sein.

b) Allgemeines zur Vertragsgestaltung

Angesichts der immer internationaler und globaler werdenden Transaktionsprozesse sowie aufgrund des starken Einflusses der Investmentbanken können sich die deutschen Wirtschaftsjuristen nicht dem Trend entziehen, die Transaktionsverträge nach

---

9 BGH, BB 1998, 1171 ff. mit Anm. Gerhard Picot, BB 1998, 1174 f.

10 RGZ 63, 57 (62); RGZ 67, 86/88.

11 RGZ 86, 146 (148 f.).

anglo-amerikanischem Vorbild und in englischer Sprache zu konzipieren.[12] Dabei haben sich für die Gestaltung und den Inhalt der Transaktionsverträge in der Praxis gewisse Standards herausgebildet. Aufgrund der Komplexität der Unternehmens als Gesamtheit von Sachen und Rechten, tatsächlichen Beziehungen und Erfahrungen sowie unternehmerischen Handlungen ist es gleichwohl nicht möglich, die vielfältigen Facetten einer Transaktion mit einem »guten« Standardvertrag zu erfassen und zu bewältigen.

Entgegen unserer zivilgesetzlichen und -vertraglichen (grundsätzlich) abstrahierend-generalisierenden Regelungsmethodik, bei der anstelle eines kasuistisch-konkreten Beispiels abstrakt-generelle Begriffe verwendet werden, die eine unbestimmte Vielzahl von Anwendungsfällen erfassen, werden in den internationalen Vertragswerken zunehmend nach dem Vorbild des angelsächsischen Common-Law bzw. Case-Law alle erkannten und erkennbaren regelungsbedürftigen Situationen und Risiken geregelt; diese Regelungsgegenstände werden dabei ohne generalklauselartige abstrakte Rechtsbegriffe oder Gattungsbescheibungen möglichst abschließend im Transaktionsvertrag durch die Beschreibung und Aufzählung aller denkbaren Gegebenheiten bzw. Verwendungen niedergelegt.

Da der Übertragungsvertrag den lebenden unternehmerischen Organismus mit allen seinen Außenbeziehungen zum Gegenstand hat, empfiehlt es sich vor dem Hintergrund dieser Vertragstechnik, möglichst alle für die Vertragspartner bedeutsamen rechtlichen und wirtschaftlichen Aspekte vertraglich so detailliert zu regeln, dass Überraschungen ausgeschaltet werden. Insbesondere müssen erkannte und erkennbare Risiken und Risiko-Situationen, wie z.B. dringend erforderliche Restrukturierungsmaßnahmen des Targetunternehmens, durch Zusicherungen oder Garantien bzw. entsprechende Verzichtsvereinbarungen möglichst klar unter den Vertragspartnern abgegrenzt und verteilt bzw. im Kaufpreis berücksichtigt werden (vgl. A.III.6.e)).

Dabei sollten an den Anfang umfangreicherer Transaktionsverträge zum Zwecke der besseren Übersichtlichkeit

- ein detailliertes Inhaltsverzeichnis
- und ein Anlagenverzeichnis

aufgenommen werden.

Je nach der rechtlich und vor allem auch steuerrechtlich (siehe A. III.) gewünschten Struktur kann die Transaktion entsprechend den vorstehenden Ausführungen durchgeführt werden als

- Übertragung einzelner Wirtschaftsgüter (sog. Asset Deal) oder als
- Übertragung von Gesellschaftsbeteiligungen (sog. Share Deal).

Da ein Unternehmen als solches nicht Gegenstand eines Übertragungsvorganges sein kann, müssen beim Asset Deal die einzelnen Wirtschaftsgüter und Verbindlichkeiten, die übertragen werden sollen, konkret festgelegt werden (Bestimmtheits-Grund-

12 Vgl. Gerhard Picot, Wirtschaftsrechtliche Parameter des Akquisitionsmanagements, in: Arnold Picot/Nordmeyer/Pribilla, Management von Akquisitionen, S. 121 ff.; Merkt, Internationaler Unternehmenskauf, RN. 999 ff.

satz); wird ein Unternehmen bilanziert, so kann für die Bestimmung der zu übertragenden Sachen und Rechte regelmäßig auf die Bilanz und das Inventarverzeichnis des Unternehmens Bezug genommen werden. Ebenfalls müssen die Vertragsbeziehungen mit Lieferanten und Kunden oder mit anderen Dritten, wie z.B. Vermietern, Leasingunternehmen etc., individuell benannt und übertragen werden; für den Fall, dass der (dritte) Partner eines solchen Vertrages seine Zustimmung zu dem Übergang des Vertrages auf den Unternehmenskäufer versagen sollte, benötigt dieser im Innenverhältnis der Vertragspartner untereinander besondere, ihn schützende Bestimmungen. Etwas anderes gilt lediglich hinsichtlich der Arbeitnehmer: Wird ein Betrieb oder Betriebsteil nämlich durch Rechtsgeschäft von einem anderen Inhaber erworben, so tritt der Erwerber aufgrund des § 613a BGB (Betriebsübergang) automatisch in die Rechte und Pflichten aus den im Zeitpunkt des Übergangs bestehenden Arbeitsverhältnissen ein. Hierbei handelt es sich um eine zwingende Regelung, die weder durch einen Vertrag zwischen Arbeitgeber und Arbeitnehmer noch durch eine vertragliche Vereinbarung zwischen dem Arbeitgeber und dem Unternehmenserwerber abbedungen werden kann. Auch bei der Umwandlung von Unternehmen im Wege der Verschmelzung, Spaltung und Vermögensübertragung nach dem Umwandlungsgesetz ist § 613a BGB anwendbar. Die Arbeitnehmer bleiben auf diese Weise grundsätzlich mit dem Betrieb bzw. Betriebsteil verbunden, dem sie nach dem Schwerpunkt ihrer Tätigkeit objektiv zuzuordnen sind, sofern sie dem Übergang ihrer Arbeitsverhältnisse auf den neuen Arbeitgeber nicht widersprechen.

Beim Share Deal erlangt der Erwerber demgegenüber mit dem Erwerb der Anteile oder einer Beteiligung unmittelbar eine Beteiligung am Vermögen der Gesellschaft. Eine Bezeichnung der Einzelbestandteile des Unternehmens ist bei einem solchen Kauf von Rechten an der das Unternehmen betreibenden Gesellschaft entbehrlich. Da lediglich ein Inhaberwechsel bei der Gesellschaft stattfindet und die Gesellschaft Vertragspartner bleibt, brauchen auch die Vertragsbeziehungen mit Dritten nicht individuell mit ihrer Zustimmung übertragen zu werden. Gleiches gilt auch hinsichtlich der Arbeitnehmer; für diese tritt kein Wechsel des Arbeitgebers mit den Rechtsfolgen des § 613a BGB ein. Zu beachten ist allerdings, dass oftmals insbesondere Verträge mit Banken, Lieferanten und Lizenzgebern sog. »Change of Control«-Klauseln enthalten, die für den Fall eines Wechsels in der Inhaberschaft des Vertagspartner-Unternehmens ein Kündigungsrecht vorsehen; in diesen Fällen sollte schon vor Unterzeichnung des Unternehmenskaufvertrages von dem Dritten die Erklärung eingeholt werden, dass er sein Kündigungsrecht nicht ausübt.

Soll der Transaktionsvertrag sicherstellen, dass der in dem Unternehmen verkörperte Wert übertragen wird, so muss er den Veräußerer nachhaltig dazu verpflichten, eben diejenigen Vermögensgegenstände und Rechte zu übertragen, die im Zeitpunkt des Vertragsschlusses diesen Wert ausmachen. Dabei kann es für die Ausgestaltung des Unternehmenskaufvertrages einen erheblichen Unterschied machen, ob zum Beispiel ein Dienstleistungsunternehmen der Telekommunikation[13] oder ein Produk-

13 Siehe dazu Gerhard Picot/Land, Mergers & Acquisitions in Telekommunikation und Internet, Finanz Betrieb (FB) 1999, S. 61 ff.

tionsunternehmen im Automobilbereich erworben wird. Insofern wird in unterschiedlichem Maße zu beachten sein, dass die Mitarbeiter, die Grundlagen für die Erbringung von Dienstleistungen, Produktionsanlagen, Maschinen und Einrichtungsgegenstände, immaterielle Betriebsmittel, Schutzrechte, Geschäftspapiere, Kundenlisten, das Know-how und der Goodwill sowie die Liefer- und Kundenbeziehungen im Rahmen der Transaktion tatsächlich übergehen.

Darüber hinaus wird der Übertragungsvertrag regelmäßig Bestimmungen enthalten müssen, die dem Erwerber auch für die Zeit nach der Übertragung den Werterhalt sichern. Zu diesem Zweck können Wettbewerbsvereinbarungen getroffen werden, die dem Verkäufer und eventuell auch seinen Angehörigen konkurrierende Tätigkeiten in dem Geschäftsbereich des veräußerten Unternehmens für einen gewissen Zeitraum untersagen.

Bei Unternehmenszusammenschlüssen oder Akquisitionen kann ein erheblicher Zeitraum zwischen dem Zeitpunkt der ersten Bewertung des Unternehmens, dem Abschluss des Transaktionsvertrages und der tatsächlichen Übertragung des Unternehmens liegen. Bei größeren Akquisitionen wird dies oftmals schon dadurch bedingt, dass die Zustimmung der Kartellbehörden zu der Akquisition eingeholt werden muss und bis dahin ein Vollzugsverbot besteht (siehe nachfolgend B. VII.). Bis zu dem Übertragungsstichtag kann der Wert des Unternehmens erheblichen Schwankungen unterliegen. Aus diesem Grund vereinbaren die Vertragspartner häufig die Erstellung einer Stichtagsbilanz. Ergibt sich aus der Stichtagsbilanz, dass die vereinbarten Mindestwerte für das Eigenkapital, das Working Capital etc. nicht erreicht werden, so hat eine Kaufpreisanpassung bzw. Ausgleichszahlung zu erfolgen.

Bei dem Erwerb eines Konzernunternehmens ist ferner zu berücksichtigen, dass das einzelne Konzernunternehmen z.B. auf Lieferungen und Leistungen von Energien und Rohstoffen durch andere Unternehmen des Konzerns angewiesen sein kann. Der Unternehmenskaufvertrag ist dann zumindest für einen Übergangszeitraum durch Liefer- und Leistungsverträge (sog. Term-Sheets) mit den betreffenden Konzernunternehmen zu ergänzen, sodass eine Fortführung des Unternehmens unter den bisherigen Randbedingungen gewährleistet ist. Dies gilt insbesondere auch dann, wenn das erworbene Unternehmen in einem sog. Industriepark angesiedelt ist, der am Standort eine bestimmte und von dem Unternehmenskäufer nicht oder nur wenig zu beeinflussende Infrastruktur aufweist.

Oftmals liegt es im Interesse des Veräußerers, das zu veräußernde Verkaufsobjekt, d. h. das Unternehmen, den Unternehmensteil, den Betrieb, den Betriebsteil, den Geschäftsbereich oder die Produktlinie unabhängig von dem Modell des konkret beabsichtigten Unternehmensverkaufes in der Weise zu strukturieren, dass eine Veräußerung überhaupt erst möglich oder jedenfalls erleichtert wird. Sinn dieser Strukturierung des Verkaufsobjektes kann es sein, das Verkaufsobjekt zum Beispiel hinsichtlich der Rechtsform, Organisation oder der Beziehungen (z. B. Verwaltung, Finanzen, Lieferungen, Service, Energieversorgung, Sicherheitseinrichtungen oder Sozialeinrichtungen) zum übrigen Unternehmen derart zu gestalten oder anzupassen, dass eine überschaubare, in sich geschlossene, eventuell auch rechtlich selbstständige und verkaufsfähige Einheit entsteht. Auf diese Weise kann der Verkäufer das Verkaufsobjekt sozusagen als Paket dem Kaufinteressenten zum Kauf offerieren und zugleich die Verkaufsverhandlungen in seinem Sinne vorstrukturieren und vereinfachen. Dabei ergibt sich als Folge der Konzentration der Unternehmen auf ihr Kerngeschäft vielfach auch die Notwendigkeit, an ihren Standorten eigene Produktionsbetriebe stillzulegen oder diese mitsamt der betrieblichen Infrastruktur und Betriebsfläche zum Beispiel durch die Schaffung so genannter Industrieparks an dritte Unternehmen im Wege des Verkaufs oder des Tausches gegen kernbereichs-bezogene Betriebe (sog. Swap) weiterzugeben.

Insgesamt sind die Unternehmen bemüht, kostensparende und flexible Produktions-, Vertriebs- und Organisationsstrukturen zu schaffen, die ihre kundenorientierte Innovationsfähigkeit, Leistungsqualität und Effizienz im Rahmen globaler Unternehmensstrategien optimieren.

c) Vertragsgegenstand

Der Vertragsgegenstand ist für den Kauf einzelner Wirtschaftsgüter (Asset Deal) und für den Kauf einer Gesellschaft bzw. der Beteiligung an einer Gesellschaft (Share Deal) gesondert zu betrachten.

Betrifft der Unternehmenskauf als Asset Deal den Kauf einzelner Wirtschaftsgüter, so folgt aus § 433 I BGB die Pflicht des Verkäufers, dem Käufer die Sache zu übergeben und das Eigentum an der Sache zu verschaffen. Der Verkäufer eines Rechts ist verpflichtet, dem Käufer das Recht zu verschaffen und, wenn das Recht zum Besitz einer Sache berechtigt, die Sache zu übergeben. Da der Kauf eines Unternehmens den Kauf einer Gesamtheit von Sachen und Rechten, tatsächlichen Beziehungen und Erfahrungen sowie unternehmerischen Handlungen beinhaltet, ergeben sich auch für die Überleitung des Unternehmens auf den Erwerber Besonderheiten. Die Übertragung eines Unternehmens bedeutet zugleich die Überleitung des gesamten Organismus »Unternehmen«, sodass neben der Übertragung von Sachen und Rechten auch die Einweisung des Erwerbers in den Tätigkeitsbereich geschuldet ist.[14] Der schuldrechtliche Unternehmenskaufvertrag bezieht sich auf ein Unternehmen als Sach- und Rechtsgesamtheit. Davon zu unterscheiden ist die sachenrechtliche Vereinbarung: Das Unternehmen als solches kann nicht Gegenstand eines Übertragungsvorgangs sein. Vielmehr bedarf es nach dem Grundsatz der Bestimmtheit der klaren und zweifelsfrei unterscheidbaren Festlegung, welche Einzelbestandteile des Unternehmens im Wege des sachenrechtlichen Geschäftes übertragen werden sollen. Dem Unternehmensträger gehörende Sachen und Rechte sind daher nach Maßgabe der jeweiligen zivilrechtlichen Vorschriften (§§ 398, 873 ff., 929 ff. BGB) zu übertragen. Besonderheiten ergeben sich dabei hinsichtlich der Übertragung von Forderungen, Vertragspositionen und Rechtsverhältnissen, für die das Zivilrecht nur wenige Sonderbestimmungen, wie zum Beispiel die §§ 398 ff.

---

14 BGH, NJW 1968, 392, 393.

BGB für die Abtretung von Forderungen, § 571 BGB für Mietverhältnisse, § 613a BGB für Arbeitsverhältnisse und die §§ 69, 151 II VVG für Versicherungsverträge bereit hält. Will der Unternehmensverkäufer seine Pflichten aus laufenden Verträgen mit befreiender Wirkung auf den Unternehmenskäufer übertragen, so ist dafür meistens die Zustimmung des Vertragspartners nach § 415 BGB bzw. ein so genanntes dreiseitiges Rechtsgeschäft aller Beteiligten erforderlich. Problematisch ist insbesondere die Überleitung von Rechten und Pflichten aus Dauerschuldverhältnissen.[15] Für den mit dem zu erwerbenden Unternehmen nicht vertrauten Käufer ist dieser Vorgang nicht ohne Risiken. Hat das zu übertragende Unternehmen bilanziert, so kann zur Bestimmung und Übertragung der zu übertragenden Sachen und Rechte auf die Bilanz nebst Inventarverzeichnis Bezug genommen werden. Um Zweifelsfälle auszuschließen, empfehlen sich Auffangklauseln. Eine bloß wert- oder zahlenmäßige Bestimmung genügt nicht.[16]

Der Kauf von kapitalgesellschaftsrechtlichen Mitgliedschaftsrechten ist Rechtskauf. Wird das Mitgliedschaftsrecht zugleich in einem Wertpapier verkörpert (z.B. Aktie), so liegt daneben auch ein Sachkauf vor. Ist die Mitgliedschaft des Aktionärs in dem Wertpapier verbrieft, so wird die Inhaberaktie nach den Vorschriften über die Übereignung beweglicher Sachen übertragen. Ist es (noch) nicht zu einer Verbriefung der Mitgliedschaftsrechte gekommen, so erfolgt die Übertragung gemäß § 413 BGB in Verbindung mit § 398 BGB durch Abtretung.[17] Ist das Stammkapital einer GmbH in mehrere Geschäftsanteile unterteilt, so behalten diese ihre rechtliche Selbstständigkeit auch dann, wenn sie einem Gesellschafter allein zustehen (§ 15 II GmbHG). Die zu übertragenden Geschäftsanteile müssen daher im Unternehmenskaufvertrag einzeln mit ihrem Nennbetrag aufgeführt werden. Gemäß §§ 16 I, 35 II GmbHG ist es für die rechtswirksame Übertragung der Gesellschafterrechte auf den Anteilskäufer erforderlich, dass dieser den Erwerb unter Nachweis des Überganges mindestens einem Geschäftsführer anzeigt.[18]

Nachdem der Gesetzgeber die frühere Bestimmung des § 23 HGB gestrichen hat, kann eine Firma auch ohne das Handelsgeschäft, für welches sie geführt wird, veräußert werden (§ 23 HGB).[19]

Eine zentrale Problematik des Unternehmenskaufvertrages ist oftmals die Bestimmung des Kaufpreises. Vom Kaufpreis zu unterscheiden ist der Unternehmenswert (siehe oben A.II.3. bis 5. sowie nachfolgend B. VI.), der jedoch in der Regel für die Kaufpreisfindung von entscheidender Bedeutung ist. Die Bestimmung des Kaufpreises erfolgt durch die Vertragspartner auf der Grundlage der beiderseitigen Wertvorstellungen, die nach den bei Vertragsschluss vorhandenen Erkenntnissen gebildet werden. Die Vertragspartner müssen dabei dem schwierigen Umstand Rechnung tragen, dass bei der Bewertung fast immer Zukunftsentwicklungen zu berücksichtigen

15 Vgl. BGHZ 171, 189, 194; BGH, DB 1996, 1278.
16 Siehe dazu auch Rock, Checkliste beim Asset Deal, M&A 1/2000, 8 ff.
17 Siehe LG Berlin, NJW-RR 1994, 842.
18 BGH, DB 1990, 1709, 1711; BayObLG, DB 1990, 167.
19 Vgl. BGH, DB 1991, 590, 591.

sind. Gleiches gilt, wenn anstelle oder neben einer Barzahlung Aktien des Käufer-Unternehmens als Gegenleistung übertragen werden.

Häufig vereinbaren die Parteien, dass der endgültige Kaufpreis anhand einer auf den Übergangsstichtag aufzustellenden Abrechnungsbilanz ermittelt wird. In Abweichung von den Bilanzierungsregeln der §§ 238 ff. HGB können die Parteien andere – auch globale – Bewertungs- und Bilanzierungsstandards vertraglich festlegen, wie zum Beispiel die »International Accounting Standards – IAS« und die häufig verwendeten »US – Generally Accepted Accounting Principles – US-GAAP«.

Die Gesetzgebung geht nach wie vor von der existierenden Methodenvielfalt sowie von den Kriterien »Vermögen und Ertrag« aus. Nach Ansicht des Bundesverfassungsgerichts[20] schreibt Art. 14 Abs. 1 des Grundgesetzes für die Wertermittlung von Unternehmensbeteiligungen keine bestimmte Methode vor. In der Praxis hat sich allerdings für die Ermittlung des »wahren« Unternehmenswerts die so genannte Ertragsmethode durchgesetzt.[21] Dabei weichen einige Gerichte zunehmend von der Auffassung des Bundesgerichtshofes[22] ab und gehen davon aus, dass die richtige Methodik der Unternehmensbewertung eine Rechtsfrage und nicht nur eine von Sachverständigen zu klärende und von den Gerichten lediglich auf Plausibilität zu prüfende Tatsachenfrage sei;[23] jedoch stellen auch diese Gerichte bei der Ermittlung des Unternehmenswertes praktisch allein auf die Ertragswert-Methode ab. Allerdings veranlasst die steigende Zahl aktien- und umwandlungsrechtlicher Spruchstellenverfahren die Gerichte immer häufiger, zu den Problemen der Unternehmensbewertung Stellung zu beziehen, wobei eine Bewertung des Anteilseigentums nach anderen Methoden, etwa anhand des Börsenkurses, weitgehend abgelehnt wird[24], da der Wert eines Unternehmens in erster Linie von seiner Fähigkeit abhänge, künftig Erträge zu erwirtschaften. Nach Auffasung des Bundesverfassungsgerichtes muss freilich bei der Ermittlung des Werts einer Unternehmensbeteiligung an einer börsennotierten Aktiengesellschaft, insbesondere zur Bestimmung einer angemessenen Abfindung und des angemessenen Ausgleichs nach dem Aktiengesetz, ein existierender Börsenkurs der Aktien berücksichtigt werden. Dies ergibt sich daraus, dass die Entschädigung und folglich auch die Methode ihrer Berechnung dem entzogenen Eigentumsobjekt gerecht werden muss. Das Aktieneigentum ist im Vergleich zu einer Beteiligung an einer Personenhandelsgesellschaft oder an einer Gesellschaft mit beschränkter Haftung nicht zuletzt durch seine Verkehrsfähigkeit geprägt. Das gilt vor allem für die börsennotierte Aktie. Sie wird an der Börse gehandelt und erfährt dort aus dem Zusammenspiel von Angebot und Nachfrage eine Wertbestimmung, an der sich die Aktionäre bei ihren Investitionsentscheidungen orientieren. Insbesonde-

---

20 WM 1999, S. 1666.
21 Eingehend dazu A.II.2.-5. sowie B.VI.
22 BGH, AG 1978, 196, 199 »Kali und Salz«.
23 Vgl. BayOLG, AG 1996, 127 »Paulaner«; AG 1996, 176.
24 Vgl. jüngst OLG Celle NZG 1998, 987, 988; ferner die Nachweise bei Hüffer, a.a.O., § 305 Rdn. 19 f.

re Kleinaktionären, die regelmäßig nicht über alle relevanten Informationen verfügen, steht nämlich kein anderer Maßstab zur Verfügung, an dem sie den Wert dieses spezifischen Eigentumsobjekts messen können.

Im Zusammenhang mit Unternehmenszusammenführungen, insbesondere in der Form von Gemeinschaftsunternehmen bzw. Joint Ventures, die Frage, ob die Unternehmensbewertung unter Ausschluss oder unter Berücksichtigung der Verbund- und Synergie-Vorteile auf der Grundlage des sog. Stand-alone-Prinzips bzw. unter Anwendung des sog. Verbundberücksichtigungs-Prinzips erfolgen soll.

Zur Sicherung gegen Wertverlust bei Ratenzahlung des Kaufpreises stehen die Instrumente der Wertsicherungs- bzw. Gleitklauseln zur Verfügung.

Ein Unternehmenskaufvertrag kann aufgrund Inhaltskontrolle gegen die guten Sitten verstoßen und gemäß § 138 BGB nichtig sein.[25]

Bestand und Wert des Unternehmens können vom Beginn der Verhandlungen, über den Abschluss des Kaufvertrages bis hin zum Übertragungsstichtag erheblichen Schwankungen unterliegen. Der Festlegung des Übergangsstichtages kommt daher besondere Bedeutung zu.

Der Gewinnanspruch steht gemäß §§ 29, 46 Nr. 1 GmbHG demjenigen zu, der im Zeitpunkt des Gewinnverwendungsbeschlusses Gesellschafter ist, soweit dies nach dem Gesellschaftsvertrag nicht ausgeschlossen ist. GmbH-Anteile werden daher in der Regel mit den Gewinnbezugsrechten übertragen. Abweichende schuldrechtliche und dingliche Vereinbarungen[26] sind möglich. Ein bis zum Übergangsstichtag erwirtschafteter Verlust mindert das Vermögen der Gesellschafter. Dem Käufer steht daher die Möglichkeit der Kaufpreisminderung zu.

Im Falle eines Share Deals steht bei der Veräußerung eines GmbH-Anteils während eines Geschäftsjahres der Gewinnauszahlungsanspruch für dieses Geschäftsjahr grundsätzlich dem Käufer zu, wenn dieser im Zeitpunkt des Ergebnisverwendungsbeschlusses Inhaber des GmbH-Anteils ist. Der Verkäufer hat gemäß § 101 Nr. 2 Halbs. 2 BGB einen schuldrechtlichen Anspruch gegen den Käufer auf den während seiner Zugehörigkeit zur Gesellschaft angefallenen anteiligen Gewinn, sofern er ausgeschüttet wird. Die Vertragspartner können allerdings eine besondere Vereinbarung über den genannten schuldrechtlichen Anspruch oder über eine teilweise oder vollständige Abtretung des Gewinnauszahlungsanspruches treffen.[27]

Die Übertragung von Personengesellschaftsanteilen wird grundsätzlich wie die Übertragung von Kapitalgesellschaften behandelt.[28] Allerdings kann zweifelhaft sein, ob und inwieweit neben dem Kapitalanteil weitere Rechte und Pflichten aus dem Gesellschaftsverhältnis, wie z.B. Darlehens-, Kapitalrücklage-, oder Allgemeine Verrechnungskonten, Stimmrechte, Informationsrechte, Kündigungsrechte, Rechte auf Gewinn und Auseinandersetzungsguthaben, übergehen sollen. Deshalb empfiehlt

---

25 OLG München, BB 1995, 2235: Um 220% überhöhter Kaufpreis.

26 Vgl. BGH, NJW 1995, 1027.

27 Vgl. BGH, NJW 1995, 1027.

28 Zur wirksamen Übertragung von GbR-Gesellschaftsrechten siehe OLG Köln, BB 1996, 2058 f.

sich eine detaillierte vertragliche Regelung.[29] Im Falle einer bloßen Teilübertragung eines Personengesellschaftsanteils wird die Annahme eines – ebenfalls – nur anteiligen Überganges der Rechte und Pflichten sachgerecht sein. Der bis zum Übergangsstichtag erwirtschaftete Gewinn steht grundsätzlich dem Veräußerer zu. Entsteht bis zum Übergangsstichtag ein Verlust, so kann dieser kaufpreismindernd berücksichtigt werden. Weichen der Zeitpunkt des Vertragsschlusses und der Übergangsstichtag voneinander ab, so sollten in jedem Falle die Entnahmerechte des Veräußerers für die Zwischenzeit vertraglich geregelt werden.

d) Übernahme von Rechten und Pflichten aus Vertragsverhältnissen, insbesondere aus Arbeitsverhältnissen (Betriebsübergang gemäß § 613a BGB) beim Asset Deal, bei der Umwandlung nach Umwandlungsgesetz und beim Share Deal

Die Erfahrungen der letzten Jahre bei der Bewältigung der nationalen und internationalen Integrationsaufgaben im Rahmen von Zusammenschlüssen und Übernahmen haben das Bewusstsein dafür geschärft, dass für den Erfolg der Transaktionen nicht allein die sog. harten Faktoren, wie z.B. Management, Organisation, Finanzen und Investitionen maßgebend sind, sondern auch die sog. weichen Faktoren, wie z.B. Unternehmens-Kommunikation und -Kultur (Selbstverständnis, Sozialstruktur, Arbeitsklima) sowie nicht zuletzt die Personalfragen.

Den rechtlichen Rahmen der notwendigen integrativen Maßnahmen, die bereits bei der Abfassung des Transaktionsvertrages zu berücksichtigen sind, bieten vor allem die europäischen und deutschen Schutzbestimmungen zugunsten der Arbeitnehmer. Bereits im Jahre 1972 hat der deutsche Gesetzgeber durch die Vorschrift des § 613a des Bürgerlichen Gesetzbuches (BGB) die Rechte und Pflichten der Arbeitnehmer und Arbeitgeber beim Betriebsübergang geregelt. 1980 hat er diese Bestimmung ergänzt, um die europäische Richtlinie 77/187 EWG vom 14.02.1977 über die Wahrung von Ansprüchen der Arbeitnehmer beim Übergang von Unternehmen, Betrieben und Betriebsteilen in nationales Recht umzusetzen. Die Europäische Kommission hat diese Richtlinie am 29.06.1998 durch die Richtlinie 98/50/EG in Teilbereichen präzisiert. Da die Vorschrift des § 613a BGB auf europäischem Recht beruht, ist sie im Zweifel richtlinienkonform auszulegen. Eine weitere Änderung des § 613a BGB erfolgte aufgrund Art. 2 des UmwRBerG vom 28.10.1994. Sie diente der Anpassung der Terminologien in § 613a Abs. 3 BGB an das neue Umwandlungsrecht.

Zum Schutz der Arbeitnehmer beim Betriebsübergang schreibt § 613a Abs. 1 Satz 1 BGB zwingend vor, dass der Erwerber eines Betriebes oder Betriebsteiles automatisch in die Rechte und Pflichten aus den bestehenden Arbeitsverhältnissen eintritt. § 613a Absatz 1 Satz 2-4 BGB enthalten eine Regelung betreffend die Fortgeltung von Kollektivvereinbarungen sowie für die Möglichkeit des neuen Betriebs-

29 BGH, NJW 1966, 1307, 1309; BGH, NJW 1969, 133.

inhabers, die Arbeitsbedingungen zu verändern und sie denjenigen in dem »übernehmenden« Betrieb anzupassen. 613a Abs. 2 BGB regelt die Haftungsverteilung zwischen Veräußerer und Erwerber. § 613a Abs. 4 BGB beinhaltet schließlich einen besonderen Kündigungsschutztatbestand, nach dem eine Kündigung »wegen« des Überganges des Betriebes oder eines Betriebsteils unzulässig ist.

Angesichts der Komplexität der mit dem Betriebsübergang verbundenen Rechtsfragen verwundert es nicht, dass trotz des nunmehr 28-jährigen Bestehens der Vorschrift immer noch heftige Diskussionen und vielfältige gerichtliche Auseinandersetzungen insbesondere über die Frage geführt werden, unter welchen Voraussetzungen ein Betriebsübergang im Sinne des § 613a BGB vorliegt.

Die Vorschrift des § 613a BGB ist nicht auf sämtliche Formen der Unternehmenstransaktionen anwendbar, sondern nur auf diejenigen bei denen der Inhaber des Betriebes wechselt.

Im Falle eines Asset Deals liegt ein solcher Inhaberwechsel vor, da die Wirtschaftsgüter und Verbindlichkeiten im Wege der Singularsukzession auf einen neuen Erwerber übertragen werden.

Auch bei der Umwandlung von Unternehmen im Wege der Verschmelzung, Spaltung und Vermögensübertragung nach dem Umwandlungsgesetz ist § 613a BGB anwendbar. Die Besonderheit der Umwandlung besteht darin, dass der Übertragungsvorgang – im Gegensatz zum normalen Asset Deal – im Wege der Gesamtrechtsnachfolge bzw. partiellen Gesamtrechtsnachfolge und nicht im Wege der Singularsukzession erfolgt. Hierzu trifft § 324 UmwG die Sonderregelung, dass die Vorschrift des § 613a BGB von den Wirkungen der Eintragung einer Verschmelzung oder Spaltung unberührt bleibt. Diese Sonderregelung ist nach heute ganz herrschender Auffassung dahingehend auszulegen, dass § 613a BGB auf Umwandlungen nach dem neuen Umwandlungsgesetz Anwendung findet. Lediglich im Falle des Formwechsels findet § 613a BGB keine Anwendung, da es hier an einem Übertragungsvorgang und somit an einem Wechsel des Inhabers fehlt.

Voraussetzung für die Anwendung des § 613a BGB ist aber auch in den Fällen der Verschmelzung, der Spaltung und Vermögensübertragung, dass die übertragenen Gegenstände des Aktiv- und Passivvermögens einen Betrieb oder Betriebsteil darstellen. Damit ist es insbesondere im Fall der Spaltung und Vermögensteilübertragung nicht möglich, die Arbeitsverhältnisse gemäß § 126 UmwG frei den im Zuge der Umwandlung entstehenden Betrieben oder Betriebsteilen zuzuordnen. Die Arbeitsverhältnisse bleiben vielmehr mit dem Betrieb bzw. Betriebsteil verbunden, dem sie objektiv nach dem Schwerpunkt ihrer Tätigkeit zuzuordnen sind.

Im Fall eines Share-Deal kann demgegenüber niemals ein Betriebsübergang im Sinne des § 613a BGB vorliegen, da nicht alle bzw. bestimmte Wirtschaftsgüter und Verbindlichkeiten, sondern die Gesellschaftsanteile übertragen werden. Auf Seiten des Unternehmens tritt daher für die Arbeitnehmer kein Vertragspartnerwechsel und damit kein Inhaberwechsel mit den Rechtsfolgen des § 613a BGB ein.[30]

---

30 Vgl. BAG, NJW 1991, 247.

aa) Die Tatbestandsvoraussetzungen des § 613a I BGB, insbesondere der Übergang eines Betriebes oder Betriebsteils durch Rechtsgeschäft

In jedem Fall eines Asset Deals oder der Umwandlung eines Unternehmens ist zu prüfen, ob die tatbestandlichen Voraussetzungen des § 613a BGB erfüllt sind.

Voraussetzung ist, dass ein Betrieb oder Betriebsteil durch Rechtsgeschäft auf einen anderen Inhaber übertragen wird. Hat der Übertragungsvorgang nicht einen Betrieb oder Betriebsteil zum Gegenstand, liegt ein Sach- oder Rechtskauf vor, der keine Auswirkungen auf die Arbeitsverhältnisse hat.

(1) Der Begriff des Betriebes oder Betriebsteils

Der Begriff des Betriebes oder Betriebsteils ist im deutschen Recht nicht gesetzlich definiert. Traditionell wird unter einem Betrieb eine organisatorische Einheit verstanden, mit der ein Arbeitgeber allein oder mit seinen Arbeitnehmern mit Hilfe sächlicher und immaterieller Betriebsmittel bestimmte, über den Eigenbedarf hinausgehende arbeitstechnische Zwecke verfolgt. Eine Betriebsübertragung liegt danach insbesondere dann vor, wenn das gesamte Betriebsvermögen, d.h. alle sächlichen und immateriellen Betriebsmittel bzw. Wirtschaftsgüter, insbesondere Produktionsanlagen übertragen werden. Es genügt aber auch, wenn nur einzelne, jedoch die für die Fortführung des Betriebes wesentlichen Wirtschaftsgüter bzw. Teile des Betriebsvermögens übergehen.

Eine gesetzliche Definition des Betriebsübergangs enthält nunmehr die durch die Richtlinie 98/50/EG vom 29.07.1998[31] neu gefasste Richtlinie 77/187 EG vom 14.02.1977.[32] Danach liegt ein Betriebsübergang vor, wenn eine wirtschaftliche Einheit im Sinne einer organisierten Zusammenfassung von Ressourcen zur Verfolgung einer wirtschaftlichen Haupt- oder Nebentätigkeit unter Wahrung ihrer Identität auf einen anderen Inhaber übergeht.

Diese Definition lehnt sich eng an die Rechtsprechung des EuGH zum Betriebsbegriff an. Danach kommt es für das Vorliegen eines Betriebsübergangs wesentlich darauf an, ob eine wirtschaftliche Einheit unter Wahrung ihrer Identität dergestalt auf einen neuen Inhaber übertragen wird, dass sie von dem neuen Inhaber mit derselben oder einer gleichartigen Geschäftstätigkeit tatsächlich weitergeführt oder wieder aufgenommen werden kann.[33] Für die Annahme eines Betriebsübergangs ist somit nach der Auffassung des EuGH eine Übertragung sächlicher Betriebsmittel nicht erforderlich, wenn gleichwohl das wesentliche Substrat einer wirtschaftlichen Einheit unter Wahrung ihrer Identität übertragen wird.

---

31 ABl. 1998 L 201 S. 88.
32 ABl. 1977 L 61 S. 26.
33 Vgl. zuletzt EuGH v. 11.03.1997 – Rs C-13/95 (Ayse Süzen), ZIP 1997, 516, 517; vgl. auch EuGH v. 18.03.1986 /Rs. 24/85, Slg. 1986, 1124 ff. (Spijkers); EuGH v. 19.05.1992 Rs. C/29/91, NZA 1994, 207(Redmond Stichting); EuGH v. 07.03.1996 /Rs. C/171/94 und C/172/94 (Albert Merckx und Patrick Neuhuys), DB 1996, 683 ff.

Für die Frage, welche Faktoren für die Bestimmung der Identität wesentlich sind, ist auf die Eigenart der Betriebe abzustellen. Danach können für Produktionsbetriebe die – beweglichen – sächlichen Betriebsmittel wie Maschinen und Einrichtungsgegenstände prägend sein.[34] Für Handels- und Dienstleistungsbetriebe, deren Betriebsvermögen hauptsächlich aus Rechtsbeziehungen besteht, sind es dagegen in erster Linie die immateriellen Betriebsmittel, wie zum Beispiel Schutzrechte, Geschäftspapiere, Kundenlisten, Liefer- und Abnahmeverträge mit Dritten, das Know-how und der Good-Will, also die Einführung des Unternehmens auf dem Markt.[35]

Werden lediglich bestimmte Funktions- oder Aufgabenbereiche auf einen Dritten im Wege des sog. Outsourcing übertragen, ohne dass eine wirtschaftliche Einheit unter Wahrung ihrer Identität auf einen neuen Inhaber übertragen wird, so liegt kein Betriebsübergang vor.[36]

Besondere Bedeutung für die Beurteilung der Frage, ob ein Betriebsübergang vorliegt, kann nach der Rechtsprechung des EuGH auch die Übernahme der Hauptbelegschaft, d.h. eines nach Zahl und Sachkunde wesentlichen Teil des Personals haben. Dieser Auffassung hat sich nunmehr auch das Bundesarbeitsgerichts unter ausdrücklicher Aufgabe seiner früheren Rechtsprechung angeschlossen. Nach der nunmehr geltenden Rechtsprechung kommt der Übernahme des Personals somit neben anderen Indizien für das Vorliegen eines Betriebsübergangs ein gleichwertiger Rang zu. Insbesondere in Branchen, in denen es im wesentlichen auf die menschliche Arbeitskraft ankommt, kann daher eine Gesamtheit von Arbeitnehmern, die durch ihre Tätigkeit dauerhaft verbunden ist, eine wirtschaftliche, betriebliche Einheit darstellen. Dies gilt insbesondere dann, wenn sich unter den übernommenen Arbeitnehmern die Know-how-Träger und Führungskräfte befinden, deren Übernahme eine wesentliche Bedeutung für die Fortführung des Geschäftsbetriebes zukommt.

Unter Berücksichtigung der aktuellen Rechtsprechung des Europäischen Gerichtshofes und des Bundesarbeitsgerichts sind bei der Prüfung, ob eine wirtschaftliche Einheit unter Wahrung ihrer Identität auf einen neuen Inhaber übergeht, somit folgende Indizien zu berücksichtigen:

- Übergang der materiellen Betriebsmittel, wie Gebäude, Produktionsmittel, Maschinen, Warenlager etc.
- Übernahme des Kundenstamms bzw. Eröffnung des Zugriffs auf den Kundenstamm
- Übertragung von Patent- und Gebrauchsmusterrechten, Know-how und Good-Will
- Eintritt in bestehende Verträge
- Wert der immateriellen Wirtschaftsgüter

---

34 Vgl. BAG, 29.10.1975, AP Nr. 2 zu § 613a BGB.
35 Vgl. BAG, AP Nr. 23 zu § 7 BetrAVG; BAG, AP Nr. 58 zu § 613a BGB.
36 Vgl. EuGH v. 11.03.1997 (Ayse Süzen), ZIP 1997, 516, 518.

- Übernahme der Hauptbelegschaft, d.h. eines nach Zahl und Sachkunde wesentlichen Teils des Personals, der durch eine gemeinsame Tätigkeit zu einer wirtschaftlichen Einheit verbunden ist
- Fortführung des Betriebes unter identischer Firma
- Grad der Ähnlichkeit zwischen den vor und nach dem Übergang verrichteten Tätigkeiten.

(2) Die Übertragung durch Rechtsgeschäft

Dem Kriterium der Übertragung durch Rechtsgeschäft kommt lediglich eine Abgrenzungsfunktion gegenüber denjenigen Fällen zu, in denen der Übergang auf Gesetz (gesetzliche Erbfolge) oder Hoheitsakt (Zuschlag eines Grundstück mitsamt Zubehör in der Zwangsversteigerung) beruht.[37] Insbesondere in Fällen der Umwandlung, in denen sich der Übertragungsvorgang im Wege rechtsgeschäftlich veranlassten Gesamtrechtsnachfolge vollzieht, ist § 613a BGB somit anwendbar. Bei dem Rechtsgeschäft muss es sich nicht um einen Kauf handeln. Ausreichend ist im Ergebnis jedes Rechtsgeschäft, das zu einem Übergang der Organisations- und Leitungsmacht über den betreffenden Betrieb auf einen neuen Erwerber führt.[38] In Betracht kommen insoweit zum Beispiel Kauf, Miete, Pacht, Schenkung, Nießbrauch, Vermächtnis, Gesellschaftsvertrag und öffentlich-rechtlicher Vertrag.

Es ist nicht erforderlich, dass sich das Rechtsgeschäft auf die Übertragung der Arbeitsverhältnisse bezieht. Der Übergang der Arbeitsverhältnisse ist grundsätzlich Rechtsfolge des Betriebsübergangs. Lediglich in den Fällen, in denen die einvernehmliche Übertragung der Hauptbelegschaft das wesentliche Kriterium für oder gegen die Annahme des Betriebsübergangs darstellt, weil die anderen Indizien nicht ausreichen, kommt der vertraglichen Übernahme der Hauptbelegschaft entscheidende Bedeutung zu. Konsequenterweise wird man davon ausgehen müssen, dass es die Parteien in diesen Fällen in der Hand haben, durch die vertragliche Gestaltung einen Betriebsübergang auszulösen oder zu vermeiden. Dies ist nicht rechtsmissbräuchlich, selbst wenn die vertragliche Gestaltung bewusst so gewählt wird, um einen Übergang der Arbeitsverhältnisse zu vermeiden, denn die Parteien gestalten ihre Rechtsbeziehungen im Rahmen der allgemeinen Vertragsfreiheit in einer Weise, dass ein Tatbestandsmerkmal für die Annahme des § 613a BGB nicht erfüllt ist. Eine »Gesinnungsprüfung« findet im Rahmen des § 613a BGB nicht statt.

Ein Betriebsübergang liegt auch dann vor, wenn das Rechtsgeschäft nichtig ist.[39] Es kommt allein auf die willentliche Übernahme der Organisations- und Leitungsmacht an. Erfolgt allerdings eine Rückabwicklung zwischen den Parteien unter Rückübertragung der Organisations- und Leitungsmacht, so führt dies zu einem zweiten Betriebsübergang auf den vormaligen Veräußerer.

---

37 BAG, DB 1985, 2412.
38 BAG, ZIP 1989, 795.
39 BAG 6.2.1985, AP Nr. 44 zu § 613a BGB.

Kein Betriebsübergang liegt vor, wenn der Konkursverwalter aufgrund seiner Verwaltungsverpflichtung den Betrieb fortführt.[40]

(3) Der Zeitpunkt des Übergangs

Für den Zeitpunkt des Übergangs kommt es nicht darauf an, wann die entsprechenden Verträge geschlossen oder die Betriebsmittel übereignet werden. Entscheidend ist der Zeitpunkt an dem der Erwerber in der Lage ist, die Organisations- und Leitungsmacht auszuüben.[41] Hängt die Übernahme von der Zustimmung der Gläubiger oder Banken ab, so ist die Voraussetzung erfüllt, wenn die Zustimmung erteilt ist.[42] Bei einer Übernahme in mehreren zeitlich gestaffelten Schritten kommt es darauf an, wann die wesentlichen zur Fortführung des Betriebs erforderlichen Betriebsmittel übergegangen sind.[43]

bb) Übergang der individuellen arbeitsvertraglichen und kollektivrechtlichen Rechte und Pflichten

§ 613a I Satz 1 BGB bestimmt, dass der rechtsgeschäftliche Erwerber des Betriebs oder Betriebsteils im Fall des Betriebsübergangs die arbeitsvertragliche Position des früheren Betriebsinhabers und Veräußerers übernimmt und in alle individuellen arbeitsvertraglichen Rechte und Pflichten aus dem Arbeitsverhältnis eintritt.

Die Übernahme der Rechte und Pflichten ist nicht von der Zustimmung des Erwerbers oder des Arbeitnehmers abhängig. § 613a BGB ist zwingendes Recht. Die Rechtsfolgen können somit nicht zu Lasten des Arbeitnehmers abbedungen werden. Dies gilt auch für Vereinbarungen mit dem Arbeitnehmer selbst.

Dem Arbeitnehmer wird jedoch nach der Rechtsprechung des Bundesarbeitsgerichts ein Widerspruchsrecht eingeräumt.[44] Dieses Recht ist nach herrschender Auffassung binnen 3 Wochen beginnend mit der Unterrichtung über den Betriebsübergang auszuüben.[45] Der rechtzeitige Widerspruch hat zur Folge, dass das Arbeitsverhältnis nicht auf den Erwerber übergeht, sondern bei dem Veräußerer verbleibt. In der Regel wird in diesem Fall eine betriebsbedingte Kündigung gerechtfertigt sein, da der Arbeitsplatz weggefallen ist. Auf die Grundsätze der Sozialauswahl kann sich der Arbeitnehmer nur berufen, wenn ein sachlicher Grund für den Widerspruch vorlag.[46]

§ 613a BGB erfasst alle Arbeitnehmer, d.h. Arbeiter, Angestellte, Auszubildende und auch die leitenden Angestellten. Wird ein Betriebsteil übertragen, so kommt es

---

40 BAG 30.1.1991, AP Nr. 18 zu § 630 BGB.
41 BAG 26.3.1996 AP Nr. 148 zu § 613a BGB.
42 BAG 23.7.1991 AP Nr. 11 zu § 1 BetrAVG Betriebsveräußerung.
43 BAG 16.2.1993 AP Nr. 15 zu § 1 BerAVG.
44 Vgl. BAG, AP Nr. 1, 8, 10, 21 zu § 613a BGB; EuGH, BB 1993, 230.
45 Siehe BAG, ZIP 1994, 391.
46 BAG, DB 1993, 1877.

darauf an, ob der Arbeitnehmer schwerpunktmäßig in dem übertragenen Betriebsteil arbeitet. Organmitglieder sind keine Arbeitnehmer. Ihre Anstellungsverhältnisse gehen somit nicht gemäß § 613a BGB auf den Erwerber über. Das gleiche gilt für die im Zeitpunkt des Übergangs bereits ausgeschiedenen Arbeitnehmer. Der Erwerber haftet somit nicht für die Pensionsanwartschaften und -ansprüche ehemaliger Arbeitnehmer. Anders ist dies für die Pensionsanwartschaften der aktiven Arbeitnehmer zu beurteilen. Der Erwerber tritt kraft Gesetzes in die Verpflichtungen aus den Versorgungszusagen ein.[47] Dabei kommt es nicht darauf an, ob die Zusagen bereits unverfallbar oder noch verfallbar sind.[48]

Nicht kraft Gesetzes übertragen werden die finanziellen Mittel, die benötigt werden, um die Verpflichtungen aus den übergegangenen Anwartschaften zu erfüllen. Aus diesem Grunde ist es unerlässlich, diese Frage im Transaktionsvertrag zu regeln. In Betracht kommen dabei entweder eine Minderung des Kaufpreises oder eine Ausgleichszahlung. Dabei sollte aus Sicht des Käufers stets auf den versicherungsmathematischen Wert der Verbindlichkeiten und nicht etwa auf die Buchrückstellungen abgestellt werden. Denn die Buchrückstellungen nach § 6a EStG bleiben oftmals hinter dem wahren Umfang der Verbindlichkeiten zurück. Erfolgt die betriebliche Altersversorgung im Wege von Kapitallebensversicherungsverträgen, so geschieht die Fortführung in der Praxis häufig in der Weise, dass der Erwerber in diese Verträge eintritt. Im Fall von Unterstützungskassen oder Pensionskassen kann es vorkommen, dass der Erwerber die Versorgung nicht in dieser Form fortführen kann, etwa weil er nach der Kassensatzung nicht Mitglied in der Kasse werden kann. Er ist dann verpflichtet, eine gleichwertige Altersversorgung sicherzustellen.

Da der Erwerber in alle Rechte und Pflichten eintritt, gilt dies auch für solche Rechte und Pflichten, die auf einer betrieblichen Übung beruhen. Auch die Dauer der Betriebszugehörigkeit beim Veräußerer wird dem Arbeitnehmer beim Erwerber angerechnet. Dies hat Bedeutung für Ruhegeldanwartschaften aus bereits bestehenden Zusagen sowie für Fragen des Kündigungsschutzes (insb. Sozialauswahl). Hingegen erfolgt keine Anrechnung der Betriebszugehörigkeit, wenn der Arbeitnehmer erst beim Erwerber einer betrieblichen Altersversorgung – etwa aus einer dort geltenden Betriebsvereinbarung – unterfällt. § 613a BGB bezweckt nur die Sicherung bestehender Rechte, nicht jedoch einen Erwerb vorher nicht vorhandener Rechte.

Die übernommenen Arbeitnehmer haben keinen Anspruch auf Angleichung der vertraglichen Konditionen, sofern im aufnehmenden Unternehmen bessere vertragliche Konditionen gewährt werden. Die Ungleichbehandlung basiert auf einem sachlichen Grund. Umgekehrt kann sich der Erwerber jedoch auch nicht mit Erfolg auf eine beabsichtigte Gleichbehandlung der Arbeitnehmer berufen, um vertragliche Rechte der übernommenen Arbeitnehmer abzubauen. Will er eine Anpassung der Arbeitsbedingungen erreichen, so muss er entweder eine einvernehmliche Vertrags-

47 BAG 29.11.1988 AP Nr. 7 zu § 1 BetrAVG Betriebsveräußerung.

48 Siehe dazu Heubeck in: Gerhard Picot, Unternehmenskauf und Restrukturierung, Teil IV (Betriebsrentenrecht).

änderung herbeiführen oder aber eine Änderungskündigung aussprechen. Für die Angleichung kollektivrechtlicher Rechte und Pflichten enthält § 613a I Satz 2-4 BGB eine Sonderregelung.

Neben den individualarbeitsvertraglichen Rechten und Pflichten übernimmt der Erwerber gemäß § 613a BGB auch solche Verpflichtungen und Rechte, die ihre Grundlage in einer Kollektivvereinbarung, d. h. einem Tarifvertrag oder einer Betriebsvereinbarung haben. Sind Rechte oder Pflichten durch Rechtsnormen eines Tarifvertrages oder durch eine Betriebsvereinbarung geregelt, so werden diese Inhalt des Arbeitsverhältnisses zwischen dem neuen Inhaber und dem Arbeitnehmer. Die Regelungen verlieren somit ihren normativen Charakter und werden in individualarbeitsvertragliche Regelungen transformiert. Die Transformationslösung des § 613a BGB stellt allerdings lediglich einen Auffangtatbestand dar. So kommt es zu keiner Transformation der betriebsverfassungsrechtlichen Rechte und Pflichten, wenn der übertragene Betrieb in seiner Identität unverändert bleibt. In einem solchen Fall verlieren die Betriebsvereinbarungen ihre kollektivrechtliche Wirkung nicht, d.h. sie gelten nicht auf individualarbeitsvertraglicher Ebene, sondern als Betriebsvereinbarung fort. Tarifvertragliche Rechte gelten ebenfalls kollektivrechtlich fort, wenn auch der Erwerber an den bislang geltenden Tarifvertrag unmittelbar gebunden ist. Diese Rechtsauffassung geht auf die Rechtslage vor Einfügung des § 613a BGB zurück. Bereits damals war anerkannt, dass allein die Veräußerung des Betriebs keinen Einfluss auf den Fortbestand von Kollektivvereinbarungen hat. Da der Gesetzgeber mit der Einführung des § 613a BGB diese rechtliche Position der Arbeitnehmer nicht schwächen, sondern stärken wollte, ist mit der herrschenden Meinung davon auszugehen, dass § 613a BGB nur als Auffangtatbestand für solche Fälle anzusehen ist, in denen eine kollektivrechtliche Fortgeltung nicht in Betracht kommt.

Gem. § 613a I Satz 2 BGB dürfen die transformierten Rechte und Pflichten nicht vor Ablauf eines Jahres nach dem Zeitpunkt des Übergangs zum Nachteil der Arbeitnehmer geändert werden. Diese Änderungssperre bezieht sich nicht auf die vertraglichen Rechte und Pflichten, die nach § 613a I Satz 1 BGB übernommen werden. Die Änderungssperre gilt ferner gemäß § 613a I Satz 3 BGB dann nicht, wenn die Rechte und Pflichten bei dem neuen Inhaber durch Rechtsnormen eines anderen Tarifvertrages oder durch eine andere Betriebsvereinbarung geregelt werden. Vor Ablauf der Jahresfrist können transformierte Rechte und Pflichten gemäß § 613a I Satz 4 BGB geändert werden, wenn der Tarifvertrag oder die Betriebsvereinbarung nicht mehr gilt. Der Gesetzgeber hat somit der Kollektivordnung im aufnehmenden Betrieb bzw. Unternehmen den Vorrang eingeräumt. Ein Günstigkeitsvergleich findet nicht statt. Unerheblich ist, ob die Kollektivnormen bereits im Zeitpunkt des Übergangs bestanden haben oder erst nachträglich vereinbart werden.[49] Erforderlich ist jedoch, dass sich die beim Erwerber geltende Kollektivvereinbarung auf einen identischen Regelungsgegenstand bezieht. Fehlt beim Erwerber eine entsprechende Rege-

---

49 BAG, NZA 1986, 687.

lung der in Frage stehenden Materie vollständig, so kann darauf eine ablösende Wirkung nicht gestützt werden. Anders ist dies, wenn eine Regelung besteht und lediglich einzelne Rechte und Pflichten nicht vorgesehen sind. In diesem Fall wird der gesamte Regelungskomplex durch die beim Erwerber geltende Regelung abgelöst. Dies ist relativ unproblematisch im Fall von Betriebsvereinbarungen, da diese automatisch alle im Betrieb beschäftigten Arbeitnehmer erfassen.

Anders ist dies im Fall von tarifvertraglichen Rechten und Pflichten. Hier kommt es nach bislang herrschender Auffassung nur dann zu einer Ablösung, wenn auch eine beiderseitige Tarifbindung an den neuen Tarifvertrag vorliegt. Dies setzt voraus, dass der Tarifvertrag des Erwerbers mit derselben Gewerkschaft abgeschlossen wurde, in der die Arbeitnehmer organisiert sind. Ist dies nicht der Fall, so kann das transformierte Tarifsystem neben dem Erwerbertarifsystem bestehen. Wird der erworbene Betrieb in einen anderen Betrieb eingegliedert, so kann jedoch eine Ablösung des transformierten Tarifsystems nach dem Prinzip der Tarifeinheit erfolgen.[50] Dies ist nicht unumstritten. Nach zutreffender Auffassung stellt § 613 I Satz 2-4 BGB jedoch keine abschließende Sonderregelung dar, die den Rückgriff auf dieses ansonsten weitgehend anerkannte Rechtsinstitut verbietet. Denn der Regelung in § 613a I Satz 2-4 BGB ist gerade der allgemeine Rechtsgedanke zu entnehmen, eine Vereinheitlichung der kollektiven Arbeitsbedingungen auf der Grundlage der bei dem Erwerber geltenden Regelungen zu fördern.

Probleme im Fall der Tarifablösung bereiten auch arbeitsvertragliche Verweisungsklauseln, die auf einen beim Veräußerer geltenden Tarifvertrag Bezug nehmen. Da im Verhältnis von Arbeitsvertrag und Tarifvertrag gemäß § 4 Abs. 3 TVG das Günstigkeitsprinzip gilt, könnten sich die übertragenen Arbeitnehmer auf den Standpunkt stellen, die arbeitsvertragliche Verweisung auf den alten Tarifvertrag ginge dem neuen Erwerbertarifvertrag infolge dieses Günstigkeitsprinzips vor. Solche Verweisungsklauseln sind allerdings in aller Regel dahingehend auszulegen, dass sie auf den jeweils bei dem Arbeitgeber geltenden Tarifvertrag verweisen. Lediglich dann, wenn mit der Verweisungsklausel eindeutig eine Besitzstandswahrung auf dem alten Tarifniveau beabsichtigt war und nicht etwa – wie üblich – eine Gleichbehandlung aller Arbeitnehmer auf dem jeweils geltenden betrieblichen Tarifniveau, kann einer solche Klausel besitzstandswahrende Wirkung zukommen.[51]

cc) Gesamtschuldnerische Haftung

Neben der Regelung des Übergangs der Rechte und Pflichten enthält § 613a BGB in Absatz 2 eine Regelung, wonach der bisherige Arbeitgeber neben dem neuen Inhaber für Verpflichtungen, soweit sie vor dem Zeitpunkt der Übertragung entstanden sind und vor Ablauf von einem Jahr nach diesem Zeitpunkt fällig werden, als Gesamtschuldner haftet.

50 Vgl. hierzu BAG 20.3.1991 AP Nr. 20 zu § 4 TVG Tarifkonkurrenz.
51 BAG 1.4.1987 AP Nr. 64 zu § 613a BGB.

Soweit die Verbindlichkeiten nach dem Zeitpunkt des Übergangs fällig werden, gilt die Haftung des bisherigen Arbeitgebers jedoch nur pro rata temporis, d.h in dem Umfang, der dem im Zeitpunkt des Übergangs abgelaufenen Teil des Bemessungszeitraumes entspricht.

Gemäß § 613a III BGB tritt keine gesamtschuldnerische Haftung nach § 613a II BGB ein, wenn eine juristische Person durch Umwandlung erlischt. Dies ist eine Selbstverständlichkeit.

Nicht abschließend geklärt ist die Frage, in welchem Verhältnis die Haftung gemäß § 613a II BGB zu der umwandlungsrechtlichen Haftung nach § 133 UmwG steht. Überwiegend wird ein Nebeneinander der beiden Vorschriften angenommen. Es spricht allerdings einiges dafür, die Regelung des § 613a II BGB als die speziellere Vorschrift anzusehen, soweit es sich um die Haftung für Verbindlichkeiten aus den übertragenen Arbeitsverhältnissen handelt. Denn die Arbeitsverhältnisse können nicht gemäß § 126 Abs. 1 UmwG isoliert übertragen werden. Folglich besteht auch keine Veranlassung, sie den speziellen Haftungsregeln des § 133 UmwG zu unterwerfen, die zum Zwecke des Gläubigerschutzes als Gegengewicht zu der freien Übertragbarkeit der Vermögensgegenstände geschaffen worden sind.

dd) Der besondere Kündigungsschutz

§ 613a IV BGB sieht einen besonderen Kündigungsschutz für den Fall des Betriebsübergangs vor. Danach ist die Kündigung des Arbeitsverhältnisses eines Arbeitnehmers durch den bisherigen Arbeitgeber oder den neuen Inhaber wegen des Übergangs des Betriebes oder eines Betriebsteils unwirksam. Die Ausschlussfrist des § 4 KSchG von 3 Wochen gilt nicht, da es sich um einen eigenständigen Kündigungsschutz handelt.[52]

Das Recht zur Kündigung des Arbeitsverhältnisses aus anderen Gründen bleibt von § 613a IV BGB unberührt. Damit ist nicht jede betriebsbedingte Kündigung im Sinne des § 1 III KSchG ausgeschlossen. Unwirksam ist lediglich eine Kündigung, die aufgrund des Betriebsübergangs ausgesprochen wird.[53] Weiterhin möglich ist somit der Ausspruch betriebsbedingter Kündigungen die auf einer eigenständigen Restrukturierungsentscheidung des Erwerbers oder Veräußerers beruhen. Dies ist auch dann der Fall, wenn die Restrukturierung lediglich deshalb erforderlich ist, weil infolge des Betriebsübergangs Arbeitsplatzüberhänge entstanden sind oder Synergien genutzt werden sollen.

ee) Die Betriebs-Stillegung

Die Annahme eines Betriebsübergangs und einer Stillegung schließen sich gegenseitig aus. Die Stillegung erfordert aber den ernsthaften und endgültigen Entschluss,

52 BAG, BB 1988, 2142.

53 BAG, AP Nr. 34 zu § 613a BGB; BAG, ZIP 1996, 2028.

die Betriebs- und Produktionsgemeinschaft für einen wirtschaftlich nicht unerheblichen Zeitraum einzustellen. Wird der Betrieb alsbald wiedereröffnet, so spricht eine tasächliche Vermutung gegen eine Stillegungsabsicht.[54] In diesem Fall ist eine Umgehung des § 613a BGB anzunehmen.

Im Fall einer nicht unerheblichen räumlichen Verlagerung des Betriebs soll eine Stillegung (und kein Betriebsübergang) dann anzunehmen sein, wenn die alte Betriebsgemeinschaft tatsächlich und rechtsbeständig aufgelöst wird und der Betrieb an dem neuen Ort mit einer im wesentlichen neuen Belegschaft fortgeführt wird.[55] Dies wird sich oftmals jedoch erst nachträglich herausstellen, wenn klar ist, wieviele Arbeitnehmer an den neuen Standort folgen. Dogmatisch überzeugend ist diese Auffassung nur in den Fällen, in denen der Übernahme der Belegschaft ein entscheidendes Gewicht für die Annahme eines Betriebsübergangs zukommt. In allen anderen Fällen wird es richtigerweise darauf ankommen müssen, ob die wirtschaftliche Einheit an dem neuen Standort im wesentlichen unverändert fortgeführt wird.[56] In der Praxis ist allerdings bereits ab einer Entfernung zwischen den Standorten von mehr 100 km eine deutliche Tendenz der Arbeitnehmer festzustellen, nicht an den neuen Standort zu wechseln, sodass sich das Problem in der Regel dadurch erledigt, dass die Arbeitnehmer das Angebot eines Arbeitsplatzes an dem neuen Standort ablehnen.

ff) Die Betriebs-Änderung

Die Übertragung eines Betriebes gemäß § 613a BGB stellt als solche keine Betriebsänderung im Sinne des Betriebsverfassungsgesetzes dar. Die Übertragung ist somit nicht interessenausgleichs- und sozialplanpflichtig gemäß § 111 BetrVG.

Allerdings kann mit dem Betriebsübergang eine weitere Maßnahme verbunden sein, die sich ihrerseits als Betriebsänderung darstellt. Dies ist zum Beispiel dann der Fall, wenn der Betrieb im unmittelbaren Zusammenhang mit der Übertragung restrukturiert oder verlagert werden soll. Auch in diesem Fall bezieht sich die Mitbestimmung des Betriebsrats jedoch allein auf die Restrukturierung bzw. Verlagerung und nicht auf den Übertragungsvorgang. Dies ist insoweit von Bedeutung, als – wie unter C.IX. näher ausgeführt – die interessenausgleichspflichtigen Maßnahmen erst dann umgesetzt werden dürfen, wenn das Interessenausgleichsverfahren ordnungsgemäß abgeschlossen worden ist.

Die Übertragung eines Betriebsteils ist in aller Regel interessenausgleichpflichtig, da es sich um eine Betriebsspaltung im Sinne des § 111 Nr. 3 BetrVG handelt. Eine Ausnahme gilt nur dann, wenn der Veräußerer und der Erwerber den Betrieb auch nach der Veräußerung des Betriebsteils als Gemeinschaftsbetrieb unter einer einheitlichen Leitung führen. In diesem Fall hat die Veräußerung keine Auswirkungen auf die betrieblichen Strukturen. Wird der Gemeinschaftsbetrieb allerdings später aufge-

---

54 BAG 12. 2.1987 AP Nr. 67 zu § 613a BGB.
55 BAG 12. 2.1987 AP Nr. 67 zu § 613a BGB.
56 So auch Preis, in: Erfurter Kommentar § 613a BGB Rdnr. 30.

löst, so unterliegt dieser Vorgang als Spaltung des Gemeinschaftsbetriebs der Mitbestimmung. Dies kann insbesondere in den Fällen vorkommen, in denen die Veräußerung lediglich infolge konzerninterner Restrukturierungen erfolgt.

gg) Informationspflichten nach dem Umwandlungsgesetz

Erfolgt die Veräußerung eines Betriebes oder Betriebsteils im Rahmen einer Verschmelzung, Spaltung oder Vermögensübertragung nach Maßgabe des Umwandlungsgesetzes, so sind die Vorschriften der §§ 5 III, 126 III UmwG zu beachten.

Danach muss der Umwandlungsvertrag oder -plan spätestens einen Monat vor dem Tag der Versammlung der Anteilsinhaber jedes beteiligten Rechtsträgers, die über die Zustimmung zum Umwandlungsvertrag bzw. -plan beschließen soll, dem zuständigen Betriebsrat dieses Rechtsträgers zugeleitet werden. In dem Umwandlungsvertrag müssen die Folgen der Umwandlung für die Arbeitnehmer und ihre Vertretungen bezeichnet werden. Die rechtzeitige Erfüllung dieser Pflichten muss gegenüber dem Registergericht nachgewiesen werden. Kann dieser Nachweis nicht erbracht werden, so besteht ein Eintragungshindernis. Bislang ist ungeklärt, ob auch die zukünftig ins Auge gefassten Restrukturierungen in den Vertrag aufgenommen werden müssen oder nur die unmittelbaren Folgen der Umwandlung. Letzteres wird wohl zutreffend sein, da die Unterrichtungspflichten nach dem Betriebsverfassungsgesetz den Arbeitnehmern bereits einen angemessenen Schutz bieten.

Daneben enthält das Umwandlungsgesetz in den §§ 321 bis 325 einige Spezialvorschriften betreffend die Fortgeltung des Kündigungsschutzes, die Bildung von Gemeinschaftsbetrieben, die Zuordnung von Arbeitnehmer, den Fortbestand der Mitbestimmung sowie eine Regelung betreffend ein Übergangsmandat des Betriebsrates.

e) Das Gewährleistungs- und Haftungssystem

Fusionseuphorie, vorschnelles Handeln, Unachtsamkeit und unzureichende Regelungen im Transaktionsvertrag können erfolgreich erscheinende Transaktionen rasch zu einem Alptraum werden lassen. Von der Öffentlichkeit und den Medien weitgehend unbemerkt, führen die früheren Vertags*partner* dann unter Umständen langjährige und kostspielige *parteiliche* Auseinandersetzungen vor den ordentlichen Gerichten oder nationalen und internationalen Schiedsgerichten. Im Vordergrund dieser Auseinandersetzungen stehen Fragen der Nichterfüllung einzelner Leistungspflichten, der Schlechtleistung oder der verspäteten Leistung eines Vertragspartners. Recht häufig streiten sich die Vertragspartner auch darüber, dass falsche Angaben über wesentliche Eigenschaften des Unternehmens gemacht oder notwendige Aufklärungen oder Hinweise nicht gegeben worden sind, wie z.B. Angaben über die Umsatz- und Ertragslage des Zielunternehmens. In solchen Fällen haftet unter Umständen nicht nur der Verkäufer, sondern es haften gegebenenfalls auch die Geschäftsführer des verkaufenden Unternehmens und möglicherweise sogar die Geschäftsführer des verkauften Zielunternehmen persönlich, wenn sie ihre Informationspflichten in vorwerfbarer Weise verletzt haben.

aa) Allgemeines zum Gewährleistungs- und Haftungsrecht

Die Regelungen des Gewährleistungs- und Haftungsrechts gehören zu den schwierigsten und umstrittensten Rechtsfragen im Zusammenhang mit Unternehmenszusammenschlüssen und Unternehmensübernahmen.

Schon während der Vertragsverhandlungen und bei der Abfassung des Transaktionsvertrages müssen die Vertragspartner erwägen, ob das gesetzliche Gewährleistungs- und Haftungsrecht ihnen ausreichende Regelungsmechanismen bietet oder ob sie zusätzliche Vereinbarungen treffen müssen, um in Streitfällen einen angemessenen Ausgleich ihrer gegenläufigen Interessen zu erreichen. Vor allem haben sie dabei zu beachten, dass das gesetzliche Gewährleistungsrecht grundsätzlich zwischen dem Sach- und dem Rechtskauf unterscheidet. Während der Verkäufer bei einem Sachkauf für den wirtschaftlichen Wert des Kaufgegenstandes einzustehen hat, haftet er beim Rechtskauf regelmäßig nur für den Bestand und nicht auch für den Wert des Rechtes.

Beim Asset Deal, auf den überwiegend die Regelungen der Sachmängel-gewährleistung Anwendung finden, haftet der Verkäufer also auch für den wirtschaftlichen Wert des Unternehmens. Der Kauf eines Unternehmens im Wege eines Asset Deals stellt entsprechend der oben dargestellten Bedeutung des Kaufes eines Unternehmens als Kauf einer Gesamtheit von Sachen und Rechten, tatsächlichen Beziehungen und Erfahrungen sowie unternehmerischen Handlungen allerdings erheblich mehr dar, als den bloßen Kauf einzelner Wirtschaftsgüter. Der Unternehmenskauf beinhaltet aber jedenfalls im analogen Sinne einen Sachkauf gemäß § 433 I Satz 1 BGB. Uneingeschränkt sind die Regeln über die Sachmängelhaftung (§§ 459 ff. BGB) nur dann auf den Unternehmenskauf anzuwenden, wenn ein Sachmangel das gesamte Unternehmen als solches und nicht nur einzelne Wirtschaftsgüter betrifft.[57]

Beim Share Deal hingegen haftet der Verkäufer grundsätzlich gemäß § 437 BGB nur für den Bestand der verkauften Rechte und nicht für ihren wirtschaftlichen Wert. Nur ausnahmsweise wendet die Rechtsprechung auch insoweit die Sachmängelhaftung an, wenn der Share Deal je nach der Höhe der übernommenen Beteiligung – wirtschaftlich betrachtet – auch den Kauf des von der Gesellschaft betriebenen Unternehmens selbst beinhaltet. Der Anteilskauf ist dann als Sachkauf gemäß §§ 433 ff. BGB (analog) zu werten, mit der Folge der Anwendbarkeit der Gewährleistungsbestimmungen der §§ 459 ff. BGB.[58]

Dies ist insbesondere im Hinblick auf die Wandlungsbefugnis des Käufers bei Fehlern des Unternehmens oder fehlenden zugesicherten Eigenschaften von Bedeu-

---

57 Siehe RGZ 63, 57; RGZ 67, 86; RGZ 98, 289; RGZ 129, 280, 283; BGH, NJW 1959, 1584; WM 1970, 819, 820; WM 1988, 1700; ZIP 1991, 321, 322.

58 Siehe dazu BGH, BB 1998, 1171 ff. mit Anm. Gerhard Picot, BB 1998, 1174 f.

tung, da sich die Rückübertragung des Unternehmens insbesondere nach der Integration bzw. Implementierung wegen seiner fortlaufenden Änderungen und Entwicklungen vielfach als nicht interessengemäß darstellt. Die Anwendbarkeit der gesetzlichen Sachmängelhaftung kann nämlich zu Problemen führen, weil die für einen Sachmangel vorgesehenen Haftungsfolgen

- Wandelung des Kaufes durch Rückgabe des Kaufobjektes gegen Rückgabe des gezahlten Kaufpreises
- Minderung des Kaufpreises
- Schadensersatz
- Anfechtung des Kaufvertrages

häufig nicht auf den Unternehmenskauf passen. Als der Gesetzgeber vor etwa 100 Jahren die bürgerlich-rechtlichen Vorschriften über den Kauf formulierte, hatte er nämlich relativ einfache und individuelle Kaufgegenstände vor Augen, und nicht derartig verwobene Sach- und Rechtsgesamtheiten, wie sie moderne Unternehmen darstellen.

Gleichwohl hat die Rechtsprechung die Wandlungsbefugnis des Käufers als Rechtsfolge von Sachmängeln auch bei Unternehmenstransaktionen grundsätzlich zugelassen. Allerdings legt sie, um insbesondere die Wandlungsbefugnis des Käufers in Grenzen zu halten, den Fehler- und Eigenschaftsbegriff des § 459 I und II BGB sehr restriktiv aus und stellt besonders strenge Anforderungen an das Vorliegen (stillschweigender) Zusicherungen (§ 459 II BGB). Auf diese Weise vermeidet die Rechtsprechung zum Beispiel die Wandelung eines Unternehmenskaufvertrages im Falle unrichtiger Angaben über Umsätze, Höhe der Verbindlichkeiten, Erträge und Ertragskraft des Unternehmens. Derartige Angaben, auch wenn sie in Bilanzen niedergelegt sind, beeinträchtigen die Gebrauchstauglichkeit eines Unternehmens nur mittelbar. Sie sind dem Unternehmen nicht unmittelbar als Sacheigenschaft zuzurechnen, sondern rechtfertigen nur mittelbar Schlüsse auf den Wert des Unternehmens. Dies gilt auch für unrichtige Angaben des Verkäufers zur Höhe der bestehenden Verbindlichkeiten, weil diese den Wert des Unternehmens ebenfalls nicht unmittelbar beeinflussen. In diesem Fall scheidet auch eine Haftung für Rechtsmängel aus, weil der Verkäufer seiner Rechtsverschaffungspflicht ungeachtet der höheren Verbindlichkeiten in vollem Umfang nachkommt.

Dogmatisch erweist sich diese Rechtsprechung als fragwürdig, zumal der Bundesgerichtshof einerseits den Weg in das Sachmängel-Gewährleistungsrecht ebnet, dann jedoch die Voraussetzung von Gewährleistungsansprüchen einengt, um schließlich im Wege der Vertrauenshaftung mit Hilfe des Haftungsinstituts des Verschuldens bei Vertragsschluss (»culpa in contrahendo«) im Einzelfall in flexibler Weise zu einem sachgerechten Interessenausgleich zwischen Unternehmenskäufer und -verkäufer zu gelangen. Hieraus ergibt sich in der Praxis eine nicht unerhebliche Rechtsunsicherheit.

Aufgrund des Wunsches des Verkäufers nach einer vertraglichen Begrenzung seiner Garantie- und Gewährleistungshaftung stoßen die gegensätzlichen Interessen bei den Vertragsverhandlungen regelmäßig heftig aufeinander. Ein weitgehender Gewährleistungsausschluss zugunsten des Verkäufers kann für den Käufer dann akzeptabel sein, wenn die Unternehmensverhältnisse hinreichend transparent und geordnet sind. Bei komplizierten und unübersichtlichen Unternehmensverhältnissen benötigt der Käufer dagegen zu seinem Schutz eine möglichst weitgehende vertragliche Garantie- und Gewährleistungshaftung des Verkäufers, die sich letztlich spiegelbildlich an den Ergebnissen der Due Diligence-Prüfung orientiert.

Die Garantievereinbarung kann durch eine Vollständigkeitszusicherung des Verkäufers mit dem Inhalt ergänzt oder abgemildert werden, dass er dem Käufer vor Abschluss des Kaufvertrages sämtliche Geschäftsunterlagen zur sorgfältigen Prüfung im Wege einer ausführlichen, offenen Due-Diligence zur Verfügung gestellt hat und garantiert, dass darüber hinaus keine Geschäftsbeziehungen, wirtschaftlichen Verpflichtungen oder andere wesentliche Umstände bestehen.

Der umfassende Katalog der vertraglichen Garantien, wie er inzwischen auch in Deutschland zum Standard geworden ist, kann allerdings zur Haftung nicht nur des verkaufenden Unternehmens, sondern auch zur persönlichen Haftung der Geschäftsführer des Verkäufers und/oder – bei einem Share Deal – der Geschäftsführer des Zielunternehmens führen.

Es gehört zur gebotenen Sorfalt eines ordentlichen Geschäftsführers, vertragliche Garantien nicht ohne interne Prüfung zu akzeptieren. Verletzt ein Geschäftsführer diese Pflicht und übernimmt er für den Verkäufer vertragliche Garantien »ins Blaue hinein«, ist er seinem Unternehmen für den daraus entstehenden Schaden ersatzpflichtig, d.h. er hat den Verkäufer von den Ansprüchen des Käufers aus der Verletzung dieser Garantien freizustellen. Die Geschäftsführer eines Zielunternehmens werden im Rahmen eines Share Deal von der Verkäuferin regelmäßig mit einer solchen Überprüfung der ausgehandelten Garantien vor Vertragsabschluss beauftragt. Bei unzureichener Prüfung kann dies zu Schadensersatzansprüchen der Verkäuferin gegen das Zielunternehmen führen und die persönliche Haftung der Geschäftsführer begründen. Schließlich kommt eine Haftung der beteiligten Geschäftsführer auch unmittelbar gegenüber dem Käufer in Betracht, wenn sie gegenüber dem Käufer eine besondere Vertrauensstellung innehielten und von dem Unternehmenskauf auch persönlich wirtschaftlich profitieren, wie dies zum Beispiel bei Gewährung eines sog. Stay-Bonus der Fall ist. Eine solche Schadensersatzpflicht der Geschäftsführer ist erst recht bei bewusst falschen Angaben begründet und führt bis hin zu ihrer strafrechtlichen Verantwortlichkeit.

Deshalb ist es den Geschäftsführern des Verkäufers und/oder des Zielunternehmens dringend anzuraten, am besten bereits vor den eigentlichen Vertragsverhandlungen, eingehend zu prüfen, welche vertraglichen Garantien der Verkäufer sinnvoll übernehmen kann. In der Praxis ist es üblich, den jeweiligen Leitern der verschiedenen Unternehmensbereiche hierzu detaillierte Fragenkataloge zu unterbreiten, die dann mit Fortschreiten der Vertragsverhandlungen bis hin zum Vetragsabschluss aktualisiert werden. Auf diese Weise ist auch schriftlich dokumentiert, dass die Geschäftsführer bei den Verhandlungen und dem Abschluss des Unternehmenskaufvertrages sorgfältig gehandelt haben.

bb) Gewährleistungs- und Haftungsrecht beim Kauf einzelner Wirtschaftsgüter (Asset Deal)

Zunächst soll das Gewährleistungs- und Haftungsrecht beim Kauf einzelner Wirtschaftsgüter (Asset Deal) eingehender dargestellt werden.

Vor der Übergabe des Unternehmens an den Käufer und dem damit verbundenen Übergang der Gefahr des zufälligen Unterganges oder der zufälligen Verschlechterung auf den Käufer (§ 446 I BGB) bestimmen sich die Rechte des Käufers nach den allgemeinen Vorschriften insbesondere der §§ 320 ff. BGB. Nur ausnahmsweise, wenn der Verkäufer den Mangel nicht beheben kann oder seine Beseitigung verweigert, werden ihm schon vor Gefahrübergang neben den Rechten aus den allgemeinen Bestimmungen auch Gewährleistungsansprüche zugebilligt.[59]

Erst mit der Übergabe geht beim Kauf beweglicher Sachen die Gefahr des zufälligen Unterganges oder der zufälligen Verschlechterung auf den Käufer über (§ 446 I BGB). Zur Einräumung der Inhaberschaft über das Unternehmen gehört es, dass der Veräußerer sich zurückzieht und dem Erwerber die tatsächliche und rechtliche Möglichkeit einräumt, sich über sämtliche Geschäftsvorgänge zu unterrichten und die Geschicke des Unternehmens in die Hand zu nehmen. Damit erlangt er die Herrschaft über das Unternehmen als den erworbenen Gegenstand im Sinne des § 446 BGB, sodass es gerechtfertigt ist, ihm die Gefahr seines zufälligen Untergangs oder seiner zufälligen Verschlechterung aufzuerlegen. Die Übergabe im Sinne des § 446 BGB hat mit der dinglichen Rechtsänderung nichts zu tun.[60]

Für Fehler, die bei Gefahrübergang vorhanden sind, haftet der Verkäufer nach ständiger Rechtsprechung auch beim Unternehmenskauf grundsätzlich im Rahmen der Gewährleistungsregelung der §§ 459 ff. BGB.[61]

Ein Fehler des Unternehmens im Sinne des § 459 I BGB ist die für den Käufer nachteilige Abweichung der tatsächlichen von der vertraglich vereinbarten Beschaffenheit.[62] Welche Abweichungen beim Unternehmenskauf einen Fehler des Unternehmens darstellen, ist eine Frage des Einzelfalls. In der Rechtsprechung ist allerdings eine restriktive Handhabung des Fehlerbegriffs beim Unternehmenskauf festzustellen. Zwar können auch Fehler einzelner Gegenstände des übertragenen Unternehmens einen Mangel des Unternehmens im Ganzen begründen. Voraussetzung dafür ist allerdings, dass durch den Fehler des einzelnen Gegenstandes die Tauglichkeit

---

59 Siehe dazu BGH, BB 1998, 1171 ff.; a.A: Tiedtke, NJW 1995, 3081 ff.; Soergel/Huber aaO vor § 459 Rdnr. 183-184, 191, 236, 246, 250; Staudinger/Honsell, BGB, 13. Aufl., Vorbem. §§ 459 ff Rdnr. 20, 21, 33, § 459 Rdnr. 65.

60 Vgl. RGZ 93, 330, 331; BGH, WM 1968, 1302 unter III 1; Soergel/Huber aaO, vor § 446 Rdnr. 18; § 446 Rdnr. 17 u. 25; RGRK-BGB/Mezger § 446 Rdnr. 5.

61 Vgl. z.B. RGZ 98, 289, 292; 120, 283, 287; BGH, WM 1969, 67 unter II 3 a; BGH, WM 1970, 819 unter II; BGH, WM 1975, 230 unter I; BGHZ 65, 246, 248 f.; 85, 367, 370; BGH, WM 1984, 936 unter II 1 b cc und WM 1991, 589 unter II 1; Hiddemann ZGR 1982, 435, 440.

62 BGH, NJW 1983, 2242; BGHZ 90, 198, 202.

des Unternehmens als Ganzes nicht mehr gegeben und seine wirtschaftliche Grundlage durch den Mangel erschüttert ist.[63] Ein solcher Mangel kann auch auf einem Rechtsmangel beruhen, der auf das Unternehmen durchschlägt.

Unrichtige Angaben über Umsätze, Höhe der Verbindlichkeiten, Erträge und Ertragskraft des Unternehmens stellen keinen Fehler dar.[64] Dies gilt auch für unrichtige Angaben des Verkäufers zur Höhe der bestehenden Verbindlichkeiten, weil die Verbindlichkeiten den Wert des Unternehmens nicht unmittelbar beeinflussen.[65]

Der Bundesgerichtshofes verlangt für die Anwendung des kaufrechtlichen Gewährleistungsrechts, dass durch den Fehler eines einzelnen »Gegenstandes« das Unternehmen so stark belastet wird, dass der Wert oder die Funktionstauglichkeit des Unternehmens als Ganzes nicht mehr gegeben ist.[66] Deshalb ist das Vorhandensein oder Fehlen bestimmter Charaktereigenschaften eines maßgeblichen Mitarbeiters nicht als Fehler des Unternehmens anzusehen.[67] Schließlich stellt auch die unrichtige Bewertung von Sachen keinen Fehler dar.[68] Wünscht der Unternehmenskäufer insoweit eine Freistellung von bestehenden Risiken, bedarf es klarer Garantievereinbarungen im Sinne des § 305 BGB zu Lasten des Verkäufers.

Eine zusicherungsfähige Eigenschaft des Unternehmens im Sinne des § 459 II BGB ist jedes dem Kaufgegenstand auf gewisse Dauer anhaftende Merkmal, das für den Wert, den vertraglich vorausgesetzten Gebrauch oder aus sonstigen Gründen für den Käufer erheblich ist.[69] Gegenstand einer Zusicherung können auch Angaben des Verkäufers über die Ertragsfähigkeit eines Unternehmens sein.[70] Demgegenüber werden Umsatz- und Ertragsangaben von der Rechtsprechung grundsätzlich nicht als zusicherungsfähige Eigenschaften eines Unternehmens betrachtet. Die Ertragsfähigkeit eines Unternehmens kann dagegen bei einer »Ertragsvorschau« durchaus eine zusicherungsfähige Eigenschaft des Unternehmens darstellen.[71] Sichert der Verkäufer dem Käufer zu, die Gesellschaft habe keine Verbindlichkeiten, und unterlässt er es in der Folgezeit vertragswidrig, die Gesellschaft von dennoch am Kauftag und beim Closing bestehenden Altschulden freizustellen, sodass die Gesellschaft zahlen muss, dann hat er dem Käufer in dieser Höhe Schadensersatz zu leisten.[72] Eine zusicherungsfähige Eigenschaft eines Geschäftsanteils nach § 459 II BGB kann beim Unternehmenskauf auch der Bestand des Grundeigentums einer Kapitalgesellschaft bei

63 BGH, WM 1970, 819, 821; NJW 1970, 556; WM 1978, 59, 60.
64 BGH, WM 1970, 132, 133; 1974, 51; NJW 1987, 1141; NJW-RR 1989, 306, 307.
65 BGH, WM 1980, 1006; OLG Hamm, GmbHR 1994, 48.
66 BGH, NJW 1995, 1547; a.A. OLG Hamm, (GmbHR 1994, 48).
67 BGH, NJW 1991, 1223, 1224.
68 BGH, WM 1979, 944.
69 BGHZ 87, 302, 307; 88, 130, 134.
70 BGH, NJW 1995, 1547.
71 BGH, NJW 1977, 1536 u. 1538; 1979, 33; DB 1990, 1911; NJW-RR 1989, 307; OLG Düsseldorf, NJW-RR 1993, 377.
72 OLG Koblenz, GmbHR 1992, 49 ff.

dessen wirtschaftlicher Relevanz für das gesamte Unternehmen sein.[73] Gleiches gilt für den Ruf eines Betriebes.[74] Eine zusicherungsfähige Eigenschaft muss sich deshalb zwar auf die Kaufsache beziehen, braucht ihr aber nicht unmittelbar immanent zu sein und auch nicht von ihr auszugehen.

Insgesamt schränkt die Rechtsprechung durch die restriktive Auslegung des Fehler- und Eigenschaftsbegriffs und durch die besonders strengen Anforderungen an das Vorliegen einer so genannten (stillschweigenden) Zusicherung den Anwendungsbereich des Gewährleistungsrechtes beim Unternehmenskauf erheblich ein und eröffnet damit den Rückgriff auf das Rechtsinstitut der Haftung aus Verschulden bei Vertragsschluss (culpa in contrahendo / c.i.c.). Diese Rechtsprechung ist sicherlich nicht unbedenklich, zumal sie zum Beispiel den Anspruch des Käufers im Falle von Äquivalenzstörungen vom Verschulden des Verkäufers abhängig macht und die Ansprüche des Käufers nicht auf den Ersatz des Erfüllungsinteresses, sondern auf den Ersatz des Vertrauensschadens lenkt, und auch die 30-jährige Verjährungsfrist mit der grundsätzlich 6-monatigen Verjährung der Gewährleistungsansprüche gemäß § 477 BGB nicht in Einklang zu bringen ist. Für die Rechtsprechung spricht allerdings, dass das Rechtsinstitut der culpa in contrahendo (c.i.c.) eine flexiblere Erfassung und Bewältigung der Leistungsstörungen bei dem komplexen Phänomen des Unternehmenskaufs ermöglicht, als das verschuldensunabhängige Gewährleistungsrecht mit seinen eingeschränkten Schadensersatzmöglichkeiten. Denn es vermeidet die sonst vielfach drohende Rückabwicklung des Unternehmenskaufes (Wandelung) und eröffnet dem Käufer die Möglichkeit, Schadensersatzansprüche gegen den Verkäufer geltend zu machen.

Die Regeln über die Haftung aus Verschulden bei Vertragsschluss (c.i.c.) wegen fahrlässigen oder vorsätzlichen Verhaltens des Verkäufers kommen nach ständiger höchstrichterlicher Rechtsprechung nur dann zur Anwendung, wenn die Spezialregeln der kaufrechtlichen Gewährleistung nicht einschlägig sind[75]; im Falle vorsätzlichen Verhaltens konkurrieren die Ansprüche aus Gewährleistung und culpa in contrahendo. Diese Regeln gelten auch für den Unternehmenskauf. Das Rechtsinstitut der c.i.c. ist deshalb auf den Unternehmenskauf auch dann anwendbar, wenn fehlerhafte Angaben des Verkäufers zum Unternehmen nicht als Fehler im Sinne des § 459 I BGB oder als Zusicherung einer Eigenschaft im Sinne des § 459 II BGB gewertet werden können.[76] Ferner greifen die Regeln der c.i.c. dann ein, wenn zwar einzelne Gegenstände des veräußerten Unternehmens rechts- oder sachmängelbehaftet sind, ein Mangel des Unternehmens als ganzes jedoch nicht vorliegt, weil dessen wirtschaftliche Grundlage nicht erschüttert ist. Das letztlich aus dem Grundsatz von Treu und Glauben (§ 242 BGB) hergeleitete Rechtsinstitut der c.i.c. erweist sich den gesetzlichen Regelungen der Sachmängelhaftung sowohl hinsichtlich des Tatbe-

73 Siehe OLG Dresden, DB 1995, 525.
74 BGH, NJW 1992, 2564, 2565.
75 BGHZ 60, 319, 320 ff.; WM 1988, 124, 125; 1990, 1344.
76 BGH, NJW 1980, 2408; WM 1990, 1344.

standsmerkmals der Pflichtverletzung als auch hinsichtlich der noch darzustellenden flexibleren Rechtsfolgen als überlegen.

Wie bei anderen Vertragsverhandlungen ist jeder Verhandlungspartner auch beim Unternehmenskauf grundsätzlich bis zum endgültigen Vertragsabschluss berechtigt, ohne jegliche Rechtsfolgen vom Vertragsschluss Abstand zu nehmen.[77] Ein Verschulden bei Vertragsverhandlungen kommt allerdings in zweierlei Hinsicht in Betracht[78]: Einerseits kann ein Verstoß gegen vorvertragliche Sorgfaltspflichten darin bestehen, dass ein Vertragspartner bei dem anderen schuldhaft ein besonderes Vertrauen in den späteren Vertragsabschluss weckt oder diesen ausdrücklich oder konkludent als sicher darstellt, obwohl die Absicht zum Vertragsabschluss nicht oder nicht ausreichend sicher vorhanden ist.[79] Ferner kann aber auch ein schuldlos verursachtes Vertrauen durch ein vorwerfbares Verhalten enttäuscht werden.[80] Pflichtverletzungen liegen aber auch entweder bei vorsätzlichen bzw. fahrlässigen Falschangaben oder beim Unterbleiben gebotener Aufklärungen vor.[81]

Ist der Haftungstatbestand der c.i.c. erfüllt, so ist die haftende Partei der anderen zum Ersatz des Vertrauensschadens verpflichtet, d.h. sie hat den Vertragspartner so zu stellen, wie dieser ohne das haftungsbegründende Verhalten stehen würde.[82] Zur Durchsetzung seines Schadensersatzanspruches trägt der Käufer die Darlegungs- und Beweispflicht für den hypothetischen Kaufpreis, das heißt für seine Behauptung, der Verkäufer hätte die Kaufsache auch zu einem niedrigeren Preis veräußert. Aus diesem Grunde kann dem Käufer auch im Falle des arglistigen Vortäuschens einer Eigenschaft nicht die Beweislast dafür auferlegt werden, dass ihm ohne diese Vorspiegelung ein günstigerer Kaufpreis eingeräumt worden wäre. (Im Gegensatz zu dieser Rechtsprechung des 1. Senates des BGH[83], der das Erreichen eines günstigeren Kaufpreises als Kausalitätsproblem mit der Folge erheblicher Beweisschwierigkeiten für den Käufer ansieht, will der 8. Senat[84] den am Vertrag festhaltenden Käufer so behandeln, als wäre es ihm bei Kenntnis des wahren Sachverhaltes gelungen, den Kaufvertrag zu einem günstigeren Kaufpreis abzuschließen, und versucht, unter dem Gesichtspunkt der Schadensberechnung zu billigen Ergebnissen zu gelangen.) Die konkrete Bestimmung des zu gewährenden Schadensersatzes erfolgt in der Regel

77 Bei internationalen Transaktionen werden zunehmend Zahlungsversprechen sog. »Break-Fees« für den Fall vereinbart, dass sich eine Partei ohne die Zustimmung der anderen aus der Transaktion zurückzieht oder dass die Transaktion aus Gründen, die nur eine Partei zu vertreten hat, nicht durchgeführt werden kann. Siehe dazu Sieger/Hasselbach, BB 2000, S. 625 ff.

78 BGHZ 71, 386 ff.; BGHZ 92, 164, 175 ff.; BGH, WM 1989, 685, 687.

79 Vgl. dazu BGH, NJW 1967, 2199; OLG Köln, MDR 1975, 51.

80 Vgl. BGH, NJW 1980, 1694, BGH, WM 1989, 685, 687; BGH, DtZ 1996 113 f.

81 BGH, NJW-RR 1996, 429.

82 Vgl. BGH, NJW 1970, 653; BGH, NJW 1977, 1536, 1537; NJW 1980, 2408, 2409; 1989, 1793; NJW-RR 1989, 300.

83 Vgl. BGH, NJW 1977, 1538 f.

84 BGHZ, 69, 53 (57); BGH, ZIP 1980, 549, 550.

aufgrund einer vom Gericht gemäß § 287 ZPO vorzunehmenden Schätzung des Betrages, um den der Käufer das Unternehmen zu teuer erworben hat.[85]

Im Rahmen der Haftung aus c.i.c. ist es im Interesse einer sachgerechten Streitentscheidung möglich, ein etwaiges Mitverschulden des Käufers gemäß § 254 BGB zu berücksichtigen. In diesem Zusammenhang kann insbesondere auch eine mangelnde oder unsorgfältige Überprüfung eines Unternehmens zum Beispiel im Rahmen einer Due Diligence Prüfung an Bedeutung gewinnen.

Kommen weder die kaufrechtlichen Gewährleistungsvorschriften noch die Grundsätze der c.i.c. zur Anwendung, kann der Kaufvertrag bei einem Wegfall der Geschäftsgrundlage gemäß § 242 BGB anzupassen sein. Ein wichtiger Anwendungsfall des Rechtsinstitutes des Wegfalls der Geschäftsgrundlage ist der durch unverschuldete Falschangaben des Verkäufers zur Ertragskraft eines Unternehmens herbeigeführte beiderseitige Motiv- bzw. Kalkulationsirrtum und die dadurch entstandene gravierende Störung des Leistungsgleichgewichtes. In diesen Fällen kann primär eine Vertragsanpassung und – nur im Falle des Scheiterns der Vertragsanpassung – eine Vertragsaufhebung zur Beseitigung des Leistungsungleichgewichtes geboten sein.[86]

Die restriktive Anwendung des Gewährleistungsrechts zugunsten der c.i.c. wirkt sich – wie bereits ausgeführt – insbesondere auch im Bereich der Verjährung aus. Aufgrund der Komplexität eines Unternehmens als Kaufgegenstand wird der Käufer Fehler häufig erst nach einer gewissen Zeit feststellen können. Die Rechtsprechung wendet gleichwohl auch auf den Unternehmenskauf die für bewegliche Sachen ab dem Zeitpunkt der Ablieferung geltende 6-monatige Verjährungsfrist des § 477 BGB an, sofern nicht der Verkäufer den Mangel arglistig verschwiegen hat. Dabei nimmt die Rechtsprechung bewusst in Kauf, dass die Verjährungsfrist bereits vor der erstmaligen Erkennbarkeit des Mangels abgelaufen sein kann.[87] Demgegenüber unterliegen die Ansprüche des Unternehmenskäufers auf Schadensersatz wegen c.i.c. grundsätzlich nicht der kurzen Verjährung gemäß § 477 BGB, sondern der Verjährung gemäß § 195 BGB in 30 Jahren.[88] Nur ausnahmsweise gilt die kurze Verjährungsfrist auch für Ansprüche des Unternehmenskäufers aus c.i.c., soweit sie ihre Grundlage in Sachmängeln haben.[89] Im Transaktionsvertrag sollten daher angemessen längere Verjährungsfristen vereinbart werden.

85 BGH, NJW 1980, 2408; BGHZ 69, 53, 56 ff.
86 BGH, WiB 1995, 425.
87 Vgl. BGH, DB 1997, 2071 f.
88 BGH, WM 1974, 51, 52.
89 BGHZ, 47, 312, 319, 88, 130, 137.

cc) Gewährleistungs- und Haftungsrecht beim Kauf eines Anteils an einem Unternehmen (Share Deal)

Der Kauf eines Anteils an einem Unternehmen (Share Deal) stellt – wie bereits ausgeführt – einen Rechtskauf im Sinne des § 433 I S. 2 BGB dar und keinen Sachkauf (Unternehmenskauf).

Gemäß § 437 BGB haftet der Verkäufer deshalb nur für den rechtlichen Bestand des verkauften Rechtes, nicht dagegen für den wirtschaftlichen Wert bzw. die Beschaffenheit der von dem Recht repräsentierten Unternehmenswerte. Dem Anteilserwerber steht grundsätzlich kein unmittelbares Recht an dem von der Gesellschaft betriebenen Unternehmen zu. Dem einzelnen Mitgliedschaftsrecht haften Mängel des Unternehmens nicht an.[90] Der Anteilserwerber kann daher jedenfalls über die gesetzlichen Gewährleistungsregeln für das Mitgliedschaftsrecht keinen Ausgleich für die in das Unternehmen selbst gesetzten und enttäuschten Erwartungen verlangen, sondern benötigt insoweit konkrete Garantieversprechen des Verkäufers.

Allerdings sind die Gewährleistungsregeln der §§ 459 ff. BGB nach ständiger Rechtsprechung auf den Erwerb und den Übergang eines Unternehmens im Wege des Verkaufs und der Abtretung (nahezu) sämtlicher Geschäftsanteile bzw. sämtlicher Beteiligungsrechte an einer Gesellschaft jedenfalls dann anzuwenden, wenn das gesamte von der Gesellschaft betriebene Unternehmen betroffen ist und das Geschäft den Charakter eines Sachkaufes annimmt.[91]

Dies ist insbesondere auch dann der Fall sein, wenn der Erwerber durch den Kauf der Beteiligungsrechte eine beherrschende Stellung erlangt und die verbleibende Beteiligung des Veräußerers oder Dritter an dem Unternehmen so gering ist, dass sie die unternehmerische Leitungsmacht des Erwerbers nicht entscheidend zu beeinträchtigen vermag.[92] Die insoweit maßgebliche (beherrschende) Beteiligungsquote wurde von Fall zu Fall unterschiedlich festgelegt. Die Spanne reichte von 50%[93] über 75%[94] bis 90% oder 95%.[95] Eindeutiger wird die Grenzziehung erst dann, wenn der Käufer alle Anteile bis auf einen unbedeutenden Rest von 0,4% bzw. weniger erhält.[96]

Die Tatsache, dass in diesem Falle Rechtsträger aller Vermögensbestandteile nicht der veräußernde Alleingesellschafter in Person, sondern die juristische Person (z.B.

---

90 BGHZ, 65, 246, 250.
91 Siehe dazu BGH, BB 1998, 1171 ff.; Picot, BB 1998, 1174 f. Vgl. für die Ablieferung i.S. von § 477 BGB RGZ 98, 289, 293; Hiddemann, aaO, S. 449; Soergel/Huber, BGB, 12. Aufl., § 459 Rdnr. 242 Fn. 9.
92 BGH, NJW 1969, 148; BGH, WM 1975, 230; BGH, WM 1970, 819 f. Vgl. auch OLG Hamburg, WM 1994, 1378.
93 BGH, WM 1980, 284 f.
94 BGH, NJW 1980, 2408 f.
95 BGH, NJW 1976, 236, f.; BGH, NJW 1977, 1536 f.
96 BGH, WM 1970, 819, 821.

die GmbH), bietet gewisse äußere Schwierigkeiten nur dann, wenn die GmbH einen Fremdgeschäftsführer hat; sie lassen sich aber auch in diesen Fällen dadurch lösen, dass der Alleingesellschafter als Verkäufer den Geschäftsführer – gegebenenfalls über eine Gesellschafterversammlung – anweist, das bewegliche Firmenvermögen an den Käufer zu übergeben.[97]

Bestehen beim Share Deal Zweifel, ob nach der wirtschaftlichen Betrachtung auch das von der Gesellschaft betriebene Unternehmen selbst gekauft wird, so empfiehlt es sich in jedem Fall, durch eine klare Vereinbarung das Gewährleistungs-und Haftungssystem festzulegen. Dies lässt sich am besten dadurch erreichen, dass die Vertragspartner die Grundlagen und Folgen der Mängelhaftung detailliert im Unternehmenskaufvertrag regeln. Dabei werden Abgrenzungsschwierigkeiten weitgehend ausgeschaltet, wenn die als wesentlich angesehenen Eigenschaften des Unternehmens nicht nur im Sinne von § 459 II BGB zugesichert, sondern auch gemäß § 305 BGB selbstständig garantiert werden und ferner festgelegt wird, in welchen Fällen und in welchem Umfang der Verkäufer auch für den Wert des Unternehmens einzustehen hat.

dd) Die Vereinbarung selbstständiger Garantieversprechen (§ 305 BGB)

Die zuvor dargestellten Probleme des Gewährleistungs- und Haftungsrechts beim Unternehmenskauf lassen sich durch die Vereinbarung selbstständiger Garantieversprechen (§ 305 BGB) vermeiden. Die Annahme eines selbstständigen Garantieversprechens setzt voraus, dass der Verkäufer über die gesetzliche Gewährleistung hinaus für das Vorhandensein bzw. Fehlen bestimmter Umstände verschuldensunabhängig einstehen und den Käufer im Falle der Risikoverwirklichung schadlos halten will. Ob eine Erklärung in einem Unternehmenskaufvertrag ein Garantieversprechen enthält, ist durch Auslegung zu ermitteln. Da selbst Formulierungen wie »versichern« oder »garantieren«, auch in einer notariellen Urkunde, nicht notwendig auf eine selbstständige Garantie hindeuten[98], empfiehlt es sich, entsprechende Erklärungen oder Angaben im Vertrag ausdrücklich als »Garantieversprechen« oder »Garantievertrag« zu kennzeichnen und getrennt von den einfachen Gewährleistungen in den Vertragstext aufzunehmen.[99]

Im Gegensatz zu der gewährleistungsrechtlichen Zusicherung kann sich ein Garantieversprechen nicht nur auf Eigenschaften im Sinne der Sachmängelhaftung beziehen, die im Zeitpunkt des Vertragsschlusses vorliegen, sondern auf alle gegenwärtigen oder zukünftigen Umstände.[100] Darüber hinaus kann es sich auch auf fehlende oder falsche Angaben beziehen, die nicht vom Begriff des Fehlers im Sinne des § 459 I BGB und der zugesicherten Eigenschaft im Sinne des § 459 II BGB er-

97 Vgl. insoweit RGZ 120, 283, 287 Mitte; Soergel/Huber, aaO, § 459 Rdnr. 289.
98 BGH, NJW 1960, 1567; OLG München, NJW 1967, 1326.
99 BGHZ 65, 246; 69, 53.
100 BGH, NJW 1977, 1536, 1538.

fasst werden.[101] Auf diese Weise können etwaige Rechtsunsicherheiten beseitigt werden, da sich zum Beispiel bloße Zusicherungen beim Share Deal nur auf die Eigenschaften des Unternehmens bzw. der Beteiligung als Kaufgegenstand beziehen, nicht dagegen auf einzelne Eigenschaften der vom Share Deal letztlich miterfassten Vermögenswerte (Assets).

Die Arten möglicher Garantieversprechen sind vielfältig. Im wesentlichen ist der sich jeweils nach der Interessenlage der Vertragspartner ergebende Garantienkatalog ein Spiegelbild der Due Diligence – Checkliste (siehe A.III.6. und B.V.) und bedarf daher hier keiner konkreten Aufzählung. In der Regel werden die Vertragsparteien nur solche Garantien vereinbaren, die für eine angemessene Risikoverteilung wesentlich und erforderlich sind. Nachfolgend seien insoweit einige Beispiele genannt:

Bei einer Erfolgsgarantie steht der Verkäufer für den Eintritt eines bestimmten wirtschaftlichen Erfolges ein. Durch eine Unsicherheitsgarantie sichert er zu, dass ein genau beschriebenes Risiko sich nicht nachteilig für der Käufer auswirkt. Ein Unterfall der Unsicherheitsgarantie ist die Bilanzgarantie, die sich auf die Richtigkeit der bilanziellen Angaben bezieht. In aller Regel wird hierdurch nur die Einhaltung der Grundsätze ordnungsmäßiger Buchführung (GoB) zugesagt. Darüber hinaus sollte sich die Garantie aber auch auf die Ausübung von Bilanzierungs- und Bewertungswahlrechten erstreken. Anstelle oder zusätzlich zur Bilanzgarantie können die Vertragsparteien ferner eine Eigenkapitalgarantie in den Vertrag aufnehmen. Hierdurch verspricht der Verkäufer das Vorhandensein eines bestimmten Eigenkapitals in bestimmter Höhe zu einem bestimmten Zeitpunkt. Die Höhe des Eigenkapitals wird durch eine Abrechnungsbilanz ausgewiesen. Sie vermag allerdings nur gegen Wertbeeinträchtigungen abzusichern. Das über das reine Wertinteresse hinausgehende Tauglichkeitsinteresse ist daher gegebenenfalls durch eine spezielle Bestandsgarantie zu schützen. Bestandsgarantien können sich ferner auf Art und Lage von Grundstücken, betriebliche Anlagen, Beteiligungen an und Beziehungen zu Unternehmen sowie auf Vorräte und Personalbestand beziehen.

Wird bei Abschluss des Unternehmenskaufvertrages ein künftiger, erst nach dem Vertragsabschluss liegender Übergangsstichtag (Closing) vereinbart, so ist es in der Regel für den Käufer sinnvoll, das per Vertragsdatum vom Verkäufer zugesicherte Nichtbestehen von Verbindlichkeiten auch für den Zeitpunkt des Übergangs sicherzustellen, um das Risiko nachteiliger Veränderungen einzugrenzen. Eine derartige Stichtagsregelung kann in Form einer vertraglichen Garantie- oder Gewährleistungszusage des Verkäufers zum Beispiel mit dem Inhalt vorgenommen werden, dass der Verkäufer sich verpflichtet, die veräußerte Gesellschaft von allen beim Closing etwa noch vorhandenen Verbindlichkeiten freizustellen.[102] Muss die Gesellschaft trotz dieser nur internen Freistellungen Alt-Forderungen Dritter erfüllen, so kann der Unternehmenskäufer einen entsprechenden Erstattungsanspruch gegen den Verkäufer geltend machen.

---

101 BGHZ 65, 246, 252.

102 Vgl. OLG Koblenz, GmbHR 1992, 49, 51.

Insbesondere im Zusammenhang mit der Bilanzgarantie, aber auch bezüglich aller übrigen Garantien, stellt sich die Frage,

- ob der Verkäufer uneingeschränkt für die objektive Richtigkeit einstehen soll (sog. harte Garantie-Erklärungen)
- oder ob die Garantie in die Kenntnis oder Unkenntnis des Verkäufers gestellt werden soll und damit subjektiver Natur sein soll (sog. weiche Garantie-Erklärungen).

Wird das Garantieversprechen des Verkäufers im letztgenannten Sinne dahingehend eingeschränkt, dass »nach seiner Kenntnis« oder »nach seinem besten Wissen« zum Beispiel bestimmte Eigenschaften des Unternehmens bestehen oder nicht bestehen, so sollte aus der Sicht des Käufers insoweit die Frage der Beweislast geregelt werden, da ihn grundsätzlich und ohne eine abweichende vertragliche Regelung die Beweislast für die Kenntnis des Verkäufers trifft. Will er dies vermeiden, so ist in den Vertrag eine Umkehr der Beweislast dahingehend aufzunehmen, dass der Verkäufer haftet, es sei denn, er weist nach, dass er von dem fraglichen Umstand tatsächlich keine Kenntnis gehabt hat.

Gesetzliche Rechtsfolge eines selbstständigen Garantieversprechens ist in erster Linie der Erfüllungsanspruch des Käufers. Der Verkäufer hat den Zustand herzustellen, der bestehen würde, wenn das Garantieversprechen erfüllt worden wäre. Bei einer Bilanzgarantie heißt dies, dass der Zustand hergestellt werden muss, der bestehen würde, wenn die Bilanz von Anfang an dem Gesetz und den Grundsätzen ordnungsmäßiger Buchführung entsprochen hätte; dies erfolgt gegebenenfalls durch Auffüllung der Bilanz. Nur wenn die Herstellung des garantierten Zustandes nicht möglich ist, hat der Käufer Anspruch auf Schadensersatz. Da sich die gesetzlich vorgesehene Rechtsfolge häufig als nicht praktikabel und nicht interessengerecht erweist, empfiehlt es sich, neben den selbstständigen Garantien zugleich ihre Rechtsfolgen detailliert zu regeln. Insgesamt eröffnet ein selbstständiges Garantieversprechen einschließlich der vertraglich geregelten Rechtsfolgen den Vertragsparteien die Möglichkeit, den Unternehmenskaufvertrag nach ihren individuellen Interessen und Bedürfnissen zu gestalten und etwaige Risiken angemessen zu verteilen.

Auch hinsichtlich der Rechtsfolgen und der Haftungshöhe bei einer Verletzung der vertraglichen Garantien hat sich in Anlehnung an die internationale Vertragspraxis ein gewisser Standard herausgebildet. Üblicherweise werden dabei dem Käufer nur Schadensersatzansprüche zugestanden, also insbesondere eine Rückabwicklung des Vertrages ausgeschlossen. Weiter wird die Haftung in der Regel der Höhe nach auf einen Prozentsatz des Kaufpreises beschränkt und einzelne Ansprüche nur jenseits einer Mindestschadenshöhe pro Einzelfall oder insgesamt erst ab einer gewissen Schadenshöhe zugelassen.

Nicht zuletzt sollten in den vertraglichen Garantievereinbarungen auch die Verjährungsfristen für die einzelnen Gewährleistungsansprüche unter Berücksichtigung der jeweiligen Interessensituation der Vertragspartner geregelt werden. Diese können je nach Art der garantierten Gegebenheiten z.B. für Altlasten und Steuern differenziert gestaltet werden.

ee) Die Haftung der Berater

Berater der Vertragsparteien eines Unternehmenskaufs haften ihren Auftraggebern grundsätzlich nach vertraglichen Grundsätzen aus dem jeweiligen Auftragsverhältnis. Unter den engen Voraussetzungen eines »Vertrages mit Schutzwirkung zugunsten Dritter« haftet der Berater auch einem am Vertrag formal nicht Beteiligten.[103] Darüber hinaus kann sich eine Haftung des Beraters aus der Verletzung öffentlich-rechtlicher Pflichten ergeben, wenn beispielsweise bei der Bearbeitung eines anmeldepflichtigen Zusammenschlusses von Unternehmen die kartellrechtliche Anmeldepflicht des Zusammenschlusses schuldhaft verletzt wird.[104] Diese Haftungsgrundsätze finden auch im Bereich der Beratung bei Unternehmenskäufen Anwendung.[105]

f) Haftung für Altverbindlichkeiten

Ein Unternehmenskauf hat – je nach der konkreten Ausgestaltung – zur Folge, dass der Erwerber in die zum Zeitpunkt des Unternehmensübergangs bestehende Rechtsstellung des Verkäufers eintritt. Vorbehaltlich abweichender vertraglicher Vereinbarungen kann sich dabei eine Haftung des Unternehmenskäufers für Verbindlichkeiten des übernommenen Unternehmens bzw. eine fortbestehende Haftung des Verkäufers aus gesetzlichen Vorschriften ergeben.

Erfolgt der Unternehmenskauf im Wege des Asset Deals, so kommt eine Haftung des Unternehmenskäufers auch für solche Verbindlichkeiten des Verkäufers in Betracht, die nicht ausdrücklich vertraglich übernommen werden. Dabei sind vor allem die Firmenfortführung (§ 25 HGB), die Verjährung und zeitliche Begrenzung der Haftung (§§ 159, 160 HGB) (vgl. Nachhaftungsbegrenzungsgesetz-NachhBG vom 18.03.1994 (BGBl. I 1994, 560), der Betriebsübergang (§ 613 a BGB) sowie die Betriebssteuern (§ 75 AO) zu beachten. Die Haftung wegen Vermögensübernahme gemäß § 419 BGB ist durch Art. 32 Nr. 16 EG InsO mit Wirkung zum 01.01.1999 aufgehoben worden – BGBl. 1994 I, 2911, 2925.

Beim Unternehmenserwerb im Wege des Share-Deals wird der Unternehmenskäufer zum neuen Unternehmensträger, sodass die Verbindlichkeiten des Rechtsträgers gegenüber Dritten wirtschaftlich auf ihn übergehen. Hier ergeben sich jedoch weitergehende Fragen gesellschaftsrechtlicher Haftung u.a. dann, wenn der bisherige Anteilsinhaber seine Einlageschuld nicht erfüllt hat oder aus dem Gesichtspunkt der Differenzhaftung verpflichtet bleibt. Besonderheiten der Haftung für Altverbindlichkeiten beim Kauf von Personengesellschaften oder Beteiligungen ergeben sich vor allem bei der Übernahme einer Kommanditbeteiligung und bei einem Komplemen-

103 Siehe BGH, WiB 1997, 435 ff.

104 BGH, NJW 1976, 1280; DB 1978; 978; BGH, WM 1988, 1888, 1889.

105 Dazu ausführlich Land, Wirtschaftsprüferhaftung gegenüber Dritten in Deutschland, England und Frankreich, 1996.

tär-Wechsel sowie beim Kauf von Kapitalgesellschaften oder Beteiligungen, insbesondere GmbH-Anteilen (Share Deal).

g) Wettbewerbsvereinbarungen

Die Vereinbarung eines Wettbewerbsverbotes kann dem Unternehmenskäufer dazu dienen, den Verkäufer nach der Unternehmensübertragung daran zu hindern, durch Wettbewerbshandlungen, insbesondere durch anderweitige Verwertung seines Know-Hows, seiner Kundenbeziehungen etc. die wirtschaftliche Rentabilität des Unternehmenskaufes zu gefährden. Beim Unternehmenskauf ergibt sich für den Verkäufer ein Wettbewerbsverbot bereits als (ungeschriebene) Nebenpflicht, soweit die Unterlassung des Wettbewerbs für eine ordnungsgemäße Überleitung des Unternehmens auf den Käufer erforderlich ist. Je nach Erforderlichkeit im Einzelfall dürfte sich jedoch die Abfassung einer klaren Wettbewerbsvereinbarung einschließlich einer konkreten Beschreibung z.B. des geschützten Know-hows etc. empfehlen.[106]

Die Vereinbarung eines Wettbewerbsverbots beim Unternehmenskauf kann ein sittenwidriges Rechtsgeschäft gemäß § 138 I BGB darstellen. Dabei ist zu beachten, dass nach der Rechtsprechung des BGH die Sittenwidrigkeit die Nichtigkeit, d.h. die völlige Unwirksamkeit des Wettbewerbsverbotes zur Folge hat.[107] Ferner ist zu beachten, dass die im Zusammenhang mit Unternehmenskäufen vereinbarten Wettbewerbsverbote eine Wettbewerbsbeschränkung für den Verkäufer beinhalten und deshalb gegen § 1 GWB verstoßen können. Anders als bei einer Sittenwidrigkeit gemäß § 138 BGB führt die Kartellrechtswidrigkeit jedoch grundsätzlich nicht zur völligen Unwirksamkeit des Wettbewerbsverbotes, sondern zu einer geltungserhaltenden Reduktion des Wettbewerbsverbotes auf den rechtmäßigen Umfang.[108] Wegen ihrer grundsätzlichen wettbewerbsbeschränkenden Wirkung können Wettbewerbsverbote unter das in Art. 85 I des Vertrages zur Gründung der Europäischen Gemeinschaft (EGV) normierte Verbot fallen. Von besonderer praktischer Bedeutung für die vertragliche Vereinbarung eines Wettbewerbsverbotes im Hinblick auf das Europäische Kartellrecht ist die durch das EU-Verfahrensrecht gegebene Möglichkeit, ein Negativ-Attest der EU-Kommission für ein Wettbewerbsverbot einzuholen. Ein solches Negativ-Attest bewirkt, dass ein unzulässiges Wettbewerbsverbot nicht mit einem Bußgeld geahndet werden kann.

106 BGH, NJW 1987, 909.
107 BGH, BB 1984, 1826, 1827.
108 BGH, BB 1984, 1826, 1827; BGH, GmbHR 1991, 17; OLG Hamm, GmbHR 1993, 655.

h) Verfügungsbeschränkungen, Zustimmungs- und Genehmigungserfordernisse

Soll die Unternehmensübertragung wirksam und ohne Störungen erfolgen, kann es erforderlich sein, Beschränkungen und Mitwirkungsrechte Dritter zu beachten. Derartige Verfügungsbeschränkungen und Zustimmungserfordernisse können sich insbesondere aus der Rechtsform des zu veräußernden Unternehmens sowie aus öffentlich-rechtlichen, familien- oder vormundschaftsrechtlichen sowie erbrechtlichen Bestimmungen ergeben. In Unternehmenskaufverträgen ist häufig die Regelung eines sog. Gremienvorbehaltes erforderlich.

Nach dem gesetzlichen Leitbild sind Geschäftsanteile an einer GmbH grundsätzlich frei veräußerlich (§ 15 I GmbHG). Der Gesellschaftsvertrag kann die Abtretung der Geschäftsanteile jedoch an weitere Voraussetzungen, insbesondere an die Genehmigung der Gesellschaft knüpfen (§ 15 V GmbHG). Die Genehmigung der Gesellschaft »ist vom Geschäftsführer zu erklären«. Ein Kauf von Beteiligungen fällt grundsätzlich in den Aufgabenbereich eines Geschäftsführers. Schließen zwei gesamtvertretungsberechtigte Geschäftsführer miteinander einen Kaufvertrag, so ist dieser wegen Verstoßes gegen § 181 BGB schwebend unwirksam. Er kann allerdings wirksam werden, wenn einer der Geschäftsführer danach ausscheidet und der andere, inzwischen alleinvertretungsberechtigte Geschäftsführer den Vertrag genehmigt.[109]

Der Vorstand von Aktiengesellschaften ist – in der Regel auch durch die Satzungen – zum Erwerb von Unternehmensbeteiligungen ermächtigt. Die Satzung einer Aktiengesellschaft kann die Übertragung von Namensaktien allerdings von der Zustimmung der Gesellschaft abhängig machen (§ 68 II AktG). Verpflichtet sich eine Aktiengesellschaft zur Übertragung ihres ganzen Gesellschaftsvermögens – ohne dass die Übertragung unter die Vorschriften des Umwandlungsgesetzes fällt –, so bedarf der Kaufvertrag gemäß § 179 a AktG auch dann der Zustimmung der Hauptversammlung nach § 179 AktG, wenn damit keine Änderung des Unternehmensgegenstandes verbunden ist. § 179 a AktG will die Gesellschafter dagegen sichern, dass die Gesellschaft ohne ihren Willen das Gesellschaftsvermögen als die Grundlage ihrer satzungsmäßigen Unternehmenstätigkeit völlig aus der Hand gibt.[110] Deshalb kann auch die Einbringung des Unternehmens einer Aktiengesellschaft in ein anderes Unternehmen die Zustimmungspflicht nach § 179 a AktG auslösen, da es sich dabei um eine Vermögensübertragung handelt.[111] Auch über die Regelung des § 179 a AktG hinaus hat der Vorstand die Mitgliedschaftsrechte der Aktionäre zu beachten. Ein Hauptversammlungsbeschluss ist daher erforderlich, wenn eine Aktiengesellschaft ein Unternehmen oder einen Betrieb veräußert und

109 BGH, NJW-RR 1994, 291.
110 BGH, WM 1982, 86.
111 BGHZ 83, 122, 128.

dies ein so wichtiger Vorgang ist, dass der Vorstand »vernünftigerweise« nicht annehmen kann, ohne Zustimmung der Hauptversammlung handeln zu dürfen. Nach der sog. Holzmüller-Entscheidung des Bundesgerichtshofes[112] bedürfen deshalb auch Maßnahmen des Vorstandes, die mit einem wesentlichen Eingriff in die Mitgliedsrechte und die Vermögensinteressen der Aktionäre verbunden sind, der Zustimmung der Hauptversammlung; außenstehende Aktionäre haben dabei einen Anspruch auf Ausgleichszahlungen zur Kompensation derjenigen Nachteile, die sie durch solche Verträge erleiden. Demgemäß bedarf auch der Verkauf eines wesentlichen Unternehmensteils eines Beschlusses der Hauptversammlung.

Beim Erwerb eines Unternehmens in der Rechtsform einer OHG ist von Bedeutung, dass nach § 126 I und II HGB die Vertretungsmacht der zur Vertretung der Gesellschaft berechtigten Gesellschafter grundsätzlich unbeschränkt und nicht beschränkbar ist. Dennoch unterliegt die Vertretungsmacht der vertretungsberechtigten Gesellschafter nicht nur den im Gesetz selbst genannten Grenzen. Vielmehr erstreckt sich die Vertretungsmacht der grundsätzlich vertretungsberechtigten Gesellschafter nicht auf die Rechtsgeschäfte, die die so genannten »Grundlagen der Gesellschaft« betreffen.[113] Zu den Rechtsgeschäften, die die Grundlagen der Gesellschaft berühren, zählt auch die Veräußerung des Unternehmens einer Personengesellschaft; denn infolge der Veräußerung kann der Zweck, werbendes Unternehmen zu sein, nicht mehr verwirklicht werden.

Diese Grundsätze gelten entsprechend bei der Veräußerung des Unternehmens einer Kommanditgesellschaft. Obwohl die Kommanditgesellschaft gemäß §§ 161 II, 125 – 127 HGB organschaftlich ausschließlich durch ihre Komplementäre vertreten wird, kann die Veräußerung des gesamten Gesellschaftsunternehmens nicht allein von den vertretungsberechtigten Gesellschaftern (Komplementären) ohne die Zustimmung der Kommanditisten wirksam vorgenommen werden.[114]

Auch der zur Vertretung einer BGB-Gesellschaft berechtigte Gesellschafter kann ohne ausdrückliche gesellschaftsvertragliche Regelung nicht über das Gesellschaftsvermögen im Ganzen wirksam verfügen.[115] Die Übertragung eines Personengesellschaftsanteils oder eines Teiles desselben ist nur bei genereller Zulassung im Gesellschaftsvertrag oder im Einzelfall erteilter Zustimmung der anderen Gesellschafter möglich.[116]

Öffentlich-rechtliche Beschränkungen sind deshalb zu beachten, weil sie den Erwerber eines Unternehmens daran hindern können, den Betrieb des Unternehmens auszuüben. Die Gewerbeausübung kann an eine persönliche Konzession des Betrei-

---

112 BGHZ 83, 122, 128, 133 f.

113 Ausführlich dazu Picot, Mehrheitsrechte und Minderheitenschutz in der Personengesellschaft, BB 1993, 13, 17 ff. Siehe auch BGHZ 26, 330, 333; RGZ 162, 370, 347.

114 BGH, LM Nr. 13 zu § 161 HGB.

115 RGZ 162, 370, 374.

116 Siehe dazu Picot, Mehrheitsrechte und Minderheitenschutz in der Personengesellschaft, BB 1993, 13, 14.

bers (z.B. zur Ausübung eines Bewachungsgewerbes, einer Makler-, Bauträger- oder Baubetreuertätigkeit) oder an eine sachbezogene Genehmigung (z.B. einer Anlage) gebunden sein. Im Gegensatz zu der persönlichen Konzession gilt die dem Veräußerer erteilte sachbezogene Genehmigung grundsätzlich auch für den Erwerber.

Beim Unternehmenskauf können ferner familien- und vormundschaftsrechtliche Verfügungsbeschränkungen zu beachten sein. Im gesetzlichen Güterrecht der Zugewinngemeinschaft (§§ 1363 ff. BGB) kann sich ein Ehegatte gemäß § 1365 BGB nur mit der Einwilligung des anderen Ehegatten verpflichten, über sein Vermögen als Ganzes zu verfügen. Vereinbaren die Ehegatten durch Ehevertrag Gütergemeinschaft (§§ 1415 ff. BGB), so werden das Vermögen des Mannes und das Vermögen der Frau gemeinschaftliches Vermögen (Gesamtgut). Ein Ehegatte kann dann nicht über seinen Anteil am Gesamtgut und an den einzelnen Gegenständen verfügen, die zum Gesamtgut gehören; auch ist er nicht berechtigt, Teilung zu verlangen; beide Ehegatten können deshalb nur gemeinsam verfügen (§ 1419 BGB). Vormundschaftsrechtliche Beschränkungen sind dann zu beachten, wenn Minderjährige, beschränkt Geschäftsfähige oder unter Vormundschaft stehende Personen Partei eines Unternehmenskaufvertrages sind.[117] Für diese Fälle bestimmt das Gesetz eine vormundschaftliche Genehmigungspflicht des Vertrages dahingehend, dass der Vormund der Genehmigung des Vormundschaftsgerichtes bedarf (§ 1822 Ziffer 3 BGB).[118] Soll ein Unternehmen aus dem Nachlass veräußert werden, so ist zu beachten, dass die Erben nur gemeinschaftlich wirksam über das Unternehmen verfügen können (§ 2040 I BGB). Allerdings kann die Veräußerung des Unternehmens eine Maßnahme zur ordnungsgemäßen Verwaltung des Nachlasses darstellen, sodass den Miterben eine Zustimmungspflicht zur Veräußerung trifft.[119]

i) Deutsches und europäisches Kartellrecht

Größere Transaktionen, an denen deutsche Unternehmen beteiligt sind, können der deutschen oder europäischen Fusionskontrolle unterliegen. Außerdem kann eine Billigung der Fusion durch andere nationale Kartellbehörden erforderlich sein, wenn eine internationale Transaktion unter andere geltende Fusionskontrollgesetze fällt. Zahlreiche Fusionskontrollgesetze auf nationaler und supranationaler Ebene führen zur Nichtigkeit aller Verträge der Transaktion, wenn die beteiligten Unternehmen die Anmeldungsanforderungen nicht erfüllt haben. Ferner können wegen der unerlaubten Durchführung von Transaktionen, die einem Anmeldungserfordernis vor der Fusion unterliegen, sowohl gegen die Unternehmen als auch gegen ihre Geschäftsführer erhebliche Geldbußen verhängt werden. Darüberhinaus sind alle damit ver-

117 BGH, NJW 1994, 2025.
118 RGZ 122, 370, 371; OLG Karlsruhe, NJW 1973, 1977.
119 Weniger weitergehend BGHZ 30, 391, 394.

bundenen Vereinbarungen und Transaktionen nichtig bis zur endgültigen Billigung der Kartellbehörden. Um Schwierigkeiten mit diesen Bestimmungen zu vermeiden, ist es notwendig, eine »Fusionskontroll-Klausel« in die Transaktionsvereinbarungen aufzunehmen.

Daraus folgt, dass jede Transaktion vor dem Closing oder vor der endgültigen Durchführung der Fusion sorgfältig dahingehend überprüft werden muss, ob sie einem Anmeldungserfordernis unterliegen. Aufgrund der besonderen Bedeutung widmen sich die Ausführungen unter B. VII. dieses Handbuches den Einzelheiten der Zusammenschlusskontrolle.

j) Form des Vertrages

Der Unternehmenskaufvertrag als solcher bedarf zu seiner Wirksamkeit grundsätzlich keiner besonderen Form.

Eine bestimmte Form kann jedoch deshalb zu beachten sein, weil beim Unternehmenskauf durch Kauf einzelner Wirtschaftsgüter im Wege der Singularsukzession (Asset Deal) eine Vielzahl einzelner Sachen, Rechte und Pflichten übertragen werden, während beim Unternehmenskauf durch Beteiligungserwerb im wesentlichen die Gesellschaftsanteile übergehen. Soll eine etwaige Nichtigkeit des gesamten Unternehmenskaufvertrages gemäß § 125 BGB vermieden werden, so ist die für das jeweilige schuldrechtliche oder dingliche Geschäft vorgeschriebene Form zu beachten. Beim Abschluss eines Rahmenvertrages ist eine für einen der Einzelverträge geltende Formvorschrift auch für den Rahmenvertrag einzuhalten.[120]

Gehören beim Asset Deal zum verkauften Unternehmen auch Grundstücke oder Erbbaurechte, so bedarf der Kaufvertrag bei der Singularsukzession notarieller Beurkundung (§§ 313 BGB, 11 ErbbRVO). Dies gilt für das Geschäft im Ganzen und damit auch für eigentlich formlos mögliche Abreden. Voraussetzung ist, dass die unterschiedlichen Vereinbarungen »miteinander stehen oder fallen« sollen.[121] Formfrei sind nur solche Geschäfte, die auch ohne die Grundstücksgeschäfte abgeschlossen worden wären. Die Verpflichtung zur Übertragung des gesamten gegenwärtigen Vermögens oder eines Bruchteils des gegenwärtigen Vermögens oder zur Belastung mit einem Nießbrauch bedarf der notariellen Beurkundung (§ 311 BGB).[122]

Beim Unternehmenskauf mit Grundbesitz durch Anteilserwerb (Share Deal) ist der Grundbesitz nicht selbst Vertragsgegenstand. § 313 BGB findet daher keine Anwendung.[123] Auf Verpflichtungen juristischer Personen zur Übertragung ihres ge-

120 Vgl. OLG Stuttgart, BB 1989, 1932.
121 BGHZ 101, 393, 396.
122 RGZ 94, 314, 315.
123 Vgl. BGH, NJW 1983, 1110 f.

samten Vermögens findet § 311 BGB Anwendung.[124] Für die Umwandlung, insbesondere die Verschmelzung gelten allerdings Sondervorschriften.

Die Verpflichtung zur Abtretung (§ 15 IV Satz 1 GmbHG) und die Abtretung (§ 15 III GmbHG) von Geschäftsanteilen einer GmbH bedürfen insbesondere zur Unterbindung spekulativen Handels mit GmbH-Anteilen und aus Gründen des Anlegerschutzes[125] der notariellen Beurkundung[126] im Inland oder im Ausland. Zum Zwecke der Kostenersparnis werden in der Praxis häufig Auslandsbeurkundungen vorgenommen. Für die Vertragspartner ist die Inanspruchnahme ausländischer Notare allerdings mit dem Risiko verbunden, dass diese vielfach nicht über ausreichende Kenntnisse des deutschen Rechts verfügen und im Gegensatz zu deutschen Notaren ihre Haftung begrenzen oder ausschließen können.[127] Gemäß § 15 V GmbHG kann die Abtretung der Geschäftsanteile durch den Gesellschaftsvertrag an weitere Voraussetzungen geknüpft werden und insbesondere von der Genehmigung der Gesellschaft abhängig gemacht werden.

Beim Erwerb von Kommanditanteilen an einer GmbH & Co. KG verbunden mit dem Erwerb von Geschäftsanteilen an der Komplementär-GmbH führt die Verbindung beider Verpflichtungsgeschäfte dazu, dass auch der Kauf der Kommanditanteile formbedürftig ist. Beim Verkauf aller gesellschaftsrechtlichen Beteiligungen an einer GmbH & Co. KG wird in der Praxis aus Kostengründen regelmäßig so verfahren, dass allein die Übertragung der Geschäftsanteile an der Komplementär-GmbH beurkundet wird, während der Kaufvertrag inklusive der Übertragung der Kommanditbeteilung nur schriftlich abgeschlossen wird. Die Heilung nach § 15 IV Satz 2 GmbHG erfasst auch die nicht notariell beurkundeten Teile der Gesamtvereinbarung.[128]

Übertragen Personengesellschaften ihr gesamtes Vermögen, so findet § 311 BGB keine Anwendung, da diese Gesellschaften keine eigene Rechtspersönlichkeit besitzen, sondern nur die gesamthänderische Vermögensbindung der Gesellschafter repräsentieren. Es handelt sich daher nicht um die Veräußerung von Gesellschaftsvermögen, sondern um die Veräußerung gesamthänderisch gebundener Teilvermögen der Gesellschafter.

---

124 RGZ, 137, 324, 348.

125 BGHZ 13, 49, 51 f.; BGHZ 19, 69, 71; BGHZ 76 352, 353.

126 Siehe OLG Dresden, DB, 1994, 319; KG, DB 1994, 316; OLG Hamm, DB 1994, 1130 und BayObLG, BB 1997, 1915 f.

127 Siehe BGH, GmbHR 1981, 238.
Eingehend dazu Gerhard Picot, Unternehmenskauf und Restrukturierung, Teil I (Vertragsrecht), RN 139 ff. sowie Teil IX (Internationales Recht), RN 15 ff.

128 BGH, NJW-RR 1987, 807; BGH, GmbHR 1993, 106.

k) Closing

Der Begriff des Closing entstammt der anglo-amerikanischen Vertragspraxis. Sein Gebrauch ist uneinheitlich. Überwiegend wird der Übergangsstichtag als Closing bezeichnet. Vereinzelt wird darunter aber auch die zusammenfassende Beschreibung der an diesem Stichtag vorzunehmenden Rechtshandlungen verstanden.

Erfolgt der Unternehmenskauf im Wege des Asset-Deal, d.h. der Singularsukzession, so erstreckt sich das Closing auf eine Vielzahl von Sachen, Rechten und immateriellen Geschäftswerten. Da das Unternehmen als Ganzes übertragen werden soll, ist der Zeitpunkt des Übergangs hinsichtlich der unterschiedlichen Bestandteile möglichst zusammenzufassen. Vielfach wird der Übergangsstichtag in die Zukunft verlegt. Aus steuerlichen oder bilanztechnischen Gründen kann sich das Ende des Geschäftsjahres empfehlen. Allerdings kommt ausnahmsweise auch ein rückwirkender Übergangsstichtag in Betracht. Einer solchen Regelung kommt aber keine dingliche, sondern lediglich schuldrechtliche Wirkung zu.

l) Anmeldung des Erwerbs einer Kapitalgesellschaft oder Beteiligung (§ 16 GmbHG)

Beim Erwerb von Geschäftsanteilen an einer GmbH kann der Käufer die mit dem Geschäftsanteil verbundenen Rechte und Pflichten gegenüber der Gesellschaft erst nach Anmeldung des Erwerbs bei der Gesellschaft geltend machen. Gemäß § 16 I GmbHG gilt nämlich im Falle der Veräußerung eines Geschäftsanteils nur derjenige der Gesellschaft gegenüber als Erwerber, dessen Erwerb unter Nachweis des Überganges, zum Beispiel unter Vorlage der formgerechten Abtretungsurkunde, bei der Gesellschaft angemeldet ist; auf die Wirksamkeit der Anteilsübertragung kommt es dabei nicht an. Eine zusätzliche Anmeldepflicht gegenüber dem Registergericht besteht nicht.[129] Ab dem Zeitpunkt der ordnungsgemäßen Anmeldung ist die Gesellschaft berechtigt und verpflichtet, ausschließlich den angemeldeten Erwerber als Gesellschafter anzuerkennen und zu behandeln.[130] Der Veräußerer wird auch von Nebenverpflichtungen frei. Der Erwerber haftet neben dem Veräußerer für die zur Zeit der Anmeldung auf den Geschäftsanteil rückständigen Leistungen (§ 16 III GmbHG). Die Vertragspartner erhalten durch die Bestimmung des § 16 I GmbHG die Möglichkeit, mit Wirkung gegen die Gesellschaft den Zeitpunkt des Gesellschafterwechsels zu bestimmen.[131]

---

129 BayObLG, BB 1985, 1149.
130 BayObLG, DB 1990, 167 f.
131 BGH, LM § 16 GmbHG Nr. 3.

4. Die feindliche Übernahme (Hostile Takeover)

Die Entscheidung der Frage, wer die Anteile an einem Zielunternehmen hält, liegt nach unserer deutschen Rechtsvorstellung grundsätzlich in der Kompetenz der Anteilseigner und nicht in der Kompetenz der Geschäftsführung.[132] Gleichwohl erfolgen Transaktionen regelmäßig im Wege einer »freundlichen Übernahme« (»friendly takeover«) in einem gewissen Einvernehmen mit dem Management des Zielunternehmens. Dies gilt vor allem auch in Fällen kooperativer Transaktionen, die zum Beispiel die Gründung von Gemeinschaftsunternehmen bzw. Joint Ventures zum Gegenstand haben. Im Gegensatz dazu stehen Fälle, bei denen ein Unternehmen versucht, die Aktien einer anderen Gesellschaft gegen deren Willen bzw. gegen den Willen des Managements zu übernehmen, indem es in der Regel den Anteilseignern einen deutlich über dem Börsenkurs liegenden Preis bietet.

Das anglo-amerikanische Gesellschaftsrecht strebt schon beim Kauf von Unternehmen den Schutz der Aktionäre gegen die Folgen einer derartigen »feindlichen Übernahme« (»unfriendly takeover« oder »hostile takeover«) an. Dementsprechend verfügen sowohl die USA als auch Großbritannien über umfangreiche, wenn auch unterschiedliche Übernahmeregelungen.

Der »City Code on Takeovers and Mergers«, der 1968 auf Initiative des Governors der Bank of England und des Chairman der Londoner Börse entstanden ist, reflektiert das angelsächsische Selbstverständnis eines »Fair Play« bei Unternehmensübernahmen und -zusammenschlüssen. Dabei geht es nicht um die materielle Prüfung, sondern um die Einhaltung von Spielregeln. Aus den zehn Prinzipien des City Code sind bislang 38 Regeln abgeleitet worden. Der City Code hat keine Gesetzeskraft, jedoch repräsentiert er die »kollektive Meinung derer, die professionell im Bereich Übernahmen und Zusammenschlüsse« tätig sind; er wurde schon bei mehreren tausend Übernahmen und Fusionen effektiv angewendet. Im Zentrum steht die faire und gleiche Behandlung der Aktionäre. Für das Angebot gilt – wie nach den deutschen Regeln – eine 60-Tage-Frist. Als Tag eins gilt dabei nicht die Ankündigung, sondern die Zustellung der Übernahmedokumente an die Aktionäre. Während des laufenden Angebotes unterliegen die beteiligten Unternehmen wie in Deutschland einer Stillhaltepflicht. Um den Aktionären eine Ausstiegsmöglichkeit zu garantieren, muss ein Bieter – anders als in Deutschland – den Aktionären eine Bar-Offerte machen, sofern er mehr als 30% der Stimmrechte am Zielunternehmen hält. Nach dieser Regel, die bislang nur selten angewendet worden ist, muss sich die Höhe der Offerte am höchsten Aktienkurs des Zielunternehmens in den letzten zwölf Monaten orientieren.

In den USA und Großbritannien sind feindliche Übernahmen nicht ungewöhlich und haben auch kein negativ belastetes Image. Während die US-Investmentbank J.P. Morgan in Kontinentaleuropa in den Jahren 1990 bis 1998 insgesamt nur 52 feindliche Übernahmeversuche mit einem Wert von 69 Mrd. $ registrierte, verzeichnete

132 Siehe oben B.IV.3.h).

sie im Jahre 1999 34 unfreundliche Übernahmeangebote mit einem Gesamtwert von rund 408 Mrd. $, wobei freilich allein die Übernahme von Mannesmann durch Vodafone knapp 203 Mrd $ ausmachte. 1999 kam es aber nicht nur zu mehr feindlichen Angeboten; die unerwünschten Käufer waren auch erfolgreicher als in früheren Jahren. In 54% aller Fälle erreichten sie ihr Ziel, nur 25% der angegriffenen Unternehmen gelang es, unabhängig zu bleiben.

In Kontinentaleuropa besitzen vor allem Österreich und die Schweiz ausführliche gesetzliche Übernahmeregelungen; auf europäischer Ebene wird seit nunmehr 25 Jahren versucht, Unternehmensübernahmen durch die Verabschiedung einer Richtlinie zu regeln und in Deutschland existiert bislang nur ein freiwilliger Übernahmekodex, wobei allerdings in Kürze eine gesetzliche Regelung erfolgen dürfte.

Nach einer Umfrage im Rahmen des Handelsblatt-Monitors 3/2000 erwarten 93 % der deutschen Manager künftig in dem sich schneller drehenden Fusionskarussell mehr Übernahmen deutscher durch ausländische Unternehmen. Dabei sind 82% der Führungskräfte insbesondere der größeren Unternehmen der Meinung, dass grenzüberschreitende Übernahmen nicht durch gesetzliche Regelungen erschwert werden dürfen.[133] Wie die spektakuläre feindliche Übernahme von Mannesmann durch die britische Vodafone gezeigt hat, besteht in der deutschen Öffentlichkeit dagegen immer noch eine große Zurückhaltung oder sogar Ablehnung gegenüber dieser Art der Unternehmensakquisition. Diese Ablehnung ist nicht überraschend, da in der Vergangenheit in Deutschland die praktische Bedeutung der feindlichen Übernahme als Akquisitionsinstrument gering war.

Die Bieter müssen, wie der vorgenannte Fall zeigt, oftmals hohe Prämien bzw. Aufpreise von im Durchschnitt 44% zahlen; mit den gestiegenen Prämien begründen die Analysten auch den wachsenden Erfolg der unfreundlichen Übernahmen und die Käuflichkeit fast jedes Unternehmens. Für die Anteilseigner der feindlichen Bieter endete der Übernahmekampf dagegen meist mit einer Enttäuschung. Denn der Aktienkurs des Angreifers entwickelt sich regelmäßig aufgrund des gezahlten (zu) hohen Kaufpreises deutlich schlechter als der jeweilige Gesamtmarkt. Die Kursentwicklung der 13 börsennotierten Unternehmen, die 1999 eine erfolgreiche unfreundliche Übernahme durchgeführt haben, lag nach den Berechnungen von J.P. Morgan im Schnitt um 18% unter der Performance des Gesamtmarktes.[134]

Zielobjekt einer feindlichen Übernahme sind meistens Unternehmen, deren Kursentwicklung die Anleger nicht überzeugen konnte. So haben sich zehn der 13 übernommenen Unternehmen in den zwei Jahren vor dem Angebot um 23% schlechter als der Marktdurchschnitt entwickelt.

---

133 Handelsblatt vom 17./18.03.2000, S. 8.

134 Eingehend dazu oben A.II.1. und 2.

Ankündigung	Bieter	Ziel	Wert in Mrd. $	Ausgang
14.11.1999	Vodafone Airtouch	Mannesmann	202,8	Übernahme
05.07.1999	Totalfina	Elf Aquitaine	58,8	Übernahme
20.02.1999	Olivetti	Telecom Italia	34,8	Übernahme
09.03.1999	BNP	Paribas	20,1	Übernahme
09.03.1999	BNP	Société Générale	19,6	gescheitert
21.03.1999	Unicredito Italiano	BCI	16,7	gescheitert
14.09.1999	Generali	Ina	10,2	Übernahme
21.03.1999	San Paolo Imi	Banca di Roma	9,8	gescheitert
19.03.1999	LVMH	Gucci	6,5	gescheitert
19.03.1999	Banco Comm. Portugues	Banco Pinto	3,9	noch nicht entschieden

Abb. 1: Die größten feindlichen Übernahmeangebote in Europa 1999
Quelle: J.P. Morgan

a) Techniken der feindlichen Übernahme

Für den Angreifer bestehen verschiedene Möglichkeiten, eine feindliche Übernahme zu gestalten. Die beiden potenziell am meisten erfolgversprechenden sind wohl die sog. Tender Offer und das sog. Dawn Right.

Bei der Tender Offer handelt es sich um ein öffentliches Übernahmeangebot an die Aktionäre der Zielgesellschaft. Gesetzliche Bestimmungen zur Regelung der Tender Offer gibt es in Deutschland bislang nicht. Jedoch gilt in Deutschland bereits seit dem 01.10.1995 der nachfolgend dargestellte Freiwillige Übernahmekodex für öffentliche Übernahmeangebote, der zumindest die Übernahme börsennotierter Unternehmen regelt.

Beim Dawn Right versucht der Angreifer im Gegensatz zur Tender Offer, heimlich die Kontrolle über die Zielgesellschaft zu übernehmen, indem er durch den Erwerb größerer Aktienpakete die Mehrheitsverhältnisse zu seinen Gunsten ändert. In Deutschland wird dieses Vorgehen bei börsennotierten Unternehmen durch § 21 WpHG behindert, weil bei Überschreiten der Stimmrechte von 5%, 10%, 25%, 50% und 75% dem Bundesaufsichtsamt sowie der Zielgesellschaft das Überschreiten der jeweiligen Schwelle innerhalb von sieben Tagen mitzuteilen ist. Durch die Mitteilung steigen aber im Regelfall die Aktienkurse, wodurch die Übernahme erschwert wird. Um dies zu vermeiden, müssten daher in Deutschland – unter Umgehung der Börse – Aktienpakete von großen Finanzinvestoren gleichzeitig erworben werden.

b) Die geplante EU-Übernahmerichtlinie

Zum Schutz der mit dem Übernahmeangebot konfrontierten Aktionäre haben sich die EU-Mitgliedstaaten Anfang März 2000 nach mehreren Richtlinienentwürfen der vergangenen Jahre und einer grundsätzlichen Einigung im Jahre 1999 »im Grundsatz« auf einen Kompromiss der Richtlinie verständigt.

Im Wesentlichen baut die Richtlinie auf dem britischen System auf. Im Mittelpunkt stehen Mindestvorschriften, die eine verbesserte Unterrichtung der Aktionäre der Zielgesellschaft gewährleisten sollen. Auch Minderheitsaktionäre sollen ausreichend Zeit und Informationen haben, um in voller Kenntnis entscheiden zu können. Dazu werden Mindestangaben für die Angebotsunterlagen vorgeschrieben. Vor allem müssen sie Angaben zur Finanzierung der Offerte enthalten sowie Auskunft darüber geben, welche Absichten der Bieter für die künftige Geschäftstätigkeit, die Geschäftsleitung und die Beschäftigten der Zielgesellschaft verfolgt. Die Informationspflicht soll die Stellung der Aktionäre gegenüber dem Management des eigenen Unternehmens stärken und sicherstellen, dass die Aktionäre ein Angebot selbst beurteilen können. Die vom Bieter zu setzende Frist für die Annahme des Angebotes darf normalerweise nicht mehr als zehn Wochen betragen; eine Verlängerung ist aber

	Kodex (neue Fassung)	EU-Richtlinie (Rahmen-RL)
Schwelle für Angebot	Kontrolle = 75 % der HV-Stimmen	Kontrolle (Definition wird Mitgliedsstaat überlassen)
Zeitpunkt des Angebotes	unverzüglich, soweit keine konzernrechtlichen Maßnahmen (18 Monate)	keine Angaben
Preis	angemessenes Verhältnis zum höchsten Börsenpreis der letzten 3 Monate (vor Kontrollerwerb)	Angebotspreis muss Gleichbehandlung unter Aktionären sicherstellen, zulässig: Teilangebot mind. 70 %
Nachbesserungsfrist	mindestens 12 Monate	keine Angaben
Sanktion	Publizität und Nichtaufnahme in den DAX / M-DAX (Deutsche Börse)	Überwachung durch Aufsichtsorgan, Mitgliedstaat benennt Behörde für Rechtsstreitigkeiten (Schadensersatzansprüche)
Rahmenbedingungen	freiwillige Anerkennung	Rahmen-RL fordert »gleichwertigen« Schutz in jedem Mitgliedsstaat. Kodex genügt Anforderungen wohl nicht

Abb. 2: Regeln für Übernahmeangebote im Vergleich

möglich, um die Einberufung einer Hauptversammlung zu erleichtern. Auch die Arbeitnehmer und ihre Vertreter müssen schon in der Frühphase eines Angebotes über die Absichten des Bieters unterrichtet werden. Ferner soll die Richtlinie sicherstellen, dass ein Angebot den Übernahmekandidaten in seiner Geschäftstätigkeit nicht über einen angemessenen Zeitraum hinaus behindert. Die Mitgliedstaaten müssen dafür sorgen, dass beim Handel mit den Aktien der an einer Übernahme beteiligten Gesellschaften keine »Marktverzerrung« in Form einer künstlichen Hausse oder Baisse der Wertpapierkurse entsteht. Für die Überwachung von Übernahmen sollen die Mitgliedstaaten besondere Aufsichtsorgane einrichten. Die Überwachung kann aber auch durch Stellen der freiwilligen Selbstkontrolle ausgeübt werden. Für einen Angebotsvorgang ist das Aufsichtsorgan im Sitzland der Zielgesellschaft zuständig, sofern die Aktien an einer Börse dieses Mitgliedstaates notiert sind. Ist dies nicht der Fall, entscheidet nicht der Sitz des Unternehmens, sondern der Ort der Börsennotierung über die nationale Aufsichtsverantwortung. Die Kontrolle über die Informationspflicht gegenüber den Arbeitnehmervertretungen obliegt jedoch stets den Behörden im Sitzland der Zielgesellschaft.

Die Mitgliedstaaten haben vier Jahre Zeit, um die EU-Bestimmungen in nationales Recht zu übertragen. Sie können dabei sowohl strengere Vorschriften erlassen als auch die Durchführungsgesetzgebung maßgeschneidert den einzelstaatlichen Systemen und Gepflogenheiten anpassen. Auf Drängen der Bundesregierung haben die Europäische Kommission und der Rat in einer Protokollerklärung sogar ausdrücklich bestätigt, dass die Mitgliedstaaten generell verlangen können, dass ein Übernahmegebot eine Barzahlung einschließen muss. Der Rechtstext hingegen lässt den Bietern in der Regel die Wahl zwischen Barangebot und Aktientausch. Nur wenn ein Angebot nicht aus liquiden Wertpapieren besteht, die auf einem geregelten Markt gehandelt werden, muss ebenfalls eine Barzahlung offeriert werden.[135]

c) Der Freiwillige Übernahmekodex

In Deutschland besteht zur rechtlichen Steuerung feindlicher Übernahmen von börsennotierten Gesellschaften der am 01.10.1995 in Kraft getretene Freiwillige Übernahmekodex der Börsensachverständigenkommission in seiner überarbeiteten Fassung vom 1.1.1998. Vorbilder des Übernahmekodexes waren die entsprechenden Regelungen im Ausland, insbesondere der Londoner City Code. Nach dem deutschen Übernahmekodex muss der Bieter bei einem öffentlichen Kaufangebot alle Aktionäre gleich behandeln. Bieter und Zielgesellschaft (Kaufobjekt) sind während der Angebotsfrist verpflichtet, alles zu unterlassen, was außergewöhnliche Kursbewegungen zur Folge haben könnte.[136]

135 Zitat: FAZ, 06.03.2000, S. 17/21.
136 www.kodex.de

Um zu erreichen, dass bei freundlichen und feindlichen Übernahmeanträgen künftig alle Marktteilnehmer nach den gleichen Regeln handeln, was der Freiwillige Übernahmekodex nicht hat gewährleisten können, dringen die Bundesregierung und die deutsche Wirtschaft derzeit auf eine gesetzliche Regelung.

Unabhängig von dem Ausgang der Verhandlungen über eine EU-Richtlinie soll das geplante Gesetz, dessen Inhalt sich an der EU-Übernahmerichtlinie orientieren soll, noch im Jahre 2000 verabschiedet werden und 2001 in Kraft treten.[137]

aa) Anwendungsbereich

Bei diesem Übernahmekodex handelt es sich nicht um eine gesetzliche Regelung, sondern lediglich um eine freiwillige Vereinbarung, die von den betroffenen Unternehmen anerkannt werden muss und folglich nicht für alle Unternehmen gilt. Zwar verpflichtet die Deutsche Börse sämtliche Unternehmen, die in den DAX, MDAX, Neuen Markt oder SMAX aufgenommen werden, den Kodex anzuerkennen. Für Gesellschaften, die bereits dort vertreten sind, gibt es allerdings keine entsprechende Verpflichtung. So leidet der freiwillige Übernahmekodex an einer mangelnden Akzeptanz solange Börsenschwergewichte wie BMW, VW und VIAG seine Anerkennung bislang verweigern.[138]

Doch selbst die allgemeine Anerkennung des Übernahmekodexes durch alle börsennotierten Unternehmen würde in der Praxis noch nicht ohne weiteres seine Befolgung gewährleisten. Der Übernahmekodex enthält nämlich praktisch keine Sanktionsmöglichkeiten bei Regelverstößen. Die Übernahmekommission kann lediglich eine Rüge aussprechen, wenn ein Unternehmen gegen die Bestimmungen des Übernahmekodex verstößt. Daneben kann Unternehmen, die den Übernahmekodex verletzen, die Aufnahme in den DAX und M-Dax verweigert werden.

Dementsprechend können etwa die Minderheitsaktionäre in einem zu übernehmenden Unternehmen auf der Grundlage des freiwilligen Übernahmekodexes nichts unternehmen. Erst durch eine Verpflichtungserklärung im konkreten Angebot an die Aktionäre werden dagegen im Falle einer Verletzung der Kodexregelungen vertragliche Schadensersatz- oder Unterlassungsansprüche begründet.

bb) Begriffe des Bieters und der Zielgesellschaft

Der Übernahmekodex unterscheidet zwischen dem Bieter und der Zielgesellschaft.

Bieter im Sinne des Übernehmekodexes ist jede natürliche oder juristische Person mit Sitz im In- oder Ausland, die allein oder gemeinsam mit anderen Personen ein öffentliches Angebot abgibt. Zielgesellschaft im Sinne des Übernahmekodexes ist jede Aktiengesellschaft oder Kommanditgesellschaft auf Aktien mit Sitz im Inland,

---

137 Siehe Handelsblatt vom 11.03.2000, S. 13. Zu den rechtlichen Streitpunkten im Ringen um ein Übernahmegesetz eingehend Bohl, FAZ vom 06.03.2000, S. 21.

138 Siehe dazu: Alistair Defriez, in: von Rosen/Seifert, Die Übernahme börsennotierter Unternehmen, S. 29 ff.

deren Wertpapiere Gegenstand eines öffentlichen Übernahmeangebots sind und die an einer inländischen Börse zum Handel zugelassen oder mit ihrer Zustimmung in den Freiverkehr einbezogen sind.

cc) Pflichten des Bieters

Der Übernahmekodex regelt zunächst den Inhalt des öffentlichen Übernahmeangebots, welches der Bieter den Aktionären der Zielgesellschaft vorlegt. Das Dokument hat nach Art. 7 des Übernahmekodexes unter anderem Angaben zu enthalten

- zum Bieter und dessen Kapitalverflechtung mit der Zielgesellschaft,
- zu den Wertpapieren, die Gegenstand des Angebotes sind,
- zur Gegenleistung und Abwicklung des Angebotes,
- zur Angebotsfrist und
- zu den Absichten, die der Bieter mit seinem Angebot verfolgt.

Das in Art. 1 statuierte Gleichbehandlungsgebot aller Aktionäre ist ein wesentlicher Inhalt des Übernahmekodexes. Daraus ergibt sich für den Bieter die Pflicht, im Rahmen eines öffentlichen Angebots allen Aktionären der Zielgesellschaft ein inhaltlich gleiches Angebot zu unterbreiten. Zusätzlich bestehen nach Art. 13 bis 15 verschiedene Nachbesserungspflichten. Erwirbt der Bieter während der Angebotsfrist Aktien der Zielgesellschaft zu besseren Konditionen als in seinem öffentlichen Angebot, so muss er gemäß Art. 13 diese Konditionen auch den anderen Aktionären einräumen. Weiterhin muss er nach Art. 14 bei einer Nachbesserung seines Angebots diejenigen Aktionäre, die das Angebot bereits angenommen haben, nachträglich ebenfalls an der Nachbesserung teilhaben lassen. Schließlich hat der Bieter nach Art. 15 auch bei einem besseren Angebot, das er nach Ablauf der Angebotsfrist abgibt, allen Aktionären, die das erste Angebot angenommen haben, die entsprechende Nachbesserung zu gewähren.

Das sog. Pflichtangebot ist das zweite wesentliche Kernstück des Übernahmekodexes. Nach Art. 16 muss der Bieter, wenn er die Kontrolle über die Zielgesellschaft erlangt hat, unverzüglich allen anderen Inhabern von Wertpapieren der Zielgesellschaft ein Angebot zur Übernahme ihrer Papiere unterbreiten. Die Kontrolle im Sinne des Art. 16 hat der Bieter erreicht, wenn er entweder über die Mehrheit der Stimmrechte der Zielgesellschaft verfügt oder wenn ihm aufgrund von Vereinbarungen mit Wertpapierinhabern der Zielgesellschaft die Stimmrechtsmehrheit zusteht. Daneben besitzt der Bieter die Kontrolle, wenn

- er berechtigt ist, die Mehrheit der Mitglieder des Verwaltungs-, Leitungs- und Aufsichtsorgans der Zielgesellschaft zu bestellen bzw. abzuberufen,
- oder wenn er durch Erwerb oder auf sonstige Weise eine Stimmrechtsmehrheit erlangt, die bei der ersten Beschlussfassung in allen drei vorhergehenden ordentlichen Hauptversammlungen der Zielgesellschaft zu einem Stimmrechtsanteil von jeweils mindestens 3/4 des vertretenen stimmberechtigten Grundkapital geführt hätte. Stimmrechtsmehrheit kann schon bei 20% bis 30% der Aktien erreicht werden, weil die Präsenz in den Hauptversammlungen traditionell sehr niedrig ist.

Der Übernahmekodex legt weiterhin in Art. 17 den Mindestpreis des Pflichtangebotes in der Weise fest, dass er den höchsten Börsenpreis in den letzten drei Monaten nicht unterschreiten darf.

Die Angebotsfrist beträgt mindestens 28 und höchstens 60 Tage. Kauft der Bieter während der Angebotsfrist Aktien zu besseren als im eigenen Angebot genannten Bedingungen (etwa von institutionellen Investoren), so müssen diese Konditionen allen anderen Anteilseignern der Zielgesellschaft gewährt werden. Eine Verpflichtung zu Barofferten sieht der Übernahmekodex nicht vor. Zulässig ist das (höhere) Angebot eines zweiten Bieters (»Weißer Ritter / White Knight«). Der erste Bieter hat dann das Recht, sein Angebot nachzubessern. Erreicht der Bieter die Kontrolle über die Zielgesellschaft, muss er »unverzüglich« allen anderen Aktionären ein so genanntes »Pflichtangebot« unterbreiten.

dd) Pflichten der Zielgesellschaft

Wesentliche Pflicht des Vorstands der Zielgesellschaft ist nach dem Übernahmekodex die Neutralitätspflicht.[139]

Nach Art. 3 hat der Vorstand der Zielgesellschaft während der Angebotsfrist alles zu unterlassen, was außergewöhnliche Kursbewegungen bei Wertpapieren der Zielgesellschaft auslösen könnte.

Weiterhin darf der Vorstand gemäß Art. 19 nach der Bekanntgabe des öffentlichen Angebots und bis zur Offenlegung des Ergebnisses des Angebots keine Maßnahmen ergreifen, die dem Interesse der Wertpapierinhaber zuwiderlaufen, von dem Angebot Gebrauch zu machen. Hierzu zählen insbesondere Beschlüsse über die Ausgabe neuer Wertpapiere, Veränderungen des Aktiv- oder Passivbestandes der Zielgesellschaft im erheblichen Umfang sowie der Abschluss von Verträgen, die außerhalb des gewöhnlichen Geschäftsbetriebs liegen.

Eine Ausnahme gilt jedoch bei laufenden Kapitalmaßnahmen und bei der Erfüllung von Verträgen, die vor der Bekanntgabe des öffentlichen Angebots von der Zielgesellschaft geschlossen wurden, sowie bei Vorliegen einer ausdrücklichen Genehmigung der Hauptversammlung für diese Maßnahmen im Falle eines öffentlichen Angebotes.

d) Abwehr von feindlichen Übernahmen

Die Neutralitätspflicht des Vorstandes des Zielunternehmens während der Angebotsfrist bedeutet weder nach dem Übernahmekodex noch nach dem Richtlinienvorschlag der Kommission, dass der Vorstand keinerlei Abwehrmaßnahmen entwickeln könnte. Denn zum einen handelt es sich beim Übernahmekodex und dem Richtlini-

139 Kirchner, AG 1999, S. 481 ff.

envorschlag der Kommission (noch) nicht um verbindliche gesetzliche Regelungen. Ferner bestehen auch unter Beachtung des Übernahmekodexes vor allem im präventiven Bereich zahlreiche Möglichkeiten zur Abwehr eines feindlichen Übernahmeversuchs.

aa) Das duale System von Vorstand und Aufsichtsrat / Two tier board

Einen natürlichen Schutzwall gegen feindliche Übernahmen bildet in Deutschland das duale System von Vorstand und Aufsichtsrat. Um die tatsächliche Kontrolle über das Unternehmen zu erlangen, muss der Angreifer die Mitglieder des Vorstandes bestimmen, die jedoch vom Aufsichtsrat ernannt werden. Gemäß § 103 AktG ist die Abwahl eines Aufsichtsratsmitglieds aber nur mit einer 3/4-Mehrheit möglich. Der Vorstand kann vor Ablauf seiner Amtszeit nur bei Vorliegen eines wichtigen Grundes abberufen werden. Dies führt im Zusammmenhang mit der üblichen fünfjährigen Amtszeit eines Aufsichtsrats- oder Vorstands-Mitgliedes dazu, dass ein Angreifer auch beim Erwerb der qualifizierten Mehrheit unter Umständen mehrere Jahre benötigt, bis er die Kontrolle über das operative Geschäft der Zielgesellschaft erlangt.

bb) Poison pill

Die Poison Pill (»Gift Pille«) ist in vielfacher Gestaltung denkbar. Die am meisten in den USA verbreitete Variante sind Optionen, die es den Aktionären der Zielgesellschaft ermöglichen, bei einem Übernahmeversuch Aktien weit unter Marktpreis zu erwerben. In Deutschland kommt vor allem eine Kapitalerhöhung unter Ausschluss des Bezugsrechts der Aktionäre im Rahmen des genehmigten Kapitals zum Zwecke der Ausgabe neuer Aktien – etwa an ein befreundetes Unternehmen oder einen sog. White Knight (»Weißen Ritter«) – in Betracht.

cc) White Knight

Die aktive Suche nach einem Weißen Ritter (»White Knight«), der der Zielgesellschaft zu Hilfe kommt, kann allerdings im Hinblick auf die Neutralitätspflichten des Vorstands nach dem Übernahmekodex ebenfalls problematisch sein. Ist ein White Knight gefunden, so kann ihm die Übernahme durch Ausgabe neuer Aktien auf der Grundlage zuvor genehmigten Kapitals erleichtert werden. Zugleich wird es für den Angreifer durch die Ausgabe der neuen Aktien an einen Dritten schwieriger, die Kontrolle über das Unternehmen zu erwerben, weil er nun mehr Aktien als zuvor erwerben muss. Nach der Regelung des Übernahmekodexes wäre eine solche Strategie freilich nicht zulässig, da sie gegen die Neutralitätspflicht verstößt.

dd) Ausgabe von Namensaktien

Durch die Ausgabe von Namensaktien statt Inhaberaktien kann sich der Vorstand einen besseren Überblick über die Aktionärsstruktur verschaffen und auf diese Weise mögliche Übernahmeversuche schon im Vorfeld erkennen und Gegenmaßnahmen einleiten. Werden die Namensaktien als vinkulierte Namensaktien ausgegeben, bedarf es zudem für den Verkauf von Aktien der Zustimmung des Vorstandes.

ee) Rückkauf eigener Aktien

Der Rückkauf eigener Aktien führt zu einer Preissteigerung der Aktien und erschwert auf diese Weise die Übernahme des Unternehmens. In Deutschland dürfte dieses Mittel allerdings zur Abwehr einer feindlichen Übernahme wenig erfolgversprechend sein, weil nach dem KonTraG nur bis zu 10% des Grundkapitals erworben werden dürfen und außerdem ein Hauptversammlungsbeschluss erforderlich ist.[140]

ff) Zukauf von Unternehmen

Kurzfristige Zukäufe von anderen Unternehmen durch die Zielgesellschaft können eine Übernahme ebenfalls erschweren, indem als Folge des Zukaufs kartellrechtliche Genehmigungen für die Übernahme ausgeschlossen werden. Allerdings erscheint es fraglich, ob diese Strategie mit der Neutralitätspflicht des Übernahmekodexes vereinbar ist.

gg) Crown Juwels

Eine besonders risikoreiche Verteidigungsmaßnahme ist der Verkauf eines oder mehrerer der rentabelsten Unternehmensbereiche, auf die es der Angreifer möglicherweise besonders abgesehen hat. Als außerordentlich nachteilig wirkt sich aber aus, dass hierdurch unter Umständen die Überlebensfähigkeit des Unternehmens gefährdet wird. Zudem ist diese Strategie nicht mit der Neutralitätspflicht zu vereinbaren und bedarf im übrigen im Einzelfall nach den Grundsätzen der Holzmüller-Entscheidung der Zustimmung der Hauptversammlung.

hh) Pac Man

Beim Pac Man versucht die Zielgesellschaft, den Angreifer ihrerseits zu übernehmen. Zulässig ist dies allerdings nur, wenn der Anteil des Angreifers an der Zielgesellschaft nicht über 25% liegt, weil andernfalls § 328 AktG die Ausübung der zur Übernahme notwendigen Rechte untersagt.

---

140 Siehe dazu Vigelius, Aktienrückkauf am Neuen Markt, Finanz Betrieb 2000, S. 221 ff.

5. Unternehmenszusammenschlüsse

Das Gesellschaftrecht geht vom Begriff des Unternehmens als einer auf Dauer angelegten und in der Regel gewinnstrebenden wirtschaftlichen Organisation aus. Bei der Vorbereitung und Durchführung von Mergers & Acquisitions sowie beim Zusammenschluss von (zusammengeführten) Unternehmenseinheiten geht es gesellschaftsrechtlich vor allem darum, einerseits das bestehende ordnungspolitische Umfeld (Rechtsformfragen) und andererseits den Interessenausgleich der Gesellschafter (interne Regelungen unter den Gesellschaftern) im Rahmen der wirtschaftlichen Zielsetzung optimal zu gestalten, anzupassen oder zu begleiten. Die gesellschaftsrechtlichen Maßnahmen berühren dabei vornehmlich Fragen

- der Aufnahme neuer Gesellschafter
- des Gesellschafterwechsels,
- der Veränderung des Kapitals bei Kapitalgesellschaften (die ebenfalls zur Aufnahme neuer Gesellschafter führen kann),
- der Gründung von Personen- und Kapitalgesellschaften
- alle Formen der Umwandlung, und zwar durch
  - Verschmelzung
  - Spaltung
  - Vermögensübertragung
  - Formwechsel.

Mergers & Acquisitions wurden früher in Deutschland – im Gegensatz zu weiten Teilen des Auslandes – erheblich dadurch behindert, dass der Gesetzgeber die Möglichkeiten, Unternehmen vor, bei oder nach Transaktionen umzustrukturieren, nur unzulänglich, unübersichtlich und unvollständig geregelt hatte.

Seit dem 01. Januar 1995 sind die früher bestehenden gesetzlichen Möglichkeiten zur Umwandlung von Unternehmen durch Vermögensübertragung im Wege der Rechtsnachfolge oder durch Wechsel der Rechtsform herausgelöst, für gleichgelagerte Sachverhalte einander angeglichen und für alle betroffenen Rechtsformen der Unternehmen in dem Gesetz zur Bereinigung des Umwandlungsrechtes (UmwBerG) zusammengefasst, systematisiert und erweitert worden. Das UmwBerG hat darüber hinaus zahlreiche neue Möglichkeiten der Umwandlung von Unternehmen geschaffen und sie auf bisher überhaupt nicht oder nur teilweise erfasste Rechtsformen ausgedehnt.[141]

Neben dem neuen Umwandlungsgesetz bleibt das traditionelle Instrumentarium der Unternehmensrestrukturierung (Einbringung von Unternehmen, Kapitalerhöhungen sowie die Veränderung der Personengesellschaftsstruktur unter Heranziehung des Anwachsungsprinzips) weiterhin für die Praxis von Bedeutung.

---

141 Ausführlich hierzu Picot/Müller-Eising, in: Gerhard Picot, Unternehmenskauf und Restrukturierung, Teil 2.

Das Gesellschaftsrecht beinhaltet hierbei nicht nur rechtliche Randbedingungen. Wo es zum Beispiel um Fragen der Kapitalerhöhung oder des Ausschusses von Gesellschaftern geht, können gesellschaftsrechtliche Aspekte vielmehr die alleinigen Beweggründe für eine Umstrukturierung darstellen.

a) Die Umwandlungs-Arten und umwandlungsfähigen Unternehmen

Als »Umwandlungs«-Arten sieht § 1 des neuen Umwandlungsgesetzes – abweichend vom bisherigen Sprachgebrauch des Umwandlungsgesetzes 1969 – die Verschmelzung, die Spaltung, die Vermögensübertragung und den Rechtsformwechsel vor. Diese Aufzählung ist abschließend, sodass andere Umwandlungsarten einer ausdrücklichen gesetzlichen Regelung bedürfen. Die genannten Umwandlungsarten sind im neuen Umwandlungssgesetz im einzelnen sehr detailliert dargestellt; dabei werden angesichts der Vielzahl der Umwandlungsfälle aus Gründen der Übersichtlichkeit und Vereinfachung die für alle Rechtsformen geltenden Regeln jeweils vorangestellt, bevor Einzelfragen bestimmter Rechtsformen zu den verschiedenen Umwandlungsarten geregelt werden.

Als umwandlungsfähige Unternehmen (das neue Gesetz spricht von Rechtsträgern) werden dabei durchgehend Personenhandels- und Kapitalgesellschaften (GmbH, Aktiengesellschaft) sowie teilweise auch die übrigen Rechtsformen angesehen, sofern diese Gesellschaften ihren Sitz im Inland haben.

aa) Die Verschmelzung

Als erstes befasst sich das neue Umwandlungsgesetz in seinen §§ 2 bis 122 mit der Verschmelzung. Bei diesem Vorgang wird das Vermögen eines oder mehrerer Unternehmen als Ganzes auf einen neuen oder bereits bestehenden Rechtsträger überführt, wofür wiederum Anteile an diesem Rechtsträger an die Inhaber des übertragenden Unternehmens gewährt werden. Die Ausgestaltung lehnt sich aufgrund der europäischen Vorgaben an die bisherige aktienrechtliche Regelung an.

Gem. § 1 Abs. 1 Umwandlungsgesetz können Verschmelzungen nur zwischen Rechtsträgern mit Sitz im Inland erfolgen; grenzüberschreitende Vorgänge werden von dem neuen Umwandlungsgesetz nicht erfasst. Direkte grenzüberschreitende Verschmelzungen von Unternehmen sind daher nach deutschem Recht noch nicht möglich. Nach der in Deutschland herrschenden Sitztheorie bedeutet dies, dass derzeit nur die in Rechtsformen des deutschen Rechtes bestehenden Gesellschaften verschmolzen werden können.[142] Um solche und andere Hemmnisse nationaler Rechtsordnungen zu überwinden, drängt das europäische Recht – ähnlich, wie dies in der zweiten Hälfte des 19. Jahrhunderts in Deutschland geschehen ist – nach einer An-

142 Der EuGH neigt freilich der Gründungstheorie zu (ZIP 1999, 438 – Centros), dazu Meyer EWiR, 1999, 259; Roth, ZIP 1999, 861 und Werlauff, ZIP 1999, 867.

gleichung der nationalen Unternehmens- und Gesellschaftsrechte sowie der Schaffung einer supranationalen Gesellschaftsform.[143]

Bereits seit der Gründung der Europäischen Wirtschafts-Gemeinschaft arbeiten Experten an der Schaffung einer Europäischen Privatgesellschaft und einer Europäischen Aktiengesellschaft.[144] Bislang leider ohne Erfolg, wenn man einmal von der rechtspraktisch wenig bedeutsamen »Europäischen Wirtschaftlichen Interessenvereinigung – EWIV« absieht. Die hauptsächliche Schwierigkeit für die Entwicklung solcher europäischer Gesellschaftsformen besteht vor allem darin, dass die Beteiligungsrechte der Arbeitnehmer in den Mitgliedstaaten der Europäischen Gemeinschaft äußerst uneinheitlich sind. So lässt sich insbesondere das deutsche Modell der Arbeitnehmer-Mitbestimmung in Europa zumeist nicht vermitteln. Es ist daher der Vorschlag gemacht worden, die europäische Privatgesellschaft in Anlehnung an das Vorbild aus Art. 3 Abs. 2c EWiV-VO notfalls nur für Unternehmen mit weniger als 500 Arbeitnehmern zu öffnen, um auf diese Weise die Mitbestimmungsproblematik zu vermeiden. Dieser Ansatz macht durchaus Sinn, da mehr als 99% der europäischen Unternehmen weniger als 500 Arbeitnehmer beschäftigen.[145]

Die Praxis sieht sich deshalb gezwungen, selbst Modelle zu erzeugen, um die Zusammenführung globaler Unternehmenseinheiten zu ermöglichen. Dabei bedient sie sich derjenigen nationalen Rechtsordnung, die für komplexe Transaktionsstrukturen die größtmögliche Gestaltungsfreiheit bietet. Ein Beispiel ist etwa das »Business Combination Agreement« bei DaimlerChrysler, das als Modell für weitere supranationale Unternehmenszusammenschlüsse dienen mag. Obwohl dieser Kernvertrag des Unternehmenszusammenschlusses in weiten Teilen gesellschaftsrechtliche Maßnahmen nach deutschem Recht zum Gegenstand hat, unterstellten die Vertragspartner diesen Vertrag dem flexibleren Recht des US-Bundesstaates Delaware.[146]

§ 5 UmwG regelt den Inhalt des Verschmelzungsvertrages. Gemäß Abs. 1 dieser Bestimmung muss der Vertrag oder sein Entwurf mindestens folgende Angaben enthalten:

1. den Namen oder die Firma und den Sitz der an der Verschmelzung beteiligten Rechtsträger;
2. die Vereinbarung über die Übertragung des Vermögens jedes übertragenden Rechtsträgers als Ganzes gegen Gewährung von Anteilen oder Mitgliedschaften an dem übernehmenden Rechtsträger;
3. das Umtauschverhältnis der Anteile und gegebenenfalls die Höhe der baren Zuzahlung oder Angaben über die Mitgliedschaft bei dem übernehmenden Rechtsträger;

143 Vgl. Hommelhoff/Helms, GmbHR 1999, 53 ff.; Helms GmbHR 1999, 963 ff.
144 Vgl. hierzu Rasner, ZGR 1992, 315 ff.; Heinze, AG 1997, 289 ff.
145 Vgl. Hommelhoff/Helms, GmbHR 1999, 53, 58.
146 Vgl. Thoma/Reuter, M&A Review 1999, 314 ff.

4. die Einzelheiten für die Übertragung der Anteile des übernehmenden Rechtsträgers oder über den Erwerb der Mitgliedschaft bei dem übernehmenden Rechtsträger;
5. den Zeitpunkt, von dem an diese Anteile oder die Mitgliedschaften einen Anspruch auf einen Anteil am Bilanzgewinn gewähren, sowie alle Besonderheiten in bezug auf diesen Anspruch;
6. den Zeitpunkt, von dem an die Handlungen der übertragenden Rechtsträger als für Rechnung des übernehmenden Rechtsträgers vorgenommen gelten (Verschmelzungsstichtag);
7. die Rechte, die der übernehmende Rechtsträger einzelnen Anteilsinhabern sowie den Inhabern besonderer Rechte wie Anteile ohne Stimmrecht, Vorzugsaktien, Mehrstimmrechtsaktien, Schuldverschreibungen und Genussrechte gewährt, oder die für diese Personen vorgesehenen Maßnahmen;
8. jeden besonderen Vorteil, der einem Mitglied eines Vertretungsorgans oder eines Aufsichtsorgans der an der Verschmelzung beteiligten Rechtsträger, einem geschäftsführenden Gesellschafter, [einem Partner,] einem Abschlussprüfer oder einem Verschmelzungsprüfer gewährt wird;
9. die Folgen der Verschmelzung für die Arbeitnehmer und ihre Vertretungen sowie die insoweit vorgesehenen Maßnahmen.

Befinden sich alle Anteile eines übertragenden Rechtsträgers in der Hand des übernehmenden Rechtsträgers, so entfallen gemäß § 5 Abs. 2 UmwG die Angaben über den Umtausch der Anteile (Abs. 1 Nr. 2 bis 5), soweit sie die Aufnahme dieses Rechtsträgers betreffen.

Der Vertrag oder sein Entwurf ist gemäß § 5 Abs. 3 UmwG spätestens einen Monat vor dem Tage der Versammlung der Anteilsinhaber jedes beteiligten Rechtsträgers, die gemäß § 13 Abs. 1 UmwG über die Zustimmung zum Verschmelzungsvertrag beschließen soll, dem zuständigen Betriebsrat dieses Rechtsträgers zuzuleiten.

bb) Die Spaltung

Weitgehend neu ist der Vorgang der Spaltung (§§ 123 – 173 UmwG). Zwar waren Spaltungsvorgänge schon bisher durch bestimmte andere rechtliche Konstruktionen, insbesondere im Wege der Einzelrechtsübertragung, möglich. Das Umwandlungsgesetz eröffnet jetzt aber erstmals allgemein die Möglichkeit der Spaltung im Wege der Gesamtrechtsnachfolge (§§ 123 ff. UmwG). Dabei unterscheidet das UmwG zwischen

- Aufspaltung
- Abspaltung
- Ausgliederung.

Bei der Aufspaltung (§ 123 Abs. 1 UmwG) löst sich ein Rechtsträger ohne Abwicklung auf, indem er im Wege der Sonderrechtsnachfolge sein gesamtes Vermögen auf mehrere andere Rechtsträger (mindestens 2) verteilt; dafür werden den Anteilsinhabern des übertragenden Rechtsträgers wie bei der Verschmelzung Anteile an den übernehmenden (u.U. neuen) Rechtsträgern gewährt. Demgemäß kann ein Rechtsträger (übertragender Rechtsträger) unter Auflösung ohne Abwicklung sein Vermögen aufspalten

1. zur Aufnahme durch gleichzeitige Übertragung der Vermögensteile jeweils als Gesamtheit auf andere bestehende Rechtsträger (übernehmende Rechtsträger) oder
2. zur Neugründung durch gleichzeitige Übertragung der Vermögensteile jeweils als Gesamtheit auf andere, von ihm dadurch gegründete neue Rechtsträger gegen Gewährung von Anteilen oder Mitgliedschaften dieser Rechtsträger an die Anteilsinhaber des übertragenden Rechtsträgers (Aufspaltung).

Bei der Abspaltung (§ 123 Abs. 2 UmwG) überträgt ein Rechtsträger nur einen Teil oder Teile seines Vermögens, sodass er weiterhin bestehen bleibt. Für die Übertragung des Vermögensteils, in der Regel eines Betriebes oder mehrere Betriebe, werden den Inhabern des übertragenen Rechtsträgers wiederum Anteile an den empfangenden Rechtsträgern gewährt. Bei der Aufspaltung wird das Unternehmen, das sein Vermögen überträgt, aufgelöst. Bei der Abspaltung und der Ausgliederung bleibt das Unternehmen dagegen neben den übernehmenden Rechtsträgern bestehen. Demgemäß kann ein Rechtsträger (übertragender Rechtsträger) bei der Abspaltung (§ 123 Abs. 2 UmwG) von seinem Vermögen einen Teil oder mehrere Teile abspalten

1. zur Aufnahme durch Übertragung dieses Teils oder dieser Teile jeweils als Gesamtheit auf einen bestehenden oder mehrere bestehende Rechtsträger (übernehmende Rechtsträger) oder
2. zur Neugründung durch Übertragung dieses Teils oder dieser Teile jeweils als Gesamtheit auf einen oder mehrere, von ihm dadurch gegründeten neuen oder gegründete neue Rechtsträger

gegen Gewährung von Anteilen oder Mitgliedschaften dieses Rechtsträgers oder dieser Rechtsträger an die Anteilsinhaber des übertragenden Rechtsträgers (Abspaltung).

Die Ausgliederung (§ 123 Abs. 3 UmwG) sieht ebenfalls vor, dass nur ein Teil oder Teile des Vermögens auf andere Rechtsträger übertragen werden. Dafür werden die Anteile der übernehmenden oder neuen Rechtsträger an den übertragenden Rechtsträger selbst, nicht dagegen an dessen Inhaber geleistet. Im Hinblick auf die Gegenleistung für die Vermögensübertragung weicht die Ausgliederung von der Aufspaltung und der Abspaltung insofern ab, als bei der Ausgliederung die Anteile an dem das Vermögen übernehmenden Rechtsträger an das übertragende Unternehmen selbst, bei der Auf- und Abspaltung hingegen an die Inhaber des übertragenden Unternehmens geleistet werden. Ein Rechtsträger (übertragender Rechtsträger) kann demgemäß nach § 123 Abs. 3 UmwG aus seinem Vermögen einen Teil oder mehrere Teile ausgliedern

1. zur Aufnahme durch Übertragung dieses Teils oder dieser Teile jeweils als Gesamtheit auf einen bestehenden oder mehrere bestehende Rechtsträger (übernehmende Rechtsträger) oder

2. zur Neugründung durch Übertragung dieses Teils oder dieser Teile jeweils als Gesamtheit auf einen oder mehrere, von ihm dadurch gegründeten neuen oder gegründete neue Rechtsträger

gegen Gewährung von Anteilen oder Mitgliedschaften dieses Rechtsträgers oder dieser Rechtsträger an den übertragenden Rechtsträger (Ausgliederung).

Gemäß § 123 Abs. 4 UmwG kann die Spaltung auch durch gleichzeitige Übertragung auf bestehende und neue Rechtsträger erfolgen.

Der Spaltungs- und Übernahmevertrag oder sein Entwurf muss gemäß § 126 Abs. 1 UmwG mindestens folgende Angaben enthalten:

1. den Namen oder die Firma und den Sitz der an der Spaltung beteiligten Rechtsträger;
2. die Vereinbarung über die Übertragung der Teile des Vermögens des übertragenden Rechtsträgers jeweils als Gesamtheit gegen Gewährung von Anteilen oder Mitgliedschaften an den übernehmenden Rechtsträgern;
3. bei Aufspaltung und Abspaltung das Umtauschverhältnis der Anteile und gegebenenfalls die Höhe der baren Zuzahlung oder Angaben über die Mitgliedschaft bei den übernehmenden Rechtsträgern;
4. bei Aufspaltung und Abspaltung die Einzelheiten für die Übertragung der Anteile der übernehmenden Rechtsträger oder über den Erwerb der Mitgliedschaft bei den übernehmenden Rechtsträgern;
5. den Zeitpunkt, von dem an diese Anteile oder die Mitgliedschaft einen Anspruch auf einen Anteil am Bilanzgewinn gewähren, sowie alle Besonderheiten in bezug auf diesen Anspruch;
6. den Zeitpunkt, von dem an die Handlungen des übertragenden Rechtsträgers als für Rechnung jedes der übernehmenden Rechtsträger vorgenommen gelten (Spaltungsstichtag);
7. die Rechte, welche die übernehmenden Rechtsträger einzelnen Anteilsinhabern sowie den Inhabern besonderer Rechte wie Anteile ohne Stimmrecht, Vorzugsaktien, Mehrstimmrechtsaktien, Schuldverschreibungen und Genussrechte gewähren, oder die für diese Personen vorgesehenen Maßnahmen;
8. jeden besonderen Vorteil, der einem Mitglied eines Vertretungsorgans oder eines Aufsichtsorgans der an der Spaltung beteiligten Rechtsträger, einem geschäftsführenden Gesellschafter, [einem Partner,] einem Abschlussprüfer oder einem Spaltungsprüfer gewährt wird;
9. die genaue Bezeichnung und Aufteilung der Gegenstände des Aktiv- und Passivvermögens, die an jeden der übernehmenden Rechtsträger übertragen werden, sowie der übergehenden Betriebe und Betriebsteile unter Zuordnung zu den übernehmenden Rechtsträgern;
10. bei Aufspaltung und Abspaltung die Aufteilung der Anteile oder Mitgliedschaften jedes der beteiligten Rechtsträger auf die Anteilsinhaber des übertragenden Rechtsträgers sowie den Maßstab für die Aufteilung;
11. die Folgen der Spaltung für die Arbeitnehmer und ihre Vertretungen sowie die insoweit vorgesehenen Maßnahmen.

Soweit für die Übertragung von Gegenständen im Falle der Einzelrechtsnachfolge in den allgemeinen Vorschriften eine besondere Art der Bezeichnung bestimmt ist, sind diese Regelungen gemäß § 126 Abs. 2 UmwG auch für die Bezeichnung der Gegenstände des Aktiv- und Passivvermögens (Absatz 1 Nr. 9) anzuwenden. § 28 der Grundbuchordnung ist zu beachten. Im übrigen kann auf Urkunden wie Bilanzen und Inventare Bezug genommen werden, deren Inhalt eine Zuweisung des einzelnen Gegenstandes ermöglicht; die Urkunden sind dem Spaltungs- und Übernahmevertrag als Anlagen beizufügen.

Der Vertrag oder sein Entwurf ist gemäß § 126 Abs. 3 UmwG spätestens einen Monat vor dem Tage der Versammlung der Anteilsinhaber jedes beteiligten Rechtsträgers, die gemäß § 25 UmwG in Verbindung mit § 13 Abs. 1 UmwG über die Zustimmung zum Spaltungs- und Übernahmevertrag beschließen soll, dem zuständigen Betriebsrat dieses Rechtsträgers zuzuleiten.

cc) Die Vermögensübertragung

Die Vermögensübertragung (§§ 174 – 189 UmwG) unterscheidet sich von der Verschmelzung ebenfalls durch die Art der Gegenleistung. Zwar wird auch bei der Vermögensübertragung das Vermögen als Ganzes im Wege der Gesamtrechtsnachfolge auf einen anderen Rechtsträger übertragen; die Gegenleistung besteht aber nicht in der Gewährung von Anteilen an diesem Rechtsträger, sondern wird in anderer Form, insbesondere in Geld erbracht.

Gemäß § 174 Abs. 1 UmwG kann ein Rechtsträger (übertragender Rechtsträger) unter Auflösung ohne Abwicklung sein Vermögen als Ganzes auf einen anderen bestehenden Rechtsträger (übernehmender Rechtsträger) gegen Gewährung einer Gegenleistung an die Anteilsinhaber des übertragenden Rechtsträgers, die nicht in Anteilen oder Mitgliedschaften besteht, übertragen (Vollübertragung).

Ein Rechtsträger (übertragender Rechtsträger) kann nach § 174 Abs. 2 UmwG

1. unter Auflösung ohne Abwicklung sein Vermögen aufspalten durch gleichzeitige Übertragung der Vermögensteile jeweils als Gesamtheit auf andere bestehende Rechtsträger,
2. von seinem Vermögen einen Teil oder mehrere Teile abspalten durch Übertragung dieses Teils oder dieser Teile jeweils am Gesamtheit auf einen oder mehrere bestehende Rechtsträger oder
3. aus seinem Vermögen einen Teil oder mehrere Teile ausgliedern durch Übertragung dieses Teils oder dieser Teile jeweils als Gesamtheit auf einen odere mehrere bestehende Rechtsträger

gegen Gewährung der in § 174 Absatz 1 UmwG bezeichneten Gegenleistung in den Fällen der Nummern 1 und 2 an die Anteilsinhaber des übertragenden Rechtsträgers, im Falle der Nummer 3 an den übertragenden Rechtsträger (Teilübertragung).

Eine Vollübertragung oder Teilübertragung ist gemäß § 175 UmwG jeweils nur möglich

1. von einer Kapitalgesellschaft auf den Bund, ein Land, eine Gebietskörperschaft oder einen Zusammenschluss von Gebietskörperschaften;
2. a) von einer Versicherungs-Aktiengesellschaft auf Versicherungsvereine auf Gegenseitigkeit oder auf öffentlich-rechtliche Versicherungsunternehmen;
   b) von einem Versicherungsverein auf Gegenseitigkeit auf Versicherungs-Aktiengesellschaften oder auf öffentlich-rechtliche Versicherungsunternehmen;
   c) von einem öffentlich-rechtlichen Versicherungsunternehmen auf Versicherungs-Aktiengesellschaften oder auf Versicherungsvereine auf Gegenseitigkeit.

dd) Der Formwechsel

Beim Formwechsel (§§ 190 – 304 UmwG) geht es – anders als bei den vorgenannten Umwandlungsformen – nicht um eine Vermögensübertragung im eigentlichen Sinne; das formwechselnde Unternehmen ändert lediglich seine Rechtsform und die rechtliche Struktur, nicht aber seine Identität (§ 190 Abs. 1 UmwG). Im Zusammenhang mit der Restrukturierung von Unternehmen nach einem Unternehmenskauf ist dabei der Formwechsel von einer Kapitalgesellschaft in eine Personengesellschaft von besonderem Interesse, um dabei durch Buchwertaufstockung zusätzliches Abschreibungspotenzial zu schaffen. Dadurch kann der Cash Flow der erworbenen Gesellschaft erhöht und damit die Finanzierung des Unternehmenskaufs erleichtert werden.

Gemäß § 191 Abs. 1 UmwG können formwechselnde Rechtsträger sein

1. Personenhandelsgesellschaften (§ 3 Abs. 1 Nr. 1) [und Partnergesellschaften];
2. Kapitalgesellschaften (§ 3 Abs. 1 Nr. 2);
3. eingetragene Genossenschaften;
4. rechtsfähige Vereine;
5. Versicherungsvereine auf Gegenseitigkeit;
6. Körperschaften und Anstalten des öffentlichen Rechts.

Nach § 191 Abs. 2 UmwG können Rechtsträger neuer Rechtsformen sein:

1. Gesellschaften des bürgerlichen Rechts;
2. Personenhandelsgesellschaften [und Partnerschaftsgesellschaften];
3. Kapitalgesellschaften;
4. eingetragene Genossenschaften.

Der Formwechsel ist gemäß § 191 Abs. 3 UmwG auch bei aufgelösten Rechtsträgern möglich, wenn ihre Fortsetzung in der bisherigen Rechtsform beschlossen werden könnte.

b) Das Verfahren bei den Umwandlungen

Bei allen Umwandlungsarten des UmwG ist das Verfahren nunmehr ähnlich ausgestaltet.

Als Grundlage ist regelmäßig ein Vertrag (Verschmelzung- oder Spaltungsvertrag) abzuschließen. Bei einer Aufspaltung, bei der ausschließlich neue Rechtsträger entstehen, und beim Formwechsel muss ein entsprechender Plan bzw. Entwurf vorliegen. Für diese Verträge, Pläne und Entwürfe schreibt das Gesetz jeweils den oben dargestellten Mindestinhalt vor.

Darüber hinaus ist durch die Vertretungsorgane der beteiligten Unternehmen grundsätzlich ein Umwandlungsbericht (Verschmelzungs-, Spaltungs- oder Ausgliederungsbericht) zu erstellen, der die jeweiligen Anteilsinhaber über die Einzelheiten der Umwandlung informieren soll. Die Anteilsinhaber müssen einen Beschluss über die Umwandlung (Verschmelzungs-, Spaltungs- oder Umwandlungsbeschluss) fassen. Die Klagemöglichkeiten gegen einen derartigen Beschluss sind eingeschränkt worden. Insbesondere berechtigt ein unangemessenes Umtauschverhältnis oder ein unangemessenes Barabfindungsangebot nicht zur Anfechtung des jeweiligen Beschlusses. Die Anteilsinhaber können die Angemessenheit der Gegenleistung vielmehr in einem besonderen Spruchverfahren (§§ 305 – 312 UmwG) überprüfen lassen. Wirksam wird die Umwandlung jeweils erst mit Eintragung in dem zuständigen Register.

Insgesamt regelt das neue UmwG über die Schaffung zahlreicher neuer Umwandlungsmöglichkeiten hinaus eine Reihe von Verfahrensfragen, stärkt die Eigenverantwortlichkeit der von den Umwandlungsvorgängen betroffenen Anteilsinhaber und führt zu einem verstärkten Schutz der Arbeitnehmerinteressen.

6. Joint Ventures und Kooperationen

Joint Ventures und Kooperationen sind zu einem unverzichtbaren Bestandteil des internationalen Wirtschaftslebens geworden. Sie bieten eine wichtige Strategieoption für Unternehmen, die im Rahmen von Globalisierungsbestrebungen oder aufgrund anderen Wettbewerbsdrucks nicht selbst in ausreichendem Umfang über das Kapital, die Kenntnisse oder den Marktzugang verfügen, die zur Erreichung ihrer kommerziellen Ziele auf einem bestimmten Sektor erforderlich sind.[147]

a) Einführung und begriffliche Abgrenzung

Es ist daher kaum verwunderlich, dass Joint Ventures weltweit als Form der Unternehmensorganisation üblich geworden sind. Und dennoch gibt es in Deutschland sowie den meisten anderen Ländern weder eine spezielle Unternehmensform, die rechtlich als Joint Venture anerkannt wird, noch ein besonderes Joint Venture-Recht.

147 Eingehend zu den Arten der Unternehmenskooperationen siehe Jansen, Mergers & Acquisitions, Unternehmensakquisitionen und -kooperationen, S. 90 – 141.

Kaum verwunderlich ist es daher auch, dass eine klare Definition des Begriffs Joint Venture nicht existiert. Allgemein lässt sich sagen, dass Joint Ventures ein weites Spektrum von Vereinbarungen abdecken, bei denen zwei oder mehr bestehende Unternehmen übereinkommen, ein gemeinsames Unternehmen oder eine gemeinschaftliche geschäftsbezogene Aktivität zu beginnen. Als sinnvoll hat sich zudem die Unterscheidung zwischen Contractual Joint Venture und Equity Joint Venture herausgestellt. Contractual Joint Ventures bestehen aus rein schuldrechtlichen Absprachen zwischen den beteiligten Unternehmen, ohne dass es zu einer organisatorischen Verselbstständigung der beabsichtigten Zusammenarbeit in Form einer Projektgesellschaft kommt. Equity Joint Ventures sind dagegen durch das Vorhandensein einer Joint Venture Gesellschaft gekennzeichent, sei es in Form einer Personengesellschaft oder einer Kapitalgesellschaft.[148]

b) Zentrale Regelungsbereiche eines Joint Ventures

Bei der Planung und Durchführung eines Joint Ventures ergeben sich regelmäßig bestimmte Schlüsselprobleme, die zu beachten sind, insbesondere im Zusammenhang mit einer internationalen Unternehmung, bei der Vermögensgegenstände und/oder Parteien aus verschiedenen Rechtsordnungen involviert sind. Bei der Ausgestaltung des Joint Ventures sind daher folgende Aspekte zu berücksichtigen:

aa) Haftung

Die Joint Venture Partner werden im Regelfall daran interesiert sein, ihre Haftung zu beschränken. Eine Haftungsbegrenzung kann bei einem Equity Joint Venture durch die Wahl einer entsprechenden Gesellschaftsform erreicht werden; in Deutschland etwa durch die Errichtung einer GmbH oder GmbH & Co KG. Auch die Haftung im Innenverhältnis zwischen der Joint Venture-Partnern sollte geregelt werden.

bb) Steuerliche Belastungen

Die Einschätzung der steuerlichen Belastungen, die durch eine bestimmte Gestaltung entstehen, ist von grundlegender Bedeutung. In vielen Fällen kann durch die Errichtung einer Personengesellschaft eine größere steuerliche Effizienz erreicht werden. Aufgrund ihrer steuerlichen Transparenz können die anfänglichen Ausgaben unmittelbar den Joint Venture Partnern zugerechnet werden und gegen ihre Gewinne aufgerechnet werden. Dies kann insbesondere dann von Wert sein, wenn in den Anfangsjahren des Joint Venture Verluste erwartet werden.

148 Vgl. hierzu auch: Stephan, in: Schaumburg, Internationale Joint Ventures, S. 99 ff.; Zacher, IStR 1997, 408 ff.

cc) Bilanztechnische Behandlung

Die Behandlung der Unternehmung in den Bilanzen der Muttergesellschaften kann von Belang sein und wird u.a. je nach Größe und Einfluss der Beteiligung jeder der Muttergesellschaften an der Unternehmung unterschiedlich ausfallen. Daher stellt sich in diesem Zusammenhang die Frage, ob es erforderlich – oder wünschenswert – ist, dass die Ergebnisse mit deren Bilanz als »Tochterunternehmen« konsolidiert werden.

dd) Gründungsformalitäten

Hinsichtlich der Gründungsformalitäten ist festzustellen, dass eine Personengesellschaft oder eine einfache vertragliche Vereinbarung im allgemeinen für ein Joint Venture eine Struktur bietet, die schnell und ohne überflüssige Formalitäten oder Kosten für die Registrierung eingerichtet werden kann. Dies kann insbesondere hinsichtlich der Zeitplanung von Vorteil sein. Im Vergleich hierzu sind bei der Errichtung einer Kapitalgesellschaft mehr Formalitäten, Gründungsanforderungen und Registrierungserfordernisse zu erfüllen.

ee) Leitung und Entscheidungskompetenzen

Die Leitung des Joint Venture und die Verteilung der Entscheidungskompetenzen (Corporate Governance) muss klar geregelt werden. Beim Contractual Joint Venture bietet es sich regelmäßig an, eine Kontrollinstanz zu schaffen, an die Zweifels- und Streitfragen herantragen werden können. Beim Equity Joint Venture wird die Frage der Besetzung des Managements und seiner Kompetenzen zentrale Bedeutung zukommen.

ff) Finanzierung

Zwischen den Partnern ist zu regeln, wer die Finanzierungslast trägt. Um die Finanzierung zu sichern, sind zudem präzise Regelungen über die Anforderung von Zahlungen, die Zahlungsfristen und die Folgen der verspäteten oder gänzlich ausbleibenden Zahlung notwendig.

gg) Ausscheiden von Mitgliedern oder Beendigung des Joint Venture

Einer besonderen Regelung bedarf es, unter welchen Voraussetzungen das Joint Venture beendigt werden soll sowie wann und unter welchen Voraussetzungen ein Vertragspartner das Recht haben soll, aus dem Joint Venture auszuscheiden. Auch die Möglichkeit eines zwangsweisen Ausschlusses eines Joint Venture Partners muss geregelt werden. Insbesondere die finanziellen Folgen des Ausscheidens eines Partners aus dem Joint Venture bedürfen einer detailierten Regelung.

hh) Streitbeilegung

Um das Auseinanderfallen eines Joint Ventures im Falle von Meinungsverschiedenheiten zu vermeiden, sind Regelungsmechanismen zu finden, mit denen interne Streitigkeiten gelöst werden können. Für die Praxis besonders geeignet sind die Verlagerung auf eine höhere Instanz sowie die Einschaltung Dritter.

Bei der Verlagerung auf eine höhere Instanz werden höhere Entscheidungsträger der Joint Venture Partner eingeschaltet. Solange zwischen ihnen der Grundkonsens vorhanden ist, werden sie in den meisten Fällen eine Lösung finden. Zudem wird ein psychologischer Druck auf die am Joint Venture direkt beteiligten Personen ausgeübt, die im Regelfall vermeiden möchten, dass ihre Vorgesetzten bei jedem Streit involviert werden.

Bei der Einschaltung Dritter ist es zumeist ein Sachverständiger, der an Stelle der Vertragspartner eine Entscheidung trifft oder ein Schiedsgericht, welches verbindlich entscheidet. Staatliche Gerichte sind hingegen aufgrund der Publizität und langen Dauer der Verfahren ungeeignet.

c) Contractual Joint Ventures

Bei einem Contractual Joint Venture besteht – wie bereits ausgeführt – keine den Joint Venture Partnern gegenüber rechtlich selbstständige Einheit. Ausreichend ist dies vor allem, wenn die Parteien bezüglich eines einmaligen Projekts zusammenarbeiten.

Ein Contractual Joint Venture kann aufgrund seiner Natur ein breites Spektrum verschiedener Bedingungen und Vereinbarungen abdecken. Die genaue Ausgestaltung hängt im wesentlichen von den Besonderheiten des konkreten Vertrages ab.

Dementsprechend lassen sich nur wenige allgemeine Aussagen über die Gestaltung des oder der Verträge bei einem Contractual Joint Venture treffen. Folgendes sollte aber in jedem Fall beachtet werden:

aa) Haftungsregelungen

Bei einem Contractual Joint Venture ist die Haftung der Beteiligten gegenüber Dritten und untereinander zu regeln.

Im Außenverhältnis werden die Joint Venture Partner zumeist gesamtschuldnerisch haften. Denkbar ist aber auch, dass der Projektvertrag mit dem Dritten nur durch einen Joint Venture Partner abgeschlossen wird, sodass auch nur dieser dem Dritten gegenüber haftet. Der Ausgleich unter den Partnern wird dann durch den Joint Venture Vertrag herbeigeführt.

Umgekehrt ist es aber auch möglich, dass die Joint Venture Partner zwar im Außenverhältnis gesamtschuldnerisch haften, im Innenverhältnis aber wie selbstständige Dritte behandelt werden. Vor allem bei großen Bauprojekten werden etwa einzelne Bereiche den jeweiligen Joint Venture Partnern eigenverantwortlich zugewiesen. Bei Mängeln im jeweiligen Bereich wird dann im Innenverhältnis eine Ausgleichszahlung fällig.

bb) Ausscheiden von Mitgliedern

Typischer Fall eines Contractual Joint Venture ist die Bewerbung für ein bestimmtes Projekt. Bis zur Abgabe der Bewerbung für das Projekt ist ein Ausscheiden eines Joint Venture Mitglieds zumeist ohne besonderen Gund zulässig. Sobald die Joint Venture Partner ihre Bewerbung abgegeben haben oder spätestens, wenn sie für das Projekt, für das sie sich zusammengeschlossen haben, den Zuschlag erhalten, sollte eine Kündigung des Joint Venture Vertrages – außer bei Vorliegen eines wichtigen Grundes – grundsätzlich nicht mehr möglich sein.

Die wichtigen Kündigungsgründe sollten soweit wie möglich im Joint Venture Vertrag ausdrücklich genannt werden. Wichtige Kündigungsgründe sollten vor allem ein drohendes Insolvenzverfahren bei einem der Vertragspartner oder wiederholte, schwerwiegende Vertragsverletzungen sein. Zudem sollte vereinbart werden, dass der verbleibende Vertragspartner das Projekt auch allein weiterführen kann. Auch eine Regelung der finanziellen Folgen des Ausscheidens darf nicht vergessen werden.

cc) Die Strategische Allianz als Sonderform des Contractual Joint Venture

Als Sonderform des Contractual Joint Venture kann man die strategische Allianz ansehen, die eine weniger feste Form der Zusammenarbeit ist. Eine genaue Definition der strategischen Allianz gibt es nicht. Bei manchen strategischen Allianzen kann es sich einfach um einen »freundlichen« Rahmen für eine künftige Zusammenarbeit von Projekt zu Projekt handeln. Bei anderen können festere Verbindungen in Form von gemeinsamer Forschung, Austausch von Mitarbeitern und/oder Zusammenfassung von Ressourcen im Spiel sein. Einige Strategische Allianzen können die gesamte Beziehung festigen, indem gegenseitig finanzielle Investitionen vorgenommen werden. Gewöhnlich übernimmt hierbei jede Partei einen kleinen Anteil am Grundkapital der anderen.

d) Equity Joint Ventures

Die Wahl der Rechtsform eines Equity Joint Ventures wird vor allem durch steuerliche Erwägungen bestimmt. Daneben sind bei der Auswahl vor allem die Flexibilität und die ausreichende Steuerungsmöglichkeit durch die Joint Venture Partner wichtige Kriterien.

aa) Die Rechtsform der Gesellschaft beim Equity Joint Venture

Gerade in der jüngeren Zeit wird für die Zusammenarbeit von Unternehmen zunehmend die Rechtsform der selbstständigen Gemeinschaftsgesellschaft (Equity Joint Venture) gewählt.

(1) Übliche Rechtsformen

Oftmals wird dabei in Deutschland die Kommanditgesellschaft in Form der GmbH & Co. KG als Vehikel für Joint Ventures genutzt, da sie die Flexibilität einer Personengesellschaft mit dem Vorteil der Haftungsbeschränkung des Kommanditisten verbindet. Ihre Flexibilität beruht vor allem darauf, dass es keiner Einzahlung eines bestimmten Mindestbetrags der Kommanditeinlage bedarf. Außerdem ist ein Zugriff auf das Gesellschaftsvermögen wesentlich einfacher als etwa bei einer GmbH. Darüber hinaus kann die Kommanditgesellschaft aufgrund ihrer »steuerlichen Transparenz« bei grenzüberschreitenden Transaktionen Steuervorteile bieten.

Ein weiterer großer Vorteil der GmbH & Co. KG ist, dass anders als die OHG und die KG, die GmbH von einem oder mehreren Geschäftsführern anstelle der Gesellschafter geleitet werden kann, sodass die Errichtung einer GmbH & Co. KG auch die Möglichkeit bietet, ein externes Management zu etablieren.

Als ungeeignet ist hingegen die Aktiengesellschaft für ein Joint Venture anzusehen. Die Weisungsgebundenheit des Vorstands gemäß § 76 Abs. (1) AktG, die Satzungsstrenge (vgl. § 23 Abs. (5) AktG) und nicht zuletzt die Kompliziertheit des deutschen Aktienrechts lassen vor allem für einen ausländischen Joint Venture Partner diese Gesellschaftsform als wenig attraktiv erscheinen.

(2) Die Europäische Wirtschaftliche Interessengemeinschaft

Ein Rechtsvehikel über nationale Gesetze hinweg, das eine gewisse Attraktivität für die internationale Zusammenarbeit bietet, ist die Europäische Wirtschaftliche Interessengemeinschaft (EWIG).

Zu den Vorteilen einer EWIG kann man die verhältnismäßig geringen Ausgaben für Errichtung und Verwaltung, die begrenzten Eintragungsanforderungen und die Flexibilität hinsichtlich der Regelungen über Geschäftsführung und Betrieb einer EWIG zählen, die auf die jeweilige Zusammenarbeit zugeschnitten werden können. Dennoch unterliegen EWIGs wesentlichen Beschränkungen, wie z.B. den folgenden:

- eine EWIG muss über Mitglieder mit Sitz in mindestens zwei Staaten der EU oder (neuerdings auch zulässig) innerhalb des weiteren Europäischen Wirtschaftsraums (EWR) verfügen;
- der Zweck einer EWIG darf nicht darin bestehen, Gewinne zu erzielen;
- die Tätigkeit einer EWIG muss den wirtschaftlichen Aktivitäten ihrer Mitglieder untergeordnet sein (d.h. sie darf nicht in einem anderen Bereich tätig sein oder selbst ein unabhängiges Geschäft/Praxis betreiben);
- eine EWIG kann nicht mehr als 500 Mitarbeiter beschäftigen;
- ein einzelnes Mitglied einer EWIG kann nicht eine Stimmenmehrheit an der Gesellschaft halten;
- bestehende Mitglieder müssen die Aufnahme neuer Mitglieder einstimmig genehmigen;
- die Mitglieder einer EWIG haften gesamtschuldnerisch unbegrenzt für deren Schulden und Verbindlichkeiten;

- ein Mitglied einer EWIG haftet für Schulden, die während seiner Mitgliedschaft eingegangen worden sind, für einen Zeitraum von fünf Jahren nach Beendigung seiner Mitgliedschaft weiter.

Eine EWIG ist daher von geringem Nutzen, wenn der Zweck des Joint Venture in erster Linie darin besteht, ein gewinnbringendes Geschäft zu betreiben. Sie hat sich aber als geeignetes Mittel für grenzüberschreitende berufliche Allianzen bei Wirtschaftsprüfern, Rechtsanwälten und Wirtschaftsverbänden erwiesen. Sie kann auch ein geeignetes Mittel für die grenzüberschreitende Zusammenarbeit im Bereich Forschung und Entwicklung zwischen Europäischen Gesellschaften oder für andere nicht gewinnorientierte Unternehmungen sein. Darüber hinaus hat sie sich in der Praxis jedoch als wenig geeignet erwiesen.

(3) Die Europäische Aktiengesellschaft

In der Wirtschaftswelt hoffen viele darauf, dass eine staatenlose Gesellschaftsform in Gestalt der Europäischen Aktiengesellschaft entstehen könnte, die als geeignetes Vehikel für grenzüberschreitende europäische Unternehmen oder, im Zusammenhang mit Joint Ventures, als Joint Venture Vehikel für Joint Venture-Partner mit Sitz in verschiedenen europäischen Rechtssystemen dienen könnte. Die Überlegungen beruhen auf einem Vorschlag der EG-Kommission.[149] Das Ziel soll sein, ein Unternehmensvehikel für die Zusammenarbeit zwischen Unternehmen aus verschiedenen Mitgliedsstaaten zur Verfügung zu stellen und so dazu beizutragen, die nationalen Barrieren zu beseitigen, die die Entwicklung des gemeinsamen Marktes behindern. Das Vorhaben zielt darauf ab, eine neue Art von Gesellschaft unabhängig von nationalem Recht (eine *Societas Europaea* oder SE) zu schaffen.

Ein Hauptproblem ist jedoch der Umfang, in dem Arbeitnehmer im Vorstand der SE vertreten sein oder zumindest zur Teilnahme durch Beratung berechtigt sein sollten, möglicherweise mit einem Veto-Recht unter bestimmten eingeschränkten Umständen.[150] Bisher sind allerdings sämtliche Vorschläge der Europäischen Kommission dazu, wie in dieser Hinsicht weiter vorgegangen werden könnte, fehlgeschlagen.

Weitere Schlüsselmerkmale auf der Grundlage des Entwurfs sind u.a. folgende:

- eine SE müsste Betriebe (z.B. Zweigstellen oder Tochtergesellschaften) in mehr als einem Mitgliedsstaat haben;
- eine SE wäre als Gesellschaft in dem Mitgliedsstaat registriert, in dem sie ihren Hauptsitz hätte;
- jeder Mitgliedsstaat könnte entscheiden, ob eine SE eine ein- oder zweistufige Vorstandsstruktur haben sollte;

149 Hanau, RdA 1998, 231.
150 Hommelhoff, WM 1997, 2101, 2102.

- eine SE könnte durch eine Fusion als neue Gesellschaft oder (was im Zusammenhang mit Joint Ventures wahrscheinlicher ist) durch die Gründung einer Holdinggesellschaft für Tochtergesellschaften in verschiedenen Mitgliedsstaaten bzw. durch Gründung einer gemeinsamen Tochtergesellschaft gegründet werden;
- die SE soll einer Aktiengesellschaft im jeweiligen Mitgliedsstaat ähneln; dabei sollen dann Vorschriften, die für solche Aktiengesellschaften in dem jeweiligen Mitgliedsstaat gelten, verwendet werden, um etwaige Lücken in dem allgemeinen Rahmen des geplanten Gesellschaftsgesetzes auszufüllen; insbesondere wäre das nationale Recht weiterhin anwendbar in so wichtigen Bereichen wie: steuerliche Behandlung (einschließlich grenzüberschreitender Aktivitäten der SE), Buchprüfungs- und Buchführungsanforderungen, Haftung des Vorstands, Aufbringung, Reduzierung und Erhaltung von Kapital.

Die Kombination von Gesetzen begründet erhebliche Unsicherheiten. Darüber hinaus bleiben ohne eine echte EU-weite Harmonisierung der Unternehmenssteuern, steuerliche Faktoren weiterhin entscheidend bei der Errichtung und Lokalisierung von internationalen Joint Ventures. Ob die SE daher in Zukunft als ein Joint Venture Vehikel verwendet werden kann, ist äußerst zweifelhaft.

bb) Der Sitz der Gesellschaft beim Equity Joint Venture

Eine weitere zentrale Frage bei der Errichtung eines internationalen Joint Ventures ist der Sitz der Gesellschaft. Zumeist wird der Sitz der Gesellschaft in demjenigen Land liegen, in dem das Joint Venture tätig sein wird. Wollen die Joint Venture Partner den Sitz hingegen in einem Land errichten, in dem die Gesellschaft nicht tätig sein wird, so sind Fragen des Internationalen Gesellschaftsrechts zu beachten. Einige Rechtsordnungen nehmen diese Frage freilich den Joint Venture Partnern ab, indem sie die so genannte Sitztheorie vertreten, nach der die Gesellschaft derjenigen Rechtsordnung unterliegt, in der sie tatsächlich ihren Verwaltungssitz hat. Inwieweit dies auch für die Bundesrepublik Deutschland in Zukunft noch gelten kann, ist augenblicklich unklar.[151]

e) Die Verhandlung des Joint Venture

Neben der Frage, welche Regelungen in einem Joint Venture Vertrag getroffen werden müssen und wie diese Regelungen inhaltlich zu fassen sind, gibt es weitere Überlegungen, die bei einem Joint Venture immer beachtet werden müssen. Es geht hierbei vor allem um die Verhandlung des Joint Venture zwischen den Vertragsparteien, die – trotz der im Einzelfall großen Unterschiede zwischen einzelnen Joint Ventures – zumeist nach demselben Grundschema abläuft.

---

151 Ebke, JZ 1999, 656, 661; Geyrhalter, EWS 1999, 201, 203. Siehe oben B.IV.5.a) aa).

aa) Die Grundsatzvereinbarung

Ein entscheidender Teil der meisten Verhandlungen von Joint Ventures ist eine Grundsatzvereinbarung (Memorandum of Understanding – MoU) oder jedenfalls eine Absichtserklärung in einem relativ frühen Stadium, wenn die Unternehmensführungen die Ernsthaftigkeit ihrer Absichten bekräftigen und die Grundzüge ihres geplanten Verhältnisses festlegen wollen.

Zumeist werden in solchen Grundsatzvereinbarungen Bestimmungen über die »Exklusivität« vereinbart, d.h. ein Verbot der Verhandlung mit Dritten in vergleichbarer Weise in einem bestimmten Zeitraum. Daneben werden im Zusammenhang mit den Verhandlungen über ein Joint Venture Geheimhaltungvereinbarungen getroffen, die ebenfalls rechtliche Bindungswirkung entfalten sollen.

bb) Genehmigungen Dritter

Für jedes Joint Venture ist es unerlässlich, bereits frühzeitig festzustellen, welche speziellen Genehmigungen Dritter für die Errichtung des Joint Venture erforderlich sind und welche Auswirkungen auf den zeitlichen Ablauf der Errichtung des Joint Venture diese haben können. Folgende Punkte sind zu beachten:

(1) Kartellrecht

Joint Ventures und Vereinbarungen über Zusammenarbeit bedürfen häufig kartellrechtlicher Genehmigungen. Die Einzelheiten werden umfassend unter B. VII. behandelt.

(2) Genehmigung der Gesellschafter

Ist einer der beteiligten Joint Venture Partner in der Rechtsform einer GmbH organisiert, kann aufgrund des Gesellschaftsvertrages die Genehmigung der Gesellschafter erforderlich sein.

Bei einer Aktiengesellschaft ist hingegen die Zustimmung der Aktionäre zur Errichtung des Joint Venture im Prinzip nicht erforderlich, es sei denn, dass nahezu sämtliche Vermögensgegenstände der AG von der Joint Venture Vereinbarung betroffen sind (§ 179a AktG).

Aber auch über diese Bestimmung hinaus muss der Vorstand die Aktionärsrechte in bestimmten Fällen berücksichtigen. Gemäß der so genannten »Holzmüller-Entscheidung« des BGH[152] bedürfen Maßnahmen des Vorstands, die mit einem ernsthaften Eingriff in die Mitglieds- und Vermögensrechte der Aktionäre einhergehen, ebenfalls der Genehmigung der Aktionärsversammlung; konzernfremde Aktionäre haben einen Anspruch auf Entschädigung für die Nachteile, die ihnen durch solche Vereinbarungen entstehen. Dementsprechend erfordert auch die Veräußerung eines wesentlichen Teils des Unternehmens einen Beschluss der Aktionärsversammlung.

---

152 BGHZ 83, 122 ff.

Es ist noch nicht abschließend entschieden worden, wann ein Unternehmensteil als wesentlich zu betrachten ist. In der Literatur wird vorgeschlagen, dass 20 bis 25% der Vermögenswerte einer Aktiengesellschaft als wesentlich anzusehen sind.[153]

(3) Rechte der Arbeitnehmer

Verpflichtungen zur Beratung mit Arbeitnehmervertretern können für die zeitliche Planung des Joint Venture ebenfalls von wesentlicher Bedeutung sein.

Bei der Durchführung der Übertragung eines Betriebs und der Übertragung der entsprechenden Arbeitnehmer auf ein Joint Venture sowie für die mit der Errichtung der Joint Venture Gesellschaft verbundenen Umstrukturierungs- und Reorganisierungsmaßnahmen muss ein komplexes System von arbeitsrechtlichen Vorschriften beachtet werden. Das Betriebsverfassungsgesetz, das Kündigungsschutzgesetz und auch der § 613 a BGB können wesentliche Auswirkungen auf die inhaltliche und zeitliche Gestaltung des Joint Venture haben. (Siehe dazu B.IV.3.d)).

Die gilt insbesondere, wenn das Joint Venture zu einem erheblichen Personalabbau oder einer wesentlichen Veränderung der Arbeitsbedingungen bei den Arbeitnehmern des Joint Venture führt. (Siehe dazu C.IX.).

cc) Der Joint Venture Vertrag

Nach der Grundsatzvereinbarung einigen sich die Vertragspartner auf den Joint Venture Vertrag, das eigentliche »Grundgesetz« des Joint Venture. In ihm werden die meisten der oben bezeichneten Regelungsbereiche eines Joint Venture erfasst.

Sind Konzerne an dem Joint Venture beteiligt, werden vor allem beim Equity Joint Venture häufig Tochtergesellschaften die Anteile am Joint Venture halten. Trotzdem ist für den Joint Venture Vertrag eine Beteiligung der Muttergesellschaft unerlässlich. Denn bei der Muttergesellschaft werden die wichtigen Entscheidungen getroffen, und sie stellt gewöhnlich die finanziellen Ressourcen.

Die vertraglichen Regelungen sollten für das Contractual Joint Venture insbesondere folgende Aspekte umfassen:

- Präambel
- Definitionen
- Umfang des Joint Venture
- Verantwortlichkeiten der Parteien
- Zeitplan
- Hintergrund / Technologie
- Projekt-Know-how
- Verwendung des Know-how
- Vertraulichkeit

---

153 Münchener Handbuch des Gesellschaftsrechts Bd. 4 – Krieger, § 69, Rn. 8; Lutter, FS Stimpel 1985, 825, 850.

- Struktur
- Projekt-Management
- Änderungen
- Finanzierung
- Inhaberschaft / Verwendungen
- Haftung / Verantwortlichkeit
- Force Majeure
- Laufzeit / Beendigung
- Exklusivität
- Schiedsregelung
- Wettbewerbsvereinbarung
- Verschiedenes
- Anlagen.

Für das Equity Joint Venture sollten die vertraglichen Regelungen folgende Aspekte einbeziehen:

- Präambel
- Definitionen
  - Definitionen
  - Vertragspartner
- Errichtung des Joint Ventures
  - Gegenstand des Joint Ventures
  - Gesellschaftsstruktur des Joint Ventures
  - Gesellschaftszweck
    - Rechtsform, Firma, Sitz des Joint Venture
    - Satzung, Geschäftsordnungen des Joint Venture
  - Wirtschaftlicher Stichtag für die Errichtung des Joint Venture
  - Verwaltung des Joint Venture
    - Vorstand / Geschäftsführung
    - Besetzung
    - Leitung des Joint Venture
    - Verwaltungssitz
    - Aufsichtsrat
    - Gesellschafterausschuss
  - Einbringung in das Joint Venture
    - Beteiligung der Vertragspartner
    - Grundsätze der beiderseitigen Zusammenführung der Geschäftsaktivitäten
    - Vermögensgegenstände
    - Know-how
    - Patente, Schutzrechte
    - Lizenz-, Kooperations- und Beratungsverträge
    - Vertriebsvereinbarungen
    - Angebote/Auftragsbestand
    - Sonstige Verträge

    - Mitarbeiter
    - Überleitung der Vertragsverhältnisse
  - Einbringung der Geschäftsbereiche sowie der Beteiligungen im In- und Ausland
- Bilanzen / Ausgleich
  - Bilanzen
  - Ausgleich / Anpassungen
- Aufschiebende Bedingung / Closing
  - Aufschiebende Bedingung
  - Closing
- Beziehungen der Vertragspartner untereinander und zum Joint Venture
  - Grundsätze
    - Parität, Einvernehmlichkeit
    - Arm's Length
  - Finanzierung des Joint Venture / Cash Management / Sicherheiten
  - Partnerausschuss
  - Unternehmensvertrag
  - Berichtswesen, Jahresabschluss und Investor Relations
  - Wettbewerbsverbot
  - Lizenz- und Dienstleistungsverträge
    - Gewerbliche Schutzrechte
    - Namens- und Markenlizenzvertrag
    - Sonstige Dienstleistungsverträge
  - Integrationskonzept und Management Appraisal
- Ausgleichszahlungen
  - Bewertung
  - Bilanzgarantie
  - Ausgleich
- Gewährleistungen, Due Diligence
  - Gewährleistungen
    - Gegenseitige Gewährleistungen
    - Gewährleistungszeitpunkt
  - Rechtsfolgen der Gewährleistungen
    - Nachbesserung und Schadensersatz
    - Ausschluss weitergehender Rechte
    - Freibetrag und Haftungsobergrenze
    - Verjährung
    - Aufrechnungsverbot, Zurückbehaltungsrecht
  - Due Diligence
- Freistellungen
  - Rechtsstreite vor dem Stichtag
  - Rückrufaktionen
  - Umweltbeeinträchtigungen
- Inkrafttreten des Joint Venture

  - Aufschiebende Bedingungen, Zustimmungsvorbehalte
  - Kartellrechtliche Freigabe
  - Closing
    - Tag des Closing
    - Closing-Aktivitäten
    - Fortführung der Geschäftsbereiche bis zum Closing
- Laufzeit des Joint Venture, Beendigung der Zusammenarbeit
  - Laufzeit
  - Change of Control
  - Veräußerung von Anteilen
    - Andienungspflicht / Put Option / Call Option
    - Vorkaufsrecht
    - Rechtsnachfolge
- Verschiedenes
  - Durchsetzung der Rechte und Pflichten aus diesem Vertrag
  - Haftung
  - Kosten
  - Vertraulichkeit, Kommunikation
  - Rechtswahl, Schiedsklausel
  - Weitere Vereinbarungen, Schriftform, Überschriften
  - Salvatorische Klausel
  - Erklärungsadressaten
- Anlagen.

dd) Gesellschaftsverträge

Beim Equity Joint Venture ist neben dem Joint Venture Vertrag zusätzlich noch der Abschluss von Gesellschaftsverträgen erforderlich. Grundsätzlich wäre es beim Equity Joint Venture sogar möglich, auf einen Joint Venture Vertrag zu verzichten und sämtliche Regelungen im Gesellschaftsvertrag zu treffen. Die damit verbundene Publizität (der Gesellschaftsvertrag ist öffentlich einsehbar) führt aber im Regelfall zum Abschluss eines vom Gesellschaftsvertrag getrennten Joint Venture Vertrags.

Zudem ist darauf zu achten, dass der Gesellschaftsvertrag auf den Joint Venture Vertrag abgestimmt wird. Im Joint Venture Vertrag sollten daher auch entsprechende Pflichten zu einer Anpassung des Gesellschaftsvertrags für den Fall enthalten sein, dass Widersprüche auftreten. Daneben sollte im Joint Venture Vertrag der Vorrang des Joint Venture Vertrages gegenüber dem Gesellschaftsvertrag ausdrücklich hervorgehoben werden.

f) Gewährleistung und Due Diligence

Ein wichtiges Sonderproblem, welches sich bei den Verhandlungen für ein Joint Venture immer wieder ergibt, ist die Frage, in welchem Umfang Gewährleistungen oder

Freistellungen von der anderen Joint-Venture-Partei verlangt werden können. Insbesondere, wenn wesentliche Vermögensgegenstände oder ein Betrieb in das Joint Venture eingebracht werden, besteht seitens der Joint Venture Partner ein berechtigtes Interesse daran, zu wissen, ob die eingebrachten Vermögensgegenstände tatsächlich dem angenommenen Wert entsprechen und keine Mängel aufweisen.

Entsprechendes gilt auch für die Forderung eines Joint Venture Partners, Angelegenheiten des Betriebs oder der Vermögensgegenstände, welche in das Joint Venture eingebracht werden, im Rahmen einer Due Diligence im Vorfeld der Verhandlungen oder zumindest vor Abschluss und Unterzeichnung der Verträge zu offenbaren.

Zusammenfssend lässt sich sagen, dass sowohl die Gewährleistung als auch die Durchführung einer Due Diligence mit den sich jeweils daran anschließenden Fragen ein viel diskutiertes Problem sind. Die Verhandlung eines umfangreichen Gewährleistungspakets kann in der kooperativen oder konstruktiven Atmosphäre der Verhandlungen oft befremdlich wirken. Ebenso kann die Durchführung einer Due Diligence bis in alle Einzelheiten den Eindruck mangelnden Vertrauens hervorrufen und als überflüssige Formalität angesehen werden.

Gegen Gewährleistungen wird eingewandt, dass bei ihrer Verletzung eine Durchsetzung häufig nicht durchführbar sein dürfte. Denn wenn das Joint Venture Unternehmen einmal errichtet worden ist, dürfte eine Klage gegen den Geschäftspartner in den seltensten Fällen ein realistisches geschäftliches Verhalten sein. Denn ein gerichtliches Vorgehen gegen einen Joint Venture Partner wird kaum mit der Aufrechterhaltung einer kooperativen Beziehung vereinbar sein, wie sie für die Fortführung eines Joint Venture erforderlich ist.

Vor allem bei einem inländischen Joint Venture wird daher häufig die Frage nach der Notwendigkeit von Gewährleistungen und Due Diligence gestellt.

Unzweifelhaft ist die Wahl des Joint Venture Partners von entscheidender Bedeutung. Und da eine spätere Durchsetzung von Gewährleistungsrechten, außer unter besonders krassen Umständen, kaum realistisch ist, ist es hilfreich, eine Due Diligence oder andere Überprüfung vor Vertragsabschluss durchzuführen, anhand derer die andere Partei und der Zustand ihres Betriebs bzw. ihrer einzubringenden Vermögensgegenstände beurteilt werden kann.

Gewährleistungen errichten zudem – auch wenn ihre Durchsetzung eher unrealistisch ist – zumindest einen psychologischen Druck auf die Gegenseite, alle wesentlichen Umstände für das Joint Venture offenzulegen. Als Argument kann einem skeptischen Partner insoweit auch entgegengehalten werden, dass die Gewährleistungen zumeist nicht nur einseitig, sondern von beiden Parteien abgegeben werden und auf diese Weise das Sicherheitsbedürfnis beider Joint Venture Partner befriedigt wird.

7. Unternehmenssicherungen und -nachfolgen

Das Institut der deutschen Wirtschaft Köln hat berechnet, dass in den nächsten 10 Jahren in Deutschland etwa 700.000 mittelständische Unternehmen zur Übertragung oder Vererbung anstehen und sich deshalb mit Fragen der Unternehmensnachfolge auseinandersetzen müssen.

Die Unternehmensnachfolge wirft zahlreiche gesellschafts- und erbrechtliche sowie steuerrechtliche Fragen auf. Die Komplexität der hierbei zu treffenden Regelungen zeigt sich besonders bei Personengesellschaften mit mehreren Gesellschaftern.

Verstirbt der Gesellschafter einer Gesellschaft bürgerlichen Rechts oder Offenen Handelsgesellschaft beziehungsweise der Komplementär einer Kommanditgesellschaft, so führt dies nach den gesetzlichen Regelungen zur Auflösung der Gesellschaft. Die Gesellschaft verwandelt sich in eine sogenannte Liquidationsgesellschaft, das heißt, der Zweck der Gesellschaft besteht von da an nur noch in ihrer Auflösung und Abwicklung. Dies bedeutet die Zerschlagung eines lebenden Unternehmens, die wegen des erheblichen Wertverlustes zumeist von keinem der verbleibenden Beteiligten gewollt ist. Zwar können die Gesellschafter gemeinsam beschließen, die Gesellschaft fortzuführen; allerdings können damit erhebliche Probleme verbunden sein, wenn der verstorbene Gesellschafter mehrere Erben hinterlässt. Die Erbengemeinschaft ist nämlich als vollwertige Gesellschafterin an allen Entscheidungen der Gesellschaft zu beteiligen, wobei die Erfahrung zeigt, dass Erbengemeinschaften oft nur vermindert handlungsfähig sind. Dies kann sowohl auf ihrer inhomogenen Zusammensetzung als auch auf erbrechtlichen Hemmnissen wie etwa der Anordnung von Vor- und Nacherbschaften und den damit verbundenen Genehmigungserfordernissen beruhen. Ziel einer sinnvollen Nachfolgeregelung muss es daher in erster Linie sein, die Fortexistenz des Unternehmens durch eine entsprechende Gestaltung des Gesellschaftsvertrages zu sichern.

Für eine derartige Gestaltung kommt z.B. eine gesellschaftsvertragliche Regelung in Betracht, nach der die Gesellschaft lediglich mit den bisherigen Gesellschaftern fortgesetzt wird. Der verstorbene Gesellschafter scheidet dann aus der Gesellschaft aus und den Erben steht ein Abfindungsanspruch gegen die Gesellschaft zu. Nach den Entwürfen zur Reform des Handelsgesetzbuches soll für die OHG und die KG die Fortsetzung der Gesellschaft unter Ausscheiden des Verstorbenen zum gesetzlichen Regelfall werden, sodass sich diese gesellschaftsvertragliche Regelung künftig erübrigen wird. Durch diese geplante Gesetzesänderung wird die Unternehmenskontinuität gesichert und der Praxis der Vertragsgestaltung Rechnung getragen, die ohnehin regelmäßig auf die Fortsetzung der Gesellschaft gerichtet ist. Darüber hinaus beseitigt sie die Problematik, dass häufig die erforderlichen Klauseln bei Abschluss des Gesellschaftsvertrages noch nicht als erforderlich erkannt oder schlicht vergessen werden oder aber bei einer Veränderung der tatsächlichen Umstände nicht rechtzeitig angepasst werden.

Je nach der Höhe des Gesellschaftsanteils und dem Wert der Gesellschaft können Abfindungsansprüche zugunsten der Erben die Gesellschaft erheblich belasten. Es ist daher zu überlegen, ob eine Fortsetzung der Gesellschaft mit den Erben sinnvoll erscheint. Enthält der Gesellschaftsvertrag eine Klausel, nach der die Gesellschaft mit den Erben fortgesetzt wird, wird nicht die Erbengemeinschaft Gesellschafterin, sondern der Gesellschaftanteil des Erblassers wird aufgespalten und die einzelnen Erben rücken in die Gesellschaft ein. Jedoch ist unter Umständen nicht jeder der Erben gewillt oder geeignet, das Unternehmen fortzuführen. In diesen Fällen kommt auch die Fortsetzung mit einem im Gesellschaftsvertrag zu bestimmenden Erben in Betracht.

Bei der Gestaltung des Gesellschaftvertrages dürfen die erbrechtlichen Aspekte nicht außer acht gelassen werden. Wird etwa die Gesellschaft nur mit einem Erben fortgesetzt, können für etwaige Miterben Ausgleichsansprüche entstehen, wenn der Wert des Gesellschaftsanteils den Wert des Erbteils des Nachfolgers übersteigt. Dies kann z.B. durch die Übertragung des Gesellschaftsanteils im Wege eines Vorausvermächtnisses vermieden werden, da hierdurch der Anteil des Nachfolgers am Nachlass vergrößert wird.

Neben den Klauseln, die eine automatische Übertragung des Gesellschaftsanteils des versterbenden Gesellschafters regeln, können im Gesellschaftsvertrag sog. Eintrittsklauseln verwendet werden, die einem Erben oder Dritten das Recht gegenüber der Gesellschaft einräumen, in die Gesellschaft einzutreten. In diesem Fall erhält der in der Klausel bezeichnete Nachfolger ein Wahlrecht, ob er von dem Eintrittsrecht Gebrauch machen will. Dadurch kann vermieden werden, dass der Berechtigte ohne weiteres ab dem Erbfall für die Verbindlichkeiten der Gesellschaft haftet. Diese Haftungsfolge trifft nämlich grundsätzlich den Erben, der aufgrund einer Nachfolgeklausel Gesellschafter wird.

Bei Eintrittsklauseln stellt sich in zweierlei Hinsicht die Frage nach Abfindungsansprüchen: Zum einen kann ein solcher Anspruch des Erben gegen die Gesellschaft entstehen, wenn einem Dritten ein Recht auf Eintritt eingeräumt wird und der verstorbene Gesellschafter aus der Gesellschaft ausscheidet; zum anderen können erbrechtliche Ausgleichsansprüche der Miterben entstehen, wenn einem anderen Miterben ein Eintrittsrecht in die Gesellschaft gewährt wird. Als einfache Lösung akzeptiert die Rechtsprechung mit gewissen Einschränkungen, den Ausgleichsanspruch für ausscheidende Gesellschafter vollständig auszuschließen. Dies wird aber häufig nicht dem Bedürfnis der Gesellschafter entsprechen, ihre Familie und Erben an den von ihnen geschaffenen Vermögenswerten teilhaben zu lassen.

Die aus dem Erbrecht erwachsenden Ausgleichsansprüche verdeutlichen, dass gesellschaftsvertragliche Regelungen durchaus erbrechtliche Folgen haben können. Wichtig ist es daher, die Regelung der Unternehmensnachfolge als Einheit aufzufassen, die sowohl die Gestaltung der Gesellschaftverträge als auch die testamentarischen Verfügungen umfasst. Nur eine ganzheitliche Regelung im Gesellschaftsvertrag und Testament bzw. Erbvertrag kann gewährleisten, dass nicht durch erbrechtliche Regelungen angestrebte gesellschaftsrechtliche Effekte wieder aufgehoben werden. Aus steuerrechtlicher Sicht sind dabei selbstverständlich vor allem die Aspekte der Erbschafts-, Schenkungs- und Einkommensteuer eingehend zu berücksichtigen, um eine optimale Gestaltung der Unternehmensnachfolge zu erreichen.

Für die rechtliche Ausgestaltung der Unternehmensnachfolge gibt es keine Patentrezepte. Die Vielzahl der erb- und gesellschaftsrechtlichen Gestaltungsvarianten macht es vielmehr notwendig, im Einzelfall festzustellen, welche individuellen Besonderheiten und Bedürfnisse des Unternehmens zu beachten sind. Dazu gehören insbesondere die Überlegungen, ob einzelne der Gesellschafter aus bestimmten Gründen unterschiedlich zu behandeln sind, ob überhaupt Erben vorhanden sind, die geeignet wären, die Gesellschaft weiterzuführen, und ob die Liqudität des Unternehmens ausreicht, um potenzielle Erben und Pflichtteilsberechtigte abzufinden. In jedem Fall sollte erwogen werden, ob eine Übertragung der Unternehmensanteile bereits zu Lebzeiten im Wege einer vorweggenommenen Erbfolge Vorteile bieten kann.[154]

8. Management Buy-Out (MBO) und Management Buy-In (MBI)

Das Volumen der Management Buy-Out (MBO), bei denen oftmals langjährig erfolgreiche Manager die von ihnen geführten Unternehmen unter Ausnutzung ihrer genauen Kenntnisse vom Unternehmen bzw. Markt und seinem Wert sowie des in der Objektgesellschaft befindlichen Cash-Flow erwerben, hat in den letzten Jahren erheblich zugenommen; ebenso der Management Buy-In (MBI), bei denen Manager fremde Unternehmen kaufen.[155] Vornehmlich sind derartige Transaktionen bei mittelständischen Unternehmen vorzufinden, die vor gravierenden Nachfolgeproblemen stehen. Vielfach strebt der Verkäufer aber auch nach einer Lösung etwaiger Managementprobleme, insbesondere nach einer Verselbstständigung (Spin-Off bzw. Split-Off) oder Abtrennung (Divestiture) von Konzerngesellschaften, die nicht mehr in das Wirtschaftskonzept des Konzerns passen.

Auf seiten der Manager ist es beim MBO und MBI vornehmlich der Wunsch nach Selbstständigkeit und unternehmerischer (Gestaltungs-)Freiheit. Da der Personenkreis der Manager in der Regel nicht selbstständig über ausreichende Eigenkapital-Mittel verfügt, wird der MBO und MBI meistens mit Hilfe von Investoren oder Kreditgebern im Rahmen eines sogennnten Leveraged Buy-Out (LBO) oder Leveraged Buy-In (LBI) fremdfinanziert. Diese Begriffe sind auf die Hebelwirkung zurückzuführen, die dadurch entsteht, dass die Erwerber mit einem relativ geringen Eigenkapitaleinsatz vergleichsweise große Unternehmen erwerben, während gleichzeitig die Eigenkapitalrendite bei einer über dem Zinssatz des Fremdkapitals liegenden Gesamtkapitalrentabilität überproportional ansteigt.

---

154 Siehe dazu eingehend Sudhoff, Unternehmensnachfolge.

155 Siehe dazu Gerhard Picot, Die Unternehmerin, 1997, H. 11 sowie Luippold, S. 151 ff., 158 ff.

Der Zuwachs der MBO und der MBI ist aber auch darauf zurückzuführen, dass zunehmend Fonds-, Beteiligungs- bzw. Venture Capital-Gesellschaften neue Investitionsmöglichkeiten für einen breiten Anlegerkreis suchen und sich verstärkt dieser Übernahmeform bedienen. Die Ursache für die wachsende Beliebtheit der MBO und MBI ist darin zu sehen, dass ein Management, das als Mitgesellschafter am Erfolg des Unternehmens partizipiert, regelmäßig in besonderem Maße motiviert und interessiert ist, mit seiner Insider-Kenntnis der Stärken und Schwächen den Erfolg des Unternehmens zu verbessern. Mit dem eigenen Management lassen sich am ehesten die Ziele erreichen, den Shareholder-Value, d.h. den Beteiligungs- bzw. Unternehmenswert unter Ausnutzung des sog. Value-Managements oder Wertsteigerungs-Managements mit dem Ziel einer möglichst profitablen Weiterveräußerung oder der Erreichung eines möglichst hohen Aktienkurses zu maximieren.

Die Eigenarten der Management Buy-Out und der Management Buy-In dürfen nicht darüber hinwegtäuschen, dass diese Formen der Unternehmensübertragung zunächst die gleichen Fragestellungen und Probleme aufwerfen wie ein normaler Unternehmenskauf, d.h. Letter of Intent, Due Diligence-Prüfung durch die Erwerber bzw. Investoren, Gewährleistungen des Verkäufers etc. Neben die kaufvertraglichen Zusicherungen und Garantien des Verkäufers treten aber beim MBO vielfach selbstständige Garantieerklärungen des Managements; diese sind vor dem Hintergrund ihres Insider-Know-how's besonders in denjenigen Fällen eine wichtige Grundlage für die Fremdfinanzierung und Anlagebereitschaft von Investoren, in denen die Übernahme eines Unternehmens durch Fonds- und Beteiligungsgesellschaften oder andere Investoren im Wege des Leveraged Buy-Out (LBO) oder Leveraged Buy-In (LBI) finanziert wird. Dabei ist zu berücksichtigen, dass das entscheidende Ziel beim Management Buy-Out bzw. Management Buy-In die Erreichung eines stabilen Cash-Flow ist. Denn nur auf der Basis eines stabilen Cash-Flow lässt sich die zumeist hohe Fremdfinanzierung in einem überschaubaren Zeitraum zurückführen. Aus diesem Grunde wird von den Investoren regelmäßig eine 5-Jahres-Planung verlangt, welche die zukünftige Ertragskraft des Unternehmens darlegt und die Grundlage der Cash-Flow-Rechnung, des Tilgungsplans und des Return on Investment ist. Stets ist aber zu beachten, dass sich die Manager bei der Erstellung dieser Planung in einem nicht unerheblichen Interessenkonflikt befinden. Einerseits sind sie nämlich verpflichtet, die Interessen der Altgesellschafter bzw. des Unternehmens zu wahren, andererseits vertreten sie bereits als (Mit-) Unternehmenserwerber handfeste Eigeninteressen. Die Manager müssen daher als Grundlage der Verhandlungen Zahlen und Prognosen liefern, die objektiv nachvollziehbar und überprüfbar sind.[156]

156 Siehe dazu auch Frei/Jakobi, Akquisitionscontrolling bei Management Buy Outs, M&A 2/2000, S. 48 ff.

a) Wirtschaftliche Voraussetzungen des Leveraged Buy-Out (LBO) bzw. des Leveraged Buy-In (LBI)

Wirtschaftliche Besonderheiten des LBO- bzw. LBI-Unternehmenskaufs ergeben sich aus der hohen Fremdfinanzierung der Transaktion, zumal das Zielunternehmen in der Regel sowohl die Sicherheiten für die Finanzierung erbringen als auch die Mittel für die Bedienung der Finanzierung erwirtschaften muss. Daraus ergibt sich zugleich, dass nicht jedes Unternehmen für eine LBO- bzw. LBI-Finanzierung geeignet ist. Handels- und Dienstleistungsunternehmen werden in der Regel nur selten für eine derartige Finanzierung in Betracht kommen. Geeignete Übernahmeobjekte sind vielmehr in erster Linie Produktionsgesellschaften. Da das Finanzierungsvolumen allein durch den Zugriff auf den Cash-Flow und die stillen Reserven nur langfristig reduziert werden kann, wird der Liquiditätszufluss häufig durch zusätzliche Maßnahmen erhöht. Insbesondere werden betriebswirtschaftlich nicht notwendige Vermögensteile oder Betriebsanlagen nach der Übernahme veräußert und erforderlichenfalls zum Beispiel im Wege des Lease-Back weiterhin verfügbar gehalten.

Wirtschaftliche Voraussetzungen für einen LBO bzw. LBI sind daher

- eine günstige Cash-Flow-Prognose für die Zeit nach dem MBO / MBI,
- ein etwaiger Verkauf nicht betriebsnotwendiger Aktiva,
- ein Konzept für produktivitätssteigernde Maßnahmen.

b) Finanzierungsformen des MBO bzw. MBI

Ausgehend davon, dass die MBO- und MBI-Finanzierung grundsätzlich durch den Rückgriff auf den Unternehmenswert der Zielunternehmen erfolgt, werden in der Praxis insbesondere drei Finanzierungsmodelle angewendet, nämlich

- das Darlehensmodell
- das Sicherheitsmodell
- das Pfändungsmodell.

Bei dem Darlehensmodell gewährt das zu erwerbende Zielunternehmen der Übernahme- bzw. Holdinggesellschaft, die vom Management und gegebenenfalls den Investoren für den Erwerb des Zielunternehmens gegründet wird, zur Kaufpreisfinanzierung ein Darlehen, das das Zielunternehmen in der Regel bei einem Kreditinstitut refinanzieren muss (siehe Abb. 3).

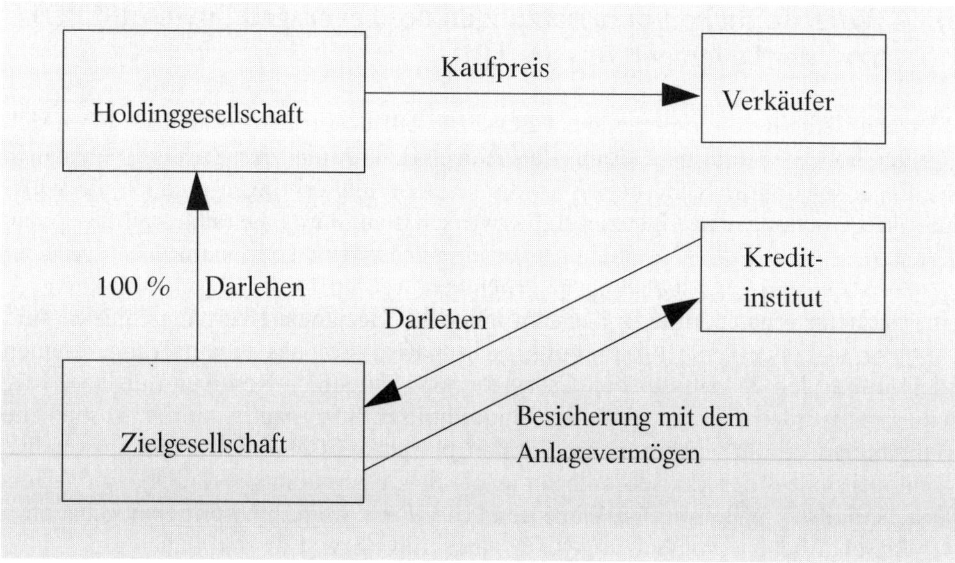

Abb. 3: Darlehensmodell

Bei dem Sicherheitsmodell nimmt die Übernahme- bzw. Holdinggesellschaft zur Kaufpreisfinanzierung selbst bei einem Kreditinstitut ein Darlehen auf, das durch das Anlagevermögen des Zielunternehmens besichert wird (siehe Abb. 4).

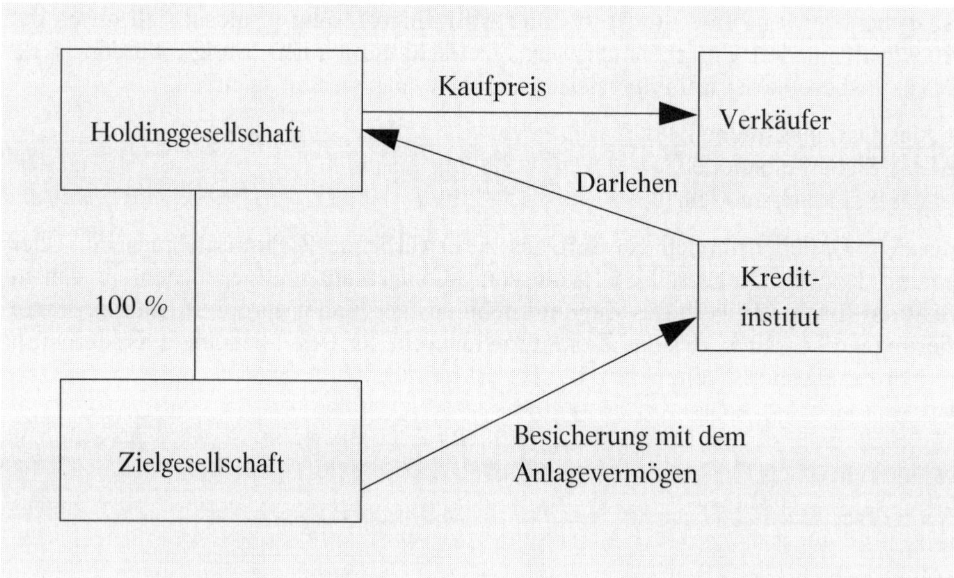

Abb. 4: Sicherheitsmodell

Bei dem Pfändungsmodell nimmt die Übernahme- bzw. Holdinggesellschaft zur Kaufpreisfinanzierung wie beim Sicherheitsmodell selbst bei einem Kreditinstitut ein Darlehen auf und besichert dies mit der Verpfändung der Geschäftsanteile am Zielunternehmen (siehe Abb. 5).

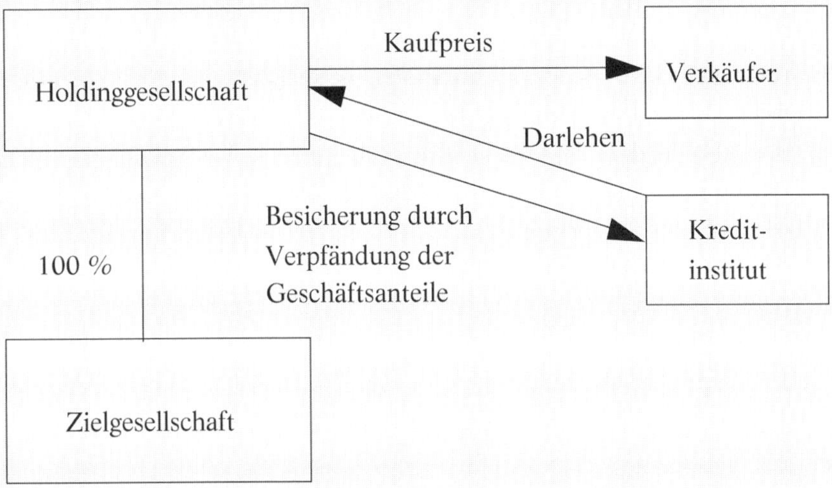

Abb. 5: Pfändungsmodell

c) Rechtliche Gestaltung des MBO bzw. MBI

Die Terminologien des MBO / MBI dürfen nicht darüber hinwegtäuschen, dass diese Form der Unternehmensübertragung zunächst die gleichen Fragestellungen und Probleme aufwirft, wie ein normaler Unternehmenskauf. Aufgrund der Insider-Kenntnisse der erwerbenden Manager verlieren allerdings die vielfach schwierigen Fragen z.B. der Due Diligence-Untersuchung und der Gewährleistung an Bedeutung. Neben die kaufvertraglichen Zusicherungen und Garantien des Verkäufers treten vielfach selbstständige Garantieerklärungen des Managements, die vor dem Hintergrund ihres Insider-Wissens eine wichtige Grundlage für die Fremdfinanzierung und Anlagebereitschaft von Investoren sind.

MBOs werden gesellschaftsrechtlich in einstufiger Form oder – insbesondere aus steuerrechtlichen Gründen – in zweistufiger Form gestaltet. Beim einstufigen MBO erfolgt ein unmittelbarer Erwerb der Zielgesellschaft, ohne dass eine Übernahmegesellschaft eingeschaltet wird, welche die Zielgesellschaft kauft. Ein derartiger MBO kommt nur dann in Betracht, wenn bei der Zielgesellschaft keine stillen Reserven vorhanden sind, die in einer sich an die Akquisition anschließenden Umstrukturierungsmaßnahme zur Erreichung eines zusätzlichen steuerrelevanten Abschreibungspotenzials aufgedeckt werden können. Ein einstufiger MBO ist ferner dann denkbar, wenn eine inländische Kapitalgesellschaft die Anteile veräußert oder eine natürliche Person, die die Anteile im Betriebsvermögen hält. Bei dem meistens angewandten indirekten, d.h. zweistufigen MBO erwirbt die Übernahmegesellschaft, auch als Holding- bzw. Erwerbergesellschaft bezeichnet, in der ersten Stufe die Gesellschaftsanteile des Zielunternehmens. Da es bei einem Share Deal grundsätzlich nicht möglich ist, die im Kaufpreis mitbezahlten stillen Reserven der Zielgesellschaft in Abschreibungspotenzial zu verwandeln, wird im Anschluss an die Akquisition in der zweiten Stufe

- entweder das Vermögen der Zielgesellschaft im Wege der Einzelübertragung auf die Übernahmegesellschaft transferiert (Asset-Deal-Modell),
- oder die Zielgesellschaft in eine GmbH & Co KG umgewandelt (Umwandlungsmodell).

Dadurch wird bewirkt, dass die stillen Reserven des Zielunternehmens, d.h. der Kaufpreis abzüglich des Buchwertes der Wirtschaftsgüter des Zielunternehmens steuerneutral aufgedeckt und damit entsprechendes Abschreibungspotenzial geschaffen wird.

Beim Asset-Deal-Modell kauft eine von den Führungskräften und gegebenenfalls von den Investoren als Zwischenholding gegründete Übernahme-GmbH in der zweiten Stufe sämtliche Vemögensgegenstände des Zielunternehmens als Sachgesamtheit. Diese Vermögensgegenstände werden dann im Wege der Einzelrechtsübertragung auf die Übernahme-GmbH übertragen. Die Vermögensgegenstände der Zielgesellschaft werden hierdurch Vermögensgegenstände der Übernahme-Gesellschaft, sodass die Fremdfinanzierung unmittelbar durch das Vermögen der Übernahmegesellschaft besichert werden kann. Der Erwerb nach diesem Modell erfolgt insofern durch folgende Schritte:

- Gründung einer Übernahmegesellschaft in der Rechtsform einer GmbH,
- Erwerb sämtlicher Geschäftsanteile der Ziel-GmbH durch die Übernahme-GmbH; Aktivierung der Geschäftsanteile bei der Übernahmegesellschaft zu Anschaffungskosten,
- Kauf der Einzelwirtschaftsgüter des Zielunternehmens durch die Übernahmegesellschaft zum Marktwert; Aktivierung der Wirtschaftsgüter bei der Übernahmegesellschaft zu Anschaffungskosten (Buchwertaufstockung),
- Ausschüttung des durch den Verkauf der Einzelwirtschaftsgüter erzielten Gewinns der Zielgesellschaft an die Übernahmegesellschaft,
- Ausschüttungsbedingte Teilwertabschreibung der Übernahmegesellschaft auf den Buchwert der Beteiligung an dem Zielunternehmen,
- Einstellung der werbenden Tätigkeit des Zielunternehmens nach der Gewinnausschüttung an die Übernahmegesellschaft.

Der Buchwert des Unternehmens, der in der Regel unter dem Kaufpreis der Geschäftsanteile (Anschaffungskosten) liegt, kann durch diese Vorgehensweise aufgestockt werden (Step-Up), sodass ein erhöhtes, steuermindernd nutzbares Abschreibungsvolumen entsteht. Nach der sog. Stufentheorie des Bundesfinanzhofes wird der Kaufpreis hierbei durch die folgenden Schritte auf die einzelnen Wirtschaftsgüter verteilt:

- Zunächst werden die Buchwerte der bilanzierten materiellen und immateriellen Wirtschaftsgüter im Maßstab und mit der Höchstgrenze der Teilwerte verhältnismäßig aufgestockt.
- Sind die Anschaffungskosten immer noch höher, dann wird vermutet, dass nicht bilanzierte, z.B. selbstgeschaffene immaterielle Einzelwirtschaftsgüter vorhanden sind.
- Ergibt sich ein weiterer, nicht verbrauchter Betrag, besteht eine widerlegbare Vermutung dafür, dass ein originärer Geschäftswert vorhanden ist. Die Anschaffungskosten sollen dann in erster Linie auf die abnutzbaren immateriellen Wirtschaftsgüter, in zweiter Linie auf den Geschäftswert und schließlich auf die nicht abnutzbaren immateriellen Wirtschaftsgüter verteilt werden.

Beim Umwandlungsmodell erfolgt auf der zweiten Stufe ein Formwechsel der in der Rechtsform der GmbH geführten Zielgesellschaft in eine Personengesellschaft in der Rechtsform der GmbH & Co KG. Der identitätswahrende Formwechsel nach § 4 VI UmwStG gestattet die Aufstockung der Buchwerte bei der GmbH & Co KG. Hierdurch wird bei der Zielgesellschaft ein erhöhtes Abschreibungspotenzial für die Einkommensteuer, nicht aber für die Gewerbesteuer nutzbar gemacht.

Ist das Zielunternehmen von vornherein eine GmbH & Co. KG dann können die erworbenen Einzelwirtschaftsgüter auch bei einem Share Deal zu ihren Teilwerten in einer Ergänzungsbilanz aktiviert werden, sodass sich Umstrukturierungsmaßnahmen jedenfalls aus steuerlicher Sicht erübrigen.

Besonderheiten der MBO- und MBI-Transaktionen ergeben sich in erster Linie aus ihrer hohen Fremdfinanzierung, zumal die zu erwerbenden Ziel- bzw. Target-Unternehmen in der Regel sowohl die Mittel für die Rückführung der Finanzierung erwirtschaften als auch die Sicherheiten für die Finanzierung erbringen müssen. Daraus ergibt sich zugleich, dass nicht jedes Unternehmen für eine MBO- und MBI-Finanzierung geeignet ist. Geeignete Übernahmeobjekte sind insbesondere Produktionsgesellschaften, daneben aber auch gewisse Dienstleistungs- und Providerunternehmen. Da das Finanzierungsvolumen durch den bloßen Zugriff auf den Cash-Flow und die stillen Reserven nur längerfristig reduziert werden kann, wird der Liquiditätszufluss häufig durch zusätzliche Maßnahmen erhöht. Zu diesem Zweck werden insbesondere betriebswirtschaftlich nicht notwendige Vermögensteile oder Betriebsanlagen nach der Übernahme veräußert und erforderlichenfalls zum Beispiel im Wege des Lease-Back verfügbar gehalten.

d) Kapitalerhaltung bei einem Zielunternehmen in der Rechtsform einer GmbH oder AG

Ist das Zielunternehmen eine GmbH, so hat das übernehmende Management die Kapitalerhaltungsvorschriften im GmbH-Gesetz zu beachten. Im Interesse der Gesellschaftsgläubiger an der Erhaltung des Stammkapitals verbietet die Vorschrift des § 30 GmbHG die Auszahlung desjenigen Vermögens der Gesellschaft an die Gesellschafter, das zur Erhaltung des Stammkapitals erforderlich ist. Für den MBO, MBI und LBO bedeutet dies, dass eine Darlehens- und Sicherheitsgewährung zu Lasten des Vermögens der Ziel-GmbH zu unterbleiben hat, wenn die Darlehensaufnahme und/oder die Bestellung der Sicherheiten zu einer Unterbilanz der GmbH führen würde.

Nach dem Normzweck des § 30 GmbHG sind nämlich Auszahlungen im Sinne dieser Vorschrift und Bestellungen von Sicherheiten gleichzusetzen. Die Sicherheitsleistung des Zielunternehmens an die kreditgebende Bank zur Finanzierung des Kaufpreises kann daher nach den gleichen Kriterien eine unerlaubte Auszahlung im Sinne des § 30 GmbHG darstellen. Da das Prinzip der Vermögensbindung bei der GmbH nur auf das zur Erhaltung des Stammkapitals erforderliche Vermögen beschränkt ist, ist die Regelung in den §§ 30 ff. GmbHG anders und weniger streng, als diejenige des § 57 I AktG, der für Aktiengesellschaften jede Rückgewährung von Einlagen untersagt, die nicht aus dem Bilanzgewinn stammen.

Steuerrechtlich besteht ferner die Gefahr einer verdeckten Gewinnausschüttung. Das Vorliegen einer verdeckten Gewinnausschüttung wird insbesondere danach beurteilt, ob die Zins- und Tilgungsvereinbarung sowie die (angemessene) Besicherung des Darlehens einem Fremdvergleich standhalten. Handelsbilanzrechtlich betrachtet führt der MBO / LBO aufgrund des hohen Fremdkapitaleinsatzes für die beteiligten Unternehmen regelmäßig zu einem erhöhten Risiko und damit auch zu einer erhöhten Insolvenzgefahr.

9. Going Public / Börsengänge (IPO)[157]

Der Verkaufserfolg der Deutschen Telekom AG bei ihrem zweiten Börsengang im Jahre 1999, der ihre »Kriegs- bzw. Akquisitionskasse« um mehr als 20 Mrd. DM auf ca. 180 Mrd. aufbesserte, zeigt, dass sich die Börse zu einem hervorragenden Vehikel zur Verbesserung der Eigenkapitalausstattung der Unternehmen entwickelt hat. Besonders belebt wurde diese Entwicklung durch den Start des Neuen Marktes an der Frankfurter Börse.

157 Mitverfasst von Dr. Thomas Schmuck, M.C.L., Freshfields Deringer

a) Die wachsende Bedeutung der Börsengänge

Seit der erfolgreichen Notierungsaufnahme der MobilCom AG am 10.03.1997 wurden 1997 bereits 25 und 1998 weitere 80 Börsengänge (Going Public oder IPO) vorgenommen. Bis zum Ende des Jahres 1999 waren etwa 200 Unternehmen am Neuen Markt gelistet.[158]

Im Jahre 1999 gingen zum ersten Mal in der Geschichte der FWB Frankfurter Wertpapierbörse mehr als 160 Unternehmen in einem Jahr an die Börse. Der Neue Markt trug mit 139 Neuemissionen maßgeblich dazu bei und lässt für das Jahr 2000 weitere etwa 200 Börsengänge erwarten. Damit ist der Neue Markt mit weitem Abstand die führende IPO-Plattform in Europa. Zudem wuchs das kumulierte Emissionsvolumen seit Marktstart des Wachstumssegments der Deutschen Börse auf über 10 Milliarden Euro. Die Größe des Neuen Marktes zeigt sich auch im Wachstum der Marktkapitalisierung auf heute rund 85 Mrd. Euro. 1999 erreichte der Neue Markt damit einen Anteil von über 80 Prozent der Marktkapitalisierung aller europäischen Wachstumsmärkte. Bei den Umsätzen konzentrierte der Neue Markt im europäischen Vergleich rund 85 Prozent auf sich.[159]

Nach einer Umfrage des deutschen Anwaltsinstituts würden sich 98 Prozent der Börsenneulinge wieder für ein Going Public entscheiden.[160] Der Anstieg der Zahl der ausländischen Unternehmen von 8 auf 32 in 1999 verdeutlicht die zunehmende Internationalisierung des Neuen Marktes. Auch die Investments kommen vermehrt aus dem Ausland. Nachdem der Markt 1997 noch weitgehend von nationalen Investoren genutzt wurde, stammen nach Schätzungen der Deutschen Börse inzwischen rund 20 Prozent der Umsätze aus dem Ausland. Die Tendenz ist rasch ansteigend, auch bedingt durch den steigenden Umsatzanteil des europaweit zugänglichen Handelssystems Xetra auf mittlerweile 33 Prozent bei Werten des Neuen Marktes. Nach Angaben der Deutschen Börse ist die Zahl der potenziellen Börsengänger aus anderen Ländern weiterhin hoch, besonders aus den USA, Großbritannien und Frankreich erhalte man besonders viele Anfragen. Ein weiteres Zeichen für die Internationalisierung des Neuen Marktes ist die Aufnahme von sechs Werten des Neuen Marktes in die breiten Dow Jones STOXX-Indizes (Consors, EM.TV, MobilCom, Intershop, Aixtron und Medion).

Insgesamt gibt es in Deutschland etwa 5.000 Aktiengesellschaften, darunter etwa 1.000 börsennotierte Aktiengesellschaften, gegenüber mehr als 500.000 Gesellschaften mit beschränkter Haftung. Bereits diese Zahlen und die Tatsache, dass das Going Public trotzdem als Instrument der Unternehmensfinanzierung in Deutschland noch unterentwickelt ist, zeigen das enorme Entwicklungspotenzial deutscher Emissionen.

158 Siehe dazu Gerhard Picot/Land, Going Public – Typische Rechtsprobleme des Ganges an die Börse, DB 1999, S. 570 ff.

159 www.neuer-markt.de, Pressemitteilung vom 07.12.1999.

160 DAI-Untersuchung, Handelsblatt v. 17. September 1998, S. 39.

b) Die Motive für den Börsengang

Die Beweggründe für einen Börsengang sind vielfältig. Das Hauptmotiv für den Going Public richtet sich auf eine Stärkung der Eigenkapitalbasis zur Finanzierung weiteren Unternehmenswachstums, insbesondere auch durch Mergers & Acquisitions. Ferner können Unternehmensinhaber durch den Verkauf ihrer Aktien beim oder nach dem Börsengang vielfach beträchtliche Gewinne erzielen.

Sie treffen auf privates Anlagevermögen, das in Deutschland derzeit auf rund 5,4 Billionen Deutsche Mark geschätzt wird, wobei die junge »Generation der Erben« Investitionen in Aktien besonders aufgeschlossen ist. Nicht zuletzt war dies auch der Grund dafür, dass die Venture Capital Gesellschaften nach Angaben des Bundesverbandes Deutscher Kapitalbeteiligungsgesellschaften (BVK) 1999 ihr Neugeschäft um 57% auf DM 5,2 Mrd. und ihr gesamtes Beteiligungsportfolio um knapp 40% auf DM 13,5 Mrd. steigern konnten. Besonders Deutschlands Gründerszene erlebt hierdurch einen wahren Geldrausch. Angeschoben durch die Informations- und Kommunikationstechnik stimulieren enorme Kursgewinne am Neuen Markt die Startup-Unternehmen ebenso wie das anlagesuchende Risikokapital der Investoren und der Venture Capital Gesellschaften. Dadurch bedingt wird den Venture Capital Gesellschaften das Geld der Investoren und die Business-Pläne des Management-Nachwuchses für ihre Fonds geradezu aufgedrängt.

Vielfach ist der Börsengang eines Unternehmens auch ein idealer Exit aus den Problemen der Sicherung der Unternehmensnachfolge.

Andere Beweggründe sind die Steigerung des Bekanntheitsgrades des Unternehmens sowie die leichtere Rekrutierung qualifizierter Arbeitskräfte, nicht zuletzt durch die Schaffung unternehmenswertorientierter Vergütungsmodelle (Siehe dazu C. IX.5.). In den meisten Fällen erfolgt eine verstärkte Ausrichtung am »Shareholder Value«, und es werden in bemerkenswertem Umfang neue Arbeitsplätze geschaffen.

Zunehmend resultieren die Börsengänge aber auch aus erfolgreichen Unternehmensakquisitionen oder sind sogar das Motiv für einen Unternehmenserwerb. Vor allem kann die Ausgliederung und Verselbstständigung von Unternehmensteilen oder von Konzerntöchtern (»Spin-Off«) und deren Börsengang im Anschluss an eine Unternehmensakquisition eine Möglichkeit zur Wertsteigerung oder zur Konzentration auf die Kernbereiche des Unternehmens und zugleich zur Finanzierung der Transaktion bieten; diese Bedeutung der Spin-Offs für den Aktienmarkt zeigt sich daran, dass seit dem Jahre 1990 ca. 17% der jährlichen Emissionsvolumina aus der Veräußerung von Tochtergesellschaften stammen.

c) Die Maßnahmen beim Börsengang im einzelnen

Beim Börsengang sind vor allem folgende Maßnahmen zu ergreifen:

- Strategische Vorüberlegungen
- Auswahl der Banken und Berater

- Darstellung der Equity-Story und Prüfung der Börsenreife der Gesellschaft
- Rechtliche Vorbereitungsmaßnahmen (z. B. Umwandlung in eine AG, Gestaltung der Satzung etc.)
- Prüfung und Bewertung durch die Emissionsbanken (Due Diligence)
- Hauptversammlungsbeschlüsse betreffend Kapitalerhöhung etc.
- Abschluss des Übernahmevertrages
- Erstellung des Verkaufsprospektes/Unternehmensberichtes
- Präsentation beim Zulassungsausschuss der Deutschen Börse AG
- Antrag auf Billigung des Verkaufsprospektes/Unternehmensberichtes durch die Deutsche Börse AG
- Antrag auf Börsenzulassung an die Deutsche Börse AG
- Billigung des Verkaufsprospektes
- Pressekonferenz und Veröffentlichung des Verkaufsangebotes mit einer vorgegebenen Preisspanne
- Die Festsetzung des Emissionspreises im Bookbuilding-Verfahren
- Festlegung des endgültigen Bezugspreises (Emissionspreises)
- Eintragung der Kapitalerhöhung ins Handelsregister/Zeichnung der Aktien
- Zuteilung der Aktien und Veröffentlichung des Bezugspreises
- Notierungsaufnahme an der Börse (Börsenkurs).

Am Beginn eines Börsenganges stehen die strategischen Vorüberlegungen und die sorgfältige Auswahl der Banken und Berater, die über das notwendige (Insider-) Know-how und die erforderlichen praktischen Erfahrungen für einen erfolgreichen Börsengang verfügen. Unternehmen bzw. Alteigentümer, die sich zu einem Börsengang entschließen, werden regelmäßig nicht mit ihrem Management aus eigener Kraft und eigenem Know-how die notwendigen wirtschaftlichen, rechtlichen, steuerlichen und kommunikativen Voraussetzungen schaffen und die Börsenreife des Unternehmens herbeiführen können.

In Gesprächen zwischen der Geschäftsleitung des Unternehmens sowie den Banken und Beratern werden dann die Ziele und der Zeitplan des Börsenganges festgelegt, der derzeitige Zustand des Unternehmens ermittelt und mögliche Hindernisse identifiziert. Mit Hilfe von Checklisten werden dabei typische Problempunkte und die Börsenreife der Gesellschaft analysiert.

In den nachfolgenden Ausführungen werden die wesentlichen Maßnahmen schaubildartig dargestellt und, soweit dies sachdienlich erscheint, ausführlicher kommentiert. Die in diesem Bereich vorherrschenden englischen Fachtermini und Schlagworte werden gleichfalls »übersetzt«. Ausgegangen wird dabei von einem rein deutschen Börsengang, also ohne zeitgleiche Notierung an einer ausländischen Börse und ohne Angebot der Aktien in den USA.

(1) Aufträge an Berater / Dienstleister

Maßnahme	Erläuterung	Dokumente	Zeitpunkt/Zeitraum
Aufträge an Berater / Dienstleister	• Ggf. IPO-Berater • Konsortialführernde Bank (»KB«) (»Lead Manager«) • Wirtschaftsprüfer (»WP«) • Rechtsanwälte (»RA«) • Werbeagentur • Drucker • Übersetzer	Mandatsverträge (»Engagement Letter(s)«)	Auswahl vor Kick Off Meeting; Werbeagentur, Drucker und Übersetzer auch später; Engagement letter(s) sollten möglichst vor dem Kick Off Meeting unterzeichnet sein (in praxi aber meist erst danach)

(2) Kick Off Meeting

Maßnahme	Erläuterung	Dokumente	Zeitpunkt/Zeitraum
Kick Off Meeting	Vorstellung des Unternehmens durch die Unternehmensleitung für die Berater	Unterlagen ähnlich einer »Management Presentation«	Kontaktaufnahme RA und KB möglichst schon vor Kick Off Meeting

(3) Beginn Due Diligence / Prospekterstellung

Maßnahme	Erläuterung	Dokumente	Zeitpunkt/Zeitraum
Beginn Due Diligence / Prospekterstellung	Die Berater des Unternehmens und – je nach Absprache mit der KB auch deren Berater – (insbesondere RA/WP) prüfen die wesentlichen Dokumente/Unterlagen des Unternehmen, die mittels Anforderungslisten der Berater zusammengestellt und den Beratern in einem Datenraum zur Verfügung gestellt werden; die Ergebnisse der Due Diligence fließen in den Prospekt ein	• Due Diligence Listen für Datenraum • Ggf. Due Diligence-Bericht (jedenfalls dann erforderlich, wenn keine Due Diligence durch KB; aber auch für interne Kontrolle zu empfehlen)	Zeitnah nach Kick Off Meeting; Due Diligence und Prospekterstellung können parallel erfolgen; die Due Diligence Listen der RA und KB sollten aufeinander abgestimmt sein; nach ca. 2 Wochen sollten die Ergebnisse der Due Diligence im wesentlichen vorliegen; für die Due Diligence / Prospekterstellung ist ein Gesamtzeitraum von ca. 10 Wochen anzusetzen mit mind. fünf, meistens aber deutlich mehr »drafting sessions« für den Prospekt

Ein Kernstück des Zulassungsverfahrens an der Börse ist der in deutscher und englischer Sprache abzufassende Verkaufsprospekt, der zugleich ein entscheidendes Marketing-Instrument darstellen kann.[161]

Der Verkaufsprospekt gibt Auskunft über die tatsächlichen und rechtlichen Verhältnisse der Gesellschaft und des Börsenganges, die für die Beurteilung der angebotenen Aktien notwendig sind. In dem Prospekt stellt die Gesellschaft gemeinsam mit ihren Banken und Beratern die tatsächlichen und rechtlichen Verhältnisse des Unternehmens dar, die die Anleger für die Beurteilung der angebotenen Aktien benötigen. Der Prospekt muss vollständig und richtig sein (Ziff. 4.1. der Zulassungsbedingungen).

Notwendig sind Angaben über die Aktien, den Emittenten, das Kapital des Emittenten und seine Geschäftstätigkeit sowie die Personen und Gesellschaften, die die Verantwortung für den Inhalt des Verkaufsprospektes übernehmen. Ferner enthält der Prospekt Informationen über die Vermögens-, Finanz- und Ertragslage des Emittenten, seine Rechnungslegung, die Organe, die Mittelherkunft und Mittelverwendung, etwaige Beteiligungsunternehmen, Ergebnis und Dividende je Aktie, den jüngsten Geschäftsgang sowie Angaben über die Geschäftsaussichten und Risiken des Emittenten.[162]

Im Rahmen der so genannten Prospekthaftung haften die Gesellschaft, die Banken und weiteren Unterzeichner des Prospektes den Anlegern bis zu 6 Monate nach dem Börsengang für die Richtigkeit und Vollständigkeit des Prospektes.

(4) Gegebenenfalls (erste) Gesellschafterversammlung (Hauptversammlung)

Maßnahme	Erläuterung	Dokumente	Zeitpunkt/Zeitraum
Gegebenenfalls (erste) Gesellschafterversammlung	• Wenn noch keine AG: Umwandlung in AG mit Vorstands- und Aufsichtsratsbestellung; • Gegebenenfalls erste (Bar-)Kapitalerhöhung, um ein ausgewogenes Verhältnis zwischen den zu platzierenden und den bei den Altgesellschaftern verbleibenden Aktien zu erreichen	• Antrag an das Registergericht auf Bestellung eines Gründungsprüfers • Umwandlungsbeschluss mit Satzung sowie Wahl des ersten Aufsichtsrats und Vorstandsbestellung • Gründungs- und Gründungsprüfungsberichte • Kapitalerhöhungsbeschluss mit Zeichnungsscheinen und Einzahlungsbelegen • Jeweils Handelsregisteranmeldung	• Als erstes: Antrag auf Bestellung eines Gründungsprüfers • Umwandlungsbeschluss so früh wie möglich (wenn Betriebsrat: Zuleitung des Entwurfs des Umwandlungsbeschlusses spätestens vier Wochen vor Beschlussfassung) • Eintragung im Handelsregister ca. 3 - 4 Wochen nach der Anmeldung

161 Siehe das VerkaufsprospektG vom 17.07.1996, BGBl. I, S.1047.
162 Eingehend dazu Harrer/Erwe, RIW 1998, S. 661/662.

Hat das Unternehmen im Vorfeld des Börsengangs die Rechtsform einer Personengesellschaft oder GmbH, so ist eine Umwandlung in eine börsenfähige Rechtsform, nämlich in eine Aktiengesellschaft oder in eine Kommanditgesellschaft auf Aktien vorzunehmen. Zwar eignet sich die KGaA in besonderer Weise zur Sicherung des Einflusses der Unternehmensgründer in der börsennotierten Gesellschaft, da es mehr noch als bei der Aktiengesellschaft möglich ist, dem geschäftsführenden Organ weitgehende Befugnisse zu erteilen. Trotz dieses Vorteils wurde aber bislang bei Neuemissionen von dieser Gesellschaftsform wenig Gebrauch gemacht, da sie durch einen recht hohen rechtlichen Gestaltungsaufwand gekennzeichnet ist.

Die Umwandlung in eine Aktiengesellschaft sollte in der Regel möglichst früh erfolgen. Bei jungen Aktiengesellschaften sind nämlich im Falle von Expansionsbestrebungen in den ersten zwei Jahren nach ihrer Gründung bei jeder größeren Akquisition die sog. Nachgründungs-Formalien, einschließlich des Erfordernisses eines zustimmenden Hauptversammlungsbeschlusses gemäß § 52 des Aktiengesetzes zu beachten.

Für den Vorstand einer Aktiengesellschaft, der die Börseneinführung des Unternehmens plant, stellt sich vor allem die Frage, welche Maßnahmen der Zustimmung der Hauptversammlung bedürfen.

Die vom Vorstand im Zuge des Börsenganges abzuschließenden Verträge (insbesondere der Übernahmevertrag) und der Antrag auf Zulassung zum Handel an der Börse sind Geschäftsführungsmaßnahmen, für die keine gesetzliche Hauptversammlungszuständigkeit vorgesehen ist. Gleichwohl kann ein zustimmender Hauptversammlungsbeschluss nach den Grundsätzen der Holzmüller-Rechtsprechung erforderlich sein, wenn der Börsengang wesentliche Strukturmaßnahmen beinhaltet.[163]

Ist die Börseneinführung mit einer Kapitalerhöhung verbunden – dies ist bei einer Börsenzulassung zum Neuen Markt unerlässlich –, so ergibt sich die Notwendigkeit eines Hauptversammlungsbeschlusses bereits aus § 182 Abs. 1 AktG; nach dieser Bestimmung ist eine Mehrheit von 3/4 des bei der Beschlussfassung vertretenen Grundkapitals erforderlich, soweit nicht aufgrund einer besonderen Regelung in der Satzung die einfache Mehrheit ausreicht. Gleiches gilt, wenn zur Börsenzulassung sonstige Strukturmaßnahmen wie etwa die Beseitigung der Vinkulierung von Aktien notwendig sind.

Daneben bringt die Börseneinführung für die Aktionäre auch Nachteile mit sich. So fallen z.B. die Erleichterungen für eine kleine Aktiengesellschaft weg (z.B. Einberufung der Hauptversammlung per eingeschriebenem Brief gemäß § 121 Abs. 4 AktG), und der Charakter der Gesellschaft ändert sich von einer geschlossenen in eine offene Publikumsgesellschaft. Ferner werden die Gesellschaft mit Publizitätspflichten (z.B. § 15 WpHG, § 44b BörsG) und die Aktionäre mit bußgeld- bzw. strafbewehrten Pflichten nach dem Wertpapierhandelsgesetz (insbesondere §§ 14 Abs. 1, 21 Abs. 1 WpHG) belastet. Faktisch führt ein Going Public damit zu einer erheblichen Strukturänderung der Gesellschaft. Für den Vorstand empfiehlt es sich daher, einen zustimmenden Hauptversammlungsbeschluss einholen.[164]

---

163 Siehe BGHZ 83, 122 ff.; siehe dazu auch Gerhard Picot, Unternehmenskauf und Restrukturierung, Teil I: Vertragsrecht, Rdn. 150 sowie Gerhard Picot/Müller-Eising, in: Gerhard Picot, ebenda, Teil II: Gesellschaftsrecht, Rdn. 346 und 454.

164 Vgl. dazu Vollmer/Grupp, Der Schutz der Aktionäre beim Börseneintritt und Börsenaustritt, ZGR 1995, S. 460.

Umstritten ist, ob dieser Hauptversammlungsbeschluss der einfachen oder einer qualifizierten Mehrheit bedarf. Wegen des satzungsändernden Charakters der Börseneinführung (vgl. auch die vorgenannten Argumente) ist es im Hinblick auf § 179 AktG zu empfehlen, einen Hauptversammlungsbeschluss mit einer Mehrheit von mindestens drei Viertel des bei der Beschlussfassung vertretenen Grundkapitals einzuholen.

(5) Gegebenenfalls Börsenpräsentation (*nur für Neuer Markt*)

Maßnahme	Erläuterung	Dokumente	Zeitpunkt/Zeitraum
Ggf. Börsenpräsentation (nur für Neuer Markt)	Vorstellung des Unternehmens vor dem Zulassungsausschuss der Deutsche Börse AG	Präsentationsunterlagen (auf der Basis der Unterlagen zum Kick Off Meeting)	Sollte noch in zeitlicher Nähe zum Kick Off Meeting erfolgen (ca. 4 Wochen)

Die Präsentation beim Zulassungsausschuss der Deutschen Börse AG und der Beginn der Image-Kampagne beenden die Vorbereitungsphase des Börsengangs.

(6) Verhandlung der wesentlichen Verträge, insbesondere des Übernahmevertrages

Maßnahme	Erläuterung	Dokumente	Zeitpunkt/Zeitraum
Verhandlung der wesentlichen Verträge, insbesondere des Übernahmevertrages (»underwriting agreement«) mit der führenden Emissionsbank (Lead Manager / Book Runner)	Die wesentlichen Verträge sind standardisiert und werden üblicherweise von der KB vorgeschlagen; es besteht nur eingeschränkter Verhandlungsspielraum	• Übernahmevertrag (»underwriting agreement«) mit Anlagen (insbesondere »legal opinions« der RAe des Unternehmens und der KB sowie »letter of comfort« der WP's; Preisfestsetzungsvertrag) • Sponsorenvertrag mit den »designated sponsors« • Zahl- und Hinterlegungsstellenvertrag • Konsortialvertrag (»agreement amongst underwriters«) • Ggf. Aktienleihe für »Greenshoe« (s.u.)	• Der Übernahmevertrag sollte vor Prospekteinreichung (s.u.) ausverhandelt sein, ist es aber meist erst kurz vor dem Beginn des Bookbuilding (s.u.) • Werden die Sponsorenverträge nicht rechtzeitig verhandelt, stellen die Sponsoren teils absurde Geldforderungen • Das Unternehmen hat nur Einfluss auf die Auswahl der Konsortialbanken; der Konsortialvertrag selbst betrifft das Unternehmen nicht und wird diesem allenfalls zur Kenntnis gegeben

Aktienemissionen können direkt an die Öffentlichkeit (*Selbstbegebung*) oder an ein Bankenkonsortium (*Fremdbegebung*) vorgenommen werden. In der Regel erfolgen die Emissionen in Deutschland im Wege der Fremdbegebung in der Weise, dass ein Bankenkonsortium die Aktien auf eigene Rechnung fest übernimmt und dann selbst an das Publikum weiter veräußert. Die rechtlichen Beziehungen zwischen dem Emittenten, den abgebenden Aktionären und dem Bankenkonsortium werden dabei in einem Übernahmevertrag (»Underwriting Agreement«) geregelt, der regelmäßig an die Stelle der früher üblichen mehrseitigen Offerte der Banken tritt. Vom Umfang und vom Vertragsstil her ähnelt er anglo-amerikanischen Unternehmenskaufverträgen.[165]

Ein Übernahmevertrag enthält vor allem die Verpflichtung der Emissionsbank gegenüber dem Emittenten bzw. dem abgebenden Altaktionär zur Übernahme (Zeichnung) einer bestimmten Zahl von Aktien. Die tatsächlichen Zuteilungsquoten werden in der Praxis hiervon abweichend und flexibel zwischen den Emissionsbanken geregelt. Neugeschaffene Aktien werden dabei zunächst von dem Konsortialführer, dem »*Global Coordinator*« übernommen und anschließend den übrigen Konsortialbanken zugeteilt. Dies vermeidet im Falle der Beteiligung ausländischer Konsortialbanken die schwierige Beschaffung von Vertretungsnachweisen gegenüber dem Handelsregister. Mit dieser Übernahmeverpflichtung ist die weitere Verpflichtung der Emissionsbank verbunden, die Aktien im Publikum zu platzieren. Neue Aktien werden dabei im Rahmen einer Kapitalerhöhung übernommen, bei der das Bezugsrecht der Altaktionäre ausgeschlossen wird.

In der Regel geschieht dies im Wege eines vereinfachten Bezugsrechtsausschlusses nach § 186 Abs. 3 Satz 4 AktG, wenn die Barkapitalerhöhung 10% des Grundkapitals nicht übersteigt und der Ausgabebetrag den Börsenkurs nicht wesentlich unterschreitet, anderenfalls durch einen Bezugsrechtsausschluss gem. § 186 Abs. 3 AktG. Im Übernahmevertrag kann auch vereinbart werden, dass die Aktien vor der Platzierung im Publikum zunächst den Altaktionären zum Bezug anzubieten sind. In diesem Fall erfolgt gemäß § 186 Abs. 5 AktG kein Bezugsrechtsausschluss.

Die Verpflichtung zur Übernahme der zu platzierenden Aktien steht in der Regel unter den aufschiebenden Bedingungen, dass die im Vertrag abgegebenen Gewährleistungen und Garantien des Emittenten bzw. des Altaktionärs nicht in wesentlichen Punkten unrichtig sind oder bis zur tatsächlichen Übernahme der Aktien unrichtig werden. Um die Voraussetzungen der Übernahme sicherzustellen, müssen rechtliche Bestätigungen (Legal Opinions) der beratenden Anwälte, ein vom Vorstand des Emittenten im Namen der Gesellschaft unterschriebenes Officers'-Certificate sowie ein Comfort Letter des Abschlussprüfers beigebracht werden. In diesen Dokumenten wird jeweils die Richtigkeit und Ordnungsgemäßheit der Daten und des Verfahrens zu verschiedenen Zeitpunkten bestätigt. Dabei geben die Übernahmeverträge den

165 Zu internationalen Unternehmenskaufverträgen siehe Gerhard Picot/Land, Der internationale Unternehmenskauf, DB 1998, S. 1601 ff.

Banken meist die Möglichkeit, den Börsengang bis zur Festsetzung des Bezugspreises zu stoppen und rückabzuwickeln.

Eine weitere aufschiebende Bedingung für die Verpflichtung zur Übernahme der Aktien ist die Einigung über den Emissionspreis.

Hierbei ist zu beachten, dass die Zuteilung der Aktien an die Investoren und die Aufnahme des Börsenhandels mit den platzierten Aktien häufig bereits mehrere Tage vor der Überweisung des Emissionserlöses erfolgt. Eine Rückabwicklung der bereits abgeschlossenen Aktienkaufverträge über die Deutsche Kassenverein AG ist daher technisch nicht mehr zu bewerkstelligen.

Bei der Platzierung von neuen Aktien entstehen diese Aktien originär in der Hand der Emissionsbanken im Zeitpunkt der Zeichnung und Eintragung der entsprechenden Kapitalerhöhung in das Handelsregister. Erst nach der Eintragung der Kapitalerhöhung in das Handelsregister ist die Börsenzulassung der Aktien möglich. Ferner ist bei ihrer Einführung in den Handel gemäß § 52 Abs. 1 BörszuVO eine Frist von 3 Tagen einzuhalten (s.u.). Zudem benötigen die Emissionsbanken aus technischen Gründen einen Zeitraum von etwa 2 Tagen zwischen der Einführung und Zuteilung der Aktien einerseits und der Überweisung des Emissionserlöses an den Emittenten andererseits.

Übernahmeverträge enthalten deshalb regelmäßig Bestimmungen, wonach die vorgenannten aufschiebenden Bedingungen zum Zeitpunkt der Übergabe des Zeichnungsscheins bzw. der Einreichung der Handelsregisteranmeldung zur Eintragung der Kapitalerhöhung erfüllt sein müssen (*erstes Closing*).

Darüber hinaus sind unmittelbar vor der Überweisung des Emissionserlöses erneut eine Legal Opinion, ein Officers'-Certificate und ein Comfort-Letter beizubringen, wonach seit der Übernahme der Aktien keine Umstände eingetreten sind, die wesentliche nachteilige Folgen für die Geschäftstätigkeit oder die finanzielle Lage des Emittenten haben (*zweites Closing*).

Problematisch ist dabei, dass die zu platzierenden Aktien nach erfolgter Eintragung der Kapitalerhöhung bereits wirksam in der Hand der Konsortialbanken entstanden sind und daher eine Rückabwicklung des Vertrages nur noch dann in Betracht kommt, wenn eine der Bedingungen für die Übernahme der Aktien nicht mehr vorliegt.[166]

Verhandlungsgegenstand sind oft auch weitreichende Force-Majeure-Klauseln. Auf der Grundlage solcher Klauseln können die Banken die Übernahme der Aktien unter Umständen bereits dann verweigern, wenn die Platzierung wegen des Eintritts eines unvorhergesehenen Ereignisses gefährdet erscheint.

Neu ausgegebene Aktien werden von den Konsortialbanken in der Regel zum Nennbetrag gezeichnet. Die Differenz zwischen dem Nennbetrag und dem Bezugs-

166 Siehe dazu auch Technau, Rechtsfragen bei der Gestaltung von Übernahmeverträgen (Underwriting-Agreements) im Zusammenhang mit Aktienemissionen, in: AG 1998, S. 445 (447).

preis (Emissionspreis) der platzierten Aktien wird aufgrund einer schuldrechtlichen Verpflichtung im Übernahmevertrag von den Konsortialbanken an den Emittenten abgeführt (zweistufiges Verfahren).

Die *Zeichnung zum Nennbetrag* erfolgt vor allem deshalb, weil die Differenz zwischen dem Nennbetrag und einem über dem Nennbetrag liegenden Emissionspreis gemäß § 188 Abs. 2 Satz 1 i.V.m. § 36 a Abs. 1 AktG vor Anmeldung der Kapitalerhöhung vollständig einzuzahlen wäre. Als Begründung für die Zeichnung zum Nennwert wird zum Teil auch angeführt, sie ermögliche die zeitliche Flexibilität, die die Festsetzung des Emissionspreises im Wege des Bookbuilding-Verfahrens (siehe dazu (15)) erfordere. Handelsregistereintragungen erfolgen aber vielfach derart zügig, dass die Zeichnung der Aktien und die Anmeldung der Kapitalerhöhung häufig erst nach dem Abschluss der Bookbuilding-Periode erfolgt, sodass die Zeichnung zum Nennwert jedenfalls aus zeitlichen Gründen nicht erforderlich wäre.[167]

Die Konsortialbanken müssten daher bei der Zeichnung zum Emissionspreis den Differenzbetrag zwischen dem Zeitpunkt der Anmeldung der Kapitalerhöhung und dem Zeitpunkt der Gutschrift des Emissionserlöses zwischenfinanzieren. Dies wäre insbesondere amerikanischen Banken kaum verständlich zu machen, weil bei amerikanischen Emissionen üblicherweise die Banken die Aktien von der Gesellschaft Zug um Zug gegen Zahlung des Emissionserlöses kaufen. Ferner erfolgt die Zeichnung zum Nennbetrag, um auch nach der Eintragung der Kapitalerhöhung noch auf negative Einflüsse am Kapitalmarkt reagieren zu können. Zugleich wird hierdurch ein anderenfalls erforderlicher Sicherheitsabschlag für mögliche Kursschwankungen vermieden. Vor der Einführung des Bookbuilding-Verfahrens, bei dem ein Orderbuch aufgrund hereingegebener Kauforder erstellt wird, bei denen die Preisbildung und die Zuteilung der Aktien bis zum Abschluss der Orderhereinnahme offenbleibt, war es nötig, einen solchen Sicherheitsabschlag in Höhe von 15 bis 25% des erwarteten Börsenkurses vorzunehmen; dies sollte im Interesse der Altaktionäre zur Vermeidung einer Kursverwässerung jedenfalls dann vermieden werden, wenn ihr Bezugsrecht ausgeschlossen ist. Beim Ausschluss des Bezugsrechtes nach § 186 Abs. 3 Satz 4 AktG ist die Differenz zwischen dem Börsenkurs und dem Emissionspreis bereits kraft Gesetz auf 3 bis 5% begrenzt.

Die Zeichnung von Aktien zum Nennbetrag ist rechtlich zulässig. Nicht zu folgen ist der Minderansicht, wonach durch die Zeichnung von Aktien zum Nennwert die in § 36 a Abs. 1 i.V.m. § 188 Abs. 2 AktG vorgesehene gesetzliche Sicherung der Aufbringung des Aufgeldes (»Agios«) umgangen werde, die nicht dispositiv sei und nicht nur den Interessen der Gesellschaft, sondern auch dem Gläubigerschutz diene. Wie den unterschiedlichen Regelungen im Aktiengesetz (§ 36 a Abs. 1 AktG) und im GmbHG (§ 57 Abs. 2 Satz 1 i.V.m. § 7 Abs. 2 Satz 1 GmbHG) zu entnehmen ist, dient nämlich das Gebot der Volleinzahlung des Aufgelds bei einer Aktiengesellschaft nicht dem Gläubiger-, sondern dem Verkehrsschutz. Da Aktien im Vergleich

---

167 So auch Technau, in: AG 1998, S. 445 (447) und Hoffmann-Becking, Festschrift für Lieberknecht (1997), S. 25 (39))

zu GmbH-Anteilen eine höhere Fungibilität aufweisen, soll der Erwerber einer Aktie davor geschützt werden, dass er für ein vom Zeichner nicht geleistetes Aufgeld in Anspruch genommen wird. Ferner ist zu berücksichtigen, dass auf das Grundkapital lediglich eine Einzahlung in Höhe von 25% des Nennbetrages zu leisten ist, das Aufgeld aber in voller Höhe vor der Anmeldung einzuzahlen ist. Während Gläubiger die Höhe des Grundkapitals dem Handelsregister entnehmen können, ist ihnen die Einzahlung eines Aufgelds in die Kapitalrücklage regelmäßig nicht einmal bekannt. Die Verpflichtung zur Volleinzahlung des Aufgeldes besteht mithin nicht zum Schutz der Gläubiger, sondern dient dem Verkehrsschutz. Damit steht § 36 a Abs. 1 AktG einer Zeichnung der Aktien zum Nennwert nicht entgegen. Denn die Abführungsverpflichtung der Emissionsbanken entfaltet rein schuldrechtliche Wirkungen, sodass der Erwerber einer Aktie nicht für die Abführung des Emissionserlöses in Anspruch genommen werden kann und der freie Aktienverkehr mithin nicht gefährdet wird.

Die Zeichnung der Aktien zum Nennwert ist auch dann zulässig, wenn das Bezugsrecht der Aktionäre nach § 186 Abs. 3 Satz 4 AktG ausgeschlossen ist, wobei allerdings der »Ausgabebetrag« der neuen Aktie deren Börsenkurs nicht wesentlich unterschreiten darf. Zwar wird in § 186 Abs. 3 Satz 4 AktG der Begriff »Ausgabebetrag« verwendet; jedoch herrscht Einigkeit darüber, dass es sich hierbei um ein Redaktionsversehen handelt. Mit dem »Ausgabebetrag« ist nicht der Ausgabebetrag im Sinne des § 185 Abs. 1 Satz 3 Nr. 2 AktG gemeint, der in den Zeichnungsschein aufzunehmen ist. Es wäre nämlich widersinnig, gerade dort, wo sich der Bezugspreis der Aktien weitestgehend am Börsenkurs orientieren soll, die verbindliche Festsetzung dieses Preises bereits vor der Zeichnung der Aktien vorzuschreiben. Der Bezugsrechtsausschluss nach § 186 Abs. 3 Satz 4 AktG ist deshalb bereits dann zulässig, wenn der »Bezugspreis« (Emissionspreis) den Börsenkurs nicht wesentlich unterschreitet. Dieser Bezugspreis muss dabei nicht mit dem Ausgabebetrag im Sinne des § 185 Abs. 1 Satz 3 Nr. 2 AktG übereinstimmen.

Die in Übernahmeverträgen häufig vorgesehene *Rückabwicklung des Vertrages nach Eintragung der Kapitalerhöhung* bereitet nach deutschem Recht erhebliche Probleme, weil die Banken mit der Übergabe des Zeichnungsscheines gemäß § 185 AktG ihre Verpflichtung zur Übernahme der Aktien erfüllt haben.

In jedem Falle sollten vertragliche Regelungen vermieden werden, die die Gesellschaft für den Fall eines Rücktritts der Konsortialbanken zu der Durchführung einer entsprechenden *Kapitalherabsetzung* verpflichten. Eine solche Kapitalherabsetzung, die nicht der Beseitigung einer Unterbilanz dient, ist nämlich nur nach den Regeln einer ordentlichen Kapitalherabsetzung gemäß §§ 222 ff. AktG möglich. Durch den Vorstand allein kann sie nicht wirksam vereinbart werden, da die Entscheidung über Kapitalmaßnahmen in die Kompetenz der Hauptversammlung fällt und gemäß § 222 Abs. 1 AktG ein mit qualifizierter Mehrheit zu fassender Hauptversammlungsbeschluss erforderlich ist. Außerdem haben Gläubiger binnen 6 Monaten nach der Bekanntmachung der Eintragung der Kapitalherabsetzung das Recht, Sicherheit für ihre Forderungen zu erlangen.

Ein *Rückkauf der Aktien durch die Gesellschaft* gemäß § 71 Abs. 1 Nr. 1 AktG, wonach ein Rückerwerb zur Abwendung eines schweren Schadens von der Gesellschaft zulässig ist, ist ebenfalls nicht möglich, weil drohende Kursverluste nur in Ausnahmefällen als Schaden im Sinne dieser Vorschrift anzusehen sind. Auch ein Rückerwerb gemäß dem mit dem KontraG neu eingeführten § 71 Abs. 1 Nr. 8 AktG kommt in der Praxis nicht in Betracht, weil die Gesellschaft den übrigen Aktionären ein entsprechendes Angebot auf Erwerb ihrer Aktien unterbreiten müsste.[168]

Rechtlich unwirksam sind ferner Klauseln, wonach die Gesellschaft innerhalb einer Frist von 2 bis 3 Monaten nach einem Scheitern der Platzierung der Aktien das Recht hat, den Konsortialbanken einen Dritten zu benennen, an den die Aktien zu einem bestimmten Preis zu veräußern sind, wobei nach fruchtlosem Ablauf dieser Frist die Konsortialbanken berechtigt sind, die Aktien zu einem von ihnen zu bestimmenden Preis am Markt zu veräußern. Der Vorstand kann nämlich die Kompetenz, den Emissionspreis zu bestimmen, nicht wirksam auf die Emissionsbanken übertragen. Zudem müssen Vorstand und Aufsichtsrat im Falle eines Bezugsrechtsausschlusses sicherstellen, dass die Grenzen des § 186 Abs. 3 Satz 4 oder des § 255 AktG bei der Preisbindung berücksichtigt werden.

Die in Übernahmeverträgen enthaltenen Gewährleistungen und Garantien des Emittenten entsprechen in der Regel den in Unternehmenskaufverträgen enthaltenen Gewährleistungen und Garantien. Zusätzlich garantiert der Emittent bzw. der Altaktionär jedoch regelmäßig, dass sämtliche Angaben im Börsenzulassungs- und Verkaufsprospekt, die für die Investorenentscheidung wesentlich sein könnten, richtig sind. Rechtlich bedenklich sind dabei Regelungen, die vorsehen, dass den Emissionsbanken sämtliche aus einer Garantieverletzung entstehende Schäden zu ersetzen sind, zumal hierunter auch eine mögliche Prospekthaftung der Emissionsbanken gegenüber Anlegern fällt.

Handelt es sich um die Abgabe von Aktien der Altaktionäre, so kann darin ein Verstoß gegen die Kapitalerhaltungsvorschrift des § 57 AktG wegen einer ungerechtfertigten Zuwendung an den abgebenden Aktionär liegen, wenn die Gesellschaft kein eigenes Interesse an der Veräußerung der Aktien hat. Allerdings lässt sich bei einem IPO wegen der damit verbundenen Vorteile für die Aktiengesellschaft – insbesondere höherer Bekanntheitsgrad und erleichterte Kapitalaufnahme – gut vertreten, dass auch bei der Abgabe von Aktien der Altaktionäre ein solches Eigeninteresse der AG und damit kein Verstoß gegen § 57 AktG vorliegt.

Soweit es sich um die Platzierung neuer Aktien handelt, ist in einer solchen Freistellung von der Prospekthaftung zwar grundsätzlich kein Verstoß gegen § 57 AktG zu sehen. Im Hinblick auf die in § 36 Abs. 2 BörsG geregelte Verpflichtung eines Kreditinstitutes bei der Zulassung von Wertpapieren zum Börsenhandel, dem Emittenten mit finanzmarktspezifischen Know-how zur Seite zu stehen, ist bei Neuemissionen die Wirksamkeit einer derartigen Freistellung aber insoweit zweifelhaft, als die Emissionsbanken auch von der Inanspruchnahme für Fehler bei der Erstellung des Prospektes freigestellt werden, die in ihren Verantwortungsbereich fallen.

168 Siehe Vigelius, Aktienrückkauf am Neuen Markt, Finanz Betrieb 2000, S. 221 ff.

Problematisch sind schließlich Klauseln in Übernahmeverträgen, wonach der Emittent sich verpflichtet, innerhalb einer Frist von 6 bis 12 Monaten nach der Platzierung der Aktien *keine weiteren Kapitalerhöhungen* vorzunehmen. Sofern es sich nicht um die Verwendung von genehmigtem Kapital handelt, kann eine solche Verpflichtungserklärung vom Vorstand als Unterzeichner des Übernahmevertrages nur mit Zustimmung der Hauptversammlung abgegeben werden, in deren Kompetenz es fällt, Kapitalerhöhungen zu beschließen.

Wirksam ist dagegen eine Klausel, wonach sich die Gesellschaft lediglich verpflichtet, durch Kapitalerhöhungen geschaffene Aktien innerhalb eines bestimmten Zeitraums nicht öffentlich anzubieten und Aktien nicht im Wege der breiten Streuung in den Kapitalmarkt einzuführen. Derartige Klauseln dienen dem berechtigten Interesse, Kurspflegemaßnahmen nicht durch unabgestimmte Schritte der Gesellschaft zu erschweren oder zu vereiteln, ohne dass sie in die gesetzlich zugewiesenen Kompetenzen der Organe der Aktiengesellschaft eingreifen.

(7) Gegebenenfalls (zweite) Gesellschafterversammlung (Hauptversammlung)

Maßnahme	Erläuterung	Dokumente	Zeitpunkt/Zeitraum
Gegebenenfalls (zweite) Gesellschafterversammlung (Hauptversammlung)	Kapitalerhöhung für den Börsengang (zwingend für den Neuen Markt, im amtlichen Handel ist dagegen auch die ausschließliche Platzierung von Altaktien möglich), von KB zu zeichnen; gegebenenfalls sonstige Satzungsänderungen, insbesondere genehmigtes Kapital u.a. für den »Greenshoe« (= Mehrzuteilungsoption für KB bei Überzeichnung; die Greenshoe-Aktien werden zumeist von den Altaktionären geliehen und entweder nach Ausübung des Greenshoe diesen abgekauft oder ihnen nach Durchführung einer Kapitalerhöhung aus genehmigtem Kapital zurückgegeben) und bedingtes Kapital für Mitarbeiterbeteiligung (»stock option plan«)	• Kapitalerhöhungsbeschluss und Beschluss zu sonstigen Satzungsänderungen • Handelsregisteranmeldung	Kann bis kurz vor dem Zulassungsantrag erfolgen; die Unterlagen sind aber zuvor fertig zu stellen und dem Richter am Handelsgericht zur Kenntnis zu geben; mit ihm ist unbedingt der Tag der Eintragung (sollte unmittelbar vor der Zulassung sein) zu vereinbaren

Werden bei einem Börsengang nur Aktien der Altaktionäre veräußert, fließt der Gesellschaft daraus kein Kapital zu. Börsengänge, bei denen ausschließlich alte Aktien angeboten werden, sind deshalb selten. Am Neuen Markt ist eine der Zulassungsvoraussetzungen, dass wenigstens die Hälfte der angebotenen Aktien aus einer Kapitalerhöhung stammen, damit die Gesellschaft frisches Kapital erhält. Aber auch bei einer Notierungsaufnahme im amtlichen Handel verbessert die Ausgabe (auch) neuer Aktien die Kurschancen. Eine »Wachstumsstory« lässt sich ohne solch frisches Kapital nur schwer entwickeln.

Die neuen Aktien für den Börsengang können entweder aus genehmigtem Kapital nach § 202 ff. AktG oder im Wege einer regulären Kaptialerhöhung geschaffen werden. Bei genehmigtem Kapital ermächtigt die Hauptversammlung den Vorstand, mit Zustimmung des Aufsichtsrats selbst die Kaptialerhöhung zu beschließen. Der Nennbetrag des genehmigten Kapitals kann bis zur Hälfte des Grundkapitals der Gesellschaft betragen. Die Kapitalerhöhung aus genehmigtem Kapital ist insbesondere bei Aktiengesellschaften mit Streubesitz etwas leichter zu handhaben als die reguläre Kapitalerhöhung; andererseits entfällt damit die Möglichkeit, das genehmigte Kapital etwa für spätere Akquisitionen nach dem Börsengang ohne neuen Hauptversammlungsbeschluss zu nutzen.

Im Rahmen der (zweiten) Gesellschafterversammlung, die über die Kapitalerhöhung für den Börsengang beschließt, werden häufig weitere Kapitalmaßnahmen beschlossen, insbesondere die Schaffung von bedingtem Kapital für Mitarbeiteroptionen nach § 192 Abs. 2 Nr. 3 AktG und genehmigtem Kapital insbesondere für spätere Akquisitionen gemäß § 202 ff. AktG.

(8) Analystenpräsentation

Maßnahme	Erläuterung	Dokumente	Zeitpunkt/Zeitraum
Analysten-präsentation	Vorstellung des Unternehmens / der Aktie durch die Unternehmensleitung gegenüber den Analysten der Konsortialbanken; deren Berichte (»Analystenberichte«) sind faktisch das wesentliche Marketinginstrument des IPO; die Analystenberichte werden von KB an ausgewählte institutionelle Investoren verteilt	Unterlagen für die Analysten-präsentation	Die Analystenberichte werden den potenziellen Investoren üblicherweise 3–4 Tage nach der Presentation übersandt; die Übersendung sollte nicht zu lange vor der Notierungsaufnahme, aber in angemessenem zeitlichen Abstand vor der »Black Out Period« (s.u.) erfolgen; entsprechend ist die Analystenpräsentation zu terminieren.

(9) Antrag auf Billigung des Prospekts / Prospekteinreichung

Maßnahme	Erläuterung	Dokumente	Zeitpunkt/ Zeitraum
Antrag auf Billigung des Prospekts / Prospektein-reichung	Der Prospekt in seiner Funktion als Verkaufsprospekt nach dem Verkaufs-prospektG ist durch die Börse zu billigen; hier noch ohne Preisangabe für die Aktien (»unvollständiger Verkaufsprospekt«)	• Antrag auf Billigung des Verkaufsprospektes an den Zulassungsausschuss, d.h. die Zulassungsstelle der Börse (durch KB) • Unvollständiger (Verkaufs-) Prospekt	Ca. 3 Wochen vor Beginn des »Bookbuilding« (s.u.)

(10) Antrag auf Börsenzulassung

Maßnahme	Erläuterung	Dokumente	Zeitpunkt/ Zeitraum
Antrag auf Börsenzulassung	Die Aktien sind zum amtlichen Handel oder zum geregelten Markt (mit der Möglichkeit der Notierung im Neuen Markt) von der Börse zuzulassen	• Zulassungsantrag • Börsenzulassungs-prospekt (für den den Neuen Markt »Unternehmensbericht« genannt); der Verkaufsprospekt ist zugleich Börsen-zulassungsprospekt • Gegebenenfalls (nur Neuer Markt) »Lock Up«-Erklärungen der Altaktionäre (= Verpflichtung, die Altaktien für einen Zeitraum von sechs Monaten nicht zu veräußern)	Wird üblicherweise und sinnvollerweise zusammen mit dem Antrag auf Billigung des Prospekts gestellt, kann aber auch später (bis zu 4 Tagen vor der beabsichtigten Zulassung) erfolgen

Der Neue Markt ist insbesondere für kleinere und mittelgroße Unternehmen in Wachstumsbranchen, wie zum Beispiel der Telekommunikation, interessant. Die Zulassungsbedingungen der Deutschen Börse AG für den Neuen Markt sind privatrechtlich ausgestaltet und mit Wirkung vom 31. 07.1998 in einigen Punkten geändert worden, wobei zum Beispiel eine obligatorische Präsentation des Emittenten bei der Deutschen Börse AG eingeführt wurde (s.o. (5)).

Eine Zulassung zum Neuen Markt setzt gemäß den Zulassungsbedingungen zunächst eine Zulassung zum Geregelten Markt der Frankfurter Wertpapierbörse voraus, wobei beide Zulassungen gemeinsam beantragt werden können. Der Emittent muss mit einem Eigenkapital von mindestens 1,5 Mio. Euro ausgestattet sein und bei der ersten Emission mindestens 100.000 Aktien mit einem Gesamtnennbetrag von jedenfalls 500.000 DM beantragen (Ziff. 3.7. (1) und (2) der Zulassungsbedingungen). Gemäß Ziffer 3.7. (3) kann der Zulassungsausschuss in Ausnahmefällen auch geringere Beträge zulassen. Der Mindestkurswert der zugelassenen Aktien muss auf 5 Mio. Euro geschätzt werden und mindestens 50% des zu platzierenden Emissionsvolumens hat aus einer Kapitalerhöhung gegen Bareinlagen zu stammen (Ziff. 3.8. der Zulassungsbedingungen). Seit dem 01.08.1998 ist es nicht mehr erforderlich, dass der Emittent eine gewisse Mindestzeit existiert.[169]

(11) »Black Out Period«

Maßnahme	Erläuterung	Dokumente	Zeitpunkt/Zeitraum
»Black Out Period«	Vor dem »Bookbuilding« (s.u.) wird üblicherweise von der KB ein Zeitraum eingehalten, in dem keine Analystenberichte mehr verteilt werden	. / .	Üblicherweise 14 Tage vor »Bookbuilding«

(12) Abgabe des Comfort Letter bzw. der Legal Opinions

Maßnahme	Erläuterung	Dokumente	Zeitpunkt/Zeitraum
Abgabe des Comfort Letter und der Legal Opinion	WP (Letter of Comfort) und RA (Legal Opinion) bestätigen für ihren jeweiligen Verantwortungsbereich gegenüber der KB, dass die Angaben im Prospekt zutreffen bzw. nicht irreführend sind	• Comfort Letter • Legal Opinon	Marktpraxis variiert: Deutsche KB verlangen Abgabe des Letter of Comfort und der Legal Opinions mehrfach und erstmals vor der Billigung des unvollständigen Verkaufsprospekts; amerikanischen KB reicht zumeist die Abgabe mit Unterzeichnung des Übernahmevertrages

169 Siehe dazu Harrer/Erwe, Der neue Markt der Frankfurter Wertpapierbörse im Vergleich zu NASDAQ und EASDAQ, in: RIW 1998, S. 661.

(13) Billigung des (unvollständigen) Prospekts

Maßnahme	Erläuterung	Dokumente	Zeitpunkt/Zeitraum
Billigung des (unvollständigen) Prospekts	Durch die Zulassungsstelle / den Zulassungsausschuss der Börse	Billigungsbescheid	15 Börsenhandelstage nach Antragstellung; üblicherweise wird der Antrag zwei Tage vorher gestellt; Termin sollte mit der Börse abgestimmt sein

(14) Hinweisbekanntmachung auf Prospekt

Maßnahme	Erläuterung	Dokumente	Zeitpunkt/Zeitraum
Hinweisbekanntmachung auf Prospekt	In überregionalem Börsenpflichtblatt	• Hinweisbekanntmachung • Unvollständiger Verkaufsprospekt (muß an den designierten Stellen bereit liegen)	Am Tag nach der Billigung

(15) Roadshow / Bookbuilding / Auktionsverfahren

Maßnahme	Erläuterung	Dokumente	Zeitpunkt/Zeitraum
»Roadshow« / »Bookbuilding« / »Auktionsverfahren«	Roadshow = Besuch bei den potentiellen institutionellen Investoren zur Vorstellung des Unternehmens / der Aktien durch die Unternehmensleitung mit Unterstützung der KB; dient zugleich dem Bookbuilding = Sammlung der (verbindlichen) Kaufangebote im »Orderbuch«	Roadshow-Unterlagen	• Frühestens am Tag nach der Veröffentlichung (deshalb häufig: Billigung des Prospektes am Freitag, Hinweisbekanntmachung am Samstag, Beginn des Bookbuilding am Montag) • Spätestens zwei Tage vor dem Beginn des Bookbuilding muss der Übernahmevertrag vollständig ausverhandelt sein (sonst wird KB mit dem Bookbuilding nicht beginnen) • Dauer: Üblicherweise 3 – 20 Tage

Erst mit der Veröffentlichung des (unvollständigen) Verkaufsprospekts/Unternehmensberichts ist ein öffentliches Angebot der Aktien und damit der Beginn der eigentlichen Verkaufsaktivitäten möglich.

Der unvollständige Verkaufsprospekt/Unternehmensbericht enthält noch keinen Angebotspreis (Emmissionspreis) für die Aktien. Bei fast allen Börsengängen erfolgt heute die Festsetzung des Emissionspreises im Wege des sog. *Bookbuilding*-Verfahrens. Dies gilt insbesondere, wenn das Bezugsrecht der Altaktionäre ganz oder zum Teil ausgeschlossen ist.

Bookbuilding ist die Erstellung eines Orderbuches aufgrund hereingegebener Kauforder, bei denen die Preisbildung und die Zuteilung der Aktien bis zum Abschluss der Orderhereinnahme offenbleibt. Das Bookbuilding, welches in der Regel ca. 14 Tage andauert, wird durch eine Marketing-Vorphase und durch Roadshows, d.h. durch Präsentationen von Repräsentanten des Emittenten und der konsortialführenden Bank unmittelbar bei den Investoren, vorbereitet. In der eigentlichen Bookbuilding-Phase werden die Aktien zum Verkauf angeboten. In dieser Zeit können Investoren Kaufaufträge abgeben. Diese Order der Investoren erfolgen aufgrund einer zuvor veröffentlichten Unternehmensbewertung durch den Konsortialführer in Übereinstimmung mit dem Emittenten. Die Gesamtheit der bei dem Konsortialführer und den anderen Konsortialbanken eingehenden Aufträge bilden das *Orderbook*, welches sich im Wege der Auswertung der einzelnen Order (das Bookbuilding) entwickelt. Unmittelbar nach dem letzten Tag des Bookbuilding wird dann zwischen dem Konsortialführer, dem Emittenten und gegebenenfalls den Altaktionären der Preis fixiert. Im Anschluss daran werden die Aktien zugeteilt. Die Lieferung der Aktien gegen Zahlung der Kaufpreise an die Investoren erfolgt dann etwa 5 bis 7 Tage später.

Zu beachten ist, dass der Vorstand des Emittenten die *Festsetzung des Bezugspreises* nicht gänzlich den Konsortialbanken überlassen darf.[170]

Der Bezugspreis ist zum einen eine Bedingung der Aktienausgabe i.S.d. § 204 Abs. 1 Satz 1 AktG, sodass seine Festsetzung gemäß § 204 Abs. 1 Satz 2 AktG der Zustimmung des Aufsichtsrates bedarf. Zum andern ist der Vorstand im Falle eines Bezugsrechtsausschlusses nach § 186 Abs. 3 Satz 4 AktG im Interesse der Altaktionäre für die Festsetzung eines am Börsenkurs orientierten Bezugspreises verantwortlich. Wird das Bezugsrecht außerhalb des Anwendungsbereichs des § 186 Abs. 3 Satz 4 AktG ausgeschlossen, dann ist der Vorstand gem. § 255 Abs. 2 AktG verpflichtet, den Bezugspreis der ausgegebenen Aktien nicht unter deren Wert festzusetzen; dies ist dann der Fall, wenn der durch die Aktien repräsentierte anteilige Wert der Gesellschaft über dem Emissionskurs der neuen Aktien liegt. Dies gilt nicht nur für ordentliche Kapitalerhöhungen, sondern auch bei Kapitalerhöhungen aus genehmigtem Kapital.

Der Aufsichtsrat darf dabei die Festsetzung des Bezugspreises zwar nicht vollständig in das freie Ermessen des Vorstandes stellen. Sofern aber sichergestellt ist,

170 Vgl. Marsch-Barner, AG 1994, S. 532 (537); Trapp, in: AG 1998, S. 115 (119).

dass der Bezugspreis im Wege des Bookbuilding-Verfahrens festgesetzt wird, kann der Aufsichtsrat dem Vorstand eine gewisse Bandbreite vorgeben, innerhalb derer der Vorstand den Bezugspreis festzusetzen hat. Der am Markt erzielbare Emissionspreis wird hierdurch aufgrund vorher festgelegter abstrakter Kriterien ermittelt, sodass der Aufsichtsrat seiner Überwachungsaufgabe gerecht wird.

Im Falle des vereinfachten Ausschlusses des Bezugsrechtes gemäß § 186 Abs. 3 Satz 4 AktG hat der Vorstand bei der Festsetzung des Bezugspreises zu beachten, dass der Bezugspreis der neuen Aktien deren Börsenpreis nicht wesentlich, d.h. um mehr als 3 bis 5% unterschreiten darf. Darüber hinaus braucht der Vorstand beim vereinfachten Bezugsrechtsausschluss die in § 255 Abs. 2 AktG festgelegte Untergrenze des Bezugspreises nicht zu beachten. Es ist nämlich davon auszugehen, dass der Vorstand »Paket-Aktionären« außerhalb eines förmlichen Bezugsrechts gemäß § 186 AktG die Möglichkeit einräumen muss, eine zum Erhalt ihrer quotalen Beteiligung erforderliche Zahl neuer Aktien zu zeichnen. Hierdurch und durch die Möglichkeit von Zukäufen über die Börse sind die Altaktionäre hinreichend geschützt.

Vor allem im Neuen Markt klafft oft eine enorme Lücke zwischen dem Ausgabepreis einer Aktie und ihrem ersten Kurs.

Unternehmen	Branche	Emissionspreis (in €)	Erste Notiz (in €)
SinnerSchrader	E-Commerce Consulting	12,00	22,00
Pandatel	Telekommunikation	22,00	26,00
RT-SET Real Time Ltd.	TV-Grafiklösungen	13,00	13,50
Buch.de Internetstores	E-Commerce	10,00	11,00
Secunet Security Networks	Inform.-/Telekomm.sicherh.	15,00	15,50
Plaut	Consulting	22,00	22,50
Evotec BioSystems	Biotechnologie	13,00	24,00
Ebookers.com Plc	Online-Reisebüro	18,00	26,00
Direkt Anlage Bank	Finandienstleistungen	12,50	16,50
Novasoft	Software Consultant	21,00	26,00
Orad Hi-Tec Systems Ltd.	Software	18,00	19,00
Poet Holdings Inc.	IT	12,50	14,00
Argyrakis Dein Syst. (ADS)	Netzwerke	7,00	18,00
Toys International.com	E-Commerce	13,00	11,50
Röhrig High Tech Plastics	Präzisions-Kunstoffspritzguss	19,00	19,80
Phenomedia	Computerspiele	22,50	28,50
Brainpool TV	Medien	47,00	84,00
Balda	Hersteller v. Spritzgussartikeln	24,00	31,50
3U Telekommunikation	Telekommunikation	30,00	30,50
CyBio	Biotechnologie	17,00	34,00
ComRoad	Telematik	20,50	25,00
Tomorrow Internet	Internet und Multimedia	20,00	33,00
Condomi	Hygieneartikel	16,00	23,00
Bäurer	Software	21,00	23,00
Freenet.de	Internet Provider	29,00	68,00

Abb. 6: Beispiele von Emissionsgewinnen Ende 1999/Anfang 2000
Quelle: Deutsche Börse AG

Die hohen Zeichnungsgewinne erfreuen zwar die Anleger, nicht jedoch den Börsenkandidaten selbst, zumal der Börsengang bei einem höheren Ausgabekurs deutlich mehr Geld in die Kassen des Unternehmen hätte bringen können. Aber auch für die Privatanleger hat das übliche Bookbuildingverfahren Nachteile: Sie kommen bei der Zuteilung oft zu kurz. Bei deutlicher Überzeichnung muss häufig das Los entscheiden.

Ein Ausweg kann es sein, wie erstmals bei der Trius AG, einem Spezialisten für Computer- und Internettelefonie beim Gang an den Neuen Markt unternommen, den Emissionspreis in einem Auktionsverfahren zu ermitteln.

Bei dem Auktionsverfahren wird bei der Emission auf eine Preisspanne verzichtet. Jeder Interessent soll sich intensiv mit dem Unternehmen beschäftigen und dann limitiert zeichnen. Nach Abschluss der Zeichnungsfrist bekommen alle Interessenten, angefangen vom höchsten Gebot so lange eine Zuteilung, bis das Emissionsvolumen »aufgebraucht« ist. Die Höhe des niedrigsten Gebotes, das noch zum Zuge kommt, bestimmt den Zuteilungspreis. Das Auktionsverfahren kann auf diese Weise vom Börsenstart an zu einer marktgerechteren Bewertung und Chancengleichheit für die Zeichner führen und solche Investoren binden, die an einer dauerhaften Anlage interessiert sind.

Gemeinsam mit der Deutschen Schutzvereinigung für Wertpapierbesitz (DSW)[171] ist gegenüber diesem Verfahren kritisch anzumerken, dass es selbst Analysten schwer fällt, Wachstumsunternehmen korrekt zu bewerten. Nur ein sehr kleiner Teil der Privatanleger wird in der Lage sein, einen angemessenen Preis für die Aktie zu bestimmen. In jedem Fall müssten die Informationen im Emissionsprospekt weitaus detaillierter ausfallen als bislang üblich, und unter anderem umfassende Schätzungen zur Umsatz- und Gewinnentwicklung sowie ausführliche Vergleichsdaten zu anderen Unternehmen der Branche enthalten. Darüber hinaus fürchtet die DSW, dass durch das Auktionsverfahren die Kursphantasie bei Neuemissionen verloren gehen könnte. Die vermeintlichen Vorteile des Auktionsverfahrens könnten durch eine Anpassung der Preisspanne während der Zeichnungsfrist ausgeglichen werden. Darüber hinaus gibt der Emissionskandidat die Möglichkeit aus der Hand, die Aktionärsstruktur selbst zu bestimmen und damit für eine ausgewogene Mischung zwischen privaten und institutionellen Anlegern zu sorgen.

Zumindest sind deshalb gewisse Modifikationen des Auktionsverfahrens erforderlich. Bei erheblichen Überzeichnungen könnte es im übrigen in Zukunft zu einer Anhebung der Preisspanne kommen; ein Verfahren, das in den USA bereits seit langem üblich ist, sich in Deutschland aber noch nicht durchgesetzt hat.

171 Handelsblatt vom 07.01.2000.

(16) Veröffentlichung des Zulassungsantrags

Maßnahme	Erläuterung	Dokumente	Zeitpunkt/ Zeitraum
Veröffentlichung des Zulassungsantrags	In überregionalem Börsenpflichtblatt	(Erfolgt durch die Börse)	Drei Tage vor der Zulassung; Termin kann mit der Börse abgestimmt werden

(17) Unterzeichnung des Übernahmevertrages

Maßnahme	Erläuterung	Dokumente	Zeitpunkt/ Zeitraum
Unterzeichnung des Übernahmevertrages	Erst mit der Unterzeichnung des Übernahmevertrages verpflichtet sich die KB, die Aktien zu übernehmen und zu platzieren; der Übernahmevertrag ist der zentrale Vertrag des IPO, der insbesondere auch die wesentlichen Pflichten der abgebenden Aktionäre und der Gesellschaft enthält (inkl. umfassender Gewährleistungen und häufig mit freiwilligem »Lock Up«)	Übernahmevertrag mit allen Anlagen, insbesondere legal opinions und comfort letter	Erfolgt frühestens kurz vor Beginn des Bookbuilding (nach Festsetzung der Preisspanne), meist aber erst mit dem Ende des Bookbuilding (denn KB weiß erst zu diesem Zeitpunkt, ob die Platzierung erfolgreich sein wird)

(18) Gegebenenfalls Unterzeichnung des Zeichnungsscheines/ Einzahlung der Kapitalerhöhung/Handelsregisteranmeldung

Maßnahme	Erläuterung	Dokumente	Zeitpunkt/ Zeitraum
Gegebenenfalls Unterzeichnung des Zeichnungsscheins/ Einzahlung der Kapitalerhöhung/ Handelsregister-anmeldung	Die KB zeichnet bei einer Platzierung von neuen Aktien die Aktien selbst und muss deshalb den Nennkapitalbetrag der Aktien der Gesellschaft zur Verfügung stellen; die Handelsregisteranmeldung ist erst mit Einreichung des Zeichnungsscheins vollständig	• Zeichnungsschein • Handelsregister-anmeldung	Sollte möglichst erst unmittelbar vor der Zulassung der Aktien erfolgen, um den Zeitraum zwischen der Einzahlung auf die Kapitalerhöhung und des Erhalts des Platzierungserlöses durch KB möglichst kurz zu halten

(19) Gegebenenfalls Eintragung der Kapitalerhöhung im Handelsregister

Maßnahme	Erläuterung	Dokumente	Zeitpunkt/ Zeitraum
Gegebenenfalls Eintragung der Kapitalerhöhung im Handelsregister	Erst mit der Eintragung enstehen die neuen Aktien; die Eintragungsbekanntmachung ist Voraussetzung für die Zulassung der Aktien	Eintragungsbekanntmachung	Zeitkritischer Moment; bei Kooperation am Tag vor oder sogar erst am Tag der Zulassung; nur wenn der Richter am Registergericht eine taggenaue Eintragung zusagt, ist der Zeitraum zwischen Zeichnung der Aktien und Zulassung kurz zu halten

Der Zeitpunkt der Eintragung der Kapitalerhöhung für den Börsengang ist ein zeitkritischer Moment, wenn nicht ausschließlich alte Aktien veräußert werden. Die Konsortialbank, die die neuen Aktien ausschließlich zeichnet, um diese dann anschließend beim Publikum zu platzieren, muss den Nennwert der Kapitalerhöhung in voller Höhe einzahlen. Der Nachweis der Einzahlung ist eine Voraussetzung für die Eintragung der Kapitalerhöhung. Erst mit der Eintragung der Kapitalerhöhung entstehen die neuen Aktien und können zur Börse zugelassen werden.

Der gesamte Zeitplan des Börsenganges hängt also jedenfalls bei der Platzierung neuer Aktien an der zeitgerechten Eintragung der Kapitalerhöhung. Der Zeitpunkt der Eintragung liegt aber nicht im Ermessen der Beteiligten, sonderen allein beim zuständigen Registerrichter. Es ist deshalb unerlässlich, dass insbesondere die den Emittenten beratenden Rechtsanwälte in enger Abstimmung mit dem Registerrichter handeln.

Erfreulicherweise sind die meisten Registerrichter im Zusammenhang mit Börsengängen bereit, eine taggenaue Eintragung – den Erhalt der vollständigen Dokumentation vorausgesetzt – zuzusagen. Ein Anspruch darauf besteht allerdings nicht. Ein unkooperativer Registerrichter kann erhebliche Probleme für einen erfolgreichen Börsengang herbeiführen.

(20) Ende Bookbuilding / Preisfestsetzung / Zuteilung

Maßnahme	Erläuterung	Dokumente	Zeitpunkt/ Zeitraum
Ende Bookbuilding / Preisfestsetzung / Zuteilung	Das Orderbuch wird ausgewertet, der Verkaufspreis festgelegt und die Zuteilung der Aktien auf die Erwerber bestimmt; Unterzeichnung des Preisfestsetzungsvertrages	Preisfestsetzungsvertrag	Am Vortag der Zulassung

(21) »Bring Down Call« / »Blood Letter« / Einreichung des Börsenzulassungsprospekts (Neuer Markt: Unternehmensbericht)

Maßnahme	Erläuterung	Dokumente	Zeitpunkt/ Zeitraum
»Bring Down Call« / »Blood Letter« / Einreichung des Börsenzulassungsprospektes (Neuer Markt: Unternehmensbericht)	• Bring Down Call: Die Berater befragen die Unternehmensleitung nach neuen Entwicklungen, die noch im Prospekt zu erwähnen wären • Blood Letter: Schreiben der KB an das Unternehmen mit Aufzählung der Prospektdaten, die von KB stammen (und für deren Richtigkeit die KB damit im Innenverhältnis haftet) • Fertigstellung und Übersendung des endgültigen Prospektes (mit Verkaufspreis der Aktien) zur Börse	• Blood Letter • Börsenzulassungsprospekt / Unternehmensbericht (Neuer Markt: deutsch und englisch)	Am Vortag der Zulassung

»Bring Down Call« und »Blood Letter« dienen der Aufdeckung von Veränderungen, die in der Endfassung des Verkaufsprospektes bzw. am Neuen Markt des Unternehmensberichtes noch aufgenommen werden müssen. Der endgültige Verkaufsprospekt, der auch den nach Ende des Bookbuilding-Verfahrens ermittelten Emissionspreis enthält, wird dann erneut zur Billigung bei der Deutsche Börse AG eingereicht.

(22) Zulassung der Aktien zum Handel

Maßnahme	Erläuterung	Dokumente	Zeitpunkt/ Zeitraum
Zulassung der Aktien zum Handel	Zulassung zum amtlichen Handel oder geregelten Markt (ggf. mit Notierung im Neuen Markt)	Zulassungsbescheid	Am Tag nach dem Ende des Bookbuilding

(23) Hinweisbekanntmachung

Maßnahme	Erläuterung	Dokumente	Zeitpunkt/ Zeitraum
Hinweisbekanntmachung	Hinweis auf Veröffentlichung des Börsenzulassungsprospektes (Unternehmensberichtes) / der Zulassung	Hinweisbekanntmachung	Am Folgetag der Zulassung; mind. zwei Tage vor Notierungsaufnahme

(24) Notierungsaufnahme

Maßnahme	Erläuterung	Dokumente	Zeitpunkt/ Zeitraum
Notierungsaufnahme	Aufnahme der Notierung der Aktien	./.	Frühestens drei Tage nach der Hinweisbekanntmachung (deshalb wiederum häufig: Zulassung am Freitag, Hinweisbekanntmachung am Samstag, Notierungsaufnahme am Montag); spätestens sechs Monate nach Zulassung

Mit der Notierungsaufnahme ist der Börsengang vollendet. Mit der Notierungsaufnahme treffen den Emittenten verschiedene neue Verpflichtungen. So muss der Emittent nach der Notierung an der Börse regelmäßig Quartalsberichte veröffentlichen, die Zahlenangaben über seine Geschäftstätigkeit und Ergebnisse im Berichtszeitraum (insbesondere Gewinn- und Verlustrechnung, Jahresüberschuss/-fehlbetrag sowie Kapitalflussrechnung) enthalten (Ziff. 7.1.1. der Zulassungsbedingungen). Ferner sollen die Quartalsberichte die Umsätze, die Auftragslage, die Entwicklung der Kosten und Preise, die Forschungs- und Entwicklungsaktivitäten sowie die Zahl der Arbeitnehmer und die Höhe von Investitionen erläutern (Ziff. 7.1.3. der Zulassungsbedingungen).

Die Einberufung von Hauptversammlungen sowie die Mitteilungen über die Ausschüttung von Dividenden, über die Ausgabe neuer Aktien und die Ausübung von Umtausch-, Bezugs- oder Zeichnungsrechten sind zu veröffentlichen.

Der Jahresabschluss ist entweder nach International Accounting Standards (IAS), nach US-amerikanischen Generally Accepted Accounting Principles (US-GAAP) oder nach nationaler Rechnungslegung mit Überleitungsrechnung aufzustellen und mit dem Lagebericht zu veröffentlichen. Außerdem muss der Emittent den Übernahme-Kodex der Börsensachverständigen-Kommission oder ähnliche Regelungen anerkennen (Ziff. 7.2.10. der Zulassungsbedingungen).

Zu Beginn eines jeden Geschäftsjahres ist ein Unternehmenskalender in deutscher und englischer Sprache zu erstellen, der Angaben über wichtige Termine wie z.B. Ort und Zeit der Hauptversammlung, der Bilanzpressekonferenz und der Analystenveranstaltungen enthält (Ziff. 7.2.4. der Zulassungsbedingungen).

Innerhalb eines Zeitraumes von 6 Monaten nach Aufnahme der Notierung müssen wesentliche Änderungen der im Prospekt veröffentlichen Angaben über das Unternehmen im Wege eines Nachtrages veröffentlicht werden. Ferner obliegen dem Management der Gesellschaft nach Notierungsaufnahme generell weitere Pflichten zur Publizität; so haben sie z.B. im Rahmen ihrer ad hoc Publizitäts-Pflicht gemäß den §§ 21 ff. des Wertpapierhandelsgesetzes unverzüglich Umstände zu veröffentlichen, die einen erheblichen Einfluss auf den Börsenkurs der Gesellschaft haben können.

(25) »Closing«

Maßnahme	Erläuterung	Dokumente	Zeitpunkt/ Zeitraum
»Closing«	Abrechnung und Überweisung des Platzierungserlöses	. / .	Üblicherweise zwei Tage nach Notierungsaufnahme

Wie bereits oben ausgeführt enthalten Übernahmeverträge regelmäßig Bestimmungen, wonach die aufschiebenden Bedingungen zum Zeitpunkt der Übergabe des Zeichnungsscheins bzw. der Einreichung der Handelsregisteranmeldung zur Eintragung der Kapitalerhöhung erfüllt sein müssen (*erstes Closing*).

Darüber hinaus sind unmittelbar vor der Überweisung des Emissionserlöses erneut eine Legal Opinion, ein Officers'-Certificate und ein Comfort-Letter beizubringen, wonach seit der Übernahme der Aktien keine Umstände eingetreten sind, die wesentliche nachteilige Folgen für die Geschäftstätigkeit oder die finanzielle Lage des Emittenten haben (*zweites Closing*).

Erst danach wird der Emissionserlös (Differenz zwischen Nennbetrag und Bezugspreis) nach Abzug von Provisionen und Kosten an die Gesellschaft und die veräußernden Aktionäre überwiesen.

(26) Greenshoe-Ausübung

Maßnahme	Erläuterung	Dokumente	Zeitpunkt/ Zeitraum
Gegebenenfalls Ausübung einer Greenshoe-Option	Die von KB geliehenen Aktien werden fast immer zugeteilt; der Greenshoe wird zur Marktpflege ausgeübt, also nur dann, wenn der Kurs seit Notierungsaufnahme gestiegen ist	Nach Greenshoe-Ausübung: Entweder Kauf der geliehenen Aktien oder Kapitalerhöhung aus genehmigtem Kapital (= Vorstands- und Aufsichtsratsbeschluss und Handelsregisteranmeldung)	Binnen ca. 30 Tagen nach Notierungsaufnahme

Bei einem Börsengang wird den Emissionsbanken regelmäßig eine *Greenshoe-Option* eingeräumt.

Der Begriff Greenshoe geht zurück auf die Emission der Greenshoe Manufacturing Company, bei der dieses Instrument zur Kurspflege zum ersten Mal eingesetzt wurde. Dabei erhält das Konsortium der Emissionsbanken die Mehrzuteilungsoption, innerhalb eines Zeitraumes von regelmäßig ca. 20 bis 45 Tagen nach der Platzierung der Aktien (sog. Greenshoe-Periode), über das zunächst angenommene Emissionsvolumen weitere Aktien im Gesamtnennwert von 10 bis 15% der ursprünglich gezeichneten Aktien zu demselben Preis, der durch das Bookbuilding festgesetzt worden ist, zu beziehen und zuzuteilen.

Obwohl diese weiteren Aktien noch nicht gezeichnet sind, werden sie bereits mit den anderen Aktien kurz vor der Notierungsaufnahme zugeteilt, indem entweder die veräußernden Altaktionäre entsprechende Wertpapierleihverträge mit den Banken abschließen oder institutionelle Investoren bis zum Abschluss der Greenshoe-Periode auf die Lieferung einer entsprechenden Anzahl von Aktien verzichten. Auf diese Weise können die Banken eine gewisse Kurspflege betreiben und im Falle eines Sinkens des Börsenkurses der platzierten Aktien unter den Bezugspreis Aktien im Wege von Stützungskäufen vom Markt nehmen, um hierdurch den Börsenkurs wieder zu stabilisieren. Sofern Stützungskäufe nicht oder nur zum Teil erforderlich sind, üben die Emissionsbanken am Ende der Greenshoe-Periode ihre Option aus und können damit ihre Verpflichtung aus den Leihverträgen oder ihre Lieferpflicht gegenüber den institutionellen Investoren erfüllen, d.h. sie können die geliehenen Aktien zurückübertragen bzw. die mehr zugeteilten Aktien effektiv liefern. Sowohl die bloße Möglichkeit solcher Stützungskäufe als auch die Ausübung der Greenshoe-Option am Ende der Greenshoe-Periode werden vom Kapitalmarkt als positives Zeichen aufgenommen und führen in aller Regel zu einer günstigen Kursbewertung.

Die Durchsetzbarkeit der Greenshoe-Option kann durch eine bereits zu einem früheren Zeitpunkt beschlossene genehmigte Kapitalerhöhung abgesichert werden, in deren Rahmen der Vorstand ermächtigt wird, das Kapital unter Ausschluss des Bezugsrechts der Aktionäre zu erhöhen. Nach der »Kali + Salz«-Rechtsprechung bedarf eine derartige Ermächtigung des Vorstandes zum Ausschluss des Bezugsrechts der Altaktionäre gemäß § 203 Abs. 2 AktG ebenso wie ein Bezugsrechtsausschluss gemäß § 186 Abs. 3 AktG der sachlichen Rechtfertigung. Bei einer Börseneinführung ist ein Bezugsrechtsausschluss grundsätzlich sachlich gerechtfertigt, wenn die erforderliche Aktienzahl nur auf diese Weise zur Verfügung gestellt werden kann und die Gesellschaft sachliche, die Interessen der Altaktionäre überwiegende Gründe für die Börseneinführung vorweisen kann. Dabei reicht es aus, der Hauptversammlung die Maßnahme, in deren Zusammenhang der Bezugsrechtsausschluss erfolgen soll, zum Zeitpunkt der Beschlussfassung über die Ermächtigung des Vorstandes allgemein und abstrakt zu umschreiben.

Im Zeitpunkt der Ausübung der Greenshoe-Option liegt der Börsenkurs der platzierten Aktien regelmäßig über dem ursprünglichen Bezugspreis; fällt nämlich der Börsenkurs in der Greenshoe-Periode unter den Bezugspreis, so erfolgen Stützungskäufe mit der Folge, dass die Greenshoe-Option später nicht oder nur zum Teil ausgeübt wird. Fraglich ist insofern, ob ein Ausschluss des Bezugsrechtes nach § 186 Abs. 3 Satz 4 AktG noch zulässig ist, wenn zum Zeitpunkt der Ausübung der Greenshoe-Option die Differenz zwischen Börsenkurs und Bezugspreis den zulässigen Rahmen von 3 bis 5% überschreitet. Maßgeblich für die Beantwortung dieser Frage ist, ob hierfür auf den Zeitpunkt der Ausübung der Greenshoe-Option, auf den Zeitpunkt des Vorstands- und Aufsichtsratsbeschlusses oder auf den Zeitpunkt der Zuteilung der Aktien an die Investoren abzustellen ist. Entscheidend sollte der Schutzzweck des § 186 Abs. 3 Satz 4 AktG sein, wonach die Altaktionäre vor einer Kursverwässerung geschützt werden sollen; demzufolge ist der Zeitpunkt der Zuteilung der Greenshoe-Aktien an die Anleger als maßgebend anzusehen, die zeitgleich mit der Zuteilung der Aktien der Haupttranche erfolgt. Zu einer Verwässerung des Kurses kommt es nämlich nur dann, wenn Aktien aus einer Kapitalerhöhung zu günstigeren Preisen als dem Börsenkurs am Markt erhältlich sind.

(27) Greenshoe-Closing

Maßnahme	Erläuterung	Dokumente	Zeitpunkt/ Zeitraum
Ggf. Greenshoe-Closing	Abrechnung und Überweisung des Platzierungserlöses der Greenshoe-Aktien	Der Übernahmevertrag sieht häufig nochmals Letter of Comfort / Legal Opinions vor, deren Abgabe aber selten verlangt wird	Unverzüglich nach Eintragung der Kapitalerhöhung

(28) Ende Black Out Period

Maßnahme	Erläuterung	Dokumente	Zeitpunkt/ Zeitraum
Ende der Black Out Period	Analystenberichte können wieder verteilt werden	./.	40 Tage nach Notierungsaufnahme

Die Umgehung des § 52 AktG durch Aufspaltung eines Vertrages in mehrere Einzelverträge ist nicht zulässig.

Fraglich ist, ob der Erwerb von Vermögensgegenständen durch eine Tochter-GmbH als mittelbarer Vermögenserwerb durch die Muttergesellschaft zu qualifizieren ist. Dies hätte zur Folge, dass die Vorschrift des § 52 AktG entsprechend anzuwenden wäre.

Diese Frage hat die Gerichte – soweit ersichtlich – noch nicht beschäftigt. Die wohl herrschende Auffassung in der Literatur[172] verneint in diesem Fall eine analoge Anwendung dieser Vorschrift, da der Schutzzweck des § 52 AktG, eine Umgehung der Sachgründungsvorschriften bei der Muttergesellschaft zu verhindern, keine Erstreckung der Norm auf die Tochtergesellschaften verlangt. Zudem ist eine derartige rechtsformübergreifende Anwendung des § 52 AktG mit dem «nachgründungsfreien« Recht der GmbH nicht vereinbar.[173] Nach der derzeit vorherrschenden Auffassung lösen daher Erwerbsgeschäfte der Tochtergesellschaft grundsätzlich keine Nachgründungspflicht der Muttergesellschaft nach § 52 AktG aus.

172 Vgl. Krieger, in Münch. Hdb. GesR IV, § 69, Rn. 46 mwN.
173 Vgl. Kubis, AG 1993, S. 118, 120.

d) Gesamt-Ablaufplan des Börsenganges

Insgesamt ergibt sich daraus der nachfolgend schematisiert dargestellte Ablaufplan für den Gang an eine deutsche Börse (Initial Public Offering – IPO):

(1) Vom »Kick Off Meeting« bis zur Prospekteinreichung

Maßnahme	Erläuterung	Dokumente	Zeitpunkt/ Zeitraum
Aufträge an Berater / Dienstleister	• Ggf. IPO-Berater • Konsortialführernde Bank (»KB«)(»Lead Manager«) • Wirtschaftsprüfer (»WP«) • Rechtsanwälte (»RA«) • Werbeagentur • Drucker • Übersetzer	Mandatsverträge (»Engagement Letter(s)«)	Auswahl vor Kick Off Meeting; Werbeagentur, Drucker und Übersetzer auch später; Engagement letter(s) sollten möglichst vor dem Kick Off Meeting unterzeichnet sein (in praxi aber meist erst danach)
Kick Off Meeting	Vorstellung des Unternehmens durch die Unternehmensleitung für die Berater	Unterlagen ähnlich einer »Management Presentation«	Kontaktaufnahme RA und KB möglichst schon vor Kick Off Meeting
Beginn Due Diligence / Prospekterstellung	Die Berater des Unternehmens und – je nach Absprache mit der KB auch deren Berater – (insbesondere RA/ WP) prüfen die wesentlichen Dokumente/Unterlagen des Unternehmen, die mittels Anforderungslisten der Berater zusammengestellt und in einem Datenraum	• Due Diligence Listen für Datenraum • Ggf. Due Diligence Bericht (jedenfalls dann erforderlich, wenn keine Due Diligence durch KB; aber auch für interne Kontrolle zu empfehlen)	Zeitnah nach Kick Off Meeting; Due Diligence und Prospekterstellung können parallel erfolgen; die Due Diligence Listen der RA und KB sollten aufeinander abgestimmt sein; nach ca. 2 Wochen sollten die Ergebnisse der Due Diligence im wesentlichen

Maßnahme	Erläuterung	Dokumente	Zeitpunkt/ Zeitraum
	den Beratern zur Verfügung gestellt werden; die Ergebnisse der Due Diligence fließen in den Prospekt ein		vorliegen; für Due Diligence/Prospekterstellung ist ein Gesamtzeitraum von ca. 10 Wochen anzusetzen mit mind. fünf, meistens aber deutlich mehr »drafting sessions« für den Prospekt
Ggf. (erste) Gesellschafterversammlung	• Wenn noch keine AG: Umwandlung in AG mit Vorstands- und Aufsichtsratsbestellung; • Ggf. erste (Bar-)Kapitalerhöhung, um ein ausgewogenes Verhältnis zwischen den zu platzierenden und den bei den Altgesellschaftern verbleibenden Aktien zu erreichen	• Antrag an das Registergericht auf Bestellung eines Gründungsprüfers • Umwandlungsbeschluss mit Satzung sowie Wahl des ersten Aufsichtsrats und Vorstandsbestellung • Gründungs- und Gründungsprüfungsberichte • Kapitalerhöhungsbeschluss mit Zeichnungsscheinen und Einzahlungsbelegen • Jeweils Handelsregisteranmeldung	• Als erstes: Antrag auf Bestellung eines Gründungsprüfers • Umwandlungsbeschluss so früh wie möglich (wenn Betriebsrat: Zuleitung des Entwurfs des Umwandlungsbeschlusses spätestens vier Wochen vor Beschlussfassung) • Eintragung im Handelsregister ca. 3 – 4 Wochen nach der Anmeldung
Ggf. Börsenpräsentation (*nur für Neuer Markt*)	Vorstellung des Unternehmens vor dem Zulassungsausschuss der Deutsche Börse AG	Präsentationsunterlagen (auf der Basis der Unterlagen zum Kick Off Meeting)	Sollte noch in zeitlicher Nähe zum Kick Off Meeting erfolgen (ca. 4 Wochen)

Maßnahme	Erläuterung	Dokumente	Zeitpunkt/ Zeitraum
Verhandlung der wesentlichen Verträge, insbesondere der Übernahmeverträge (»underwriting agreement«) mit der führenden Emissionsbank (Lead Manager/ Book Runner)	Die wesentlichen Verträge sind standardisiert und werden üblicherweise von der KB vorgeschlagen; es besteht nur eingeschränkter Verhandlungsspielraum	• Übernahmevertrag (»underwriting agreement«) mit Anlagen (insbesondere »legal opinions« der RAe des Unternehmens und der KB sowie »letter of comfort« der WP's; Preisfestsetzungsvertrag) • Sponsorenvertrag mit den »designated sponsors« • Zahl- und Hinterlegungsstellenvertrag • Konsortialvertrag (»agreement amongst underwriters«) • Ggf. Aktienleihe für »Greenshoe« (s.u.)	• Der Übernahmevertrag sollte vor Prospekteinreichung (s.u.) ausverhandelt sein, ist es aber meist erst kurz vor dem Beginn des Bookbuilding (s.u.) • Werden die Sponsorenverträge nicht rechtzeitig verhandelt, stellen die Sponsoren teils absurde Geldforderungen • Das Unternehmen hat nur Einfluss auf die Auswahl der Konsortialbanken; der Konsortialvertrag selbst betrifft das Unternehmen nicht und wird diesem allenfalls zur Kenntnis gegeben
Ggf. (zweite) Gesellschafterversammlung (Hauptversammlung)	Kapitalerhöhung für den Börsengang (zwingend für Neuer Markt, im amtlichen Handel ist dagegen auch die ausschließliche Platzierung von Altaktien möglich), von KB zu zeichnen; gegebenenfalls sonstige	• Kapitalerhöhungsbeschluss und Beschluss zu sonstigen Satzungsänderungen • Handelsregisteranmeldung	Kann bis kurz vor dem Zulassungsantrag (s. Chart 2) erfolgen; die Unterlagen sind aber zuvor fertig zu stellen und dem Richter am Handelsgericht zur Kenntnis zu geben; mit ihm ist unbedingt der

Maßnahme	Erläuterung	Dokumente	Zeitpunkt/ Zeitraum
	Satzungsänderungen, insbesondere genehmigtes Kapital u.a. für den »Greenshoe« (= Mehrzuteilungsoption für KB bei Überzeichnung, die Greenshoe-Aktien werden zumeist von den Altaktionären geliehen und entweder nach Ausübung des Greenshoe diesen abgekauft oder ihnen nach Durchführung einer Kapitalerhöhung aus genehmigtem Kapital zurückgegeben) und bedingtes Kapital für Mitarbeiterbeteiligung (»stock option plan«)		Tag der Eintragung (sollte unmittelbar vor Zulassung sein) zu vereinbaren
Analystenpräsentation	Vorstellung des Unternehmens / der Aktie durch die Unternehmensleitung gegenüber den Analysten der Konsortialbanken; deren Berichte (»Analystenberichte«) sind faktisch das wesentliche Marketinginstrument des IPO; die Analystenberichte werden von KB an ausgewählte institutionelle Investoren verteilt	Unterlagen für die Analystenpräsentation	Die Analystenberichte werden den potenziellen Investoren üblicherweise 3-4 Tage nach der Präsentation übersandt; die Übersendung sollte nicht zu lange vor der Notierungsaufnahme, aber in angemessenem zeitlichen Abstand vor der »Black Out Period« (s.u.) erfolgen; entsprechend ist die Analystenpräsentation zu terminieren.

(2) Von der Antragsstellung bis zum Closing

Maßnahme	Erläuterung	Dokumente	Zeitpunkt/ Zeitraum
Antrag auf Billigung des Prospekts / Prospekteinreichung	Der Prospekt in seiner Funktion als Verkaufsprospekt nach VerkaufsprospektG ist durch die Börse zu billligen; hier noch ohne Preisangabe für die Aktien (»unvollständiger Verkaufsprospekt«)	• Antrag auf Billigung des Verkaufsprospekts an den Zulassungsausschuss, d.h. die Zulassungsstelle der Börse (durch KB) • Unvollständiger (Verkaufs-) Prospekt	Ca. 3 Wochen vor Beginn des »Bookbuilding« (s.u.)
Antrag auf Börsenzulassung	Die Aktien sind zum amtlichen Handel oder zum geregelten Markt (mit der Möglichkeit der Notierung im Neuen Markt) von der Börse zuzulassen	• Zulassungsantrag • Börsenzulassungsprospekt (für den Neuen Markt »Unternehmensbericht« genannt); der Verkaufsprospekt ist zugleich Börsenzulassungsprospekt • Ggf. (nur Neuer Markt) »Lock Up«-Erklärungen der Altaktionäre (= Verpflichtung, die Altaktien für einen Zeitraum von sechs Monaten nicht zu veräußern)	Wird üblicher- und sinnvollerweise zusammen mit dem Antrag auf Billigung des Prospekts gestellt, kann aber auch später (bis zu 4 Tagen vor der beabsichtigten Zulassung) erfolgen
»Black Out Period« Vor dem »Bookbuilding« (s.u.) wird üblicherweise von der KB ein Zeit-	raum eingehalten, in dem keine Analystenberichte mehr verteilt werden	. / .	Üblicherweise 14 Tage vor »Bookbuilding«

Maßnahme	Erläuterung	Dokumente	Zeitpunkt/ Zeitraum
Abgabe des Comfort Letter und der Legal Opinion	WP (Letter of Comfort) und RA's (Legal Opinion) bestätigen für ihren jeweiligen Verantwortungsbereich gegenüber der KB, dass die Angaben im Prospekt zutreffen bzw. nicht irreführend sind	• Comfort Letter • Legal Opinon	Marktpraxis variiert: Deutsche KB verlangen Abgabe des Letter of Comfort und der Legal Opinion mehrfach und erstmals vor der Billigung des unvollständigen Verkaufsprospekts; amerikanischen KB reicht zumeist die Abgabe mit Unterzeichnung des Übernahmevertrages
Billigung des (unvollständigen) Prospekts	Durch die Zulassungsstelle / den Zulassungsausschuss der Börse	Billigungsbescheid	15 Börsenhandelstage nach Antragstellung; üblicherweise wird der Antrag zwei Tage vorher gestellt; Termin sollte mit der Börse abgestimmt sein
Hinweisbekanntmachung auf Prospekt	In überregionalem Börsenpflichtblatt	• Hinweisbekanntmachung • Unvollständiger Verkaufsprospekt (muss an den designierten Stellen bereit liegen)	Am Tag nach der Billigung

Maßnahme	Erläuterung	Dokumente	Zeitpunkt/ Zeitraum
»Roadshow« / »Bookbuilding« / »Auktions-verfahren«	Roadshow = Besuch bei den potenziellen institutionellen Investoren zur Vorstellung des Unternehmens / der Aktie durch die Unternehmensleitung mit Unterstützung der KB; dient zugleich dem Bookbuilding = Sammlung der (verbindlichen) Kaufangebote im »Orderbuch«	Roadshow-Unterlagen	• Frühestens am Tag nach der Veröffentlichung (deshalb häufig: Billigung des Prospekts am Freitag, Hinweis-bekanntmachung am Samstag, Beginn des Book-building am Montag) • Spätestens zwei Tage vor dem Beginn des Book-building muss der Übernahmevertrag vollständig aus-verhandelt sein (sonst wird KB mit dem Book-building nicht beginnen) • Dauer: Üblicherweise 3 – 20 Tage
Veröffentlichung des Zulassungsantrags	In überregionalem Börsenpflichtblatt	(Erfolgt durch die Börse)	Drei Tage vor der Zulassung; Termin kann mit der Börse abgestimmt werden
Unterzeichnung des Übernahmevertrages	Erst mit der Unterzeichnung des Übernahmevertrages verpflichtet sich die KB, die Aktien zu übernehmen und zu platzieren; der Übernahmevertrag ist der zentrale Vertrag des IPO, der	Übernahmevertrag mit allen Anlagen, insbesondere legal opinions und comfort letter	Erfolgt frühestens kurz vor Beginn des Bookbuilding (nach Festsetzung der Preisspanne), meist aber erst mit dem Ende des Bookbuilding (denn KB weiß erst zu diesem Zeitpunkt, ob die

Maßnahme	Erläuterung	Dokumente	Zeitpunkt/ Zeitraum
	insbesondere auch die wesentlichen Pflichten der abgebenden Aktionäre und der Gesellschaft enthält (inkl. umfassender Gewährleistungen und häufig mit freiwilligem »Lock Up«)		Platzierung erfolgreich sein wird)
Ggf. Unterzeichnung des Zeichnungsscheines / Einzahlung Kapitalerhöhung / Handelsregisteranmeldung	Die KB zeichnet bei einer Platzierung von neuen Aktien die Aktien selbst und muss deshalb den Nennkapitalbetrag der Aktien der Gesellschaft zur Verfügung stellen; die Handelsregisteranmeldung ist erst mit Einreichung des Zeichnungsscheins vollständig	• Zeichnungsschein • Handelsregisteranmeldung	Sollte wenn möglich erst unmittelbar vor der Zulassung der Aktien erfolgen, um den Zeitraum zwischen der Einzahlung auf die Kapitalerhöhung und des Erhalts des Platzierungserlöses durch KB möglichst kurz zu halten
Ggf. Eintragung der Kapitalerhöhung im Handelsregister	Erst mit der Eintragung enstehen die neuen Aktien; die Eintragungsbekanntmachung ist Voraussetzung für die Zulassung der Aktien	Eintragungsbekanntmachung	Zeitkritischer Moment; bei Kooperation am Tag vor oder sogar erst am Tag der Zulassung; nur wenn der Richter am Registergericht eine taggenaue Eintragung zusagt, ist der Zeitraum zwischen Zeichnung der Aktien und Zulassung kurz zu halten

Maßnahme	Erläuterung	Dokumente	Zeitpunkt/ Zeitraum
Ende Bookbuilding / Preisfestsetzung / Zuteilung	Das Orderbuch wird ausgewertet, der Verkaufspreis festgelegt und die Zuteilung der Aktien auf die Erwerber bestimmt; Unterzeichnung des Preisfestsetzungsvertrags	Preisfestsetzungsvertrag	Am Vortag der Zulassung
»Bring Down Call« / »Blood Letter« / Einreichung des Börsenzulassungsprospektes (Neuer Markt: Unternehmensbericht)	• Bring Down Call: Die Berater befragen die Unternehmensleitung nach neuen Entwicklungen, die noch im Prospekt zu erwähnen wären • Blood Letter: Schreiben der KB an das Unternehmen mit Aufzählung der Prospektdaten, die von KB stammen (und für deren Richtigkeit die KB damit im Innenverhältnis haftet) • Fertigstellung und Übersendung des endgültigen Prospekts (mit Verkaufspreis der Aktien) zur Börse	• Blood Letter • Börsenzulassungsprospekt / Unternehmensbericht (Neuer Markt: deutsch und englisch)	Am Vortag der Zulassung
Zulassung der Aktien zum Handel	Zulassung zum amtlichen Handel oder geregelten Markt (ggf. mit Notierung im Neuen Markt)	Zulassungsbescheid	Am Tag nach dem Ende des Bookbuilding

Maßnahme	Erläuterung	Dokumente	Zeitpunkt/ Zeitraum
Hinweisbekannt-machung	Hinweis auf Veröffentlichung des Börsenzulassungs-prospekts (Unter-nehmensberichtes) / der Zulassung	Hinweisbekannt-machung	Am Folgetag der Zulassung; mind. zwei Tage vor Notierungs-aufnahme
Notierungsaufnahme	Aufnahme der Notierung der Aktien	./.	Frühestens drei Tage nach der Hinweis-bekanntmachung (deshalb wiederum häufig: Zulassung am Freitag, Hinweis-bekanntmachung am Samstag, Notie-rungsaufnahme am Montag); spätestens sechs Monate nach Zulassung
»Closing«	Abrechung und Überweisung des Platzierungserlöses	. / .	Üblicherweise zwei Tage nach Notie-rungsaufnahme
Ggf. Ausübung einer Greenshoe-Option	Die von KB geliehenen Aktien werden fast immer zugeteilt; der Greenshoe wird zur Marktpflege ausgeübt, also nur dann, wenn der Kurs seit Notie-rungsaufnahme gestiegen ist	Nach Greenshoe-Ausübung: Entweder Kauf der geliehenen Aktien oder Kapitaler-höhung aus geneh-migtem Kapital (= Vorstands- und Aufsichtsrats-beschluss und Handelsregister-anmeldung)	Binnen ca. 30 Tagen nach Notierungsauf-nahme

Maßnahme	Erläuterung	Dokumente	Zeitpunkt/ Zeitraum
Ggf. Greenshoe-Closing	Abrechnung und Überweisung des Platzierungserlöses der Greenshoe-Aktien	Der Übernahmevertrag sieht häufig nochmals Letter of Comfort / Legal Opinions vor, deren Abgabe aber selten verlangt wird	Unverzüglich nach Eintragung der Kapitalerhöhung
Ende Black Out Period	Analystenberichte können wieder verteilt werden	./.	40 Tage nach Notierungsaufnahme

e) Nachgründungsvorschriften

Erfolgt die Umwandlung in eine AG, so muss in der Folgezeit, insbesondere nach der Börsennotierung, die *Nachgründungsvorschrift des § 52 AktG* beachtet werden. Nach dem Absatz 1 dieser Vorschrift sind bei Verträgen, die in den ersten 2 Jahren seit der Eintragung der neuen Aktiengesellschaft in das Handelsregister geschlossen werden, nicht nur ein Hauptversammlungsbeschluss, sondern auch eine Nachgründungsprüfung, ein Nachgründungsbericht des Aufsichtsrats und die Eintragung ins Handelsregister erforderlich, sofern die Gesellschaft Anlagen oder andere Vermögensgegenstände für eine den zehnten Teil des Grundkapitals übersteigende Vergütung erwirbt; insbesondere wegen der im Zuge des Börsenganges regelmäßig erfolgenden Eigenkapitalbeschaffung der Aktiengesellschaft wird diese 10%-Grenze beim Abschluss von Verträgen relativ schnell erreicht, sodass die vorgenannten Formalitäten zu beachten sind. Der Hauptversammlungsbeschluss bedarf nach § 52 Abs. 5 AktG einer Mehrheit, die mindestens drei Viertel des bei der Beschlussfassung vertretenen Grundkapitals umfasst. Eine Ausnahme von der Nachgründungspflicht wird gemäß § 52 Abs. 9 AktG nur zugelassen, wenn der Erwerb der Vermögensgegenstände zum unmittelbaren Gegenstand des Unternehmens gehört. In neugegründeten oder durch Formwechsel entstehenden Aktiengesellschaften finden sich deshalb zunehmend Satzungsbestimmungen, die umfassend den Erwerb von Unternehmen und sonstigen Vermögensgegenständen zum Unternehmensgegenstand der Gesellschaft erklären. Der Ausnahmetatbestand des § 52 Abs. 9 AktG wird aber bislang restriktiv ausgelegt, sodass zweifelhaft ist, ob solche allgemeinen Klauseln hinreichen.

Ohne die Zustimmung der Hauptversammlung bzw. die Eintragung im Handelsregister sind Verträge nach § 52 Abs. 1 AktG unwirksam.

10. Internationale (crossborder) Mergers & Acquisitions

Die Internationalisierung der Wirtschaft und nicht zuletzt der zunehmende Einfluss der Investmentbanken, der Corporate Finance Abteilungen der großen Wirtschaftsprüfungsgesellschaften und der internationalen Anwaltspraxen führen dazu, dass zunehmend das anglo-amerikanische Recht den Inhalt, zumindest aber den Stil der Abwicklung internationaler Bietungsverfahren und Mergers & Acquisitions bestimmt.

Dies gilt auch für die Gestaltung der Unternehmenskaufverträge, die entsprechend den Grundsätzen des anglo-amerikanischen Vertragsrechts von erheblich umfangreicheren und detaillierteren Regelungen geprägt sind, als die deutschen Verträge. Anders als nach den deutschen Vorschriften der §§ 133, 157 BGB sind nämlich nach der so genannten »parol evidence rule« des anglo-amerikanischen Vertragsrechtes grundsätzlich weder die vorvertragliche Korrespondenz noch die Verhandlungen der Vertragspartner als ergänzender Beweis (»parol evidence«) zum Nachweis oder zur Auslegung des Vertragsinhaltes zugelassen. Im Interesse der Rechtsklarheit und ihrer eigenen Sicherheit sind die Vertragspartner deshalb gehalten, alle Regelungen ausführlich, vollständig und detailliert in den schriftlichen Vertrag aufzunehmen. Ferner erstrecken sich Vertragsklauseln, die bestimmte Tatbestände enumerativ auflisten, nur auf solche Sachverhalte, die zur Art der aufgelisteten Tatbestände gehören. Insbesondere gilt dies auch für Haftungsfragen, sodass es sich aus Sicht der Common-Law-Vertragspraxis dringend empfiehlt, sämtliche Haftungs- bzw. Haftungsausschlusstatbestände (Representations und Warranties) ausführlich und in allen Einzelheiten in den Vertragstext aufzunehmen.

Der hieraus resultierende erhebliche Umfang internationaler Unternehmenskaufverträge erweckt leicht den Eindruck, alle die Transaktion betreffenden Vereinbarungen und Bestimmungen seien im Vertrag abschließend geregelt; ferner besteht vielfach die Vorstellung, alle rechtlichen Fragen der Transaktion durch eine Rechtswahlklausel einer gewünschten Rechtsordnung unterstellen zu können. Dabei wird jedoch verkannt, dass grenzüberschreitende Transaktionen zahlreiche Rechtsgebiete berühren, die einer Rechtswahl durch die Parteien nicht zugänglich sind. Dies gilt insbesondere für Fragen des internationalen Sachenrechts, Gesellschaftsrechts und Arbeitsrechts. Trotz einer entsprechenden Rechtswahlklausel kann es nämlich fraglich sein, welches nationale Recht beim sog. Share-Deal auf die Übertragung der Gesellschaftsanteile und beim sog. Asset-Deal auf die Übertragung der Vermögensgegenstände, auf den Übergang der Arbeitsverträge, auf die Finanzierung und nicht zuletzt auf die zu beachtenden Formvorschriften Anwendung findet. Dies gilt auch schon bei der Abgabe einer entsprechenden Absichtserklärung bzw. eines Letter of Intent.

Dies macht es erforderlich, die insoweit beim internationalen Unternehmenskauf auftretenden international-privatrechtlichen Aspekte zu berücksichtigen[174], und zwar

---

174 Siehe dazu ausführlich Gerhard Picot/Land, Der internationale Unternehmenskauf, in: DB 1998, 1600 ff); Merkt, Internationaler Unternehmenskauf; Horn, Internationale Unternehmenszusammenschlüsse, ZiP 2000, S. 473 ff. sowie Gerhard Picot, Wirt-

- Vertragsrecht
  - Grundsätze der Rechtswahl
  - Umfang der Rechtswahl
  - Mangels Rechtswahl anzuwendendes Recht
- Verfügungsgeschäfte
  - Grundsatz
  - Mobilien
  - Sonstige dingliche Rechte
- Vertretung einer Gesellschaft im Rahmen einer Transaktion
- Formvorschriften
  - Verpflichtungsgeschäft
  - Verfügungsgeschäft
  - Beurkundung durch ausländischen Notar
  - Side Letter mit vertraulichen Nebenabreden zum Kaufvertrag
- Haftung aus Vermögensübernahme und Firmenfortführung
- Arbeits- und Mitbestimmungsrecht
- Finanzierung
- Gesellschaftsrecht
  - Gesellschaftsstatut
  - Sitzverlegung
  - Internationales Konzernrecht
  - Grenzüberschreitende Umwandlungen.

Literaturhinweise

Achleitner, Ann-Kristin, Handbuch des Investment Banking, 1999, S. 35 ff.
Beisel/Klumpp, Der Unternehmenskauf, 3. Auflage 1996
Button/Bolton, A practitioner's guide to Takeovers and Mergers in the European Union, 1999/2000
Günther, Unternehmenskauf, in: Münchener Vertragshandbuch, Bd. 2, 4. Auflage 1997, II. 1.
Hewitt, Joint Ventures, 1997
Hölters, Handbuch des Unternehmens- und Beteiligungskaufs, 4. Auflage 1996
Holzapfel/Pöllath, Recht und Praxis des Unternehmenskaufs, 8. Auflage 1997
Hommelhoff, Der Unternehmenskauf als Gegenstand der Rechtsgestaltung, in: ZHR 1986, S. 254 ff.

---

schaftsrechtliche Parameter des Akquisitionsmanagements, in: Arnold Picot/Nordmeyer/Pribilla, Management von Akquisitionen, S. 121 ff. Zu den Besonderheiten des Unternehmenskaufs in Osteuropa, insbesondere Russland, Polen, Ungarn und der Tschechischen Republik, und in Asien, insbesondere China, Hong Kong, Indien, Singapur, Indonesien und Japan, sowie in Südafrika siehe Gerhard Picot, Unternehmenskauf und Restrukturierung, Teil IX: Internationales Recht.)

Horn, Internationale Unternehmenszusammenschlüsse, ZiP 2000, S. 473 ff.
Huber, in: Soergel, Kommentar zum BGB, § 459 Rdn. 240 bis 286 (D. II. Unternehmen) und § 459 Rdn. 287 – 296 (D. III. Gesellschaftsanteile), 12. Auflage 1991
Jansen, Mergers & Acquisitions, Unternehmensakquisitionen und -kooperationen, 2. Auflage 1999
Kleinert / Klodt, Megafusionen, Kieler Studien 102, 2000
Kösters, Letter of Intent – Erscheinungsformen und Gestaltungshinweise, NZG 1999, S. 623 ff.
Merkt, Internationaler Unternehmenskauf, 1997
Picot, Arnold/Reichwald/Wigand, Die grenzenlose Unternehmung, – Information, Organisation und Management – 3. Auflage 1998
Picot, Gerhard, Unternehmenskauf und Restrukturierung, – Handbuch zum Wirtschaftsrecht – 2. Auflage 1998
Teil I: Vertragsrecht
Teil II: Gesellschaftsrecht (Koautor: Müller-Eising)
Teil III: Arbeitsrecht
Teil IV: Betriebsrentenrecht (Heubeck)
Teil V: Steuerrecht (Eilers)
Teil VI: Kartellrecht (Montag)
Teil VII: Umweltrecht (Kummer)
Teil VIII: Insolvenzrecht (Koautor: Aleth)
Teil IX: Internationales Recht
Picot, Gerhard, Mergers & Acquisitions in Germany, – Handbook –, Second Edition, 2000
Picot, Gerhard, Mergers & Acquisitions in Telekommunikation und Internet, in: Finanz Betrieb (FB), 1999, S. 61 ff.
Picot, Gerhard, Wirtschaftsrechtliche Parameter des Akquisitionsmanagements, in: Arnold Picot/Nordmeyer/Pribilla, Management von Akquisitionen, 2000, S. 121 ff.
Picot, Gerhard/Land, Der internationale Unternehmenskauf, in: Der Betrieb 1998, S. 1600 ff.
Picot, Gerhard/Land, Management Buy-Outs in Germany Booming, in: International Business Lawyer, 1998, S. 278 ff.
Picot, Gerhard/Land, Going Public – Typische Rechtsprobleme des Ganges an die Börse, in: DB 1999, S. 570 ff.
Picot, Gerhard/Aleth, Unternehmenskrise und Insolvenz – Vorbeugung, Turnaround, Sanierung – Handbuch zum Wirtschaftsrecht, 1999
von Rosen/Seifert, Die Übernahme börsennotierter Unternehmen, 1999
Sieger/Hasselbach, Break Fee-Vereinbarung bei Unternehmenskäufen, BB 2000, S. 625 ff.
Sudhoff, Unternehmensnachfolge, 4., völlig neubearbeitete Auflage 2000

V. Due Diligence

1. Einleitung

Im Widerspruch zur Euphorie um M&A-Transaktionen steht nach wie vor das hohe Risiko, das mit Akquisitionen verbunden ist. Empirische Erhebungen zeigen Misserfolgsquoten zwischen 30 und 70%, wobei Misserfolg nicht unbedingt ein formales Scheitern voraussetzt, sondern auch beinhaltet, dass die erwarteten Ziele (im Wesentlichen die Hebung der Synergiepotenziale) nicht bzw. nicht vollständig erreicht wurden. Für die hohe Misserfolgsquote werden vor allem verantwortlich gemacht

a) das nicht ausreichende Wissen um das Transaktionsobjekt in Bezug auf die geplante Strategie
b) die Überbewertung der Synergiepotenziale und als Folge daraus die Vereinbarung eines überhöhten Unternehmenskaufpreises
c) die mangelhafte Integration des Transaktionsobjektes in den Unternehmensverband des Akquisiteurs.

Die unter a) und überwiegend auch die unter b) ausgewiesenen Gründe für einen drohenden Misserfolg lassen sich durch eine gezielte, systematische Analyse des Akquisitionsobjektes minimieren.

Das dabei angewandte Verfahren ist die *Due Diligence.*[1]

2. Die vorvertragliche Phase beim Unternehmenserwerb[2]

Auf Grund der Komplexität der beim Unternehmenskauf auftretenden Probleme ist es dringend geboten, den Akquisitionsprozess zu systematisieren.

In diesem Rahmen dient das vorvertragliche Verhandlungsstadium dazu, Ziele des Käufers und Verkäufers auszuloten und nach Möglichkeit aufeinander abzustimmen.

Diese Phase ist geprägt von einem hohen Maß an Unsicherheit einerseits und einem starken Misstrauen andererseits.

Daher ist es verständlich, dass in dieser Phase eine Fülle von unterschiedlichen Interessen zwischen Käufer und Verkäufer auftreten, die sukzessiv abgearbeitet werden müssen.

1 Siehe oben B.IV.2.f).
2 Siehe dazu ausführlich B.IV.2.

Um diesen Prozess einfacher und sicherer zu gestalten wurden in der Praxis Instrumentarien entwickelt, die den Ablauf des Akquisitionsprozesses strukturieren:

➢ Confidentiality Agreement / Statement of Non-Disclosure ➢ Letter of Intent (LOI) ➢ Due Diligence ➢ Memorandum of Understanding (MoU)	**vorvertragliches Stadium**
➢ **Contract** ➢ **Classification of outstanding problems (subjects to ....)** ➢ **Closing**	
Wesentliche Teilschritte des Akquisitionsprozesses	

3. Philosophie, Herkunft und Inhalt der Due Diligence

Die eingangs erwähnte hohe Misserfolgsquote und damit das Risiko beim Unternehmenskauf hängt nicht unwesentlich davon ab, ob das Bild, das der Akquisiteur vom zu erwerbenden Unternehmen hat, mit der Wirklichkeit übereinstimmt.

Dem Käufer fehlt in der Regel eine Vielzahl von Informationen, die er benötigt, um etwa den Kaufpreis zu fixieren, Synergien zu bestimmen oder Risiken zu minimieren. Der Verkäufer dagegen ist offen oder latent im Besitz derartiger Informationen.

Die Vereinbarung einer »Due Diligence« charakterisiert die Bereitschaft des Verkäufers sein Wissen auf den Käufer zu übertragen und somit die Informations-Asymmetrie zu beseitigen.

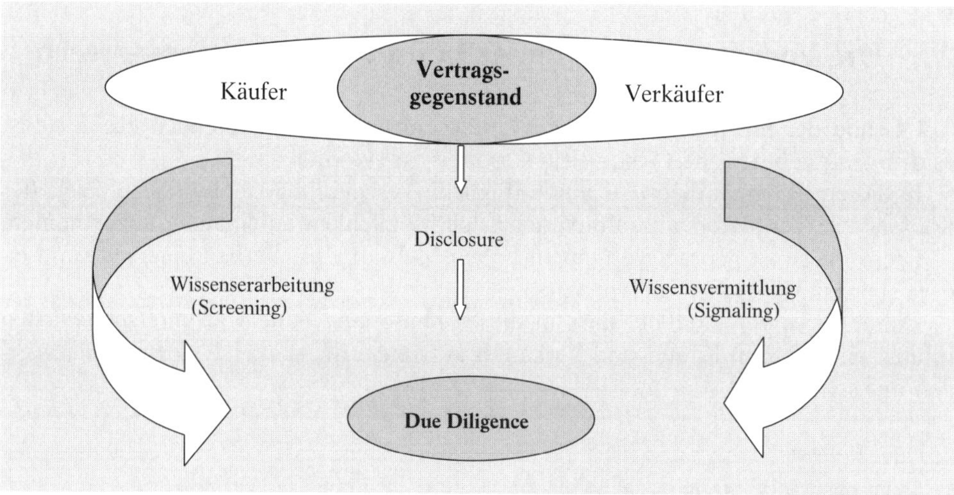

Abb. 1: Due Diligence zur Überwindung von Informationsasymmetrien vor Vertragsabschluss

»In diesem Sinne kann die Durchführung einer Due Diligence als Prozess des kombinierten Einsatzes von Wissensübertragung seitens des Verkäufers sowie Wissenserarbeitung seitens des Käufers verstanden werden«.[3]

a) Herkunft des Begriffs Due Diligence

Der Due Diligence-Begriff bzw. das Due Diligence-Konzept hat seinen Ursprung im angloamerikanischen Rechtswesen, speziell in den kapitalmarktrechtlichen Vorschriften der USA.

Exkurs:

Die Wahrung der Interessen bzw. des Schutzes der Kapitalanleger obliegt in den USA der SEC (Securities Exchange Commission). Von besonderer Bedeutung für den M&A-Bereich sind innerhalb der Securities Laws

- der Securities Act (1933) sowie
- der Securities Exchange Act (1934).

Während im Securities Act (SA) die Belange bei der erstmaligen Ausgabe von Effekten betroffen sind, behandelt der Securities Exchange Act (SEA) den Handel (und damit auch den Verkauf) von bereits zugelassenen Wertpapieren.

Der Securities Act regelt bei Neuemissionen »form, content and requirements of financial statements« im Rahmen der Emissionsproblematik.

Die Emissionsprospekt*haftung* nach dem Securities Act betrifft neben den Emittenten und dem Übernehmer auch Abschlussprüfer, Berater und alle beteiligten Experten, wobei kein unmittelbares Vertragsverhältnis (privity of contract) zwischen diesen und dem Käufer des Wertpapiers vorausgesetzt ist.

Diese Dritthaftung wird dadurch verschärft, dass die Beweislast nahezu vollständig auf Seiten des Beklagten liegt. Für den Kläger genügt es nachzuweisen, dass das »Registration Statement«

- eine wesentliche Falschdarstellung (untrue statement)
- eine irreführende Tatsache (misleading fact)
- eine Unterlassung (omission)

beinhaltet.

Gelingt dem Beklagten kein Gegenbeweis, so kann eine Exkulpation dadurch erreicht, dadurch, dass er nachweist, »*he had after reasonable investigation, reasonable ground to believe and did believe*, at the time such part of the registration state-

3 Berens/Strauch, aa0, S. 5. Eine ausführliche historische Ableitung des Due Diligence-Begriffs findet sich bei Berens/Strauch, aa0, S. 6-10.

ment became effective, that the statements therein were true and that there was no omission to state a material fact required to be stated therein or necessary to make the statements therein not misleading...«

Eine Präzisierung der Begriffe *reasonable investigation* und *reasonable ground* to believe erfolgt in SA sec. 11c:

»In determining for the purpose of paragraph (3) of subsection (b) of this section, what constitutes *reasonable investigation* and *reasonable ground for belief*, the standard of reasonableness shall be that required of a prudent man in the management of this own property.«

Dieser Entlastungsbeweis für Abschlussprüfer, Rechtsanwälte oder andere Experten im Rahmen der Emissionsprospekthaftung nach SA sec. 11 »has come to be called the *»due diligence«* or *»reasonable investigation defense.«*[4]

Im SA der SEC hat die »Due Diligence« mithin die Funktion einer Verteidigung (defense) *im Rechtsstreit.*

b) Heutige Due Diligence-Definition

In der Weiterentwicklung der Securities Laws im Securities Exchange Act von 1934 wandelt sich das Konzept der »Due Diligence« zu einer vorbeugenden Maßnahme zur Aufdeckung und Begrenzung von Risiken.

Diese Weiterentwicklung kommt der heute im M&A-Bereich geläufigen Anwendung des Begriffs »Due Diligence« schon sehr nahe.

Ausgehend von der wörtlichen Übersetzung »mit gebührender oder angemessener Sorgfalt« hat sich die Due Diligence herauskristallisiert als eine bewusste, systematische, professionelle Untersuchung der Unternehmens-Chancen und -Risiken während der laufenden Kaufverhandlungen.

Sie beurteilt mit möglichst präzisen Analysen, ob und wieweit der Wert der zu erwerbenden Gesellschaft zu erhöhen oder eben zu diskontieren ist – unter den Perspektiven der strategischen Ziele und der kostenreduzierenden Synergie.

Ein noch weiter reichender Ansatz findet sich bei Rochholtz[5], der der Due Diligence zum einen die Rolle eines Frühwarnsystems für Akquisitionsrisiken zuordnet, während sie zum anderen durch die Identifikation und Beurteilung von akquisitionsbedingten Wertsteigerungspotenzialen die elementare Informationsgrundlage für die sich anschließende Bewertung[6] und Realisation dieser Potenziale generieren soll.

---

4 vgl. Behrens/Brauner, aaO, S. 8.

5 vgl. Rockholtz, aa0, S. 179.

6 Dazu ausführlich B.VI.

4. Planung und Ablauf der Due Diligence

a) Informationsquellen

Die Machbarkeit und die Qualität einer Due Diligence hängt ganz wesentlich von den Informationen ab, die zur Verfügung stehen ab.

Informationen über ein Unternehmen, zumal wenn es sich um sensible Tatbestände handelt, sind aber normalerweise nicht öffentlich verfügbar. Der Zugang zu derartigen Informationen kann daher nur durch Einwilligung und Mithilfe des Verkäufers erfolgen.

Die – juristisch gesehen – schwache Position des Verkäufers aus einem Confidentiality Agreement bzw. einem Letter of Intent *kann ein Hemmnis bei der Erlangung* von Information sein.

Insofern empfiehlt es sich, im Letter of Intent bei der Formulierung zur Due Diligence einen hinreichenden Spielraum zu vereinbaren, der den Verkäufer verpflichtet, für die Bereitstellung der entsprechenden Informationen zu sorgen. Vertrauensbildende Maßnahmen seitens des Käufers können dabei durchaus hilfreich sein.

Andererseits sollte aber auch auf der Verkäuferseite klar sein, dass ein Zurückhalten von (bewertungsrelevanten) Informationen den Käufer misstrauisch macht, mit der Folge, dass ein Abschlag beim Kaufpreisangebot vorgenommen oder aber eine Forderung nach umfangreicheren Garantien erhoben wird.

Externe Daten über das »Zielunternehmen« sind unabhängig vom Verkäufer zu erreichen. Es liegt damit im Geschick des Käufers, entscheidungs- und damit bewertungsrelevante Daten ausfindig zu machen und zu analysieren.

Ohne Zweifel sind aber die internen Daten für die Beurteilung von entscheidender Bedeutung.

b) Due Diligence-Team

Die Durchführung der Due Diligence wird in den meisten Fällen durch eine Projektorganisation realisiert. Das bedeutet, dass neben einem detaillierten Zeitplan von Anfang an eine klare Bestimmung des Prüfungsumfanges, der Tätigkeitsbereiche und der Verantwortlichkeiten erforderlich wird. Hierzu wird zweckmäßigerweise ein Team gebildet, dem Personen aus dem Unternehmen des Käufers und in den meisten Fällen externe Berater angehören. Ob auch Mitarbeiter aus dem Verkäufer-Unternehmen beteiligt sind oder ob der Verkäufer lediglich »Informationsmaterial« zur Verfügung stellt, hängt von der Art des Kaufes und vom gegenseitigen Vertrauen ab.

Zur Ausgestaltung eines derartigen Teams finden sich in der Literatur zum aufbauorganisatorischen Aspekt folgende Ansätze:[7]

7 vgl. Müller-Stewens/Schreiber, aa0, S. 277-280.

- Experten-Ansatz
- Team-Ansatz
- Abteilungs-Ansatz.

Die Unterschiede in den einzelnen Ansätzen erscheinen gering, in der praktischen Umsetzung (d.h. ablauforganisatorisch) zeigen sich jedoch erhebliche Differenzen.

Bei dem *Experten-Ansatz* wird die Akquisition selbst durch die Geschäftsführung des Käufers betrieben.

Lediglich für den Zweck der Due Diligence (sowie für Bewertungsfragen) wird ein Team aus Experten verschiedener Fachbereiche zusammengestellt. Bei Bedarf können auch unternehmensfremde Berater hinzugezogen werden.

Beim *Team-Ansatz* wird (für jede Akquisition individuell) ein Team eingesetzt, das die Akquisition während des gesamten Prozesses begleitet. Auch hier besteht das Team aus Fachleuten des akquirierenden Unternehmens und möglicherweise aus fremden Experten. Der Team-Leiter übernimmt den wesentlichen Teil der Verantwortung, die Geschäftsführung schaltet sich nur bei Streitfällen bzw. in die Endverhandlung ein.

Beim *Abteilungs-Ansatz* verfügen die akquirierenden Unternehmen über eine eigene M&A-Organisationseinheit (Abteilung), die die Unternehmensführung im gesamten Prozess unterstützen.

Eine Bewertung dieser Ansätze untereinander ist kaum möglich, dominierend in der Praxis dürfte aber der Team-Ansatz sein.

Müller-Stewens[8] kommt auf Grund spezifischer Untersuchungen zu zwei interessanten Ansätzen:

In Bezug auf die *Akquisitionshäufigkeit* findet sich bei Unternehmen, die bisher wenige Akquisitionen realisiert haben, der Experten-Ansatz; Unternehmen mit deutlich höherer Akquisitionsfrequenz wählen vornehmlich den Team-Ansatz, Unternehmen, die mit sehr vielen Transaktionen befasst waren (für die Akquisitionen eine wichtigte, permanente, systematisch betriebene Form der Weiterentwicklung war) präferieren den Abteilungsansatz.

Bezogen auf die *Akquisitionspolitik* geht der Experten-Ansatz häufig mit horizontalen Akquisitionen einher. Auch beim Teamansatz überwiegt die horizontale Akquisitionsrichtung; daneben werden auch vertikale Transaktionen durchgeführt. Im Vordergrund der Unternehmenspolitik steht die Ausweitung bzw. Ergänzung des Produkt-/Marktbereiches. Beim Abteilungsansatz werden neben den horizontalen und vertikalen auch konzentrische/konglomerante Akquisitionen behandelt.

Für das Käufer-Unternehmen hat der Team-Ansatz den Vorteil, dass während des gesamten Akquisitionsprozesses die gleichen Ansprechpartner gegeben sind. Die organisatorische Einbindung des Due Diligence-Teams könnte dementsprechend folgendes Aussehen haben:

---

8 Müller-Stewens, aa0, S. 290.

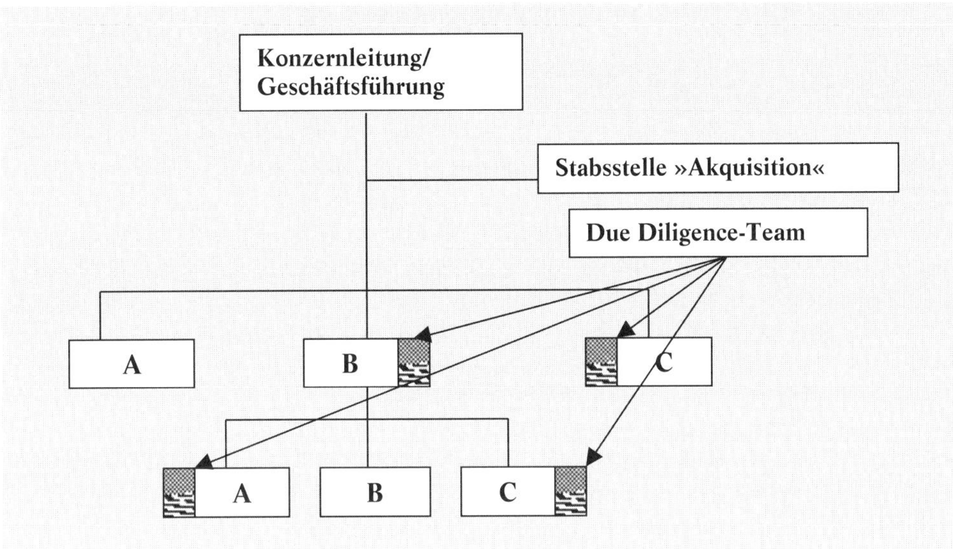

Abb. 2: Organisatorische Einbindung des Due Diligence-Teams

Im Regelfall setzt sich das Team zusammen aus Mitarbeitern der Bereiche Rechnungswesen, Personal, Steuern, Recht und Vertrieb. Zu den von externer Seite herangezogenen Experten gehören in erster Linie Rechtsanwälte, Wirtschaftsprüfer oder Investmentbanker.

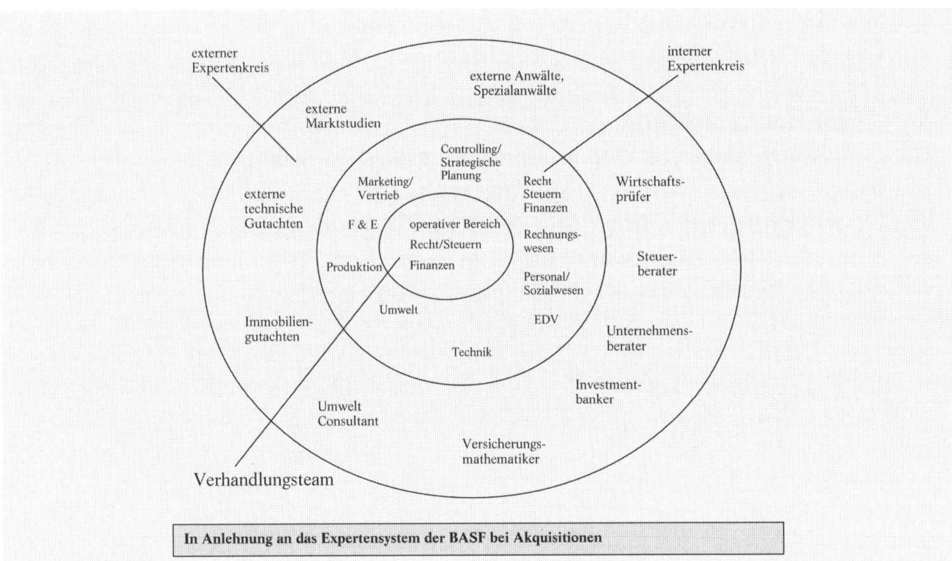

Abb. 3

c) Ablauforganisation der Due Diligence

Die Ablauforganisation der Due Diligence kann grundsätzlich unterteilt werden in die

- Informationssammlung
- Informationsverarbeitung
- Informationsanalyse

Die zeitlichen und inhaltlichen Aspekte der Due Diligence sind häufig im Letter of Intent weitgehend fixiert.

Der typische Ablauf einer Due Diligence hat folgendes Aussehen: [8]

1. Audit-Vorbereitung
- ➢ Auswahl des Standorts
- ➢ Fixierung des Audit-Ziels
- ➢ Zusammenstellung des Audit-Teams
- ➢ Erstellung des Audit-Plans (Umfang, Prioritäten, Prozesse, Zeitplan)
- ➢ Auswertung bereits vorliegender Dokumente
- ➢ evtl. Versand von Fragebögen bzw. Checklisten

2. Audit-Durchführung
- ➢ Management-Präsentation und Gespräche mit Mitarbeitern
- ➢ Betriebsbesichtigung und Analysen im Data-Room
- ➢ Überprüfung der definierten Untersuchungselemente
- ➢ Vorläufige Auswertung der Audit-Resultate
- ➢ Diskussion der vorläufigen Resultate mit Management des Verkäufers

3. Audit-Nachbereitung
- ➢ Detaillierte Analyse und zusammenfassende Bewertung
- ➢ Prognose von Cash-Flow in Finanzplänen
- ➢ Koordination und Erstellung des Due Diligence-Memorandums
- ➢ Vorschlag von akquisitionsobjektspezifischen Problemlösungsstrategien
- ➢ ggf. Entwicklung eines Aktionsplans nach Prioritäten

8 vgl. Rockholtz, S. 87.

d) Teilbereiche der Due Diligence

Die Aufgabenstellung der Due Diligence macht es erforderlich, das Unternehmen in all seinen Funktionen zu betrachten und zu analysieren.

Eine Systematisierung der einzelnen Gebiete zeigt die folgende Darstellung, wobei nicht in jedem Akquisitionsfall alle Teilgebiete betrachtet werden müssen. Daneben ist zu berücksichtigen, dass die einzelnen Gebiete hohe Interdependenzen aufweisen, die in den Einzeluntersuchungen zu berücksichtigen sind.

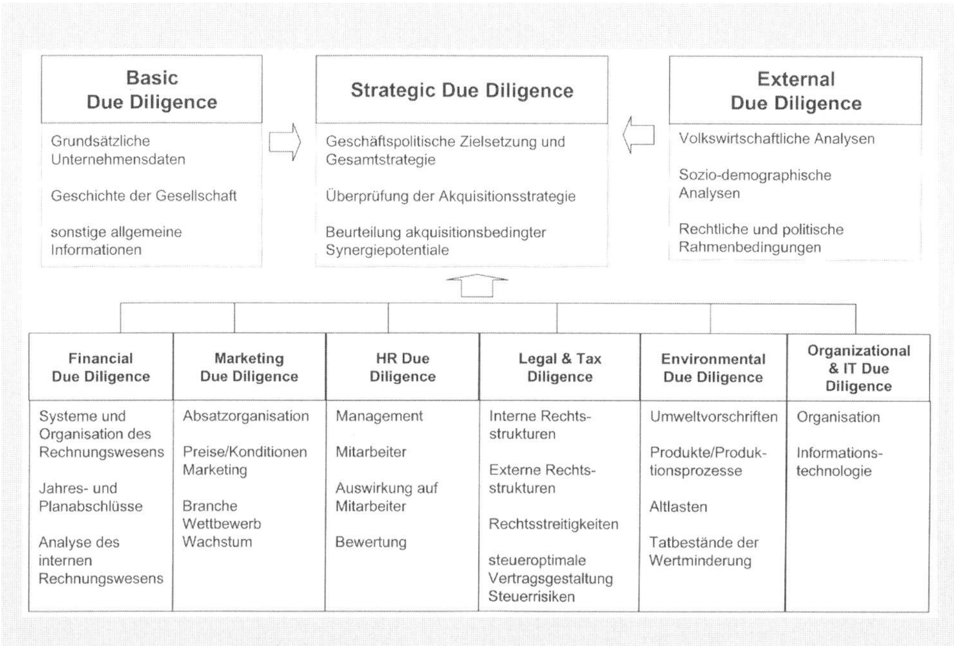

Abb. 4: Teilbereiche und Struktur einer Due Diligence
in Anlehnung an Berens/Brauner, S. 364

5. Funktionen der Due Diligence

a) Basic und External Due Diligence

Sowohl bei der Basic- als auch bei der External-Due Diligence handelt es sich nur bedingt um Teilbereiche der eigentlichen Due Diligence-Prüfung. Der besondere Status beider Gebiete ergibt sich daraus, dass zum einen Daten über das zu akquirierende Unternehmen gesammelt werden, die *vor* der Due Diligence (folglich auch ohne Mitwirkung des Verkäufers) erhoben werden können, und zum anderen Informationen analysiert werden, die funktionsübergreifend sind und somit nicht in die einzelnen Teilbereiche der Due Diligence verlagert werden können.

> **Grunddaten der Basic-Due Diligence**
> - Firma und Rechtsform der Gesellschaft
> - Sitz der Gesellschaft
> - Adresse, Telefonnummer, Fax
> - E-Mail-Adressen, Internet-Präsentation der Gesellschaft
> - Ansprechpartner für die Kaufpreisverhandlungen und die einzelnen Audits
> - Namen der Vorstände, Geschäftsführer und von M&A-Verantwortlichen
> - Datum und Ort der Gründung, Eintragung ins Handelsregister
> - Gründer und bisherige Eigentümer der Gesellschaft
> - Kurze Geschichte der Gesellschaft
> - Kurze Beschreibung der Geschäftstätigkeit

So handelt es sich bei der Zusammenstellung der Grunddaten auch im Wesentlichen um Informationen, die bereits *vor der Durchführung der Due Diligence bei der* Auswahl von Kauf-Kandidaten gesammelt und zusammengestellt werden.

Bei den übrigen Unterlagen, die in den Basic-Bereich gehören, ist zu unterscheiden zwischen den unternehmensinternen und den öffentlich verfügbaren Daten

> **Sonstige Daten der Basic Due Diligence**
>
> ❖ *unternehmensintern*
> - Protokolle der Vorstands-/Geschäftsführungssitzungen
> - Protokolle der Haupt-/Gesellschafterversammlung
> - Gesellschaftsvertrag/Satzung der Gesellschaft
> - Unternehmensgutachten
> - Gründe für einen Verkauf der Gesellschaft
>
> ❖ *öffentlich verfügbare Unternehmensdaten*
> - Pressemitteilungen
> - Image/Ruf der Gesellschaft
> - Stellung bei Informationsdiensten

Die öffentlich verfügbaren Daten haben im Prinzip den gleichen Status wie die Grunddaten: ihre Sammlung ist bereits im Vorfeld (ohne Due Diligence) organisierbar.

Die unternehmensinternen Daten dagegen sind nur über die Due Diligence verfügbar, sie sind jedoch keinem Teilbereich zurechenbar.

Aufgrund der hohen Sensibilität, die beispielsweise den Protokollen der Vorstands-/Geschäftsführungssitzung anhaften, ist es ohnehin fraglich, ob der Verkäufer in diesem Stadium der Verhandlungen bereit ist, diese offen zu legen.

Die External Due Diligence beschäftigt sich mit der Analyse der Faktoren, die außerhalb des Einflussbereiches von Ziel- und Käuferunternehmen liegen. Nicht einbezogen sind die Analysen über den Markt bzw. die Branche, in der das Akquisitionsobjekt tätig ist bzw. sein wird. Diese Daten sind Bestandteil der Marketing Due Diligence.

Die wesentlichen Inhalte der External Due Diligence liegen demzufolge in der Entwicklung gesamtwirtschaftlicher Rahmendaten.

Eine Auswahl der dazu notwendigen Erhebungen sind der folgenden Aufstellung zu entnehmen (vgl. auch Checkliste External Due Diligence bei Berens/Brauner, S. 368).

- Analyse der volkswirtschaftlichen Lage der Länder, in denen die Gesellschaft tätig ist oder beabsichtigt tätig zu werden im Bezug auf
  - Entwicklung des Bruttosozialprodukts und der Kaufkraft
  - Zahlungsbilanzentwicklung und Wechselkurse
  - Staatsausgaben, Staatsdefizite, Inflation
  - Steuern, Subventionen
  - Kapitalmarktentwicklung
  - Kompensatorische oder verstärkende Wirkung der Konjunkturzyklen im Verhältnis zu denen des Stammlandes
- Analyse der demographischen Struktur und des Ausbildungsniveaus dieser Länder, insbesondere der Regionen, in denen die Zielgesellschaft tätig ist
- Analyse der Infrastruktur und deren zukünftige Entwicklung, insbesondere im Transport- und Telekommunikationsbereich
- Identifikation des Ausmaßes von Korruption und Repression in den einzelnen Ländern
- Untersuchung der gesellschafts-, steuer- und arbeitsrechtlichen Rahmenbedingungen
- Entwicklungstendenzen bei Gesetzen und Rechtsverordnungen
- Identifikation von:
  - Gefahren politischer Einflussnahme
  - bestehenden oder zu erwartenden protektionistischen Maßnahmen
  - Repatriierungsproblemen oder drohenden Repatriierungsproblemen
- und Bewertung, welche Auswirkungen diese auf die Geschäftstätigkeit der Zielgesellschaft haben

b) Financial Due Diligence

Die Financial Due Diligence – häufig als »Fokus« der gesamten Due Diligence bezeichnet – dient der Beschaffung und Analyse von Informationen zur wirtschaftlichen bzw. finanziellen Situation des Akquisitionsobjektes.

Obwohl die Datenbasis der Financial Due Diligence überwiegend vergangenheitsbzw. gegenwartsorientiert ist, dürfen die Aussagen der Due Diligence nicht in diesem Rahmen stehen bleiben. Die Analyse der Ist-Daten muss eine entscheidende Grundlage für die Erstellung bzw. der Überprüfung von Plandaten sein. Im Zusammenhang mit anderen Teilgebieten der Due Diligence – insbesondere mit einer Wechselwirkung zur Market Due Diligence – können dann vorhandene Planungen auf ihre Plausibilität überprüft oder aber Plandaten erstmals erstellt werden.

Die Financial Due Diligence stützt sich im wesentlichen auf die Daten des externen Rechnungswesens, d. h. auf

- die Bilanz
- die Gewinn- und Verlustrechnung

sowie, falls vorhanden, auch den Lagebericht und Anhang.

Übergeordnet sollte allerdings die *Organisation* des Rechnungswesens bei der Prüfung werden. Hinweise der Wirtschaftsprüfer (Testate, Management Letter, usw.) können dabei von entscheidender Bedeutung sein.

Eine besondere Quelle für Informationen (auch im Hinblick auf die Erstellung von Planwerten) können die Daten des internen Rechnungswesens sein.

Da die Bilanz/GuV in aller Regel auf der Aggregationsebene »Gesamtunternehmen« erstellt werden, fehlen im externen Rechnungswesen häufig Informationen über die einzelnen Produkte.

Falls vorhanden bzw. verfügbar sollten daher Produktergebnisse, Deckungsbeitragsrechnungen, Kosten-Budgets und ähnliche Daten aus dem internen Rechnungswesen in die Due Diligence-Analyse mit einbezogen werden.

Die Durchführung der Financial Due Diligence erfolgt zumeist mit Hilfe strukturierter Checklisten. Diese Vorgehensweise hat sich durchgesetzt, da auch das Ausgangsmaterial (Bilanz, GuV) durch gesetzliche Vorschriften stark vorstrukturiert ist.[9]

Deshalb sei an dieser Stelle nur auf einige Teilaspekte hingewiesen, die besonders wichtig erscheinen.

Wie schon erwähnt, werden die Daten überlagert von der Organisation des Rechnungswesens. Insofern steht am Anfang der Financial Due Diligence eine Beschreibung der Buchhaltungs- und Bilanzierungs- sowie der Berichtssysteme.

9 Ausführliche Checklisten finden sich u. a. bei Jansen, S. 215/216, Brauner/Behrens, S. 369 und Gerhard Picot, Unternehmenskauf und Restrukturierung, Teil I (Vertragsrecht), IV.6. (RN 41 ff.).

Dabei stellen sich Fragen zu

- den angewandten Bilanzierungs- und Bewertungsgrundsätzen
- der Stetigkeit der angewandten Bilanzierungs- und Bewertungsregeln
- möglichen Verstößen im Rahmen der Bilanzierungs- und Bewertungsmethoden.

Bei testierten Abschlüssen kann dabei auf die Kommentare und Bemerkungen der Wirtschaftsprüfer (Management Letter) zurückgegriffen werden. Vorsicht ist geboten bei Unternehmenserwerben im Ausland.

Bei international geläufigen »Accounting Standards« wie etwa IAS oder GAAP sind die Bilanzierungsgrundsätze noch überschaubar, bei der Anwendung davon abweichender nationaler Bilanzierungs-/Bewertungsregeln ist eine Beurteilung und evtl. eine Transformation in die deutsche GOB zum Teil sehr schwierig.

Die Analyse des Jahresabschlusses umfasst

- die Bilanz und
- die GuV.

Für die Analyse der Bilanz sollte auf die Jahresabschlüsse der letzten 3-5 Jahre sowie auf einen zeitaktuellen Zwischenabschluss Wert gelegt werden. Grundsätzlich geht es darum

- die *Vermögenspositionen* auf stille Reserven/Lasten sowie auf nicht betriebsnotwendige Positionen
- das *Eigenkapital* und die *Schulden* der Gesellschaft auf vollständigen Ausweis zu überprüfen.

Im Anlagevermögen ist es sicherlich schwierig, aus den (historischen) Anschaffungskosten einen Marktwert zu generieren. Stille Reserven liegen aufgrund der konservativen deutschen GOB häufig

- in Grundstücken und Gebäuden
- in Maschinen und Anlagen,

wobei zu überprüfen ist, ob ein höherer Markt-/Verkehrswert bei Grundstücken/Gebäuden tatsächlich realisierbar ist.

Bei Maschinen und Anlagen ist die Ursache für einen den Buchwert überschreitenden Marktwert häufig darin begründet, dass die Nutzungszeit die Abschreibungsdauer übersteigt.

Besonderer Beachtung bedarf das immaterielle Anlagevermögen. Ansatz- und Bewertungswahlrechte machen eine Einschätzung dieser Positionen kompliziert.

Große Sorgfalt sollte im Umlaufvermögen auf den Ansatz und die Bewertung der Vorräte gelegt werden. Im Bereich der RHB-Stoffe bzw. der Halbfabrikate ist darauf zu achten, dass hinreichend hohe Korrekturen (in der Praxis zumeist Abschläge) wegen der Nichtgängigkeit, wegen technischer Veralterung oder wegen Überbestände gebildet werden. Aufwertungen bzw. Zuschreibungen sind wesentlich seltener.

Auftragsbezogene Bestände lassen sich aus der Bilanz heraus nicht analysieren. Nur im Zusammenhang mit den entsprechenden Informationen aus dem internen

Rechnungswesen (Vor-/Mitkalkulation) lässt sich überprüfen, ob entsprechende Vorsorge für Verlustaufträge getroffen ist. Die Dotierung der Rückstellungen steht im direkten Zusammenhang hierzu.

Von ähnlich hoher Bedeutung wie die Bewertung der Vorräte ist die Analyse des Forderungsbestands. Die Angemessenheit von Einzel- und Pauschalwertberichtigungen lässt sich durch Vergangenheitsbetrachtungen (Pauschalwertberichtigungen) sowie einer ABC-Analyse der wichtigsten Forderungsnehmer (Einzelwertberichtigung) überprüfen.

Auf der Passivseite liegt die im Due Diligence-Bereich kritische Größe bei den Rückstellungen. Die schon angesprochenen Verlustrückstellungen, aber auch die Rückstellungen für Gewährleistungen, Pensionen und andere personalbezogene Sachverhalte sind gewichtig. Auch hierbei ist der Ansatz in der Bilanz durch Informationen aus dem internen Rechnungswesen bzw. durch externe Gutachten zu überprüfen. Für den Fall, dass trotz entsprechender Recherchen eine Unsicherheit verbleibt, muss an dieser Stelle über Bilanzgarantien nachgedacht werden.

Bei der Analyse des Ergebnisses anhand der Gewinn- und Verlustrechnung ist die Kontinuität der Ergebnisse ein wichtiges Kriterium. Darüber hinaus sollten die Ergebnis*arten* separiert werden, insbesondere Sondereinflüsse oder Einmaleffekte müssen sichtbar gemacht werden.

Vom Vorhandensein und der Verfügbarkeit der Informationen aus dem internen Rechnungswesen wird es abhängen, ob und wieweit Ergebnisse bestimmter Produkte bzw. Regionen zur Verfügung stehen.

Bei der Überprüfung der Planungsrechnungen geht es um die Qualität, Plausibilität und damit um die Verlässlichkeit der Planung.

Wegen des hohen Einflusses der Planergebnisse auf die strategische Zielerreichung und damit auf den Kaufpreis, erfordert die Auseinandersetzung mit den Planungsprämissen sowie der Abstimmung der Teilpläne (Umsatz, Kosten, Investitionen, usw.) eine hohe Aufmerksamkeit. Die marktseitig in die Planung einfließenden Prämissen müssen darüber hinaus mit den Ergebnissen der Market Due Diligence abgeglichen werden.

Die Ergebnisse der Financial Due Diligence sind sicherlich unverzichtbar. Gleichwohl sei aber nicht verschwiegen, dass es auch Kritik an einer einseitig auf das Rechnungswesen ausgelegten Due Diligence gibt.

Bei Huemer[10] aber auch bei Bühner[11] wird den Daten des Rechnungswesens – speziell des externen Rechnungswesens – ein erhebliches Misstrauen entgegengebracht. Die Gründe hierfür sind zusammengefasst:

- die Vergangenheitsorientierung von Bilanz und GuV
- der durch die gewählte Bilanzierungspolitik beeinflussbare Ausweis des Ergebnisses
- das Fehlen von Ertragsgrößen, die wertbildend, aber aus dem Rechnungswesen nicht herleitbar sind (Geschäftsrisiko, Finanzierungsrisiko, Investitionserfordernisse).

---

10 Huemer, Mergers & Acquisitions, S. 44.

11 Bühner, Das Managementwert-Konzept, S. 14-29.

c) Marketing Due Diligence

Die Marketing (Commercial) Due Diligence schließt sich nahtlos an die Financial Due Diligence an. Ihre Aufgabe ist es, einen Brückenschlag zwischen der stark vergangenheitsorientierten Financial Due Diligence und der auf die künftigen Erfolgspotenziale ausgerichteten Strategie zu bilden.

Eine der ganz konkreten Zielsetzungen in der Marketing Due Diligence ist es daher herauszufinden, ob die Prämissen, die für eine Unternehmensplanung zugrunde gelegt sind, glaubwürdig und stichhaltig sind. Damit leistet die Marketing Due Diligence einen erheblichen Beitrag zur Absicherung des Kaufpreises, da die Unternehmensbewertung (unabhängig von der Bewertungsmethode) maßgeblich von den Zukunftserträgen beeinflusst wird.

Als generelle Zielsetzung der Marketing Due Diligence lässt sich somit definieren:

das Aufdecken der unternehmens- und marktbezogenen Chancen und Risiken, die die zukünftige Entwicklung des Unternehmens bestimmen und damit den Akquisitionserfolg der Transaktion absichern.

Neben der Zeitdimension (vergangenheits-/zukunftsorientiert) gibt es noch einen weiteren Unterschied zur Financial Due Diligence: während die Financial Due Diligence durchweg innenorientiert ist und sich dementsprechend ausschließlich mit internen Unternehmensdaten beschäftigt, schließt die Marketing Due Diligence die Analyse der Umwelt mit ein. Auf diese Weise verbindet die Marketing Due Diligence die Kunden-, Markt- und Unternehmensperspektiven.

Im Einzelnen behandelt die Marketing Due Diligence folgende Ziele:[12]

1. Ermittlung der Wettbewerbsposition des Akquisitions-Objekts
2. Analyse der Zukunftsträchtigkeit der Branche bzw. des Marktes
3. Ermittlung des Synergiepotenzials bzw. Verifizierung der strategischen Planung.

aa) Interne Unternehmensanalyse

Im Rahmen der internen Analyse werden alle Teilbereiche des Unternehmens untersucht, die marketing-relevant sind. Die hierzu in Frage kommenden Felder zeigt Abb. 5.

Eine der ganz wesentlichen Analysen betrifft das Produktprogramm des Unternehmens.

Fragen nach der Struktur und dem Gewicht der einzelnen Produkte im Gesamt-Portfolio sollten genauso beantwortet werden wie z.B.

- das Wachstum der Hauptprodukte
- die Marktanteile der verschiedenen Produkte
- das Alter der Produkte

---

12 Vgl. Sebastian, aaO, S. 295.

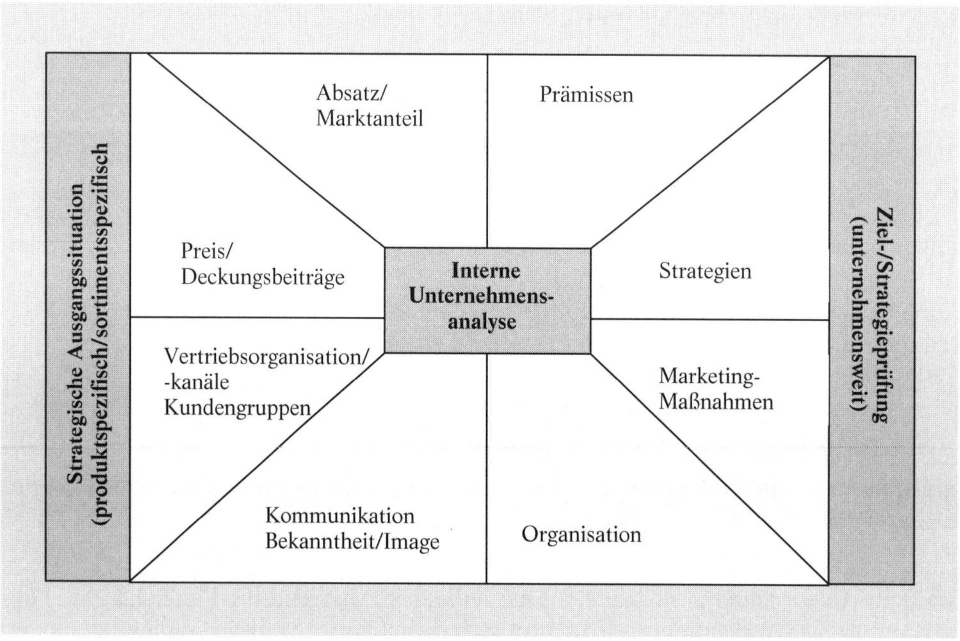

Abb. 5: Felder der internen Unternehmensanalyse
Quelle: Interne Unternehmensanalyse im Rahmen der MDD, vgl. Sebastian/Niederdrenck/Tesch, S. 297

- der Produktlebenszyklus einzelner Produkte
- Anteil neuer Produkte (jünger als 5 Jahre) im Produktprogramm
- Absatzstruktur.

Aber auch sogenannte »soft facts« wie

- das Produktimage
- Substitutionsgefahren
- Funktionen und Eigenschaften bestimmter Produkte
- Saisonale Schwankungen / Konjunkturzyklen

sind wichtig.

Auch auf der Absatzseite interessieren die Fragen zu

- Kundenstruktur
- Anzahl der Kunden
- Abhängigkeit von Kunden (mehr als 10% vom Umsatz eines Produktes)
- Regionale Verteilung der Umsätze

ebenso wie die Grundstrategien im Absatzbereich

- Beschreibung der Absatzorganisation
- Vertriebsarten/Vertriebskanäle

- Lieferverpflichtungen
- Eigener Vertrieb/Vertretungen
- Vertriebspersonal

sowie Fragen zu den Marketing-Maßnahmen

- Höhe und Verteilung des Werbebudgets
- Marktforschung
- Teilnahme an Messen, Ausstellungen, Kataloge
- Beiträge in Fachzeitschriften u.ä.

Im Bereich der Preise und Konditionen sind von Bedeutung

- Preisentwicklung einzelner Produkte
- Preisentwicklung auf bestimmten Märkten
- Eigene Preispolitik
- Mengen-/Großkundenrabatte
- Zahlungsziele
- Gutschriften, Boni, Skonti, usw.
- Garantieverpflichtungen.

bb) Externe Unternehmensanalyse

Gegenstand der externen Unternehmensanalyse im Rahmen der Due Diligence ist

- einerseits die Durchleuchtung des Marktes bzw. der Branche
- andererseits die Wettbewerbsposition

in der sich das Unternehmen befindet.

Die Informationen zur Branche bzw. zum relevanten Markt lassen sich verhältnismäßig einfach ermitteln, da in aller Regel sowohl im Unternehmen aber auch in frei verfügbaren Unterlagen statistische Daten vorliegen.

Die wesentlichen Erhebungen beziehen sich auf

- die Branchenstruktur (Anzahl der Unternehmen, Größenordnung der Unternehmen, Konzentration der Branche)
- das Wachstum der Branche sowie
- die Branchenattraktivität (Wachstumsprognose, Wachstumsmärkte, Konzepte zur Ausschöpfung des Wachstumspotenzials)

Zur Bestimmung der Stärken und Schwächen des betrachteten Unternehmens im Verhältnis zu seiner Umwelt müssen daher die Faktoren, die den Wettbewerb ausmachen, lokalisiert werden.

Nach Porter[13] sind die Charakteristika dieses Wettbewerbes

---

13 Porter, Wettbewerbsstrategie, S. 26

- die Bedrohung durch (neue) Konkurrenten
- die Verhandlungsmacht auf der Abnehmer-/Kundenseite
- die Verhandlungsstärke der Lieferanten
- die mögliche Bedrohung durch Ersatzprodukte.

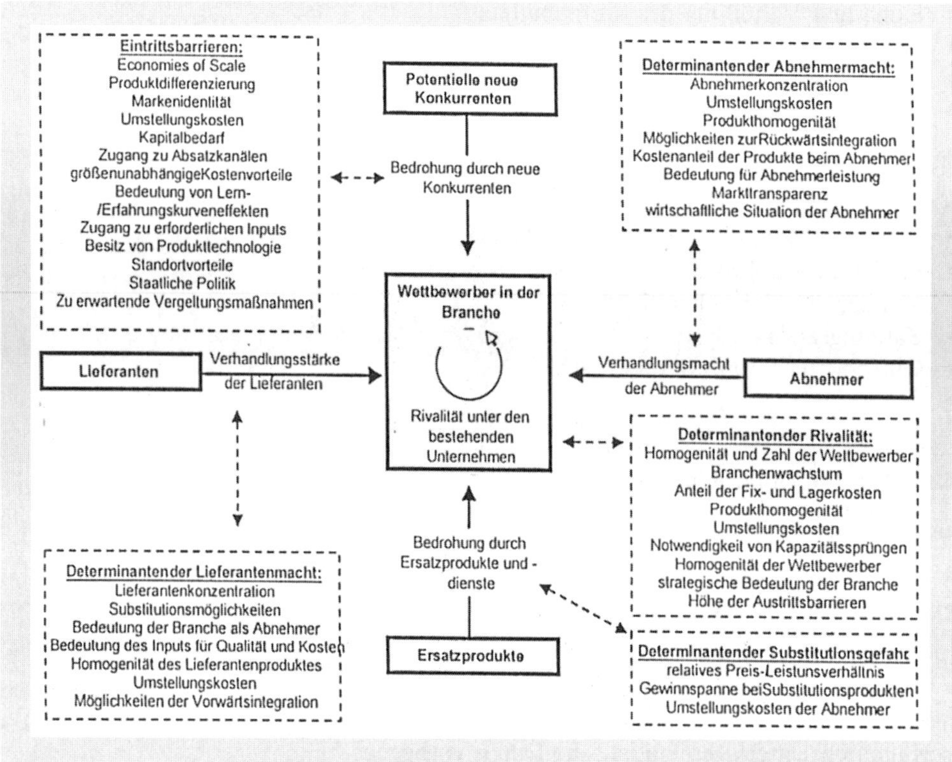

Abb. 6: Bestimmungsfaktoren der Wettbewerbsintensität
Quelle: in Anlehnung an Porter (Wettbewerbsstrategie)

d) Human Resources[14]

»Die Führungsqualifikation des Managements und die Qualifikation der Mitarbeiter, die Unternehmenskultur, die Loyalität und damit einhergehend die Fluktuationsgefährdung der Führungskräfte und Mitarbeiter, insbesondere deren Auseinandersetzung mit der Akquisition bzw. die persönliche Einstellung zum Merger- oder Integrationsprozess sind letztlich wesentliche Faktoren, die über Erfolg oder Misserfolg eines Unternehmenszusammenschlusses entscheiden.« [15]

---

14 Siehe dazu ausführlich C.X.
15 Aldering/von Hutten, aaO, S. 316.

Die in dieser Aussage enthaltene Bedeutung der Human Resources beim Unternehmenskauf hat sich in der Praxis noch nicht durchgesetzt. Human-Resources-Analysen mit den oben beschriebenen »weichen Faktoren« kommen im Gesamtrahmen der Due Diligence noch nicht die Bedeutung zu, die ihr eigentlich zustehen.

Andererseits beschäftigt sich in letzter Zeit die Forschung mit einer isolierten Bewertung des Human-Kapitals.

Erste Ansätze eines »Value accounting Modell des Human Resource Accounting« finden sich bei Flamholtz/Coff.[16] Der Vorteil dieses Ansatzes liegt darin, dass der Wert der Human Resources als der auf die Gegenwart abdiskontierte Wert ihrer künftigen Nutzung definiert wird. »Dadurch wird das zukünftige Leistungspotenzial und die stellenbezogenen Wiederbeschaffungskosten der Mitarbeiter berechnet.«[17]

Parallelen zur DCF-Methode in der normalen Unternehmensbewertung sind unverkennbar. Allerdings verstärken sich die Probleme der DCF-Methode in der Übertragung auf eine HR-Bewertung noch erheblich (z.B. wertmäßige Bestimmung der Leistungsbeiträge einzelner Mitarbeiter in der Zukunft).

Insofern ist es nicht verwunderlich, dass quantifizierbare Aussagen über den Wert der Human Resources in der Praxis noch keinen Eingang gefunden haben.

Die in der Due Diligence gängigen und gebräuchlichen HR-Checklisten lassen darüber hinaus den Schluss zu, das der Faktor Personal immer noch mehr als Risiko denn als Potenzial gesehen wird (siehe nachstehende Checkliste).

Diese negative Einstellung hat ihre Ursache sicherlich in den M&A-Aktivitäten der Vergangenheit, bei denen die Kostensenkung als Synergiepotenzial im Vordergrund stand. In aller Regel handelte es sich hierbei um Zusammenschlüsse auf horizontaler Ebene, einhergehend mit der Freisetzung einer hohen Anzahl von Mitarbeitern. Problemfelder wie Kündigungsfristen, Kündigungsmöglichkeiten, soziale und gesellschaftspolitische Verpflichtungen spielten hierbei (verständlicherweise) eine große Rolle. Als Synonym für die so beschriebene Problematik gilt der § 613a BGB und die rechtlichen Parameter der Restrukturierung[18] sowie daraus folgend in vielen Fällen die generelle Unterordnung der HR in die rechtliche Due Diligence. Hieran sind in der Vergangenheit nicht wenige Deals gescheitert (Deal breaker).

Eine grundlegend andere Situation tritt ein, wenn das akquirierte Unternehmen sein wesentliches »Kapital« im Mitarbeiter-Bereich hat. Dies gilt insbesondere für M&A-Transaktionen im Dienstleistungsbereich (Telekommunikation, Neue Medien, usw.). Hier kann das Gelingen oder Scheitern einer Transaktion davon abhängen, ob das vorhandene Personal gehalten werden kann. Anders als im zuvor beschriebenen Fall wird das Verbleiben aller (mindestens aber einer sehr hohen Anzahl) Mitarbeiter für das Zustandekommen des Deals zur »conditio sine qua non«.

---

16 Flamholtz/Coff, aaO, S. 43.

17 Gut-Villa, aaO, S. 187.

18 Siehe dazu B.IV.3.d) sowie C.IX.

aa) Checkliste zur HR-Due Diligence

Human Resource-Checkliste

- Personalstruktur (Anzahl, Qualifikation, Funktion, Alter, Fluktuation)
- Kollektive Regelungen (z.B. Tarifverträge, Betriebsvereinbarungen, Gesamtzusagen)
- Einzelvertragliche Regelungen
- Lohn- und Gehaltsregelungen, Entwicklung der Personalaufwandsstruktur der letzten fünf Jahre Betriebs- und Arbeitszeitregelungen, Mehrarbeits-, Kurzarbeitsübersichten
- Regelungen der betrieblichen Altersversorgung und sonstiger betrieblicher Sozialeinrichtungen und -leistungen Fehlzeiten der letzten fünf Jahre wegen Krankheit, Unfällen und sonstiger Gründe; Unfallstatistiken
- Unternehmenskultur; Betriebsklima; Beteiligungsgrad bei Verbesserungsprozessen (z.B. Ideenmanagement, Betriebliches Vorschlagswesen)
- Personalplanung unter Berücksichtigung der Arbeitsmarktsituation (z.B. Einstellungen, Entlassungen, Qualifizierungen)
- Mitgliedschaft in Arbeitgeberverbänden; Gewerkschaftszugehörigkeit; gewerkschaftlicher Organisationsgrad der Mitarbeiter
- Betriebsverfassungsrechtliche Gremien, Sprecherausschüsse
- Beurteilung der auf Seiten des Verkäufers notwendigen arbeitsrechtlichen Abläufe
- Bei Akquisition im Ausland: arbeits- und sozialrechtliche Rahmenbedingungen

Synergie-/Risikopotentiale

- Einstellung des Managements und anderer Know-how-Träger zur Akquisition und zum Verbleib in Unternehmen
- Notwendigkeit von Personalanpassungsmaßnahmen (Interessenausgleich und Sozialplan)
- Doppelbesetzung von Funktionen
- Anpassungsbedarf bezüglich kollektiver und einzelvertraglicher Regelungen
- Unterschiedliche Unternehmensstrukturen, Demotivation, Widerstände

Quelle: Akquisitionscontrolling Mannesmann AG

bb) HR in der Due Diligence-Phase

Wenn der nachhaltige Wettbewerbsvorteil in einer Resource-based-View[19] durch Vorteile in der Ressource-Ausstattung eines Unternehmens begründet ist, dann kommt den Human Resources eine immer größere Bedeutung zu, da alle übrigen Ressourcen, wie z.B. Maschinen, Finanzmittel, Informationen für alle Marktteilnehmer zu vergleichbaren Konditionen zur Verfügung stehen.

Die personelle Ausstattung eines Unternehmens bekommt hierdurch einen höheren Wert und wird zum möglicherweise entscheidenden Strategiefaktor.

Dies erfordert, dass dem HR-Aspekt auch (oder gerade) in der Frühphase eine gesteigerte Aufmerksamkeit zukommt.

Das wesentliche Problem einer HR-Analyse während der Due Diligence-Phase ist geprägt durch die notwendige Geheimhaltung wie sie etwa im Confidentialty Agreement zum Ausdruck kommt. In der vorvertraglichen Phase, in der nur ein ganz begrenzter Kreis von Personen in die Akquisitionsüberlegungen eingeweiht ist, ist es schwierig, eine zur Potenzialerkennung notwendige Überprüfung vorzunehmen. »Competency-basierte Beurteilungen« wie sie von Aldering/von Hutten (a.a.O, S. 322) vorgeschlagen werden, sind nicht oder nur eingeschränkt möglich, sollten aber im PMI-Postmerger integration unbedingt gemacht werden.

Trotz dieser Einschränkungen verbleiben doch eine Reihe von guten Möglichkeiten, im Due Diligence-Prozess »Wertsteigerungspotenziale« ausfindig zu machen.

An erster Stelle steht hier sicherlich, den HR-Aspekt im Due Diligence-Team dadurch zu würdigen, dass ein »Personal-Sachverständiger« im Team integriert ist. Ob dies ein Linienverantwortlicher des akquirierenden Unternehmens, ein externer Berater oder sogar beide sind, hängt im wesentlichen von der Charakteristik der Akquisition ab.

Die Aufgabenstellung für den Teilbereich Human Resources im gesamten Due Diligence-Prozess lässt sich dann wie folgt zusammenfassen:

a) Auswirkungen einer Übernahme auf die Mitarbeiter
b) Analyse und Beurteilung des vorhandenen HR-Vermögens.

Die Abschätzung der Auswirkung von Mitarbeiterverhalten im Falle einer Akquisition sind seit langem unter dem Schlagwort *Merger-Syndrom* bekannt. Darunter werden die psychologischen Auswirkungen von Transaktionen auf die Mitarbeiter und die daraus resultierenden Folgen verstanden. Das Merger-Syndrom beschreibt also die kollektive Befindlichkeit der Mitarbeiter und somit das Klima in der Unternehmung vor, während und nach der Akquisition.[20]

Aus empirischen Untersuchungen weiß man, dass etwa 30% der Mitarbeiter der Veränderung positiv gegenüber stehen, ein etwas geringerer Anteil (20%) ist strikt gegen solche Veränderung,

19 Zum Ansatz Market-based-View oder Resource-Based-View vgl. Schaper-Rinkel, S. 32-43.
20 Gut-Villa, aa0, S. 121.

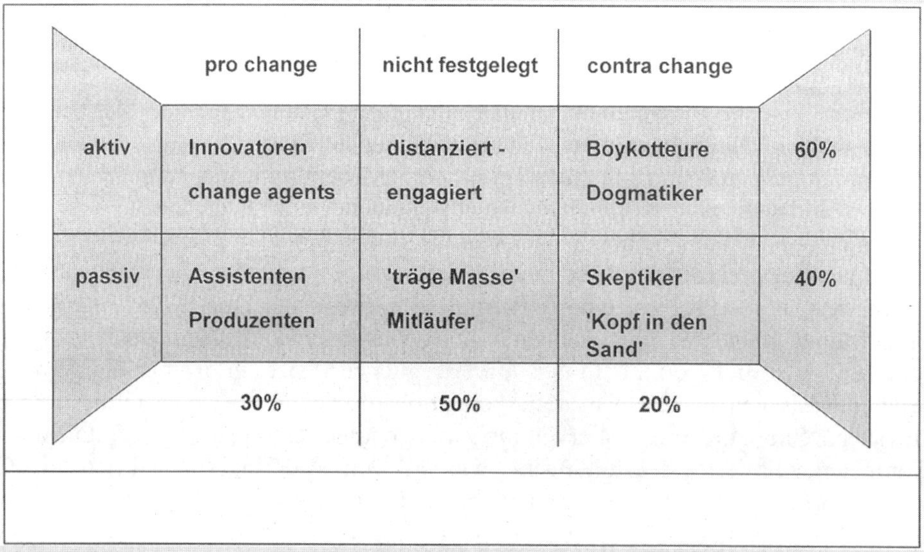

Abb. 7: Einstellung der Mitarbeiter im Veränderungsprozess
Darstellung nach Kienbaum Management Consultants GmbH in: Aldring/von Hutten, S. 318

Der weitaus größere Teil der Mitarbeiter ist in dem Bereich anzusiedeln, der neutral ist und dementsprechend noch keine Position bezogen hat. Für das »Gesamtklima« ist entscheidend, in welcher Gruppe sich die Meinungsmacher des Unternehmens befinden.

Die Kenntnis um dieses Merger-Syndrom und somit die Offenlegung in der Due Diligence sind eminent wichtig, weil hieraus die personalwirtschaftlichen Folgen wie z.B.

- Leistungs- bzw. Produktivitätsveränderung
- Veränderung der Fehlzeiten
- Erhöhung der Fluktuationsrate
- Abnahme der Arbeitszufriedenheit und der Loyalität

abgeleitet werden können.

Die Analyse und Beurteilung des vorhandenen Human Resources-Vermögens bildet den Kern der HR-Due Diligence. Wie schon erwähnt, erschwert das hohe Maß an Vertraulichkeit im vorvertraglichen Stadium die Analyse erheblich. Dennoch gibt es verschiedene Instrumente, mit denen trotz der genannten Einschränkungen Spielraum für die Durchführung der HR-Due Diligence gegeben ist.

Instrumente der sog. hard facts
Eine Absicherung innerhalb der Due Diligence gegenüber Problemen aus sogenannten hard facts ist durch die Erstellung einer Checkliste machbar. Schwerpunkte dieser Checkliste, mit Hilfe derer die formalen Unsicherheiten abgesichert werden können, enthält die Beschreibung unter aa).[21]

Instrumente für die soft facts
Wichtige Hinweise auf die Funktionsfähigkeit ergeben sich aus der Organisation des Personalwesens. Zwar wird kein Hinweis auf die Stärken und Schwächen des einzelnen Mitarbeiters zu erwarten sein, aber auch aus den organisatorischen Einbindungen lassen sich wesentliche Erkenntnisse ableiten.

Hierzu gehört eine entsprechende *Dokumentenanalyse* zu

- Jahresberichten (Personalaufwendungen, Lohnkosten, usw.)
- Aus-/Fort- und Weiterbildungsstatistiken
- Analyseberichten zu Fluktuation, Krankenstand, Loyalität, Mitarbeiterzufriedenheit
- Personal-Entwicklungsprogrammen
- Verbesserungsvorschlagswesen

und ähnlichen im Unternehmen verfügbaren Unterlagen.

Aussagen über die individuellen Stärken und Schwächen des Personals sind im Due Diligence Prozess besonders schwierig. Möglichkeiten, die Repräsentanten des Führungskreises kennen zu lernen, bietet die Management-Präsentation, die häufig als fester Bestandteil in die vorvertraglichen Phase eingebaut ist. Ist dies der Fall, so hat der Erwerber die Möglichkeit, die Führungsmannschaft kennenzulernen und einen ersten Einschätzungsversuch zu unternehmen.

Des weiteren kann die Präsentation des Managements einen Überblick über die Schwerpunkte und strategische Ausrichtung der vorhandenen Führungsmannschaft geben. »Professionalität der Präsentation, Strukturierung sowie Art und Anzahl der eingesetzten Führungsinstrumente (beispielsweise produktorientierte Deckungsbeitragsrechnungen oder Portfolio-Analysen) können dem Erwerber weitere Hinweise geben, welches führungsmäßige Verbesserungspotenzial das Akquisitionsobjekt aufweist.«[22]

Darüber hinaus sind weitere Quellen zur Beurteilung des HR-Vermögens:

- Mitarbeiterbefragung
- Management-Audit
- Einzel-Assements.

Ob und inwieweit diese an sich nützlichen Instrumente einsetzbar sind, hängt vom Stadium der Vertraulichkeit ab.

---

21 Eine ausführliche Checkliste vgl. Berens/Brauner, a.a.0, S. 378.
22 Funk, S. 501.

e) Legal und Tax Due Diligence

aa) Legal Due Diligence[23]

Die rechtliche Einordnung des Zielunternehmens, die Überprüfung der gesellschaftsrechtlichen Strukturen, sowie die Rechtsbeziehungen zu Dritten kennzeichnen die Aufgabenstellung der Legal Due Diligence.

Eine andere Darstellung unterteilt die Legal Due Diligence in eine Untersuchung der internen sowie der externen Rechtsstrukturen.

Bei den *unternehmensinternen* Rechtsstrukturen handelt es sich um

- gesellschaftsrechtliche Belange
- vermögensrechtliche Belange
- vertragsrechtliche Belange (mit der Einschränkung, dass hier nur unternehmensinterne Verträge gemeint sind).

Bei den gesellschaftsrechtlichen Aspekten[24] geht es um die Rechtsform der Gesellschaft, um den Gesellschaftsvertrag, um aktuelle Handelsregisterauszüge, um Beteiligungsverhältnisse und um interne Vollmachten.

Diese Sachverhalte haben häufig deskriptiven Charakter, Überschneidungen mit der Basic Due Diligence sind möglich.

Mit der Analyse des Immobilienvermögens wird eine Absicherung der bilanziellen Werte verfolgt. Einsichtnahmen in Grundbuchauszüge, Grundschuld- und Sicherungsurkunden, Flur- und Bebauungspläne gehören zu den einzelnen Aufgaben. Wechselwirkungen zur Bilanzanalyse innerhalb der Financial Due Diligence sind möglich.

Unternehmensinterne Verträge beziehen sich im Wesentlichen auf die Durchsicht der Arbeitsverträge. Besondere Aufmerksamkeit ist dabei auf die Verträge der Führungskräfte bzw. Organmitglieder zu legen.

Ausführliche Hinweise hierzu sind in der Human Resources Due Diligence beschrieben.

Bei den *externen Rechtsstrukturen* geht es um die Verträge, die das Unternehmen mit seiner Außenwelt geschlossen hat.

Dazu gehören

- Verträge mit Kunden, Lieferanten, Wettbewerbern
- Miet- und Pachtverträge
- Kooperation/Allianzen
- Gewährleistungs- bzw. Garantievereinbarungen
- prozessuale Risiken.

---

23 Siehe dazu bereits B.IV.2.f) sowie Gerhard Picot, Unternehmenskauf und Restrukturierung, Teil I Vertragsrecht, IV.6. RN 41 ff.

24 Vgl. Koch/Wegmann, aaO, S. 93ff.

Besonderes Augenmerk ist auf den Kunden-Auftragsbestand zu legen, da hier eine mögliche Quelle für zukünftige Verluste liegt.

Neben diesen internen/externen Rechtsstrukturen gibt es eine Vielzahl von Sondertatbeständen, die in den Bereich der Legal Due Diligence fallen. Hierzu können gehören

- behördliche Genehmigungen (belastende Auflagen, drohender Widerruf)
- Rückzahlung von Subventionen/Zulagen/Beihilfen etc.
- strittige Verfahren
- nicht ausreichende Versicherungen
- Risiken aus Haftungsübernahmen (Bürgschaften, Garantien, Patronatserklärungen)
- Risiken aus Arbeitsgemeinschaften/Konsortien (Leistungsabgrenzung, gesamtschuldnerische Haftung)
- Wettbewerbsvereinbarungen, kartellrechtlich relevante Absprachen
- Risiken aus der Betriebsfortführung bis zur effektiven Übernahme.

bb) Tax Due Diligence[25]

Bei der Tax Due Diligence geht es um zwei voneinander völlig unabhängige Aufgabenstellungen

a) die steuerlich optimale Gestaltung der Akquisition für Käufer und Verkäufer
b) den Schutz des Käufers vor steuerlich begründeten finanziellen Risiken aus der Vergangenheit.

An einer steuerlich optimalen Gestaltung des Unternehmenskaufes hat im Wesentlichen der Verkäufer ein hohes Interesse. Aber auch beim Käufer können Gestaltungsüberlegungen Vorteile ergeben.

Hierzu gehören

- die steuerliche Nutzung von Verlustvorträgen
- eine steuerneutrale Aufdeckung von stillen Reserven
- eine steuermindernde Behandlung der Finanzierungskosten (Zinsen)
- ergebnisbelastende Fördermaßnahmen (z. B. Sonderabschreibungen)
- ergebnisverbessernde Fördermaßnahmen (z. B. Zulagen, Zuschüsse).

Zudem muss dem Käufer auch daran gelegen sein, den Verkäufer in steuerlicher Hinsicht zu unterstützen, da sich hierdurch eine bessere Position bei der Kaufpreisverhandlung ergibt.

Der aus Käufer-Sicht wichtigere Teil der Tax Due Diligence bezieht sich aber auf die Vermeidung von Risiken, die durch nicht steuerkonforme Behandlung von Sachverhalten entstanden sind und die dementsprechend zu Steuernachzahlungen führen können.

---

25 Siehe dazu bereits A.III.6.

Ausgangspunkt für die Untersuchungen sind auf der einen Seite die Steuererklärungen der letzten Jahre und auf der anderen Seite die letzte Betriebsprüfung. Steuererklärungen *nach* der letzten Betriebsprüfung müssen auf finanzielle Risiken überprüft werden (evtl. Bildung von Rückstellungen). Bei schwerwiegenden Verdachtsmomenten sollten mögliche Risiken durch Garantieklauseln im Kaufvertrag abgedeckt werden.

Untersuchungsgegenstand sollten die relevanten Steuerlasten sein wie

- Körperschaftssteuer
- Gewerbesteuer
- Umsatzsteuer.

Für den Fall, dass zu dem Vermögen des erworbenen Unternehmens Grundvermögen gehört, sollte eine Regelung für die Grunderwerbsteuer getroffen werden.

Im Tax Due Diligence-Report sollten demnach festgeschrieben werden

- eine Vereinbarung darüber, wer die erwarteten, bis zum Übergangsstichtag (Closing) wirtschaftlich verursachten Steuerbeträge trägt;
- eine Vereinbarung, wer nicht erwartete, daher im Kaufpreis nicht berücksichtigte Steuernachforderungen oder Steuererstattungen trägt (sog. Betriebsprüfungsklausel);
- eine Vereinbarung über die Haftung für steuerliche Mehrbelastungen aufgrund von verdeckten Gewinnausschüttungen.

Gegebenenfalls sind diese Sachverhalte in den Kaufvertrag zu übernehmen.

f) Environmental Due Diligence[26]

Aufgabe der Environmental Due Diligence ist die Indentifizierung und Bewertung von Umweltrisiken.

Ursprünglich auf den Bereich »Altlastenproblematik« beschränkt hat sich die Umwelt-Due Diligence zu einer komplexen Analyse entwickelt, die neben einer Vielzahl umweltrelevanter Sachverhalte auch die rechtlichen Grundlagen des Umweltschutzes einschließt. Ziel der Umwelt-Due Diligence im Einzelnen ist es

- dem Erwerber einen Überblick über die Umweltsituation des zu akquirierenden Unternehmens zu verschaffen und Umweltrisiken zu erkennen
- Wertminderungstatbestände und erforderliche Anpassungen von Umweltschutzeinrichtungen kostenmäßig zu bewerten.

Im ersten Teil geht es im Wesentlichen um einen systematischen, im zweiten Teil um einen einzelfallorientierten Ansatz der Prüfung.

---

26 Siehe dazu ausführlich Kummer, in: Gerhard Picot, Unternehmenskauf und Restrukturierung, Teil VII Umweltrecht.

Die Analyse der Umweltsituation versucht (u.a. durch eine Betriebsbegehung) Risikopotenziale des Unternehmens zu identifizieren. Hierzu gehören

- die Lage des Standortes
- die Gebäudemorphologie (evtl. als Hinweis für künstliche Auffüllungen)
- die historische Nutzung des Standortes (Eigentümer, Branche)
- die Bebauungsart
- die maschinelle Ausstattung.

Im weiteren Verlauf geht die Analyse aber weit über die physische Betrachtung des Standortes hinaus. Sie schließt die Aufbau- und Ablauforganisation des zu kaufenden Unternehmens (Umweltbeauftragter, Umweltberichte) ebenso ein wie die Umweltverträglichkeit der Produkte und Produktionsverfahren.

Ein weiterer Schwerpunkt der Analyse der Umwelt ist die »Legal Compliance«. Im Rahmen dieser Legal Compliance wird überprüft, ob und inwieweit Umweltvorschriften eingehalten werden. In diesen Bereich gehören insbesondere gesetzliche Verpflichtungen, Genehmigungen, behördliche Auflagen und Verwaltungsvorschriften. [27]

Zur Zeit existieren in Deutschland ca. 800 Umweltgesetze, 3000 Verordnungen und rund 500 Verwaltungsvorschriften.

Wegen der hohen Volatilität der gesetzlichen Rahmenbedingungen empfiehlt sich darüber hinaus eine Überprüfung der erwarteten Entwicklungen und beabsichtigten Gesetzesänderungen.

Bei der einzelfallorientierten Prüfung geht es darum, konkrete Risikopotenziale zu identifizieren und zu bewerten. Neben den Kosten für die Sanierung von Altlasten sind daher in diesem Rahmen

- Kosten für Ersatzinvestitionen (wenn Anlagen absehbar oder bereits nicht mehr behördlichen Auflagen entsprechen)
- Kosten für Abriss und Entsorgung
- Kosten für Sanierungen

zu ermitteln.

Eine wichtige Frage in diesem Zusammenhang ist die, ob und in welchem Maße in diesem Stadium der Due Diligence tiefgehende Analysen, wie z.B. Probebohrungen, eingesetzt werden sollen.

Da Unternehmensakquisitionen in aller Regel unter hohem Zeitdruck stehen, wird häufig auf zeitraubende Untersuchungen verzichtet. Andererseits sind die Erkenntnisse dieser ersten Phase der Umwelt-Due Diligence Grundlage für die Bewertung von Risiken. Aufgrund der großen Interpretationsspielräume bei der Auswertung nicht weiter konkretisierbarer Verdachtsmomente wird man bei der Kostenbewertung mit best- und worst-case Szenarien operieren.

---

27 Vgl. Pföhler, S. 629.

Bedingt durch die Vielzahl und Aktualität der zu beachtenden Vorschriften und Gesetze kann die Umwelt-Due Diligence nur von erfahrenen Fachleuten und Gutachtern durchgeführt werden. Der Zusammensetzung des Prüfungsteams kommt daher eine besondere Bedeutung zu. Das Prüfungsteam sollte daher bedarfsgerecht – also regelmäßig interdisziplinär – zusammengesetzt sein; die Hinzuziehung externer Berater erscheint im Bereich der Umwelt-Due Diligence sinnvoll und notwendig.

g) Organizational und IT Due Diligence

Bei der Organizational und IT Due Diligence steht die Frage im Vordergrund, ob die Organisation des Akquisitionskandidaten zweckmäßig und wirtschaftlich ist bzw. ob die Informationstechnologie angemessen ist.

Im Rahmen der Organisations-Überprüfung werden die Strukturen des Unternehmens sowohl in aufbau- wie auch in ablauftechnischer Hinsicht untersucht. Bei der Aufbauorganisation interessiert die Frage, ob die Größe der Organisation dem Umfang des operativen Geschäftes angemessen ist.

Gegenstand der Ablaufanalyse ist die zeitliche, räumliche und sachliche Zuordnung der Arbeitsprozesse, sowie die Koordination der Teilaufgaben zu Arbeitsabläufen.[28]

Ziel ist es, die Ausgewogenheit der Organisation auf der einen und klare Zuständigkeiten bei der Aufgabenerfüllung auf der anderen Seite zu hinterfragen.

Eng verbunden mit der Organizational Due Diligence ist die Informationstechnologie. Im Zuge einer späteren Integration in die IT-Umwelt des akquirierenden Unternehmens können Probleme auftreten, zu deren Beseitigung es erheblicher Mittel bedarf.

Die von Berens/Brauner entwickelte Checkliste zur IT-Technolgie bildet eine gute Grundlage zur Sicherheit in diesem Bereich.

---

28 Vgl. Berens/Hoffjau/Strauch, aa0, S. 144.

Checkliste zur IT-Technologie

- Liste der verwendeten Hard- und Software in den verschiedenen Bereichen
- Vertragslaufzeit und Kosten bisheriger Verträge mit Anbietern von Hard- und Software
- Beurteilung der Qualität der Informationstechnologie in den einzelnen Funktionsbereichen
- Überprüfung, ob ein ausreichender Notfallplan für einen Systemausfall besteht
- Beurteilung der Gesamtsituation der Informationstechnologie, insbesondere der Kompatibilität und Vernetzung der einzelnen Funktionalbereiche
- Identifikation wesentlicher »Altlasten« im Hard- und Softwarebereich, die eine Integration der Informationssysteme von Zielgesellschaft und Käuferunternehmung erschweren
- Umfang speziell für die Zielunternehmung entwickelter Software, die i.d.R. größere Integrationsprobleme beinhaltet als Standardsoftware
- Qualität bestehender Management-Informationssysteme (MIS)
- Kompatibilität zu den Systemen der Käuferunternehmung
- Abschätzung der Integrationskosten
- Identifikation wesentlicher Verbesserungspotentiale und Umfang der hierfür notwendigen Informationen
- Abschätzung des gesamten Investitionsbedarfs in Informationstechnologie in den nächsten drei Jahren

6. Due Diligence und Unternehmensbewertung[29]

»Abbildungsobjekt der Due Diligence ist das Unternehmen selbst, seine Struktur, die Fähigkeiten seiner Mitarbeiter sowie seine Marktchancen und –risiken und zunächst nicht eine Wahrscheinlichkeitsverteilung zukünftiger Entnahmeerwartungen«.[30]

Diese Aussage scheint eine klare Trennung zwischen den Aufgaben der Due Diligence und einer Unternehmensbewertung zu belegen.

Andererseits schließt sie aber nicht aus, dass zur Ermittlung zukünftiger Entnahmeerwartungen die Ergebnisse der Due Diligence maßgeblichen Anteil haben.

Die Bedeutung der Due Diligence für die Bewertung eines Unternehmens hängt dabei sicherlich von der Bewertungsmethode ab. Grundsätzlich können zur Wertfindung eines Unternehmens drei Ansatzpunkte (Bewertungskategorien) gewählt werden:

29 Dazu ausführlich nachfolgend B.VI.
30 Berens/Brauner/Strauch, S. 18.

1. die Substanzwertmethode, als Vergleich mit den Kosten, die bei der Herstellung bzw. der Errichtung eines Unternehmens entstehen bzw. entstanden sind.
2. die Ertragswertmethode, d. h. der Vergleich mit den Eigenschaften, insbesondere des Nutzens, den Unternehmen bieten
3. die Marktwertmethode, d. h. den Vergleich mit Preisen, die andere für gleiche oder ähnliche Unternehmen gezahlt haben.

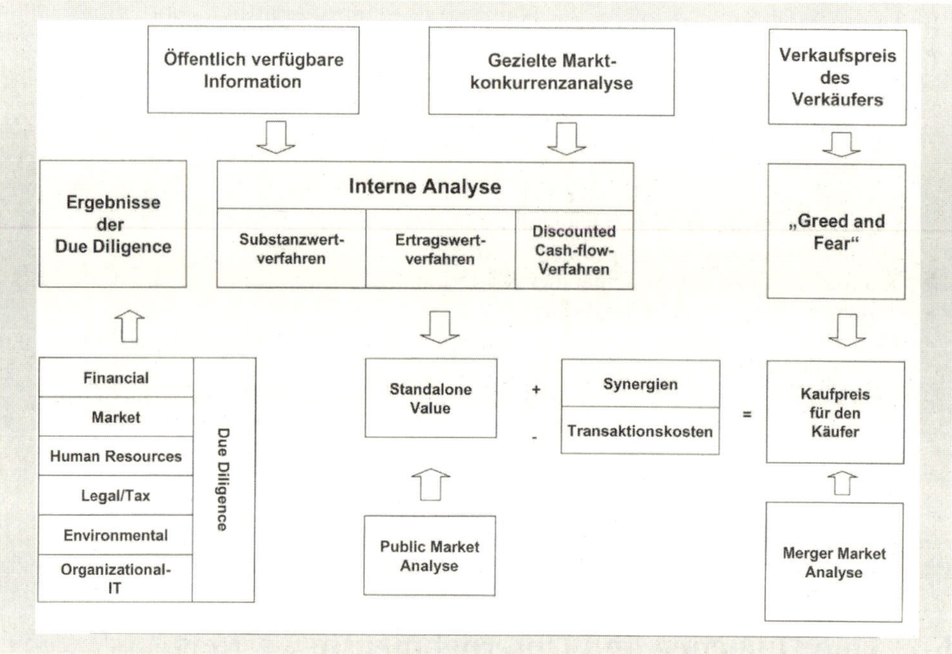

Abb. 8: Prozess der Unternehmensbewertung und Kaufpreisermittlung

Der Wert der Due Diligence für eine Unternehmensbewertung ist sehr stark von der gewählten Methode abhängig.

Bei der Ermittlung des Substanzwertes ist die Beziehung zwischen Due Diligence und Unternehmenswert am deutlichsten. Innerhalb der Financial Due Diligence werden die Buchwerte mit ihren Wiederbeschaffungswerten bzw. Marktwerten angesetzt, die nicht betriebsnotwendigen Vermögenspositionen bleiben unberücksichtigt. Mithin ist das Ergebnis einer so durchgeführten Financial Due Diligence der Substanzwert.

Bei der Ermittlung eines Ertragwertes, unabhängig, ob vereinfachend eine Ertragsgröße wie z. B. EBIT oder aber eine Cash-flow-Größe angesetzt wird, kann die Due Diligence ebenfalls eine wesentliche Hilfestellung leisten. Angesprochen ist hier ebenfalls die Financial Due Diligence mit dem Element der Planungsrechnung, aber auch die Market Due Diligence mit der Bewertung der zukünftigen Potenziale aus Markt- und Wettbewerbssicht.

Auf das im Rahmen der Financial und Market Due Diligence ermittelte und überprüfte Datenmaterial braucht dann nur noch ein standardisiertes Bewertungsmodell aufgesetzt werden, um den Ertragswert bzw. den DCF zu ermitteln.

Die Ertragswert-Methode ist gleichsam das Instrument zur Errechnung der Wertvorstellung, die Due Diligence das Verfahren, das die Inputs für das Instrument maßgeblich bestimmt.´[31]

Schwieriger ist die Beziehung zwischen Due Diligence und Unternehmensbewertung bei Anwendung von Marktwert-Methoden (Merger-Market- und Public-Market-Methoden), d. h. der Bewertung des Unternehmens anhand des aktuellen Börsenkurses bzw. mit EBIT-Multiplikatoren, die aus vergleichbaren Transaktionen der Vergangenheit abgeleitet sind.

Due Diligence kann in diesen Fällen nur eine begrenzte Hilfestellung leisten. So können z. B. durch die bei der Due Diligence gewonnenen Informationen Abschläge gemacht oder Multiplikatoren verändert werden.

Zusammenfassend lässt sich somit festhalten, dass die Due Diligence eine entscheidende Hilfe bei der Wertermittlung sein kann (insbesondere bei der Ertragswertmethode), aber darüber hinaus auch eine Argumentationshilfe bei der sich anschließenden Preisverhandlung.

7. Fazit

Mit Ausnahme der »hostile takeover«, der feindlichen Übernahmen, bei denen eine Due Diligence nicht möglich ist, sollte das Instrument der Due Diligence zum festen Bestandteil bei M&A-Projekten gehören.

Eine systematische Prüfung im Rahmen einer geordneten Einbindung in den gesamten Akquisitionsprozess kann die Gefahr eines Misserfolges deutlich verringern, indem

- ein wesentlicher Input für die Vertragsgestaltung, insbesondere bei der Berücksichtigung und Formulierung von Gewährleistungen/Garantien
- entscheidende Informationen und Hilfestellung zur Unternehmensbewertung sowie zur Preis-Verhandlung

gegeben werden.

Daneben können die Ergebnisse aus der Due Diligence auch dazu beitragen, ein erfolgreiches Integrationsmanagement vorzubereiten.

Die Trennung der Due Diligence in Teilbereiche ist ratsam, allerdings wird sich die Gewichtung einzelner Teil-Due-Diligences von Fall zu Fall verschieben.

31 Berens/Strauch, S. 18.

- Die Financial Due Diligence ist unverzichtbar, um einen Überblick über das Unternehmen zu erhalten: sie ist wichtig für Substanzwertüberlegungen wie für Auswirkungen auf mögliche Integrationen des Rechnungswesens (equity, goodwill).
- Die strategische Analyse von Chancen und Risiken wird geprägt von der Market Due Diligence sowie von der Human Resources Due Diligence, die im Rahmen der Zusammenschlüsse im Dienstleistungsbereich mehr und mehr an Bedeutung gewinnt.

Die Erweiterung um eine Due Diligence-Konzeption zur Identifikation, Beurteilung und Realisation akquisitionsbedingter Synergiepotenziale passt sehr gut in diesen Rahmen.[32]

- Die Legal-, Tax- und Environmental-Due Diligence-Bereiche dienen im Wesentlichen dazu, durch den Kaufvertrag möglicherweise entstehende Schäden abzuwenden.

Die in allen Teilbereichen üblichen Checklisten sind ein gutes Hilfsmittel, dürfen aber auch nicht überbewertet werden.

Die Due Diligence sollte bei allen M&A-Projekten als ein notwendiges Instrument eingesetzt werden, ihre Anwendung bedeutet keine Erfolgsgarantie, ihr Unterlassen erhöht aber das Risiko, dass das Projekt fehlschlägt.

32 Vgl. Rockholtz, S. 245 ff.

Literatur

*Aldernig/Frein von Hutten**, Due Diligence u. Human Resources
*Berens/Hoffjan/Strauch**, Planung und Durchführung der Due Diligence
*Berens/Strauch**, Herkunft und Inhalt des Begriffes Due Diligence
Born, Unternehmensanalyse und Unternehmensbewertung, Stuttgart 1995
*Brauner/Grillo**, Die Due Diligence aus strategischer Sicht
Bühner, Das Management-Wert-Konzept, Stuttgart 1990
Dabui, Postmerger – Management, Wiesbaden 1998
Dielmann, Unternehmenskauf und Human Resourcen Due Diligence-Prüfung, in: Personal 9/1997
Flamholtz/Coff, Valuing human resources in buying service companies, in: Mergers & Acquisitions 4/1989
Funk, Aspekte der Unternehmensbewertung in der Praxis, in: Zfbf 47, 5/1995
Gut-Villa, Human Resource Management bei Mergers & Acquisitions, Bern/Stuttgart/Wien 1997
Huemer, Mergers & Acquisitions, Strategische und finanzielle Analyse von Unternehmensübernahmen, Frankfurt a.M. 1991
Jansen, Mergers & Acquisitions, Wiesbaden 1998
Kittner, »Human Resources« in der Unternehmensbewertung, in: Der Betrieb 46/1997
Koch/Wegmann, Praktiker-Handbuch Due Diligence, Stuttgart 1998
Lehnert, Unternehmensübernahmen in den USA in den 80er Jahren, Wiesbaden 1997
Müller-Stewens/Schreiber, Zur organisatorischen Anbindung des Akquisitionsprozesses im Käuferunternehmen, in: Die Unternehmung 4/1993
Picot, Gerhard (Hrsg.), Unternehmenskauf und Restrukturierung, München 1998
Pföhler/Hermann, Grundsätze zur Durchführung von Umwelt-Due Diligence, in: Die Wirtschaftsprüfung 18/1997
Porter, Wettbewerbsstrategie, Frankfurt a.M. 1992
Rockholtz, Marktwertorientiertes Akquisitionsmanagement, Frankfurt a.M. 1990
*Rockholtz**, Due Diligence-Konzeption zum synergieorientierten Akquisitionsmanagement
Schaper-Rinkel, Akquisitionen und strategische Allianzen, Wiesbaden 1998
Schulte (Hrsg.), Beteiligungscontrolling, Wiesbaden 1994
*Sebastian/Niederdrenk/Tesch**, Market Due Diligence – Die Sorgfältigkeitsprüfung aus der Sicht des Marktes

Die mit * gekennzeichneten Beiträge entstammen: *Berens/Brauner (Hrsg.),* Die Due Diligence bei Unternehmensakquisitionen, Stuttgart 1999

VI. Unternehmensbewertung

Einleitung

Die Wirtschaftlichkeitsanalyse von Unternehmenskäufen, -verkäufen und Fusionen (M&A-Transaktionen) basiert im Kern auf einem Vergleich des Wertes eines Unternehmens, das erworben oder veräußert werden soll, mit dem potenziellen Transaktionspreis. Aus dieser Gegenüberstellung lassen sich die Wertänderungen der an der Transaktion beteiligten Unternehmen sowie die potenziellen Aktienkursreaktionen ableiten. Wirtschaftlichkeitsanalyse bedeutet dementsprechend Wertsteigerungsanalyse. Dazu werden Methoden sowohl zur Bestimmung von Unternehmenswerten als auch zur Schätzung von potenziellen Transaktionspreisen benötigt und im Folgenden dargestellt. Den Schwerpunkt bildet dabei die kapitalmarktorientierte Unternehmensbewertung.

Betrachtet man die Wertänderung von kaufenden und verkaufenden Unternehmen in Summe, so hatte die überwiegende Mehrzahl der M&A-Transaktionen seit Mitte der 90er Jahre teilweise signifikante Verbesserungen zur Folge. Dieser wirtschaftliche Erfolg verteilte sich jedoch ungleich – die Verkäuferseite realisierte den bei weitem größeren Anteil. Eine systematische Durchführung der Wertsteigerungsanalyse dient damit zugleich dem Zweck, auch auf Käuferseite eine Basis für einen kalkulierbaren M&A-Erfolg zu schaffen.

Dieser Beitrag befasst sich weniger mit der Darstellung der technischen Details für die Durchführung von Unternehmensbewertungen, sondern konzentriert sich vielmehr auf die Vermittlung der prinzipiellen Vorgehensweise, wenngleich die Details für die praktische Durchführung natürlich wichtig sind. Diesbezüglich kann aber auf eine reichhaltige Literatur verwiesen werden, die sich über die im Anhang genannten Quellen erschließt.[1]

Die bereits skizzierte wirtschaftliche Zielsetzung von M&A-Transaktionen wird im ersten Abschnitt vertieft und auf verschiedene Transaktionsformen (Unternehmenskäufe, Börsengang, Joint Ventures) übertragen. Der zweite Abschnitt befasst sich mit der Bestimmung des Unternehmenswertes, der dritte mit der Schätzung potenzieller Transaktionspreise. Auf Basis dieser Informationen kann die Wertänderung analysiert werden, die bei Realisierung des Wertes und des Preises hervorgerufen wird.

1 Siehe dazu oben A.II.

1. Wirtschaftliche Zielsetzung von M&A: Realisierung von Wert- und Aktienkurssteigerung

Die Bewertung von Transaktionen erfolgt hier aus rein wirtschaftlicher Sicht, d.h. es wird unterstellt, dass Transaktionen nur dann durchgeführt werden, wenn sie die Vermögensposition der Eigentümer erhöhen, die der Transaktion zustimmen müssen.

a) Einleitendes Beispiel

Wir betrachten den Verkauf einer Tochtergesellschaft des VICTORY-Konzerns, die aus Sicht der Eigentümer von VICTORY einen Wert von 2,5 Mrd. Euro aufweist. Für den VICTORY-Konzern nehmen wir einen Börsenwert (inkl. der Tochtergesellschaft) von 12 Mrd. Euro an. Die Ankündigung, die Tochtergesellschaft zu einem Preis von 3,5 Mrd. Euro an die HOPE-AG zu veräußern, würde für die VICTORY-Eigentümer zu einer außerordentlichen Aktienrendite von ca. 8,3% führen. Die HOPE-AG weist vor der Transaktion einen Börsenwert von 8 Mrd. Euro auf und erwartet, dass durch operative Verbesserungen und Synergien, die sich aus dem Erwerb ergeben, ein Mehrwert von ca. 700 Mio. Euro geschaffen wird, der in dem Unternehmenswert von 2,5 Mrd. Euro noch nicht enthalten ist. Ausgehend von diesen Werten wird der Aktienkurs der HOPE-AG um ca. 3,8% nachgeben. Insgesamt betrachtet zahlt die HOPE-AG also eine Prämie von 1 Mrd. Euro (40%), die den VICTORY-Eigentümern zugute kommt. Der Mehrwert, der sich für die HOPE-AG durch diese Transaktion ergibt, beträgt jedoch nur 700 Mio. Euro, d.h. die HOPE-Aktionäre verlieren 300 Mio. Euro und hoffen, dass die Tochtergesellschaft verborgene Wertsteigerungspotenziale aufweist, die in den vorliegenden Bewertungen noch nicht erfasst wurden. Unabhängig davon ist für Investoren, die sowohl an VICTORY als auch an HOPE beteiligt sind, die Transaktion insgesamt werterhöhend, da aufgrund der Synergien die wirtschaftliche Leistung gesteigert wird.

In Mrd. Euro	VICTORY	HOPE	Gesamt
Marktwert vor Transaktion	12	8	20
Transaktionspreis	+ 3,5	- 3,5	
Wert der Tochtergesellschaft	- 2,5	+ 2,5	
Synergiepotential		+ 0,7	+ 0,7
Wertänderung	+ 1,0	- 0,3	+ 0,7
Aktienkursreaktion	+ 8,3%	- 3,8%	+ 3,5%

Tab. 1: Daten des einleitenden Beispiels

b) Erfolgs- und Misserfolgsquoten von M&A-Transaktionen

Diese im Beispiel (Tabelle 1) dargestellte Konstellation trifft vergleichsweise häufig zu. Eine Untersuchung von McKinsey ergab, dass zwischen 1996 und 1998 knapp drei Viertel aller Akquisitionen und Fusionen unter börsennotierten Gesellschaften in den USA und Europa mit einem Transaktionsvolumen von mehr als 500 Mio. USD bei kombinierter Betrachtung wertsteigernd waren. Die Käufer konnten in 50% der Fälle eine positive Kursreaktion verzeichnen bzw. erlitten mit der gleichen Häufigkeit Kursverluste. Die Verkäufer realisierten in 92% der Fälle positive und nur in 8% der Fälle negative Kursreaktionen (siehe Abb. 1). In absoluten USD ausgedrückt schufen die erfolgreichen Käufer einen Gesamtwert von 88 Mrd. USD, die weniger erfolgreichen Käufer vernichteten hingegen 101 Mrd. USD. Die erfolgreichen Verkäufer realisierten einen Mehrwert von insgesamt 102 Mrd. USD, die weniger erfolgreichen vernichteten 21 Mrd. USD. Insgesamt betrachtet konnte durch M&A-Transaktionen also ein Wert von 68 Mrd. USD geschaffen werden.[2]

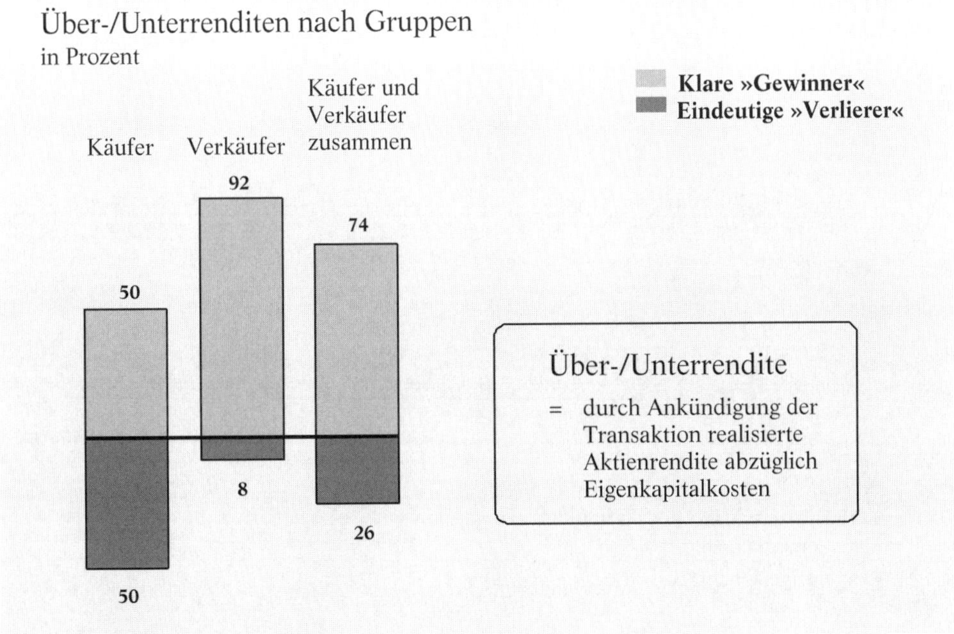

Abb. 1: Erfolgsquoten bei M&A-Transaktionen

2 Zu beachten ist hier, dass diese Wertsteigerungen bzw. -verluste in einem Zeitraum von fünf Tagen vor und fünf Tagen nach der Transaktionsankündigung gemessen wurden. Technisch gesprochen handelt es sich um kumulative abnormale Renditen relativ zu den Eigenkapitalkosten auf Basis des Capital Asset Pricing Model.

c) Grundprinzipien der Wirtschaftlichkeitsanalyse von M&A-Transaktionen aus Kapitalmarktperspektive

Im Rahmen der Wirtschaftlichkeitsanalyse von M&A-Transaktionen gilt es, den durch die Transaktion geschaffenen Mehrwert zu quantifizieren, und, soweit die beteiligten Unternehmen börsennotiert sind, die möglichen Kursreaktionen bereits vor der Ankündigung zu erkennen. Im Folgenden wird das prinzipielle Vorgehen auf Basis des einleitenden Beispiels erläutert.

aa) Perspektive des Verkäufers

Was ist die Ursache für den Kurssprung der VICTORY-Aktie nach der Ankündigung des Verkaufs der Tochtergesellschaft? Vor der Ankündigung der Transaktion am 1.1.1999 erwarteten die Marktteilnehmer Ergebnisse pro Aktie von 2,30, 2,50 bzw. 2,75 Euro (1999, 2000 bzw. 2001). Die langfristigen Wachstumserwartungen jenseits des Jahres 2001 beliefen sich auf 3% p.a. Grundlage für die Ableitung der Erwartungen sind die »Consensus Estimates« der Finanzanalysten, die in Datenbanken verfügbar sind. Bei Eigenkapitalkosten von 10% und unter der Annahme, dass das Ergebnis pro Aktie dem Cash-flow pro Aktie entspricht, ergibt sich der beobachtete Aktienkurs von 36,62 Euro:

$$\frac{2{,}30}{1{,}1} + \frac{2{,}50}{1{,}1^2} + \frac{2{,}75}{1{,}1^3} + \frac{2{,}75 \cdot 1{,}03}{(0{,}1 - 0{,}03) \cdot 1{,}1^3} = 36{,}62$$

Berechnungsformel:

$$p = \frac{cf_1}{1 + k} + \frac{cf_2}{(1 + k)^2} + \frac{cf_3}{(1 + k)^3} + \frac{cf_3 \cdot (1 + g)}{(k - g) \cdot (1 + k)^3}$$

mit:

p	Aktienkurs
cf	Cash-flow an Aktionäre (pro Aktie)
k	Eigenkapitalkosten
g	Langfristige Wachstumsrate der Cash-flows

Bei 327.649.012 Aktien ergibt sich damit der Börsenwert von rd. 12 Mrd. Euro. Darin enthalten sind Ergebniserwartungen der Tochtergesellschaft von 0,50, 0,54 bzw. 0,57 Euro pro Aktie. Die Eigenkapitalkosten und die langfristigen Wachstumsaussichten unterscheiden sich nicht von den Daten der Muttergesellschaft. Damit ergibt sich ein Anteil von 7,63 Euro am Aktienkurs bzw. der Wert von 2,5 Mrd. Euro. Nach dem Verkauf der Tochtergesellschaft reduzieren sich die Ergebnisse pro Aktie und damit der Aktienkurs auf 28,99 Euro, der jedoch im Gegenzug um den Verkaufserlös zu erhöhen ist:

$$\frac{1{,}80}{1{,}1} + \frac{1{,}96}{1{,}1^2} + \frac{2{,}18}{1{,}1^3} + \frac{2{,}18 \cdot 1{,}03}{(0{,}1 - 0{,}03) \cdot 1{,}1^3} = 28{,}99$$

Da sich die Anzahl der Aktien durch die Transaktion nicht verändert, ergibt sich ein Börsenwert von 9,5 Mrd. Euro, der um den Verkaufserlös von 3,5 Mrd. Euro auf 13 Mrd. Euro zu erhöhen ist. Der Aktienkurs steigt folglich von 36,62 Euro (vor der Ankündigung) um 8,3% auf 39,68 Euro.

Aus diesem Beispiel folgt ein wichtiger Grundsatz für Verkäufer: Um die Kapitalmarktreaktion auf Grund der Ankündigung von Unternehmenstransaktionen antizipieren zu können, müssen zunächst die Erwartungen des Kapitalmarktes analysiert werden. Daraus folgt die Schätzung des Marktwertes bzw. des Marktwertanteils der zu verkaufenden Einheit. Stellt man diesem Wert den potenziellen Transaktionspreis gegenüber, ergibt sich die aus der Transaktion resultierende Wertänderung für die Alteigentümer.

In der praktischen Anwendung sind die Berechnungen freilich aufwendiger, da folgende Faktoren zu berücksichtigen sind: Unterschiede zwischen Cash-flows und Ergebnissen pro Aktie, Steuern aus dem Transaktionsvorgang, ggf. vorliegende Verbundeffekte zwischen der zu verkaufenden Einheit und dem verbleibenden Unternehmen, Transaktionskosten sowie die jeweils vorherrschende Kapitalmarktsituation. An dem grundsätzlichen Vorgehen ändert sich jedoch nichts. Sind die beteiligten Unternehmen nicht börsennotiert, treten die Erwartungen der Eigentümer an die Stelle der Markterwartungen.

bb) Perspektive des Käufers

Das prinzipielle Vorgehen aus Sicht des Verkäufers lässt sich übertragen auf die Käuferperspektive. Auch hier geht es um den Abgleich des Wertes des Zielunternehmens mit dessen Preis (siehe Tabelle 2). Aus Sicht des Käufers gilt es zunächst, den Marktwert des eigenen Unternehmens zu bestimmen. Das Zielunternehmen (im Beispiel die Tochtergesellschaft des VICTORY-Konzerns) wird danach zunächst ohne Verbesserungspotenziale und ohne Verbundeffekte bewertet. Hierzu können eigene Prognosen erstellt und/oder die Kapitalmarkterwartungen benutzt werden. Nicht selten resultiert ein erheblicher Teil der Wertsteigerung aus operativen Verbesserungen, die prinzipiell auch ohne die Veränderung der Eigentümerstruktur möglich wären. Häufig bedarf es jedoch eines »exogenen Impulses«, der zu strukturellen Veränderungen führt und den Weg für Verbesserungen ebnet.

	Position	Beispiel in Mio. Euro
	Wert des kaufenden Unternehmens	8.000
+	Wert des Zielunternehmens (Status quo)	2.500
+	Wert aus operativen Verbesserungen, die prinzipiell auch eigenständig realisiert werden könnten	600
+	Wert der Synergien	
	A – universelle Synergien	150
	B – endemische Synergien	0
	C – spezifische Synergien	0
–	Integrationskosten	50
+/-	Sonstige Werteffekte (Steuern, Finanzierung, kartellrechtliche Anpassungen etc.)	(Noch zu quantifizieren)
=	**Wert des gemeinsamen Unternehmens**	**11.200**
–	Börsenwert des kaufenden Unternehmens	8.000
–	Kaufpreis für das Zielunternehmen	3.500
=	Wertänderung durch Akquisition	-300
→	**Potentielle Aktienkursreaktion bei Ankündigung**	**-3,75%**

Tab. 2: Wertänderung durch Akquisition

Die Synergien, die keines der beiden Unternehmen eigenständig realisieren kann, lassen sich in drei Kategorien einteilen:

- Universelle Synergien, die mit jedem potenziellen Erwerber realisiert werden können, der über ein fähiges Management und geeignete Ressourcen verfügt. Dazu gehören »Economies of Scale«, z.B. im Verwaltungsbereich.
- Endemische Synergien, die nur mit wenigen Erwerbern realisiert werden können, welche in der Regel in derselben Branche wie das Zielunternehmen tätig sind. Dazu gehören »Economies of Scope«, wie etwa ein erweitertes geografisches Aktivitätsfeld, und bestimmte Rationalisierungspotenziale, z.B. im Vertrieb.
- Spezifische Synergien, die nur mit einem bestimmten Käufer realisiert werden können, wie z.B. eine Wachstumsoption, die nur auf Basis einer patentrechtlich geschützten Technologie genutzt werden kann.

Neben den Werten aus Verbesserungen und Synergien sind die Integrationskosten ebenso wie potenzielle steuerliche oder finanzierungsbedingte Werteffekte zu erfassen. Die erwartete Wertänderung ergibt sich schließlich aus dem Wert des gemeinsamen Unternehmens abzüglich Börsenwert und Kaufpreis.

cc) Vorgehen bei Fusionen oder Joint Ventures

Das beschriebene Vorgehen zur Wirtschaftlichkeitsanalyse lässt sich auch bei Fusionen oder JVs anwenden. Ein wesentlicher Aspekt dabei ist die Bestimmung des Austauschverhältnisses, das eine Grundlage für die Wertänderung aus der Transaktion bildet. Beschließen z.B. der VICTORY-Konzern und die HOPE-AG die Verschmelzung und wird das Austauschverhältnis auf Basis der jeweiligen Börsenwerte bestimmt, ergeben sich folgende Resultate:

Wertänderung VICTORY-Aktionäre:

$$\frac{\frac{12}{20} \cdot (12.000 + 8.000 + 700)}{12.000} - 1 = 3{,}5\%$$

Wertänderung HOPE-Aktionäre :

$$\frac{\frac{8}{20} \cdot 20.700}{8.000} - 1 = 3{,}5\%$$

Berechnungsformel:

$$\Delta r = \frac{a \cdot V_{ges}}{V_0} - 1$$

mit:

Δr	durch Transaktion ausgelöste zusätzliche Aktienrendite
a	Anteil an dem neuen, gemeinsamen Unternehmen
V_{ges}	Gesamtwert des gemeinsamen Unternehmens
V_0	Börsenwert des eigenen Unternehmens vor Transaktion

Das Austauschverhältnis beträgt 3,33 zu 1, d.h. die HOPE-Aktionäre erhalten 3 neue VICTORY-Aktien für 10 (alte) HOPE-Aktien, wenn (wie hier angenommen) die HOPE-AG auf die VICTORY AG verschmolzen wird und die Aktienkurse 36,62 bzw. 11 Euro betragen.
Für die praktische Anwendung sind folgende Aspekte zu beachten:

- In Deutschland erfolgt die Berechnung des Austauschverhältnisses auf Basis von Wirtschaftsprüfer-Gutachten, denen regelmäßig nicht Börsenwerte, sondern Unternehmensbewertungen nach der Ertragswertmethode zu Grunde liegen. Am prinzipiellen Vorgehen ändert sich dadurch nichts; die zu erwartenden Wertänderungen hängen jedoch vom vereinbarten Austauschverhältnis ab.
- Häufig besitzt mindestens einer der Partner bereits vor der Transaktion Anteile an dem anderen Unternehmen. Dies ist bei der Berechnung des Austauschverhältnisses entsprechend zu berücksichtigen.
- Nicht selten wird eine Prämie geboten, um in unserem Beispiel etwa die HOPE-Aktionäre zum Umtausch ihrer Aktien zu bewegen. Dies hat ebenfalls Einfluss auf die Wertänderung, die aus der Transaktion resultiert.

Diese Aspekte sind regelmäßig nicht vernachlässigbar und entsprechend bei der Wertsteigerungsanalyse zu berücksichtigen.

d) Ursachen für Unterschiede zwischen Wert und Preis

Auf perfekten Märkten besteht kein Unterschied zwischen Wert und Preis, wenn der Markt die Handlungen des Managements antizipiert, wenn das Resultat der Handlungen in entsprechende Notierungen übersetzt wird und wenn ein unbeschränkter, transaktionskostenfreier Handel möglich ist. Nun sind reale Märkte bekanntlich aus vielen Gründen nicht perfekt. Hierzu gehören asymmetrisch verteilte Informationen (z.B. bei Erstemissionen), unvorhergesehene Strategieänderungen und vom Gesetzgeber definierte Rahmenbedingungen (z.B. Steuern).

aa) Asymmetrische Information

Asymmetrisch verteilte Informationen sind bei Börseneinführungen nicht auszuschließen. Den Alteigentümern und beratenden Banken stehen im Gegensatz zu anderen Externen regelmäßig detailliertere Informationen über das Unternehmen zur Verfügung, dessen Anteile an die Börsen gebracht werden sollen. Hegen die potenziellen Käufer die Vermutung, dass es besser informierte »Insider« gibt, hat dies Einfluss auf den nachfrageseitig akzeptablen Emissionskurs.

Für den Börsengang der HOPE-AG, der kurz vor der Akquisition des Tochterunternehmens vom VICTORY-Konzern stattfindet, nehmen wir an, dass 80% aller Anleger ihre Informationen aus dem Börsenprospekt haben. Dieser Anlegergruppe ist der Unternehmenswert nicht genau bekannt. Sie vermuten mit einer Wahrscheinlichkeit von jeweils einem Drittel Unternehmenswerte von 4, 8 bzw. 12 Mrd. Euro. 20% der Anleger kennen den Unternehmenswert, der 8 Mrd. Euro betragen und sich im Handel unmittelbar nach der Börseneinführung einstellen möge. Wird nun der Emissionspreis unterhalb des Wertes von 8 Mrd. Euro angesetzt, werden 100% der Anleger die Aktie zeichnen und der daraus resultierende Vermögenszuwachs kommt ihnen gemeinsam zugute. Bei einem Emissionspreis oberhalb des Wertes zeichnet hingegen nur die weniger umfassend informierte Mehrheit, die den Vermögensverlust dann allein trägt. Rationale Marktteilnehmer antizipieren dies und akzeptieren nach dem Modell von K. Rock deshalb einen Emissionspreis nur bis zu folgender Höhe:

$$\frac{0{,}8 \cdot 12.000 \cdot \frac{1}{3} + 8.000 \cdot \frac{1}{3} + 4.000 \cdot \frac{1}{3}}{0{,}8 \cdot \frac{1}{3} + \frac{2}{3}} = 7.714$$

Berechnungsformel:

$$P_{max} = \frac{x \cdot P_1 \cdot q_1 + P_2 \cdot q_2 + P_3 \cdot q_3}{x \cdot q_1 + q_2 + q_3}$$

mit:

P_{max}	Von den weniger umfassend Informierten maximal akzeptierter Preis
x	Anteil der nicht umfassend Informierten an der Gesamtheit aller Investoren
P_1	Emissionspreis, bei dem sich alle Investoren beteiligen
P_2, P_3	Emissionspreise, bei denen sich die umfassend Informierten nicht beteiligen
q	Wahrscheinlichkeiten

Auf Grund der Unsicherheit, die sich aus der asymmetrischen Informationsverteilung auf Seiten der Anleger ergibt, darf ein Emissionswert von 7.714 Mio. Euro nicht überschritten werden, wenn die unvollständig informierten Anleger zur Zeichnung gewonnen werden sollen. Im Handel wird sich jedoch der Unternehmenswert von 8.000 Mio. Euro einstellen, nachdem sich die Unsicherheit aufgelöst hat. Das Underpricing beträgt folglich 3,6%.[3]

bb) Unvorhergesehene Strategieänderungen und operative Verbesserungen

Vor dem Börsengang hatten Management und Alteigentümer der HOPE-AG verkündet, einen Teil der aus dem Börsengang erlösten Mittel zur Umsetzung einer Wachstumsstrategie einzusetzen. Kleinere Akquisitionen, die freilich seinerzeit noch nicht konkretisiert werden konnten, sollten Bestandteil dieser Strategie sein. Größere Transaktionen, wie der spätere Erwerb der VICTORY-Tochter, waren nicht denkbar. Die Gewinn-pro-Aktie-Schätzungen reflektierten diese dem Markt vermittelte Strategie sowie die Erwartung hinsichtlich der operativen Implementierung.

Das Management des VICTORY-Konzerns geriet zunehmend unter Druck, sich von so genannten Randaktivitäten zu trennen, für die das Unternehmen keine spezifischen Fähigkeiten zur Anwendung bringen konnte. Institutionelle Anleger sorgten dafür, dass die Strategie des VICTORY-Konzerns revidiert wurde. Der Verkauf der genannten Tochtergesellschaft war eine Maßnahme dieser Strategieänderung. Bis zu diesem Zeitpunkt ging der Markt davon aus, dass der Wert der Tochtergesellschaft innerhalb des Konzerns 2,5 Mrd. Euro betragen würde. Das Wertpotenzial aus operativen Verbesserungen von 600 Mio. DM war führenden Analysten freilich nicht

3 Dieses Model vereinfacht stark, zeigt jedoch die Wirkung ungleicher Informationsstände.

verborgen geblieben; die Wahrscheinlichkeit, dass dieses Potenzial innerhalb des VICTORY-Konzerns realisiert werden würde, wurde jedoch mit nahezu null beziffert. Mit anderen Worten: Der »Conglomerate Discount« des VICTORY-Konzerns belief sich auf 5% (= 600/12.000).

Sowohl der Kurs der HOPE-AG als auch derjenige des VICTORY-Konzerns spiegelte die Erwartungen des Marktes auf Basis der kommunizierten Strategien wider. Angebot und Nachfrage nach den Aktien der Unternehmen führte zu Preisen, die den fundamentalen Leistungserwartungen entsprachen. Erst die Revision der Markterwartungen bewirkte eine Anpassung der Aktienkurse. Mit der strategischen Neuausrichtung des VICTORY-Konzerns erhielt die Realisierung des Wertpotenzials von 600 Mio. Euro erstmals eine von null verschiedene Wahrscheinlichkeit. Darüber hinaus konnten Synergien nach Abzug von Transaktionskosten von 100 Mio. Euro realisiert werden, die in Unkenntnis der Transaktion nicht bekannt sein konnten. Die Änderung der Erwartungen führte damit zur Schaffung eines Werts von 700 Mio. Euro.

cc) Marktunvollkommenheiten

Marktunvollkommenheiten, wie z.B. steuerliche Barrieren, können ebenfalls zu Differenzen zwischen Wert und Preis führen. Der VICTORY-Konzern mag beispielsweise auch Gründe dafür gehabt haben, die Tochtergesellschaft nicht zu verkaufen. Die Besteuerung von Kapitalgewinnen in Deutschland wirkt(e) oft transaktionshemmend.[4] Beträgt der Unternehmenssteuersatz z.B. 50% und der Buchwert des Eigenkapitals der Tochtergesellschaft 1,9 Mrd. Euro, bedarf es eines Angebots von mindestens 3,1 Mrd. Euro, um die Verkaufen-Option nach Steuern gegenüber der Halten-Option, die zu einem Wert nach Steuern von 2,5 Mrd. führt, zu bevorzugen. Die Steuer bei Veräußerung beträgt im Grenzfall 0,5 (3,1 – 1,9) = 0,6, der Verkaufspreis nach Steuern also 3,1 – 0,6 = 2,5 Mrd. Euro.

Zwar führt der Goodwill zu einer erhöhten Abschreibungsmasse bei der HOPE-AG, entsprechend hohe Gewinne vorausgesetzt. Der Barwert der Steuervorteile aus der Goodwill-Abschreibung ist jedoch im Allgemeinen kleiner als die Steuerzahlung des Verkäufers. Steuerliche Überlegungen können die Transaktion somit verteuern oder gänzlich verhindern.

Illiquidität ist eine weitere Quelle bedeutender Marktunvollkommenheiten. Gerät eine Branche in eine rezessive Phase, führt dies oft zu einem Überangebot an Produktionsfaktoren. Viele Unternehmen in der Branche versuchen, ihre Überkapazitäten abzubauen. Handelt es sich dabei z.B. um spezifische Technologien, die nicht in anderen Branchen, welche nicht gleichzeitig in der Rezession stecken, genutzt werden können, finden sich keine Käufer. In diesem Fall kommt es dann ent-

---

4 Im Dezember 1999 wurden erstmals Absichten der Bundesregierung bekannt, im Rahmen der Unternehmenssteuerreform die bei Unternehmensverkäufen entstehenden Buchgewinne steuerfrei zu belassen. Der Aktienmarkt reagierte darauf überaus positiv.

weder zu keiner Transaktion oder es werden Preise realisiert, die unterhalb des Werts der Produktionsfaktoren bei optimaler Verwendung liegen.

Auch ist die Effizienz des Kapitalmarktes nicht generell sichergestellt. Die Aktienkurse von Internet-Firmen basieren oft auf als überzogen eingeschätzten Erwartungen, die sich nicht immer durch fundamentale Cash-flows auf absehbare Zeit begründen lassen. Potentielle Wachstumsoptionen, die jedoch regelmäßig nicht konkretisiert werden können, dienen als »Begründung« für das hohe Kursniveau. Potenzielle Käufer solcher Unternehmen schrecken vor der Bürde zurück, diese Erwartungen erfüllen zu müssen.

Diese und weitere Unvollkommenheiten des Marktes für Unternehmen und Unternehmensanteile machen eine sorgfältige Unternehmensbewertung nicht obsolet – das Gegenteil ist der Fall: Nur durch eine fundierte Analyse lassen sich Unvollkommenheiten identifizieren und ggf. sogar nutzen.

e) Wertsteigerung versus Gewinn pro Aktie: Herausforderung für die Investoren-Kommunikation

Im Rahmen einer kapitalmarktorientierten Perspektive hinsichtlich der Wirtschaftlichkeit von Unternehmenstransaktionen stellt die Analyse der potenziellen Wertänderung einen ersten wesentlichen Schritt dar. Im zweiten Schritt geht es um die Wahrnehmung der Transaktion durch Externe, d.h. Anleger, Analysten, institutionelle Investoren. Diese Wahrnehmung »von außen« ist von großer Bedeutung für die Übersetzung des Wertsteigerungspotenzials in faktische Aktienkursreaktionen. Die ermittelten Wertänderungen aus der Transaktion basieren auf Unternehmensbewertungen, die wiederum auf der Grundlage langfristiger Ergebnisprognosen erstellt werden. Die Details der Bewertungen können dem Markt nicht im Einzelnen vermittelt werden. Oft sind die zu Grunde liegenden Sachverhalte überaus komplex, z.B. wenn es um Joint Ventures im Forschungs- und Entwicklungsbereich geht. Gelegentlich können auch die Vorteile von Unternehmenstransaktionen nicht explizit kommuniziert werden, wenn dies beispielsweise den kartellrechtlichen Genehmigungsprozess verlängern oder behindern würde. Selbst wenn es gelänge, alle bewertungsrelevanten Details einer Transaktion zu kommunizieren, ist noch immer nicht sichergestellt, dass sich das in den Aktienkursen entsprechend niederschlägt: Das Management verfügt nicht immer über die erforderliche Glaubwürdigkeit, z.B. wenn die Erwartungen des Kapitalmarktes in der Vergangenheit nicht erfüllt wurden.

Angesichts dieser Unsicherheit und Unschärfe der Information legen Analysten bei der quantitativen Beurteilung von Transaktionen häufig die Entwicklung des Ergebnisses pro Aktie in den zwei bis drei Jahren nach der Transaktion zu Grunde. Steigt das Ergebnis pro Aktie wird von »Accretion«, fällt es, von »Dilution« gesprochen. Die Veränderung des Ergebnisses pro Aktie ist zwar kein generell geeigneter Indikator für die Wertänderung, da die Ergebnisse u.a. von buchhalterischen Einflüssen wie der Abschreibung des Goodwill beeinflusst werden; darüber hinaus hat auch die Finanzierung einen Einfluss auf das Ergebnis pro Aktie. Es wird jedoch regelmäßig aufgrund der Unsicherheit als »stick in the fog« herangezogen. Führt eine Transaktion in den nächsten drei Jahren zu einer signifikanten Ergebnisverwässerung, ist – so die ggf. zu widerlegende Hypothese – eine Wertsteigerung eher unwahrscheinlich.

Im Beispiel der Akquisition der Tochtergesellschaft durch die HOPE-AG ergibt sich bei einem Buchwert von 1,9 Mrd. und einem Kaufpreis von 3,5 Mrd. ein Goodwill von 1,6 Mrd. Euro, der steuerlich über 15 Jahre abgeschrieben und zu einer jährlichen Abschreibung von 126,7 Mio. vor bzw. 63,35 Mio. Euro nach Steuern (50% Steuersatz angenommen) führt. Der Kaufpreis wird anteilig in bar (1,5 Mrd. Euro) und in Aktien der HOPE-AG erbracht, die für diesen Zweck eine Kapitalerhöhung durchführt (2 Mrd. Euro). Bei einem Aktienkurs von 11 Euro müssen 181.818.182 neue Aktien begeben werden, sodass nach der Transaktion 909.090.909 HOPE-Aktien vorliegen. Die Synergien können zu einer Ergebnisverbesserung von 70 Mio. Euro pro Jahr (Barwert 700 Mio.) führen, der Zinsaufwand für die Barkomponente der Kaufpreiszahlung beträgt 45 Mio. Euro pro Jahr (nach Abzug von Steuern). Damit ergibt sich für die Ergebnisse pro Aktie folgendes Bild (siehe Tabelle 3):

in Mio. Euro	1999	2000	2001
Ergebnis HOPE	800	800	800
Ergebnis VICTORY-Tochter	164	177	187
Summe	964	977	987
Synergien/Verbesserungen	70	70	70
Zinsaufwand	45	45	45
Goodwill-AfA	53	53	53
Ergebnis neu	**935**	**949**	**958**
Ergebnis pro Aktie neu	**1,03**	**1,04**	**1,05**
Ergebnis pro Aktie vorher	1,10	1,10	1,10
Dilution (inkl. Goodwill)	**-6,5%**	**-5,1%**	**-4,2%**
Dilution (exkl. Goodwill)	-1,1%	0,2%	1,2%

Tab. 3: Berechnung Accretion/Dilution

Unter Berücksichtigung der Goodwill-Abschreibung ergibt sich in den ersten drei Jahren nach der Transaktion eine Verwässerung des Gewinns pro Aktie um 4 bis 7%. Rechnet man die Goodwill-Abschreibung heraus, kehrt sich die Verwässerung ab 2000 um in eine Verbesserung des Gewinns pro Aktie.

Im Beispiel liegt also eine Transaktion vor, die für die HOPE-Aktionäre zu Wertverlusten führt und gleichzeitig geringere Ergebnisse pro Aktie zur Folge hat. Da Accretion/Dilution und Wertänderung aber nicht per se zu gleichen Aussagen hinsichtlich der wirtschaftlichen Attraktivität von Transaktionen führen, bietet sich folgende Klassifikation an:

Accretive	Warnung angebracht	»Selbstläufer«
Dilutive	Auch durch Kommunikation nicht zu retten	Wertpotential gezielt kommunizieren
	Wertreduzierend	**Wertsteigernd**

Tab. 4: Klassifikation von Transaktionen

Die Vorteile, die mit einer Transaktion verbunden sind, müssen detailliert kommuniziert werden, wenn die Transaktion zwar zu einer Steigerung des Wertes führt, dies jedoch erst in einigen Jahren auch in der Gewinn- und Verlustrechnung sichtbar wird. Die eingangs zitierte Untersuchung über die Erfolgsaussichten von M&A-Transaktionen bezifferte den Anteil wertsteigernder Transaktionen aus Käufersicht mit 50%. Der überwiegende Anteil dieser Transaktionen führte aber zu einer Verwässerung des Ergebnisses pro Aktie. In der Regel kommt daher der Entwicklung einer geeigneten Kommunikationsstrategie eine erhebliche Bedeutung zu.

2. Unternehmensbewertung

Im Rahmen der Wirtschaftlichkeitsanalyse von M&A-Transaktionen spielt die Bewertung der an der Transaktion beteiligten Unternehmen eine zentrale Rolle. Im Folgenden wird eine Discounted-Cash-flow-Methode (die WACC- oder Entity-Methode) beschrieben, die ein robustes theoretisches Fundament hat und in der Praxis bereits vergleichsweise weit verbreitet ist. Im ersten Schritt sind die bewertungsrelevanten Cash-flows zu definieren und für einen Zeitraum von fünf bis zehn Jahren zu planen. Diese Cash-flows sind anschließend mit den durchschnittlichen Kapitalkosten (WACC = Weighted Average Cost of Capital) abzuzinsen (Schritt 2). In Schritt drei wird der Fortführungswert geschätzt, der die Cash-flows jenseits der Detailplanungsperiode erfasst. Schritt vier enthält die Berechnung des Bewertungsergebnisses und eine Sensitivitätsanalyse.

a) Definition und Planung der bewertungsrelevanten Cash-flows

Das zentrale Problem bei der Unternehmensbewertung besteht in der Erstellung eines Geschäftsplans, aus dem die zukünftigen Cash-flows des Unternehmens abgeleitet werden können. Dieser Geschäftsplan sollte für die Zwecke der Unternehmensbewertung eine vollständige Finanzflussrechnung ermöglichen. Dazu werden vereinfachte, aber dennoch vollständige und konsistente Bilanzen mit Gewinn- und Verlustrechnung benötigt. Allein mit der Planung von Finanzdaten ist es jedoch nicht getan. Es werden branchen- oder unternehmensspezifische Planungsmodelle benötigt, die z.B. die Erwartungen hinsichtlich der Umsatzerlöse und Kostenstrukturen mit der Entwicklung des Wettbewerbs in der Branche verknüpfen.

aa) Definition des Cash-flows

Prinzipiell bestehen Freiheitsgrade bei der Definition des Cash-flows. Wichtig ist der konsistente Aufbau des Bewertungskalküls. Wählt man eine Cash-flow-Definition, ist damit die Berechnung der Diskontierungsrate ebenso festgelegt wie die Überführung des Bewertungsresultats in den Wert des Eigenkapitals. Der hier primär betrachteten Discounted-Cash-flow-Methode liegt folgende Definition zu Grunde:

	Operatives Ergebnis (vor Zinsergebnis)
–	Unternehmenssteuern auf operatives Ergebnis
+	Abschreibungen
+/-	Veränderung der Rückstellungen
=	Operativer Brutto-Cash-flow
–	Investitionen
-/+	Veränderung des Netto-Umlaufvermögens (Working Capital)
=	Operativer freier Cash-flow
+	Nicht operativer Cash-flow
=	Freier Cash-flow insgesamt

Tab. 5: Definition des freien Cash-flows – operative Sicht

Der gesamte freie Cash-flow entspricht nach Abzug der Unternehmenssteuern stets den Zahlungen an die Kapitalgeber des Unternehmens. Den freien Cash-flow kann man aus finanzwirtschaftlicher Perspektive deshalb auch so berechnen:

	Zinszahlungen
-	Unternehmenssteuern auf Zinszahlungen
+	Tilgungen
-	Zuführung neuen Fremdkapitals
=	**Netto-Zahlungen an Gläubiger**
	Ausschüttungen
+	Anrechenbare Körperschaftsteuer
+	Aktienrückkäufe und andere Zahlungen an Eigentümer
-	Kapitalerhöhungen und andere Einzahlungen der Eigentümer
=	**Netto-Zahlungen an Eigentümer**
	Netto-Zahlungen an Gläubiger
+	Netto-Zahlungen an Eigentümer
=	**Freier Cash-flow insgesamt**

Tab. 6: Definition des freien Cash-flows – finanzwirtschaftliche Sicht

Beide Berechnungsweisen (Tabelle 5 und 6) müssen zum gleichen Resultat führen und sollten stets ausgeführt werden, um die Konsistenz der Cash-flow-Definition sicherzustellen.

bb) Entwicklung branchenspezifischer Planungsmodelle

Die Planung der bewertungsrelevanten Cash-flows stellt das zentrale Problem der Unternehmensbewertung und damit der Wertsteigerungsanalyse dar. Sie sollte im Zentrum der Überlegungen stehen, lässt sich jedoch nur schwer verallgemeinern. Ein Beispiel aus dem Pharmabereich soll das prinzipielle Vorgehen erläutern.

Die Entwicklung der zukünftigen Umsatzerlöse hat einen erheblichen Einfluss auf den Wert des Unternehmens, sodass eine möglichst fundierte Planung bezüglich aller relevanten Faktoren zu erstellen ist. Im Beispiel wird von der Bevölkerungsentwicklung ausgegangen. Im nächsten Schritt wird analysiert, mit welcher Geschwindigkeit sich die vorliegende Krankheit ausbreitet. Damit liegt die Anzahl der potenziellen Patienten fest. Als Nächstes werden die Arztbesuchsrate und die Diagnoserate sowie die Arzneimittelbehandlungsrate analysiert. Dies führt schließlich zur potenziellen Zahl der medikamentös behandelten Patienten. Eine weitere zentrale Annahme muss in Bezug auf den »Marktanteil« formuliert werden. Diesbezüglich kann das breite Instrumentarium der strategischen Planung eingesetzt werden. Die Analyse der relativen Produkteigenschaft aus Kundensicht im Verhältnis zum relativen Preis bildet die Basis für die Begründung der Marktanteilserwartungen. Schließlich sind die Behandlungsdauer und der Preis pro Einheit festzulegen, um den Umsatz für das betreffende Jahr zu bestimmen.

Hierbei handelt es sich freilich um ein spezielles Beispiel; das Grundprinzip der Analyse der realwirtschaftlichen Faktoren sollte aber prinzipiell angewendet und auch auf die wichtigsten Kostenpositionen übertragen werden. Dies verbessert die Qualität der Planung, macht implizite Annahmen oft transparent und liefert Ansätze für Wertsteigerungsoptionen.

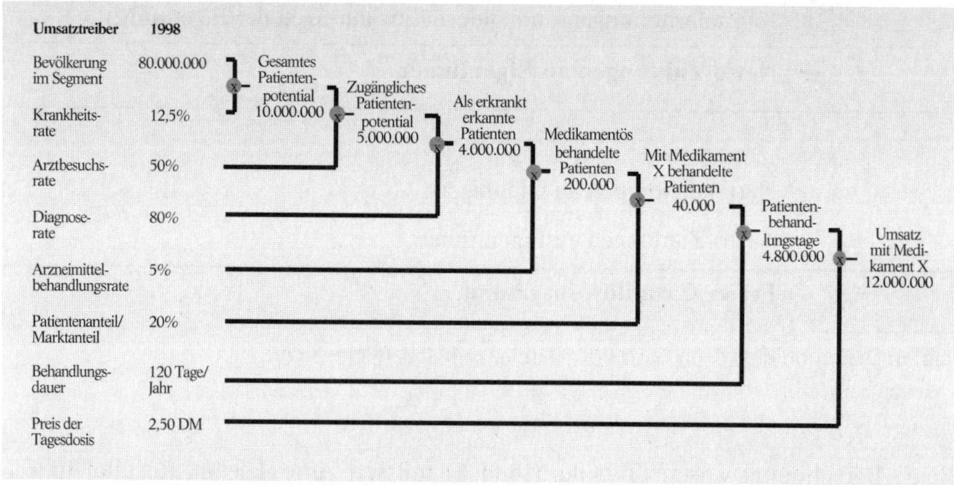

Abb. 2: Umsatzprognose für ein Medikament

cc) Festlegung des expliziten Planungszeitraums

Der Zeitraum, für den eine explizite und detaillierte Planung vorgenommen wird, wird als Detailplanungsperiode bezeichnet. Dieser Zeitraum beträgt regelmäßig fünf bis zehn Jahre, innerhalb derer explizite Annahmen getroffen werden sollen bezüglich der Zusammensetzung und des Verlaufs des operativen Brutto-Cash-flows, der Investitionen und der Veränderungen des Netto-Umlaufvermögens.

Bei der Festlegung der Länge der Detailplanungsperiode ist einerseits die Verfügbarkeit und Qualität der Daten von Bedeutung, die zur Modellierung des freien Cash-flows benötigt werden. Sind robuste Schätzungen für einen längeren Zeitraum möglich, sollte der Planungshorizont entsprechend definiert werden, um ein tieferes

Verständnis des Unternehmenswertes und seiner Einflussfaktoren zu ermöglichen. Bei geringer Verfügbarkeit bzw. Qualität des Datenmaterials führt eine lange Detailplanungsperiode jedoch zu Scheingenauigkeit, die zum Verständnis des Wertes wenig beiträgt.

Andererseits ist zu beachten, dass das Ende der Planungsperiode implizit einen Gleichgewichtszeitpunkt in Bezug auf das Umfeld und den wirtschaftlichen Zustand des zu bewertenden Unternehmens markiert. In diesem Sinne muss es also weit genug in der Zukunft liegen, sodass vorhersehbare Veränderungen von Wettbewerbsstruktur und institutionellen Rahmenbedingungen innerhalb der Periode als wahrscheinlich abgeschlossen gelten können. Gleichzeitig muss der Endzeitpunkt der Planungsperiode der Bedingung genügen, dass das Unternehmen in wirtschaftlicher Hinsicht einen Gleichgewichtszustand erreicht hat, insbesondere in Bezug auf Wachstum, Kostenstruktur und Investitionsverhalten.

b) Definition und Planung der Kapitalkosten

Die Verzinsungsansprüche der Kapitalgeber werden aus den Preisen für am Markt gehandelte Wertpapiere abgeleitet, die im Hinblick auf Risikostruktur und Kapitalbindung vergleichbar sind. Wählt man die in den Tabellen 4 und 5 gewählte Cashflow-Definition als Bezugspunkt, sind die gewichteten Verzinsungsansprüche von Eigentümern und Gläubigern heranzuziehen. Der durchschnittliche Kapitalkostensatz berechnet sich wie folgt:

Durchschnittlicher Kapitalkostensatz (WACC)
= Eigenkapitalkosten(satz) × Eigenkapitalanteil
+ Fremdkapitalkosten(satz) × Fremdkapitalanteil

Eigenkapitalanteil = Wert des Eigenkapitals ÷ Unternehmensgesamtwert
Fremdkapitalanteil = 1 – Eigenkapitalanteil

Die Bestimmung der Eigen- und Fremdkapitalkosten wird im Folgenden erläutert. Zu beachten ist, dass die Kapitalanteile auf Basis der Marktwerte berechnet werden, in denen sich die jeweils aktuellen Verhältnisse der Verzinsungsansprüche widerspiegeln. Querschnittsuntersuchungen, die auf Basis der börsennotierten Industrieunternehmen über den Zeitraum von 1987 bis 1998 durchgeführt wurden, ergaben durchschnittliche Kapitalkostensätze zwischen 8,7% und 11,6%, der Mittelwert über diesen Zeitraum lag bei 9,8%.[5]

5 Der Stichprobe liegen die Industrieunternehmen des CDAX zu Grunde, für die die erforderlichen Daten vollständig zur Verfügung standen. Es wurden insgesamt 295 Unternehmen berücksichtigt. Die Kapitalmarkt- und Bilanzdaten stammen aus Datastream, die Zinssätze wurde den Statistiken der Deutschen Bundesbank entnommen.

Danach ergibt sich ein mittlerer, auf den Unternehmensgesamtwert bezogener Kapitalkostensatz von 9,8%. Hierbei handelt es sich um einen nominalen Kapitalkostensatz nach Unternehmens- und vor persönlicher Besteuerung.[6] Trotz des rückläufigen Zinsniveaus in den Jahren 1996 und 1997 stiegen die durchschnittlichen Kapitalkostensätze auf Grund von Verschiebungen in den Kapitalstrukturen und 1997 außerdem wegen des Wegfalls der Substanzsteuern.

aa) Kosten des Eigenkapitals

Die Eigentümer erwarten für ihr Engagement eine Verzinsung, die mindestens dem Zins für risikolose Geldanlagen entspricht. Dieser Basiszinssatz lässt sich aus der Rendite langfristiger Bundesanleihen ableiten. Da die Rückflüsse aus der Beteiligung an einem Unternehmen aber unsicher sind, fordern die Eigentümer eine Kompensation für das übernommene Risiko. Unterstellt man, dass sie nicht nur Aktien eines Unternehmens halten, sondern ihr Portefeuille breit diversifizieren, um so einen Teil des Risikos abzubauen, gilt unter den idealisierten Bedingungen vollkommener Kapitalmärkte das bekannte und mit dem Nobelpreis prämierte Capital Asset Pricing Model (CAPM). Darin ist nur das *nicht* durch Portefeuille-Diversifikation eliminierbare Risiko zur Formulierung des Verzinsungsanspruchs von Bedeutung. Diese Risikomenge lässt sich aus der Korrelation der Aktienrenditen des betreffenden Unternehmens mit der Rendite des Marktportefeuilles ableiten. Mit dem CAPM lässt sich der Verzinsungsanspruch wie folgt schätzen:

Eigenkapitalkosten (»erwartete Rendite der Eigentümer«)
= Risikoloser Zinssatz
\+ Korrelationskoeffizient · Standardabweichung der Aktienrendite
· (Marktrisikoprämie ÷ Standardabweichung der Rendite des Marktportefeuilles)

Der Korrelationskoeffizient stellt den Zusammenhang zwischen der Aktienrendite des Unternehmens und der Rendite des Marktportefeuilles her. Bei einem Koeffizienten von eins bewegen sich die Renditen im Gleichlauf, bei minus eins entwickeln sie sich gegenläufig, und bei einem Koeffizienten von null besteht kein (linearer) Zusammenhang. Dieser Korrelationskoeffizient ist zu multiplizieren mit der Standardabweichung als Maß für die Volatilität der Aktie. Schließlich ist noch der Marktpreis pro Einheit Risiko zu berücksichtigen.

Sichere Anlagen weisen eine Varianz von null und damit einen Verzinsungsanspruch in Höhe des risikolosen Zinses auf. Gleiches gilt bei einem Korrelationskoeffizienten von null. Die Renditen sind in diesem Fall zwar nicht mit Sicherheit bekannt, das Risiko kann aber im Rahmen der Portefeuille-Bildung ausgeschaltet werden.

---

6 Zu den Unternehmenssteuern werden hier die Gewerbeertragsteuer und die Körperschaftsteuer auf einbehaltene Gewinne gezählt. Zu den persönlichen Steuern der Kapitalgeber gehören die Einkommensteuer und die Körperschaftsteuer auf ausgeschüttete Gewinne.

Das Produkt aus Korrelationskoeffizient und Verhältnis der Standardabweichungen wird häufig zum so genannten Betafaktor[7] zusammengefasst, sodass man die Eigenkapitalkosten auch folgendermaßen ausdrücken kann:

Eigenkapitalkosten = Risikoloser Zinssatz + Beta · Marktrisikoprämie

Der durchschnittliche Betafaktor aller im Marktportefeuille enthaltenen Aktien beträgt eins. Unternehmen mit einem Risikofaktor größer als eins weisen ein überdurchschnittliches Risiko auf, Unternehmen mit Beta kleiner als eins ein unterdurchschnittliches Risiko.

In verschiedenen Veröffentlichungen finden sich Betas für Branchen, die nach Anpassung auch zur Bewertung von nicht notierten Unternehmen und Geschäftsbereichen benutzt werden können. Daneben existieren aber auch neuere Ansätze, mit deren Hilfe zukunftsgerichtete Betas bestimmt werden können, die nicht auf die Existenz historischer Renditen von vergleichbaren Unternehmen angewiesen sind.

Die Marktrisikoprämie belief sich in der Vergangenheit auf ca. 6 bis 8% pro Jahr. Die folgende Tabelle zeigt einige Untersuchungen, die diese Schätzung stützen.

Untersuchung	Zeitraum	Nominale Renditen	Risikoprämie
Stehle, R. (1998)	1948 – 1997	Aktien: 14,5% Renten: 6,7%	7,8%
Bimberg, L. (1993)	1954 – 1992	Aktien: 14,1% Renten: 6,8%	7,3%
Uhlir/Steiner (1991)	1953 – 1984	Aktien: 14,4% Renten: 7,9%	6,5%

Tab. 7: Risikoprämien am deutschen Aktienmarkt

In der Praxis werden häufig Risikoprämien von 3 bis 5% benutzt, die am unteren Ende des Spektrums der empirischen Beobachtungen liegen. Die Berechnung in der oben zitierten Untersuchung unterstellte eine Prämie von 5%. Der Grund für die Abweichung von den empirischen Daten liegt in statistischen Schätzproblemen. Die zu Grunde liegenden Indizes enthalten nicht das gesamte Portefeuille risikobehafteter Aktien. Unternehmen, die z.B. wegen Konkurs oder aus anderen Gründen aus dem Index ausscheiden, werden durch andere Unternehmen ersetzt. Damit wird – vereinfachend ausgedrückt – ein Index der erfolgreichen Unternehmen erzeugt, mit der Folge eines überhöhten Ausweises der Rendite. Erste empirische Analysen kommen zu dem Schluss, dass dieser »Survival Bias« in der Größenordnung von zwei Prozentpunkten pro Jahr liegen könnte.

7 Beta = Korrelationskoeffizient · Standardabweichung der Aktienrendite ÷ Standardabweichung der Rendite des Marktportefeuilles.

Wichtig ist auch, dass die auf Basis dieser Daten berechneten Eigenkapitalkosten Verzinsungsansprüche darstellen, die nach Unternehmenssteuern (Gewerbesteuer, Körperschaftsteuer auf thesaurierte Gewinne) berechnet sind, von denen die Einkommensteuer der Eigenkapitalgeber hingegen noch nicht abgezogen ist. Es handelt sich also um einen Verzinsungsanspruch nach Unternehmenssteuern und vor persönlicher Besteuerung. Auch diesbezüglich ist auf Konsistenz zwischen Cash-flow und Diskontierungsrate zu achten.

bb) Kosten des Fremdkapitals

Die Kosten des Fremdkapitals lassen sich aus den verfügbaren Statistiken der Bundesbank ableiten. Die Bundesbankstatistik weist Umlaufrenditen von Industrieobligationen auf. Der durchschnittliche Zins lag zwischen 1987 und 1997 mit 7,2% etwa um 0,4 Prozentpunkte über der Rendite von Bundesanleihen, die als risikolose Verzinsung zu Grunde gelegt wird. Bei diesen Renditen handelt es sich um nominale Zinssätze vor Berücksichtigung jeglicher Steuern. Für die Berechnung der *effektiven* Fremdkapitalkosten, die mit den Eigenkapitalkosten kompatibel sind, müssen entsprechend die Unternehmenssteuern berücksichtigt werden. Die Fremdkapitalkosten nach Steuern betragen damit:

Fremdkapitalkosten
= Risikoloser Zinssatz
+ Risikozuschlag
– Steuersatz · (Risikoloser Zinssatz + Risikozuschlag)

Dabei wird unterstellt, dass der Risikozuschlag bereits in den Renditen der Industrieobligationen enthalten ist. Die nachstehende Tabelle zeigt die Risikozuschläge im August 1999, die für eine differenzierte Analyse genutzt werden können.

Fälligkeit	**Rating**			
	AAA	AA	A	BBB
Alle	33	45	68	92
1 – 5 Jahre	27	37	61	88
5 – 10 Jahre	38	52	73	97
über 10 Jahre	36	47	88	k.A.

Tab. 8: Euro Corporate Spreads in Basispunkten
Quelle: Handelsblatt

cc) Sonstige Finanzierungen: Beispiel Pensionsrückstellungen

Neben zinspflichtigem Fremdkapital nutzen Unternehmen weitere Finanzierungsquellen wie z.B. Pensionsrückstellungen, die in das Konzept auf unterschiedliche Weise integriert werden können:

- Aufgrund der gewählten Definition des freien Cash-flows im Sinne der Zahlungen an die Eigentümer und an die Gläubiger sind keine Anpassungen wegen des Vorhandenseins von Pensionsrückstellungen erforderlich. Der freie Cash-flow wird diskontiert mit den Alternativrenditen der Eigentümer und der Gläubiger. Das Ergebnis der Cash-flow-Berechnung nach Tabelle 5 entspricht dem Ergebnis nach Tabelle 6. In der Cash-flow-Definition aus finanzwirtschaftlicher Sicht gibt es keine Komponente »Zahlungen an Pensionäre«, sodass auch keine diesbezügliche Berücksichtigung im durchschnittlichen Kapitalkostensatz erfolgt.
- Die Definition des freien Cash-flows kann modifiziert werden, sodass dieser den Zahlungen an Eigentümer, Gläubiger und Pensionäre entspricht. Dabei sind freilich die steuerlichen Details der Rückstellungsbildung sowie deren Auflösung zu berücksichtigen. Die Berechnung des durchschnittlichen Kapitalkostensatzes stellt sich damit so dar:

Durchschnittlicher Kapitalkostensatz
= Eigenkapitalkosten · Eigenkapitalanteil
+ Fremdkapitalkosten · Fremdkapitalanteil
+ Kapitalkosten der Pensionsrückstellung vor Steuern · (1 – Steuersatz) ·
Anteil der Pensionsrückstellung

Die Schwierigkeit in der Anwendung dieses Ansatzes besteht insbesondere in der Festlegung des marktwertbasierten Anteils der Pensionsrückstellung, die nicht am Kapitalmarkt gehandelt wird. Als rechnerischer Marktwert müsste der Barwert der zukünftigen Rentenzahlungen angesetzt werden, der sich auf Basis von versicherungsmathematischen Gutachten ableiten ließe. Bei diesem Vorgehen wäre als Kapitalkostensatz die Diskontierungsrate zur Berechnung dieses Barwertes anzusetzen.

Bei korrekter Anwendung müssen beide Ansätze zum gleichen Resultat führen. Zur Anwendung des zweiten Ansatzes sind die Annahmen bezüglich der Pensionsverpflichtungen jedoch explizit zu formulieren. Hierfür benötigt man in der Regel interne Daten.

dd) Festlegung der Zielkapitalstruktur

In diesem Beitrag wird davon ausgegangen, dass die Unternehmensleitung die Finanzierungspolitik spezifiziert hat. Die Frage, wie eine ggf. optimale Kapitalausstattung festgelegt werden könnte, ist ein komplexes finanzwirtschaftliches Problem, das hier nicht diskutiert werden soll. Wichtig ist vielmehr, dass es sich bei der Kapitalstruktur um einen Zielparameter handelt, den die Unternehmensleitung definiert. Sieht die Finanzierungspolitik des Konzerns etwa ein AAA-Rating vor, müssen bestimmte Grenzwerte hinsichtlich verschiedener Kennzahlen und Relationen auch auf der

Ebene der Geschäftseinheiten eingehalten werden, um die Kriterien der Rating-Agenturen erfüllen zu können.

ee) Zirkularitätsproblem und periodenspezifische Kapitalkosten

Die Höhe der Kapitalkosten als Diskontierungsrate für die freien Cash-flows hat einen nicht unerheblichen Einfluss auf das Bewertungsergebnis, sodass insbesondere dieser Parameter häufig Gegenstand von Diskussionen ist. Dabei werden u.a. zwei Problembereiche in den Vordergrund gestellt:

- Bei der Berechnung des durchschnittlichen Kapitalkostensatzes müsse iterativ vorgegangen werden, da der WACC vom Verschuldungsgrad abhänge, und der Verschuldungsgrad wiederum vom Verhältnis des Fremdkapitals zum Unternehmensgesamtwert. Letzterer ist aber das Ergebnis der Bewertung.
- Veränderungen in der Kapitalstruktur, die sich auf Grund der in der Planbilanz dargestellten Fremdkapitalbestände im Verhältnis zum fortgeschriebenen Unternehmensgesamtwert ergeben, müssten zu einer Anpassung des durchschnittlichen Kapitalkostensatzes führen. Jener sei dann im Detailplanungszeitraum regelmäßig periodenspezifisch.

Beide Argumente sind nachvollziehbar, beruhen teilweise aber auf unrealistischen Annahmen und sind für die praktische Anwendung oft nicht relevant:

- Bei der Zielkapitalstruktur handelt es sich um einen Planungsparameter, der ebenso wie die erwartete Umsatzwachstumsrate, die Kostenstruktur, der Reinvestitionsbedarf und andere Parameter festgelegt wird. Die Ausschüttungspolitik des Unternehmens ist freilich so einzustellen, dass die Investitions- und Finanzierungspolitik auch realisiert werden kann. Der zum Bewertungszeitpunkt auf Basis des Börsenwertes beobachtete Verschuldungsgrad kann von der Zielkapitalstruktur abweichen. Für die Bewertung ist aber die zukünftige und nicht die aktuelle Finanzierung relevant. Ein Zirkularitätsproblem existiert folglich nicht.
- Veränderungen im Verschuldungsgrad sind zwar prinzipiell bei der Bestimmung der dann periodenspezifischen Kapitalkosten zu berücksichtigen. Dazu ist zunächst der Zusammenhang zwischen dem durchschnittlichen Kapitalkostensatz und dem Verschuldungsgrad herzustellen. Oft werden hierzu die Thesen von Modigliani und Miller herangezogen, die implizieren, dass die durchschnittlichen Kapitalkosten mit steigendem Verschuldungsgrad stetig sinken. Ursächlich hierfür sind die in der Analyse berücksichtigten steuerlichen Vorteile der Fremdfinanzierung gegenüber der Eigenfinanzierung. Dieser Ansatz beachtet jedoch nicht, dass mit steigendem Verschuldungsgrad die Wahrscheinlichkeit abnimmt, mit der die Unternehmen wegen des gestiegenen Verlustrisikos diese Steuervorteile auch realisieren können. Berücksichtigt man Verlust- und Insolvenzrisiken, zeigt sich eine vergleichsweise geringe Sensitivität der durchschnittlichen Kapitalkosten gegenüber kleineren Veränderungen des Verschuldungsgrades. Eine Anpassung ist daher vor dem Hintergrund der generellen Unsicherheit nur in Ausnahmen erforderlich.

Abschließend sei auf einen allgemeineren Ansatz zur Berücksichtigung finanzwirtschaftlicher Werteffekte hingewiesen: Die so genannte Adjusted-Present-Value-Methode erfasst u.a. die mit der Fremdfinanzierung verbundenen Steuervorteile in einem separaten Barwert. Auf diesem Weg können Veränderungen in der Finanzierungspolitik einfacher und ggf. transparenter erfasst werden.

c) Schätzung des Fortführungswertes

Der zu berechnende Unternehmenswert lässt sich grundsätzlich aufspalten in den Barwert der Cash-flows während der Detailplanungsperiode und den Barwert der Cash-flows nach der Detailplanungsperiode, der als Fortführungswert bezeichnet wird und dessen Schätzung Gegenstand der folgenden Anmerkungen ist.

Zur Schätzung des Fortführungswertes werden drei Methoden empfohlen: Lange Detailplanungsperiode, ewig konstant wachsende Cash-flows und ewig konstant wachsende Cash-flows unter expliziter Berücksichtigung der Reinvestition. Von diesen drei Methoden hat sich insbesondere die dritte bewährt.

aa) Lange Detailplanungsperiode

Eine Möglichkeit, den Fortführungswert einzubeziehen, besteht in einer langfristigen expliziten Modellierung des Cash-flows im Rahmen der Detailplanungsperiode, wobei durch den Diskontierungseffekt die weit in der Zukunft liegenden Cash-flows einen vergleichsweise niedrigen Beitrag zum Gesamtwert leisten. Der Vorteil der expliziten Herleitung des Unternehmenswertes besteht in der Vermeidung von Strukturbrüchen im Übergang von der Detailplanungsperiode auf den Zeitraum danach. Dabei kann der Detaillierungsgrad der Planung im Zeitablauf reduziert werden. So können z.B. die Cash-flows der ersten fünf Jahre auf Basis vollständiger Bilanzen mit GuV hergeleitet werden, die ihrerseits auf einer detaillierten Planung der Einzelpositionen beruhen. Danach kann die Planung auf die wesentlichen Faktoren wie Umsatzwachstum (g), Kapitalumschlag (CTO) und Umsatzrendite (ROS) beschränkt werden; folgende Definitionen liegen zugrunde:

Investiertes Kapital = IK = Sachanlagen + Working Capital

$$CTO = \frac{\text{Umsatz}}{\text{IK}} \qquad ROS = \frac{\text{Operatives Ergebnis nach Steuern}}{\text{Umsatz}}$$

$$IK_t = \frac{(1 + g_t) \cdot \text{Umsatz}_{t-1}}{CTO_t}$$

Mit diesen drei Parametern – g, ROS, CTO – ist der freie Cash-flow (FCF) festgelegt:

$$FCF_t = ROS_t \cdot \text{Umsatz}_{t-1} \cdot (1 + g_t) - g_t \cdot IK_{t-1}$$

Auf dieser Basis lässt sicht der Unternehmensgesamtwert V dann so berechnen:

$$V = \overbrace{\frac{FCF_1}{1+WACC} + \frac{FCF_2}{(1+WACC)^2} + \frac{FCF_3}{(1+WACC)^3} + \frac{FCF_4}{(1+WACC)^4} + \frac{FCF_5}{(1+WACC)^5}}^{\text{Basis: Planbilanz mit GuV}}$$
$$\underbrace{+ \frac{FCF_6}{(1+WACC)^6} + ... + \frac{FCF_{150}}{(1+WACC)^{150}}}_{\text{Basis: Annahmen zu g, CTO, ROS}}$$

Bei diesem Vorgehen entfällt also die explizite Bestimmung des Fortführungswertes.

bb) Ewig konstant wachsende Cash-flows

Sind die Parameter Umsatzwachstum (g), Kapitalumschlag (CTO) und Umsatzrendite (ROS) jenseits der Detailplanungsperiode konstant, können die entsprechenden Cash-flows mit einer Formel aggregiert werden. Bezeichnet T = 5 das Ende der Detailplanungsperiode, gilt:

$$V = \overbrace{\frac{FCF_1}{1+WACC} + \frac{FCF_2}{(1+WACC)^2} + \frac{FCF_3}{(1+WACC)^3} + \frac{FCF_4}{(1+WACC)^4} + \frac{FCF_5}{(1+WACC)^5}}^{\text{Basis: Planbilanz mit GuV}}$$
$$\underbrace{+ \frac{FCF_5 \cdot (1+g)}{WACC - g} \frac{1}{(1+WACC)^5}}_{\text{Fortführungswert}}$$

In der zweiten Zeile ist die Berechnung des Fortführungswertes dargestellt. Der freie Cash-flow des fünften Jahres der Planung wird um das erwartete Wachstum erhöht. Die Diskontierung aller Cash-flows nach dem Jahr 5 erfolgt durch Kapitalisierung mit der Differenz aus Kapitalkosten und Wachstumsrate.[8] Damit ergibt sich der Fortführungswert zum Ende des fünften Jahres, der noch entsprechend auf den Bewertungszeitpunkt abzuzinsen ist.

Der Vorteil dieses Ansatzes besteht in seiner prinzipiellen Einfachheit; nachteilig ist hingegen, dass der Fortführungswert und damit der Unternehmenswert ganz wesentlich von der Annahme der langfristigen Wachstumsrate abhängt. In der Praxis wird für *g* häufig die langfristig erwartete Inflationsrate von 1 bis 3% pro Jahr angesetzt. In vielen Fällen führt dies jedoch zu einer erheblichen Unterschätzung des Unternehmenswertes. Dies wird deutlich, wenn man die langfristigen Wachstumser-

8 Diese Formel lässt sich nur auf den Fall anwenden, in dem $WACC > g$ gilt.

wartungen betrachtet, die in Aktienkursen implizit enthalten sind: Basierend auf den Aktienkursen im Juli 1998 ergaben sich für Unternehmen im Bereich Netzwerke langfristige Wachstumsraten von 9%, für Pharmaunternehmen von ca. 7% und für Handelsunternehmen von 5%. Eine Möglichkeit, die Annahme über die langfristige Wachstumsrate zu konkretisieren, besteht also darin, die impliziten Kapitalmarkterwartungen von vergleichbaren Unternehmen zu analysieren.

cc) Ewig konstant wachsende Cash-flows unter expliziter Berücksichtigung der Reinvestitionrenditen

Ein weiterer Ansatz zur Konkretisierung langfristiger Wachstumserwartungen besteht in einer einfachen Modellierung der Auswirkungen eines uneingeschränkten Wettbewerbs auf Gütermärkten. Die Annahme lautet, dass Unternehmen auf Märkten mit intensivem Wettbewerb langfristig keine Erweiterungsinvestitionen durchführen können, die zu Renditen oberhalb der Kapitalkosten führen. Der Wettbewerb führt in diesem Szenario zu einem gleichgewichtigen Zustand, in dem die Grenzerlöse den Grenzkosten bzw. die Grenzrenditen den Grenzkapitalkosten entsprechen.

Um die Auswirkung dieser Annahmen zu sehen, sei unterstellt, dass das operative Ergebnis nach Steuern am Ende der Detailplanungsperiode konstant bleibt, wenn die darin nicht mehr enthaltenen Abschreibungen zur Reinvestition genutzt werden. Wachstum kann nur entstehen, indem über die Abschreibungen hinaus investiert wird. Das Wachstum der freien Cash-flows hängt dann von der Höhe der Erweiterungsinvestition und deren Rendite ab. Beträgt z.B. das operative Ergebnis nach Steuern 100 Mio. Euro und der durchschnittliche Kapitalkostensatz 10%, ergibt sich ein Unternehmenswert ohne Wachstum von 1 Mrd. Euro. Unterstellen wir nun eine Erweiterungsinvestition von 20% des operativen Ergebnisses, beträgt der Cash-flow in der ersten Periode 80 statt 100 Mio. Euro. Bei einer Rendite von 10% auf die Erweiterungsinvestition ergibt sich in der Folgeperiode ein Cash-flow von 102 Mio. Euro (Wachstum = 2%) und ein Unternehmenswert von ebenfalls 1 Mrd. Euro:

$$V = \frac{80}{10\% - 2\%} = \frac{100}{10\%} = 1.000$$

Das durch Erweiterungsinvestitionen induzierte Wachstum von 2% schafft offenbar keinen zusätzlichen Unternehmenswert. Die Ursache liegt in der Rendite der Erweiterungsinvestition, die genau dem Kapitalkostensatz entspricht. Damit beträgt der Kapitalwert der Investition null.

Diese Zusammenhänge lassen sich wie folgt verallgemeinern:

$$V = \frac{\text{Operatives Ergebnis nach Steuern} \cdot \left(1 - \frac{g}{r}\right)}{\text{WACC} - g}$$

mit:

g	Wachstum des operativen Ergebnisses und des investierten Kapitals
r	Rendite der Erweiterungsinvestitionen
WACC	Durchschnittlicher Kapitalkostensatz

Darin bezeichnet *g* die Wachstumsrate der freien Cash-flows unter der Annahme, dass das operative Ergebnis nach Steuern bei Reinvestition der Abschreibungen konstant bleibt und die Erweiterungsinvestitionen eine konstante Rendite von *r* erbringen.

In dem eingangs beschriebenen Wettbewerbsszenario gilt nun r = WACC, d.h. die Grenzrendite konvergiert langfristig gegen die Kapitalkosten. Damit reduziert sich die Bestimmung des Fortführungswertes auf V = operatives Ergebnis nach Steuern dividiert durch Kapitalkosten und die Bewertung kann in diesem Ansatz so vorgenommen werden:

$$V = \overbrace{\frac{FCF_1}{1+WACC} + \frac{FCF_2}{(1+WACC)^2} + \frac{FCF_3}{(1+WACC)^3} + \frac{FCF_4}{(1+WACC)^4} + \frac{FCF_5}{(1+WACC)^5}}^{\text{Basis: Planbilanz mit GuV}}$$
$$\underbrace{+ \frac{\text{Operatives Ergebnis nach Steuern}_5 \cdot (1+g)}{WACC} \cdot \frac{1}{(1+WACC)^5}}_{\text{Fortführungswert bei } r = WACC}$$

Zu beachten ist, dass diese Berechnung des Fortführungswertes kein Nullwachstum unterstellt, sondern davon ausgeht, dass aus dem Wachstum langfristig kein zusätzlicher Wertbeitrag generiert werden kann.

Die Wahl zwischen den genannten Methoden sollte sich danach richten, über welche der relevanten Parameter leichter Annahmen getroffen werden können. Allgemein gültige Aussagen lassen sich diesbezüglich nicht formulieren. Für Unternehmen, bei denen die Annahme konvergierender Grenzrenditen zutrifft, ist keine explizite Formulierung der Wachstumserwartungen erforderlich. Tendenziell dürfte dies eher auf Unternehmen in reifen Märkten (z.B. Stahl, Chemie) zutreffen. Für Unternehmen in Hochtechnologiebereichen (z.B. Software, Internet, Pharma) wird der Zeitpunkt der Konvergenz demgegenüber wesentlich weiter in der Zukunft liegen, was tendenziell längere Detailplanungsperioden erfordert. Wichtig ist insbesondere bei den formelbasierten Ansätzen, dass die Ausgangshöhe des Cash-flows konsistent definiert wird. In zyklischen Industrien sollten phasenbereinigte Werte zu Grunde gelegt werden.

d) Zusammenfassung des Bewertungsergebnisses

Um eine fundierte Bewertung zu erreichen, sind abschließend zwei Schritte notwendig.

- Zum einen müssen die oben berechneten Wertkomponenten in den Eigenkapitalwert übergeleitet werden; das geschieht folgendermaßen:
  Der Barwert der freien Cash-flows während der Detailplanungsperiode und der auf den Bewertungszeitpunkt abgezinste Fortführungswert summieren sich zum Barwert der (operativen) freien Cash-flows. Wird diesem Betrag der Wert der nicht betriebsnotwendigen Vermögensgegenstände und überschüssigen liquiden Mittel zugefügt, ergibt sich der Unternehmensgesamtwert. Durch Abzug des Marktwertes des gesamten zu verzinsenden Kapitals, aller hybriden Wertpapiere, der Minderheitsbeteiligungen und ähnlicher Ansprüche, die vorrangig mit dem verbleibenden Eigenkapital zu bedienen sind, ergibt sich schließlich der Eigenkapitalwert des Unternehmens. Zu beachten ist dabei, dass mit der Definition des freien Cash-flows und der Kapitalkosten eindeutig festgelegt ist, welche Komponenten vom Unternehmensgesamtwert abzusetzen sind, um den Wert des Eigenkapitals herzuleiten. Das nachstehende Schaubild fasst den Zusammenhang zwischen den Cash-flows, Kapitalkosten und der Ergebnisberechnung zusammen.

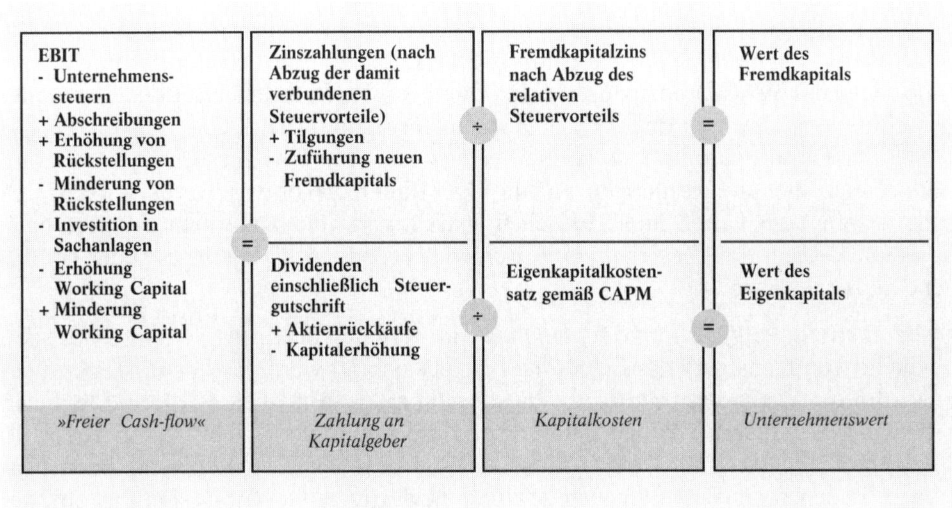

Abb. 3: Bewertung mit dem WACC-Ansatz

- Zum anderen muss die so formal abgeschlossene Bewertung einer umfassenden Plausibilitätskontrolle unterworfen werden. Bei Unternehmen, die am Markt gehandelt werden, bietet die Marktkapitalisierung einen ersten Anhaltspunkt. Weicht der errechnete Wert signifikant von dieser ab, sollte nach den Ursachen geforscht werden.

Mit der vollendeten Bewertung ist eine Reihe von Kennzahlen verfügbar (z.B. die Rendite auf das investierte Kapital, Markt- zu Buchwert des Unternehmens, voraussichtliche Ergebnismargen, Kapitalumschlag etc.). Diese Kennzahlen liefern die Basis für eine Vielzahl von Vergleichen (z.B. Branchen- und Zeitreihenvergleiche), die zum Verständnis und zur Plausibilisierung der Bewertung unabdingbar sind. Schließlich kann eine Sensitivitätsanalyse, die den Einfluss sämtlicher Annahmen auf den Unternehmenswert quantifiziert, das Verständnis für die Zusammensetzung desselben vertiefen.

Nur wenn die formale Darstellung der Wertkomponenten mit einer umfassenden Plausibilitätskontrolle ergänzt wird, kann letztendlich die Bewertung als abgeschlossen bezeichnet werden.

e) Exkurs: Ertragswertmethode

Zwischen der im Wirtschaftsprüfer-Handbuch dokumentierten Ertragswertmethode und der oben diskutierten Discounted-Cash-flow-Methode bestehen Gemeinsamkeiten und Unterschiede. Die WACC- bzw. Entity-Methode führt zu gleichen Ergebnissen wie die so genannte Equity-Methode. Dabei wird die Definition des freien Cashflows erweitert um die Zahlungen an Gläubiger. Im Ergebnis erhält man die Cashflows an die Eigentümer (deshalb Equity-Methode), die mit den Eigenkapitalkosten (und nicht mit WACC) abzuzinsen sind. Damit erhält man den Wert des Eigenkapitals ohne den »Umweg« über den Unternehmensgesamtwert.

Bei der Ertragswertmethode handelt es sich um eine Variante der Equity-Methode, da auch hier die Zahlungen an die Eigentümer diskontiert werden. Prinzipiell sollte damit kein Unterschied zwischen Ertragswert und Unternehmenswert nach Discounted Cash-flow bestehen. Unterschiede ergeben sich aber regelmäßig bei folgenden Detailfragen:

- *Berücksichtigung der Einkommensteuer:* Im Rahmen der Ertragswertmethode soll die Einkommensteuer der Eigentümer berücksichtigt werden, bei den Discounted-Cash-flow-Methoden unterbleibt dies regelmäßig. Prinzipiell ist der Ansatz von Einkommensteuern vor dem Hintergrund des deutschen Steuersystems nachvollziehbar. Es lassen sich jedoch nicht generell unrealistische Konstellationen nennen, in denen die Einkommensteuer nicht bewertungsrelevant ist. Dies ist z.B. der Fall, wenn das zu bewertende Unternehmen einen Betafaktor (siehe Eigenkapitalkosten) von eins aufweist und mit der gleichen Rate wächst, wie der Durchschnitt der übrigen Unternehmen im Marktportefeuille. Liegt ein Bewertungsfall mit prinzipieller Relevanz der Einkommensteuer vor, stellt sich die Frage nach der Quantifizierung des präferenzengewichteten, durchschnittlichen Grenzeinkommensteuersatzes der Eigentümer. Diesbezüglich fehlt es an empirischen Erkenntnissen.
- *Abbildung von Ausschüttungssperren:* Die Zahlungen an die Eigentümer werden im Rahmen der Ertragswertmethode oft aus dem Jahresüberschuss abgeleitet, der unter der Annahme der Vollausschüttungshypothese in potenzielle Dividendenzahlungen überführt wird. Die Ausschüttungen entsprechen aber regelmäßig nicht dem freien Cash-flow abzüglich der Zahlungen an die Gläubiger. Ursächlich

hierfür sind Ausschüttungssperren, die z.B. durch Abschreibungen und Zuführungen zu Rückstellungen hervorgerufen werden. Im Rahmen der Discounted-Cash-flow-Methoden wird unterstellt, dass diese Ausschüttungssperren überwunden werden können (z.B. durch Aktienrückkäufe). Bei der Ertragswertmethode gelten die Ausschüttungssperren als unüberwindlich mit der Folge, dass auf Unternehmensebene noch verbleibende Zahlungsmittelüberschüsse entweder zur Tilgung von Fremdkapital oder für Investitionszwecke (z.B. in Wertpapiere) verwendet werden. Diese Modifikation des Finanzierungs- oder Investitionsprogramms kann Auswirkungen auf den Ertragswert haben, die im Rahmen der Discounted-Cash-flow-Methode bewusst ausgeblendet werden.

Unabhängig von diesen eher formalen Aspekten unterscheiden sich auch regelmäßig die Anwendungsgebiete und damit die Ausgestaltung der Bewertungen. Die Ertragswertmethode wird besonders häufig zur formaljuristischen Bestimmung von Austauschverhältnissen z.B. bei der Fusion von Aktiengesellschaften benutzt, die Discounted-Cash-flow-Methoden werden primär als Instrument der Entscheidungsfindung eingesetzt. Dementsprechend weisen Ertragswertgutachten regelmäßig rein »finanzwirtschaftliche« Bewertungen auf Basis von Gewinn- und Verlustrechnungen auf. Anwender der Discounted-Cash-flow-Methoden betonen demgegenüber die Planung der Cash-flows auf Basis von Industriemodellen als zentralen Aspekt. Vertreter der Ertragswertmethode wollen gelegentlich eine Abkopplung von der kapitalmarktorientierten Bewertung, da sie der Bewertungsleistung des Marktes skeptisch gegenüberstehen. Damit ist diese Methode – per definitionem sozusagen – für den vorliegenden Zweck ungeeignet.

3. Schätzung potenzieller Transaktionspreise mit Multiples

Im Rahmen der Wertsteigerungsanalyse von Transaktionen dienen Multiples der Schätzung von potenziellen Transaktionspreisen, die dem Unternehmenswert gegenübergestellt werden. Multiples basieren auf realisierten Preisen, die auf eine definierte Bezugsgröße bezogen werden. Hierzu werden Umsatzerlöse, Cash-flows, Ergebnis- oder Kapitalgrößen benutzt. Die zu Grunde liegenden Preise stammen dabei entweder aus Transaktionen der Vergangenheit oder aus Börsenwerten. Letztere sind ggf. um Transaktionsprämien zu erhöhen.

Zum einen können Multiples dahingehend unterschieden werden, ob der Preis des Eigenkapitals oder des Eigen- und Fremdkapitals zu Grunde liegt (Equity bzw. Entity oder Enterprise Multiples, siehe Tabelle 9). Zum anderen kann nach der Einheit der Bezugsgröße differenziert werden. Verwendet man Stromgrößen mit der Dimension Geldeinheiten pro Zeiteinheit, erlauben die Multiples eine Interpretation als »Payback«. Die auf Bestandsgrößen basierenden Multiples sind hingegen dimensionslos.

Bezugsbasis	*Equity*	Kurs-Gewinn-Verhältnis	Marktwert/Buchwert
	Entity/Enterprise	Enterprise/Umsatz Enterprise/EBIT Enterprise/EBITDA	Enterprise/Buchwert des investierten Kapitals
		Basierend auf Stromgrößen 9	*Basierend auf Bestandsgrößen*

Tab. 9: Kategorien und Beispiele von Multiples

Zur Anwendung von Multiples muss zunächst eine Stichprobe vergleichbarer Unternehmen gebildet werden. Für die Unternehmen der Stichprobe werden dann die Multiples berechnet und auf den Median verdichtet. Auf diese Weise erhält man z.B. auf Basis von Börsenwerten im Dezember 1997 das häufigste Enterprise/Umsatz-Multiple von etwa 0,5.[10] Dieser Multiplikator kann ggf. unter Berücksichtigung einer Prämie auf den Umsatz des Unternehmens bezogen werden, das es im Rahmen einer Transaktion zu beurteilen gilt.

	1993	1994	1995	1996	1997
Mittelwert	0,5368	0,5541	0,6046	0,6141	0,7830
Median	0,3850	0,3644	0,3083	0,3865	0,5030
Standard-abweichung	0,5350	0,8653	1,3072	0,9430	1,5247
Korrelation	0,7915	0,8018	0,7012	0,6847	0,6476

Tab. 10: Börsenwert-Umsatz-Multiplikatoren 1993 – 1997

Die Identifikation tatsächlich vergleichbarer Unternehmen stellt ein ganz wesentliches Problem dar. Ein Lösungsweg besteht darin, nur die Unternehmen heranzuziehen, die in der gleichen Branche aktiv sind wie das zu analysierende Zielunternehmen. »Vergleichbarkeit« wird also mit »Branchenzugehörigkeit« gleichgesetzt.

Eine fundiertere Auswahl von Vergleichsunternehmen erhält man, wenn weitere Eigenschaften wie Profitabilität, Wachstum und Risiko berücksichtigt werden. Man könnte sogar argumentieren, dass die Branchenzugehörigkeit irrelevant ist, wenn die Vergleichsunternehmen hinsichtlich der wertbestimmenden Faktoren weitestgehend

9 EBIT = Earnings Before Interest and Taxes; EBITDA = Earnings Before Interest, Taxes, Depreciation and Amortization.

10 Basis: deutsche börsennotierte Industrieunternehmen mit mehr als 5 Mrd. DM Umsatz, vollständigen Finanzdaten und kontinuierlicher Börsennotiz.

übereinstimmen. Diese wert- und damit preisbestimmenden Faktoren lassen sich auf Basis einfacher Bewertungsmodelle leicht isolieren. Auf Basis des Fortführungsmodells aus dem vorherigen Abschnitt lässt sich folgender Zusammenhang für das Enterprise/Umsatz-Multiple herleiten:

$$\frac{V}{U} = ROS \cdot (1 + g) \cdot \left(1 - \frac{g}{r}\right) / (WACC - g)$$

mit:

V	Marktwert von Eigen- und Fremdkapital (Enterprise)
U	Umsatz
ROS	Umsatzrendite (Return on Sales, nach Steuern)
g	Langfristige Wachstumsrate
r	Rendite der Erweiterungsinvestitionen
WACC	Durchschnittlicher Kapitakostensatz

Unternehmen sollten danach ein vergleichbares Enterprise/Umsatz-Multiple aufweisen, wenn sie hinsichtlich der Umsatzrendite, Wachstumsrate, Reinvestitionsrendite und der durchschnittlichen Kapitalkosten übereinstimmen.

Die Abhängigkeit des Enterprise/Umsatz-Multiples von der Umsatzrendite (EBIT/Umsatz) ist auch empirisch nachvollziehbar, wie anhand von Abb. 4 zu erkennen ist. Das Bild zeigt auch, dass die momentane Profitabilität allein nicht ausreicht, um die Bewertung der Unternehmen zu erklären.

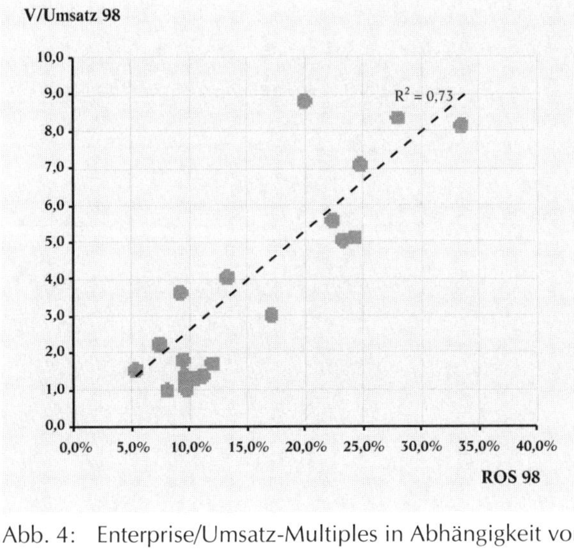

Unternehmen	ROS 98	V/Umsatz 98
PFIZER INC	26,6%	11,0
ASTRAZENECA PLC	19,9%	8,8
BRISTOL-MYERS SQUIB	28,0%	8,4
GLAXO WELLCOME PL	33,4%	8,1
MERCK & CO., INC.	24,7%	7,1
SMITHKLINE BEECHAM	22,3%	5,6
AMERICAN HOME PRO	24,3%	5,1
NOVARTIS AG-REG SH	23,2%	5,1
PHARMACIA & UPJOHN	13,2%	4,1
MONSANTO CO	9,1%	3,6
DU PONT (E.I.) DE NEM	17,1%	3,0
RHONE-POULENC	7,3%	2,2
UNION CARBIDE CORP	9,3%	1,8
DOW CHEMICAL	11,9%	1,7
HOECHST AG	5,3%	1,5
CLARIANT AG-REG	11,1%	1,4
EASTMAN CHEMICAL C	9,7%	1,0
BAYER AG	10,4%	1,3
AKZO NOBEL	9,6%	1,4
BASF AG	9,6%	1,1
SOLVAY SA	8,0%	1,0

Abb. 4: Enterprise/Umsatz-Multiples in Abhängigkeit von der Umsatzrendite (Beispiel Chemie und Pharma);

Quelle: Bloomberg

Die Anwendung der so genannten »Fundamental-Multiples« kann man sich nun wie folgt vorstellen: Zunächst werden die Daten aller verfügbaren, börsennotierten Unternehmen herangezogen. Für jedes dieser Unternehmen werden nun die Umsatzrenditen, Wachstumsraten, Reinvestitionsrenditen und Kapitalkosten bestimmt. Dabei werden idealerweise zukunftsgerichtete Daten auf Basis der Analystenerwartungen zu Grunde gelegt. Hinsichtlich der Reinvestitionsrendite könnte bei fehlenden Daten von der momentanen Rendite des Unternehmens ausgegangen werden. Sind alle wertrelevanten Parameter bestimmt, erfolgt dies im nächsten Schritt für das zu analysierende, ggf. nicht börsennotierte Unternehmen. Im darauf folgenden Schritt wird ein Toleranzfaktor festgelegt, der angibt, um wie viel Prozent die Ausprägung der wertrelevanten Faktoren voneinander abweichen darf.

Beträgt z.B. die Umsatzrendite unseres Zielunternehmens 12% und der Toleranzfaktor 20%, werden sämtliche Unternehmen aus der Grundgesamtheit *aller* am Markt notierten Unternehmen herausgefiltert, die eine Umsatzrendite zwischen 9,6 und 14,4% aufweisen. Dann werden die Unternehmen aus der Stichprobe entfernt, die nicht im Toleranzband der Wachstumsraten, Reinvestitionsrenditen und Kapitalkosten liegen. Am Ende erhält man eine Stichprobe von Unternehmen, die hinsichtlich aller wertrelevanten Faktoren tatsächlich vergleichbar sind. Nur diese Unternehmen werden dann zur Bestimmung des Multiple benutzt. Erste Erfahrungen mit diesem neuen Multiple-Ansatz zeigen, dass damit weitaus genauere Ergebnisse als auf Basis von Branchen-Multiples erreichbar sind.

Abschließend lässt sich festhalten, dass mit den heute vorhandenen, relativ weit entwickelten Discounted-Cash-flow-Methoden sowie verfeinerten Multiple-Ansätzen ein Instrumentarium zur Verfügung steht, das die Durchführung einer vergleichsweise zuverlässigen Wertsteigerungsanalyse ermöglicht und damit die Erfolgsaussichten von M&A-Transaktionen verbessern sollte.

Literatur

Ballwieser, Methoden der Unternehmensbewertung, in: Gebhardt/Gerke/Steiner (Hrsg.), Handbuch des Finanzmanagements, 1993.
Born, Unternehmensbewertung und Unternehmensanalyse, 1995.
Copeland/Koller/Murrin, Unternehmenswert – Methoden und Strategien für eine wertorientierte Unternehmensführung, 1998.
Drukarczyk, Unternehmensbewertung, 1998.
Institut der Wirtschaftsprüfer, Handbuch für Rechnungslegung, Prüfung und Beratung, Band II, 1998.
Modigliani/Miller, Corporate Income, Taxes and the Cost of Capital, in: American Economic Review 1963, 53. Jg., S. 433 – 443.
Moxter, Grundsätze ordnungsmäßiger Unternehmensbewertung, 1983.
Ollmann/Richter, Kapitalmarktorientierte Unternehmensbewertung und Einkommensteuer – Eine deutsche Perspektive im Kontext internationaler Praxis, in: Kleineidam (Hrsg.), Unternehmenspolitik und Internationale Besteuerung, 1999, S. 159 – 178.
Richter, Unternehmensbewertung bei variablem Verschuldungsgrad, in: Zeitschrift für Bankrecht und Bankwirtschaft 1998, 10. Jg., S. 379 – 389.
Rock, Why new issues are underpriced, in: Journal of Financial Economics 1984, 15. Jg., S. 187 – 212.
Schwetzler, Gespaltene Besteuerung, Ausschüttungssperrvorschriften und bewertungsrelevante Überschüsse bei der Unternehmensbewertung, in: Die Wirtschaftsprüfung 1998, 51. Jg., S. 695 – 705.

VII. Zusammenschlusskontrolle

1. Vorbemerkungen

Das Kartellrecht und insbesondere das Recht der Zusammenschlusskontrolle ist für die Planung und Durchführung von Mergers & Acquisitions von zentraler Bedeutung. Immer mehr Transaktionen müssen vor ihrem Vollzug bei den zuständigen Kartellbehörden angemeldet werden und ihre Durchführung ist häufig von der Genehmigung durch eine Vielzahl von Kartellbehörden abhängig. Deshalb ist es unerlässlich, bereits in einem frühen Planungsstadium eines Unternehmenskaufs, einer Fusion oder der Gründung eines Gemeinschaftsunternehmens kartellrechtliche Fragestellungen aufzuwerfen und in die Planung einzubeziehen. Dabei ist zunächst zu fragen, ob bzw. bei welchen Kartellbehörden die geplante Transaktion anzumelden und ob mit kartellrechtlichen Problemen bei der Prüfung des Zusammenschlusses zu rechnen ist. Führt ein Zusammenschluss zur Entstehung oder Verstärkung einer marktbeherrschenden Stellung in einem oder mehreren betroffenen Märkten, so ist frühzeitig zu überlegen, ob ein Verkauf von Teilen des zu übernehmenden Unternehmens oder bestimmter kritischer Geschäftsbereiche des Erwerbers erforderlich und möglich ist, um die Genehmigung zur Durchführung der Transaktion im übrigen zu erhalten. Auch bei der Bewertung des zu übernehmenden Unternehmens und der Bestimmung seines Kaufpreisangebots sollte der Käufer hinreichende Klarheit darüber haben, ob er Teile des Targets aus kartellrechtlichen Gründen nicht miterwerben darf bzw. nach dem Erwerb wieder veräußern muss. Dies gilt insbesondere dann, wenn zu besorgen ist, dass die fusionskontrollrechtliche Genehmigung gerade wegen eines für den Käufer besonders interessanten Geschäftsbereichs bzw. für sog. »crown jewels« versagt wird.

Umgekehrt sucht nicht selten der Verkäufer eines Unternehmens den Käufer auch unter kartellrechtlichen Gesichtspunkten aus. Ist bei einem bestimmten Käufer aufgrund hoher Marktanteilsadditionen mit Problemen bzw. Verzögerungen im Zusammenschlussverfahren zu rechnen oder ist die Erteilung einer Genehmigung sogar ungewiss, so wird ein Verkäufer häufig einen kartellrechtlich unbedenklichen Käufer vorziehen, auch wenn er in jedem Fall versuchen wird, die fusionskontrollrechtlichen Risiken soweit wie möglich auf den Käufer zu verlagern.

Seit Einführung der europäischen Fusionskontrolle im Jahr 1990 sind Zusammenschlüsse von gemeinschaftsweiter Bedeutung ausschließlich bei der Europäischen Kommission in Brüssel anzumelden. Die nationalen Kartellbehörden der EU-Mitgliedstaaten haben bei solchen Zusammenschlüssen grundsätzlich keine Prüfungskompetenz. Fallen Zusammenschlüsse nicht unter die europäische Fusionskontrolle, so müssen sie, wenn sie mehrere Mitgliedstaaten der EU betreffen, meist bei einer

Vielzahl von nationalen Kartellbehörden angemeldet werden. Außerdem haben mittlerweile eine Reihe von Staaten in Osteuropa ebenfalls Fusionskontrollregeln nach westlichem Muster erlassen. Bei transatlantischen Transaktionen ist häufig eine enge Zusammenarbeit zwischen den Kartellrechtsberatern in den USA und in Europa sinnvoll und erforderlich, insbesondere wenn globale Märkte betroffen sind. Insgesamt verfügen heute weltweit mehr als 90 Staaten über Fusionskontrollvorschriften.

Die Zusammenschlusskontrolle hat in den letzten 10 Jahren zunehmend an Bedeutung gewonnen. In der stets steigenden Zahl von Zusammenschlussfällen, die bei der Europäischen Kommission und dem deutschen Bundeskartellamt angemeldet werden, spiegelt sich die nach wie vor wachsende Mergers & Acquisitions-Tätigkeit in Europa wider. Die Zahl förmlicher Zusammenschlussentscheidungen durch die Europäische Kommission ist von 60 im Jahr 1991 auf 238 im Jahr 1998 gestiegen. Seit Inkrafttreten der europäischen Fusionskontrolle hat die Kommission lediglich 15 Fälle untersagt, allerdings in mehr als 30 Fällen die Erteilung der Genehmigung von Auflagen oder Bedingungen abhängig gemacht. Seit Einführung der Fusionskontrolle in Deutschland 1974 hat das Bundeskartellamt ca. 25.000 Fälle geprüft, von denen lediglich 130 Transaktionen untersagt und rund 70 gegen Zusagen genehmigt wurden. Die relativ niedrige Untersagungsrate darf jedoch nicht darüber hinwegtäuschen, dass allein das Bestehen einer Fusionskontrolle dazu führt, dass die beteiligten Unternehmen nicht selten von der Durchführung eines Vorhabens und der förmlichen Anmeldung Abstand nehmen. Dies ist insbesondere dann der Fall, wenn sich nach eingehender Prüfung durch Kartellanwälte und nach informellen Vorgesprächen mit der zuständigen Kartellbehörde herausstellt, dass die geplante Transaktion nicht genehmigungsfähig und die Veräußerung von Teilen des Unternehmens rechtlich, tatsächlich oder ökonomisch nicht machbar ist. Insofern kommt der Fusionskontrolle eine erhebliche präventive Wirkung zu.

Die nachfolgende Darstellung erläutert die wichtigsten Vorschriften des europäischen und des deutschen Fusionskontrollrechts, die bei der Planung und Durchführung von Mergers & Acquisitions von Bedeutung sind. Der Schwerpunkt liegt dabei auf den Voraussetzungen, unter denen Transaktionen bei der Kommission in Brüssel oder dem Bundeskartellamt in Bonn anzumelden sind, sowie auf der Darstellung der grundlegenden materiellen Vorschriften und der Grundzüge des Verfahrens. Die Erläuterung anderer wichtiger Kartellrechtsordnungen, z.B. der USA und Kanada, würde den Rahmen dieses Handbuches sprengen.

2. Europäische Fusionskontrolle

a) Anwendungsbereich

Mergers & Acquisitions, die sich auf das Gebiet der Europäischen Union bzw. des Europäischen Wirtschaftsraums auswirken, unterliegen der Fusionskontrolle durch die Merger Task Force der Europäischen Kommission, soweit der Anwendungsbereich der Europäischen Fusionskontrollverordnung[1] (nachfolgend »FKVO«) eröffnet ist. Insoweit genießt die FKVO Vorrang vor der jeweiligen nationalen Fusionskontrolle. Unternehmenstransaktionen fallen immer dann in den Anwendungsbereich der FKVO und dürfen erst nach Genehmigung durch die Europäische Kommission vollzogen werden, wenn sie als Zusammenschluss im Sinne von Art. 3 FKVO zu qualifizieren sind und die an dem Zusammenschluss beteiligten Unternehmen die Umsatzschwellen des Art. 1 FKVO erfüllen.

aa) Zusammenschlusstatbestände

(1) Allgemeines

Aufgabe der Fusionskontrolle ist es, strukturelle und dauerhafte Veränderungen der Wettbewerbssituation in den betroffenen Märkten zu überwachen und ggf. regulierend einzugreifen. Vereinbarungen, Absprachen oder sonstige Verhaltensweisen, die keine Veränderung der externen Unternehmensstrukturen herbeiführen, sind für die Zusammenschlusskontrolle genauso ohne Bedeutung wie bloßes internes Unternehmenswachstum.

Art. 3 FKVO nennt die Transaktionen, mit denen strukturelle Veränderungen verbunden sind. Die europäische Fusionskontrolle kennt – anders als das deutsche Recht – grundsätzlich nur zwei Zusammenschlusstatbestände: die Fusion und den Erwerb der Kontrolle über ein anderes Unternehmen. Die Kommission hat ihre bisherige Entscheidungspraxis zum Begriff des Zusammenschlusses in einer Bekanntmachung zusammengefasst.[2]

(2) Fusion

Der Zusammenschlusstatbestand der Fusion ist erfüllt, wenn zwei oder mehr bisher voneinander unabhängige Unternehmen sich zu einem neuen Unternehmen verschmelzen. Eine solche Verschmelzung kann durch Neugründung oder durch Aufnahme des einen durch das andere Unternehmen erfolgen. Darüber hinaus genügt nach Auffassung der Kommission auch, dass zuvor unabhängige Unternehmen ihre Aktivitäten zusammenlegen und sich auf Dauer einer gemeinsamen wirtschaftlichen Leitung unterstellen. Als Kriterien für eine solche faktische Verschmelzung sieht die Kommission den internen Gewinn- und Verlustausgleich zwischen den beteiligten Unternehmen, eine gesamtschuldnerische Haftung nach außen sowie Kapitalverflechtungen zwischen den Unternehmen an.

---

1 Verordnung Nr. 4064/89 vom 21.12.1989 über die Kontrolle von Unternehmenszusammenschlüssen, ABl. 1990, L 257/14, zuletzt geändert durch die Verordnung Nr. 1310/97 vom 30.06.1997, ABl. 1997, L 180, Berichtigung im ABl. 1998, L 40/17, konsolidierte Fassung als Arbeitspapier: »http://www.europa.eu.int/comm/dg04/lawmerg/de/c406489.pdf«.

2 Mitteilung über den Begriff des Zusammenschlusses, ABl. 1998, C 66/5.

(3) Erwerb der Kontrolle

Der in der Praxis weitaus häufigere Fall ist der Zusammenschluss durch den Erwerb der Kontrolle über ein anderes Unternehmen. Regelmäßig erfolgt der Kontrollerwerb durch ein oder mehrere Unternehmen bzw. eine oder mehrere Personen, die bereits mindestens ein Unternehmen kontrollieren, durch den Erwerb von Anteilsrechten (Share Deal) oder Vermögenswerten (Asset Deal). Daneben kann die Kontrolle auch in sonstiger Weise begründet werden, soweit unmittelbare oder mittelbare Einflussmöglichkeiten erlangt werden.

Ausschlaggebend für die Annahme eines Kontrollerwerbs sind Rechte, Verträge oder andere Mittel, die einzeln oder zusammen unter Berücksichtigung aller tatsächlichen oder rechtlichen Umstände die Möglichkeit gewähren, einen bestimmenden Einfluss auf die Tätigkeit eines Unternehmens auszuüben. Hierzu zählen insbesondere Eigentums- oder Nutzungsrechte an der Gesamtheit oder an Teilen des Vermögens des Unternehmens sowie Rechte oder Verträge, die einen bestimmenden Einfluss auf die Zusammensetzung, die Beratung oder Beschlüsse der Organe des Unternehmens ermöglichen.

Zu unterscheiden ist zwischen dem Erwerb der alleinigen Kontrolle (einschließlich des Übergangs von gemeinsamer zu alleiniger Kontrolle) einerseits und dem Erwerb der gemeinsamen Kontrolle durch mehrere Unternehmen (einschließlich des Übergangs von alleiniger zu gemeinsamer Kontrolle) andererseits. Maßgeblich für die Erlangung der Kontrolle ist der Übergang von einzelnen oder mehreren Unternehmen auf ein anderes bzw. mehrere andere Unternehmen. Eine interne Reorganisation innerhalb einer Unternehmensgruppe bzw. eines Konzerns ist daher kein Zusammenschluss und unterliegt nicht der europäischen Fusionskontrolle.

Typischer Fall des Erwerbs der alleinigen Kontrolle ist die Begründung einer Mehrheitsbeteiligung an einem anderen Unternehmen, d.h. der Erwerb der Mehrheit der Stimmrechte in der Gesellschafterversammlung eines anderen Unternehmens.

Demgegenüber wird, anders als im deutschen Recht, eine bloße Minderheitsbeteiligung in der Regel nicht als Zusammenschluss gewertet, da diese dem Erwerber grundsätzlich nicht die Möglichkeit eröffnet, einen bestimmenden Einfluss auf ein anderes Unternehmen auszuüben. Ein solcher Einfluss ist beim Erwerb einer Minderheitsbeteiligung nur in Ausnahmefällen denkbar, in denen aus rechtlichen oder tatsächlichen Gründen eine entsprechende Einflussnahmemöglichkeit besteht. Typische Beispiele hierfür sind qualifizierte Rechte eines Minderheitsgesellschafters oder eine geringe Präsenz in der Gesellschafterversammlung bei breiter Streuung der Anteile, die dem Minderheitsgesellschafter eine so genannte »faktische Hauptversammlungsmehrheit« sichert. Die Kommission macht ihre Beurteilung, ob der Erwerber künftig über eine faktische Hauptversammlungsmehrheit verfügt, von den tatsächlichen Verhältnissen der letzten drei bis fünf Jahre abhängig.

Schon der Übergang von gemeinsamer zu alleiniger Kontrolle verändert bestehende Einflussmöglichkeiten in erheblicher Weise und erfüllt damit den Zusammenschlussbegriff der europäischen Fusionskontrolle. Typische Fälle für einen solchen Zusammenschluss sind der Erwerb von Gesellschaftsanteilen durch einen der (Mit-) Gesellschafter, wodurch der Erwerber die alleinige Kontrolle über das Unternehmen erwirbt, oder die Aufspaltung und Aufteilung eines Gemeinschaftsunternehmens unter den bisherigen Gesellschaftern in voneinander unabhängige Teile.

Von gemeinsamer Kontrolle spricht man, wenn mehrere Anteilsinhaber bei allen wichtigen Entscheidungen der Unternehmensführung zusammenwirken und Übereinstimmung erzielen müssen. Ein entsprechender Zwang zur Abstimmung, der eine gemeinsame Kontrolle begründen kann, ist bereits bei Stimmengleichheit gegeben. Er liegt aber auch dann vor, wenn ein Gesellschafter bei Entscheidungen, die nicht nur die alltäglichen Geschäfte, sondern das strategische Wirtschaftsverhalten des Unternehmens betreffen, ein Vetorecht besitzt. Entscheidend ist, dass seine Einflussmöglichkeiten über die Rechte hinausgehen, die in der Regel einem Minderheitsgesellschafter eingeräumt werden. Gemeinsame Kontrolle liegt daher dann vor, wenn ein Gesellschafter mit Hilfe seines Vetorechts Entscheidungen über die Finanzplanung, Investitionen und die Besetzung der Unternehmensleitung beeinflussen kann. Daneben können aber auch Vetorechte im Hinblick auf die Entwicklung neuer Produkte oder die Positionierung des Unternehmens einen kontrollierenden Einfluss vermitteln. Ob ein solcher Einfluss besteht, ist im Wege der Gesamtschau unter Berücksichtigung der tatsächlichen Entscheidungsprozesse zu beurteilen. Darüber hinaus können Stimmrechtsbindungen zwischen einzelnen oder mehreren Gesellschaftern eine gemeinsame Kontrolle begründen. Diese können das Ergebnis rechtsverbindlicher Vereinbarungen (Stimmen-Pooling) sein oder sich faktisch aus den bestehenden Einflussmöglichkeiten ergeben.

Ein Unterfall des Erwerbs der gemeinsamen Kontrolle stellt die Gründung eines Gemeinschaftsunternehmens dar, wenn dieses auf Dauer alle Funktionen einer selbstständigen wirtschaftlichen Einheit erfüllt. Solche Unternehmen werden als »Vollfunktions-Gemeinschaftsunternehmen« bezeichnet und unterliegen wegen der mit ihnen verbundenen dauerhaften Veränderungen in der Struktur der beteiligten Unternehmen ebenfalls der Fusionskontrolle.

Ob das Gemeinschaftsunternehmen darüber hinaus auch zu einer Koordinierung des Wettbewerbsverhaltens der Muttergesellschaften führt, ist seit der Neufassung der FKVO für das Verfahren ohne Bedeutung. Vor der im März 1998 in Kraft getretenen Neufassung war die FKVO auf so genannte kooperative Gemeinschaftsunternehmen nicht anwendbar. Heute unterliegen kooperative und konzentrative Gemeinschaftsunternehmen gleichermaßen dem Verfahren nach der FKVO. Lediglich die materielle Prüfung unterscheidet sich insofern, als kooperative Gemeinschaftsunternehmen weiterhin nach Maßgabe des Kartellverbots in Art. 81 EG-Vertrag zu beurteilen sind.[3]

Die Kommission hat die Kriterien, nach denen sie beurteilt, ob die Gründung eines Gemeinschaftsunternehmens in den Anwendungsbereich der europäischen Fusionskontrolle fällt, in ihrer Bekanntmachung über den Begriff des Vollfunktions-Gemeinschaftsunternehmens zusammengefasst.[4] Ausschlaggebend ist danach, ob das

3 Vgl. Art. 2 Abs. 4 FKVO.
4 ABl. 1998, C 66/1.

Gemeinschaftsunternehmen selbstständig und dauerhaft am Markt auftritt. Daran fehlt es, wenn das Gemeinschaftsunternehmen nur bestimmte Funktionen innerhalb der Geschäftstätigkeiten seiner Mütter ausübt. Ein Vollfunktionsgemeinschaftsunternehmen verfügt über ein eigenes Management und ausreichende Ressourcen wie z.B. finanzielle Mittel, Personal sowie materielle und immaterielle Vermögenswerte.

Allein die starke Präsenz eines oder mehrerer Mutterunternehmen in vorgelagerten oder nachgeordneten Märkten des Gemeinschaftsunternehmens und ein umfangreicher vertikaler Waren- oder Dienstleistungsaustausch zwischen dem Gemeinschaftsunternehmen und seinen Müttern widersprechen dem Vollfunktionscharakter nach Ansicht der Kommission zumindest dann nicht, wenn diese Beziehungen auf eine Anlaufphase beschränkt bleiben. Ebenso kann das Gemeinschaftsunternehmen die Vertriebseinrichtungen der Muttergesellschaften nutzen, ohne seinen Charakter als Vollfunktionsgemeinschaftsunternehmen zu verlieren, solange die Mütter als Verkaufsvertreter des unternehmerisch allein verantwortlichen Gemeinschaftsunternehmens handeln.

(4) Ausnahmen vom Zusammenschlusstatbestand

Die FKVO kennt eine Reihe von Ausnahmen vom Zusammenschlusstatbestand. Erwerben Kreditinstitute, Finanzinstitute oder Versicherungsunternehmen Gesellschaftsanteile an einem anderen Unternehmen zum Zwecke der Weiterveräußerung an Dritte, so stellt dies gemäß Art. 3 Abs. 5 FKVO keinen Zusammenschluss dar, wenn die Veräußerung innerhalb eines Jahres erfolgt und bis dahin die mit den Anteilen verbundenen Stimmrechte nicht ausgeübt werden. Außerdem regelt Art. 3 Abs. 5 Buchstabe b) FKVO (so genannte »Insolvenzklausel«), dass kein Zusammenschluss vorliegt, wenn beispielsweise ein Insolvenzverwalter im Falle der Insolvenz die Kontrolle über ein Unternehmen erwirbt. Ein Zusammenschlusstatbestand ist auch dann nicht erfüllt, wenn Beteiligungsgesellschaften die Kontrolle über andere Unternehmen erwerben und ihr Stimmrecht lediglich zur Erhaltung des Wertes der getätigten Investition ausüben, ohne dabei auf das Wettbewerbsverhalten des betreffenden Unternehmens einzuwirken.

Weiter stellen reine unternehmens- bzw. konzerninterne Unternehmenstransaktionen regelmäßig keinen Zusammenschluss im Sinne der FKVO dar, da hiermit keine Veränderung der Wettbewerbsstrukturen einhergeht. Die Fusion oder der Kontrollerwerb zwischen Unternehmen, die jeweils von derselben Muttergesellschaft oder denselben Muttergesellschaften kontrolliert werden, unterliegen also nicht der Fusionskontrolle.

bb) Umsatzschwellen

Zusammenschlüsse im Sinne des Art. 3 FKVO unterliegen nur dann der europäischen Fusionskontrolle, wenn ihnen eine gemeinschaftsweite Bedeutung im Sinne des Art. 1 Abs. 2 und 3 FKVO zukommt. Maßgebliches Kriterium hierfür ist die Größe der an dem Zusammenschluss beteiligten Unternehmen, die anhand des Umsatzes bestimmt wird. Erst ab Erreichen bestimmter Umsatzschwellen wird der Zusammenschluss der europäischen Fusionskontrolle unterworfen. Sind diese Umsatzschwellen nicht erfüllt, so sind die jeweiligen nationalen Vorschriften zur Zusammenschlusskontrolle zu prüfen.

Nach Art. 1 Abs. 2 FKVO hat ein Zusammenschluss gemeinschaftsweite Bedeutung, wenn

- alle beteiligten Unternehmen zusammen einen weltweiten Gesamtumsatz von mehr als Euro 5 Mrd. erzielen und
- der Umsatz von mindestens zwei der an dem Zusammenschluss beteiligten Unternehmen in der Europäischen Union jeweils mehr als Euro 250 Mio. beträgt (so genannte »de-minimis«-Schwelle).

Daneben haben Zusammenschlüsse nach Art. 1 Abs. 3 FKVO auch dann gemeinschaftsweite Bedeutung, wenn zwar nicht die genannten Umsatzschwellen erfüllt sind, die beteiligten Unternehmen jedoch in mehreren Mitgliedstaaten der EU aktiv sind und dort bestimmte Mindestumsätze erreichen. Ein Zusammenschluss unterliegt danach auch dann der europäischen Fusionskontrolle, wenn

- der weltweite Gesamtumsatz aller beteiligten Unternehmen zusammen mehr als Euro 2,5 Mrd. beträgt,
- der Gesamtumsatz aller beteiligten Unternehmen in mindestens drei Mitgliedstaaten jeweils Euro 100 Mio. übersteigt,
- in jedem von mindestens drei der vorstehend erfassten Mitgliedstaaten der Gesamtumsatz von mindestens zwei beteiligten Unternehmen jeweils mehr als Euro 25 Mio. beträgt und
- der gemeinschaftsweite Gesamtumsatz von mindestens zwei beteiligten Unternehmen jeweils Euro 100 Mio. übersteigt.

Diese zusätzliche so genannte »Drei-Länder-Regel« wurde mit der Reform der FKVO von 1998 eingeführt, um Mehrfachanmeldungen in mehreren Mitgliedstaaten zu reduzieren. Ohne die Umsatzschwellen generell abzusenken, wurde hierdurch die europäische Fusionskontrolle auf jene Zusammenschlüsse erweitert, welche mit erheblichen Auswirkungen auf den Wettbewerb in mehreren Mitgliedstaaten verbunden sind.

Sind die in Art. 1 Abs. 2 oder die in Abs. 3 FKVO genannten Umsatzschwellen überschritten, unterliegen Zusammenschlüsse mit überwiegend nationalem Charakter ausnahmsweise dann nicht der europäischen Fusionskontrolle, wenn die beteiligten Unternehmen mehr als zwei Drittel ihres gemeinschaftsweiten Gesamtumsatzes in ein und demselben Mitgliedstaat erzielen (so genannte »Zwei-Drittel-Regel«). In einem solchen Fall ist die jeweilige nationale Fusionskontrolle anzuwenden.

Ausschlaggebend für die Berechnung der Umsatzschwellen sind die Umsätze der an dem Zusammenschluss beteiligten Unternehmen. Dieser Begriff wird in der Bekanntmachung der Kommission über den Begriff der beteiligten Unternehmen[5] nä-

5 ABl. 1998, C 66/14.

her erläutert. Welche der an der Transaktion beteiligten Unternehmen bei der Umsatzberechnung als »Beteiligte« berücksichtigt werden, hängt von der Art des jeweiligen Zusammenschlusstatbestandes ab. Bei Fusionen sind die miteinander fusionierenden Unternehmen Beteiligte. Im Fall des Erwerbs der alleinigen Kontrolle sind Beteiligte sowohl das die Kontrolle erwerbende als auch das zu übernehmende Unternehmen bzw. der zu übernehmende Unternehmensteil. Der Veräußerer ist nicht beteiligt, sodass seine Umsätze nicht berücksichtigt werden. Wird durch den Zusammenschluss eine gemeinsame Kontrolle durch mehrere Unternehmen begründet, sind neben dem erworbenen Unternehmen oder Unternehmensteil sämtliche die Kontrolle erwerbenden Unternehmen Beteiligte. Ähnlich sind bei der Gründung von Gemeinschaftsunternehmen sämtliche kontrollierenden Muttergesellschaften Beteiligte. Das neu zu gründende Gemeinschaftsunternehmen ist jedoch nicht beteiligt.

Für die Berechnung der Umsatzschwellen sind nach Art. 5 Abs. 1 FKVO die Gesamtumsätze aller beteiligten Unternehmen zusammenzurechnen. Dabei ist auf die im letzten Geschäftsjahr mit Waren oder Dienstleistungen erzielten Umsätze abzustellen, die dem normalen geschäftlichen Tätigkeitsbereich zuzuordnen sind. Von den in der Bilanz ausgewiesenen Umsätzen sind Erlösschmälerungen, Umsatz- bzw. Mehrwertsteuer und andere unmittelbar auf den Umsatz bezogene Steuern abzuziehen. Einzelheiten zur Umsatzberechnung hat die Kommission in ihrer Mitteilung über die Berechnung des Umsatzes[6] bekanntgegeben.

Bei der Umsatzberechnung werden die beteiligten Unternehmen, ähnlich wie bei der materiellen Beurteilung, nicht isoliert gesehen. Maßgeblich sind vielmehr die Umsätze des jeweiligen Konzerns, dem das beteiligte Unternehmen angehört. Dem beteiligten Unternehmen werden daher die Umsätze seiner Töchter-, Mutter- und Schwestergesellschaften sowie von Gemeinschaftsunternehmen zugerechnet.

Für die Berechnung gemeinschaftsweiter Umsätze und der Umsätze in einzelnen Mitgliedstaaten ist eine gebietsmäßige Zuordnung der Umsätze erforderlich. Hierfür wird auf den Umsatz abgestellt, der mit Waren und Dienstleistungen für Unternehmen oder Verbraucher in einem bestimmten Gebiet erzielt wird. Entscheidend ist daher nicht der Sitz des Unternehmens, das die Umsätze erzielt, sondern das Gebiet, in dem sich die Abnehmer befinden, mit denen die Umsätze erzielt werden.[7]

Sonderregeln gelten nach Art. 5 Abs. 3 FKVO für Kredit- und sonstige Finanzinstitute sowie Versicherungsunternehmen. Bei diesen werden die in der Richtlinie 86/635/EWG[8] im einzelnen definierten Erträge bzw. bei Versicherungsunternehmen die Summe der Bruttoprämien berücksichtigt.

Sind die Umsatzschwellen in Art. 1 Abs. 2 bzw. Abs. 3 FKVO erfüllt und kommt einem Zusammenschluss gemeinschaftsweite Bedeutung zu, finden die Regeln der europäischen Fusionskontrolle auch bei außereuropäischen Zusammenschlüssen Anwendung. Damit unterliegen auch Unternehmen, die nicht innerhalb der Euro-

6 ABl. 1998, C 66/26.
7 Vgl. Art. 5 Abs. 1 und Abs. 2 FKVO.
8 ABl. 1986, L 372/1.

päischen Union ansässig sind, der europäischen Fusionskontrolle, wenn sich ein Zusammenschluss innerhalb der Europäischen Union auswirkt (so genanntes »Auswirkungsprinzip«). Werden die Umsatzschwellen der FKVO überschritten, geht die Kommission regelmäßig davon aus, dass ein Zusammenschluss relevante Auswirkungen innerhalb der Europäischen Union hat.

b) Materielle Beurteilung von Zusammenschlüssen

Ist ein Zusammenschlusstatbestand gegeben und erreichen die beteiligten Unternehmen die Umsatzschwellen der FKVO, wird das Zusammenschlussvorhaben von der Merger Task Force der Generaldirektion Wettbewerb der Europäischen Kommission auf seine Vereinbarkeit mit dem Gemeinsamen Markt überprüft. Zentrales Kriterium bei dieser Prüfung ist die Frage, ob durch den Zusammenschluss eine beherrschende Stellung begründet oder verstärkt wird, durch die wirksamer Wettbewerb im Gemeinsamen Markt oder in einem wesentlichen Teil desselben erheblich behindert wird.[9]

Diese, für die materielle Prüfung von Zusammenschlussvorhaben entscheidende Frage, ist bereits für die Planung, aber auch für die Durchführung von Mergers & Acquisitions von herausragender Bedeutung. Ihre Beantwortung entscheidet darüber, ob sich ein bestimmtes Vorhaben kartellrechtlich überhaupt realisieren lässt. Das Kriterium der Begründung oder Verstärkung einer marktbeherrschenden Stellung begrenzt die Möglichkeiten externen Unternehmenswachstums. Besteht die Gefahr, dass eine bereits vorhandene marktbeherrschende Stellung durch das Zusammenschlussvorhaben verstärkt oder erstmalig eine marktbeherrschende Stellung begründet wird, sollte bereits in der Planungsphase darüber nachgedacht werden, wie den daraus resultierenden wettbewerbsrechtlichen Bedenken Rechnung getragen werden kann. Es ist daher empfehlenswert, möglichst frühzeitig eine materielle Prüfung des Zusammenschlussvorhabens vorzunehmen, um mögliche Problemfelder zu identifizieren und bei der Planung und Durchführung des Vorhabens zu berücksichtigen.

aa) Marktabgrenzung

(1) Allgemeines

Für die Beurteilung von Zusammenschlussvorhaben ist der Begriff der marktbeherrschenden Stellung von zentraler Bedeutung. Im Rahmen der Prüfung, ob eine marktbeherrschende Stellung begründet oder verstärkt wird, grenzt die Kommission zunächst den sachlich und räumlich relevanten Markt ab, bevor sie in einem zweiten Schritt die auf dem relevanten Markt bestehenden Wettbewerbsverhältnisse näher untersucht.

9 Art. 2 FKVO.

Der Marktabgrenzung kommt bei der materiellen Beurteilung von Zusammenschlüssen eine besonders wichtige Rolle zu, da hierbei die Weichen für die kartellrechtliche Zulässigkeit eines Vorhabens gestellt werden. In der Regel sind die Marktanteile der beteiligten Unternehmen um so höher, je enger der relevante Markt in sachlicher und räumlicher Hinsicht abgegrenzt wird. Eine engere Marktabgrenzung kann aber auch dazu führen, dass der Zusammenschluss nicht zur Addition von Marktanteilen führt, weil die beteiligten Unternehmen auf unterschiedlichen relevanten Märkten tätig sind.

(2) Sachlich relevanter Markt

Nach der Bekanntmachung der Kommission über die Definition des relevanten Marktes[10] umfasst der sachlich relevante Produktmarkt sämtliche Erzeugnisse und/oder Dienstleistungen, die seitens der Verbraucher hinsichtlich ihrer Eigenschaften, Preise und ihres vorgesehenen Verwendungszwecks als austauschbar oder substituierbar angesehen werden. Wie auch in der deutschen Praxis stellt das europäische Recht damit in erster Linie auf die Substituierbarkeit aus der Sicht der Nachfrageseite ab. Daneben kann sich auch Angebotssubstituierbarkeit auf die Abgrenzung des sachlich relevanten Marktes auswirken. Dies ist insbesondere dann der Fall, wenn die Anbieter in der Lage sind, ihre Produktion kurzfristig ohne größere Kosten umzustellen. Bei entsprechender Angebotsumstellungsflexibilität können selbst solche Produkte, die aus der Sicht der Nachfrager für nicht austauschbar angesehen werden, in den relevanten Markt einbezogen werden.

Entscheidende Kriterien für die Abgrenzung des relevanten Marktes sind neben der Austauschbarkeit aus der Sicht der Nachfrager und der Angebotsumstellungsflexibilität die allgemeinen Wettbewerbsbedingungen, die Preise sowie die Kreuzpreiselastizität der Nachfrage. Dabei steht in der Praxis der Kommission aus verfahrenstechnischen und praktischen Erwägungen bei der Marktabgrenzung die Preisreaktivität im Mittelpunkt. Entscheidend ist, ob die Kunden der beteiligten Unternehmen als Reaktion auf eine angenommene kleine, bleibende Erhöhung der relativen Preise (im Bereich zwischen 5% und 10%) für die betreffenden Produkte auf leicht verfügbare Substitute ausweichen würden. Ist die Substitution so stark, dass durch den damit einhergehenden Absatzrückgang eine Preiserhöhung nicht einträglich wäre, so werden in den sachlich und räumlich relevanten Markt so lange Produkte einbezogen, bis kleine, dauerhafte Erhöhungen der relativen Preise einen Gewinn einbrächten.

Den gleichen Test wendet die Kommission auch bei der Prüfung so genannter »Nachfragemacht« (Marktbeherrschung auf den Nachfragemärkten) an. Hierbei wird auf die Austauschbarkeit aus der Sicht des Anbieters abgestellt. Mit Hilfe des Preistests lässt sich ermitteln, welche alternativen Vertriebswege und Verkaufsstellen es für die Produkte des Anbieters gibt.[11]

---

10 ABl. 1997, C 372/5.

11 Vgl. Tz. 17 der Bekanntmachung der Kommission über die Definition des relevanten Marktes.

Beispiele für relevante Produktmärkte, von denen die Kommission in ihrer bisherigen Entscheidungspraxis ausgegangen ist, sind Märkte für *Mineralwasser*[12], *Arzneimittel*, die dieselbe Indikation aufweisen, wobei die Kommission auf den dritten Level der Anatomical Therapeutic Classification der Weltgesundheitsorganisation abstellt[13], *Flugzeuge* nach Sitzplatzkapazitäten[14], *Linien-*, *Regionalverkehr-* und *Überlandbusse*[15], *Personenkraftwagen* nach Fahrzeugklassen[16], *Versandhandel*[17], *Pay-TV*[18], *Elektrizität*[19], verschiedene *Versicherungsarten*.[20]

(3) Räumlich relevanter Markt

Der räumlich relevante Markt umfasst nach Art. 9 Abs. 7 FKVO das Gebiet, auf dem die betroffenen Unternehmen als Anbieter oder Nachfrager von Waren oder Dienstleistungen auftreten, in denen die Wettbewerbsbedingungen hinreichend homogen sind, und das sich von benachbarten Gebieten unterscheidet. Die Kommission stellt bei der Bestimmung des räumlich relevanten Marktes auf die Art und die Eigenschaften der betreffenden Waren oder Dienstleistungen sowie auf das Vorhandensein von Zutrittsschranken und Verbrauchergewohnheiten ab. Zudem berücksichtigt sie das Bestehen erheblicher Unterschiede bei den Marktanteilen der Unternehmen und nennenswerte Preisunterschiede in unterschiedlichen Gebieten.

In folgenden Fällen hat die Kommission etwa das Gebiet der Europäischen Union bzw. Westeuropa als räumlich relevanten Markt zugrundegelegt: *Automobilzubehör*[21], *PVC*[22], *Elektronik*[23], *Metalle*.[24]

Insbesondere Preis- und Marktanteilsunterschiede zwischen verschiedenen Mitgliedstaaten sind ein deutliches Indiz dafür, dass trotz der zunehmenden Integration des Binnenmarktes nach wie vor von nationalen Märkten auszugehen ist. Nationale Märkte hat die Kommission beispielsweise für folgende Produkte angenommen: *Arzneimittel*[25], *Mineralwasser*[26], *Ersatzbatterien*[27], *Versandhandel*.[28]

---

12 »Nestlé/Perrier«, WuW/E EV 1903.
13 Z.B. »Ciba-Geigy/Sandoz«, ABl. 1997 L 201/1; »Glaxo/Wellcome«, WuW 1995, 585.
14 »Aérospatiale-Alenia/Havilland«, WuW/E EV 1675.
15 »Mercedes-Benz/ Kässbohrer«, WuW 1995, 385, ABl. 1995 L 211/1.
16 »BMW/Rover«, WuW/E EV 2188.
17 »Otto/Grattan«, WuW/E EV 1605.
18 »Nordic Satellite Distribution«, ABl. 1996 L 53/20.
19 »VIAG/Bayernwerk«, WuW/E EV 2139.
20 »Winterthur/DBV«, WuW/E EV 2147; »AG/AMEV« WuW/E EV 1547.
21 »BTR/Pirelli«, WuW/E EV 2013; »Bosch/Allied Signal«, WuW 1997, 126; »Torrington/NSK«, WuW 1995, 587; »Mannesmann/Boge«, WuW/E EV 1662.
22 »Hoechst/Wacker«, WuW 1993, 630.
23 »Enderly/SBE«, WuW 1997, 130.
24 »St. Gobain/Wacker-Chemie/NOM«, WuW 1997, 33.
25 »Ciba-Geigy/Sandoz«, aaO; »Glaxo/Wellcome« aaO.
26 »Nestlé/Perrier«, aaO.
27 »Magneti Marelli/CEAC«, WuW/E EV 1735; »Varta/Bosch«, WuW/E EV 1701.
28 »Otto/Grattan«, aaO.

Daneben sind lokale oder regionale Märkte nur insoweit von Bedeutung, als tatsächliche Marktschranken wie z.B. Transportkosten der Integration des Binnenmarktes entgegenstehen. Regionale bzw. lokale Märkte waren in folgenden Fällen relevant: *Lebensmitteleinzelhandel*[29], *Landhandel* für Agrarprodukte[30], *Ziegelsteine.*[31]

In Einzelfällen ist die Kommission auch von Weltmärkten ausgegangen, z.B. für *Flugzeuge*[32], *Platin*[33], *Rohöl*[34], für *Rückversicherungen*[35] oder für *Personalcomputer* und *mittelgroße Computer.*[36]

bb) Marktbeherrschung

Im Gegensatz zum deutschen existiert im europäischen Wettbewerbsrecht keine gesetzliche Definition des Begriffs der Marktbeherrschung oder Vermutungstatbestände, bei deren Vorliegen von einer marktbeherrschenden Stellung auszugehen wäre. Nach der Rechtsprechung des Europäischen Gerichtshofs und des Gerichts Erster Instanz ist unter Marktbeherrschung eine wirtschaftliche Machtstellung zu verstehen, die es den beteiligten Unternehmen ermöglicht, sich ihren Wettbewerbern, Abnehmern und den Verbrauchern gegenüber in einem nennenswerten Umfang unabhängig zu verhalten. Eine marktbeherrschende Stellung ist immer dann gegeben, wenn die betreffenden Unternehmen über einen nicht hinreichend vom Wettbewerb kontrollierten Verhaltensspielraum verfügen.

In Art. 2 Abs. 1 Buchstaben a) und b) FKVO sind die Kriterien zur Beurteilung der Frage, ob durch einen Zusammenschluss eine marktbeherrschende Stellung begründet oder verstärkt wird, im Einzelnen aufgeführt:

- die Notwendigkeit, im Gemeinsamen Markt wirksamen Wettbewerb aufrechtzuerhalten und zu entwickeln, insbesondere im Hinblick auf die Struktur aller betroffenen Märkte und den tatsächlichen oder potenziellen Wettbewerb durch innerhalb oder außerhalb der Gemeinschaft ansässige Unternehmen;
- die Marktstellung sowie die wirtschaftliche Macht und Finanzkraft der beteiligten Unternehmen, die Wahlmöglichkeiten der Lieferanten und Abnehmer, ihren Zugang zu den Beschaffungs- und Absatzmärkten, rechtliche oder tatsächliche Marktzutrittsschranken, die Entwicklung des Angebotes und der Nachfrage bei den jeweiligen Erzeugnissen und Dienstleistungen, die Interessen der Zwischen- und Endverbraucher sowie die Entwicklung des technischen und wirtschaftlichen Fortschritts, sofern dieser dem Verbraucher dient und den Wettbewerb nicht behindert.

---

29 »Rewe/Billa«, WuW 1997, 135.
30 »Cargill/Unilever«, WuW/E EV 1609.
31 »Steetley/Tarmac«, WuW/E EV 1814.
32 »Aérospatiale-Alenia/de Havilland«, WuW/E EV 1675.
33 »Gencor/Lonrho«, ABl. 1997 L 11/30.
34 »Elf/Occidental«, WuW 1991, 702.
35 »Schweizer Rück/Elvia« WuW/E EV 1824.
36 »AT+T/NCR«, WuW/E EV 1663.

Ausgangspunkt für die Beurteilung einer marktbeherrschenden Stellung ist der Marktanteil auf dem zuvor sachlich und räumlich abgegrenzten Markt. Bei der Marktanteilsberechnung sind nicht nur die Umsätze der unmittelbar beteiligten Unternehmen, sondern, ähnlich wie bei der Umsatzberechnung, die konzernweiten Anteile am relevanten Markt zu berücksichtigen.

Die Kommission geht bei Marktanteilen von weniger als 25% von der Vereinbarkeit des Zusammenschlusses mit dem Gemeinsamen Markt aus.[37] Unterhalb 15% liegt kein betroffener Markt im Sinne des für die Anmeldung erforderlichen Formblatts vor mit der Folge, dass detaillierte Angaben zu diesen Märkten regelmäßig nicht vorzulegen sind.

Auch Marktanteile von über 25% werden von der Kommission nach ihrer bisherigen Entscheidungspraxis vielfach als unproblematisch eingestuft. Erst ab ungefähr 40% beginnt der kritische Bereich. Werden durch den Zusammenschluss Marktanteile dieser Größenordnung erreicht, sollten kartellrechtliche Erwägungen möglichst frühzeitig in die Planungsphase einbezogen werden.

In einzelnen Fällen akzeptierte die Kommission allerdings auch erheblich höhere Marktanteile, wenn aufgrund besonderer Umstände weiterhin wesentlicher Wettbewerb auf den betroffenen Märkten bestand: Mercedes Benz/Kässbohrer[38], Tetra Pak/Alfa-Laval[39], Mannesmann/Hoesch[40], Alcatel/Telettra.[41] Eine besondere Nachfragemacht des Abnehmers oder ein starker potenzieller Wettbewerb können mitunter verhindern, dass hohe Marktanteile zwangsläufig zu einer marktbeherrschenden Stellung führen. Umgekehrt begünstigen eine zersplitterte Nachfrage und bestehende Marktzutrittsschranken die Feststellung einer marktbeherrschenden Stellung.

Bei der Prüfung einer eventuellen Marktbeherrschung sind die zukünftigen Entwicklungen der Wettbewerbsstrukturen zu berücksichtigen. In der Vergangenheit bestehende hohe Marktanteile können daher durch eine zu erwartende Marktöffnung und dem damit verbundenen Zutritt neuer Wettbewerber relativiert werden. Von erheblicher Bedeutung ist neben der absoluten Höhe der Marktanteile der beteiligten Unternehmen der jeweilige Abstand zu den nächst kleineren Wettbewerbern. Andere Wettbewerbsfaktoren, die bei der Prüfung eine Rolle spielen können, sind z.B. die sonstige wirtschaftliche Macht und Finanzkraft, die zu Marktschließungseffekten durch die Abschreckung potenzieller Wettbewerber führen können, sowie ein eventuell vorhandener technischer Vorsprung gegenüber den Wettbewerbern.

cc) Begründung oder Verstärkung von Marktbeherrschung

Die Beurteilung, ob das Zusammenschlussvorhaben zur Begründung oder Verstärkung einer marktbeherrschende Stellung führt, erfolgt auf der Grundlage einer Ana-

37 Vgl. Erwägungsgrund 15 der FKVO.

38 ABl. 1995 L 211/1, Rn. 61 f.

39 WuW/E EV 1644.

40 ABl. 1993 L 114/34.

41 WuW/E EV 1616.

lyse der bestehenden Wettbewerbsverhältnisse sowie einer Prognose der zukünftigen Entwicklung der Wettbewerbssituation. Bei dieser Prognose sind in erster Linie solche Entwicklungen zu berücksichtigen, die sich bereits abzeichnen oder zumindest in überschaubarer Zukunft, d.h. innerhalb eines Zeitraums weniger Jahre, mit hinreichender Sicherheit zu erwarten sind. Dabei erfolgt eine Gesamtwürdigung sämtlicher mit dem Zusammenschlussvorhaben verbundenen Auswirkungen auf den Wettbewerb.

Von der Begründung einer marktbeherrschenden Stellung geht die Kommission dann aus, wenn durch den Zusammenschluss für die beteiligten Unternehmen ein durch den Wettbewerb nicht mehr hinreichend kontrollierter Verhaltensspielraum entsteht. Von entscheidender Bedeutung ist die Unabhängigkeit der beteiligten Unternehmen bei der Bestimmung ihrer Preise. Weitere Faktoren sind Handlungsspielräume beim Qualitäts- und Innovationswettbewerb. Unbeachtlich ist das zukünftig zu erwartende Marktverhalten der beteiligten Unternehmen, da für die Fusionskontrolle allein die Verschlechterung der Wettbewerbsstrukturen maßgeblich ist.

Verfügt ein beteiligtes Unternehmen bereits vor dem Zusammenschluss über eine marktbeherrschende Stellung, kann es schon bei Zuwächsen von wenigen Prozent zu einer Verstärkung der Marktbeherrschung kommen. Daneben können so genannte Portfolio- oder Sortimentseffekte, also die Möglichkeit der beteiligten Unternehmen, durch das Angebot eines kompletten Sortiments zusätzliche Kunden an sich zu binden, die Marktstellung verstärken. In diesem Fall reichen selbst geringfügige Marktanteilszuwächse aus, um eine Verstärkung der marktbeherrschenden Stellung anzunehmen. Auch die bloße Verstärkung der Finanzkraft eines Unternehmens kann theoretisch dessen Marktstellung stärken.

Bei der Beurteilung der Entstehung oder Verstärkung einer marktbeherrschenden Stellung ist zwischen horizontalen, vertikalen und konglomeraten Zusammenschlüssen zu unterscheiden. Für die Beurteilung horizontaler Zusammenschlüsse kommt es vorrangig auf die jeweiligen Marktanteilszuwächse an. Wie bereits ausgeführt, spielen daneben bestehende Marktzutrittsschranken und die Nachfragemacht der Gegenseite eine erhebliche Rolle. Für vertikale Zusammenschlüsse, also Zusammenschlüsse zwischen Herstellern, Lieferanten oder Händlern auf verschiedenen Produktions- bzw. Vertriebsebenen, stehen Marktausschlusseffekte im Vordergrund. Entscheidend sind hierbei die Auswirkungen des Zusammenschlusses auf die Beschaffungs- oder Absatzmärkte zu Lasten aktueller oder potenzieller Wettbewerber. Demgegenüber können konglomerate Zusammenschlüsse, die in der bisherigen Entscheidungspraxis der Kommission praktisch keine Bedeutung hatten, nur dann zur Begründung oder Verstärkung einer marktbeherrschenden Stellung führen, wenn sie mit einer erheblichen Ressourcenverstärkung verbunden sind und diese zur Abschreckung oder Entmutigung aktueller oder potenzieller Konkurrenten eingesetzt wird. Eine Ressourcenverstärkung allein wird nur in Ausnahmefällen zur Begründung oder Verstärkung einer marktbeherrschenden Stellung ausreichen. Sie kann daher regelmäßig nur im Zusammenhang mit anderen Faktoren zur marktbeherrschenden Stellung der beteiligten Unternehmen beitragen.

Eine Untersagung von Zusammenschlussvorhaben, die zur Begründung oder Verstärkung einer marktbeherrschenden Stellung führen, kommt nur bei einer erheblichen Behinderung wirksamen Wettbewerbs innerhalb der Gemeinschaft oder in einem wesentlichen Teil derselben in Betracht. Demnach ist die Entstehung oder Verstärkung einer marktbeherrschenden Stellung nicht per se, sondern nur bei entsprechenden Wirkungen auf den Markt zu untersagen. Diese Einschränkung hat jedoch bislang nur wenig praktische Bedeutung erlangt. Lediglich im Fall »Aérospatiale-Allenia/de Havilland«[42] hat die Kommission die Erheblichkeit der Auswirkungen vor dem Hintergrund einer nur vorübergehenden Marktbeherrschung in Frage gestellt.

dd) Oligopolmarktbeherrschung

Anders als im deutschen Recht ist in der FKVO keine ausdrückliche »Oligopolklausel« vorgesehen, nach der ein Zusammenschluss auch dann zu untersagen ist, wenn er zur Begründung oder Verstärkung einer beherrschenden Stellung durch mehrere Unternehmen führt. Dennoch greift die europäische Fusionskontrolle nach der ständigen Praxis der Kommission[43], die inzwischen sowohl durch den Europäischen Gerichtshof als auch durch das Gericht Erster Instanz bestätigt wurde, auch bei oligopolistischer Marktbeherrschung ein. Ein marktbeherrschendes Oligopol ist grundsätzlich dann gegeben, wenn zwischen den Mitgliedern des Oligopols kein wirksamer Wettbewerb besteht und das Oligopol selbst im Außenverhältnis keinem hinreichenden Wettbewerb durch Dritte ausgesetzt ist. Nach dem Urteil des Gerichts Erster Instanz in Sachen »Gencor/Lonrho«[44] sind vor allem die nachfolgenden Kriterien für die Feststellung eines marktbeherrschenden Oligopols maßgeblich:

- hohe Marktkonzentration;
- stabile und symmetrische Marktanteile der Mitglieder der Oligopolgruppe;
- homogene Produkte und hohe Markttransparenz;
- ähnliche Kostenstrukturen;
- stagnierende und unelastische Nachfrage;
- geringe technologische Veränderung;
- hohe Marktzutrittschranken.

Besondere Bedeutung kommt dem infolge des kollektiven Parallelverhaltens nicht hinreichend kontrollierbaren Verhaltensspielraum der Mitglieder des Oligopols gegenüber Wettbewerbern und Abnehmern zu.

42 AaO. (Fn. 29).
43 Vgl. z.B. Nestlé/Perrier, aaO.
44 Urteil vom 25.03.1999 in der Rechtssache T-102/96.

ee) Nebenabreden

Die Prüfung des Zusammenschlussvorhabens erstreckt sich nach Art. 8 Abs. 2 Unterabs. 2 Satz 2 FKVO bzw. Art. 6 Abs. 1 Buchstabe b) Satz 2 FKVO auch auf die mit der Durchführung des Zusammenschlusses unmittelbar verbundenen und für diesen notwendigen Einschränkungen (so genannte »ancillary restraints«). Erfasst werden insoweit Nebenabreden, wie z.B. Wettbewerbsverbote, die grundsätzlich in den Anwendungsbereich des Kartellverbots des Art. 81 EG-Vertrag fallen und damit nach der Verordnung Nr. 17 in einem gesonderten Verfahren zu prüfen wären. Um eine umständliche Doppelkontrolle zu vermeiden, werden entsprechende Nebenabreden innerhalb des Fusionskontrollverfahrens geprüft und ggf. zusammen mit dem Zusammenschluss freigegeben. Voraussetzung für die Behandlung entsprechender Wettbewerbsbeschränkungen als Nebenabrede ist die unmittelbare Verbundenheit mit dem Zusammenschlussvorhaben und die Notwendigkeit für die Durchführung des Zusammenschlusses. Wie diese Voraussetzungen zu verstehen sind, hat die Kommission in ihrer Bekanntmachung über Nebenabreden zu Zusammenschlüssen niedergelegt.[45]

Von zentraler Bedeutung sind im Bereich der Nebenabreden vor allem Wettbewerbsverbote, die gewährleisten sollen, dass der Erwerber den vollständigen Wert des übertragenen Vermögens erhält, zu dem im allgemeinen sowohl materielle als auch immaterielle Werte wie der Kundenstamm oder das Know-how des Veräußerers zählen.[46] Entsprechende Verbote sind zur Durchführung des Zusammenschlusses erforderlich, weil ansonsten der Verkauf des Unternehmens oder des Unternehmensteils nicht in zufriedenstellender Weise vollzogen werden könnte. Denn nur bei einem gewissen Schutz vor Wettbewerbshandlungen durch den Veräußerer ist die vollständige Übernahme der übertragenen Vermögenswerte gewährleistet. Nach der geltenden Bekanntmachung der Kommission über Nebenabreden[47] werden Wettbewerbsverbote für einen Zeitraum von fünf Jahren als angemessen angesehen, wenn die Übertragung des Unternehmens den Kundenstamm oder das Know-how mit einschließt. Nach dem Entwurf der Neufassung dieser Bekanntmachung wird allgemein davon ausgegangen, dass Wettbewerbsverbote für den Veräußerer für einen Zeitraum von zwei oder drei Jahren als notwendig und mit der Übertragung unmittelbar verbunden angesehen werden können. Wenn hingegen kein Know-how, sondern nur der Kundenstamm übertragen wird, gilt nach der geltenden Bekanntmachung ein Zeitraum von zwei Jahren als ausreichend. In räumlicher und sachlicher Hinsicht ist das Wettbewerbsverbot auf die Bereiche, in denen der Veräußerer tätig war, zu begrenzen.

Zusammen mit dem Unternehmen oder einzelnen Unternehmensteilen werden regelmäßig auch gewerbliche oder kommerzielle Eigentumsrechte oder Know-how übertragen. Soweit der Veräußerer Eigentümer dieser Rechte bleiben will, sind Li-

45 ABl. 1990, C 203/5.
46 Siehe oben B.IV.3.g).
47 aaO.

zenzverträge erforderlich, die auf bestimmte Anwendungsbereiche beschränkt werden können. Entsprechende Lizenzen sind für die gesamte Schutzdauer von Patenten oder verwandten Rechten bzw. für die normale wirtschaftliche Lebenszeit des Knowhows zulässig. Gebietsbeschränkungen für die Herstellung werden regelmäßig nicht akzeptiert und sollten daher in die Lizenz nicht aufgenommen werden.

Auch Liefer- und Bezugspflichten zwischen dem Veräußerer und dem Erwerber des Unternehmens oder Unternehmensteils können insbesondere für einen Übergangszeitraum zulässige Nebenabreden darstellen. Alleinbelieferungs- oder Alleinbezugspflichten lassen sich dagegen in der Regel als Nebenabreden nicht rechtfertigen.

c) Verfahren

aa) Vorherige Anmeldung

Zusammenschlüsse mit gemeinschaftsweiter Bedeutung sind gemäß Art. 4 Absatz 1 FKVO innerhalb einer Woche nach dem bindenden Vertragsabschluss, der Veröffentlichung des Kauf- oder Tauschangebots oder des Erwerbs einer die Kontrolle begründenden Beteiligung bei der Europäischen Kommission in Brüssel anzumelden. Eine entsprechend kurzfristige Anmeldung ist regelmäßig nur dann möglich, wenn bereits in der Planungsphase einer Transaktion mit der Vorbereitung der Anmeldung begonnen wird. Insbesondere dann, wenn die beteiligten Unternehmen daran interessiert sind, bereits in der ersten Phase des Verfahrens zu einer Freigabe des Zusammenschlussvorhabens zu kommen, ist darüber hinaus erforderlich, dass bereits frühzeitig der Kontakt mit der Kommission hergestellt wird. Diese frühe Kontaktaufnahme im Vorfeld der Anmeldung ist außerdem sinnvoll, um den Inhalt der Anmeldung mit der Kommission abzustimmen (so genanntes »informelles Vorverfahren«).

Einzelheiten zu Anmeldung, Fristen und Anhörung sind in der Verordnung der Kommission Nr. 477/98 vom 01.03.1998[48] geregelt. Gemäß Art. 2 Abs. 1 DVO ist zur Anmeldung von Zusammenschlüssen das so genannte »Formblatt CO« zu verwenden und in 24facher Ausfertigung bei der Kommission in Brüssel einzureichen. Das Formblatt CO besteht aus einem umfangreichen Fragenkatalog, der neben Angaben zu den Anmeldern und zu dem Zusammenschlussvorhaben (Abschnitte 1 und 2), zu Eigentums- und Kontrollverhältnissen sowie Verflechtungen der beteiligten Unternehmen (Abschnitte 3 und 4), zu den mit der Anmeldung vorzulegenden Unterlagen (Abschnitt 5) auch detaillierte Informationen zu den von dem Zusammenschluss betroffenen Märkten einschließlich Umsatz-, Marktanteils- und Wettbewerberinformationen sowie Aufstellungen über Zulieferer und Kunden und Marktdaten für konglomerate Zusammenschlüsse (Abschnitt 9) sowie Angaben zu kooperativen Wirkungen eines Gemeinschaftsunternehmens (Abschnitt 10), zu Nebenabreden und einer eventuellen Umdeutung der Anmeldung (Abschnitt 11) sowie eine Erklärung

48 ABl. 1998, L 61/1, nachfolgend »DVO«.

über die Richtigkeit und Vollständigkeit der Angaben (Abschnitt 12) enthält. Im Rahmen des informellen Vorverfahrens lässt sich dieser Katalog auf den anzumeldenden Zusammenschluss anpassen und ein Teil der Fragen ausscheiden, deren Beantwortung von der Kommission nicht gefordert wird. Unter Umständen kommt außerdem für Gemeinschaftsunternehmen mit kleinen oder nur geringfügigen Aktivitäten in Europa eine Kurzform-Anmeldung in Betracht.

Der Anmeldepflicht unterliegen sämtliche an der Fusion oder der Begründung einer gemeinschaftlichen Kontrolle beteiligten Unternehmen gemeinsam bzw. im Fall des Kontrollerwerbs die jeweiligen Erwerber der Kontrolle (Art. 4 Abs. 2 FKVO). Der Veräußerer ist nicht anmeldepflichtig. Grundsätzlich besteht die Möglichkeit, für einzelne oder sämtliche Beteiligte eine gemeinsame Anmeldung durch einen gemeinsamen Vertreter einreichen zu lassen.

Die Tatsache der Anmeldung wird im Amtsblatt veröffentlicht und Dritten Gelegenheit zur Stellungnahme binnen 10 Tagen gegeben.

Verstöße gegen die Anmeldepflicht sowie unrichtige oder entstellte Angaben können von der Kommission mit einem Bußgeld von bis zu Euro 50.000 geahndet werden (Art. 14 Abs. 1 Buchstaben a) und b) FKVO).

bb) Vollzugsverbot

Vor Anmeldung des Zusammenschlussvorhabens und der auf Grundlage einer solchen Anmeldung erfolgten Freigabe dürfen Zusammenschlüsse mit gemeinschaftsweiter Bedeutung gemäß Art. 7 Abs. 1 FKVO grundsätzlich nicht vollzogen werden. Eine Ausnahme gilt nach Art. 7 Abs. 2 FKVO für öffentliche Übernahme- oder Tauschangebote, soweit diese vollständig angemeldet wurden und der Erwerber die mit den Anteilen verbundenen Stimmrechte nicht oder nur zur Erhaltung des vollen Wertes seiner Investition und aufgrund einer besonderen Befreiung der Kommission ausübt. Darüber hinaus kann die Kommission auf Antrag Befreiungen vom Vollzugsverbot erteilen. Bei der Befreiung sind die möglichen Auswirkungen des Aufschubs des Vollzugs auf ein oder mehrere an dem Zusammenschluss beteiligte Unternehmen oder auf Dritte sowie die mögliche Gefährdung des Wettbewerbs durch den Zusammenschluss zu berücksichtigen. Bei der Gewährung entsprechender Befreiungen ist die Kommission eher zurückhaltend. Grundsätzlich kann eine solche Befreiung auch bereits vor der Anmeldung beantragt und erteilt werden. Die Befreiung kann unter Bedingungen oder Auflagen erfolgen, um die Voraussetzungen für einen wirksamen Wettbewerb zu sichern.

Verstöße gegen das Vollzugsverbot führen nach Art. 7 Abs. 4 FKVO zur schwebenden Unwirksamkeit der betreffenden Rechtsgeschäfte. Erst mit der Freigabe des Zusammenschlusses durch die Kommission werden diese Geschäfte wirksam. Ausnahmsweise uneingeschränkt wirksam bleiben Rechtsgeschäfte über Wertpapiere, soweit diese Wertpapiere zum Handel auf dem Markt eines oder mehrerer Mitgliedstaaten zugelassen sind. Geschützt ist allerdings nur der hinsichtlich des Verstoßes gegen das Vollzugsverbot gutgläubige Erwerber. Die Kommission kann Verstöße gegen das Vollzugsverbot ferner mit Geldbußen von bis zu 10% des von den beteiligten Unternehmen erzielten Gesamtumsatzes ahnden.

cc) Verfahrensablauf

Mergers & Acquisitions, die Zusammenschlüsse mit gemeinschaftsweiter Bedeutung darstellen, sind bei der Merger Task Force der Generaldirektion Wettbewerb bei der Europäischen Kommission anzumelden und werden dort auf ihre Vereinbarkeit mit dem Gemeinsamen Markt überprüft. Bei diesem Prüfverfahren sind grundsätzlich zwei Phasen zu unterscheiden. In einer ersten Phase, die regelmäßig einen Monat umfasst, prüft die Merger Task Force, ob sie den angemeldeten Zusammenschluss freigeben oder wegen erheblicher Bedenken hinsichtlich der Vereinbarkeit des Zusammenschlusses mit dem Gemeinsamen Markt die zweite Phase des Prüfungsverfahrens eröffnen will. Nach Eröffnung der zweiten Phase steht der Kommission eine Prüfungsfrist von weiteren vier Monaten zur Verfügung, um endgültig über den Zusammenschluss zu entscheiden.

Ein Großteil der Verfahren wird bereits in der ersten Phase entschieden. Selbst bei problematischen Fällen wird regelmäßig versucht, durch frühzeitige Zusagen (dazu unten) die Bedenken der Kommission zu beseitigen, um eine detaillierte Prüfung des Zusammenschlusses in der zweiten Phase und die damit für die Transaktion verbundenen Verzögerungen zu vermeiden. Die Chancen für eine Freigabe in der ersten Phase lassen sich durch frühzeitige Kontakte mit der Merger Task Force erhöhen. Insofern bietet es sich an, der Kommission einen Entwurf der Anmeldung zuzuleiten, damit diese noch vor der endgültigen Anmeldung über die benötigten Informationen verfügt und sich auf diese Weise bereits ein Bild über die Wettbewerbssituation machen kann.

Gelingt es den beteiligten Unternehmen innerhalb der Monatsfrist nicht, die Kommission davon zu überzeugen, dass der Zusammenschluss nicht zur Begründung oder Verstärkung einer marktbeherrschenden Stellung führt, so stellt die Kommission in einer förmlichen Entscheidung fest, dass der Zusammenschluss Anlass zu ernsten Bedenken hinsichtlich seiner Vereinbarkeit mit dem Gemeinsamen Markt gibt und leitet das Hauptverfahren ein. Ergeht eine entsprechende Entscheidung nicht, so gilt der Zusammenschluss als mit dem Gemeinsamen Markt für vereinbar erklärt.[49]

Die für die erste Phase vorgesehene Monatsfrist verlängert sich ausnahmsweise auf sechs Wochen, wenn zur Beseitigung der wettbewerbsrechtlichen Bedenken von den beteiligten Unternehmen Zusagen angeboten werden.[50] Entsprechende Zusagen, die noch in der ersten Phase berücksichtigt werden sollen, müssen der Kommission jedoch bis spätestens drei Wochen nach der Anmeldung vorliegen.

Eine Verlängerung der Monatsfrist auf sechs Wochen ist außerdem für den Fall vorgesehen, dass eine nationale Wettbewerbsbehörde die Verweisung des Verfahrens an sich beantragt. Eine solche Verweisung ist insbesondere dann möglich, wenn zu befürchten ist, dass auf einem Markt in diesem Mitgliedstaat eine beherrschende

49 Vgl. Art. 10 Abs. 6 FKVO.
50 Art. 10 Abs. 1 Unterabs. 2 FKVO.

Stellung begründet oder verstärkt wird. Wird dem Antrag stattgegeben, entscheiden die betreffenden nationalen Wettbewerbsbehörden über das Zusammenschlussvorhaben nach ihrem jeweiligen nationalen Recht.

Entscheidet die Kommission und hat sie die zweite Prüfungsphase eröffnet, so wird die Eröffnung des Hauptverfahrens im Amtsblatt veröffentlicht und Dritten Gelegenheit zur Stellungnahme binnen 15 Tagen gegeben. Bestätigen sich in der Hauptprüfungsphase die Bedenken der Kommission, so werden diese als so genannte »Beschwerdepunkte« den beteiligten Unternehmen mitgeteilt und diese zur Stellungnahme aufgefordert. Nur auf die in den Beschwerdepunkten geäußerten Bedenken kann die Kommission ihre spätere Entscheidung stützen.

Im Hauptverfahren haben die beteiligten Unternehmen Gelegenheit zur Akteneinsicht.[51] Darüber hinaus besteht die Möglichkeit der mündlichen Anhörung.[52] Zu solchen Anhörungen können auch dritte Unternehmen, beispielsweise Wettbewerber oder Kunden der beteiligten Unternehmen geladen werden.

Zur Prüfung des Zusammenschlussvorhabens stehen der Kommission umfangreiche Ermittlungsbefugnisse zur Verfügung. So kann die Kommission formelle und informelle Auskunftsverlangen an Unternehmen, die zuständigen Behörden der Mitgliedstaaten oder Regierungen richten. Hiervon macht die Kommission regelmäßig intensiven Gebrauch, indem sie vor allem an die wichtigsten Kunden und Lieferanten sowie an die wichtigsten Wettbewerber der beteiligten Unternehmen in allen betroffenen Märkten umfangreiche Fragenkataloge zur kurzfristigen Beantwortung übermittelt. Sie kann auch selbst Nachprüfungen vornehmen bzw. durch die Wettbewerbsbehörden der Mitgliedstaaten vornehmen lassen. Zu diesem Zweck ist die Kommission berechtigt, sämtliche Räumlichkeiten, Grundstücke und Transportmittel zu betreten, Bücher und sonstige Geschäftsunterlagen zu prüfen, Kopien anzufertigen oder anzufordern sowie mündliche Erklärungen an Ort und Stelle zu verlangen.

Gegen Ende der zweiten Phase bereitet die Generaldirektion Wettbewerb einen Entscheidungsentwurf vor, zu dem der Beratende Ausschuss, ein aus Vertretern der Behörden der Mitgliedstaaten bestehendes Gremium, Stellung nimmt. Anschließend entscheidet die Kommission als Kollegialorgan mehrheitlich, ob das Zusammenschlussvorhaben freigegeben oder untersagt wird.

dd) Zusagen, Auflagen und Bedingungen

In einer Reihe problematischer Fälle konnte in der Vergangenheit die Untersagung des Zusammenschlussvorhabens durch Zusagen der beteiligten Unternehmen abgewendet werden. Solche Zusagen sind in der ersten Phase bis spätestens drei Wochen nach Anmeldung und in der zweiten Phase bis spätestens drei Monate nach Einlei-

51 Art. 18 Abs. 3 Satz 3 FKVO.
52 Vgl. Art. 13 – 16 DVO.

tung des Hauptverfahrens vorzulegen. Mit entsprechenden Zusagen sollen die Bedenken hinsichtlich der Vereinbarkeit des Zusammenschlusses mit dem Gemeinsamen Markt beseitigt und die Kommission zur Freigabe bewegt werden. In der Regel empfiehlt es sich, den Inhalt von Zusagen bereits vorher mit der Kommission zu besprechen und abzustimmen, um dadurch die Wahrscheinlichkeit zu erhöhen, dass die vorzulegende Zusage aus Sicht der Kommission ausreicht, um das wettbewerbliche Problem zu beseitigen.

Es soll noch einmal betont werden, dass es bei kartellrechtlich problematischen Transaktionen sinnvoll ist, schon in der Planungsphase über mögliche Modifikationen der Transaktion nachzudenken. Entsprechende Rückfallpositionen können dazu beitragen, das Scheitern der Transaktion für den Fall zu verhindern, dass kartellrechtliche Probleme auftreten. Ihre frühzeitige Berücksichtigung ermöglicht es den beteiligten Unternehmen, innerhalb der kurzen Verfahrensfristen angemessen auf die Bedenken der Kommission zu reagieren.

Als untersagungsabwendende Zusagen kommen Veräußerungs- oder Entflechtungszusagen in Betracht, durch die Tochtergesellschaften oder Unternehmensteile in kritischen Märkten an dritte Unternehmen veräußert werden. Dabei steht es den beteiligten Unternehmen frei, die betreffenden Unternehmensteile bereits vor der Genehmigungsentscheidung der Kommission an Dritte zu veräußern oder erst nach Erteilung der Genehmigung innerhalb einer von der Kommission festgesetzten Frist. Neben so genannten »strukturellen Zusagen« kommen in Ausnahmefällen auch »verhaltensbezogene Zusagen« in Betracht, durch die sich die beteiligten Unternehmen zu einem bestimmten Verhalten verpflichten, durch das der Wettbewerb auf den betroffenen Märkten aufrecht erhalten werden soll. Mitunter hat die Kommission auch die Verpflichtung der beteiligten Unternehmen akzeptiert, bestimmte Schlüsseltechnologien an interessierte dritte Unternehmen zu marktüblichen Bedingungen zu lizensieren.

Um sicherzustellen, dass die im Zusammenschlussvorhaben gegebenen Zusagen auch eingehalten werden, hat die Kommission die Möglichkeit, ihre Freigabeentscheidung mit Bedingungen und Auflagen zu versehen. Dies ist inzwischen in beiden Prüfungsphasen möglich. Halten die beteiligten Unternehmen Auflagen nicht ein, so kann die Kommission ihre Erfüllung mit Hilfe von Zwangsgeldern durchsetzen und erforderlichenfalls die Genehmigung des Zusammenschlusses widerrufen.[53]

ee) Rechtsmittel und Rechte Dritter

Gegen Untersagungsentscheidungen der Kommission oder Entscheidungen unter Auflagen und Bedingungen kann von den beteiligten Unternehmen binnen zwei Monaten Nichtigkeitsklage vor dem Gericht Erster Instanz erhoben werden. Daneben steht auch gegen förmliche Auskunftsentscheidungen, Nachprüfungsanordnun-

53 Art. 6 Abs. 3 Buchstabe b) und Art. 8 Abs. 5 Buchstabe b) FKVO.

gen sowie Geldbuße- und Zwangsgeldfestsetzungen der Rechtsweg gemäß Art. 16, Art. 11 Abs. 5 und Art. 13 Abs. 3 FKVO offen.

Soweit Dritte ein hinreichendes Interesse an dem Verfahrensausgang darlegen können, wie dies z.B. bei Wettbewerbern, Lieferanten oder Abnehmern, aber auch Mitgliedern der Leitungsorgane oder Arbeitnehmervertretern der Fall sein kann, stehen ihnen im Hauptverfahren bestimmte Informations- und Anhörungsrechte zu. Wirtschaftlich betroffene Wettbewerber, Abnehmer oder Lieferanten können außerdem die Freigabeentscheidung der Kommission vor dem Gericht Erster Instanz anfechten.

ff) Entflechtung vollzogener Zusammenschlüsse

Wird ein Zusammenschluss vollzogen, ohne dass er angemeldet und von der Kommission freigegeben wurde, so besteht nach Art. 8 Abs. 3 bzw. 4 FKVO die Möglichkeit, bei Vorliegen der Untersagungsvoraussetzung die Entflechtung des Zusammenschlusses anzuordnen. Eine solche Entscheidung unterliegt dem Grundsatz der Verhältnismäßigkeit. Die Kommission darf stets nur solche Maßnahmen ergreifen, die geeignet und zugleich erforderlich sind, wirksamen Wettbewerb wieder herzustellen. Zur Durchsetzung entsprechender Anordnungen können Geldbußen bzw. Zwangsgelder verhängt werden.[54]

gg) Verhältnis zu Art. 81 und 82 EG-Vertrag und zur nationalen Fusionskontrolle

Auf Mergers & Acquisitions, die Zusammenschlüsse im Sinne von Art. 3 FKVO mit gemeinschaftsweiter Bedeutung im Sinne von Art. 1 FKVO darstellen, findet allein die FKVO Anwendung. Wie bereits dargestellt, unterliegt damit auch die Gründung von Gemeinschaftsunternehmen der Fusionskontrolle. Soweit die Gründung eines der Fusionskontrolle unterliegenden Gemeinschaftsunternehmens eine Koordinierung des Wettbewerbsverhaltens der an diesem Gemeinschaftsunternehmen beteiligten Muttergesellschaften bewirkt, wird im Rahmen des Fusionskontrollverfahrens auch die Anwendbarkeit des Kartellverbots in Art. 81 EG-Vertrag geprüft. Dies hat jedoch keine Auswirkungen auf das Verfahren. Es ändert sich lediglich der Umfang der materiellen Prüfung.

Da die FKVO nur auf Vollfunktionsgemeinschaftsunternehmen Anwendung findet, werden Gemeinschaftsunternehmen, die nicht auf Dauer alle Funktionen einer selbstständigen wirtschaftlichen Einheit erfüllen, nach Art. 81 und 82 EG-Vertrag beurteilt. Dies gilt z.B. für Gemeinschaftsunternehmen, die auf Forschung und Entwicklung oder auf die Produktion beschränkt sind. Das Gleiche gilt für kooperative Gemeinschaftsunternehmen, die mangels gemeinschaftsweiter Bedeutung nicht der FKVO unterliegen.

---

54 Art. 14 Abs. 2 lit. c) bzw. Art. 15 Abs. 2 lit. b) FKVO.

Ansonsten ist für Mergers & Acquisitions außerhalb des Anwendungsbereichs der FKVO die Anwendbarkeit der Fusionskontrollvorschriften der Mitgliedstaaten zu prüfen. Bestimmte Mergers & Acquisitions, die entweder keinen Zusammenschluss im Sinne der FKVO darstellen (z.B. bei bestimmten Minderheitsbeteiligungen) oder die keine gemeinschaftsweite Bedeutung haben, unterliegen möglicherweise der Anwendung nationaler Fusionskontrollvorschriften. Nur innerhalb des Anwendungsbereichs der FKVO sind die mitgliedstaatlichen Wettbewerbsordnungen ausgeschlossen.[55]

Zur Zuständigkeit der Mitgliedstaaten bei Zusammenschlüssen mit gemeinschaftsweiter Bedeutung kann es nur dann kommen, wenn die Kommission das Verfahren auf Antrag der Wettbewerbsbehörde eines Mitgliedstaats an diese verweist.[56] Eine solche Verweisung kommt insbesondere dann in Betracht, wenn ein Zusammenschluss eine beherrschende Stellung zu begründen oder zu verstärken droht, durch die wirksamer Wettbewerb auf einem Markt in diesem Mitgliedstaat behindert wird (Art. 9 Abs. 2 FKVO). Im Falle einer solchen Verweisung wird über das Zusammenschlussvorhaben oder den verwiesenen Teil des Vorhabens von den jeweiligen nationalen Behörden entschieden.

3. Deutsche Fusionskontrolle

a) Anwendungsbereich

Zusammenschlüsse, die nicht in den Anwendungsbereich der europäischen Fusionskontrolle fallen, sind vor ihrem Vollzug beim Bundeskartellamt in Bonn anzumelden, wenn die Aufgreifkriterien des deutschen Fusionskontrollrechts erfüllt sind. Die Kontrolle von Zusammenschlüssen wurde in Deutschland bereits 1973 eingeführt und hat damit eine mehr als 25 Jahre längere Geschichte als die europäische Zusammenschlusskontrolle. Seit 1973 sind die deutschen Regelungen zur Fusionskontrolle mehrmals verschärft und bestehende Schlupflöcher im Gesetz geschlossen worden. Durch die am 1. Januar 1999 in Kraft getretene Sechste Novelle zum Gesetz gegen Wettbewerbsbeschränkungen (GWB) wurde die deutsche Fusionskontrolle grundlegend überarbeitet und teilweise dem europäischen Recht angepasst. Zugleich wurde ihr Anwendungsbereich durch das Absenken der Umsatzschwellen für die vorherige Anmeldepflicht ausgedehnt. Gleichzeitig wurde die Anzeige nach Vollzug von Zusammenschlüssen zugunsten einer generell präventiven Anmeldepflicht abgeschafft.

Die Vorschriften zur Zusammenschlusskontrolle sind im siebten Abschnitt des ersten Teils des GWB enthalten. Mergers & Acquisitions, die Gründung von Gemein-

55 Art. 21 Abs. 2 FKVO.
56 Art. 9 FKVO.

schaftsunternehmen und andere Unternehmenstransaktionen müssen nur dann beim Bundeskartellamt angemeldet werden, wenn sie einen der gesetzlich geregelten Zusammenschlusstatbestände erfüllen und die an dem Zusammenschluss beteiligten Unternehmen bestimmte Umsatzschwellen erreichen.

aa) Zusammenschlusstatbestände

(1) Allgemeines

Auch nach dem GWB unterliegen nur strukturelle Veränderungen der Wettbewerbsbedingungen der Zusammenschlusskontrolle. Im Rahmen der Sechsten GWB-Novelle wurden die in § 37 GWB definierten Zusammenschlusstatbestände neu gefasst und dem europäischen Recht insoweit angeglichen, als der Tatbestand des Erwerbs der Kontrolle über ein anderes Unternehmen auch in das GWB Eingang gefunden hat. An den anderen Zusammenschlusstatbeständen, die zum Teil weiter sind als die Zusammenschlusstatbestände des europäischen Rechts, wurde festgehalten. Im einzelnen sind folgende Zusammenschlusstatbestände zu unterscheiden:

- Vermögenserwerb (§ 37 Abs. 1 Nr. 1 GWB);
- Kontrollerwerb (§ 37 Abs. 1 Nr. 2 GWB);
- Kapitalanteils- oder Stimmrechtserwerb (§ 37 Abs. 1 Nr. 3 GWB);
- Erwerb eines wettbewerblich erheblichen Einflusses (§ 37 Abs. 1 Nr. 4 GWB).

Die deutsche Fusionskontrolle gilt nur für Unternehmen. Als Unternehmen werden grundsätzlich alle natürlichen oder juristischen Personen angesehen, die Waren oder gewerbliche Leistungen herstellen oder vertreiben und diese Tätigkeit nicht ausschließlich der rein privaten Lebensführung oder der abhängigen Arbeit zuzurechnen ist bzw. hoheitliches Handeln der öffentlichen Hand darstellt. Regelmäßig erfüllen Handelsgesellschaften, BGB-Gesellschaften, Vereine und Verbände den Unternehmensbegriff, soweit sie am marktwirtschaftlichen Leistungsaustausch teilnehmen. Ehemals öffentlich-rechtlich organisierte Aktivitäten in den Bereichen Bahn, Post und Telekommunikation sind inzwischen privatisiert und unterliegen damit ohne weiteres der Fusionskontrolle. Daneben sind öffentlich-rechtliche Körperschaften dann als Unternehmen im Sinne des GWB anzusehen, wenn sie unternehmerisch tätig werden, d.h. am Markt auftreten. Auch natürliche Personen gelten als Unternehmen, wenn sie selbst oder durch eine Beteiligung an einem Unternehmen unternehmerisch tätig werden oder freiberuflichen Tätigkeiten nachgehen.

(2) Vermögenserwerb

Den Zusammenschlusstatbestand des Vermögenserwerbs erfüllen Transaktionen, bei denen ein Unternehmen das Vermögen eines anderen Unternehmens oder Teile desselben erwirbt (Asset Deal). Als Vermögen im Sinne dieses Tatbestandes kommen sämtliche unternehmerisch genutzte Vermögensgegenstände in Betracht, wie z.B. Produktionsanlagen, dingliche Rechte und Forderungen, aber auch Immaterialgüterrechte, wie der Goodwill eines Unternehmens, Kundenkarteien, Betriebsgeheimnisse, gewerbliche Schutzrechte (z.B. Warenzeichen) oder Know-how.

Die deutsche Fusionskontrolle greift nicht erst ein, wenn das Vermögen eines Unternehmens insgesamt übertragen wird, sondern auch bereits dann, wenn der Käufer – wie häufig – wesentliche Teile des Vermögens eines Unternehmens erwirbt. Als »wesentlich« sieht die Rechtsprechung jede betriebliche Teileinheit an, die eine gewisse eigenständige Bedeutung aufweist und der Umsätze zuzuordnen sind. Das gilt ohne weiteres für gesamte Geschäftsbereiche, kann aber auch für die isolierte Übertragung von Warenzeichen oder anderen Vermögenswerten gelten, wenn dadurch die Stellung des Erwerbers auf dem betroffenen Markt beeinflusst werden kann.

(3) Erwerb der Kontrolle

Um eine Harmonisierung der deutschen mit der europäischen Fusionskontrolle herbeizuführen, ist der Zusammenschlusstatbestand des Kontrollerwerbs 1999 in § 37 Abs. 1 Nr. 2 GWB eingefügt worden. Nach der Gesetzesbegründung der Bundesregierung soll sich die Auslegung dieses Tatbestands an der Entscheidungspraxis der Kommission und der Europäischen Gerichte orientieren. Wie bereits oben unter 2. a) aa) 3) ausgeführt, ist Kontrolle als Möglichkeit zu verstehen, einen bestimmenden Einfluss auf die Tätigkeiten eines anderen Unternehmens auszuüben. Die Kontrolle kann durch Rechte, Verträge oder andere Mittel begründet werden. In § 37 Abs. 1 Nr. 2 GWB werden Eigentums- oder Nutzungsrechte an der Gesamtheit oder Teilen des Vermögens eines Unternehmens sowie Rechte oder Verträge genannt, die einen bestimmenden Einfluss auf die Zusammensetzung, die Beratung oder Beschlüsse der Organe des Unternehmens gewähren. Unabhängig von der Art der Transaktion wird jeder Übergang unternehmerisch genutzter Ressourcen von einem oder mehreren Unternehmen auf ein oder mehrere andere Unternehmen erfasst, durch die der bzw. die Erwerber neue Einflussmöglichkeiten erlangen.

Der Zusammenschlusstatbestand des Kontrollerwerbs kann damit sowohl durch einen Asset Deal als auch durch einen Share Deal erfüllt werden. Praktisch wichtigster Fall des Kontrollerwerbs ist der Erwerb einer mehr als 50%-igen Beteiligung an einem anderen Unternehmen. Daneben kann auch bei Beteiligung unter 50% ein Kontrollerwerb vorliegen, wenn der Erwerber über eine dauerhafte faktische Hauptversammlungsmehrheit verfügt.

Der Erwerb der Kontrolle unabhängig von der Höhe der gesellschaftsrechtlichen Beteiligung ist außerdem durch den Erwerb von Eigentums- und Nutzungsrechten an der Gesamtheit oder einem Teil eines Unternehmens, z.B. durch Betriebspacht- oder Betriebsüberlassungsverträge denkbar. Außerdem können die in § 37 Abs. 1 Nr. 2 b) GWB genannte Rechte und Verträge, z.B. Konzernverträge, oder personelle Verflechtungen den für den Tatbestand des Kontrollerwerbs erforderlichen bestimmenden Einfluss vermitteln.

Die Kontrolle im Sinne von § 37 Abs. 1 Nr. 2 GWB kann nicht nur durch ein einzelnes, sondern auch durch mehrere Unternehmen gemeinsam erworben werden. Eine gemeinsame Kontrolle setzt einen dauerhaften Interessengleichklang voraus, der mit hinreichender Wahrscheinlichkeit eine gleichgerichtete Einflussnahme erwarten lässt, die über eine allgemein gemeinsame Interessenlage hinausgeht. Die Koordinierung der Einflussnahme der gemeinsam kontrollierenden Muttergesellschaften kann vertraglich abgesichert sein oder auf tatsächlichen Umständen beruhen. Die Möglichkeit wechselnder Mehrheiten spricht zwar gegen eine gemeinsame Kontrolle, kann aber durch faktische Gleichförmigkeit der Einflussnahme entkräftet werden.

(4) Kapitalanteils- oder Stimmrechtserwerb

Nach § 37 Abs. 1 Nr. 3 GWB liegt ein Zusammenschluss vor, wenn ein Unternehmen Anteile an einem anderen Unternehmen erwirbt und dadurch insgesamt eine Beteiligung von 25% oder 50% des Kapitals oder der Stimmrechte erwirbt. Mit jedem Erwerbsvorgang, durch den die vorgenannten Beteiligungsschwellen erreicht werden, liegt ein neuer Zusammenschlusstatbestand vor, der beim Bundeskartellamt anzumelden ist, wenn die entsprechenden Umsatzschwellen erreicht werden. Bei dem Erwerb einer Beteiligung von über 50% wird regelmäßig auch ein Kontrollerwerb im Sinne von § 37 Abs. 1 Nr. 2 GWB gegeben sein.

Nach § 37 Abs. 1 Nr. 3 GWB stellt der Erwerb von 25% oder 50% der Anteile einen vertikalen Zusammenschluss zwischen dem Erwerber und dem zu erwerbenden Unternehmen dar. Darüber hinaus fingiert § 37 Abs. 1 Nr. 3 Satz 3 GWB gleichzeitig einen horizontalen Zusammenschluss zwischen sämtlichen Unternehmen, die jeweils mehr als 25% der Anteile des betreffenden Unternehmens halten. Erwerben daher mehrere Unternehmen gleichzeitig oder nacheinander Anteile von 25% oder mehr, so gilt dies zumindest hinsichtlich der Märkte, auf denen das Unternehmen tätig ist, an dem die betreffende Beteiligung erworben wird, auch als Zusammenschluss der sich mit 25% oder mehr beteiligenden Unternehmen untereinander. Hierdurch soll den Auswirkungen einer solchen Transaktion auf den Wettbewerb zwischen den Müttern eines Gemeinschaftsunternehmens (so genannter »Gruppeneffekt«) Rechnung getragen werden.

Bei der Berechnung der Beteiligungsschwellen werden die bereits gehaltenen Anteile und die neu hinzu erworbenen Anteile zusammengerechnet. Dem erwerbenden Unternehmen werden außerdem die Beteiligungen anderer Gesellschaften zugerechnet, die zu demselben Konzern gehören. Schließlich werden sämtliche Anteile, die von einem anderen Unternehmen treuhänderisch für Rechnung des Erwerbers gehalten werden, mit einbezogen.

(5) Erwerb eines wettbewerblich erheblichen Einflusses

Auch der Erwerb eines wettbewerblich erheblichen Einflusses stellt nach § 37 Abs. 1 Nr. 4 GWB einen Zusammenschluss dar. Dadurch werden vor allem Minderheitsbeteiligungen unterhalb der 25%-Schwelle erfasst, aufgrund derer unter Berücksichtigung des zwischen den Unternehmen bestehenden gesamten Beziehungsgeflechts zu erwarten ist, dass der Wettbewerb zwischen den beteiligten Unternehmen so wesentlich eingeschränkt wird, dass die Unternehmen nicht mehr unabhängig auf dem Markt auftreten. Dieser Auffangtatbestand findet auf Umgehungstatbestände und auf Transaktionen Anwendung, die dem Erwerber einer Beteiligung unter 25% eine Rechtsstellung verschafft, die normalerweise nur einem qualifizierten Minderheitsgesellschafter zukommt. Nach der Praxis des Bundeskartellamts ist dies etwa dann der

Fall, wenn dem Gesellschafter bestimmte Entsendungsrechte, Mitwirkungsrechte bei wichtigen geschäftspolitischen Entscheidungen oder die Übernahme der Leitung einzelner Unternehmensteile übertragen werden.

(6) Ausnahmen vom Zusammenschlusstatbestand

Rein unternehmens- oder konzerninterne Umstrukturierungen oder Transaktionen sind ebenso wie im europäischen Recht kein Zusammenschluss im Sinne des § 37 GWB. Ein kontrollpflichtiger Zusammenschluss liegt auch dann nicht vor, wenn die beteiligten Unternehmen bereits vorher zusammengeschlossen waren und der Zusammenschluss nicht zu einer wesentlichen Verstärkung der bestehenden Unternehmensverbindung führt (§ 37 Abs. 2 GWB). Dies gilt insbesondere für unbedeutende Anteilsaufstockungen, durch die die Einflussmöglichkeiten des erwerbenden Unternehmens nicht entscheidend verändert werden, und für den Erwerb von Anteilen durch Unternehmen, die bereits über eine Mehrheitsbeteiligung verfügen. In vielen Fällen wird das Erreichen der gesetzlichen Beteiligungsschwellen (25% oder 50%) zu einer Verstärkung der Einflussmöglichkeiten führen und daher einen Zusammenschlusstatbestand darstellen. Auch die Aufstockung einer Mehrheitsbeteiligung kann eine wesentliche Verstärkung bedeuten, wenn dabei qualifizierte Minderheitsgesellschafter ihre Einflussmöglichkeiten verlieren.

Eine weitere Ausnahme vom Zusammenschlusstatbestand gilt für den Erwerb von Beteiligungen durch Kreditinstitute, Finanzinstitute oder Versicherungsunternehmen. Werden entsprechende Beteiligungen zum Zwecke der Veräußerung erworben, so liegt kein Zusammenschluss vor, wenn die mit dem Erwerb verbundenen Stimmrechte nicht ausgeübt werden und die Weiterveräußerung innerhalb eines Jahres erfolgt (§ 37 Abs. 3 GWB). Die Jahresfrist kann vom Bundeskartellamt auf Antrag verlängert werden.

bb) Umsatzschwellen

Auch die deutschen Vorschriften über die Zusammenschlusskontrolle finden nur dann Anwendung, wenn die an dem Zusammenschluss beteiligten Unternehmen bestimmte Umsatzschwellen erreichen. Die Umsatzschwellen sind in § 35 GWB geregelt. Beim Bundeskartellamt sind jene Zusammenschlüsse anzumelden, bei denen die beteiligten Unternehmen im letzten abgeschlossenen Geschäftsjahr vor dem Zusammenschluss weltweite Umsatzerlöse von mehr als DM 1 Mrd. erzielt haben und gleichzeitig mindestens eines der beteiligten Unternehmen im Inland Umsatzerlöse von mehr als DM 50 Mio. erzielt hat. Durch die mit der Sechsten GWB-Novelle neu eingeführte »de-minimis-Schwelle« von DM 50 Mio. sollen Auslandszusammenschlüsse mit nur geringfügigen Auswirkungen im Inland der Fusionskontrolle entzogen werden.

Sind die vorgenannten Umsatzschwellen erfüllt, ist die deutsche Fusionskontrolle regelmäßig auch auf Auslandszusammenschlüsse anzuwenden. Zwar sind die Vorschriften über die Zusammenschlusskontrolle nach § 130 Abs. 2 GWB nur anwendbar, wenn sich eine Transaktion spürbar im Inland auswirkt (so genanntes »Auswirkungsprinzip«). Spürbare inländische Auswirkungen liegen nach Auffassung des

Bundeskartellamtes aber immer dann vor, wenn zumindest eines der beteiligten Unternehmen auch im Inland tätig ist und dabei Inlandsumsätze von mindestens DM 50 Mio. erzielt.

Etwas anderes gilt nur für den Fall, dass der Zusammenschluss selbst in keinem Zusammenhang mit den Inlandsaktivitäten der beteiligten Unternehmen steht und folglich mittelbare Auswirkungen auf den Wettbewerb in der Bundesrepublik ausgeschlossen werden können. Wegen des bestehenden Bußgeldrisikos sowie des Risikos der Unwirksamkeit des Zusammenschlusses nach deutschem Recht ist es in Zweifelsfällen sinnvoll, das Zusammenschlussvorhaben rein vorsorglich beim Bundeskartellamt anzumelden bzw. erst nach Absprache mit dem Bundeskartellamt von einer Anmeldung abzusehen.

Gesetzliche Ausnahmen hinsichtlich der Anwendung der deutschen Fusionskontrolle finden sich in § 35 Abs. 2 GWB für so genannte Anschluss- und Bagatellmarkt-Fälle. Um kleinen und mittelständischen Unternehmen die Verwertung des Unternehmensvermögens zu erleichtern, unterfallen Zusammenschlüsse von unabhängigen, nicht konzernangehörigen Unternehmen mit Umsatzerlösen unter DM 20 Mio. nicht der Fusionskontrolle (§ 35 Abs. 2 Nr. 1 GWB). Dies gilt jedoch nicht für Zusammenschlüsse, die den Wettbewerb unter Verlagen, bei der Herstellung oder dem Vertrieb von Zeitungen oder Zeitschriften oder deren Bestandteile betreffen.

Des weiteren sind Zusammenschlüsse von der Kontrolle ausgenommen, die Märkte betreffen, auf denen seit mindestens fünf Jahren Waren oder gewerbliche Leistungen angeboten werden und auf denen im letzten Kalenderjahr weniger als DM 30 Mio. umgesetzt wurden (§ 35 Abs. 2 Nr. 2 GWB). Ob die Voraussetzung dieser Bagatellmarktklausel gegeben sind, hängt vor allem von der Abgrenzung der sachlich und räumlich relevanten Märkte ab. Die Prüfung dieser Ausnahme ist daher häufig mit Unsicherheiten verbunden. Darüber hinaus reichen bereits Auswirkungen auf einzelne andere, nicht der Bagatellmarktklausel unterfallende Märkte aus, um den Anwendungsbereich der Fusionskontrolle zu bejahen. Wenn der betroffene Markt nicht mit hinreichender Sicherheit abgegrenzt werden kann, sollte wegen des mit der Nichtanmeldung verbundenen Bußgeld- und Unwirksamkeitsrisikos vorsorglich eine Anmeldung vorgenommen werden oder erst nach Absprache mit dem Bundeskartellamt von einer Anmeldung abgesehen werden.

Für die Umsatzberechnung ist der Zeitpunkt der Anmeldung maßgeblich, sodass regelmäßig die Umsatzerlöse für das letzte abgeschlossene Geschäftsjahr zugrunde zu legen sind. Dabei sind Umsätze in Fremdwährungen auf der Grundlage des von der Deutschen Bundesbank ermittelten und veröffentlichten amtlichen Durchschnittskurses für das betreffende Jahr umzurechnen. Ausschlaggebend sind, wie auch in der europäischen Fusionskontrolle, die Konzernumsätze der jeweils beteiligten Unternehmen, d.h. Umsätze der Tochter- und Muttergesellschaften der beteiligten Unternehmen einschließlich deren Töchter sind in die Umsatzberechnung einzubeziehen. Demgegenüber sind Umsatzerlöse zwischen miteinander verbundenen Unternehmen wie auch die Mehrwertsteuer oder Verbrauchsteuern nicht zu berücksichtigen.

Sonderregelungen gelten für Handelsumsätze, die nur zu drei Vierteln in Ansatz zu bringen sind (§ 38 Abs. 2 GWB). Außerdem ist für Verlage, die Herstellung und den Vertrieb von Zeitungen, Zeitschriften und deren Bestandteile, die Herstellung, den Vertrieb und die Veranstaltung von Rundfunkprogrammen und den Absatz von Rundfunkwerbezeiten das zwanzigfache der Umsatzerlöse bei der Berechnung der Umsatzschwellen maßgeblich. Zur Absicherung der verfassungsrechtlich verankerten Pressefreiheit sollen entsprechende Zusammenschlüsse auch kleinerer Unternehmen der Fusionskontrolle unterliegen.

Bei Kreditinstituten, Finanzinstituten und Bausparkassen tritt nach § 38 Abs. 4 an die Stelle der Umsatzerlöse der Gesamtbetrag der in § 34 Abs. 2 Satz 1 Nr. 1 a) – e) der Verordnung über die Rechnungslegung der Kreditinstitute vom 10.02.1992[57] genannten Erträge abzüglich der Umsatzsteuer und sonstiger direkt auf die Erträge erhobenen Steuern. Einzubeziehen sind Zinserträge, laufende Erträge aus Aktien und anderen nicht festverzinslichen Wertpapieren, Beteiligungen sowie Anteile an verbundenen Unternehmen, Provisionserträge, Nettoerträge aus Finanzgeschäften und sonstige betriebliche Erträge. Des weiteren sind bei Versicherungsunternehmen die Prämieneinnahmen des letzten abgeschlossenen Geschäftsjahres maßgeblich. Prämieneinahmen werden definiert als Einnahmen aus dem Erst- und Rückversicherungsgeschäft einschließlich der in Rückdeckung gegebenen Anteile.

Für die Berechnung der Umsatzschwellen kommt es auf die Umsätze der jeweils beteiligten Unternehmen an. Welche Unternehmen im einzelnen an einem bestimmten Zusammenschluss beteiligt sind, richtet sich nach der Art des Zusammenschlusses. Beim Vermögenserwerb nach § 37 Abs. 1 Nr. 1 GWB sind das erwerbende Unternehmen und das zu erwerbende Unternehmen oder der Unternehmensteil, nicht aber der Veräußerer beteiligt. Da das zu erwerbende Vermögen selbst regelmäßig nicht handlungsfähig ist, werden die im Zusammenhang mit dem Zusammenschlussverfahren stehenden Rechte und Pflichten des zu erwerbenden Vermögens regelmäßig durch den Veräußerer wahrgenommen.

Beim Kontrollerwerb nach § 37 Abs. 1 Nr. 2 GWB sind das bzw. die erwerbenden Unternehmen sowie das zu erwerbende bzw. die zu erwerbenden Unternehmen beteiligt. Das gleiche gilt für den Anteilserwerb nach § 37 Abs. 1 Nr. 3 GWB, bei dem sowohl der Erwerber als auch das Unternehmen, dessen Anteile erworben werden sollen, beteiligt sind.

Nicht beteiligt ist beim Anteilserwerb der Veräußerer der Anteile. Nur wenn dieser auch nach der Transaktion mit mindestens 25% an dem zu erwerbenden Unternehmen beteiligt bleibt, ist er ebenfalls Beteiligter des Zusammenschlussverfahrens. Dies folgt aus der Fiktion des § 37 Abs. 1 Nr. 3 Satz 3 GWB, nach der gleichzeitig ein horizontaler Zusammenschluss zwischen allen mit mindestens 25% an dem zu erwerbenden Unternehmen beteiligten Unternehmen angenommen wird.

57 BGBl. I S. 203.

Im Fall des Erwerbs eines wettbewerblich erheblichen Einflusses sind sowohl das diesen Einfluss erwerbende als auch das Unternehmen beteiligt, an dem ein entsprechender Einfluss begründet wird. Ein horizontaler Zusammenschluss zwischen dem den wettbewerblich erheblichen Einfluss erwerbenden Unternehmen und anderen Gesellschaften, die mit mindestens 25 % an dem Unternehmen beteiligt sind, hinsichtlich dessen der Einfluss erworben wird, besteht nicht, mit der Folge, dass die bisherigen Gesellschafter auch nicht Beteiligte sind.

b) Materielle Bewertung von Zusammenschlüssen

Nach § 36 Abs. 1 GWB ist ein Zusammenschluss vom Bundeskartellamt zu untersagen, von dem zu erwarten ist, dass er eine marktbeherrschende Stellung begründet oder verstärkt, es sei denn, die beteiligten Unternehmen weisen nach, dass durch den Zusammenschluss auch Verbesserungen der Wettbewerbsbedingungen eintreten und dass diese Verbesserungen die Nachteile der Marktbeherrschung überwiegen. Auch in der deutschen Fusionskontrolle ist damit der Begriff der Marktbeherrschung für die materielle Beurteilung entscheidend.

Wie bereits zur europäischen Fusionskontrolle ausgeführt, sollte der angestrebte Zusammenschluss bereits im Vorfeld der Anmeldung materiell geprüft werden, um eventuelle kartellrechtliche Schwierigkeiten im Hinblick auf die spätere Durchführung schon in der Planungsphase berücksichtigen zu können. Dies erlaubt es, möglichen kartellrechtlichen Bedenken frühzeitig und effektiv zu begegnen und die geplante Transaktion kartellrechtskonform zu gestalten.

aa) Marktabgrenzung

(1) Allgemeines

Ausgangspunkt der Beurteilung der Marktbeherrschung ist die Abgrenzung des sachlich und räumlich relevanten Marktes. Wie bereits ausgeführt (vgl. oben 2. b) aa) (1)), beeinflusst die Marktabgrenzung in erheblichem Umfang die Beantwortung der Frage, ob auf dem relevanten Markt eine beherrschende Stellung vorliegt. Nicht selten ist die Frage der Marktabgrenzung der Schlüssel zur Genehmigung von Transaktionen durch das Bundeskartellamt.

(2) Sachlich relevanter Markt

Nach dem allgemein anerkannten Bedarfsmarktkonzept richtet sich die Abgrenzung des sachlich relevanten Marktes nach der Austauschbarkeit der Produkte oder Dienstleistungen aus der Sicht der Nachfrageseite. Das Kammergericht hat in seiner richtungsweisenden »Handpreisauszeichner«-Entscheidung festgestellt, dass der sachlich relevante Markt »sämtliche Erzeugnisse« umfasst, »die sich nach ihren Eigenschaften, ihrem wirtschaftlichen Verwendungszweck und ihrer Preislage so nahe stehen, dass der verständige Verbraucher sie als für die Deckung eines bestimmten

Bedarfs geeignet in berechtigter Weise abwägend miteinander vergleicht und als gegeneinander austauschbar ansieht«.[58]

Das maßgebliche Kriterium der funktionellen Austauschbarkeit für einen bestimmten spezifischen Bedarf darf jedoch nicht dahingehend missverstanden werden, dass nur in ihren Eigenschaften identische Produkte miteinander austauschbar sind. Vielmehr kommt es auf einen typischen Bedarf an, der regelmäßig durch eine ganze Gruppe von Produkten oder Dienstleistungen abgedeckt werden kann. Eine zu enge Interpretation des Bedarfsmarktkonzepts würde zu Märkten führen, die sich auf einzelne Produkte oder Dienstleistungen beschränken, hinsichtlich derer einzelne Unternehmen die einzigen Anbieter und damit marktbeherrschend wären. Ausschlaggebend sind gleichermaßen der Verwendungszweck und die jeweiligen Produkteigenschaften. Daneben spielt in der Praxis auch der Preis eine große Rolle, da erhebliche Preisunterschiede die Austauschbarkeit der betreffenden Produkte/Dienstleistungen grundsätzlich beschränken können.

Des weiteren berücksichtigt das Bundeskartellamt in Anlehnung an die Entscheidungspraxis der Europäischen Kommission zunehmend Angebotsumstellungsflexibilitäten. Unterschiedliche Produkte, die aus der Sicht der Nachfrager nicht unmittelbar in Austauschbeziehungen stehen, können demnach einem einheitlichen, sachlich relevanten Markt zugeordnet werden, wenn seitens der Anbieter die Möglichkeit besteht, die Produktion kurzfristig und ohne größere Kosten auf andere Produkte umzustellen. Auch Produktsortimente, die üblicherweise von sämtlichen Herstellern angeboten und von der Nachfrageseite sortimentsweise abgenommen werden, werden häufig zu einheitlichen Märkten zusammengefasst. Maßgeblich ist danach nicht das einzelne durch seine Eigenschaften und den jeweiligen Verwendungszweck definierte Produkt, sondern das anhand typischer Eigenschaften bestimmbare Sortiment.

Beispiele für sachlich relevante Märkte in der deutschen Praxis der Fusionskontrolle sind: *Aluminium-, Frischhaltefolie und Gefrierbeutel*[59]; *Autoradios*[60]; *chemische Grundstoffe mit bestimmten Qualitätsmerkmalen*[61]; *Edelstahlbestecke*[62]; *Nassfertiggerichte*[63]; *Roh-, Röst- und Instantkaffee*[64]; *Vergaserkraftstoff*[65]; *Zeitungsdruckpapier.*[66]

Bei der Beurteilung der Marktmacht der Nachfrageseite wird ähnlich verfahren wie auf der Angebotsseite. Für die Abgrenzung der sachlich relevanten Beschaffungsmärkte legt das Bundeskartellamt im Bereich des Einzelhandels das gesamte

58 Kammergericht, WuW/E OLG 995, 996.
59 »Melitta-Kraft«, WuW/E BKartA 2370.
60 »Blaupunkt«, WuW/E OLG 4047.
61 »Chemische Grundstoffe II«, WuW/E OLG 1507.
62 »Edelstahlbestecke«, WuW/E OLG 3137.
63 »Pillsbury-Sonnen-Bassermann«, WuW/E OLG 3759.
64 Tätigkeitsbericht des Bundeskartellamts 1985/86, S. 74.
65 »Agip«, WuW/E BKartA 1494.
66 »Haindl-Holtzmann«, WuW/E BKartA 1475.

typische Einzelhandelssortiment der Abgrenzung zugrunde.[67] Nach Auffassung des Kammergerichts ist dieser Markt hingegen enger, d.h. nach bestimmten Produktgruppen abzugrenzen.[68] Einzelfragen der Marktabgrenzung bei Beschaffungsmärkten sind in der Praxis noch nicht ablschließend geklärt.

(3) Räumlich relevanter Markt

Für die räumliche Marktabgrenzung ist ebenfalls auf die funktionelle Austauschbarkeit aus der Sicht des Nachfragers abzustellen. Untereinander austauschbar sind aus der Sicht der Nachfrageseite diejenigen Angebote, die für den jeweiligen Abnehmer erreichbar sind. Ausgangspunkt ist daher in der Praxis häufig das Tätigkeitsgebiet der betroffenen Unternehmen.

In einem Großteil der Fälle ist der räumlich relevante Markt identisch mit dem gesamten Bundesgebiet. Der Bundesgerichtshof hat in seinem so genannten »Backofenmarktbeschluss«[69] entschieden, dass das Gebiet der Bundesrepublik die Obergrenze der räumlichen Marktabgrenzung bildet. Ausländische Wettbewerber sind hiernach außerhalb des räumlich relevanten Marktes tätig und nach § 19 Abs. 2 Satz 1 Nr. 2 GWB nur als potenzielle Wettbewerber im Rahmen der Beurteilung der Marktbeherrschung zu berücksichtigen.

Engere regionale oder lokale Märkte können sich aufgrund gesetzlicher Bestimmungen oder tatsächlicher Umstände ergeben. Beispiele hierfür sind das Gesetz über die technischen Überwachungsvereine, das bestimmte räumliche Tätigkeitsbereiche festschreibt, oder die begrenzten Transportradien für *Zement.*[70] Daneben können die beschränkten Möglichkeiten der Abnehmerseite bzw. Verbrauchergewohnheiten zu engeren Märkten führen, wie dies z.B. hinsichtlich des Einzugsbereichs von *Supermärkten*[71] oder bei lokalen *Abonnementszeitungen*[72] der Fall ist.

bb) Marktbeherrschung

Anders als die europäische Fusionskontrolle enthält das GWB in § 19, also außerhalb des Abschnitts zur Fusionskontrolle, eine ausdrückliche Legaldefinition der Marktbeherrschung. Danach ist ein Unternehmen auf dem zuvor abgegrenzten relevanten Markt marktbeherrschend,

- soweit es ohne Wettbewerber ist oder keinem wesentlichen Wettbewerb ausgesetzt ist (§ 19 Abs. 2 Satz 1 Nr. 1 GWB), also über eine faktische Monopolstellung verfügt;

---

67 »Metro-Kaufhof«, WuW/E BKartA 2060.
68 »Coop-Wandmaker«, WuW/E OLG 3917.
69 BGH WuW/E 3026, 3029.
70 »Zementmahlanlage II«, WuW/E BGH 1655.
71 »Tengelmann-Gottlieb«, WuW/E BKartA 2441.
72 »Sarstedter Kurier-Kreisanzeiger«, WuWE BKartA 2641.

- wenn es im Verhältnis zu seinen Wettbewerbern über eine überragende Marktstellung verfügt (§ 19 Abs. 2 Satz 1 Nr. 2 GWB). Zu berücksichtigen sind insbesondere der Marktanteil, die Finanzkraft, der Zugang zu den Beschaffungs- oder Absatzmärkten, Verflechtungen mit anderen Unternehmen, rechtliche oder tatsächliche Schranken für den Marktzutritt anderer Unternehmen, der tatsächliche oder potenzielle Wettbewerb durch innerhalb oder außerhalb des Geltungsbereichs dieses Gesetzes ansässige Unternehmen, die Fähigkeit, sein Angebot oder seine Nachfrage auf andere Waren oder gewerbliche Leistungen umzustellen sowie die Möglichkeit der Marktgegenseite, auf andere Unternehmen auszuweichen;
- wenn zwischen zwei oder mehreren Unternehmen für eine bestimmte Art von Waren oder gewerblichen Leistungen ein wesentlicher Wettbewerb nicht besteht und soweit diese Unternehmen in ihrer Gesamtheit entweder keinem wesentlichen Wettbewerb ausgesetzt sind oder im Verhältnis zu den übrigen Wettbewerbern eine überragende Marktstellung haben (§ 19 Abs. 2 Satz 2 GWB; Oligopolmarktbeherrschung).

Die Beurteilung der Marktbeherrschung erfolgt anhand der in der Legaldefinition genannten Kriterien. Im Wege einer Gesamtbetrachtung sind alle maßgeblichen Umstände unter besonderer Berücksichtigung der auf dem relevanten Markt herrschenden Wettbewerbsverhältnisse in die Beurteilung einzubeziehen. Neben den für die Fusionskontrolle maßgeblichen Marktstrukturelementen kann auch das aktuelle Wettbewerbsverhalten der auf dem relevanten Markt tätigen Unternehmen Rückschlüsse auf die Wettbewerbsverhältnisse zulassen. Eine überragende Marktstellung ist dann gegeben, wenn nach dem Gesamtbild des Marktes vorhandene Verhaltensspielräume nicht mehr hinreichend durch den Wettbewerb kontrolliert werden und ein funktionsfähiger Wettbewerb nicht besteht.

Besondere Aussagekraft kommt dabei dem Marktanteil des betreffenden Unternehmens zu. Die Bedeutung der Marktanteile wird insbesondere durch die in § 19 Abs. 3 GWB enthaltenen Marktbeherrschungsvermutungen deutlich verstärkt, die an konkrete Marktanteile anknüpfen. Nach § 19 Abs. 3 Satz 1 GWB wird vermutet, dass ein Unternehmen marktbeherrschend ist, wenn es einen Marktanteil von mindestens einem Drittel hat (Einzelmarktbeherrschung). Darüber hinaus gelten mehrere Unternehmen gemeinsam als marktbeherrschend, wenn drei oder weniger Unternehmen zusammen einen Marktanteil von 50% erreichen oder wenn fünf oder weniger Unternehmen zusammen einen Marktanteil von zwei Dritteln innehaben (Oligopolmarktbeherrschung).

Die vorstehenden Vermutungsregeln ermöglichen eine erste Einschätzung, welche Marktanteile als kartellrechtlich problematisch einzustufen sind. Allerdings ist die praktische Bedeutung dieser Vermutungstatbestände dadurch eingeschränkt, dass sie weder das Bundeskartellamt noch die Gerichte von einer umfassenden Prüfung der Wettbewerbsverhältnisse entbinden. Auch bei Vorliegen der Voraussetzungen der Vermutungstatbestände besteht die Möglichkeit nachzuweisen, dass die Wettbewerbsbedingungen wesentlichen Wettbewerb erwarten lassen und die betreffenden Unternehmen im Verhältnis zu ihren Wettbewerbern über keine überragende Marktstellung verfügen. Lediglich für den Fall, dass eine marktbeherrschende Stellung nicht auszuschließen und wesentlicher Wettbewerb nicht nachzuweisen ist, könnte eine Untersagung theoretisch auf die Marktbeherrschungsvermutungen gestützt werden. Kriterien, die die Marktbeherrschungsvermutungen widerlegen können, sind z.B. niedrige Marktzutrittsschranken, dauerhafte Überkapazitäten, technologische Veränderungen sowie erhebliche Nachfragemacht der Kunden, die ein Gegengewicht zur Marktmacht auf der Anbieterseite darstellt.

Bei einem Oligopol ist darüber hinaus der Binnenwettbewerb in erheblichem Maße von den Kräfteverhältnissen innerhalb des Oligopols abhängig. Auch die Anzahl der am Oligopol beteiligten Unternehmen und sonstigen Wettbewerber hat entscheidenden Einfluss auf die Wettbewerbsverhältnisse. Allgemein wird davon ausgegangen, dass der Wettbewerb bei symmetrischen Strukturen innerhalb des Oligopols intensiver ist als bei asymmetrischen Strukturen. Aufholfusionen werden daher vom Bundeskartellamt weniger kritisch beurteilt.

cc) Begründung oder Verstärkung von Marktbeherrschung

Die Beurteilung, ob durch einen Zusammenschluss eine marktbeherrschende Stellung begründet oder verstärkt wird, ist anhand einer Zukunftsprognose zu treffen. Bei dieser Prognose sind die strukturellen Wettbewerbsbedingungen vor dem Zusammenschluss mit den zusammenschlussbedingt veränderten Wettbewerbsbedingungen zu vergleichen. Zukünftige Änderungen der Marktbedingungen sind zumindest dann zu berücksichtigen, wenn diese bereits hinreichend konkret und ausreichend wahrscheinlich erscheinen. Zukünftige Markteintritte oder technische Entwicklungen können sich daher auf die Beurteilung eines Zusammenschlussvorhabens auswirken.

§ 36 Abs. 1 GWB fordert, dass der Zusammenschluss für die Begründung oder Verstärkung der marktbeherrschenden Stellung ursächlich ist. Veränderungen, die unabhängig von der Durchführung des Zusammenschlusses eintreten, vermögen daher eine Untersagung eines Zusammenschlussvorhabens nicht zu begründen.

Die Verstärkung einer beherrschenden Stellung ist insbesondere bei spürbaren Marktanteilszuwächsen gegeben. Auch ohne Marktanteilszuwächse kommt eine Verstärkung dann in Betracht, wenn bisherige Wettbewerber durch den Ressourcenzuwachs bei dem beherrschenden Unternehmen oder durch aggressive Wettbewerbspraktiken abgeschreckt und potenzielle Konkurrenten vom Marktzutritt abgehalten werden. Nach der Praxis des Bundeskartellamts sind bei erheblichen Marktanteilen bereits geringfügige Beeinträchtigungen des Restwettbewerbs ausreichend, um eine Untersagung zu rechtfertigen. Daneben können unabhängig von Marktanteilsveränderungen besonderes Know-how oder neue technische Entwicklungen sowie der Erwerb von Warenzeichen oder Marken zur Verstärkung einer bereits vorhandenen marktbeherrschenden Stellung des Erwerbers beitragen. Da bei der erforderlichen Gesamtbetrachtung immer auf den Einzelfall abzustellen ist, verbietet sich jede Pauschalierung oder formelhafte Beurteilung. Bereits im Rahmen der Planungsphase von Mergers & Acquisitions sollte eine detaillierte Analyse der Wettbewerbssituation durchgeführt werden, um auf dieser Grundlage eine wettbewerbsrechtliche Beurteilung vornehmen zu können.

Im Hinblick auf die Beurteilung der Entstehung oder Verstärkung einer marktbeherrschenden Stellung ist zwischen horizontalen, vertikalen und konglomeraten Zusammenschlüssen zu unterscheiden.

Bei horizontalen Zusammenschlüssen zwischen unmittelbaren Wettbewerbern stehen Marktanteilsadditionen, gegenseitige Ergänzungen des Produktsortiments sowie der Zugang zu gewerblichen Schutzrechten, Know-how, Warenzeichen und Marken im Vordergrund. Der Wegfall aktueller oder potenzieller Wettbewerber führt zu einer Verschlechterung der Wettbewerbssituation. Gleichzeitig sind jedoch mögliche Marktreaktionen und Abschmelzungseffekte zu berücksichtigen, welche die Marktanteilsadditionen erheblich relativieren können.

Bei vertikalen Zusammenschlüssen zwischen Unternehmen verschiedener Marktstufen spielt der Zugang zu den Beschaffungs- bzw. Absatzmärkten eine entscheidende Rolle. Für die Begründung oder Verstärkung einer marktbeherrschenden Stellung sind die mit dem Zusammenschluss verbundenen Ausschlusseffekte zu Lasten der verbleibenden Wettbewerber und die langfristige Absicherung von Lieferbeziehungen von entscheidender Bedeutung.

Bei konglomeraten Zusammenschlüssen von Unternehmen, die auf völlig verschiedenen Märkten tätig sind, kommt es vor allem auf den Zuwachs der Finanzkraft an, von der nach Auffassung des Bundeskartellamts eine Abschreckungswirkung auf kleinere Wettbewerber ausgehen kann. In der Entscheidungspraxis des Bundeskartellamts haben konglomerate Zusammenschlüsse bislang jedoch kaum eine Bedeutung gehabt.

dd) Abwägungsklausel

Nach § 36 Abs. 1 GWB ist ein Zusammenschluss, auch wenn er zur Begründung oder Verstärkung einer marktbeherrschenden Stellung führt, vom Bundeskartellamt dann nicht zu untersagen, wenn nachgewiesen wird, dass durch den Zusammenschluss auch Verbesserungen der Wettbewerbsbedingungen eintreten und dass diese Verbesserungen die Nachteile der Marktbeherrschung überwiegen. Da Gegenstand der Fusionskontrolle nur strukturelle Veränderungen der Wettbewerbsbedingungen sind, kommt eine Kompensation der nachteiligen Auswirkungen auf den Wettbewerb, die von der Begründung oder Verstärkung einer marktbeherrschenden Stellung ausgehen, nur dann in Betracht, wenn mit dem Zusammenschluss marktstrukturelle Verbesserungen einhergehen. Insbesondere Rationalisierungspotenziale sind daher nur bei strukturellen Auswirkungen auf den Markt zu berücksichtigen.

Bedeutung hat diese Abwägungsklausel vor allem dann, wenn ein sich insgesamt positiv auf den Wettbewerb auswirkender Zusammenschluss auf einzelnen unbedeutenden Märkten eine marktbeherrschende Stellung begründet oder verstärkt. Die Vorteile, die auf Drittmärkten eintreten, können hier die Nachteile durch die Begründung oder Verstärkung einer beherrschenden Stellung auf einem bestimmten Markt ausgleichen. Allerdings müssen die Wettbewerbsvorteile auf den Drittmärkten ebenfalls auf den Zusammenschluss zurückgeführt werden können.

Gesamtwirtschaftliche Vorteile, z.B. die Verbesserung der Arbeitsmarktlage oder der Regionalstruktur, sind im Rahmen der Fusionskontrolle nicht zu berücksichtigen. Entsprechende Gesichtspunkte sind nach § 42 GWB der Ministererlaubnis vorbehalten. Auch Sanierungsfusionen lassen sich nur in Ausnahmefällen durch die Abwägungsklausel rechtfertigen, da die Übernahme eines konkursreifen Unternehmens durch einen starken Wettbewerber regelmäßig nicht zu einer Verbesserung der Wettbewerbsbedingungen führt. Soweit die betreffenden Marktanteile jedoch in jedem Fall dem Erwerber zufallen würden, fehlt es möglicherweise bereits an der Kausalität des Zusammenschlusses für den betreffenden Marktanteilszuwachs.

c) Verfahren

aa) Vorherige Anmeldung

Seit Inkrafttreten der Sechsten GWB-Novelle 1999 sind sämtliche Zusammenschlüsse, die der deutschen Fusionskontrolle unterliegen, vor ihrem Vollzug beim Bundeskartellamt anzumelden (System präventiver Fusionskontrolle). Hierzu sind alle an dem Zusammenschluss beteiligten Unternehmen verpflichtet, d.h. im Fall der Fusion die miteinander fusionierenden Unternehmen, bei Vermögens- oder Anteilserwerb der Erwerber und das zu erwerbende Unternehmen. Regelmäßig wird die Anmeldung von einem der Beteiligten für sämtliche Zusammenschlussbeteiligte abgegeben. Die Anmeldung ist möglich, sobald das Zusammenschlussvorhaben hinreichend konkretisiert ist, um dem Bundeskartellamt eine Beurteilung zu ermöglichen. Sie kann bereits frühzeitig vor Abschluss der den Zusammenschluss begründenden Verträge, muss aber vor Vollzug beim Bundeskartellamt eingereicht werden.

Ein Formblatt, in dem die für die Anmeldung erforderlichen Angaben im einzelnen aufgelistet sind, oder besondere Formvorschriften kennt das GWB im Gegensatz zur europäischen Fusionskontrolle nicht. Der Mindestinhalt der Anmeldung ist in § 39 Abs. 3 GWB genannt. Danach sind neben einer Beschreibung der Form des Zusammenschlusses für jedes der beteiligten Unternehmen die folgenden Angaben erforderlich:

- Firma oder sonstige Bezeichnung des beteiligten Unternehmens;
- Ort der Niederlassung oder Sitz der Gesellschaft;
- Art des Geschäftsbetriebes;
- Umsatzerlöse im Inland, in der Europäischen Union und weltweit;
- an Stelle der Umsatzerlöse sind bei Kreditinstituten, Finanzinstituten und Bausparkassen der Gesamtbetrag der Erträge und bei Versicherungsunternehmen die Prämien anzugeben;
- die Marktanteile einschließlich der Grundlagen für ihre Berechnung oder Schätzung, soweit ein Marktanteil von mehr als 20% erreicht wird.

Im Fall des Anteilserwerbs ist die Höhe der erworbenen und die insgesamt gehaltene Beteiligung zu nennen. Außerdem ist eine zustellungsbevollmächtigte Person im Inland zu bezeichnen, sofern der Sitz des Unternehmens außerhalb der Bundesrepublik liegt. Angaben zur Firma, Sitz und Art des Geschäftsbetriebs müssen nicht nur zu den Beteiligten, sondern auch zu den mit diesen verbundenen Unternehmen erfolgen. Außerdem sind die Angaben zu den Umsatzerlösen und Marktanteilen für die beteiligten Unternehmen und die mit ihnen verbundenen Unternehmen insgesamt zu machen. Konzernbeziehungen sowie Abhängigkeits- und Beteiligungsverhältnisse zwischen den Beteiligten und den mit ihnen verbundenen Unternehmen sind mitzuteilen. Unrichtige, unvollständige oder nicht rechtzeitige Anmeldungen können mit einem Bußgeld von bis zu DM 50.000 geahndet werden.

Eine Anmeldung nach § 39 GWB ist dann nicht erforderlich, wenn der Zusammenschluss zunächst nach der FKVO bei der Europäischen Kommission angemeldet wurde und diese das Vorhaben auf Antrag des Bundeskartellamts dorthin zurückverwiesen hat. Eine Ausnahme gilt für den Fall, dass die Anmeldung bei der Kommission nicht in deutscher Sprache erfolgt ist. In diesem Fall ist eine zusätzliche Anmeldung in deutscher Sprache mit den für die deutsche Fusionskontrolle erforderlichen Angaben nachzureichen.

bb) Verfahrensablauf

Mit Einreichen der vollständigen Anmeldung beim Bundeskartellamt beginnt das sogenannte »Vorverfahren« (erste Phase der kartellrechtlichen Prüfung), in dem die zuständige Beschlussabteilung des Bundeskartellamts prüft, ob eine eingehende Untersuchung des Zusammenschlusses im Hauptprüfverfahren (zweite Phase der Prüfung) erforderlich ist. Soweit sich keine Anhaltspunkte ergeben, dass durch den Zusammenschluss eine marktbeherrschende Stellung begründet oder verstärkt wird, gibt das Bundeskartellamt das Zusammenschlussvorhaben durch eine formlose Mitteilung frei. Da es sich hierbei um eine nicht förmliche Verwaltungsentscheidung handelt, kann diese weder mit Auflagen noch mit Bedingungen verbunden werden.

Hat das Bundeskartellamt Bedenken gegen den Zusammenschluss, so ist eine spätere Untersagungsentscheidung zum Abschluss des Hauptprüfverfahrens nur dann möglich, wenn den anmeldenden Unternehmen innerhalb einer Frist von einem Monat nach Eingang der vollständigen Anmeldung mitgeteilt wird, dass das Hauptprüfverfahren eröffnet wurde (so genannter »Monatsbrief«).

Im Hauptprüfverfahren erfolgt eine detaillierte Prüfung des Zusammenschlusses. Diese Prüfung muss innerhalb von vier Monaten nach Eingang der vollständigen Anmeldung durch eine förmliche Verfügung abgeschlossen werden. Ansonsten gilt der Zusammenschluss als freigegeben. Ist das Bundeskartellamt innerhalb der Vier-Monats-Frist nicht zu einer abschließenden Beurteilung in der Lage, kann die Untersagungsfrist mit Zustimmung aller Beteiligten verlängert werden.

Im Rahmen der materiellen Prüfung stehen dem Bundeskartellamt umfassende Ermittlungsbefugnisse zu. Es kann nach § 39 Abs. 5 GWB von jedem beteiligten Unternehmen Auskünfte über Marktanteile einschließlich der Grundlagen für die Berechnung oder Schätzung sowie über Umsatzerlöse verlangen. Daneben können, soweit es zur Durchführung der materiellen Fusionskontrolle erforderlich ist, nach § 59 GWB auch von dritten Unternehmen oder Unternehmensvereinigungen Auskünfte über deren wirtschaftliche Verhältnisse verlangt sowie geschäftliche Unterlagen eingesehen und deren Herausgabe verlangt werden. Das Bundeskartellamt ist befugt, Beweis durch Augenschein, Zeugen oder Sachverständige zu erheben (§ 57 GWB) und Durchsuchungen (§ 59 Abs. 4 GWB) und Beschlagnahmen durchzuführen (§ 58 GWB). Während des Fusionskontrollverfahrens ist den Beteiligten Gelegenheit zur Stellungnahme zu geben (§ 56 Abs. 1 GWB). Auf Antrag eines Beteiligten können andere Beteiligte zur mündlichen Verhandlung geladen werden.

Nach § 41 Abs. 1 GWB dürfen Zusammenschlüsse, solange sie nicht vom Bundeskartellamt freigegeben wurden oder die Untersagungsfristen abgelaufen sind, nicht vollzogen werden (Vollzugsverbot). Das Vollzugsverbot gilt auch für die Mitwirkung am Vollzug des Zusammenschlusses. Als Vollzugshandlung sind alle Maßnahmen anzusehen, durch die der Zusammenschluss bewirkt und dem erwerbenden Unternehmen entsprechende Einflussmöglichkeiten auf das zu erwerbende Unternehmen bzw. den zu erwerbenden Unternehmensteil ermöglicht werden. Vollzugshandlungen sind insbesondere die endgültige Übertragung des betreffenden Vermögens oder der Gesellschaftsanteile, die Ausübung von Stimmrechten (z.B. die Abberufung und Neubestellung von Geschäftsführern) oder jede sonstige Einflussnahme auf das Verhalten des Target-Unternehmens im Wettbewerb. Vorbereitungsmaßnahmen, wie insbesondere der Abschluss der obligatorischen Vereinbarungen, stellen noch keinen Vollzug dar. Üblicherweise werden in die betreffenden Verträge Bedingungen aufgenommen, die den Vollzug von der Genehmigung durch die Kartellbehörden bzw. dem Verstreichen der Untersagungsfristen abhängig machen, um auf diese Weise dem kartellrechtlichen Vollzugsverbot Rechnung zu tragen.

Gemäß § 41 Abs. 2 GWB kann das Bundeskartellamt auf Antrag Befreiungen vom Vollzugsverbot erteilen, wenn die beteiligten Unternehmen hierfür wichtige Gründe geltend machen, insbesondere um schweren Schaden von einem beteiligten Unternehmen oder von Dritten abzuwenden. Wegen der besonderen Begründungsanforderungen ist die bisherige Praxis des Bundeskartellamts bei der Erteilung von Befreiungen vom Vollzugsverbot äußerst restriktiv. Im Ergebnis kommt es auf eine einzelfallbezogene Abwägung zwischen dem öffentlichen Interesse an der Aufrechterhaltung des Vollzugsverbots und dem drohenden Schaden der beteiligten Unternehmen oder von Dritten im Falle der Versagung des Vollzugs an. Bei geringer Untersagungswahrscheinlichkeit reichen bereits geringe Schäden für die beteiligten Unternehmen oder Dritte oder die Gefahr eines Schadenseintritts aus, um eine Ausnahme vom Vollzugsverbot zu begründen. Befreiungen können jederzeit, auch vor der Anmeldung erteilt und mit Bedingungen und Auflagen verbunden werden.

Ein anmeldepflichtiger Zusammenschluss wird erst dann wirksam, wenn das Fusionskontrollverfahren durchgeführt und durch Freigabe bzw. Fristablauf ohne Untersagung abgeschlossen wurde. Rechtsgeschäfte, die unter Verstoß gegen das Vollzugsverbot vollzogen werden, sind nach § 41 Abs. 1 Satz 2 GWB unwirksam. Ausgenommen von der Unwirksamkeitsfolge sind Verträge über die Umwandlung, Eingliederung oder Gründung eines Unternehmens oder Unternehmensverträge, die durch Eintragung in das Handelsregister rechtswirksam geworden sind.

Der Verstoß gegen das Vollzugsverbot bzw. die Mitwirkung am Vollzug ist bußgeldbewehrt. Nach § 81 Abs. 1 Nr. 1 GWB handelt ordnungswidrig, wer sich vorsätzlich oder fahrlässig über das Vollzugsverbot hinwegsetzt. Diese Ordnungswidrigkeit kann mit einer Geldbuße bis zu DM 1 Mio. belegt werden. Darüber hinaus kann die Geldbuße bis zur dreifachen Höhe des durch die Zuwiderhandlung erlangten Mehrerlöses betragen.

Das Hauptprüfverfahren wird durch eine Entscheidung des Bundeskartellamts abgeschlossen, durch die der Zusammenschluss freigegeben oder untersagt wird (§ 40 Abs. 2 Satz 1 GWB). Die Freigabe kann mit Bedingungen oder Auflagen verbunden werden (§ 40 Abs. 3 Satz 1 GWB). Aufgrund der Neuregelung in § 40 Abs. 2 Satz 1 GWB durch die Sechste GWB-Novelle 1999 ergehen Entscheidungen zum Abschluss des Hauptprüfverfahrens unabhängig davon, ob es sich um eine Untersagung oder eine Freigabe handelt, als anfechtbarer Verwaltungsakt. Dieser ist gemäß § 61 GWB zu begründen, den Beteiligten zuzustellen und gemäß § 43 Satz 1 Nr. 2 GWB im Bundesanzeiger bekanntzumachen. Durch diese Begründungs- und Veröffentlichungspflicht soll die Transparenz der Amtsentscheidungen des Bundeskartellamts erhöht werden. Inzwischen können die in der zweiten Phase ergangenen Entscheidungen des Bundeskartellamts auch auf deren Homepage eingesehen werden.[73]

Wird das Zusammenschlussvorhaben durch das Bundeskartellamt freigegeben, so darf der Zusammenschluss von den beteiligten Unternehmen vollzogen werden. Der Vollzug des Zusammenschlusses ist nach § 39 Abs. 6 GWB dem Bundeskartellamt unverzüglich anzuzeigen. Bei dieser Anzeige kann auf die im Rahmen der Anmeldung eingereichten Unterlagen Bezug genommen werden. Nach Anzeige des Vollzugs des Zusammenschlusses wird dieser im Bundesanzeiger bekanntgemacht.

cc) Zusagen, Auflagen und Bedingungen

Um kartellrechtliche Bedenken zu beseitigen, können die beteiligten Unternehmen gegenüber dem Bundeskartellamt Zusagen abgeben, die geeignet sind, die Begründung oder Verstärkung einer marktbeherrschenden Stellung zu verhindern oder zu einer Verbesserung der Wettbewerbsbedingungen beizutragen, die die Nachteile der Marktbeherrschung überwiegen. Mit der Sechsten GWB-Novelle 1999 ist die bislang ohne gesetzliche Grundlage geübte Zusagenpraxis des Bundeskartellamts durch den Gesetzgeber geregelt worden. Nach der Neufassung von § 40 Abs. 3 GWB können Zusammenschlüsse nunmehr nicht nur in ihrer Gesamtheit untersagt oder freigegeben werden, sondern Freigabeentscheidungen auch unter Bedingungen und Auflagen erteilt werden. § 40 Abs. 3 Satz 2 GWB stellt klar, dass nur strukturelle Maßnahmen in Betracht kommen, da die beteiligten Unternehmen nicht einer laufenden Verhaltenskontrolle unterstellt werden dürfen. Zu den denkbaren Maßnahmen zählen Entflechtungs- bzw. Veräußerungszusagen, durch die sich die beteiligten Unternehmen

73 http://www.bundeskartellamt.de/fusion.htm.

verpflichten, bestimmte Beteiligungen, Unternehmen oder Unternehmensteile, wie zum Beispiel einzelne Betriebsstätten, an Dritte zu veräußern, weiter Öffnungszusagen, die Dritten durch Gewährung von Beteiligungen oder Lizenzen den Zugang zum Markt eröffnen, oder Einflussbegrenzungszusagen, wie zum Beispiel Stimmrechtsbeschränkungen, die die Einflussmöglichkeiten auf das Wettbewerbsverhalten anderer Unternehmen begrenzen.

Die gesetzliche Neufassung der Zusagenpraxis soll die in der Vergangenheit bei der Durchsetzung der Zusagen entstandenen Schwierigkeiten beseitigen (z.B. in dem Verfahren »Krupp/Hoesch«). Die Möglichkeiten der Durchsetzung hängen von der Art der Zusage ab. Bei Bedingungen wird es sich überwiegend um aufschiebende Bedingungen handeln, sodass die Wirkungen der Freigabeentscheidung durch das Bundeskartellamt erst mit Erfüllung der Bedingungen eintreten.

Ein entsprechender Automatismus besteht bei Freigaben unter Auflagen nicht. Das Bundeskartellamt hat jedoch die Möglichkeit, bei Nichterfüllung einer Auflage die Freigabeverfügung zu widerrufen oder durch Anordnung von Bedingungen abzuändern oder mit erneuten Auflagen zu versehen. Ähnlich wie bei Freigaben, die auf unrichtigen oder unvollständigen Angaben der beteiligten Unternehmen beruhen, besteht die Möglichkeit, das Verfahren durch Widerruf der Freigabe erneut zu eröffnen und hiernach ggf. den Zusammenschluss zu untersagen.

d) Rechtsmittel und Rechte Dritter

Gegen eine Untersagungsverfügung kann innerhalb eines Monats nach Zustellung Beschwerde beim Oberlandesgericht (OLG) Düsseldorf eingelegt werden. Die Beschwerde entfaltet keine aufschiebende Wirkung, sodass die beteiligten Unternehmen aufgrund der Untersagung weiter gehindert sind, den betreffenden Zusammenschluss zu vollziehen. Im Wege der einstweiligen Anordnung kann jedoch der Vollzug des Zusammenschlussvorhabens gestattet werden (§ 64 Abs. 3, 60 Nr. 3 GWB). Im Beschwerdeverfahren beim OLG können sowohl Tatsachen- als auch Rechtsfragen überprüft werden.

Gegen die Hauptsacheentscheidung des OLG kann Rechtsbeschwerde beim Bundesgerichtshof eingelegt werden (§ 74 Abs. 1 GWB). Die Rechtsbeschwerde, es sei denn, sie wird allein auf Verfahrensmängel gestützt (§ 74 Abs. 4 GWB), bedarf der Zulassung durch das OLG. Die Überprüfung durch den BGH ist auf Rechtsfragen beschränkt und daher an die Tatsachenfeststellungen des OLG gebunden. Für die Rechtsbeschwerde gilt die Ein-Monatsfrist gemäß § 66 Abs. 1 Satz 1 und 2 GWB.

Dritte, die durch eine Freigabe des Bundeskartellamts betroffen sind, haben ebenfalls die Möglichkeit, Beschwerde nach § 63 Abs. 1 GWB einzulegen. Dies gilt nach der Neufassung des GWB seit 1999 zumindest für förmliche Freigabeentscheidungen, die im Hauptprüfverfahren ergehen (§ 40 Abs. 2 GWB). Entsprechende Beschwerdemöglichkeiten stehen insbesondere den am Verfahren Beteiligten, also beigeladenen Wettbewerbern, Lieferanten, Abnehmern oder sonstigen Personen oder Personenvereinigungen zu, deren Interessen durch die Entscheidung erheblich berührt werden (§ 54 Abs. 2 GWB). Ob darüber hinaus auch eine Beschwerdebefugnis für Beteiligte besteht, die im Hauptprüfverfahren nicht beigeladen waren, ist bislang nicht geklärt.

Grundsätzlich kann jedes Unternehmen, dessen Interessen durch die Entscheidung in einem Fusionskontrollverfahren erheblich berührt werden, auf Antrag zu dem Verfahren beigeladen werden (§ 54 Abs. 2 Nr. 3 GWB). Über einen entsprechenden Antrag entscheidet das Bundeskartellamt nach pflichtgemäßem Ermessen und berücksichtigt neben rechtlichen auch wirtschaftliche Interessen des Antragstellers. Nach ihrer Beiladung haben die betreffenden Unternehmen die gleichen Rechte wie die übrigen Verfahrensbeteiligten. Nicht selten intervenieren Dritte, wie z.B. Wettbewerber oder Kunden der beteiligten Unternehmen, informell gegen den Zusammenschluss, und versuchen, das Bundeskartellamt von der Unzulässigkeit des Vorhabens zu überzeugen. Eine solche informelle Intervention hat den Vorteil, dass die an dem Zusammenschluss beteiligten Unternehmen die Identität der Beschwerdeführer nicht erfahren.

e) Ministererlaubnis

Wird ein Zusammenschlussvorhaben durch das Bundeskartellamt untersagt, weil es zur Begründung oder Verstärkung einer marktbeherrschenden Stellung führt, kann der Zusammenschluss dennoch vom Bundeswirtschaftsminister erlaubt werden (§ 42 GWB). Eine entsprechende Erlaubnis ist möglich, wenn im Einzelfall die Wettbewerbsbeschränkung von gesamtwirtschaftlichen Vorteilen des Zusammenschlusses aufgewogen wird oder der Zusammenschluss durch ein überragendes Interesse der Allgemeinheit gerechtfertigt ist (§ 42 Abs. 1 Satz 1 GWB). Wegen dieser besonderen Anforderungen hat die Ministererlaubnis bislang nur wenig praktische Bedeutung erlangt. Bei der Entscheidung über die Erlaubnis steht dem Wirtschaftsminister ein weiter Beurteilungsspielraum zu.

Die Erlaubnis muss innerhalb einer Frist von einem Monat nach Zustellung der Untersagung schriftlich beim Bundesministerium für Wirtschaft beantragt werden (§ 42 Abs. 3 GWB). Die Entscheidung über die Erlaubnis soll dann innerhalb von vier Monaten erfolgen (§ 42 Abs. 4 GWB). Vor der Entscheidung ist eine Stellungnahme der Monopolkommission einzuholen und den obersten Landesbehörden, in deren Gebiet die beteiligten Unternehmen ihren Sitz haben, Gelegenheit zur Stellungnahme zu geben.

Gegen die Entscheidung des Bundeswirtschaftsministers kann ebenfalls Beschwerde beim OLG Düsseldorf eingelegt werden (§ 63 Abs. 4 GWB). Allerdings ist eine Überprüfung des Beurteilungsspielraums des Wirtschaftsministers und dessen Würdigung der gesamtwirtschaftlichen Lage durch das Gericht nur eingeschränkt möglich (§ 71 Abs. 5 Satz 2 GWB).

f) Entflechtung vollzogener Zusammenschlüsse

Ist ein Zusammenschluss bereits vollzogen worden, ohne dass eine Freigabe erteilt wurde, und untersagt das Bundeskartellamt den Zusammenschluss und verweigert der Bundeswirtschaftsminister die Erlaubnis, so ist der Zusammenschluss nach § 41 Abs. 3 Satz 1 GWB aufzulösen. Die zur Auflösung des Zusammenschlusses erforderlichen Maßnahmen werden vom Bundeskartellamt angeordnet (§ 41 Abs. 3 Satz 2 GWB). Eine entsprechende Auflösung ist nach der Rechtsprechung allerdings nur so lange zulässig, wie die materiellen und formellen Untersagungsvoraussetzungen vorliegen.

Ziel der Entflechtung ist die Beseitigung der von dem Zusammenschluss ausgehenden Wettbewerbsbeschränkungen. Diese können auch auf andere Weise als durch Wiederherstellung des früheren Zustandes beseitigt werden (§ 41 Abs. 3 Satz 3 GWB). Nach dem Grundsatz der Verhältnismäßigkeit sind jedoch nur solche Maßnahmen zulässig, die die beteiligten Unternehmen nur soweit belasten, wie dies zur Beseitigung der Wettbewerbsbeschränkung unbedingt erforderlich ist. Vielfach kann den mit dem Zusammenschluss verbundenen kartellrechtlichen Bedenken bereits durch Teilentflechtungen begegnet werden.

Die Auflösungsanordnungen des Bundeskartellamts können durch Zwangsgelder in Höhe von DM 10.000 bis DM 1 Mio., durch Untersagung oder Einschränkung der Ausübung von Stimmrechten oder durch die Bestellung von Treuhändern, die die Auflösung des Zusammenschlusses herbeiführen, durchgesetzt werden (§ 41 Abs. 4 GWB).

Bei Auslandszusammenschlüssen beschränken sich die Möglichkeiten des Bundeskartellamts zur Untersagung und Entflechtung auf die jeweiligen Inlandsauswirkungen des Auslandszusammenschlusses. Als Adressaten von Entflechtungsanordnungen kommen daher nur inländische Töchter der Zusammenschlussbeteiligten in Betracht.

g) Verhältnis zu § 1 GWB

aa) Gemeinschaftsunternehmen

Gemeinschaftsunternehmen können nach deutschem Recht, ähnlich wie nach Europäischem Recht, neben der Fusionskontrolle auch dem Kartellverbot in § 1 GWB unterliegen, soweit mit ihrer Gründung eine Koordinierung des Wettbewerbsverhaltens der Muttergesellschaften verbunden ist (so genannter »Gruppeneffekt«). Insbesondere kooperative Gemeinschaftsunternehmen unterliegen daher einer Doppelkontrolle nach den fusionskontrollrechtlichen Vorschriften einerseits und dem Kartellverbot andererseits. Im Rahmen des Fusionskontrollverfahrens prüft das Kartellamt daher gemäß § 1 GWB, ob zwischen den jeweiligen Muttergesellschaften eine spürbare wettbewerbsbeschränkende horizontale Verhaltenskoordinierung stattfindet.

Vor allem Verkaufsgemeinschaften können, auch wenn sie keine ausdrückliche Andienungspflicht vorsehen, gegen § 1 GWB verstoßen, da sie der Koordination der Verkaufstätigkeiten der Mütter dienen. Nach der Praxis des Bundeskartellamtes unterliegen weiter Einkaufsgemeinschaften mit besonders großem Einkaufsvolumen oder rechtlichem bzw. faktischem Bezugszwang der Mitglieder dem Kartellverbot, auch wenn Einkaufskooperationen selbstständiger kleiner und mittlerer Handelsunternehmen wettbewerblich grundsätzlich positiv beurteilt werden.

Daneben unterfallen Gemeinschaftsunternehmen, die als Instrumente zur Abstimmung des Marktverhaltens der beteiligten Unternehmen gegründet werden, ausschließlich § 1 GWB. Insoweit handelt es sich um reine Kartellorgane, die genauso wie Kartellvereinbarungen nach § 1 GWB zu beurteilen sind.

Demgegenüber unterliegen konzentrative Gemeinschaftsunternehmen ausschließlich der Fusionskontrolle. Ein Gemeinschaftsunternehmen hat nach Auffassung des Bundeskartellamtes konzentrativen Charakter, wenn

- es sich um ein funktionsfähiges Unternehmen mit den wesentlichen Unternehmensfunktionen handelt;
- es marktbezogene Leistungen erbringt und nicht ausschließlich auf einer vor- oder nachgelagerten Stufe für die Muttergesellschaft tätig ist;
- die Muttergesellschaften selbst auf dem sachlichen Markt des Gemeinschaftsunternehmen nicht oder nicht mehr tätig sind.

Sind diese Voraussetzungen erfüllt, so wird die Gründung bzw. Beteiligung an einem Gemeinschaftsunternehmen nicht mehr nach § 1 GWB geprüft. Lediglich überschießende Wettbewerbsbeschränkungen, also solche Beschränkungen, die für das Funktionieren des Gemeinschaftsunternehmens nicht erforderlich sind, unterfallen § 1 GWB.

bb) Wettbewerbsverbote[74]

Obwohl Wettbewerbsverbote grundsätzlich unter das Kartellverbot nach § 1 GWB fallen, sind Wettbewerbsverbote in Unternehmenskaufverträgen nicht generell unzulässig. Für ihre Zulässigkeit kommt es darauf an, ob sie in gegenständlicher, örtlicher und zeitlicher Hinsicht erforderlich sind, um die Übertragung des Unternehmens auf den Käufer einschließlich der mit ihm verbundenen immateriellen Werte, insbesondere des Kundenkreises, dauerhaft abzusichern. Die Erforderlichkeit und Verhältnismäßigkeit eines entsprechenden Wettbewerbsverbotes hängt vom Einzelfall ab. Regelmäßig geht die Rechtsprechung davon aus, dass bei Wettbewerbsverboten von bis zu 5 Jahren die Erforderlichkeit für die Übertragung des Unternehmens gegeben ist. Längerfristige Wettbewerbsverbote werden nur unter besonderen Umständen anerkannt.

74 Siehe oben B. IV. 3. g). sowie C. VII. 2. b) ee).

Literatur

Alonso, Market Definition in the Community's Merger Control Policy, ECLR 1994, 195.
Baron, Die neuen Bestimmungen der Europäischen Fusionskontrolle, WuW 1997, 579.
Bechtold, Kartellgesetz, 2. Auflage 1999.
Bergmann, Settlements in EC Merger Control Proceedings, Antitrust Law Journal 62 (1993), 47.
Bergau/Müller-Tautphaeus, Europäische Fusionskontrolle, Sonderheft European Law Reporter 9/1999, 370.
Campbell/Davies (Herausgeber), Getting the deal through, 1999,
Canenbley, Der Zusammenschlußbegriff in der deutschen und europäischen Fusionskontrolle, am Beispiel des Anteilserwerbs, in: Festschrift für Otfried Lieberknecht, 1997, S. 277.
Cook/Kerse, E.C. Merger Law, 1996.
Drauz/Schroeder, Praxis der Europäischen Fusionskontrolle, 3. Auflage 1995; *Emmerich,* Kartellrecht, 8. Auflage 1999.
Goeben/Thiesing/Ehlermann, Kommentar zum EG-Vertrag, Band 2 II, 5. Aufl., 1999.
Heidenhain, Zusagenpraxis in der EG-Fusionskontrolle, EuZW 1994, 135.
Hirsbrunner, Die revidierte EG-Fusionskontroll-Verordnung, EuZW 1998, 69.
Hirsbrunner, Die Entwicklung der Europäischen Fusionskontrolle in den Jahren 1997 und 1998, EuZW 1999, 389.
Immenga/Mestmäcker, EG-Wettbewerbsrecht, Kommentar, 1997; *Karl,* Inkrafttreten der Änderungen zur Europäischen Fusionskontrolle vom 1.3.1998, EuR 1998, 219.
Langen/Bunte, Kommentar zum deutschen und europäischen Kartellrecht, 8. Auflage 1998.
Montag, Strukturelle kooperative Gemeinschaftsunternehmen, RIW 1994, 918.
Montag, Kartellrecht, in: Picot, Unternehmenskauf und Restrukturierung, 2. Auflage 1998.
Montag/Dohms, Minderheitsbeteiligungen im deutschen und EG-Kartellrecht, WuW 1993, 5 und 93.
Rudo, Die Behandlung mehrerer Erwerbsvorgänge als einheitlichen Zusammenschluß im Rahmen der Umsatzberechnung nach Art.5 Abs. 2 Fusionskontrollverordnung, RIW 1997, 641.
Schultz/Wagemann, Kartellrechtspraxis und Kartellrechtsprechung 1998/99.
Stockmann/Schultz, Kartellrechtspraxis und Kartellrechtsprechung 1997/98, 13. Auflage 1998.
Sedemund, Zwei Jahre europäischer Fusionskontrolle: Ausgewählte Zentralfragen und Ausblick, in: Festschrift für Deringer, 1993, S. 379.
Sedemund, Fusionskontrolle, in: Hölters, Handbuch des Unternehmens- und Beteiligungskaufs, 5. Auflage 2000.
Wiedemann, Handbuch des Kartellrechts, 1999.

C. Integration bzw. Implementierung der Mergers & Acquisitions

VIII. Post-Merger-Management

Einleitung

Fusionen und Akquisitionen gehören zurzeit zu den Standardstrategien vieler Unternehmen, um Wachstum zu generieren. Es vergeht fast kein Monat, in dem nicht eine »Mega-Fusion« verhandelt oder durchgeführt wird. Der Erfolg solcher Fusionen ist jedoch aus Sicht der Käufer oft zweifelhaft, da die strategischen Prämien höher als die zu erwartenden Synergiepotenziale sind.

Eine gute Post-Merger-Integration ermöglicht es jedoch langfristig sowohl die identifizierten Synergiepotenziale zu realisieren als auch darüber hinaus weitere Potenziale zu identifizieren. Dabei ist der Kontext, in dem die Integration stattfindet, entscheidend. Gibt es Randbedingungen wie z.B. politische Vereinbarungen zur Standortsicherung oder Zusagen zur Sicherung der Arbeitsplätze, die den Lösungsraum einengen? Wie »tief« sollte die Integration gehen? Soll eine »Angliederung« des gekauften Unternehmens an den Käufer oder eine komplette Verschmelzung der beiden Unternehmen erfolgen? Beide Extremfälle haben Vor- und Nachteile, die für jede Integration abgewogen werden müssen (siehe Tabelle 1).

	Vorteile	**Nachteile**
Angliederung	• Erhaltung der unternehmensspezifischen Stärken • Schnelle Integration • Erhaltung des Geschäftsmomentums	• Erhaltung der unternehmensspezifischen Schwächen • Limitierte Kostensynergien • Keine gemeinsame Unternehmens-/Leistungskultur
Verschmelzung/Fusion	• Schaffung einer neuen gemeinsamen Unternehmens-/Leistungskultur • Verbesserung der operativen Exzellenz durch intensiven Know-how-Austausch	• Zeitintensive Integration • Gefahr einer Lähmung der Organisation auf Grund von langsamen Entscheidungen

Tab. 1: Vor- und Nachteile nach Integrationstyp

Im Folgenden soll nur noch auf den Fall der kompletten Verschmelzung (Fusion) als Integrationsform eingegangen werden. Einige der hierbei vorgestellten Elemente können jedoch direkt auf den Fall der Angliederung übertragen werden.

Je nach Umfang und Komplexität der Fusion kann ein Integrationsprojekt ein bis zwei Jahre beanspruchen und eine Vielzahl an Einzelprojekten umfassen. Aus diesem Grund muss ein straffes Projektmanagement initiiert werden, das man in zwei grundsätzlich verschiedene Phasen einteilen kann: das Integrationsdesign, bei dem alle wesentlichen Eckpfeiler zum Anspruchsniveau und zur Durchführung des Integrationsprojektes beschlossen werden, und die eigentliche Durchführung der Integration durch eine Vielzahl von Projektteams zu den verschiedensten Themenbereichen.

1. Verpflichtung gegenüber den Eigentümern

Die Finanzmärkte reagieren sofort auf die Bekanntgabe jeder Fusion bzw. Akquisition. Dabei sollte zwischen der kurzfristigen Reaktion, d.h. in den ersten Tagen nach Bekanntgabe, und der langfristigen Entwicklung der Aktienkurse, d.h. zwei bis drei Jahre nach der Integration, unterschieden werden. Erstere spiegelt die Erwartungen in das neue Unternehmen wider, während Letzteres die Erfüllung der Erwartungen bewertet.

a) Kurzfristige Aktienmarktreaktion als Feedback der Eigentümer

Das Hauptinteresse an einer erfolgreichen Fusion haben die Eigentümer der betroffenen Unternehmen. Während dem Verkäufer das durch die Fusion erwartete Wertsteigerungspotenzial in Form einer Prämie zum Teil direkt ausbezahlt wird, muss der Käufer die in seinem Aktienkurs erwarteten restlichen Synergien noch realisieren.

Im Falle der in Abbildung 1 beispielhaft dargestellten Akquisition belief sich die gezahlte Prämie auf 675 Millionen Euro und die Wertsteigerung für den Käufer auf 250 Millionen Euro. Um die von den Eigentümern angenommene Gesamtsynergie in Höhe von 925 Millionen Euro Marktwertsteigerung zu realisieren, müssen Synergiepotenziale in der Größenordnung von 90 bis 100 Millionen Euro pro Jahr realisiert werden.

Aus dieser hier vereinfacht dargestellten Schätzung lässt sich das Mindestziel einer Akquisition für börsennotierte Unternehmen ableiten, welches den gegenwärtigen Aktienkurs rechtfertigt. Die Unternehmensführung muss sich dieser Herausforderung stellen. Sie sollte jedoch darüber hinaus ein eigenes Anspruchsniveau definieren, das über dem des Finanzmarktes liegt und sich an den besten Wettbewerbern orientiert.

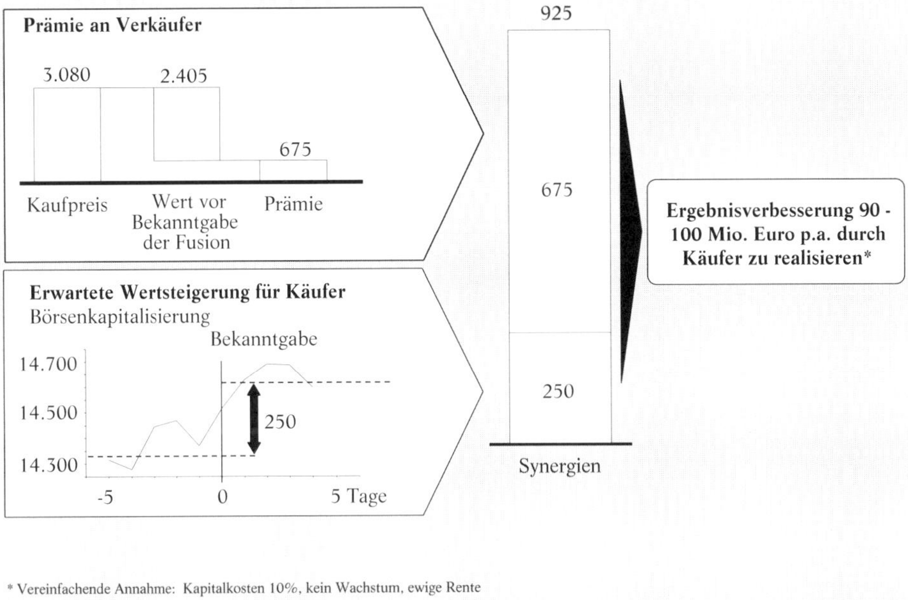

Abb. 1: Markterwartungen an Gesamtsynergien (in Mio. Euro)

b) Langfristige Werterzeugung als Herausforderung für das Management

Die Kurssteigerung der ersten Tage nach Bekanntgabe der Fusion spiegelt lediglich die Markterwartungen wider. Es sind aber die langfristige Entwicklung der Aktienkurse bzw. der Gewinn- und Wachstumsverläufe[1] bei kleineren Akquisitionen, die Auskunft darüber geben, inwiefern die Unternehmen den Erwartungen gerecht werden konnten. Umfangreiche Analysen zeigen, dass die Mehrzahl der Integrationen in der Summe wertschaffend, aber aus Sicht der Käufer nicht erfolgreich sind. Schon 1983 ergab eine Untersuchung, dass in Deutschland nur 36% der Fusionen erfolgreich waren[2]. Dieses Ergebnis wird von den Untersuchungen verschiedenster renommierter Unternehmensberatungen und Institute bestätigt. Die Erfolgsraten aus Sicht des Käufers lagen generell unter 50%. Dies gilt sowohl für Dienstleistungsbereiche

1 Vergleich der Entwicklung relativ zum Branchenindex bzw. zum Wettbewerb drei Jahre vor und drei Jahre nach der Fusion.

2 Möller, Der Erfolg von Unternehmenszusammenschlüssen – Eine empirische Untersuchung. 1983 (vgl. Diss., Universität Saarbrücken, 1982).

wie Banken (ca. 44%) als auch für das verarbeitende Gewerbe wie z.B. die Chemieindustrie (ca. 50%)[3]. Diese Ergebnisse zeigen sehr deutlich, vor welcher Herausforderung das Management steht. Es sollte sich deswegen zu Anfang der Integration über die Erfolgsfaktoren und die Randbedingungen klar werden und darauf aufbauend die Post-Merger-Integration planen.

2. Erfolgsfaktoren für die Post-Merger-Integration

Die Analyse erfolgreicher Integrationen zeigt, dass im Wesentlichen drei Faktoren entscheidend sind (siehe Abb. 2).

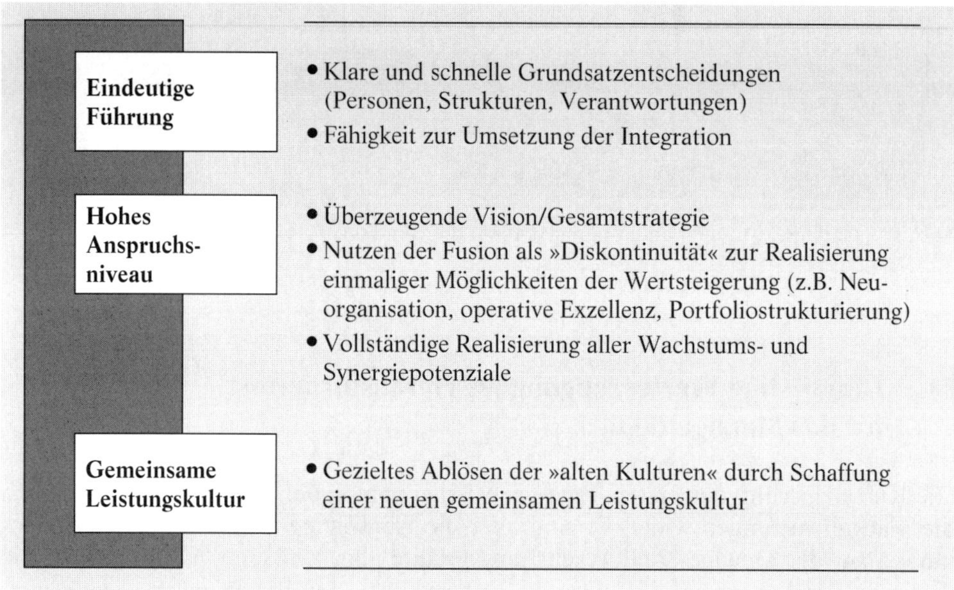

Abb. 2: Haupterfolgsfaktoren für Integrationen

a) Eindeutige Führung

Ein erfolgskritischer Faktor ist die eindeutige Führung. Damit ist gemeint, dass die Führungsmannschaft zu jedem Zeitpunkt in der Lage sein muss, klare und schnelle Grundsatzentscheidungen zu treffen. Diese reichen von der Entscheidung zur Orga-

3 Branchenspezifische Untersuchung McKinsey, 1998 und 1999

nisationsstruktur über die Definition von Verantwortungsbereichen bis hin zur Personalbenennung. Da Integrationsprojekte oftmals ein bis zwei Jahre dauern, sollte die Unternehmensführung konsequent die Integration vorantreiben und die Voraussetzungen dafür schaffen, dass alle Maßnahmen fristgerecht und in vollem Umfang umgesetzt werden.

b) Hohes Anspruchsniveau

Da der Erfolg einer Integration letztendlich an finanziellen Kennzahlen gemessen wird, ist es erforderlich, dass das Unternehmen alle möglichen Synergiepotenziale ausschöpft und sich von Anfang an aggressive Ziele setzt (siehe Abb. 3).

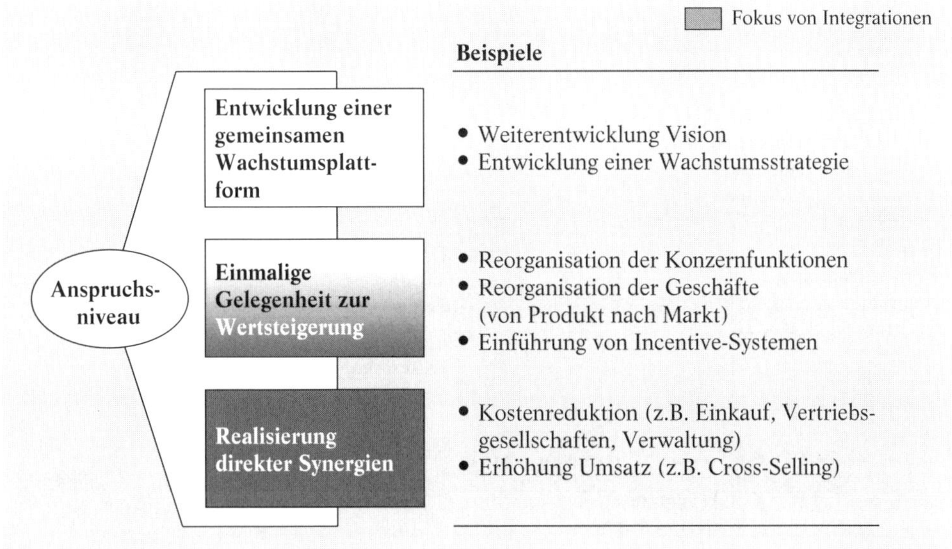

Abb. 3: Haupterfolgsfaktor Anspruchsniveau

Dabei sollte das Unternehmen alle direkten Synergien, wie zum Beispiel die Reduzierung redundanter Kosten im Verwaltungsbereich oder die Umsatzsteigerungen durch einen erweiterten Kundenstamm, realisieren. Darüber hinaus sollte das Unternehmen die Integration aber auch als eine einmalige Gelegenheit zur Neuorientierung nutzen. Diese könnte u.a. in der kompletten Neuorganisation der Geschäfte, der Einführung von Incentive-Systemen sowie der Entwicklung und Kommunikation einer begeisternden Vision und Wachstumsstrategie bestehen. Letztere ist insbesondere zur Motivation der gesamten Organisation von Bedeutung, da Integrationen von den betroffenen Mitarbeitern oft als etwas Bedrohliches und Negatives empfunden werden.

c) Gemeinsame Leistungskultur

Einer der am häufigsten unterschätzten und somit oft nicht explizit berücksichtigten Erfolgsfaktoren ist die kulturelle Integration von Unternehmen. Die Gründe für diese Vernachlässigung sind vielfältig. Zum einen ist der Erfolg einer gelungenen Integration nicht sofort messbar. Zum anderen fokussieren die meisten Unternehmen immer noch auf den Erfolgsfaktor »Asset«, d.h. Anlagen und Strukturen, statt auf den Erfolgsfaktor Mensch und dessen individuelle Fähigkeiten. Diese Fähigkeiten gilt es weiter auszubauen. Einen wichtigen Beitrag liefert dabei die kulturelle Integration, die von der Festlegung einer unternehmensweiten Sprache bei transnationalen Fusionen bis hin zur Entwicklung einer neuen Leistungskultur bei stark unterschiedlichen Unternehmenskulturen reicht. Insbesondere Letztere sollte sowohl die gemeinsam erarbeitete Zielausrichtung (»Was wollen wir gemeinsam erreichen?«) als auch die gemeinsam festgelegte Art der Zusammenarbeit (»Wie wollen wir unsere Ziele erreichen?«) umfassen (siehe Abb. 4).

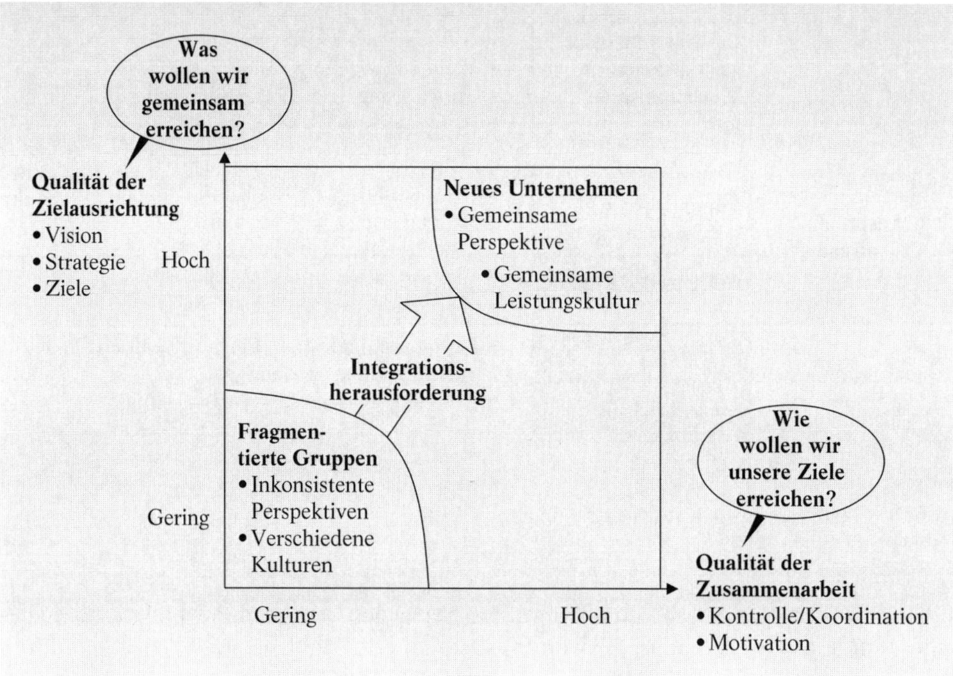

Abb. 4: Haupterfolgsfaktor Leistungskultur

Oftmals werden bei den traditionellen Integrationsansätzen die neuen Unternehmensstrukturen, Regeln und Prozesse definiert, in der Hoffnung, die Integration der beiden Unternehmenskulturen stelle sich nach einer gewissen Zeit von selbst ein.

Dies stellt sich häufig als Trugschluss heraus und es kann noch Jahre später beobachtet werden, dass innerhalb einer Organisation zwei verschiedene Kulturen existieren. Diesen Integrationsansätzen fehlt die Berücksichtigung individueller Handlungsmotivationen und Perspektiven wie persönliche Ziele, Erfahrungen, Wertschätzungen und Geschäftsinteressen oder einfach die verschiedenen Denkweisen der Mitarbeiter. Die einfache Vorgabe von Zielen bedeutet keineswegs, dass die Führungsmannschaft und die Mitarbeiter an diese glauben oder sie verfolgen und damit persönlich unterstützen. In dem nachfolgenden Beispiel wurde die Führungsmannschaft eines fusionierten Geschäftsbereiches über ihre Zielsetzung und Art der Zusammenarbeit befragt. An der Breite der Verteilung der Antworten ist zu erkennen, dass innerhalb der Gruppe weder ein Konsens bezüglich der Vision noch beispielsweise über die Güte des Management-Informations-Systems (MIS) besteht (siehe Abb. 5).

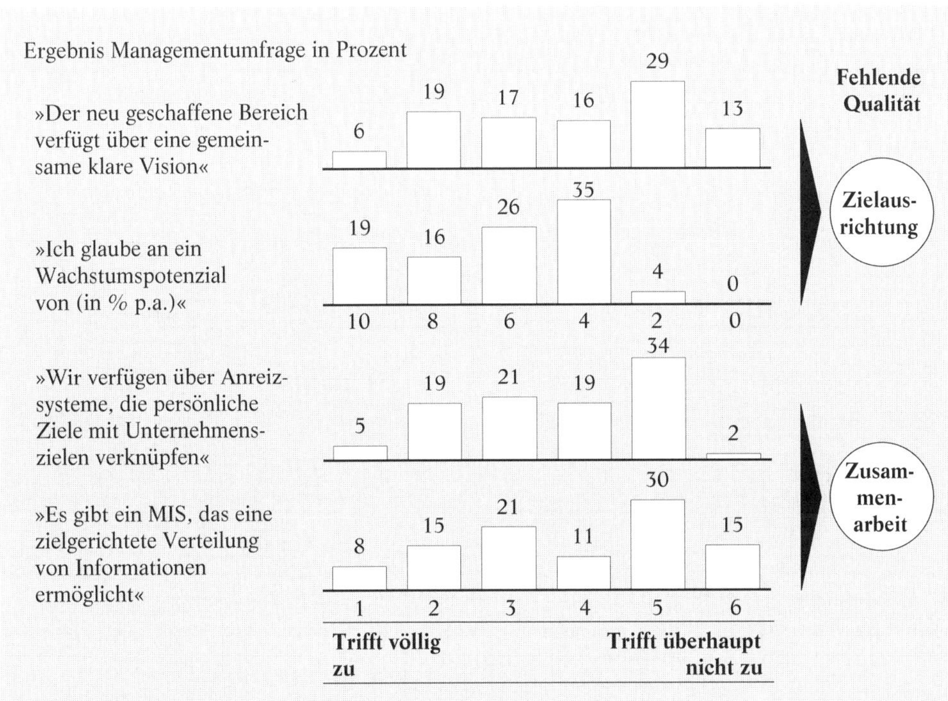

Abb. 5: Haupterfolgsfaktor Leistungskultur

Diese individuellen und somit meist unterschiedlichen Sichtweisen gilt es, in einem Integrationsprozess zu vereinheitlichen und dadurch eine neue, gemeinsame Leistungskultur zu entwickeln. Besonders wichtig ist dies in den obersten Führungsebenen, da hier die richtungsweisenden Entscheidungen gefällt werden und die Führungsmannschaft ein Vorbild für die gesamte Organisation darstellt.

3. Vorgehen bei Integrationsprojekten

Der gesamte Integrationsprozess lässt sich in zwei Phasen unterteilen (siehe Abb. 6).

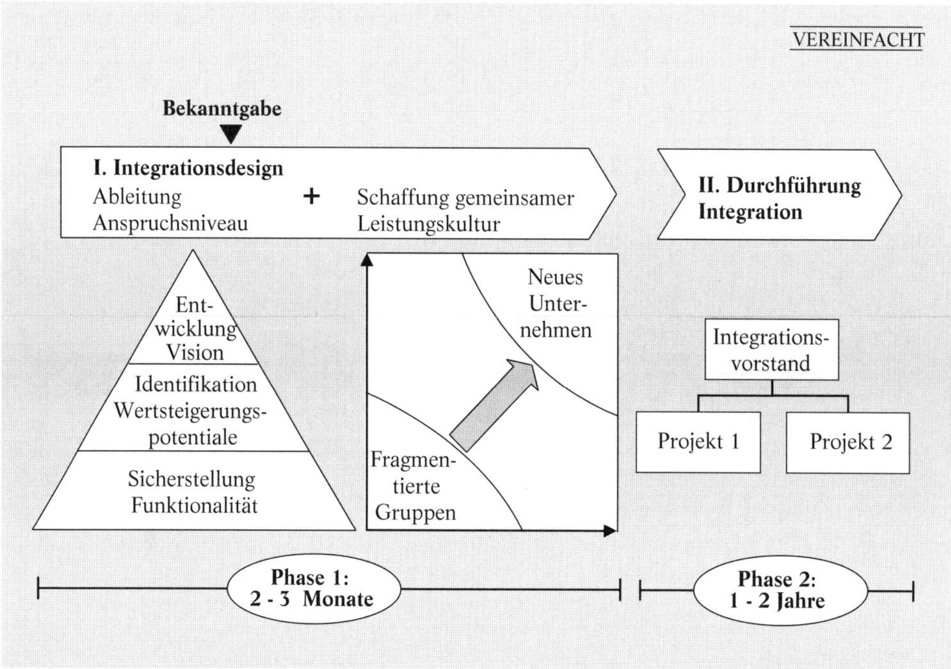

Abb. 6: Integrationsprozess

Die erste Phase, in der im Wesentlichen die Eckpfeiler der Integration festgelegt werden, dauert je nach Umfang und Komplexität der Fusion zwischen zwei und drei Monaten. Die zweite Phase umfasst die Erarbeitung fusionsbedingter Maßnahmen und kann je nach Anzahl und Umfang der Projekte bis zur Implementierungsreife ein bis zwei Jahre andauern. Die erfolgskritische Phase ist die Designphase, da dort alle wesentlichen Entscheidungen für das neue Unternehmen getroffen werden. Dabei ist wichtig, dass die Führungsmannschaft alle Entscheidungen gemeinschaftlich trägt. Vielfach wird die erste Phase gar nicht oder nur unzureichend durchlaufen und es wird direkt mit der Durchführung der Integration begonnen. Die Erfahrung zeigt jedoch, dass alle im Fusionsprozess auftretenden Probleme im Wesentlichen auf zwei Ursachen zurückzuführen sind: einerseits eine fehlende oder wenig konkrete Zielausrichtung, andererseits eine nicht hinreichend definierte Art der Zusammenarbeit wie beispielsweise eine unzureichende Verantwortungsregelung.

a) Phase I: Integrationsdesign

Die Hauptaufgabe der ersten Phase ist die Ableitung eines herausfordernden Anspruchsniveaus. Dieses Anspruchsniveau sollte von der gesamten Führungsmannschaft getragen und später realisiert werden. Entscheidend ist hierbei, dass sich neben der gemeinsamen inhaltlichen Ausrichtung ein neues, homogenes Führungsteam bildet, welches sich dem neuen Unternehmen verpflichtet fühlt.

aa) Ableitung eines herausfordernden Anspruchsniveaus

Die Ableitung eines hohen Anspruchsniveaus ist einer der wesentlichen Erfolgsfaktoren jeder Integration. Dabei lassen sich drei Bereiche unterscheiden: die Entwicklung einer Vision, die Identifikation von Wertsteigerungsmöglichkeiten sowie die Sicherstellung der Funktionalität des neuen Unternehmens. Bereits bei der Planung sollten alle Dimensionen berücksichtigt werden. Vor allem aber sollte die Funktionalität gewährleistet sein, damit es nicht zu zeitlichen Verzögerungen bei der Abwicklung der Fusion oder zu negativen Beeinflussungen des laufenden Geschäftes kommt.

Die Ableitung des Anspruchsniveaus sollte insgesamt vor einem positiv geprägten Hintergrund erfolgen, bei dem die Fusion als einmalige Gelegenheit zur Neuorientierung des Unternehmens gesehen wird und alle gegenwärtigen Geschäftsabläufe kritisch hinterfragt werden können.

Bei den zu entwickelnden Fusionsmaßnahmen lassen sich generelle und industriespezifische Maßnahmen unterscheiden (siehe Abb. 7).

Die generellen Maßnahmen betreffen zum einen den Bereich der Wertsteigerung (z.B. Einführung von Incentive-Systemen) und zum anderen den Bereich der Funktionalität (z.B. Stabilisierung des bestehenden Geschäftes, Festlegung der Konzernstruktur). Die unternehmensspezifischen Maßnahmen liegen im Bereich der Vision (z.B. Entwicklung einer motivierenden Vision und Wachstumsstrategie) und im Bereich der Wertsteigerung (z.B. Neuorientierung der Vertriebsstrukturen, Übertragung von Best Practice durch Benchmarking in der Produktion).

(1) Entwicklung einer gemeinsamen Vision und wertsteigernder Wachstumsstrategie

Die schnelle Verkündung der zukünftigen Ausrichtung des Unternehmens in der Integrationsphase ist in zweierlei Hinsicht von Bedeutung: Eine klare, vorwärtsorientierte Vision vermeidet Unsicherheit in der Organisation und sichert die Motivation der Mitarbeiter von Anfang an, womit ein wesentlicher Beitrag zur Bindung der Talente im Unternehmen geleistet wird. Gegenüber dem Kapitalmarkt wird auf diese Weise der feste Wille einer Neuorientierung des Unternehmens deutlich gemacht.

Basierend auf den alten Erfolgsfaktoren sollten die fusionierenden Unternehmen ihre Kernkompetenzen kritisch hinterfragen. Darauf aufbauend sollte die Entwicklung einer motivierenden Wachstumsstrategie erfolgen. Entscheidend dabei ist, dass

	Generell	Industriespezifisch
Vision		• Entwicklung/Verfeinerung einer kernkompetenz-getriebenen Vision • Entwicklung einer motivierenden Wachstumsstrategie
Wertersteigerung	• Einführung von wertorientierter Unternehmenssteuerung, Kennzahlen-Systeme • Einführung von Incentive-Systemen	• Neuorientierung der Marketing- und Vertriebsstrukturen • Entwicklung einer Standort-strategie • Einführung von Benchmarking und kontinuierlichem Verbes-serungsprozess in Produktion • Aufbau von »kundenorientierten« Serviceeinheiten (z.B. Instand-haltung)
Funktionalität	• Stabilisierung bestehendes Geschäft • Festlegung Konzernstruktur • Personalauswahl • Entwicklung Personalsysteme • Zusammenführung IT-Systeme	

Abb. 7: Generelle und industriespezifische Aktionen

das neue Unternehmen bereit dazu ist, sich von Nicht-Kerngeschäften zu trennen. Ein Beispiel für diese klare Trennung von Kerngeschäften und Nicht-Kerngeschäften ist die Fusion von VEBA AG und VIAG AG. Am Tag der Verkündung[4] wurden sowohl die Kerngeschäfte, Energie und Chemie sowie die zum Verkauf stehenden Geschäfte, also die Nicht-Kerngeschäfte (z.B. VAW, Stinnes), benannt. Für die beiden Kerngeschäfte wurde eine klare Perspektive vorgegeben: Der Energiebereich (vor Fusionsbeginn bestehend aus Öl, Strom, Gas und Wasser) soll langfristig zu einem europäisch agierenden Multi-Utility-Unternehmen ausgebaut werden. Der Chemiebereich soll durch eine intensive Portfoliobereinigung weiter auf die Spezialitätenchemie ausgerichtet und ausgebaut werden.

(2) Identifikation von operativen Wertsteigerungspotenzialen

Da letztendlich der Erfolg einer Fusion über die Wertgenerierung (z.B. Total Return to Shareholders) gemessen wird, müssen bei der Ableitung der Gesamtzielsetzung zwei Fragen geklärt werden:

---

4 Gemeinsame Pressekonferenz von VEBA und VIAG am 27. September 1999.

- Reichen die Gesamtsynergien aus, um die Erwartungen der Eigentümer zu erfüllen?
- Werden alle Wertsteigerungspotenziale (inklusive der »Stand-alone-Potenziale«) ausnahmslos genutzt?

Die Ableitung der Gesamtzielsetzung kann auf zwei Arten erfolgen: Entweder basierend auf einem Vergleich mit den Besten in der Industrie »top-down« durch die Unternehmensführung oder »bottom-up« durch die einzelnen Projektteams. Ein Vergleich der verschiedenen Integrationen zeigt, dass eine reine Version sehr selten vorkommt, sondern dass meist ein abgeschwächtes »Top-down-Vorgehen«, bei der die Unternehmensführung in Absprache mit den Verantwortlichen ein Ziel vorgibt, gewählt wird.

Die Ermittlung von Synergiepotenzialen kann insbesondere bei rechtlich noch nicht abgeschlossenen Integrationen dadurch erschwert werden, dass der Austausch von Kundendaten wie Preise und Mengen nicht zulässig ist. Die Einschaltung eines neutralen, so genannten »Clean Teams«[5], welches die unternehmensspezifischen Daten in eine aggregierte vergleichbare Form bringt und auswertet, kann hier große Zeitvorteile schaffen.

Oftmals werden die so erarbeiteten Ziele in einer aggregierten Form direkt zu Beginn der Fusion dem Finanzmarkt mitgeteilt[6] (siehe Tab. 2).

Millionen Euro	**1999**	**ab 2001**
Einkauf	900	2.700
Gesamtintegration Finanzdienstleistungen	360	900
Forschung und Technologie, Plattform-Integration	180	900
Vertriebsinfrastruktur	540	540
Höherer Absatz	540	1.350
Gesamt	**2.520**	**6.390**

Tab. 2: Synergiepotenziale: Fusion Daimler – Chrysler

5 Clean Team: neutrales Team, ohne Mitarbeiter der betroffenen Unternehmen.
6 Hauptversammlung der Daimler-Benz AG, 18. September 1998.

Die Wertsteigerungspotenziale lassen sich prinzipiell in zwei Kategorien unterteilen: die direkt geschäftsbezogenen Potenziale und Potenziale, welche durch neue Führungs- und Steuerungssysteme realisierbar sind. Erstere lassen sich sehr gut anhand eines vereinfachten Geschäftssystems beschreiben:

Stärkung der Einkaufskompetenz: Neben der Höhe ist auch oft die schnelle Realisierung von Einkaufspotenzialen von Bedeutung. Die wesentlichen Hebel dafür sind:

- Auswahl des günstigsten Lieferanten bei gleichzeitiger Konsolidierung
- Realisierung von Mengenrabatten auf Grund von Zusatzmengen
- Neudefinition der Einkaufsprozesse und Übertragung von Best Practice auf das neue Unternehmen
- Fokus der Führungsmannschaft während der Integration.

Die Einsparpotenziale hängen sehr stark von der Materialklasse, den Größenverhältnissen der Einkaufsvolumina und den bereits vorhandenen Einkaufsfähigkeiten der fusionierenden Unternehmen ab. Im Falle von gleich großen Unternehmen mit durchschnittlichen Fähigkeiten kann das gesamte Einsparpotenzial bei ca. 15 bis 25% des Einkaufsvolumens liegen. Bei sehr unterschiedlichen Unternehmensgrößen und bereits sehr guten Fähigkeiten liegt das gesamte Einsparpotenzial hingegen bei lediglich ca. 4 bis 6% des Einkaufsvolumens.

Optimierung der Produktions- und Technikbereiche: Die Einsparpotenziale in den operativen Bereichen resultieren im Wesentlichen aus drei Ansätzen:

- *Entwicklung einer langfristigen Standortstrategie:* Mit der Fusion von gleich großen Unternehmen verdoppelt sich in der Regel die Anzahl der Produktionsstandorte und damit einhergehend die Komplexität. Daher sollte in einem Integrationsprojekt das Restrukturierungspotenzial auf Grund von Standortschließungen berechnet werden. Indikatoren für ein hohes Potenzial sind gleichartige Produktionsanlagen mit Überkapazitäten, hohe Verwaltungskosten pro Standort und redundante Forschungseinrichtungen.
- *Optimierung von Produktionsanlagen durch Übertragung von Know-how:* Durch die Fusion ist es möglich, das technische Know-how zweier Wettbewerber auszutauschen. Dies ist besonders dann gut realisierbar, wenn es sich dabei um vergleichbare Produktionsanlagen bzw. -prozesse handelt. In diesem Fall bietet das Benchmarking der Anlagen auf Basis einer »virtuellen Anlage«, die sich aus der Summe von Kostenführern in den einzelnen Bereichen ergibt (»Best of Best«), eine gute Möglichkeit, Leistungspotenziale zu identifizieren. Somit kann jeder Produktionsleiter mit den einzelnen Kostenführern Ideen zur operativen Leistungssteigerung entlang seines Prozesses entwickeln. Darauf aufbauend sollte ein kontinuierlicher Verbesserungsprozess eingeleitet werden, bei dem man sich zukünftig nicht mehr am bereits Erreichbaren orientiert, sondern am technisch Möglichen. Dies bedeutet, dass je Prozessschritt die Kernkosten ermittelt und diese als Zielgröße gesetzt werden.

- *Einführung von neuen Dienstleistungskonzepten:* Die Restrukturierung von Produktsortimenten und Produktionsstandorten wirft oftmals die Frage auf, inwiefern die notwendigen Dienstleistungen zum Kerngeschäft gehören und gegebenenfalls ausgelagert werden können. In der chemischen Industrie zum Beispiel zeigte sich in den letzten Jahren der Trend, dass viele Unternehmen ihre Dienstleistungen, wie z.B. die Energieversorgung, Instandhaltung oder Logistik in eigenständigen Unternehmen bündeln (z.B. Infraserv von Hoechst, Infracor von Degussa-Hüls). Eine Integration ist der ideale Zeitpunkt für die Einführung eines neuen Dienstleistungskonzepts, da im Rahmen der Eingliederung alle Dienstleistungen konsolidiert und integriert werden müssen. Die Schaffung einer neuen Unternehmensinfrastruktur ermöglicht die Fokussierung der Unternehmen auf das eigentliche Kerngeschäft, bündelt die Kompetenzen unter Einführung einer Service-Mentalität und ermöglicht teilweise die Öffnung der Standorte für andere Unternehmen, um die Fixkosten weiter zu »verdünnen«. Letzteres ist auch unter dem Gesichtspunkt der Portfolio-Restrukturierung von Bedeutung. Mit der Schaffung eines unabhängigen Service-Anbieters ist der Verkauf von einzelnen Geschäften bei stark vernetzter Produktionsstruktur, wie sie z.B. in der chemischen Industrie vorliegt, deutlich einfacher. An solchen Standorten findet man aus diesem Grunde immer mehrere unabhängige Unternehmen.

Stärkung von Marketing und Vertrieb: Die Zusammenlegung der Marketing- und Vertriebsaktivitäten stellt den sensibelsten Bereich der gesamten Fusion dar, da diese Aktivitäten den Kunden direkt betreffen.

- Häufig ist in den ersten Monaten nach einer Fusion zu beobachten, dass das neue Unternehmen Marktanteile verliert. Gründe hierfür sind die zu diesem Zeitpunkt vorliegende starke »Innenorientierung« der gesamten Organisation, die Abwerbung von Leistungsträgern im Vertrieb durch Wettbewerber und die teilweise fusionsbedingte dominierende Lieferantenposition bei den Kunden. Das Unternehmen muss diesen Kräften durch eine offene Kommunikation gegenüber Kunden und Mitarbeitern sofort entgegentreten, um Umsatzverluste zu vermeiden.
- Zur Realisierung der Wertsteigerungspotenziale ist es erforderlich, dass die Unternehmen ihre Kunden und Vertriebsorganisationen weltweit konsolidieren und eine neue Vertriebsplattform aufbauen. Dabei sollten die Unternehmen nicht nur das Beste der bereits bestehenden Systeme übernehmen, sondern auch neue Vertriebsstrukturen wie zum Beispiel die Reorganisation nach Markt- bzw. Kundensegmenten oder die Einführung von E-Commerce in Erwägung ziehen. Ein weiterer Hebel zur Wertsteigerung ist die Realisierung von Preispotenzialen, die vor allem in Märkten mit hohen Überkapazitäten entstanden sind und somit zu einer hohen Wettbewerbsintensität, teilweise bis hin zu den variablen Cash-Kosten, geführt haben.

Verschlankung der Verwaltungsbereiche: Die Verschlankung von Konzernverwaltungen ist das wohl bekannteste Wertsteigerungspotenzial. Ein wesentlicher Faktor bei der Reorganisation und Redimensionierung der Konzernbereiche ist die Festlegung der Aufgaben- und Kompetenzbereiche der Zentralen. Hierbei ist kritisch zu hinterfragen, welchen Wert die Zentrale zukünftig leisten soll. Damit geht die organisatorische Struktur eng einher, die im Extremfall von einer Finanzholding bis hin zu operativen Zentralen reichen kann. In jedem Fall sollte der Dimensionierung ein Best-Practice-Vergleich zu Grunde liegen.

Neben diesem geschäftsbezogenen Potenzial gibt es noch die Führungs- und Steuerungssysteme, die in letzter Zeit immer mehr an Bedeutung gewinnen. Ein wichtiger Hebel zur Wertsteigerung ist dabei die Einführung einer wertorientierten Unternehmensführung. Diese impliziert eine klare Zielsetzung anhand von messbaren Parametern, die einen direkten Einfluss auf die Steigerung des Unternehmenswertes haben. Eine Analyse der verschiedenen Parameter zeigt, dass die Differenz zwischen dem Kapitalertrag (ROCE) und den Kapitalkosten (WACC) sowie das Wachstumspotenzial die entscheidenden Größen dafür sind. Das neue Unternehmen sollte im Rahmen der Fusion nicht sofort auf eines der bestehenden Zielsysteme zurückgreifen, sondern neue, vom Finanzmarkt abgeleitete, wertorientierte Kennzahlen einführen. Diese gilt es dann für die einzelnen Geschäfte zu spezifizieren und mit bereichsspezifischen Stellhebeln zu verknüpfen. D.h., die Kennzahlen sollten zu den alltäglich verwendeten Parametern (z.B. Preis, Menge, Konversionsfaktoren, Lagerbestand) in einer für die betroffenen Mitarbeiter nachvollziehbaren Beziehung stehen. Diese funktionale Beziehung ist individuell für jeden Bereich zu entwickeln und soll dazu dienen, den Einfluss eines jeden Mitarbeiters auf das Gesamtziel verständlich zu machen. Eine Verstärkung dieses Steuerungssystems ist dadurch zu erzielen, dass Incentive-Systeme an die Zielerreichung der einzelnen Stellhebel gekoppelt werden.

(3) Sicherstellung der bestehenden Geschäfte und der zukünftigen Funktionalität

Die Sicherstellung der Funktionalität des neuen Unternehmens ist die vordringlichste Aufgabe. Dazu müssen frühzeitig die neue Organisationsform gewählt und die verantwortlichen Führungskräfte benannt werden. Des Weiteren müssen alle Systeme (z.B. Informationstechnologie, Finanz- und Rechnungswesen, Personalsysteme, und hierbei insbesondere Löhne und Gehälter) neu ausgearbeitet und implementiert werden. Daneben gibt es noch eine Reihe von anderen Maßnahmen, die fristgerecht durchgeführt werden müssen. Ein solcher Maßnahmenkatalog umfasst, je nach Art und Umfang der Fusion, oftmals mehr als tausend Aktivitäten, angefangen von der rechtlichen Abwicklung der Fusion über die Erteilung von Handlungsvollmachten bis hin zur Benennung von Störfallbeauftragten.

Festlegung der neuen Organisationsform: Soweit beide Unternehmen die gleiche Organisationsform haben, wie dies beispielsweise bei der VEBA AG und der VIAG AG als Finanzholdings der Fall war, stellt die Festlegung der neuen Organisationsform kein Problem dar. Im Falle unterschiedlicher Auffassungen gilt es, die für das Geschäft beste Organisationsform auszuwählen. Ein Beispiel dafür ist die Fusion der Degussa AG mit der Hüls AG. Vor der Fusion war die Hüls AG als schlanke Chemie-Holding mit zwölf eigenständigen Gesellschaften geführt worden.

Die Degussa AG hingegen führte ihre drei Geschäftssegmente als ein Stammhaus, unterstützt von sehr starken Konzernbereichen. Während der Fusion wurden beide Konzepte kritisch geprüft und man entschloss sich, das neue Unternehmen Degussa-Hüls als dezentrales Stammhaus mit vier Geschäftssegmenten und einer Service-Einheit zu führen.

Die Frage der Organisationsform, d.h. wie zentral bzw. dezentral die Geschäfte geführt werden sollen, stellt sich auch auf der nächsttiefer gelegenen Ebene, bei den Geschäftsbereichen. Hier müssen je nach Geschäftstyp alle Funktionen innerhalb des Geschäftssystems (z.B. Forschung und Entwicklung, Produktion, Vertrieb) dahingehend untersucht werden, ob Synergien innerhalb des Geschäftsbereiches über mehrere Produktbereiche hinweg existieren und inwieweit die Geschäfte global zu führen sind. Trifft dies zu, sollten die Funktionen innerhalb des Geschäftsbereiches zentral zusammengeführt und alle wesentlichen Geschäftsentscheidungen global gefällt werden.

Die Einzelanalyse der Geschäftsbereiche kann somit dazu führen, dass die endgültige Organisationsstruktur die verschiedensten Organisationsformen, von zentraler bis dezentraler Organisation, aufweist.

Personalauswahl: Nachdem die Organisationsform und die entsprechenden Positionen definiert worden sind, müssen die verantwortlichen Leiter benannt werden. Der gesamte Vorstand inklusive des Vorstandsvorsitzenden, d.h. die erste Ebene, werden fast immer zu Beginn der Fusion benannt. Die zweite und die nachfolgenden Ebenen sind zu Beginn oftmals noch nicht benannt und auch schwieriger zu besetzen, da der Vorstand jeweils nur die Führungskräfte des eigenen Unternehmens kennt. Das Ziel bei der Besetzung der Positionen sollte der schnellstmögliche Aufbau einer neuen »Hochleistungsorganisation« sein, um die Unsicherheit innerhalb der Unternehmen zu reduzieren. Die Benennung kann je nach Führungskultur auf zweierlei Weise erfolgen. Zum einen durch eine »Top-down«-Entscheidung und zum anderen durch einen strukturierten Personalauswahlprozess. Um Letzteren so fair und transparent wie möglich zu gestalten, sollte er offen kommuniziert werden. Jedes Unternehmen sollte pro Position zwei bis drei Kandidaten nominieren, die in einem definierten Prozess von den jeweiligen Vorgesetzten und dem Leiter der Personalführungskräfte interviewt werden. Die Auswahl der Kandidaten sollte durch die gesamte Interviewgruppe erfolgen. Idealerweise sollte die Entscheidung unabhängig von der bisherigen Unternehmenszugehörigkeit des jeweiligen Kandidaten getroffen werden und sich allein auf objektive Kriterien stützen. Häufig hat sich auch die Einbindung eines unabhängigen Personalberaters bewährt, der vermehrt Neutralität in den Entscheidungsprozess einbringen soll. Die Entscheidung über die ausgewählten Kandidaten sowie deren Bekanntgabe im Unternehmen sollte so früh wie möglich geschehen. Für die in den Prozess involvierten, jedoch nicht ausgewählten Kandidaten sollte ein individuelles Feedback mit einer persönlichen Stärken-Schwächen-Analyse durchgeführt und, falls möglich, neue Positionen innerhalb des Unternehmens definiert werden. Obwohl dieser Prozess »zweite Sieger« schafft, wird er von allen Beteiligten als korrekt und fair empfunden. Ein »Nebenprodukt« dieses Auswahlprozesses ist der

Aufbau einer einheitlichen Datenbank zur Bewertung der Top-Führungsmannschaft, in der die ersten 50 bis100 Leistungsträger erfasst und bewertet werden.

bb) Schaffung einer gemeinsamen Leistungskultur

Die bisher beschriebenen Programme und Konzepte beziehen sich allein auf die formale und sachliche Ebene der Fusion, ohne der persönlichen Perspektive der betroffenen Führungskräfte Rechnung zu tragen. Nun gilt es, diese zum Teil sehr unterschiedlichen individuellen Perspektiven zusammenzufassen, wobei eine Reduzierung auf den »kleinsten gemeinsamen Nenner« zu vermeiden ist. In diesem Zusammenhang sollte auch die zukünftige Art der Zusammenarbeit zwischen den Beteiligten definiert werden.

(1) Verstehen der individuellen Perspektive

Die Konzepte sind nur so gut wie die handelnden Personen selbst. Deren Effektivität hängt im Wesentlichen von drei Faktoren ab: 1. dem persönlichen Anspruchsniveau und der damit verbundenen Zielsetzung, 2. der Interpretation der vorhandenen Möglichkeiten und der daraus resultierende Handlungsspielraum und 3. der Identifikation mit der Aufgabe. Um diese Faktoren für jeden Einzelnen zu erfassen und zu bewerten, hat sich in der Praxis eine bestimmte Interviewtechnik bewährt. Diese beschränkt sich nicht wie bei den üblichen Interviews auf eine reine Faktenabfrage, sondern versucht, durch tief gehendes Hinterfragen die eigentlichen, d.h. sachlichen wie auch oftmals ganz persönlichen, Gründe aufzudecken. Ein typisches Beispiel ist die organisatorische Abgrenzung von Produktbereichen. Diese ist nicht immer durch sachlogische Zusammenhänge definiert, sondern häufig auch durch das persönliche Bedürfnis, hoch profitable Bereiche in den eigenen Verantwortungsbereich einzugliedern, um bestehende Schwächen im Gesamtportfolio zu überdecken.

Ziel der Interviews ist es, die persönlichen Perspektiven zur Zielausrichtung entlang der Dimensionen Vision, Wertsteigerung, Funktionalität sowie zur Art der Zusammenarbeit (Führungs- und Steuerungssysteme, Motivation u.a.) zu erfassen. Entscheidend hierbei ist es, auch die eigentlichen Hintergründe aufzudecken.

(2) Entwicklung einer gemeinsamen Perspektive

Durch den Vergleich der Interviewergebnisse lassen sich erste Hypothesen dazu entwickeln, welches die Stärken und Schwächen innerhalb der Organisation sind und in welchen Bereichen der Zielausrichtung bzw. der Zusammenarbeit die Führungsmannschaft unterschiedliche Auffassungen hat. Diese Punkte gilt es, in so genannten Konsens-Workshops aufzudecken und lösungsorientiert zu diskutieren. Eine in der Praxis bewährte Methode ist die Anwendung der Konsensortechnik, bei der jeder Teilnehmer die Möglichkeit hat, auf Fragen anonym zu antworten. Das Ergebnis der Abfrage wird unmittelbar auf einem Bildschirm dargestellt, so dass die Workshop-Teilnehmer sofort das Meinungsbild der Gruppe sehen können. Je nach Fragestellung wird das Ergebnis in der gesamten Gruppe oder in Teilgruppen vertiefend diskutiert. Die Ergebnisse der Diskussion werden am Ende des Workshops nochmals zur Abstimmung mit dem Konsensor gebracht und – bei Zustimmung – verabschiedet oder – bei einem uneinheitlichen Meinungsbild – zur Lösung an ein Projektteam übergeben und zu einem späteren Zeitpunkt erneut bewertet.

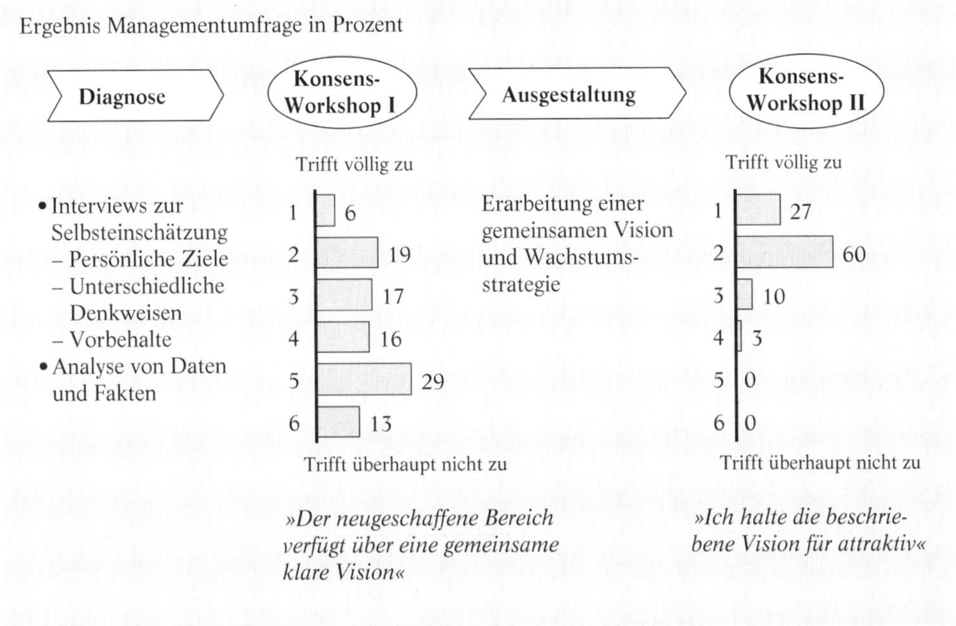

Abb. 8: Vorgehen Schaffung einer gemeinsamen Perspektive

Abbildung 8 zeigt dieses Vorgehen bei der Entwicklung einer gemeinsamen Vision für einen Geschäftsbereich. Zur Vorbereitung des ersten Konsens-Workshops wurden alle Führungskräfte interviewt. Darauf aufbauend wurden im Workshop die Meinungen der Gruppe bei kritischen Punkten mit Hilfe der Konsensortechnik eingeholt. In diesem Fall zeigte sich in der Gruppe kein einheitliches Bild bei der Frage nach einer gemeinsamen Vision für den Bereich. Die nachfolgenden Diskussionen zeigten, dass innerhalb des ersten Workshops keine Einigung erfolgen konnte, so dass ein Projektteam, bestehend aus einer Auswahl von Führungskräften des Bereichs in den nachfolgenden Wochen dieses Thema weiter bearbeitete und im zweiten Workshop der gesamten Führungsmannschaft vorstellte. Die überzeugende Darstellung der Vision mit einer klar formulierten Wachstumsstrategie führte dann zu einer überwältigenden Akzeptanz innerhalb der Führungsgruppe. Dieses Vorgehen sichert die volle Unterstützung der Führungsmannschaft über die gesamte Integrationsphase hinweg.

b) Phase II: Durchführung der Integration

Das Ergebnis der Designphase gibt somit alle notwendigen Ziele, aber auch Randbedingungen wie beispielsweise den Zeitrahmen für die Integration vor. Zu Beginn der zweiten Phase können somit alle notwendigen Projekte gestartet werden. Oftmals wird die Grobstruktur der Projektorganisation, wie zum Beispiel der Integrationsvorstand, das Integrations-Office und die Hauptprojekt-Cluster (z.B. Kommunikation) schon während der Designphase grob definiert. Die Verfeinerung der Projektstruktur, d.h. die Aufteilung in Projekte und Teilprojekte und der Aufbau der Controlling-Instrumente, erfolgt aber erst zu Beginn der Phase II.

aa) Priorisierung des Projektportfolios

Die Priorisierung des Projektportfolios und damit die Ressourcenallokation basiert auf der Zielsetzung der Führungsmannschaft. Jedes der anstehenden Projekte zur Entwicklung der Vision, der Realisierung der Wertsteigerungspotenziale und der Sicherstellung der Funktionalität muss entlang der Dimensionen »Ausmaß der anstehenden Veränderung« und »zu erwartende Wertsteigerung« in einer Matrix priorisiert werden (siehe Abb. 9).

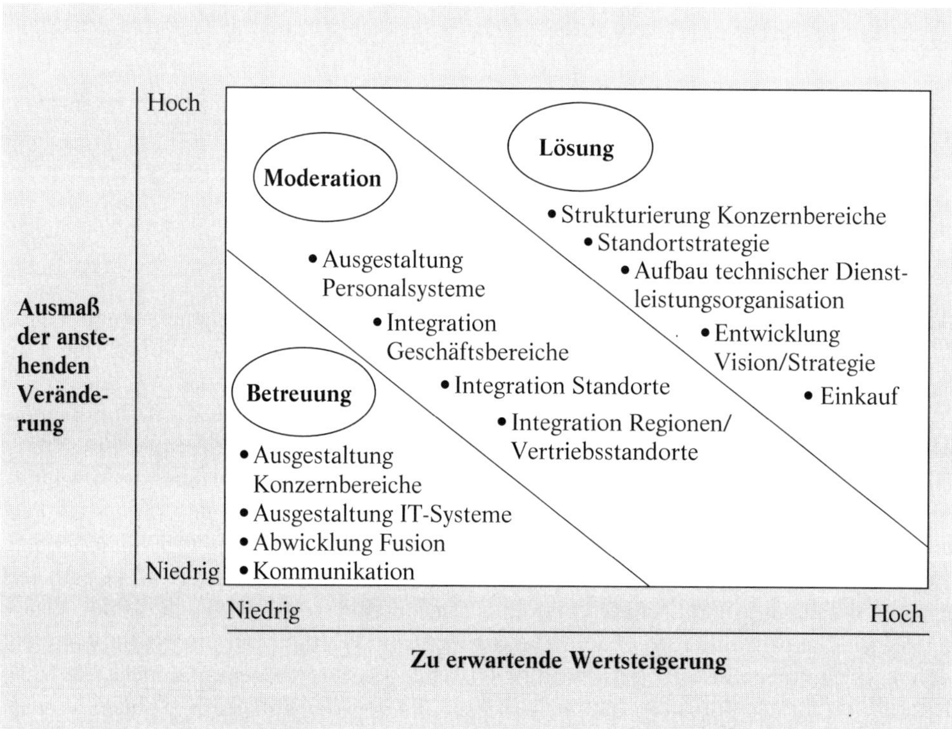

Abb. 9: Entwicklung Projektportfolio

Für diejenigen Projekte, bei denen eine hohe Wertsteigerung zu erwarten und gleichzeitig ein hohes Maß an Veränderung nötig ist, sollte ein zusätzliches Projektteam zur Lösung der Aufgaben eingesetzt werden. Die anderen Projekte sollten vom Integrations-Office gemäß der Aufgabenstellung betreut werden. Dies kann bedeuten, dass das Integrations-Office als neutraler Moderator Workshops zur Zielfindung insbesondere bei Organisationsfragen durchführen muss. Bei den meisten Projekten reicht es aber aus, die Erarbeitung der Ziele den Projektteams zu überlassen und lediglich den Projektstatus gemäß der Zielsetzung nachzuhalten.

bb) Entwickeln der Projektorganisation

Um die Vielzahl und auch die Komplexität der Einzelprojekte zu steuern, muss eine klar strukturierte Projektorganisation mit definierten Verantwortlichkeiten und Rollen geschaffen werden. Bei kleineren Unternehmen mit wenigen Produktbereichen, deren Umsatz ca. 500 Millionen Euro beträgt, hat sich eine drei-, bei »Mega-Fusionen« eine viergliedrige Projektorganisation in der Praxis bewährt (siehe Abb. 10).

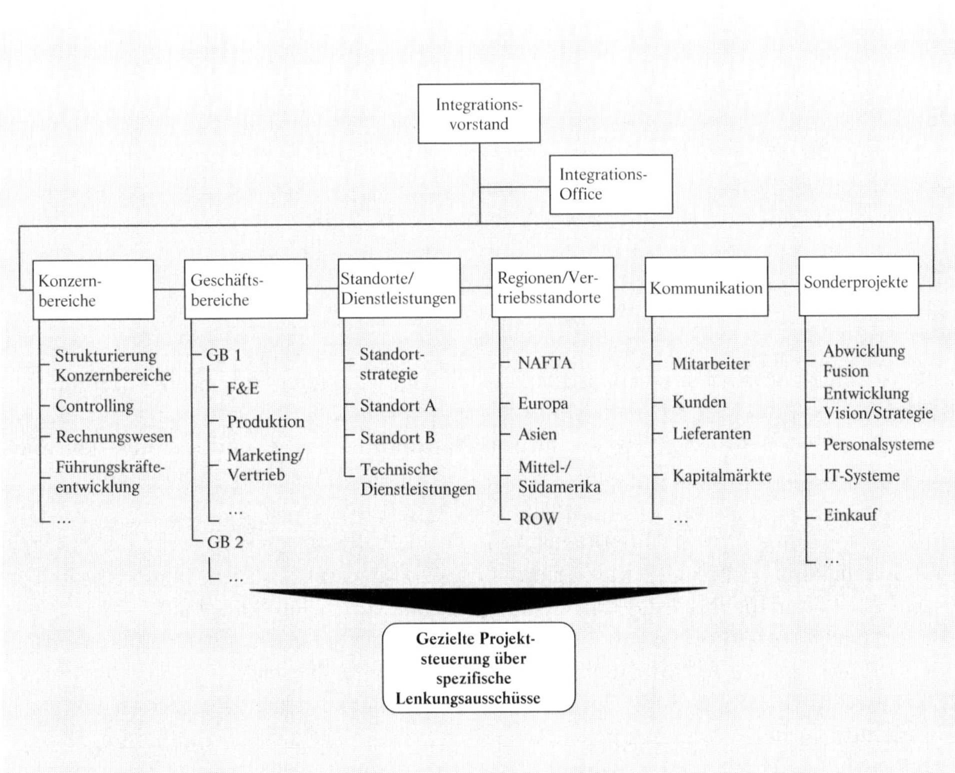

Abb. 10: Projektorganisation bei Konzernfusionen

Im Falle einer kleineren Integration besteht die Projektorganisation aus dem Integrationsvorstand als Lenkungsgremium für die Gesamtfusion, dem Integrations-Office, welches die Erarbeitung der Lösungsvorschläge unterstützt, und den Projektteams, die die Maßnahmen erarbeiten. Bei Mega-Fusionen hat sich gezeigt, dass die Validierung einer Vielzahl von komplexen Maßnahmen von bis zu 250 Projektteams nicht durch den Integrationsvorstand allein bewältigt werden kann. Aus diesem Grund übernehmen in solch einem Fall dedizierte Lenkungsausschüsse die Verabschiedung von Maßnahmen in Teilprojekten, beispielsweise die Integration von einzelnen Geschäftsbereichen oder die Steuerung der Projektteams im Einkauf. Zur besseren Übersichtlichkeit und zur Kommunikation nach innen und außen lässt sich die Vielzahl von Projekten nach Themen (Projekt-Cluster) ordnen.

Rolle Integrationsvorstand: Je nach Umfang der Integration sollte der Integrationsvorstand mit zwei bis vier Vorständen des neuen Unternehmens paritätisch besetzt werden. Um Entscheidungen in einem breiten Umfeld treffen zu können, sollten die Vorstände für den Bereich Personal, Finanzen und einen Teil der operativen Bereiche zuständig sein. Die wesentliche Rolle des Integrationsvorstandes besteht in der Vorgabe der Richtung und Richtlinien für die einzelnen Projektteams, der Bereitstellung von personellen und finanziellen Ressourcen sowie der Verabschiedung von Maßnahmen zur Realisierung der vorgegebenen Ziele. Wichtig dabei ist, dass die Behandlung der Projektteams auf Basis von objektiven Fakten erfolgt und sich nicht immer ein und dieselbe Partei durchsetzt. Die Sitzungen mit dem Integrationsvorstand sollten in den ersten sechs Monaten wöchentlich stattfinden. In der Anfangsphase kommt es oftmals vor, dass spontan zusätzliche Treffen einberufen werden müssen. Integrationsvorstand und Vorstandsvorsitzender sollte auch eine Art Rollenmodell darstellen und die Integration aktiv vorleben. Dazu gehört es, sich aktiv in die Kommunikation, z.B. durch Standortbesuche mit Präsentationen oder »Frage-und-Antwort-Veranstaltungen«, einzubringen.

Rolle Lenkungsausschuss: Die Lenkungsausschüsse bei Mega-Fusionen werden gezielt für einzelne Projekte eingesetzt. Dabei ist es ausreichend, zwei Vorstände zu benennen, wovon einer für den neuen Bereich verantwortlich sein sollte. Im Gegensatz zu den wöchentlichen Treffen im Integrationsvorstand genügt es hier, den Fortschritt der Teams in einem Zeitraum von drei bis fünf Wochen nachzuhalten.

Rolle Integrations-Office: Das Integrations-Office sollte je nach Umfang der Integration aus vier bis sechs vollzeitig für das Projekt freigestellten Mitarbeitern bestehen, wobei ein Leiter für das Integrations-Office benannt werden soll. Auch hier gilt wieder die paritätische Besetzung. Die Mitglieder des Integrations-Office sollten ausgewählte Führungskräfte mit einer guten Reputation in beiden Organisationen sein. Die wesentliche Aufgabe des Integrations-Office liegt in der Gesamtsteuerung der Fusion und in der Vorbereitung entscheidungsreifer Vorlagen für den Integrationsvorstand bzw. für die Lenkungsausschüsse. Dies bedeutet die Entwicklung und Führung eines so genannten Masterplans inklusive des kritischen Pfades für die Fusion, in dem alle Ziele, Verantwortlichkeiten, der aktuelle Status sowie Fälligkeitstermine enthalten sind. Neben der reinen Prozesssteuerung übernimmt das Integrations-Office darüber hinaus oftmals eine »Schiedsgerichtsfunktion« bei der Moderation schwieriger Sachverhalte wie z.B. der Ableitung einer optimalen Organisationsform für die Einzelbereiche. Bei großen und komplexen Fusionen kann das Integrations-Office durch ein weiteres Integrationsteam und durch externe Berater unterstützt werden.

Rolle Projektteams: Die individuellen Projektteams sind die »Zellen der Fusion« (z.B. Controlling, Einkauf). Sie entwickeln die Maßnahmen zur Sicherstellung der Funktionalität, zur Wertsteigerung wie auch die visionskonforme Ausrichtung der verschiedenen Bereiche (z.B. Forschung und Entwicklung). Die Projektteams werden auch hier paritätisch, je nach Komplexität oder Dringlichkeit, mit zwei bis sechs Mitarbeitern besetzt, wobei der Projektteamleiter der zukünftige Leiter des Bereiches sein sollte. Die Projektteams stehen im Laufe der Integration unter großer Anspannung, da die Mitglieder sowohl ihre Tagesarbeit als auch die Integrationsaktivitäten zu bewältigen haben. Jedes Team erstellt auf der Basis von Zielvorgaben aus den Konsens-Workshops, der Richtungsweisung des zuständigen Lenkungsausschusses und des Integrationsvorstandes eine so genannte »Team-Charter«, in welcher festgehalten ist, wer die Teammitglieder, welches die Ziele und welches der aktuelle Status entlang der drei Dimensionen Funktionalität, Wertsteigerung und Vision sowie die Fälligkeitstermine und die auftretenden Probleme sind.

Projekt-Cluster: Bei der Bildung von Projekt-Clustern hat sich folgende Grundstruktur als geeignet erwiesen:

- Konzernbereiche: Ein Strukturprojekt legt die Konzernbereichsstruktur und die dazugehörigen Prozesse, welche die Zusammenarbeit zwischen den Geschäftsbereichen, den Länderorganisationen und den Konzernbereichen regelt, fest. Die Ausgestaltung der Konzernbereiche erfolgt durch die Bereiche auf Basis der Vorgaben.
- Geschäftsbereiche: In diesen Projekten werden alle von der Fusion betroffenen Geschäftsbereiche geführt. Die Geschäftsbereiche werden weiter entlang des Geschäftssystems in Teilprojekte wie Forschung und Entwicklung, Produktion etc. aufgeteilt. In diesen Teilprojekten erfolgt dann die Maßnahmenerarbeitung entlang der Dimensionen Funktionalität, Wertsteigerung und Vision.
- Standorte/Dienstleistungen: Eng verbunden mit den Geschäftsbereichen erfolgt die Integration der angrenzenden Standorte. Ein längerfristig ausgerichtetes Strategieprojekt sollte hier die Standortstrategie festlegen und mögliche Standortschließungen bewerten. Gezielte Einzelprojekte bei angrenzenden Standorten sollen die Wertsteigerungspotenziale durch eine gemeinsame Führung identifizieren. In diesem Zusammenhang werden auch die technischen Dienstleistungen wie Logistik, Instandhaltung etc. integriert.
- Regionen/Vertriebsstandorte: Neben den Produktionsstandorten müssen auch alle Vertriebsstandorte und Distributoren der unterschiedlichen Länder konsolidiert

werden. Dabei hat es sich bewährt, regionenweise Land für Land die Vertriebsstruktur zu konsolidieren bzw. neu aufzubauen.

- Kommunikation: Besondere Aufmerksamkeit ist der gesamten Projektkommunikation zu widmen. Ein eigens dafür eingesetztes Projektteam sollte sich mit sämtlichen Interessengruppen befassen: den Mitarbeitern, Kunden und Lieferanten, den Kapitalmärkten und der allgemeinen Öffentlichkeit (siehe Abb. 11).

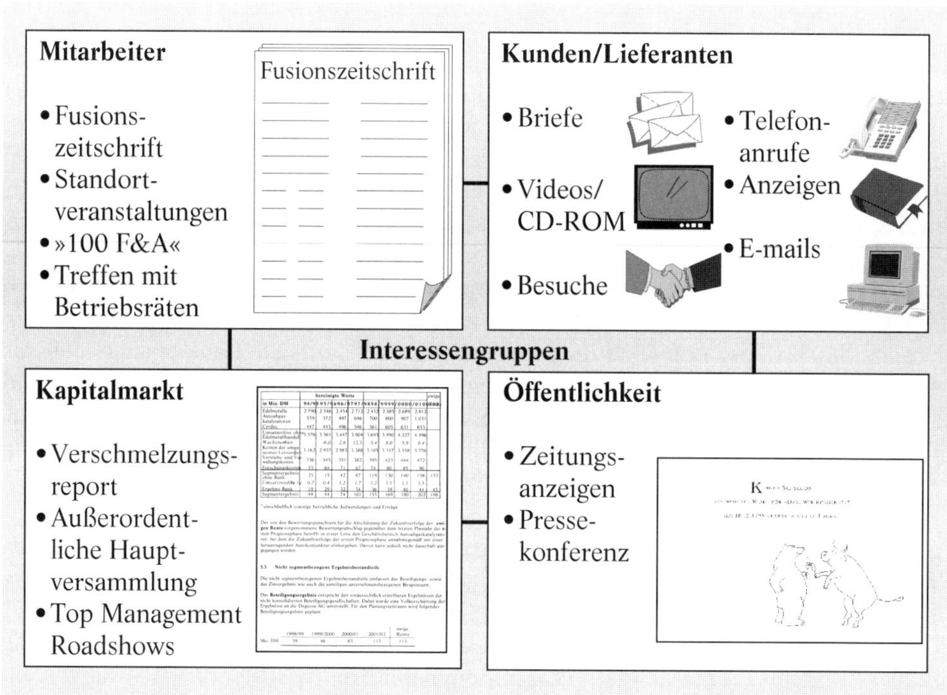

Abb. 11: Kommunikation bei Integrationen

- Sonderprojekte: Hier werden alle übergreifenden Projekte wie die rechtliche Abwicklung der Fusion, die Ausarbeitung der Vision bzw. der Strategien, die Vereinheitlichung der Systeme (Personal und IT) sowie die Realisierung von Einkaufspotenzialen auf Konzernebene geführt.

cc) Durchführung des Projekt-Controllings

Das Projekt-Controlling umfasst zum einen das individuelle Nachhalten der Ziele und den aktuellen Status einzelner Projektteams (»Team-Charter«) für die Erstellung des Fusionsmasterplans. Zum anderen beinhaltet es das Maßnahmen-Controlling, welches auf Konzernebene alle entwickelten Maßnahmen zusammenführt und den Stand der Werterzeugung nach Projekt-Clustern auf Einzelprojektebene zeitlich detailliert nachhält. Bei großen Integrationsprojekten, für die mehrere Tausend Maßnahmen entwickelt wurden, hat sich die Einsetzung eines Teams bewährt, welches zusammen mit den Teilbereichen die Umsetzung der Maßnahmen verfolgt. Durch die in den Unternehmen oftmals vorhandene Intranet-Plattform ist es möglich, den Stand der Maßnahmenentwicklung sowie deren Umsetzung auf Einzelprojektebene einem ausgewählten Personenkreis im Unternehmen zugänglich zu machen (siehe Abb. 12). So wird die offene Kommunikation über die Zielerreichung innerhalb der Führungsmannschaft ermöglicht. Das Einsetzen eines solchen breiten Kommunkationsmediums oder sogar die Ausdehnung auf das Internet sollte jedoch innerhalb der Führungsmannschaft vorab kritisch geprüft und gemeinschaftlich verabschiedet werden.

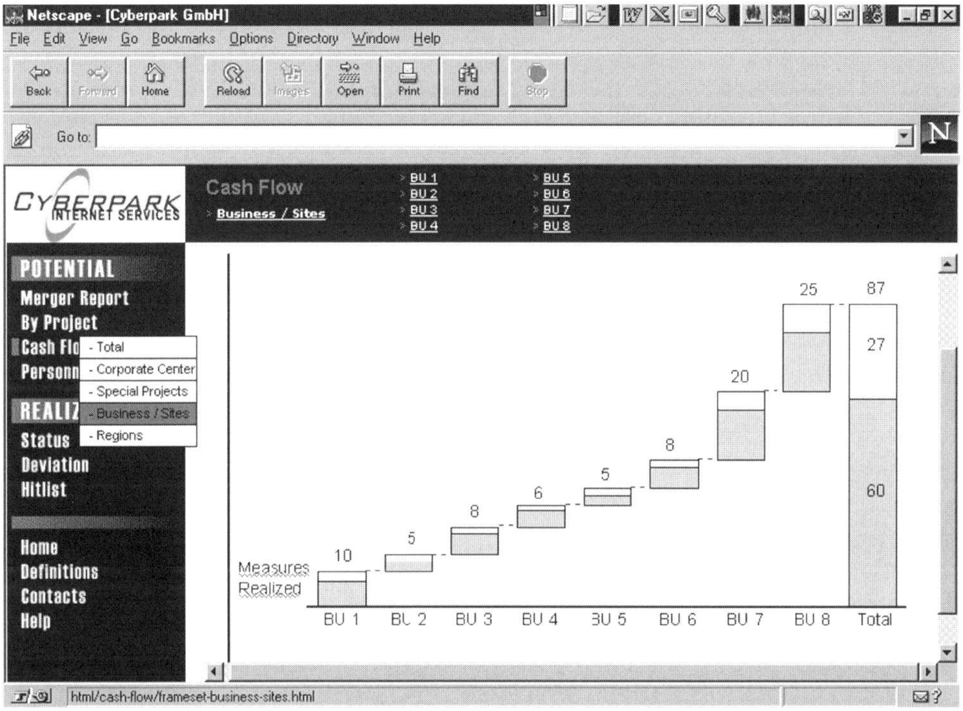

Abb. 12: Controlling – Medium – Intranet

4. Grundregeln für erfolgreiche Integrationen

Zusammenfassend lässt sich sagen, dass – obwohl das oben beschriebene Vorgehen für alle Integrationen gültig ist – jedes Integrationsprojekt jedoch einen individuellen Charakter aufweist. Dies liegt zum Teil an dem jeweiligen Kontext, in dem die Fusion durchgeführt wird, wie beispielsweise der Industrie, der Region oder den beteiligten Unternehmenskulturen, aber auch zum Teil an der neuen Führungsmannschaft.

Jedes Unternehmen sollte daher seinen eigenen Weg der Integration gehen und die folgenden, auf zahlreichen Erfahrungen basierenden, Grundsätze berücksichtigen:

1. Sicherstellung der Funktionalität und des laufenden Geschäfts
2. Fokussierung auf Wertsteigerung
3. Entwicklung einer neuen, gemeinsamen Vision
4. Entwicklung einer neuen, gemeinsamen Leistungskultur
5. Nutzung der Fusion zur Erneuerung des Unternehmens
6. Nutzung des Anfangsmomentums in den ersten 90 Tagen
7. Schnelligkeit vor Perfektion
8. Keine personellen Entscheidungen auf Kosten von Inhalten
9. Einsetzen von Top-Führungskräften in den Integrationsprozess
10. Offene und zügige Kommunikation

Literatur

Ashkenas/DeMonaco/Francis, Making the deal real: How GE Capital integrates acquisitions, in: Harvard Business Review, 1998.

Bufe, Die Verschmelzung der Degussa AG und der Hüls AG – Erfahrungsbericht, Schriften zum Kapitalmarkt, Band 2 der Deutschen Börse.

Cartwright/Cooper, Managing mergers, acquisitions and strategic alliances: interpreting people and cultures, 1996.

Davidson/Neumann, Sieben verhängnisvolle Illusionen bei der Integration nach Mergers & Acquisitions, in: M&A Review, 12/1997.

Ebert, Evaluationen von Synergien bei Unternehmenszusammenschlüssen, 1998.

Hase, Integration akquirierter Unternehmen: Planung, Konzeption, Bewertung und Kontrolle, 1996

Jansen/Pohlman, Die Zumutungen an das Human Resource Management bei Unternehmenszusammenschlüssen, in: Personalführung, 01/2000 (im Erscheinen).

Langer, Früherfassung der Unternehmenskultur als Risikofaktor bei Mergers & Acquisitions, 1999.

Mitchell/Holmes, Making acquisitions work, learning from companies' successes and failures, The Economist Intelligence, Unit 1996.

Zehnder, Managing Integration, International Focus, Band III, Nr. 1, 1999.

IX. Rechtliche Parameter der Integrations- bzw. Implementierungsmaßnahmen, insbesondere der Restrukturierungsmaßnahmen

Vielfach sind bei Transaktionen bereits auf Seiten des Verkäufers oder Joint-Venture-Partners Maßnahmen erforderlich, um ein Unternehmen, einen Betrieb oder einen Betriebsteil transaktionsfähig oder (noch) attraktiver zu machen. Andererseits bedarf es auch auf Seiten des Käufers der Überlegung, welche Integrations- und Reorganisationsmaßnahmen notwendig sind, welchen finanziellen Aufwand sie erfordern und in welchem zeitlichen Rahmen sie realisiert werden können.

1. Rechtliche Grundlagen

Nicht zuletzt bei der Unternehmensbewertung und bei der Erstellung der Business-Pläne werden die dabei zu beachtenden arbeits- und betriebsverfassungsrechtlichen Aspekte vielfach übersehen, falsch eingeschätzt oder zumindest unterschätzt. Geschieht dies, so können sich die erarbeiteten Geschäfts- und Steuer-Konzepte als nicht umsetzbar erweisen oder es kann zumindest die Erreichung des wirtschaftlichen Zieles einer Transaktion empfindlich erschwert oder verzögert werden.

Folgende Aspekte sind für die Integration bzw. Implementierung und für die Restrukturierungsmaßnahmen von besonderer Bedeutung:

- Festlegung der unternehmerischen Zielvorstellung für die Integration bzw. Implementierung und für die Restrukturierungsmaßnahme
- Prüfung der Gestaltungsmöglichkeiten unter Berücksichtigung ihrer unternehmerischen und rechtlichen Vorgaben und Auswirkungen
- Entwicklung der betriebswirtschaftlich erforderlichen Integrations- bzw. Implementierungs- und Restrukturierungsstrategie
- Bestimmung der rechtlichen Rahmenbedingungen für die Umsetzung des Transaktions- oder Restrukturierungskonzeptes
- Analyse der Struktur des Managements sowie der betroffenen Belegschaft und Erfassung der konkret betroffenen Arbeitnehmer, insbesondere hinsichtlich Betriebszugehörigkeit und Lebensalter, Familienstand, Mutterschutz, Mitgliedschaft im Betriebsrat, Schwerbehinderung
- Festlegung der im Planungszeitraum und nach der Transaktion bzw. Restrukturierung benötigten Personal-, Fertigungs- und Verwaltungskapazität

- Kalkulation der für die Übertragung und Restrukturierung aufzuwendenden internen und externen Kosten, einschließlich der Sozialplan-Kosten
- Aufstellung eines unternehmenswertorientierten Vergütungsmodells
- Aufstellung eines detaillierten Zeit- und Ablauf-Planes für die Integration bzw. Implementierung und Restrukturierung unter besonderer Berücksichtigung der betriebsverfassungsrechtlichen Bestimmungen sowie
  - der Dienst- (Organmitglieder der Gesellschaft) und Arbeitsverträge, einschließlich individueller und kollektiver arbeitsrechtlicher Bestimmungen,
  - der eventuell erforderlichen begleitenden Sozialmaßnahmen, wie z.B. Umschulung, Outplacement etc.

2. Unternehmenszusammenschlüsse

Bei Unternehmenszusammenschlüssen stellen sich grundlegende rechtliche Fragen bereits bei der Durchführung der Transaktionen. Aus Gründen der Einheitlichkeit der Darstellung befinden sich deshalb die auch für die Integration und Implementierung von Unternehmenszusammenschlüssen maßgeblichen Ausführungen zu den umwandlungsfähigen Unternehmen und Umwandlungs-Arten (Verschmelzung, Spaltung, Vermögensübertragung und Formwechsel) sowie zu dem Verfahren bei Umwandlungen.[1]

3. Betriebsänderungen gemäß §§ 111 ff. BetrVG

Hinsichtlich geplanter Betriebsänderungen ist grundsätzlich zu unterscheiden, ob der Betrieb oder Betriebsteil, der übertragen wird, in seiner Identität unverändert bleibt oder in seinen Strukturen geändert wird.

Nur die Übertragung eines im wesentlichen unverändert bleibenden Betriebes unterliegt nicht der Mitbestimmung der Arbeitnehmervertreter nach dem Betriebsverfassungsgesetz (BetrVG). Bei der Übertragung eines Betriebsteiles oder bei geplanten Betriebsänderungen ist der Unternehmer dagegen verpflichtet, den Wirtschaftsausschuss und den Betriebsrat rechtzeitig und umfassend über die geplante Betriebsänderung oder Restrukturierung zu unterrichten und mit ihnen die beabsichtigten Maßnahmen zu beraten.

Ziel der Konsultation ist die Vereinbarung eines Interessenausgleiches und der Abschluss eines Sozialplanes (§§ 112, 113 BetrVG). Dabei handelt es sich um zwei rechtlich unterschiedliche Vereinbarungen, zwischen denen jedoch enge Wechselwirkungen bestehen und die deshalb oftmals gemeinsam verhandelt werden.
Bei dem Interessenausgleich geht es um die Fragen,

1 Siehe oben B. IV. 4.

- ob
- wann
- und wie

die geplanten Maßnahmen durchgeführt werden.

Der Sozialplan soll demgegenüber wirtschaftliche Nachteile mildern, die den Arbeitnehmern infolge der Betriebsänderung entstehen.

a) Die Arten der Betriebsänderungen

Die Mitbestimmungsrechte des Betriebsrates gemäß den §§ 111 ff. BetrVG sind bei den Integrations- und Implementierungsmaßnahmen dann zu beachten, wenn die beabsichtigten Maßnahmen eine Betriebsänderung im Sinne des § 111 BetrVG darstellen. Aus diesem Grunde ist schon bei der Planung einer Transaktion die Frage zu klären, ob für die Intergration bzw. Implementierung erhebliche Eingriffe in die bestehenden betrieblichen Strukturen erforderlich sind. Hierzu zählen gemäß § 111 Satz 2 BetrVG:

- Einschränkung und Stillegung des ganzen Betriebs oder von wesentlichen Betriebsteilen,
- Verlegung des ganzen Betriebes oder von wesentlichen Betriebsteilen,
- Zusammenschluss mit anderen Betrieben oder die Spaltung von Betrieben,
- grundlegende Änderungen der Betriebsorganisation, des Betriebszwecks oder der Betriebsanlagen,
- Einführung grundlegend neuer Arbeitsmethoden und Fertigungsverfahren.

aa) Einschränkung und Stillegung des ganzen Betriebs oder von wesentlichen Betriebsteilen

Unter einer Stillegung versteht man die Aufgabe des Betriebszwecks unter Auflösung der betriebsorganisatorischen Einheit und die Entlassung der Belegschaft aufgrund eines ernsthaften und endgültigen Entschlusses des Unternehmers. Die Stillegung muss für eine der Dauer nach unbestimmte und wirtschaftlich nicht unerhebliche Zeit erfolgen.[2] Wird der Betrieb nach einer verhältnismäßig nicht erheblichen Zeit von dem bisherigen oder einem neuen Inhaber wiedereröffnet, so liegt keine Stillegung sondern eine Betriebsunterbrechung sowie ggf. ein Betriebsübergang gemäß § 613a BGB vor.[3]

Ein reiner Personalabbau unter Beibehaltung der Betriebsmittel kann ebenfalls eine Betriebsänderung darstellen. Dies wird stets dann anzunehmen sein, wenn der Umfang des Personalabbaus die Richtgrößen des § 17 Kündigungsschutzgesetz

2 BAG, AP Nr. 8 zu § 13 KSchG; BAG, AP Nr. 39 zu § 613a BGB.

3 BAG, NZA 1985, 493.

(KSchG) erreicht. Denn nur in diesem Fall sind erhebliche Teile der Belegschaft betroffen. Der 30 Tages-Rahmen des § 17 KSchG bleibt hierbei außer Betracht. Von der Frage, wann ein Personalabbau eine Betriebsänderung darstellt, ist die Frage zu unterscheiden, ob infolge des Personalabbaus ein Sozialplan aufzustellen ist. Insoweit gilt § 112a BetrVG, der höhere Schwellenwerte vorsieht.

bb) Verlegung des ganzen Betriebs oder von wesentlichen Betriebsteilen

Eine Betriebsverlegung ist anzunehmen, wenn eine wesentliche Veränderung der örtlichen Lage geplant ist. Wesentlich ist die Veränderung dann, wenn erhebliche Nachteile für die Mitarbeiter eintreten können. Dabei ist es unerheblich, ob die Veränderungen individualrechtlich auf Grundlage des Direktionsrechts oder einer Änderungskündigung durchgesetzt werden können. Die Rechtsprechung hat eine Betriebsänderung bereits bei einer Verlegung an einen 4,3 km entfernten Standort angenommen.[4] Eine Verlegung kann auch zu einer Stillegung führen, wenn die Produktionsgemeinschaft aufgelöst wird und wesentliche Teile der Belegschaft an dem neuen Standort nicht mehr weiterbeschäftigt werden.[5] Ob in diesem Fall für die Arbeitnehmer, die an dem neuen Standort arbeiten wollen, ein Betriebsübergang anzunehmen ist, wenn zugleich der Inhaber wechselt, ist zweifelhaft.[6]

cc) Zusammenschluss mit anderen Betrieben oder die Spaltung von Betrieben

Ein Zusammenschluss bzw. die Spaltung von *Betrieben* ist nicht gleichzusetzen mit dem Zusammenschluss (der Verschmelzung) oder der Spaltung von *Unternehmen* (siehe dazu B. IV, 4.). Bleibt die Identität der Betriebe, die zu den verschmolzenen bzw. gespaltenen Unternehmen gehören, unberührt, so liegt keine Betriebsänderung vor.

Umstritten ist die Frage, ob die Vorschrift auch dann eingreift, wenn es sich bei dem abgespaltenenen Betriebsteil nicht um einen wesentlichen Betriebsteil handelt. Der Wortlaut des § 111 Satz 2 Nr. 3 BetrVG spricht dafür, der Sinn und Zweck der Norm jedoch dagegen. Würden auch nicht wesentliche Betriebsteile von der Bestimmung erfasst, so entstünde ein nicht gerechtfertigter Wertungswiderspruch innerhalb des § 111 BetrVG. Der Betriebsteil könnte nämlich mitbestimmungsfrei gemäß § 111 Satz 2 Nr. 1 BetrVG stillgelegt, nicht jedoch gemäß Nr. 3 abgespalten und verselbstständigt werden.

---

4 BAG, DB 1983, 344.

5 BAG, AP Nr. 15 zu § 13 KSchG.

6 Vgl. BAG, NZA 88, 170; BAG, DB 1989, 2334.

dd) Grundlegende Änderungen der Betriebsorganisation, des Betriebszwecks oder der Betriebsanlagen sowie Einführung grundlegend neuer Arbeitsmethoden und Fertigungsverfahren

Die in § 111 Satz 2 Nr. 4 und 5 geregelten Fälle der grundlegenden Änderung der Betriebsorganisation, des Betriebszwecks oder der Betriebsanlagen sowie der Einführung grundlegend neuer Arbeitsmethoden und Fertigungsverfahren sind im Rahmen von Transaktionen regelmäßig von eher untergeordneter Bedeutung. Sofern Änderungen in der Organisationsstruktur vorgenommen werden, sind diese zumeist nur Folgen der oben beschriebenen anderen Formen der Betriebsänderung.

b) Die Rechtsfolgen der Betriebsänderungen: Unterrichtung, Information und Beratung, insbesondere Interessenausgleich und Sozialplan

Hinsichtlich der Rechtsfolgen einer Betriebsänderung ist zu unterscheiden zwischen der Unterrichtung und Information des Betriebsrats und des Wirtschaftsausschusses und der Beratung mit dem Betriebsrat, insbesondere der Verhandlung und Vereinbarung eines Interessenausgleichs und eines Sozialplans.

Mit den genannten Instrumentarien wird den Arbeitnehmervertretern bei Betriebsänderungen die Möglichkeit gegeben, auf die Entscheidungsfindung des Unternehmers einzuwirken. Letztlich verbleibt dem Unternehmer zwar die Entscheidung über die Durchführung der Integration, Implementierung und Restrukturierung und der Betriebsrat kann den Abschluss eines Interessenausgleiches – im Unterschied zum Abschluss eines Sozialplans – nicht erzwingen. Allerdings darf der Unternehmer mit der vollständigen oder auch nur teilweisen Umsetzung der Betriebsänderung nur beginnen, nachdem er den Abschluss eines Interessenausgleichs (ernsthaft) »versucht« hat. Ein solch ernsthafter Versuch ist erst dann gegeben, wenn der Unternehmer das gesamte gesetzlich vorgesehene Interessenausgleichs-Verfahren mit sämtlichen Verhandlungsstadien – wenn auch möglicherweise ohne Erfolg – durchlaufen hat.

aa) Rechtzeitige und umfassende Unterrichtung über die Planungen

Die Annahme einer Betriebsänderung hat zunächst zur Folge, dass der Unternehmer gemäß § 111 BetrVG den Betriebsrat rechtzeitig und umfassend über die Planungen zu unterrichten hat, sobald der Unternehmer auf der Grundlage der Vorüberlegungen und Analysen plant, eine konkrete Maßnahme durchzuführen. Ist in dem Unternehmen überdies ein Wirtschaftsausschuss vorhanden, ist auch dieser gemäß § 106 Abs. 2 BetrVG zu unterrichten. Die Pflicht zur Unterrichtung ist nicht von einem entsprechenden Verlangen des Betriebsrats abhängig.

Betreffend den Zeitpunkt und Umfang der Unterrichtung soll der Begriff »*geplante* Betriebsänderungen« sicherstellen, dass der Betriebsrat zum frühestmöglichen

Zeitpunkt an der Planung beteiligt wird. Das in den §§ 111 ff. BetrVG vorgesehene rechtzeitige und umfassende Unterrichtungs- und Beratungsverfahren, einschließlich des Versuches des Interessenausgleiches, muss demgemäß noch in einem Zeitraum abgewickelt werden, in dem noch keine abschließende Entscheidung gefallen ist. Der Betriebsrat muss die Möglichkeit haben, auf den Beschluss des Unternehmers einzuwirken. Dies wäre unmöglich, wenn der Unternehmer bereits eine abschließende Entscheidung bezüglich der Frage getroffen hat, ob eine Betriebsänderung durchgeführt wird und wie die inhaltlichen und zeitlichen Modalitäten der Durchführung gestaltet werden. Erst recht darf der Unternehmer noch nicht mit der Durchführung der Betriebsänderung beginnen.

Die Unterrichtung muss umfassend sein. Dies bedeutet, dass sämtliche Beweggründe für die Betriebsänderung dargelegt werden müssen. Das gleiche gilt für die Folgen der Maßnahmen für die Arbeitnehmer und den beabsichtigen Zeitplan für die Durchführung. Hat der Arbeitgeber mehrere Alternativen erwogen, muss er darlegen, aus welchen Gründen er sich für eine der Möglichkeiten entschieden hat. Auf Verlangen sind dem Betriebsrat die zur Durchführung der Aufgaben erforderlichen Unterlagen zur Verfügung zu stellen (§ 80 Abs. 2 Satz 2 BetrVG).

bb) Recht des Betriebsrates zur Beratung mit dem Arbeitgeber

Gemäß § 112 BetrVG hat der Betriebsrat im Fall einer Betriebsänderung das Recht, über die geplante Betriebsänderung mit dem Arbeitgeber zu beraten.

Ziel dieser Beratung ist der Abschluss eines Interessenausgleichs. Dabei soll der Betriebsrat die Möglichkeit haben, die Entscheidung des Arbeitgebers zu beeinflussen, ob, wann und in welchem Umfang die geplante Betriebsänderung durchgeführt wird, und das Ergebnis in einer Interessenausgleichs-Vereinbarung festzuhalten. Daneben werden regelmäßig Verhandlungen über den Abschluss einer Sozialplan-Vereinbarung geführt, der die Härten für die betroffenen Arbeitnehmer finanziell und sozial abmildern soll.

Zwar kann der Betriebsrat den Abschluss eines Interessenausgleiches nicht erzwingen, sodass dem Unternehmer letztlich die Entscheidung über die Durchführung der Maßnahme verbleibt. Allerdings darf der Arbeitgeber erst *nach* der Durchführung des gesetzlich vorgeschriebenen Verfahrens für den Versuch eines Interessenausgleichs mit der Umsetzung der Betriebsänderung wie z.B. einer Spaltung, Verschmelzung oder der Einführung neuer Arbeitsmethoden beginnen. Beachtet der Unternehmer diese Regelung nicht, so drohen ihm neben der Pflicht zum Ausgleich der den betroffenen Arbeitnehmern entstehenden wirtschaftlichen Nachteile (§ 113 BetrVG) und einem Bußgeld (§ 121 BetrVG) nach der Rechtsprechung zahlreicher Instanzgerichte auch eine auf die Unterlassung der Maßnahme gerichtete einstweilige Verfügung.

Die zwingend vorgeschriebene Pflicht des Arbeitgebers, mit dem Betriebsrat einen Interessenausgleich zu beraten und zu verhandeln, hat somit aufgrund ihrer Wirkung als Sperre für die Umsetzung der Betriebsänderung eine zentrale zeitliche und finanzielle Bedeutung für den Ablauf der beabsichtigten Änderung der Unternehmensstruktur. Der Arbeitgeber darf nämlich – wie oben bereits gesagt – mit der vollständigen oder auch nur teilweisen Umsetzung der Betriebsänderung keinesfalls beginnen, bevor er nicht den Abschluss eines Interessenausgleichs ernsthaft »*versucht*« hat. Dies ist aber erst dann der Fall, wenn er das gesamte gesetzlich vorgesehene Interessenausgleichs-Verfahren und folgende Verhandlungsstadien – wenn auch möglicherweise ohne Erfolg – durchlaufen hat. Dies bedeutet, dass die Betriebspartner zunächst über den Interessenausgleich zu verhandeln haben. Kommt ein Interessenausgleich nicht zustande, so können sie den Präsidenten des Landesarbeitsamtes um Vermittlung ersuchen. Geschieht dies nicht oder bleibt der Vermittlungsversuch ergebnislos, so können sie die Einigungsstelle anrufen, wobei auch die Verhandlung vor der Einigungsstelle auf den Versuch einer freiwilligen Einigung beschränkt ist. Erst, wenn auch dieser Versuch einer freiwilligen Einigung gescheitert ist, hat das Unternehmen den Abschluss eines Interessenausgleichs ernsthaft »versucht« und kann mit der Umsetzung der geplanten Änderungsmaßnahme beginnen.

Gleichwohl zögern zahlreiche Unternehmen, die Arbeitnehmer bereits in einem frühen Zeitpunkt über geplante Veränderungen zu informieren und in die Planungsprozesse einzubeziehen. Vor allem unterbleibt dies, weil die Ankündigung geplanter Veränderungen in der Regel eine erhebliche Unruhe in der Belegschaft und gravierende Reaktionen des Marktes auslösen kann. Zudem ist es oftmals aufgrund der vom Verkäufer aufgestellten Regeln des Bietungsverfahrens unabdingbar, eine geplante Transaktion und die sich daraus ergebenden Restrukturierungsmaßnahmen so lange wie möglich geheim zu halten. In der Praxis ist es deshalb oftmals schwierig, die Balance zwischen einer vertrauensvollen Zusammenarbeit mit den Arbeitnehmervertretern und den berechtigten Belangen des Unternehmens zu finden.

Um die Schaffung schlanker, kostensparender und zugleich flexibler betrieblicher Strukturen planbarer und kalkulierbarer zu machen, hatte sich der Gesetzgeber 1996 bemüht, Restrukturierungsmaßnahmen durch eine Verkürzung und Befristung des Interessenausgleichsverfahrens durch das »Arbeitsrechtliche Beschäftigungsförderungsgesetz« deutlich zu beschleunigen. Nach der seinerzeit als Sätze 2 und 3 in § 113 Absatz 3 des Betriebsverfassungsgesetzes eingefügten Regelung hatte der Arbeitgeber den Interessenausgleich bereits »versucht«, wenn er den Betriebsrat ordnungsgemäß an der Planung beteiligt hatte und nicht innerhalb von zwei Monaten nach Beginn der Beratungen oder schriftlicher Aufforderung zur Aufnahme der Beratungen ein Interessenausgleich zustande gekommen war. Wurde innerhalb dieser 2-Monats-Frist die Einigungsstelle angerufen, endete die Frist einen Monat nach Anrufung der Einigungsstelle, wenn dadurch die 2-Monats-Frist überschritten wurde. Spätestens mit dem Ablauf von 3 Monaten nach der Aufnahme der Verhandlungen entfiel die in § 113 BetrVG vorgesehene Sanktion des Nachteilsausgleichs und damit auch die Umsetzungssperre. Den Unternehmen war es hierdurch möglich, die Verhandlungen mit dem Betriebsrat über den Interessenausgleich und gegebenenfalls auch das Verfahren vor der Einigungsstelle bereits in einem sehr frühen Zeitpunkt aufzunehmen, um dadurch die maximal 3 Monate laufende Verhandlungsfrist in Gang zu setzen. Auf diese Weise konnte verhindert werden, dass die zeitliche Planung, die Durchführung und die Kosten der geplanten Unternehmensänderung über Monate oder gar Jahre aus dem Ruder liefen. Andererseits wurden auch die Rechte der Arbeitnehmer gewahrt, da die 3-monatige Frist erst mit der vollständigen Unterrichtung des Betriebsrates in Gang gesetzt wurde und die Sozialplanpflicht unangetastet blieb.

Diese zeitliche Begrenzung des Interessenausgleichs-Verfahrens ist durch Art. 9 des »Gesetzes zu Korrekturen in der Sozialversicherung und zur Sicherung der Arbeitnehmerrechte« mit Wirkung vom 01.01.1999 wieder vollständig beseitigt worden, anstatt z.B. lediglich eine gewisse Verlängerung der Verfahrensfrist vorzusehen. Den Unternehmen ist damit die Steuerungsmöglichkeit für das »Timing« von Integrations- und Implementierungsmaßnahmen, die eine Betriebsänderung im Sinne des § 111 BetrVG zum Gegenstand haben, wieder weitgehend aus den Händen genommen worden. Die nachteiligen Auswirkungen dieser Gesetzesänderung für die Unternehmensbewertung und die Einschätzung notwendiger Integrations- bzw. Implementierungskosten kann für die Beratungspraxis nicht nachdrücklich genug betont werden.

Wie oben bereits kurz erwähnt, tritt neben die Verhandlungen über den Interessenausgleich in allen Fällen der Betriebsänderung – mit Ausnahme des Personalabbaus nach § 112a BetrVG – der Abschluss eines Sozialplans gemäß § 112 BetrVG. Ziel des Sozialplanes, der die Wirkung einer Betriebsvereinbarung hat, ist es, die finanziellen Nachteile zu kompensieren, welche die Arbeitnehmer infolge einer Betriebsänderung erleiden. Leitende Angestellte werden von dem Sozialplan allerdings nicht erfasst. Im Gegensatz zum Interessenausgleich ist der Sozialplan erzwingbar. Der Betriebsrat kann die Einigungsstelle anrufen, die eine Entscheidung mit bindender Wirkung treffen kann. Allerdings kann mit der Betriebsänderung bereits vor Abschluss des Sozialplanes begonnen werden.

Inhalt und Umfang des Sozialplans sind grundsätzlich allein von den Verhandlungen mit dem Betriebsrat abhängig. Konkrete Vorgaben enthält insoweit die Regelung des § 112 Abs. 5 BetrVG. Bei der Verteilung der Leistungen ist insbesondere der Gleichbehandlungsgrundsatz zu beachten. In der Rechtsprechung ist jedoch anerkannt, dass Arbeitnehmer, die einen zumutbaren Arbeitsplatz ablehnen, von Leistungen aus dem Sozialplan ausgenommen werden können. Die Höhe des Gesamtvolumens hängt von der Leistungsfähigkeit des Unternehmens ab und ist von der Einigungsstelle so zu bemessen, dass der Fortbestand des Unternehmens und die nach der Betriebsänderung verbleibenden Arbeitsplätze nicht gefährdet werden.

Der Sozialplan sollte in jedem eine klare Regelung über die Fälligkeit der Abfindungen, insbesondere im Fall der Erhebung von Kündigungsschutzklagen enthalten. Sozialplanabfindungen sind nach der geltenden Rechtslage bis zu einer Höhe von maximal DM 24.000 gemäß § 3 Ziff. 9 Einkommensteuergesetz (EstG) steuerfrei. Der über den Freibetrag hinausgehende Betrag unterliegt nicht mehr dem halben Steuersatz. An die Stelle der früheren Regelung in §§ 24, 34 EStG ist das wesentlich ungünstigere Fünftelungsprinzip getreten, wonach lediglich Erleichterungen bei den Progressionsstufen geschaffen werden. Auf Leistungen aus Sozialplänen sind grundsätzlich keine Sozialversicherungsbeiträge zu erheben, da es sich nicht um Arbeitsentgelt handelt. Ebensowenig führt die Zahlung einer Sozialplanabfindung zu einem Ruhen des Anspruchs auf Arbeitslosengeld, soweit die Kündigungsfristen eingehalten worden sind (vgl. § 143a SGB III).

4. Massenentlassungen

a) Im Fall betriebsbedingter Kündigungen ist gemäß § 17 KSchG[7] eine Massenentlassungsanzeige beim zuständigen Arbeitsamt erforderlich, wenn binnen 30 Kalendertagen

- in Betrieben mit in der Regel mehr als 20 und weniger als 60 Arbeitnehmern mehr als 5 Arbeitnehmer
- in Betrieben mit in der Regel mindestens 60 und weniger als 500 Arbeitnehmern 10% der im Betrieb regelmäßig Beschäftigten oder aber mehr als 25 Arbeitnehmer
- in Betrieben mit in der Regel mehr als 500 Arbeitnehmern mindestens 30 Arbeitnehmer

entlassen werden. Dabei kommt es nicht auf den Ausspruch der Kündigung an, sondern auf den Zeitpunkt, in dem die Kündigungen nach Ablauf der Kündigungsfrist wirksam werden. Gemäß § 17 Abs. 2 KSchG ist der Betriebsrat über die Massenentlassung unter Angabe der dort vorgesehenen Informationen zu unterrichten. Der Anzeige an das Arbeitsamt ist die Mitteilung an den Betriebsrat sowie die Stellungnahme des Betriebsrats gemäß § 17 Abs. 3 KSchG beizufügen. In der Praxis wird die Information und Konsultation des Betriebsrats nach § 17 KSchG in das Interessenausgleichsverfahren nach § 111 ff BetrVG (siehe oben) eingebunden.

Wird die nach § 17 KSchG notwendige Anzeige versäumt, so sind die Entlassungen unwirksam, sofern sich die Arbeitnehmer darauf berufen. Im Rahmen der Massenentlassungsanzeige ist ferner darauf zu achten, dass nach Eingang der Anzeige beim Arbeitsamt eine Sperrfrist von einem Monat eintritt, binnen derer die Entlassungen nicht durchgeführt werden dürfen. Diese Sperrfrist kann vom Arbeitsamt um einen weiteren Monat verlängert werden. Im Anschluss an die Sperrfrist müssen die Entlassungen gemäß § 18 KSchG innerhalb einer Freifrist von 90 Tagen durchgeführt werden. Der Zeitpunkt der Abgabe der Massenentlassungszeige ist somit vorab genauestens zu planen, da die Anzeige wiederholt werden muss, wenn die Entlassungen nicht innerhalb der Freifrist wirksam werden. Die Bildung von Kündigungs-Wellen unterhalb der Schwellenwerte des § 17 KSchG ist zulässig. Es handelt sich nicht um eine Umgehung der Vorschrift, sondern vielmehr um das vom Gesetz zur Entlastung des Arbeitsmarktes bezweckte Vorgehen.

---

7 Vgl. EG-Massenentlassungsrichtlinie 98/59/EG des Rates der EG vom 20.07.1998, ABl. 1998 L 225, 16 ff.

b) Von der Anzeigepflicht zu unterscheiden ist die Frage der individualrechtlichen Wirksamkeit der Kündigung. In diesem Zusammenhang ist insbesondere von Bedeutung, ob die Kündigung im Sinne des § 1 KSchG sozial gerechtfertigt ist. Die soziale Rechtfertigung setzt im Fall einer betriebsbedingten Kündigung voraus, dass der Arbeitsplatz infolge der unternehmerischen Restrukturierungsentscheidung dauerhaft entfallen ist. Die Unternehmerentscheidung selbst ist gerichtlich nicht überprüfbar, es sei denn, es liegt ein Fall von Willkür vor. Dies dürfte jedoch eher theoretisch sein. Probleme kann jedoch die Sozialauswahl nach § 1 Abs. 3 KSchG bereiten. Eine Sozialauswahl ist stets dann erforderlich, wenn nicht alle der vergleichbaren Arbeitsplätze, sondern nur ein Teil dieser Arbeitsplätze entfallen. In diesem Fall hat der Unternehmer bei der Entscheidung, welcher Arbeitnehmer entlassen wird, unter sozialen Gesichtspunkten abzuwägen, welchen Arbeitnehmer die Entlassung am wenigsten hart trifft. Die wesentlichen Kriterien sind die Betriebszugehörigkeit, das Lebensalter und bestehende Unterhaltspflichten der Arbeitnehmer, wenngleich nunmehr auch wieder sämtliche anderen sozialen Kriterien, die im Einzelfall vorliegen, berücksichtigt werden müssen. Denn mit dem oben bereits zitierten »Korrekturgesetz« ist die Vereinfachung der Sozialauswahl bei betriebsbedingten Kündigungen (§ 1 Abs. 3 KSchG), nach der die Sozialauswahl auf die oben genannten drei Aspekte reduziert worden war, wieder gestrichen worden. Es bedarf keiner weiteren Erläuterung, dass die Frage der Wirksamkeit einer Kündigung deshalb mit erheblichen Rechtsunsicherheiten belastet ist.

Hinzu kommt, dass aufgrund des bereits oben zitierten »Korrekturgesetzes« auch die bislang in § 1 Abs. 5 KSchG enthaltene Regelung entfallen ist, wonach die Kündigung von Arbeitnehmern, die in einem zwischen Arbeitgeber und Betriebsrat vereinbarten Interessenausgleich namentlich bezeichnet waren, von den Gerichten nur auf grobe Fehlerhaftigkeit überprüft werden konnte. Diese Regelung, die bei den Betriebsräten infolge der mit der Entscheidung verbundenen Verantwortung auf durchaus geteilte Reaktionen stieß, ermöglichte es den Betriebspartnern, die Rechtsunsicherheiten der Sozialauswahl erheblich zu reduzieren. Diese Möglichkeit ist nunmehr entfallen. Um gleichwohl ein Mindestmaß an Rechtssicherheit zu erlangen, kann es sich allerdings empfehlen, zumindest Auswahlrichtlinien für die Sozialauswahl gemäß § 1 Abs. 4 KSchG i.V.m. § 95 BetrVG mit dem Betriebsrat zu vereinbaren. Wird die Sozialauswahl nach Maßgabe dieser Richtlinie durchgeführt, so kann sie ebenfalls nur auf grobe Fehlerhaftigkeit überprüft werden.

Da im Ergebnis jedoch mit jeder Kündigung unausräumbare Rechtsunsicherheiten verbunden sind, ist es durchaus empfehlenswert, sich mit den Arbeitnehmer soweit möglich anstelle einer Kündigung auf Aufhebungsverträge zu verständigen. Der Abschluss eines Aufhebungsvertrages hat zudem noch den weiteren Vorteil, dass zusätzliche Fallstricke, die Kündigungen erschweren, wie z.B. der Sonderkündigungschutz für Betriebsratsmitglieder, Schwangere, Mitarbeiter im Erziehungsurlaub etc., nicht zum Tragen kommen. Ferner entfällt bei Aufhebungsverträgen, die im Falle der Kündigung erforderliche individuelle Anhörung des Betriebsrats zu jeder

Kündigung nach § 102 BetrVG. Diese Anhörung muss im Fall einer Kündigung vor Ausspruch der Kündigung ordnungsgemäß durchgeführt werden. Geschieht dies nicht, so ist die Kündigung nichtig. Dies gilt auch dann, wenn die über Kündigungen ein Interessensausgleich nach § 111 ff BetrVG abgeschlossen worden ist.

5. Unternehmenswertorientierte Vergütungsmodelle

a) Einleitung

Im Zusammenhang mit grenzüberschreitenden und globalen Unternehmensübernahmen und -Zusammenschlüssen sowie nicht zuletzt seit der öffentlichen Diskussion über die Angemessenheit hoher Bezüge ehemaliger Chrysler-Manager und die erforderliche Anpassung der Gehälter im fusionierten Daimler-Chrysler-Konzern gewinnen Stock-Options und andere unternehmswertorientierte Mitarbeitervergütungen auch hierzulande an Bedeutung. Musste man Deutschland insoweit vor einigen Jahren z.B. gegenüber den USA und Großbritannien noch als Entwicklungsland bezeichnen, so greifen heute immer mehr Großunternehmen angesichts der fortschreitenden Internationalisierung und Globalisierung der Kapital- und Arbeitsmärkte bei der Gestaltung ihrer Vergütungsmodelle auf Aktien-Optionspläne zurück. So verfügten bereits 1998 etwa 20 Prozent der deutschen Großunternehmen, wie z.B. DaimlerChrysler, Volkswagen, Deutsche Bank, Hoechst, Siemens oder Veba, über derartige Optionspläne. Nicht nur ausländische Führungskräfte, sondern verstärkt auch das inländische Top-Management erwartet derartige Vergütungskomponenten. Gehaltsbestandteile wie Dienstwagen oder Versicherungspolicen werden heutzutage schon als selbstverständlich hingenommen. Insofern verwundert es nicht, dass auch die Mehrzahl der am Neuen Markt notierten Unternehmen sowie immer mehr mittelständische und Start-up Unternehmen ihren Mitarbeitern durch performance-orientierte Vergütungsmodelle besondere Leistungsanreize gewähren, vor allem im Wettbewerb um junge qualifizierte und hochmotivierte Hochschulabsolventen.

Derartige Vergütungsmodelle fördern nämlich nicht nur die Motivation und Kreativität der Manager und übrigen Mitarbeiter, sondern auch ihre mitverantwortliche Verbundenheit und Identifikation mit »ihrem« Unternehmen, da die Begünstigten natürlicherweise in erhöhtem Maße an einer überdurchschnittlichen Geschäftsentwicklung ihrer Unternehmen interessiert sind. Die Koppelung der Vergütung an die Effizienz der Mitarbeiter und der Unternehmen erweist sich damit für viele Gesellschaften als wichtiger Baustein einer partnerschaftlichen und zukunftsorientierten Unternehmenskultur.

b) Überblick

Allgemein wird die Mitarbeiterbeteiligung verstanden als Teilhabe des Arbeitnehmers am Kapital des arbeitgebenden Unternehmens. Dabei ist die Beteiligung auf gesellschafts- oder schuldrechtlicher Ebene einerseits von der Erfolgsbeteiligung in Form einer Ertrags-, Gewinn-, oder Leistungsbeteiligung andererseits zu unterscheiden. Bei der erstgenannten gesellschafts- oder schuldrechtlichen Mitarbeiterbeteiligung (im engeren Sinne) werden die Mitarbeiter in der Regel als Aktionäre (z.B. Stock-Options, Belegschaftsaktien), Mitgesellschafter (z.B. GmbH-Anteile) oder Fremdkapitalgeber (z.B. Stille Gesellschaft, Mitarbeiterdarlehen) am Kapital des arbeitgebenden Unternehmens beteiligt. Die anderen Erfolgsbeteiligungen werden den Mitarbeitern hingegen als »normale« zusätzliche Vergütungen in Form von z.B. Tantiemen oder Boni ausgezahlt. Die fixen Vergütungen der Manager werden dabei zunehmend zugunsten höherer variabler Bestandteile verringert.

Bei den variablen Vergütungsmodellen haben die Belegschaftsaktien, deren geldwerter Vorteil gemäß § 19 a Einkommensteuergesetz (EStG) unter den dort genannten Voraussetzungen bis zu einem Betrag von 300,- DM jährlich steuerfrei ist, seit langem ihren festen Platz. Ein Nachteil dieser Beteiligungsform ist, dass die Mitarbeiter, die die Belegschaftsaktien erhalten haben, sich nicht dem Kursrisiko entziehen können und im Falle eines Absinken des Kurses oder im Insolvenzfall einen entsprechenden Verlust erleiden.

Anders verhält es sich bei den sog. Phantom-Stocks (auch Stock-Appreciation-Rights / SAR genannt), bei denen die Begünstigten nur so gestellt werden, als wären sie Inhaber von Aktien ihrer Unternehmen. Diese Beteiligungen werden daher als virtuelle oder synthetische Aktienmodelle bezeichnet. Bei ihnen erhalten die begünstigten Mitarbeiter keine »echten« Aktien und sie nehmen deshalb grundsätzlich auch nicht unmittelbar an etwaigen Kursverlusten teil. Bei einer positiven Kursentwicklung werden ihnen jedoch die Differenzbeträge zwischen dem zuvor festgelegten Basispreis der Phantom-Stocks und dem aktuellen Kurswert zu einem bestimmten Stichtag in bar ausgezahlt.

c) Aktien-Optionsplan

Unter den variablen Vergütungsmodellen für Führungskräfte deutscher Unternehmen wird der (echte) Aktien-Optionsplan immer bedeutsamer. Im Februar 1998 hatten bereits 17% der Großunternehmen Aktienoptionspläne eingesetzt. Die im Auftrag des Bundesforschungsministeriums erstellte Delphi-Studie prognostiziert, dass die Unternehmen ihre Mitarbeiter in den Jahren 2003 bis 2010 mehrheitlich mit Aktien entlohnen werden, da sich dies als »motivations- und produktionserhöhend« herausgestellt habe. Vor allem in den boomenden Branchen der Telekommunikation, der Informationstechnologie und Biotechnik werden Führungskräfte verstärkt durch Stock-Option-Programme an die Unternehmen gebunden, in denen das Recht, die Option auszuüben, an eine mehrjährige Wartezeit oder an die Firmenzugehörigkeit (z.B. ersatzloser Wegfall des Optionsrechts bei Ausscheiden) gekoppelt wird. Auffällig ist auch, dass 13 von 16 Unternehmen, die Ende 1997 nach einem Going Public am Neuen Markt notiert waren, ihre Mitarbeiter durch Vergütungsmodelle am Kapital beteiligt haben. Insbesondere der Telekommunikationsanbieter MobilCom, mittlerweile das Schwergewicht am Neuen Markt, setzt schon seit langem auf Stock-Option-Pläne. Das 1999 eingeführte millionenschwere Aktien-Optionsprogramm für Führungskräfte des Softwareherstellers SAP wird die Gesellschaft allein bis Juni 2001 rund 1 Milliarde DM kosten. Um die Mitarbeiter längerfristig an das Unternehmen binden zu können, nimmt man die entsprechend hohen Rückstellungskosten jedoch in Kauf. Vergütungssysteme mit hohen Optionsanteilen erfreuen sich insbesondere bei jungen innovativen Unternehmen, die nur über eine dünne Kapitaldecke verfügen, im Wettbewerb um hochqualifizierte Führungskräfte einer zunehmenden Beliebtheit, da auf diese Weise gerade in der Anlaufphase hohe – die Gesellschaft belastende – Fixgehälter vermieden werden können. Im Rahmen eines Börsenganges kann mit der Emissionsbank vereinbart werden, einen Teil des Emissionsvolumens für Mitarbeiter zu reservieren.

Im Rahmen eines Stock-Option-Plans werden den Begünstigten Optionen eingeräumt, eine bestimmte Anzahl von Aktien zu einem festgelegten Basispreis (Strike Price) innerhalb eines vorgegebenen Zeitraums zu beziehen. Der Basispreis ist dabei oftmals geringer als der Börsenwert der Aktien im Zeitpunkt der Einräumung der Option. Der Stock-Option-Plan kann vorsehen, dass die Ausübung der Option nur während des Bestehens des Anstellungsverhältnisses und erst nach dem Ablauf einer bestimmten Bindefrist (Vesting Period) oder einer weiteren Wartezeit zulässig ist. Ist der Kurswert der Aktien in der Zwischenzeit durch den Erfolg des Unternehmens bzw. der Mitarbeiter gestiegen, so kann der Begünstigte die Differenz zwischen dem Strike Price und dem aktuellen Kurswert durch die Veräußerung der Aktien als Gewinn realisieren, oder anderenfalls auf die Veräußerung verzichten.

aa) Gesellschaftsrecht

Die gesellschaftsrechtlichen Rahmenbedingungen für die Implementierung von Stock-Option-Plänen haben sich durch das am 1. Mai 1998 in Kraft getretene Gesetz zur Kontrolle und Transparenz im Unternehmensbereich (KonTraG) entscheidend verbessert. Nunmehr ermöglicht § 192 Abs. 2 Nr. 3 Aktiengesetz (AktG) den Unternehmen, sich auch die für Aktien-Optionen von Organmitgliedern benötigten finanziellen Mittel im Wege einer bedingten Kapitalerhöhung zu verschaffen. Damit ist die Ausgabe isolierter Optionen (sog. naked warrants) durch die Gesellschaft möglich, sodass ein Rückgriff auf Wandel- oder Optionsanleihen (§ 221 Abs. 1 AktG) in Verbindung mit einer bedingten Kapitalerhöhung nach § 192 Abs. 2 Nr. 1 AktG nicht mehr erforderlich ist. Nach Auffassung des Gesetzgebers haben die Alt-Aktionäre naturgemäß kein Bezugsrecht bei der Bereitstellung bedingten Kapitals zur Bedienung der Optionsinhaber. Die Gewährung von Bezugsrechten an Mitarbeiter hat der Gesetzgeber als zulässigen Zweck einer bedingten Kaptialerhöhung normiert. Daher entfällt nunmehr die ansonsten im Rahmen einer bedingten Kapitalerhöhung erforderliche Abwägung zwischen den Belangen der Aktionäre einerseits und der Gesellschaft andererseits und es erübrigt sich ein ausdrücklicher Bezugsrechtsausschluss für die Alt-Aktionäre. Die Neuregelung sieht diesbezüglich auch keinen Vorstandsbericht im Sinne von § 186 Abs. 4 S. 2 AktG vor, zumal der Vorstand den Beschluss über die bedingte Kapitalerhöhung selbst vorschlagen und gegenüber den Aktionären ausführlich begründen wird, damit diese den Aktien-Optionsplan bewilligen. Eine gerichtliche Inhaltskontrolle der Optionspläne mittels einer Anfechtungsklage im Zusammenhang mit dem Bezugsrechtsausschluss ist daher nicht mehr möglich, da es eines diesbezüglichen Beschlusses der Hauptversammlung nicht mehr bedarf.

Für die bedingte Kapitalerhöhung ist gemäß § 193 Abs. 1 AktG ein Beschluss der Hauptversammlung mit einer Mehrheit von 3/4 des bei der Beschlussfassung vertretenen Kapitals erforderlich, wobei der Nennbetrag des beschlossenen bedingten Kapitals 10 % des Grundkapitals nicht übersteigen darf (§ 192 Abs. 3 S. 1 AktG). Die Aktionäre haben über den Hauptversammlungsbeschluss umfassende Informations- und Zustimmungsrechte hinsichtlich der Grundzüge eines Aktien-Optionsplanes, insbesondere betreffend den Zweck, Kreis der Berechtigten, Basispreis, Aufteilung auf Geschäftsführung und Arbeitnehmer, Erfolgsziele, Erwerbs- und Ausübungszeiträume sowie die Festlegung einer mindestens zweijährigen Wartezeit (§ 193 Abs. 2 Nr. 1 – Nr. 4 AktG). Allerdings verbleibt dem Unternehmen ein weiter Beurteilungsspielraum, der gerichtlich nur einer gewissen Plausibilitätskontrolle unterliegt. Eine bedingte Kapitalerhöhung ist für die Gesellschaft insofern vorteilhaft, als ihre Liquidität durch den Aktien-Optionsplan nicht belastet wird. Allerdings kann später eine Kapitalverwässerung eintreten, wenn der Kurswert bei der Ausübung der Option höher ist, als der – oftmals unterhalb des Marktwertes ausgegebene – Basispreis zum Zeitpunkt der Gewährung der Option.

Neben der bedingten Kapitalerhöhung kann das Unternehmen nach dem neuen § 71 Abs. 1 Nr. 8 AktG auch eigene Aktien erwerben, um das Stock-Option-Programm zu bedienen. Vor Inkrafttreten des KonTraG war dieser Weg insbesondere nicht zugunsten von Organmitgliedern eröffnet. Auch bei dieser Finanzierungsart ist ein Ermächtigungsbeschluss der Hauptversammlung mit einer Dreiviertelmehrheit erforderlich, welcher dieselben Angaben wie bei einer bedingten Kapitalerhöhung zu enthalten hat. Ferner ist die Begrenzung des § 71 Abs. 2 AktG zu beachten, wonach die eigenen Aktien nicht mehr als 10 % des Grundkapitals ausmachen dürfen. Zudem muss der Rückkaufpreis für die eigenen Aktien durch Gewinnrücklagen gedeckt sein, sodass das Unternehmen auf vergangene Gewinne zurückgreifen muss und nicht die während der Laufzeit des Aktien-Optionsprogrammes zu erwartenden Kursgewinne einsetzen kann. Wegen der weiteren Liquiditätsbelastung, die durch die Differenz zwischen Kaufpreis und Basispreis entsteht, empfiehlt sich eine Finanzierung durch den Erwerb eigener Aktien in der Regel nur für solche Unternehmen, die über überschüssiges Kapital verfügen.

bb) Arbeitsrecht

Bei der Ausgestaltung von Optionsplänen spielt das Arbeitsrecht eine wichtige Rolle. Als Rechtsgrundlage eines solchen Vergütungsmodelles kommen insbesondere freiwillige Betriebsvereinbarung als Maßnahme zur Förderung der Vermögensbildung im Sinne von § 88 Betriebsverfassungsgesetz (BetrVG) in Betracht. Bei leitenden Angestellten oder Organmitgliedern, für die Betriebsvereinbarungen in der Regel nicht gelten, bieten sich individualvertragliche Vereinbarungen an. Die grundsätzliche Entscheidung darüber, ob ein Beteiligungsmodell eingeführt werden soll, sowie die Festlegung seiner Grundstrukturen, also des Teilnehmerkreises, der Laufzeit und des finanziellen Volumens, kann ein Unternehmen mitbestimmungsfrei treffen. Ebenso frei kann es die Vergütungen mit den Organmitgliedern und leitenden Angestellten vereinbaren. Bei der Festlegung der Verteilungsgrundsätze, d.h. des Umfangs der Bezugsrechte der verschiedenen Mitarbeitergruppen haben die Betriebsräte jedoch gemäß § 87 Abs. 1 Nr. 10 BetrVG ein Mitbestimmungsrecht, soweit es sich nicht um Optionspläne für Organmitglieder oder leitende Angestellte der Gesellschaft handelt. Verfall- oder Rückzahlungsklauseln, nach denen den Mitarbeitern im Falle ihres Ausscheidens aus der Gesellschaft keinerlei Rechte mehr aus dem Aktienoptionsplan zustehen, binden die Arbeitnehmer in verstärktem Maße an ihren Arbeitgeber und können einen Arbeitsplatzwechsel erschweren. In Betracht kommt ein Verstoß gegen die zivilrechtlichen Generalklauseln der §§ 138, 242 Bürgerliches Gesetzbuch (BGB) sowie gegen Art. 12 Grundgesetz (Berufsfreiheit), da der Mitarbeiter an seinen Arbeitgeber »geknebelt« wird. Zulässig sind solche Verfall- oder Rückzahlungsklauseln daher nur dann, wenn sie hinsichtlich Befristung, zeitanteiliger Anrechnung etc. ausgewogen gestaltet sind.

Durch die wiederholte und vorbehaltslose Gewährung von Aktien-Optionen kann ein arbeitsrechtlicher Anspruch der Begünstigten aufgrund betrieblicher Übung entstehen. Ferner können die Mitarbeiter Rechte aus dem arbeitsrechtlichen Gleichbehandlungsgrundsatz herleiten. Bei der Gewährung kann unter einzelnen Mitarbeitern oder Mitarbeitergruppen nur differenziert werden, wenn dies nach der Zielsetzung des Beteiligungsmodells sachlich geboten bzw. gerechtfertigt ist; zulässig ist beispielsweise die Differenzierung nach Hierachie-Ebenen oder eine Beschränkung der Optionszusage auf die Führungsebene, wenn diese Zusage – anders als bei der Belegschaft – einen wesentlichen Vergütungsbestandteil des Managements darstellt.

cc) Insiderrecht

Die Begünstigten von Aktien-Optionsplänen finden sich oftmals im Bereich des Top-Managements. Diese Entscheidungsträger sind aufgrund ihrer exponierten beruflichen Stellung in der Regel im Besitz von Informationen, die für den Aktienkurs bedeutsam sein können. Vorstands- und Aufsichtsratsmitglieder sowie weitere Führungskräfte eines Unternehmens sind – soweit sie bestimmungsgemäß von Insidertatsachen Kenntnis erlangt haben – sog. Primärinsider im Sinne von § 13 Abs. 1 Wertpapierhandelsgesetz (WpHG). Die Vorschrift des § 14 WpHG verbietet den betreffenden Personen, Wertpapiere unter Ausnutzung der Kenntnis von Insidertatsachen zu erwerben oder zu veräußern. Dieses Verbot ist gemäß § 38 WpHG strafbewehrt.

Bei der Ausgestaltung von Aktien-Optionsplänen ist daher der Zeitpunkt für die Ausübung der Option so festzulegen, dass jeglicher Konflikt mit diesen Vorschriften von vornherein vermieden wird. Es empfiehlt sich in diesem Zusammenhang die Einrichtung sog. *Trading-Windows* (Handels-Zeiträume), um sicherzustellen, dass neben den Führungskräften auch allen übrigen Marktteilnehmern die jeweils kursrelevanten Tatsachen gleichzeitig zur Verfügung stehen. In der Praxis hat sich die Öffnung dieser Trading-Windows jeweils zwei bis drei Wochen nach der turnusmäßigen Veröffentlichung der Quartals- oder Jahresabschlussergebnisse des Unternehmens bewährt. Durch eine derartige zeitlich eingeschränkte Ausübungsmöglichkeit wird nicht nur der Anschein verbotener Insidergeschäfte, sondern auch die unzulässige Kursmanipulation durch Führungskräfte ausgeschlossen und gleichzeitig die öffentliche Akzeptanz von Aktien-Optionsplänen verbessert.

dd) Steuerrecht

Steuerlich zählen Aktien-Optionsrechte, die Vorstandsmitgliedern oder Arbeitnehmern eingeräumt werden, zu den Einkünften aus nichtselbstständiger Arbeit im Sinne des § 19 Einkommensteuergesetz (EStG) und sind als solche erst im Zeitpunkt des Zuflusses (§§ 8, 11 EStG), also objektiver Bereicherung des Begünstigten, zu versteuern. Nach derzeitiger Auffassung des Bundesfinanzhofes (BFH) und der Finanzverwaltung erfolgt der Zufluss und somit die Besteuerung nicht bereits bei der Gewährung der Option (Anfangsbesteuerung – »*up-front-taxation*«), da der Begünstigte in diesem Zeitpunkt wegen der regelmäßig vorgesehenen Binde- oder Wartefristen noch nicht über ein verkehrsfähiges, frei handelbares (fungibles) Wirtschaftsgut verfügt, sondern erst bei der Ausübung der Option (Endbesteuerung – »*back- end-taxation*«). Der 6. Senat des BFH hat in seiner Entscheidung[8] vom 23.07.1999 erneut klargestellt, dass bei Ansprüchen aus einem Optionsrecht – wie bei anderen noch nicht erfüllten Ansprüchen aus dem Arbeitsverhältnis – einheitlich auf den Zufluss abzustellen ist. Bei der Einräumung des Optionsrechts handele es sich lediglich um eine vage Chance zu einem späteren preisgünstigen Vermögenserwerb. Die Zusage des Arbeitgebers, dem Mitarbeiter künftig gewisse Leistungen zu gewähren, sei selbst dann nicht als Zufluss anzusehen, wenn der Arbeitgeber interne Maßnahmen getroffen hat, mittels derer der Anspruch, der dem Mitarbeiter eingeräumt wurde, finanziell abgesichert wird. Im übrigen würde bei Anwendung der Anfangsbesteuerung die Gefahr bestehen, dass zunächst die Einkommen- bzw. Lohnsteuer auf den gewährten Optionsvorteil abgeführt werden müsste, möglicherweise aber die Option später wegen einer negativen Kursentwicklung gar nicht ausgeübt werden könnte. Gegenüber dem Basispreis eingetretene vorteilhafte Kursentwicklungen sind

8 NZA-RR 2000, 37 f.

im Zeitpunkt der Ausübung der Option grundsätzlich mit zu versteuern. Als zu versteuernder Arbeitslohn ist nicht der Wert des Optionsrechts bei dessen Gewährung, sondern die Differenz zwischen Kurswert und Übernahmepreis bei Ausübung der Option zugrundezulegen. Weitere Gewinne aus Veräußerungen (capital gains), die unter 1.000,— DM liegen oder die erst nach Ablauf der – seit dem 1. Januar 1999 gemäß §§ 22, 23 EStG geltenden – Spekulationsfrist von einem Jahr realisiert werden, sind gänzlich steuerfrei.

Das steuerrechtlich geltende Zuflussprinzip soll nach Auffassung der Spitzenverbände der Sozialversicherungsträger (vgl. BB 1999, 1714) auch für das Beitragsrecht der Sozialversicherung gelten. Etwaige Sozialversicherungsbeiträge sind daher ebenfalls erst im Zeitpunkt des Zuflusses, mithin bei Ausübung der Option zu entrichten.

Bei der Einführung eines Aktien-Optionsplans existieren nicht nur im Hinblick auf den Besteuerungszeitpunkt steuerrechtliche Gestaltungsmöglichkeiten, sondern auch hinsichtlich des zuständigen Besteuerungsstaates, z. B. im Falle der Gewährung von Optionen an eine inländische Führungskraft, die in einem Dienst- oder Anstellungsverhältnis mit einer ausländischen Muttergesellschaft (oder umgekehrt) steht. Hier sind die Regelungen eines etwaig einschlägigen Doppelbesteuerungsabkommens (DBA) oder das in Artikel 15 OECD-Musterabkommen verankerte Prinzip der Besteuerung im Tätigkeitsstaat zu beachten. Es empfiehlt sich generell bei Zweifelsfragen im Zusammenhang mit der steuerlichen Behandlung eines Stock-Option-Plans eine Anrufungsauskunft bei dem zuständigen Betriebsstätten-Finanzamt einzuholen.

d) Zusammenfassung

Festzuhalten bleibt, dass Unternehmenswert- bzw. Performance-orientierte Vergütungssysteme, wie z.B. Stock-Option-Pläne, können Führungskräfte und andere Mitarbeiter in besonderer Weise motivieren und dazu beitragen, den Unternehmenswert nachhaltig zu steigern. Erforderlich hierfür ist allerdings ein auf das jeweilige Unternehmen und seine wirtschaftliche Situation maßgeschneidertes Modell, welches ausgewogen die Interessen aller Beteiligten berücksichtigt.

Literatur

Bauer, in: Hölters (Hrsg.), Handbuch des Unternehmens- und Beteiligungskaufs, 4. Auflage, 1996.

Baeck/Diller, Arbeitsrechtliche Probleme bei Aktienoptionen und Belegschaftsaktien, in: DB 1998, S. 1405 ff.

Bertelsmann-Stiftung Mitarbeiter am Kapital beteiligen – Leitfaden für die Praxis, Gütersloh, 1997.

Bruse, Aktuelle Entwicklungen bei der Besteuerung von Stock Options, in: M & A Review 1999, 473 ff.

Feddersen, Aktienoptionsprogramme für Führungskräfte aus kapitalmarktrechtlicher und steuerlicher Sicht, in: ZHR 161 (1997), 269, 287 ff.

Herzig, Steuerliche und Bilanzielle Probleme bei Stock Options und Stock Appreciation Rights, in: DB 1999, 1 ff.

Hoffmann-Becking, Gestaltungsmöglichkeiten bei Anreizsystemen, in: NZG 1999, 797 ff.

Jäger, Aktienoptionspläne in Recht und Praxis – eine Zwischenbilanz, in: DStR 1999, 28 ff.

Kallmeyer, Aktienoptionspläne für Führungskräfte im Konzern, in: AG, 97 ff.

Kau/Leverenz, Mitarbeiterbeteiligung und leistungsgerechte Vergütung durch Aktien-Options-Pläne, in: BB 1998, 2269 ff.

Kroschel, Zum Zeitpunkt der Besteuerung von Arbeitnehmer-Aktienoptionen, in: BB 2000, 176 ff.

Kühnberger/Keßler, Stock Option Incentives – Betriebswirtschaftliche und rechtliche Probleme eines anreizkompatiblen Vergütungssystems, in: AG 1999, 453 ff.

Neyer, Steuerliche Behandlung von Arbeitnehmer-Aktienoptionen, in: BB 1999, 130 ff.

Picot, Arnold/Freudenberg/Gassner, Management von Reorganisationen, Maßschneidern als Konzept für den Wandel, 1999.

Picot, Gerhard, Unternehmenskauf und Restrukturierung, Handbuch zum Wirtschaftsrecht, 2. Auflage, 1998.
Teil 2: Gesellschaftsrecht (*Picot/Müller-Eising*).
Teil 3: Arbeitsrecht (*Picot*).

Picot, Gerhard, Mergers & Acquisitions in Germany, Handbook, Second Edition, 2000

Picot, Gerhard/Aleth, Unternehmenskrise und Insolvenz – Vorbeugung, Turnaround, Sanierung, Handbuch zum Wirtschaftsrecht, 1999.

Picot, Gerhard, Closure of Plants and Other Operational Changes of Companies in West Germany, in: International Business Lawyer (IBL) 1988, S. 59 ff.

Picot, Gerhard, Reorganization of Companies in Germany, in: International Business Lawyer (IBL) 1994, S. 223 ff.

Picot, Gerhard/Edelkötter, Fusionen bringen oft neue Vergütungssysteme, in: Handelsblatt v. 25./26.06.1999, Nr. 120, S. K 3.

Schaefer, Aktuelle Probleme der Mitarbeiterbeteiligung nach Inkrafttreten des KonTraG, in: NZG 1999, 531 ff.

Willemsen/Hohenstatt/Schweibert , Umstrukturierung und Übertragung von Unternehmen, Arbeitsrechtliches Handbuch, 1999.

Weiß, Aktienoptionspläne für Führungskräfte, 1999.

X. Personelle und kulturelle Integration

1. Die Bedeutung der Human Resources bei Mergers & Acquisitions

Die Personalstrategie und die Personalpolitik sind von strategischer Bedeutung für den Erfolg von Mergers & Acquisitions. Diese Tatsache wird jedoch häufig übersehen, denn bei der Entscheidung für oder gegen eine Fusion oder einen Kauf geben in der Regel Marktanteile oder Marktzugang, Produktstrategie und finanzwirtschaftliche Aspekte den Ausschlag. Anstatt die Personalfachleute im Vorfeld der Entscheidung einzubeziehen, beginnt man den ›human aspect‹ meist erst dann intensiver zu beleuchten, sobald Schwierigkeiten bei der Integration auftreten. Dann ist es jedoch häufig zu spät. Das lässt sich statistisch hinreichend belegen: 50% aller Allianzen in den USA scheitern innerhalb von fünf Jahren.[1] Die Gründe sind fast ausschließlich auf die Einstellungen und das Verhalten von Mitarbeitern und Führungskräften zurückzuführen – und zwar sowohl im Käuferunternehmen als auch im gekauften Unternehmen. Aus dem häufig nur unterschwellig vorhandenen und deshalb auch so gefährlichen Widerstand gegen Veränderungen ergibt sich dann leicht eine kulturelle und organisatorische Inkompatibilität, sinkende Produktivität oder gar Massenflucht hochkarätiger Fach- und Führungskräfte zum Wettbewerb. Das Gefährliche an dieser Situation sind ihre schwer zu erfassenden Ursache-Wirkungs-Beziehungen, denn in der Regel erfolgt die Negativentscheidung der Mitarbeiter und Führungskräfte zum Merger stillschweigend und ist nur zeitverzögert am Scheitern zu messen.

Hubbard sieht in den Reaktionen der Mitarbeiter einen der wesentlichen Gründe dafür, dass mehr als die Hälfte aller M&A sich schließlich als finanzielle Enttäuschungen darstellen.[2] Dabei ist es völlig unerheblich, ob sich die Mitarbeiter verängstigt mit sich selbst beschäftigen, frustriert die innere Kündigung vollziehen, in Kleinkämpfen gegeneinander agieren oder gar zum Wettbewerb wechseln. Die Wirkung ist dieselbe: Die Kundenorientierung leidet und die Produktivität sinkt – mit fatalen Konsequenzen.

Inzwischen glauben 85% der amerikanischen Topmanager, dass Personalprobleme einen größeren Einfluss auf den Akquisitionserfolg haben als Probleme im Finanzbereich.[3] In anderen Worten bedeutet dies, dass der Unternehmenszusammen-

---

1 Kearny, 1999, S. 8.
2 Hubbard, 1999, S. 16.
3 Hubbard, 1999, S. 16.

schluss nur dann Aussicht auf Erfolg hat, wenn die Mitarbeiter diese Entscheidung akzeptieren und bereit sind, mit den neuen Kollegen zusammenzuarbeiten.

Die Wichtigkeit des Faktors »Mensch« wird besonders deutlich bei der Betrachtung des Marktwertes von Hightech-Firmen: Das Finanzvermögen macht oft nur einige Prozentpunkte vom Marktwert aus. Der weitaus größte Teil wird durch das »Structural Capital«, d.h. durch Markennamen, Wettbewerbsposition, Kundenstamm, Patente, etc. und ganz besonders durch das »Human Capital« – also durch die Mitarbeiter im Unternehmen – bestimmt. »Gute« Mitarbeiter sind nicht leicht verfügbar, schwer ersetzbar und stellen in letzter Konsequenz den entscheidenden, langfristigen Wettbewerbsfaktor dar. Von ihrem Wissen und Können, von ihrer Veränderungsbereitschaft, Motivation, von ihren Kompetenzen und Potenzialen, aber auch von den Fähigkeiten des Managements zu Leadership hängt es ab, ob die Wettbewerbsvorteile gegenüber der Konkurrenz umsetzbar sind und die Unternehmensziele erreicht werden können.

Die große Bedeutung des ›Human Capital‹ als Wettbewerbsvorteil für ein Unternehmen resultiert aus seiner Einzigartigkeit: Es ist schwer imitierbar, zeigt sich seine Wirkung doch erst in der täglichen Interaktion zwischen den Individuen, beispielsweise in der Zusammenarbeit zwischen Kollegen unterschiedlichster Fachbereiche und Aufgabengebiete, zwischen Führungskräften und Mitarbeitern, zwischen Mitarbeitern und Kunden sowie Lieferanten. In diesem verzweigten Netzwerk entfaltet sich das ›Human Capital‹ und es wird Wertschöpfung generiert. Es kann jedoch nur funktionieren, wenn jeder einzelne seine Aufgabenstellung erkennt, akzeptiert und realisiert, unabhängig davon, wo diese im weltweiten Netzwerkverbund angesiedelt ist.

Im Rahmen eines Mergers oder einer Akquisition treffen nun zwei solcher Netzwerke aufeinander. Jedes dieser Netzwerke funktioniert nach seinen eigenen Regeln und Ritualen, die sich im Laufe der Jahre als erfolgreich bewährt und eingespielt haben. Diese Regeln sind nirgendwo niedergeschrieben und doch wissen die Mitarbeiter, wie sie sich zu verhalten haben, um bestimmte Dinge zu erreichen: wie direkt oder indirekt Probleme anzusprechen sind, wie offen man über die Hierarchien hinweg zusammenarbeitet, wieviel Handlungsspielraum der einzelne hat, wie man mit Fehlern umgeht oder ob man den Kunden als wichtigsten Partner begreift. Grant (1991) sieht in dieser *›tacit knowledge‹* die strategisch bedeutsamste Ressource eines jeden Unternehmens, denn sie macht dieses Unternehmen einzigartig und unterscheidet es von allen übrigen. Der Grund dafür liegt auf der Hand: Jedes Unternehmen ist nun einmal ein sozio-technisches System, in dem soziale Faktoren wie Leistungsbereitschaft und Motivation, Kooperations- und Kommunikationsfähigkeit in enger Wechselwirkung stehen mit technischen Gegebenheiten sowie Arbeits- und Organisationsstrukturen. Führungsstil und Unternehmenskultur spielen deshalb eine Schlüsselrolle bei der Umsetzung von Geschäftsstrategie in wirtschaftliche Erfolge.

Dabei hat der Faktor Wissen längst die klassischen Produktionsfaktoren Boden, Kapital und Arbeit an Bedeutung überholt. Mit zunehmender Ausweitung des Dienstleistungssektors gibt es immer mehr Unternehmen, deren gesamter Marktwert auf dem Wissen der Mitarbeiter beruht. Man denke da nur an Softwarefirmen oder

Unternehmensberatungen. Solche Unternehmen sind über traditionelle Hierarchien nicht mehr zu führen, es bilden sich ganz eigene Führungsstrukturen und Unternehmenskulturen heraus.

2. Die Rolle der Unternehmenskultur bei Mergers & Acquisitions

Jeder Merger und jede Akquisition führt dazu, dass zwei bisher autonome Unternehmenskulturen aufeinandertreffen. Spannend wird es dann, wenn im Rahmen eines Mergers traditionelle hierarchische Strukturen mit flachen Hierarchien aufeinandertreffen, wie dies häufig beim Kauf junger Start-up-Unternehmen der Fall ist.

Die Ausprägung der jeweils anderen Kultur wird dabei von den Mitarbeitern meist zunächst als ›externer Einfluss‹ empfunden und häufig – bewusst oder unbewusst – als Störfaktor abgelehnt. So empfinden in der Regel die Mitarbeiter des größeren Unternehmens bei einem Merger die eigene Kultur als überlegen. Als abschreckendes Beispiel sei ein amerikanischer Topmanager zitiert, der gegenüber den Mitarbeitern einer übernommenen Firma sagte: »You're all frogs, and we're going to see if you can learn to be princes«.[4] Der ›Erfolg‹ dieser Akquisition ist vorprogrammiert ....

Doch was verbirgt sich hinter dem Begriff ›Unternehmenskultur‹? Sie ist gewissermaßen der Charakter oder auch die Persönlichkeit eines Unternehmens und unterscheidet dieses Unternehmen von allen übrigen. Es gibt inzwischen unzählige Definitionen für ›Unternehmenskultur‹, die fast alle auf soziologischen, verhaltenswissenschaftlichen und kulturhistorischen Grundlagen aufbauen. Keller[5] beispielsweise definiert Kultur als »sämtliche kollektiv geteilten, impliziten oder expliziten Verhaltensnormen, Verhaltensmuster, Verhaltensäußerungen und Verhaltensresultate, die von den Mitgliedern einer sozialen Gruppe erlernt und mittels Symbolen von Generation zu Generation weitervererbt werden.« Diese Verhaltensmuster bilden erst die Grundlage für den inneren und äußeren Zusammenhalt und damit die Handlungsfähigkeit der Belegschaft.

Die Unternehmenskultur besteht aus sichtbaren und unsichtbaren Elementen. Wie bei einem Eisberg stellen die sichtbaren Teile nur einen kleinen Teil des Ganzen dar (siehe Abb. 1). Sie werden getragen und geprägt von dem, was unter der Oberfläche existiert. Hier finden sich Werte, Einstellungen und Denkmuster, deren Wurzeln in den verschiedenen Stadien der individuellen Sozialisation liegen. Hier finden sich aber auch gemeinsame betriebliche Erfahrungen und Handlungsschemata, die in verschiedenen Situationen wiederholt zum Erfolg geführt haben. Diese Erfolgs-

---

4 Hermsen, 1994, S. 79.
5 Keller, 1982, S.18 ff.

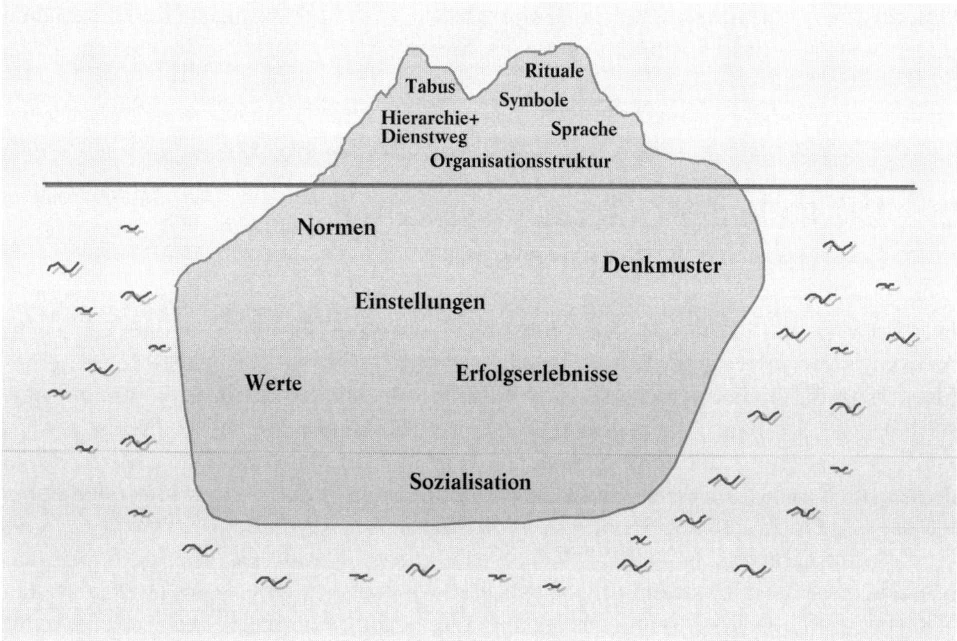

Abb. 1: Die Unternehmenskultur als Eisberg

muster beeinflussen – häufig sicherlich unbewusst – das aktuelle Verhalten der Mitarbeiter und Führungskräfte, das sich dann im sichtbaren Teil des Eisberges äußert. Beobachtbar sind in jedem Unternehmen:

- bestimmte Rituale (beispielsweise, dass man auch unbekannte Kollegen grundsätzlich grüßt, wenn man ihnen auf dem Flur begegnet),
- gemeinsame Symbole (etwa ein unausgesprochener Dresscode wie dunkler Anzug mit Krawatte oder Jeans),
- eine verbindende Arbeitssprache (in jedem Unternehmen bildet sich im Laufe der Zeit ein gemeinsamer Jargon heraus),
- von allen akzeptierte Tabus (etwa dass man seinen Vorgesetzten nicht übergeht).

Die Unternehmenskultur ist somit ganzheitlich, historisch bedingt, hat eine soziale Struktur und ist nur schwer zu verändern, denn soziologisch gesehen festigen sich bestimmte Verhaltensweisen um so stärker, je erfolgreicher die Gruppe über längere Zeiträume hinweg mit ihnen war. Hofstede spricht in diesem Zusammenhang von einer »kollektiven Programmierung des Geistes, die die Mitglieder einer Organisation von anderen unterscheidet«.[6] Dieses ›Traditionsverhalten‹ kann jedoch in Unternehmen auch zum Handicap werden, insbesondere dann, wenn aufgrund sich rasch

6 Hofstede, 1997, S. 249.

verändernder technischer oder ökonomischer Rahmenbedingungen völlig neue Handlungsmuster gefragt sind. Der Erfolg von Unternehmen hängt heutzutage stark davon ab, wie rasch und flexibel sie auf Veränderungen der ökonomischen, politischen und sonstigen Umweltbedingungen reagieren. Unternehmen sind somit offene Systeme, die sich kontinuierlich verändern und neuen Gegebenheiten anpassen müssen. Aus diesen Anforderungen resultiert dann die hohe Bedeutung der Unternehmenskultur.

Unternehmenskulturen sind aus folgenden Gründen so bedeutsam:

- Sie geben Orientierung und haben damit eine gewisse Koordinierungsfunktion.
- Sie prägen das gemeinsame Verhalten der Mitarbeiter und Führungskräfte, die Art der Zusammenarbeit, den Führungsstil und das gegenseitige Vertrauen.
- Gemeinsame Wertevorstellungen sind eine wichtige Basis für die Identifikation der Mitarbeiter, für das WIR-Gefühl, aber auch für die Sinngebung in der Arbeit.

Die Erfolgsfaktoren für einen gelungenen Merger – wie gute Zusammenarbeit, gemeinsame Ressourcennutzung, Transfer von Managementkompetenz oder Fähigkeiten wie Entwicklungs-Know-how oder Kundenorientierung – lassen sich um so leichter realisieren, je größer das gegenseitige Vertrauen und das gemeinsame Verständnis über das Ziel ist.

Alle diese Faktoren werden durch die Unternehmenskultur wesentlich geprägt. Haben die zusammenarbeitenden Partner eine ähnliche Kultur (z.B. offen, lernorientiert, partnerschaftlich), dann gibt es kaum Hindernisse. Anders bei kulturellen Differenzen: Hier stellen sich leicht Blockaden in der Zusammenarbeit ein, deren negative Auswirkungen sich häufig erst nach längeren Zeiträumen zeigen. Fachleute sprechen dabei von den ›hidden costs‹ eines Mergers.

Jedoch kann es beispielsweise bei einer Neuakquisition durchaus erwünscht und sinnvoll sein, Differenzen in den Unternehmenskulturen beizubehalten, wenn sich das Management von »cultural diversity« einen belebenden Effekt verspricht. Daraus können sich bei Mergers & Acquisitions dann enorme Chancen ergeben, vorausgesetzt man begreift Unterschiede als Bereicherung und geht souverän mit ihnen um. Man darf die Dinge nur nicht dem Zufall überlassen, sondern muss von der Personalseite her sowohl die Transaktions- als auch die Integrationsphase sorgfältig strategisch planen und effizient steuern.

Der Merger wird um so rascher gelingen, je größer die Gemeinsamkeiten in den Kulturen der verschmelzenden Unternehmen sind. Doch auch bei Divergenzen lohnt sich der Aufwand der Integration, denn das Human Capital ist die einzige Unternehmensressource, die aus sich selbst erneuer- und entwickelbar ist.

Merger und Akquisitionen durchlaufen im wesentlichen 3 verschiedene Phasen:

- Voranalyse/Konzeptphase
- Transaktionsphase
- Integrationsphase.

In jeder dieser Phasen übernimmt das Personalmanagement sehr unterschiedliche Rollen. Unter ›Personalmanagement‹ soll im Folgenden alles verstanden werden, was

»um die Mitarbeiter herum« in den einzelnen M&A-Phasen gemanagt wird, sowohl von den Führungskräften als auch von der Personalorganisation.

Jeder Merger und jede Akquisition läuft anders ab und ist in vielen Aspekten gewissermaßen einzigartig. Es gibt jedoch bestimmte, immer wiederkehrende und damit vorhersehbare Probleme, auf die sich Unternehmen einstellen können. Diese sollen im Folgenden näher beleuchtet sowie Lösungswege aufgezeigt werden. Im Wesentlichen konzentriert sich dieser Beitrag auf die Transaktionsphase und die Integrationsphase und wird mit Empfehlungen aus der Praxis untermauert.

3. Entwicklung der Personalstrategie bei einem Merger

Voraussetzung für eine fundierte Personalstrategie im Zuge eines Mergers ist, dass die verantwortliche Personalleitung rechtzeitig alle relevanten Informationen erhält. Im Idealfall hat sie ein Mitspracherecht bei der Evaluation des potenziellen Mergerkandidaten und die Gelegenheit, im Vorfeld des Mergers, während Technologien, Kunden, Märkte und Finanzen beurteilt werden, eine Personal-Due-Diligence durchzuführen.

Hier zeichnet sich jedoch meistens ein doppeltes Handicap ab:

Zum einen wird die HR-Fraktion der übernehmenden Gesellschaft meist erst in die Beratungen eingebunden, wenn die Entscheidung zugunsten eines Mergers bereits gefallen ist. Aufgabe der Personalorganisation ist es dann, den Merger nachzuvollziehen und sämtliche Personalangelegenheiten abzuwickeln.

Zum anderen legen Merger-Kandidaten ihre Personal-Details mit allen Stärken und Schwächen nur selten offen dar. Insbesondere bei kleinen und mittleren Unternehmen ist teilweise auch gar kein aussagekräftiges Personalberichtswesen vorhanden.

Die Personalleitung steht also in der Regel vor der großen Herausforderung, eine Personal-Integrationsstrategie zu entwickeln, ohne einen genauen Überblick über die Sachlage zu haben. Es bietet sich deshalb an, so früh wie möglich ein HR-Integrationsteam zu bilden, das sich aus HR-Professionals beider Unternehmen zusammensetzt. Auf diese Weise erhält das erwerbende Unternehmen rasch einen fundierten Überblick über das HR-Potenzial des Mergers. Außerdem kann eine gemeinsame Strategie für die erforderlichen Veränderungen entwickelt werden, denn fast jeder Merger hat unweigerlich zur Folge, dass bestimmte Unternehmensteile zusammengelegt oder gestrichen werden, um Kompetenzen und Kapazitäten zu optimieren. Diese Veränderungen können am besten von Partnern gemanagt werden, welche die Bedürfnisse, Einstellungen und Verhaltensweisen der betroffenen Mitarbeiter gut kennen.

Bei der Entwicklung der Personalstrategie nach einem Merger dominieren zwei Aspekte: Kompetenzmanagement und Kulturmanagement.

Diese bilden die Voraussetzung dafür, dass Optimierungspotenziale genutzt und die ›Human Resources‹ konsequent und effizient zur Erreichung der Unternehmensziele eingesetzt werden. Hauptziel des Kompetenzmanagements sind optimale Stellenbesetzungen – und zwar sowohl in quantitativer als auch in qualitativer Hinsicht. Die Grundlage dafür bildet eine systematische Erfassung und Weiterentwicklung der Mitarbeiterkompetenzen und -potenziale. Diese sind messbar und beeinflussbar. Schwieriger gestaltet sich dieser Prozess beim Kulturmanagement, denn die Unternehmenskultur lässt sich nicht so einfach beeinflussen, steuern oder gar verordnen. Die Herausforderung des Kulturmanagements liegt darin, Voraussetzungen dafür zu schaffen, dass sich die Stärken des Unternehmens mit den Stärken der Mitarbeiter und den gesellschaftlichen Anforderungen in Einklang befinden.

Gut-Villa[7] formuliert 4 Haupt-Anforderungen an HR-Professionals:

- ›*Strategic partner*‹ der Unternehmensleitung
- ›*Administrative expert*‹ für HR-Geschäftsprozesse
- ›*Employee champion*‹ in Bezug auf Bedürfnisse der Mitarbeiter
- ›*Change agent*‹ für Veränderungsprozesse

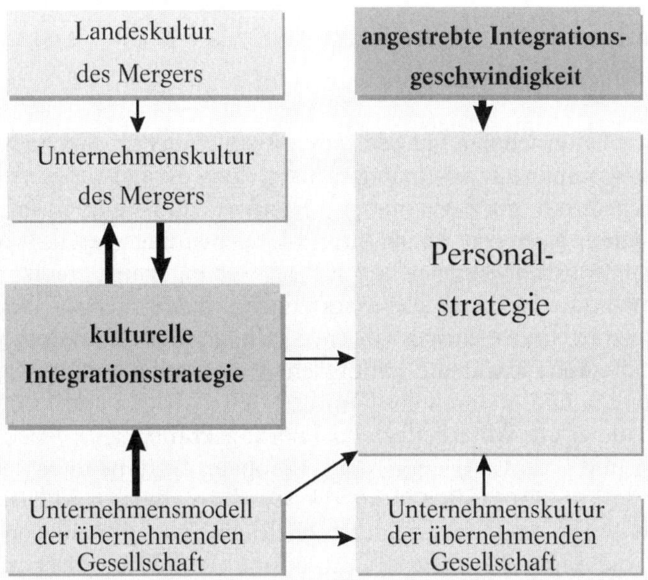

Abb. 2: Entwicklung der Personalstrategie bei Mergers & Acquisitions

7 Gut-Villa, 1997, S. 123

Welche Faktoren sind bei der Entwicklung der Personalstrategie nach einem Merger zu berücksichtigen? Es sind im wesentlichen vier Kategorien, die beim Kompetenzmanagement, Kulturmanagement aber auch bei der Etablierung effizienter gemeinsamer HR-Geschäftsprozesse unbedingt berücksichtigt werden müssen, denn ihre Ausgestaltung wirkt sich jeweils entscheidend auf die zu wählende Strategie aus:

1. Das grundsätzliche Unternehmensmodell: Aus diesem leitet sich die Integrationsintensität und Führungsphilosophie ab.
2. Das Ausmaß an internationalen Aktivitäten: Besonders bei grenzüberschreitenden Akquisitionen üben auch die Landeskulturen Einfluss auf Wertesysteme, Denk- und Verhaltensweisen der Mitarbeiter aus.
3. Die angestrebte kulturelle Integrationsstrategie: Sie wirkt sich ganz entscheidend auf das Kulturmanagement und das Führungssystem aus.
4. Die gewünschte Integrationsgeschwindigkeit: Eine zügige Integration wird nur dann gelingen, wenn alle Personalthemen intensiv beleuchtet und gesteuert werden.

a) Der Einfluss des Unternehmensmodells auf die Personalstrategie bei einem Merger

Global agierende Unternehmen müssen sich mit zunehmender Größe mit einem steigenden Grad an Komplexität auseinandersetzen, denn die Leistungserstellung erfolgt an verschiedenen Orten, über Abteilungs-, Standort- und Zeitgrenzen hinweg in einem fein verästelten Netz von Abläufen und Entscheidungswegen. Wo welche Aufgabe im globalen Wertschöpfungsnetz gelöst wird, hängt nicht zuletzt davon ab, wo das beste Know-how, der geeignete Marktzugang, ausreichende Kapazitäten, eine effiziente Umsetzung und niedrige Kosten zu finden sind. Die globale Wertschöpfungsstrategie integriert somit die nationalen und internationalen Niederlassungen und Werke, Kunden und Lieferanten, Berater, Logistikfirmen und Kooperationspartner und nicht zuletzt alle Mitarbeiter und Führungskräfte.

Jeder Merger und jede Akquisition, die ein globales Unternehmen vornimmt, wird automatisch Teil dieses weltweiten Netzwerkes. Jedoch gibt es starke Unterschiede in Bezug auf Handlungs- und Entscheidungsspielräume der verschiedenen Unternehmenseinheiten und damit die Integrationsintensität. Perlmutter hat bereits 1969 drei Unternehmensmodelle entwickelt, die sich in Bezug auf die Steuerungsintensität durch die Muttergesellschaft unterscheiden (siehe Abb. 3).[8]

Das *ethnozentrische Unternehmensmodell* verfolgt einen zentralistischen Ansatz und ist stark headquarterorientiert. Weltweit werden alle Ressourcen von der Zentrale zugewiesen und alle relevanten Entscheidungen dort getroffen. Die Unternehmensführung erfolgt nach dem Prinzip von Anweisung und Kontrolle. Die ›Außen-

[8] Perlmutter, 1969, S. 9 ff.

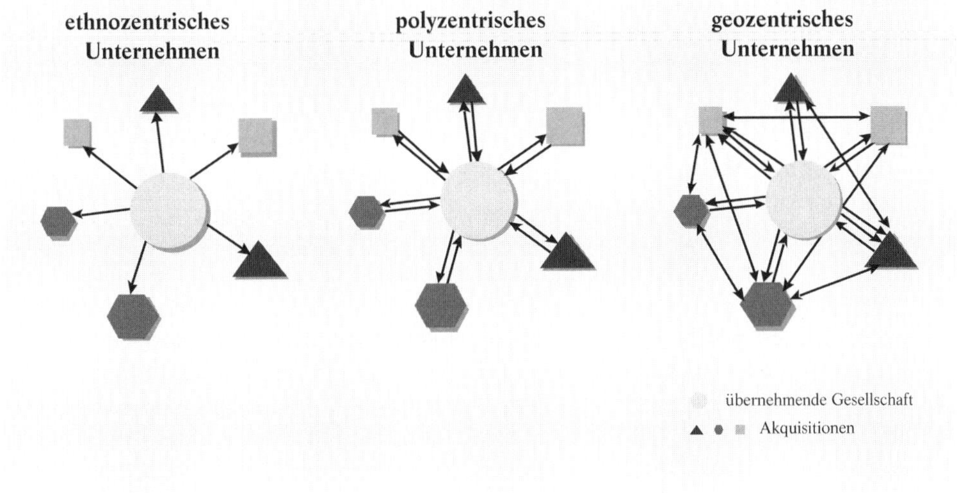

Abb. 3: Entscheidungsstrukturen in unterschiedlichen Unternehmensmodellen

stellen‹ und Tochtergesellschaften haben nur eingeschränkte Einflussmöglichkeiten auf Entscheidungen.

Das *polyzentrische Unternehmensmodell* hingegen ist geprägt durch verstärkte zweiseitige Interaktionsbeziehungen zwischen der Zentrale und den einzelnen Unternehmensteilen. Die Dezentralisierung von Entscheidungskompetenzen spiegelt sich auch in der Personalstrategie und praktischen Personalarbeit. Die einzelnen Einheiten haben weitgehende Freiheiten. Um länderübergreifende Optimierungspotenziale zu nutzen, ist es jedoch unerlässlich, eine weltweit verbindliche Personalstrategie und ein globales Führungskonzept zu etablieren. Dieses definiert Standards, wobei die einzelnen Einheiten bei deren Umsetzung weitgehende Freiräume haben, sodass lokale Gegebenheiten gebührend berücksichtigt werden können. Diese Standards gewährleisten eine weltweite Vergleichbarkeit von Leistungen und bilden die Basis für den internationalen Personalaustausch. Sie richten die Human Resources konsequent auf die Erreichung der Unternehmensziele aus.

Das *geozentrische Unternehmensmodell* repräsentiert den Idealfall des virtuellen Unternehmens, bei dem sämtliche Entscheidungen rein rational unter Optimierungsgesichtspunkten getroffen werden. Die Zentrale und die peripheren Unternehmensteile sind prinzipiell gleichberechtigt bei sämtlichen relevanten Entscheidungen. Dieses Modell ist in seiner Reinform heute, also 30 Jahre nach Publikation seiner Theorie durch Perlmutter, in der Praxis noch kaum zu finden. Der Trend geht jedoch eindeutig in diese Richtung: Entscheidungen werden jeweils auf der Ebene und an dem Ort getroffen, wo die relevanten Informationen zusammenfließen und wo am besten für ihre Durchführung gesorgt werden kann. Es geht also um eine gleichberechtigte Zusammenarbeit, um durch verteilte Entscheidungszentren Vorteile aus gleichzeitiger Lokalität und Globalität zu schöpfen. Auf diese Weise werden Integrationsvorteile systematisch genutzt und Synergien aufgebaut. Die Zentrale übernimmt dabei die Rolle des Kommunikationszentrums und koordiniert die verschiedenen Aktivitäten.

b) Der Einfluss der Landeskulturen auf die Personalstrategie bei einem Merger

Insbesondere bei grenzüberschreitenden Mergers & Acquisitions dürfen die Landeskulturen nicht vernachlässigt werden, denn sie beeinflussen die Denk- und Verhaltensweisen, Motivationsstrukturen und Wertesysteme der Mitarbeiter im entsprechenden Land. Sie müssen deshalb bei der lokalen Personalstrategie berücksichtigt werden. Zwar entwickeln Unternehmen mit globalen Aktivitäten mit der Zeit auch eine globale Unternehmenskultur. Diese weist jedoch landesspezifische Ausprägungen auf. Dabei liegen die Unterschiede vor allem in den Praktiken und weniger in den Werten[9], denn mit der Zeit bilden sich in global tätigen Unternehmen einheitliche Wertstrukturen heraus.

Hofstede (1997) weist fünf landesspezifische Kulturdimensionen aus, deren Ausprägungsformen das Verhalten von Mitarbeitern im Unternehmen nachhaltig beeinflussen:

- Hohe/geringe Machtdistanz
- Individualismus/Kollektivismus
- Maskulinität/Femininität
- Starke/schwache Unsicherheitsvermeidung
- Langfristige/kurzfristige Orientierung.

Bei der Akquisition eines national fokussierten Unternehmens durch ein globales Unternehmen empfiehlt es sich deshalb dringend, sich vorher mit den landeskulturellen Besonderheiten des Neuerwerbs auseinanderzusetzen, denn sowohl die Unternehmens- als auch die Personalführung können nur dann erfolgreich sein, wenn sie in Harmonie mit sozialen Verhaltensmustern stehen. Und diese sind häufig landeskulturell geprägt. Anreizsysteme müssen sich an vorhandenen Motivationsstrukturen orientieren. Insbesondere nach einem internationalen Merger kann eine effiziente Zusammenarbeit und wirkliche Integration erst dann stattfinden, wenn lokale Besonderheiten gebührend berücksichtigt werden. Dazu müssen die Mitarbeiter des stärkeren Unternehmens für die Unterschiede in den Landeskulturen sensibilisiert und motiviert werden, einen gemeinsamen Nenner zu finden. Nur dann werden sie Verständnis für ›befremdliche‹ Verhaltensweisen zeigen und sich selbst in einer Weise verhalten, welche die neuen Kollegen auch akzeptieren. Dies ist besonders bei massiven Einschnitten in die Unternehmensstrukturen zu berücksichtigen.

9 Hofstede 1997, S.252.

c) Auswirkungen der kulturellen Integrationsstrategie auf die Personalstrategie

Jeder Merger und jede Akquisition führt dazu, dass zwei bisher autonome Unternehmenskulturen aufeinandertreffen. Das Käuferunternehmen kann dabei drei verschiedene Strategien zum Kulturtransfer verfolgen, die jeweils charakteristische Auswirkungen auf die Personalstrategie, die Personalführung und praktische Personalarbeit haben.

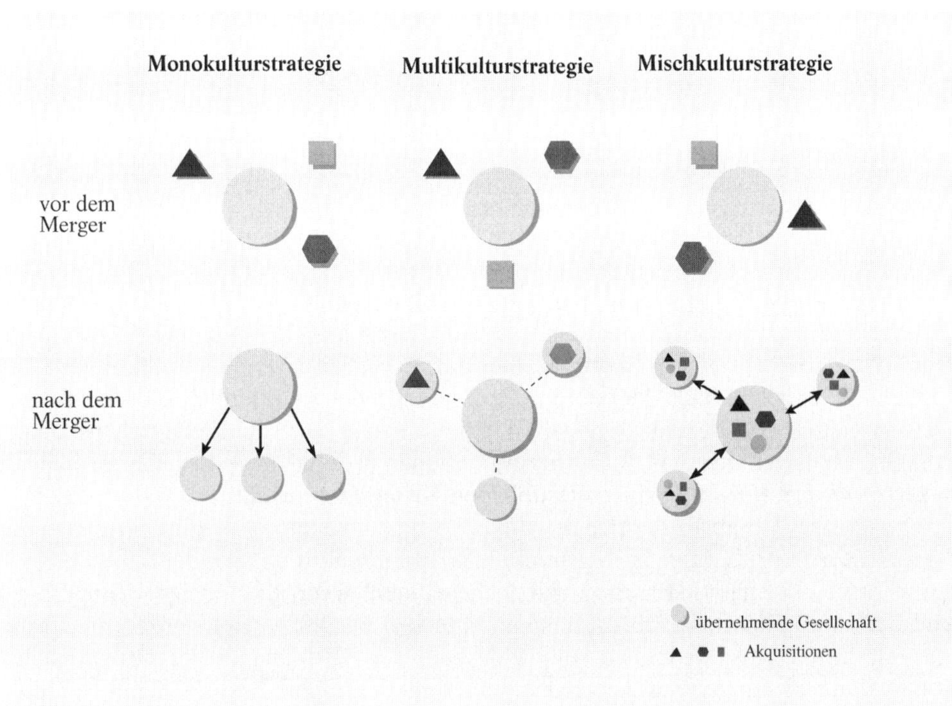

Abb. 4: Typen der Kulturintegration

Scholz unterscheidet 3 Strategien zum Kulturtransfer:[10]

Monokulturstrategie: Die Unternehmenskultur des mächtigeren Unternehmens wird dem kleineren Unternehmen in einer regelrechten »Kultur-Kolonialisierung« mehr oder weniger übergestülpt. Diese Vorgehensweise ruft häufig Widerstände in der Belegschaft des akquirierten Unternehmens hervor, sodass die Integration entsprechend sensibel und intensiv vorgenommen werden muss.

---

10 Scholz, 1993, S. 807 ff.

Multikulturstrategie: Die Akquisition behält ihre eigene Kultur bei. Das friedliche Nebeneinander wird als positiv bewertet und als Bereicherung empfunden. Diese Strategie setzt jedoch ein grundsätzliches Verständnis über wesentliche Belange und Grundwerte voraus. Diese Strategie ist häufig beim Erwerb junger, dynamischer Start-up-Unternehmen zu beobachten.

Mischkulturstrategie: Sie ist vor allem bei großen ›Mergers of Equals‹ anzutreffen. Beide Unternehmen verschmelzen, die Belegschaften werden vermischt. Es bildet sich eine neue gemeinsame Kultur heraus, die von allen getragen wird.

Jede dieser Strategien hat ganz bestimmte *Auswirkungen auf die Personalführung* und die eingesetzten Führungsinstrumente. So wird bei der *Monokulturstrategie* zwangsläufig immer ein starkes Controlling von Seiten der übernehmenden Gesellschaft stattfinden. In der Regel versucht man, bewährte Steuerungssysteme und Führungspraktiken eins zu eins auf die Akquisition zu übertragen. Dies geschieht z.B. durch Besetzung von Schlüsselpositionen mit ›Stammhaus-Mitarbeitern‹. Sämtliche relevanten Entscheidungen werden zentral getroffen. Handelt es sich um die Akquisition eines ausländischen Unternehmens, so werden nationale Kulturunterschiede ignoriert. Beim akquirierten Unternehmen kann dies zu einem Kulturschock und nachhaltiger Demotivation der Mitarbeiter führen.

Bei der *Multikulturstrategie* hingegen wird man sich auf eine fokussierte Dachkultur verständigen, unter der sich dann so viel Eigenständigkeit wie möglich entfalten kann. Die große Herausforderung besteht darin, Vielfalt zuzulassen und gleichzeitig Einheit zu erzielen. Der Merger erhält weitgehende Autonomie. Entscheidungen werden weitgehend dezentral getroffen. Somit erfolgt auch die Personalanwerbung vor Ort im jeweiligen Land. Führungspositionen werden überwiegend mit Locals besetzt und Leistungen nach landesüblichen Kriterien beurteilt.

Die größte Herausforderung an das Personalmanagement ergibt sich aus der *Mischkulturstrategie*. Hier ist regelrechte Aufbauarbeit zu leisten, denn die Zentrale kann ihre Koordinationsfunktion nur wahrnehmen, wenn die lokalen Bedingungen und Besonderheiten hinreichend bekannt sind und berücksichtigt werden. In sämtliche relevanten Entscheidungen sollten deshalb die HR-Manager vor Ort möglichst von Anfang an eingebunden werden. Dies geschieht am besten in international zusammengesetzten Führungsteams. Dadurch werden die Vorteile der ›Cultural Diversity‹ intensiv genutzt und die Stärken der einzelnen Unternehmensteile in Unternehmenserfolg transformiert. Ein solches Vorgehen kann nur gelingen, wenn auch weltweit einheitliche Kriterien für die Leistungsmessung vorhanden sind und wenn weltweit nach den gleichen Prinzipien geführt wird. Zu diesem Zweck sind gemeinsame Führungsstandards zu entwickeln.

d) Der Einfluss der Integrationsgeschwindigkeit auf die Personalstrategie

Der vierte Punkt, der die Personalstrategie bei einem Merger entscheidend prägt, ist der angestrebte Zeithorizont. Sowohl eine langsame als auch eine zügige Integration haben ihre Vorteile: So erlaubt es eine langsame Integration, das akquirierte Unternehmen zunächst intensiv zu analysieren im Hinblick auf Produkte, Kunden, Märkte, aber auch Mitarbeiterpotenzial und Führungssysteme. Mitarbeiter und Führungskräfte können intensiv in den Integrationsprozess eingebunden werden und sich mit anstehenden Veränderungen auseinandersetzen. Dadurch entsteht ein fließender Übergang in die neuen Besitzverhältnisse. Der Nachteil dieser Vorgehensweise ist jedoch, dass die Mitarbeiter diese Zeit als extreme Unsicherheitsphase empfinden und mit entsprechender Leistungsminderung reagieren.

Dem wirkt die rasche Integration entgegen. Sie macht sich die Veränderungserwartungen der Mitarbeiter zunutze und schafft zügig klare Verhältnisse. Führungspositionen werden umgehend neu besetzt, sodass klare Führungsverhältnisse herrschen und langwierige Machtkämpfe vermieden werden. Dies bildet die Voraussetzung, dass sich das Unternehmen rasch wieder auf die Marktanforderungen konzentriert und die Reibungsverluste gering gehalten werden.

4. Strategisches und operatives Personalmanagement

Die Personalstrategie muss für jeden Merger und für jede Akquisition neu entwickelt werden. Je nach Unternehmensmodell, zu berücksichtigenden Landeskulturen, gewählter Integrationsstrategie und anvisiertem Zeitraum wird sie deshalb zwangsläufig von Fall zu Fall anders ausfallen.

Im Zentrum der Integration nach einem Merger oder einer Akquisition steht jedoch immer die Personalführung mit allen ihren Facetten.

Die Definitionen für Führung sind vielfältig. Sie reichen vom militärisch kurzen

- »Ziele setzen, planen, entscheiden, realisieren und kontrollieren« über
- »Erfolgsfaktoren so managen, dass übergeordnete Ziele erreicht werden – und zwar unter Einbeziehung der Mitarbeiter« bis hin zu
- »Ziele setzen und kommunizieren, Prozesse gestalten, Zusammenarbeit intern und extern fördern, motivieren, Feedback geben, die Vision vermitteln und die Unternehmenskultur prägen«.

Reichwald bringt die Anforderung prägnant auf den Punkt. Er definiert ›*Führen*‹ als: »Ziele setzen, Aufgaben und Beziehungen koordinieren«.[11] Diese Definition verei-

11 Reichwald, 1998.

nigt die Anforderungen, die sich aus den geschäftlichen Zielen ergeben mit den daraus resultierenden Anforderungen an Führung. Erst das Lenken dieser beiden Vektoren in dieselbe Richtung bildet die Grundlage für eine erfolgreiche Unternehmensführung. Im Vordergrund stehen dabei eine klare Strategie, eine offene Kommunikation, eindeutige Zielvorgaben sowie die Kontrolle deren Einhaltung. Das Top-Management hat vor allem die Aufgabe, aus der Unternehmensvision die strategischen Unternehmensziele abzuleiten, die dann von den übrigen Führungskräften auf Businessebene operationalisiert und gemeinsam mit den Mitarbeitern realisiert werden. Vor diesem Hintergrund ist Führen, unabhängig vom Verantwortungsgrad, in erster Linie geschäftsbezogene Kommunikationsarbeit. Dies gilt für sämtliche Unternehmensmodelle gleichermaßen. Unterschiede bestehen lediglich in den Handlungs- und Entscheidungsspielräumen, welche die Mitarbeiter vor Ort, sei es in Tochterunternehmen oder Landesgesellschaften, haben.

Standen bisher in der Industrie traditionell mehr oder weniger rigide hierarchische Organisationsstrukturen mit starren Verhaltensregeln im Vordergrund, so erfolgt die Führung in geozentrischen, aber auch in polyzentrischen Unternehmen heute über

- *Vision und Zielvorgaben,*
- *Kulturmanagement,*
- *Kompetenzmanagement.*

Diese drei Punkte stellen den Kern des Personalmanagements dar. Unter Personalmanagement sollen deshalb im Folgenden alle Personalfunktionen, Personalprozesse, Personalsysteme und Personalinstrumente verstanden werden, die entwickelt, implementiert und kontrolliert werden müssen, um ein Unternehmen erfolgreich zu führen. Dabei sind Personalführung und Administration gleichermaßen von Bedeutung.

Den *Personalführungsinstrumenten* kommt bei jedem Merger eine Schlüsselrolle zu, denn nur mit dialogorientierter Führung wird sich seitens der Mitarbeiter ein Commitment einstellen. Es ist deshalb oberste Aufgabe der Personalführung

- die langfristigen Unternehmensziele,
- die Realität im Unternehmen sowie
- die gemeinsamen Werte der Mitarbeiter

in Einklang zu bringen. In Unternehmen, in denen jeder die Ziele verinnerlicht hat und darauf hinarbeitet, entsteht eine enorme Energie, die sich dann in wirtschaftlichen Erfolg transformieren lässt.

Rosenstiel[12] hebt vier Kriterien hervor, welche die Arbeitsleistung eines jeden Mitarbeiters bestimmen:

- individuelles Können,
- persönliches Wollen,
- soziales Dürfen,
- situative Ermöglichung im Unternehmen.

12 in Gut-Villa, 1997, S. 123

Alle vier Kategorien werden durch die Art der Personalführung entscheidend beeinflusst.

Die Personalstrategie bei einem Merger gibt deshalb Anwort auf die Fragen:

- Welche Anzahl von Mitarbeitern mit welchen Kompetenzen werden benötigt, damit der Merger erfolgreich ist und die Unternehmensziele realisiert werden können?
- Wie trennt man sich von überzähligen Mitarbeitern?
- Wie geht man mit kulturellen Unterschieden zwischen Käufer und Akquisition – sei es in der Unternehmens- oder Landeskultur – um?
- Wie ist die Personalführung zu gestalten, damit Synergien aus beiden Mitarbeiterstämmen entstehen?
- Sofern eine kulturelle Integration gewünscht ist: Wie lassen sich beide Mitarbeiterstämme zu einer Einheit verbinden?

Um hier fundierte Antworten zu geben, ist zunächst eine analytische Bestandsaufnahme unerlässlich. Diese geschieht in der Regel in der Praxis in der Transaktionsphase.

a) Strategisches Personalmanagement in der Transaktionsphase

aa) Personal Due Dilligence

Die Voranalyse- und Konzeptphase findet meist »hinter verschlossenen Türen« statt. Im Idealfall ist die Personalfunktion bereits eingebunden, im Regelfall jedoch nicht. In der Mehrzahl der Fälle wird nach wirtschaftlichen Hard-facts wie Marktposition, Produktspektrum, regionalem Marktzugang oder Rendite für oder gegen einen Merger oder eine Akquisition entschieden. Soft-facts wie das ›Human Capital‹ finden in dieser Phase allenfalls dann Beachtung, wenn beim Erwerb vor allem das Know-how des Targetunternehmens im Vordergrund steht. Dies ist beispielsweise bei der Akquisition von Softwareunternehmen der Fall.

Bei allen anderen Mergers und Akquisitionen erfolgt die allgemeine Due Diligence unter anderen Gesichtspunkten. Untersuchungen zeigen folgendes Bild:

- Nur in etwa 1/3 aller Due Diligence-Vorgänge wird das Personalthema geprüft – und das auch noch relativ oberflächlich.[13]
- Weniger als 10% aller Käufer führen eine wirklich *ernsthafte* HR-Due Diligence durch.[14]

Eine sorgfältige Due Diligence im Personalbereich ist aber unerlässlich, wenn das Mitarbeiterpotenzial realistisch bewertet werden soll, denn die Personal-Due Dili-

13 Hubbard, 1999, S. 62.
14 Hubbard, 1999, S. 15.

gence gibt wichtige Hinweise auf die später zu leistende Integrationsarbeit. Außerdem weist sie frühzeitig auf mögliche zusätzliche Belastungen durch zu erwartende Fluktuation oder durch Reibungsverluste aufgrund inkompatibler Kulturen hin.

Die *Personal-Due Diligence* umfasst als wesentliche Punkte:

- *Mitarbeiterdaten:*
  Anzahl der Mitarbeiter an den verschiedenen Standorten, Qualifikationsstrukturen und Potenziale, Altersstrukturen, Lohn- und Gehaltskosten, Krankenstand und Fluktuationsraten
- *Beschäftigungsbedingungen:*
  Vergütungssysteme und Incentiveregelungen, Pensionssysteme und andere freiwillige Sozialleistungen, Ruhestandsregelungen, lokale gesetzliche Bestimmungen wie Mitbestimmung oder der Einfluss der Gewerkschaften
- *Personaladministration:*
  Elektronische Gehaltsabrechnungsverfahren, Personalinformationssysteme, Skill-Datenbanken oder Online-Bewerbungen.

Besondere Berücksichtigung muss die Analyse der Fähigkeiten des Targetmanagements finden. Hier sind zu untersuchen: Stärken und Schwächen bezüglich Managementstil und -philosophie, Leadership-Fähigkeiten, Kompetenzen und Potenziale, aber auch Teamgeist und Cross-cultural-skills. Diese sind besonders bei grenzüberschreitenden M&A's von Bedeutung. Ein schnelles Vorab-Screening des Targetmanagements ermöglicht schon in dieser Phase eine Vorauswahl von geeigneten Führungskräften zur Besetzung von Schlüsselpositionen direkt nach dem Closing.

bb) Cultural Due Diligence

Eine sorgfältige Personal-Due Diligence schließt auch eine Cultural-Due Diligence ein, in der die Unternehmenskulturen näher beleuchtet werden. Je stärker die spätere Verflechtung beider Unternehmen sein soll, desto wichtiger wird die Frage des Cultural Fits: Wie groß sind die kulturellen Unterschiede? Passen beide Unternehmenskulturen zusammen? Sind sie kompatibel? Hierbei ist aber nicht nur die Unternehmenskultur zu prüfen – es muss bei länderüberschreitenden M&As auch darauf geachtet werden, inwieweit die Landeskulturen von Käufer und Akquisition miteinander harmonieren.

Das Ergebnis einer Studie, in der über 200 europäische CEOs zur Rolle der Unternehmenskulturen befragt wurden, ergab: Die Möglichkeit, die Targetfirma und ihre Kultur zu integrieren ist einer der wichtigsten Faktoren für den Erfolg des M&A.[15]

In jedem Unternehmen haben die Mitarbeiter eine ganz bestimmte Art der Kommunikation und Interaktion, die sie von Menschen in anderen Unternehmen unter-

15 Hubbard, 1999, S. 14.

scheidet. Dies bezieht sich sowohl auf den Umgang miteinander und über die Hierarchieebenen hinweg, als auch auf den Umgang mit Kunden und Lieferanten.

Indikatoren der Unternehmenskultur sind beispielsweise:

- Bedeutung von Hierarchien und Statussymbolen
- Managementstil
- Karriereverläufe
- Offenheit im Umgang miteinander
- Handlungs- und Entscheidungsspielräume
- Fehlertoleranz
- Gegenseitiges Vertrauen
- Lernverhalten
- Kundenorientierung
- Wettbewerbsaggressivität
- Gesellschaftliches Engagement.

Eine Due Diligence der Unternehmenskultur ist somit kein einfaches Unterfangen, da zahlreiche Facetten zusammenwirken. In der Praxis haben sich jedoch zwei Methoden bewährt:

- *Standardisierte Mitarbeiterbefragungen*: Es werden sowohl die eigenen Mitarbeiter als auch die Mitarbeiter des akquirierten Unternehmens befragt. Dabei thematisiert das Käuferunternehmen Werte und Verhaltensweisen, die es als sehr wichtig erachtet, beispielsweise den Umgang mit Kunden, die Aufgeschlossenheit Neuem gegenüber, das Lernverhalten oder den Führungsstil. Der große Vorteil dieser Methode liegt darin, dass sich die beiden Unternehmenskulturen in den abgefragten Dimensionen direkt vergleichen lassen. Aus den Ergebnissen können dann gezielte Maßnahmen abgeleitet werden. Diese Methode hat noch einen weiteren Vorteil, denn bei wiederholter Anwendung können auch Kulturveränderungen im Laufe der Zeit nachgewiesen werden.

- *Individuelle Interviews* mit ausgewählten Mitarbeitern und Führungskräften des akquirierten Unternehmens. Diese junge Methode wird auch als ›Storytelling‹ bezeichnet. Hier handelt es sich in der Regel um offene Gespräche, in denen die Betreffenden über ihren bisherigen Karriereverlauf und ihre individuellen Erfahrungen berichten. Anhand dieser Aussagen können Rückschlüsse auf die Unternehmenskultur gezogen werden. Dabei geben sowohl die Aussagen und der Spachduktus selbst als auch nicht angesprochene Themen Aufschluss über den Umgang miteinander und die im Unternehmen vorhandenen Wertvorstellungen und Tabus. Diese Methode ist sehr aufwendig und wird daher in der Merger-Phase eher selten und wenn, dann nicht repräsentativ angewandt. Für die interviewten Mitarbeiter und Führungskräfte hat sie jedoch einen hohen Stellenwert, denn sie merken, dass sich das Käuferunternehmen wirklich für die Menschen im Unternehmen interessiert. Dies kann insbesondere in der Phase nach der Ankündigung des Mergers einen enormen Motivationsschub bewirken.

cc) Das Merger-Syndrom

Die Reaktionen der Mitarbeiter auf das Merger-Announcement werden vielfach als ›*Merger Syndrom*‹ bezeichnet.[16] Dieses gibt die Stimmung in der Belegschaft wieder und hat erheblichen Einfluss auf das Gelingen der Integration.

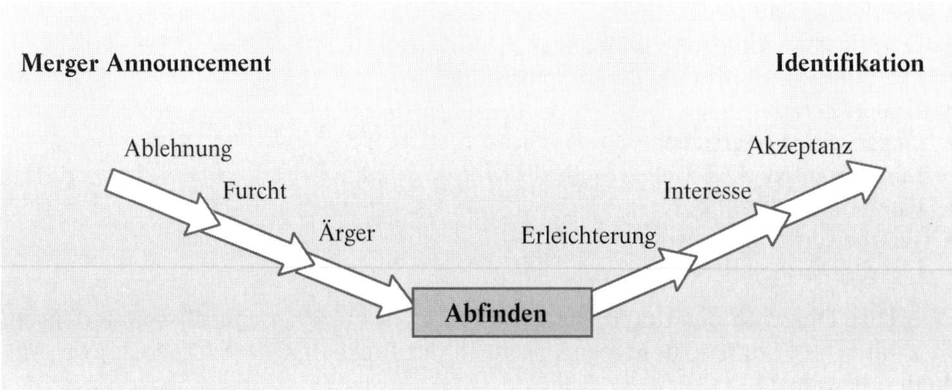

Abb. 5: Emotionale Reaktionen der Mitarbeiter nach einem Merger

Während des Ablaufs des M&A durchlaufen Mitarbeiter und Führungskräfte des Targets verschiedene emotionale Phasen. Die Kenntnis dieser Phasen ist wichtig, weil man sich auf die Auswirkungen einstellen und geeignete Gegenmaßnahmen ergreifen kann.

Bei den meisten Mitarbeitern führt die Ankündigung zunächst zu einem Schock und heftigen emotionalen Reaktionen. Der Merger wird als Identitätsverlust empfunden. Die Mitarbeiter verlieren ein bisher als sicher und verlässlich eingeschätztes Umfeld von Regeln, Aufgabenstellungen, Hierarchien, Strukturen und Kollegen. Das gesamte soziale Gefüge, in dem sie sich bewegen, ist auf einmal in Frage gestellt, was in der Regel zu großer Verunsicherung und Verängstigung führt.

Die Mitarbeiter fragen sich:

- Ist mein Arbeitsplatz noch sicher? Erhalte ich neue Aufgaben? Muss ich umziehen? Was ist mit der Altersversorgung? Werden die freiwilligen Leistungen eingeschränkt? Wer wird mein neuer Chef? Was wird mit meiner Karriere?
- Aber auch: Was passiert mit meinen Kollegen? Werden uns »die anderen« total vereinnahmen und uns ihre Unternehmenskultur überstülpen?

16 Marks/Mirvis, 1992, S. 17 ff.

In diesem Stadium interessiert es den Mitarbeiter überhaupt nicht, wenn das Management über die großartigen Aussichten der Akquisition spricht, über neues Wachstum oder neue Märkte. Die Mitarbeiter nehmen solche Äußerungen kaum wahr, denn sie sind weitgehend mit sich selbst beschäftigt. Schätzungen gehen dahin, dass Mitarbeiter im ersten Jahr der Akquisition bis zu zwei Stunden ihrer täglichen Arbeitszeit für die Verarbeitung von Gerüchten aufwenden.[17]

Wie stark und in welcher Form der einzelne auf die Ankündigung eines Mergers reagiert und wie lange sich die verschiedenen Phasen des Merger-Syndroms hinziehen, hängt von individuellen Charaktereigenschaften, persönlicher Lebenslage und bisherigen Erfahrungen ab. Eine wichtige Rolle spielen das Selbstvertrauen, Jobalternativen, die erreichte Karrierestufe und die individuellen Bedürfnisse.

Die Verunsicherung ist psychologisch zu erklären: Mitarbeiter schließen mit ihrem Arbeitgeber ja nicht nur den rechtlich verbindlichen Arbeitsvertrag, sondern darüber hinaus bildet sich in stillem Einvernehmen eine Art ›Sozialkontrakt‹, der immaterieller Natur ist. Er enthält bestimmte Erwartungen des Mitarbeiters an den Arbeitgeber und bildet die Grundlage des Vertrauens in den Arbeitgeber. Vielen Mitarbeitern ist dieser Kontrakt gar nicht bewusst – bis er irgendwann gebrochen wird. In diesem Fall muss der Vertrag gewissermaßen neu verhandelt werden. Dieses »Verhandeln« läuft unterbewusst ab und bedeutet im Individualfall nichts anderes, als dass sich der einzelne mit den Änderungen früher oder später abfindet und sie akzeptiert[18] oder das Unternehmen verlässt.

Wer schon immer den Gedanken hatte, das Unternehmen zu wechseln, wird sich jetzt vermehrt nach einer Alternativbeschäftigung umsehen. Dies kann zu einer erhöhten Fluktuation führen. Das hat insbesondere dann fatale Konsequenzen, wenn wichtige Leistungsträger und erfahrene Führungskräfte das Unternehmen verlassen. Der bekannte Spruch: »Exit of the best and merger of the rest« kann dann leicht das Scheitern des Mergers einläuten. Auch macht sich rasch eine Untergangsstimmung breit, was bei den Verbleibenden zu Resignation und innerer Kündigung führt. Insbesondere in der gekauften Firma erzeugt ein Merger Stress und oft ein Führungsvakuum, das sich dann verstärkt, wenn die Mitarbeiter und Führungskräfte des stärkeren Unternehmens allzu dominant auftreten. Die Konsequenz sind meist worse-case-Szenarien und Gerüchte, die alle Informationslücken mit Halb- oder Unwahrheiten auffüllen und so die Mannschaft lähmen.

Diese Destabilisierungsphase lässt sich nicht verhindern. Man kann jedoch versuchen, sie möglichst kurz zu halten, um die Negativfolgen und daraus resultierende Kosten auf ein Minimum zu beschränken. Es ist eine große Herausforderung für das Personalmanagement, diese Turbulenzen in den Griff zu bekommen, um dann mit der eigentlichen Integrationsarbeit zu beginnen.

---

17 Sewing, 1996, S.158.
18 Hubbard, 1999, S. 27

dd) Zusammenarbeit mit dem Betriebsrat

Beim gesamten Personalauswahlprozess sind die gesetzlichen Bestimmungen unbedingt zu berücksichtigen. Dies gilt insbesondere für den Kündigungsschutz sowie regionale oder nationale Besonderheiten. Hier ist der dringende Rat angebracht, bereits bei der Personal Due Diligence die Wirtschaftsjuristen einzuschalten und sich im Gesamtprozess kontinuierlich beraten zu lassen.

In Deutschland beispielsweise tritt in der Regel der Erwerber eines Unternehmens uneingeschränkt in die Rechte und Pflichten aus dem Arbeitsverhältnis ein, sodass sich nichts am individuellen Arbeitsvertrag ändert. Wird das akquirierte Unternehmen als rechtlich eigenständige Tochtergesellschaft geführt, so bleiben die Beschäftigungsbedingungen uneingeschränkt bestehen. Soll die Akquisition hingegen eingegliedert werden, so verdrängen die Tarifverträge und Betriebsvereinbarungen des aufnehmenden die des akquirierten Unternehmens. In der Regel haben Großunternehmen allerdings bessere Arbeitskonditionen und Sozialleistungen als kleine und mittlere Unternehmen, sodass die Mitarbeiter durch die Integration eher Vor- als Nachteile erwarten dürfen. Häufig entscheiden sich allerdings Großunternehmen dafür, die Akquisitionen als eigenständige Unternehmen weiterzuführen, um so Kostenvorteile, die sich aus niedrigeren Gehaltsstrukturen und geringeren Sozialleistungen ergeben, ausnutzen zu können.

Doch unabhängig davon, ob die Akquisition integriert oder als rechtlich eigenständiges Unternehmen weitergeführt wird, in jedem Fall sollten die landesspezifischen Arbeitnehmervertretungen so frühzeitig wie möglich in die Überlegungen eingebunden werden. Wenn es gelingt, ein partnerschaftliches Verhältnis herzustellen, so hat dies vielfältige Vorteile, denn die Betriebsräte haben als Multiplikatoren in der Regel großen Einfluss auf die Belegschaft und können die Stress- und Angstphasen der Mitarbeiter im Rahmen des Merger-Syndroms abmildern. Auch hat sich gezeigt, dass von Seiten der Mitarbeiter weniger Einsprüche gegen den Betriebsübergang erhoben werden, wenn der Betriebsrat den Veränderungen positiv gegenübersteht und in die Integrationsplanung eingebunden wird. Daher werden Überleitungs-Betriebsvereinbarungen abgeschlossen, in denen die künftig geltenden Beschäftigungsbedingungen festgelegt werden.

ee) Planung der Integration

Eine fundierte Integrationsplanung trägt dazu bei, frühzeitig Unsicherheiten in der Belegschaft abzubauen und den Integrationsprozess zu beschleunigen. Dies ist eine sehr sensible Phase für alle Beteiligten, schließlich gilt es, weitreichende Entscheidungen auf noch relativ unsicherer Basis zu treffen. Darin liegt möglicherweise die Ursache dafür, dass weniger als 20 Prozent aller Firmenkäufer eine angemessene Planung durchführen.[19] Zwar nennen europäische Executives unter ›lessons learned‹

19 Hubbard, 1999, S.48.

als Gründe gescheiterter Merger am häufigsten ›keine adäquate Planung‹, jedoch werden für nachfolgende Akquisitionen, wahrscheinlich aus Zeitgründen, daraus in den seltensten Fällen Konsequenzen gezogen.

Das wohl kritischste Ereignis in der Transaktionsphase ist die Ankündigung des Mergers, die in der Regel beim ›Target‹ heftige Mitarbeiterreaktionen hervorruft. Im Idealfall wird der gesamte Deal bis zu seiner offiziellen Ankündigung nicht bekannt, wie man eindrucksvoll bei DaimlerChrysler beobachten konnte. Das ist allerdings nicht immer der Fall. Die Wirkung jedoch ist fast die gleiche: Die Ankündigung – oder allein schon Gerüchte darüber – trifft viele Mitarbeiter zutiefst.

Die Mitarbeiter bei Käufer und Target, aber auch Kunden, Lieferanten und natürlich die Shareholder erwarten gleich nach der Ankündigung des Mergers klare Auskunft über Ziele, neue Strukturen, Restrukturierungsmaßnahmen und die einzelnen Integrationsschritte.

Die Integrationsplanung gibt Antworten auf folgende Fragen:

- Welche Schritte sollen wie und bis wann umgesetzt sein?
- Wie intensiv und schnell soll integriert werden?
- Wie sehen Übergangsregelungen bezüglich Organisation, Struktur und Zusammensetzung der Führungsmannschaft des Targets aus?
- Wie läuft die Kommunikation für die Ankündigung, die Vorabinformation der Führungskräfte und die eigentliche Mitarbeiterkommunikation ab?
- Wer verantwortet die Integration und wer hilft dabei?

Die Personalorganisation muss nicht nur in die Due Diligence-Phase, sondern auch in die Integrationsplanung intensiv eingebunden werden, weil hier wichtige Entscheidungen bezüglich des Zeitplanes, der künftigen Führungsstruktur, der Integration der Unternehmenskulturen, der Personalsysteme und -prozesse, aber auch über die Inhalte der Kommunikation und Interaktion zwischen Führungskräften und Mitarbeitern getroffen werden.

ff) Kommunikation und Interaktion

Für die gesamte Kommunikation ist eine fundierte Planung nötig, die schon mit Beginn der Verhandlungen in kleinem, vertraulichen Kreis vorbereitet werden sollte. Die Kommunikationsinhalte sollten sein:

- Grund und Zielsetzung der Akquisition,
- die langfristige Vision,
- die Integrationsstrategie,
- der Zeitplan.

Informationen über die Geschichte und Erfolge beider Unternehmen bereiten den Boden für gegenseitiges Verständnis und ein Wir-Gefühl. Die Aufbereitung der wichtigsten Fragen im Zusammenhang mit dem Merger sowie die elektronische Bereitstellung der Antworten im Intranet hat sich bewährt. Auf diese Weise kann der Fragenkatalog tagesaktuell ergänzt beziehungsweise modifiziert werden.

Die Haupt-Kommunikationsarbeit ist jedoch im persönlichen Gespräch der Führungskräfte mit den Mitarbeitern zu leisten. Wichtig ist, dass die Führungskräfte die Empfindungen der Betroffenen verstehen und sich auf verschiedene emotionale Phasen, welche die Mitarbeiter üblicherweise bei derartigen Veränderungen durchlaufen, einstellen.

Leider ist die Realität aber so, dass 86% der Unternehmen die neue Partnerschaft nicht ausreichend kommunizieren.[20] Die Gründe dafür können in mangelnder Vorbereitung liegen, aber auch darin, dass die Führungskräfte des Target-Unternehmens als Betroffene selbst unter Unsicherheiten und Ängsten leiden und im schlimmsten Fall noch eine negative Verstärkerfunktion wahrnehmen.

Die Kommunikation muss schnell, intensiv und mit klaren Aussagen erfolgen, um die lähmende Unsicherheit soweit wie möglich zu reduzieren und möglichst rasch die Zustimmung aller zur gemeinsamen Zielsetzung herbeizuführen. Hierbei sollte folgendes beachtet werden:

- *Zielgruppengerechte Kommunikation*: Manager und Mitarbeiter haben vielfach unterschiedliche Wahrnehmungen, was für sie bei einem Merger wichtig ist. Dies ist bei der Informationsaufbereitung zu berücksichtigen.
- *Schnelle Kommunikation*: Die Mitarbeiter sollten als erste vom Merger erfahren – nicht durch die Presse, das Fernsehen oder von aufgeregten Kunden. Dazu müssen die Führungskräfte und die Betriebsräte vorab informiert werden, damit diese dann wiederum den Mitarbeitern kompetent Rede und Antwort stehen können.
- *Direkte Kommunikation*: Sofort nach Bekanntwerden sollte ein direkter Dialog zwischen Führungskräften und Mitarbeitern geführt werden. Das können sein: Vier-Augen-Gespräche, Abteilungsmeetings oder Informations- und Diskussionsveranstaltungen mit allen Mitarbeitern.
- *Klarheit und Wahrheit*: Die betroffenen Mitarbeiter und Führungskräfte im Unternehmen wollen Klarheit, um aus der bedrückenden Unsicherheitssituation herauszukommen. Hierbei ist es wichtig, ganz offen alle relevanten Punkte anzusprechen und so wenig wie möglich zu verschweigen, auch wenn die Nachrichten für viele negativ sein mögen, etwa bezüglich drohender Werksschließungen oder Kündigungen. Menschen können mit klaren Botschaften besser umgehen, selbst wenn diese negativ sind, als mit Unsicherheit. Außerdem gilt: Wer die Wahrheit sagt, gewinnt an Glaubwürdigkeit – und die muss schnell aufgebaut werden. Auch wenn die Aussage lautet: »Wir werden Leute entlassen müssen, wir wissen aber heute noch nicht, wie viele. Das wird spätestens in 4 Wochen bekanntgemacht« – dann ist diese Botschaft immer noch besser als ein Schönwetterreden und das Wecken falscher Hoffnungen.
- *Glaubwürdigkeit*: Führungskräfte sollten nicht sagen, dass es nach dem Merger mit »business as usual« weitergehen wird – das stimmt einfach nicht, da zwangsläufig viele Änderungen zu erwarten sind. Wer von »business as usual« spricht,

---

20 Kearny, 1999, S. 26.

zeigt nur, dass er die Situation völlig verkennt und sich von der Stimmungslage seiner Mitarbeiter abgekoppelt hat. Die Glaubwürdigkeit von Führungskräften wird von Mitarbeitern im wesentlichen danach beurteilt, inwieweit sie sich in deren Sorgen und Nöte hineinversetzen können, wie offen sie ihnen gegenübertreten und wie aktiv sie sich um ihre Belange kümmern. Perception is reality: Es kommt sehr stark darauf an, *wie* Antworten an die Mitarbeiter gegeben werden: 30% Gewicht hat »was« man sagt – 70% Gewicht hat »wie« man es sagt.
- Zur Verstärkung der Glaubwürdigkeit sollte von der Käuferfirma die klare *Botschaft* kommen: *»Ihr seid uns willkommen!«* Dabei ist es unerlässlich, dass Schlüsselpersonen wie der CEO oder Vorstand der Käuferfirma die Standorte des Targets besuchen und mit den Mitarbeitern sprechen und ihnen persönlich Rede und Antwort stehen.

Ergänzt werden muss die persönliche Kommunikation durch eine intensive Nutzung von weiteren Merger-spezifischen Kommunikationsmedien wie persönliche Willkommen-Schreiben an die neuen Mitarbeiter, Webseiten mit Questions & Answers, Merger-Newsletter, Hotlines, Workshops oder Pressemitteilungen. In ihrer Wirkung nicht zu unterschätzen sind informelle Netzwerke: Wann immer es gelingt, solche »informellen Netzwerke« aufzuspüren, sollten sie genutzt werden. Sie sind das eigentliche Schmiermittel für schnelle betriebliche Prozesse und haben starken Einfluss auf die Meinungsbildung und Stimmungslage.

gg) Retention

Erfahrungsgemäß wird die Fluktuationsrate ansteigen – insbesondere bei herausragenden Mitarbeitern und Managern. Das belegen verschiedene Studien:

- Bis zu 50% der Führungskräfte eines Target verlassen die Firma in den ersten drei bis fünf Jahren.[21]
- Die Ausscheidensquote von Führungskräften war bei amerikanischen Firmen in den ersten zwei bis drei Jahren nach der Akquisition signifikant höher als vor der Akquisition bzw. bei vergleichbaren Unternehmen.[22]

»When no coordinated retention actions are taken, 47% of all senior managers leave within the first year of the acquisition. But the exodus doesn't stop there. Within the first three years, 72% end up heading for the door«.[23]

Insbesondere eine starke Fluktuation von wichtigen Leistungsträgern kann schwerwiegende Folgen haben und den Erfolg des gesamten Mergers in Frage stellen. Fach- und Führungs-Know-how gehen verloren – vielleicht gerade *die* Kompetenzen, die

21 Hermsen, 1994, S. 133.
22 Sewing, 1996, S. 107 ff.
23 Pritchett, 1997, S. 101.

der Käufer erwerben wollte, um seine strategischen Ziele zu erreichen. Ein für das Unternehmen kritischer Aderlass hat begonnen, denn Menschen, die das Unternehmen verlassen, nehmen oft auch Kunden- und Lieferantenbeziehungen mit. Neue Kundenbeziehungen aufzubauen ist jedoch bekanntlich ein schwieriges, langfristiges und teures Unterfangen.

Das Weggehen von Führungskräften mit Vorbildfunktion lässt die Mitarbeiter daran zweifeln, ob der Merger wirklich »eine gute Sache« ist. Hierdurch werden Motivation und Verhalten negativ beeinflusst. Und: Führungskräfte, die das Unternehmen verlassen, ziehen häufig gute Mitarbeiter nach (Domino-Effekt). Hierbei spielen natürlich die Headhunter eine große Rolle. Für sie sind Akquisitions- und Mergerunternehmen in der instabilen Phase der ideale Jagdgrund für Spitzenkräfte.

Um die Fluktuation zu stoppen, sollte schon bei der Due Diligence eine Identifizierung und Beurteilung der wichtigen Führungskräfte und Schlüssel-Mitarbeiter erfolgen, die über schwer ersetzbare Kompetenzen verfügen. So früh wie möglich sind mit den Betreffenden Gespräche zu führen, um ihnen die generelle Unsicherheit zu nehmen, aber auch um Aussagen zur neuen Position und zu Veränderungen, zu den Erwartungen, Karrieremöglichkeiten und zum Einkommen zu machen. Die Maßnahmen können unterstützt werden durch zusätzliche materielle Anreize wie Retention-Boni oder Stock Options, vor allem aber auch durch das Einbinden in herausfordernde Integrationsprojekte.

b) Operatives Personalmanagement im Integrationsprozess

aa) Leadership – Die Rolle der Führungskräfte

Um den Merger erfolgreich durchzuführen, müssen Führungskräfte mit dem notwendigen Know-how und entsprechender Sensibilität zur Verfügung stehen, sowohl in der Käuferfirma als auch im erworbenen Unternehmen. Schließlich gilt es nicht nur die Mitarbeiter zu motivieren und aus der emotionalen Talsohle herauszuführen, es sind neue Organisationsstrukturen zu schaffen, Stellen optimal zu besetzen, Kundenbeziehungen aufrecht zu erhalten und neue Märkte zu erschließen. Die Führungskräfte sind somit zentrale Schlüsselpersonen nach innen und nach außen. Dies stellt enorme Anforderungen an ihre Leadership-Fähigkeiten.

Viele Akquisitionen leiden darunter, dass das Top-Management nach dem Closing beginnt, sein Interesse am Merger zu verlieren, weil es denkt: »Jetzt ist alles gelaufen«. Eine solche Denkweise birgt Gefahren. Wer sich jetzt zurücklehnt, der handelt grob fahrlässig!

Haspelagh/Jemison (1992) arbeiten deutlich heraus, dass es weniger die Transaktion an sich ist, die den erwarteten Nutzen bringt. Vielmehr sind es »die Maßnahmen und Aktivitäten der Manager *nach* dem Vertragsabschluss, die über den Erfolg oder Misserfolg entscheiden«. Der Grund dafür liegt auf der Hand, denn die Wertschöpfung findet erst nach der Übernahme statt, »wenn Fähigkeiten übertragen werden und die Beschäftigten beider Firmen zusammenarbeiten, um den erwarteten Nutzen zu realisieren oder zusätzliche Vorteile zu entdecken«.[24] Noch bedeutender als dieses ist jedoch die Entwicklung einer Vision, die von allen getragen wird. Die visionäre Komponente ist *das* Charakteristikum von Leadership nach einem Merger. Das Wichtigste an der Vision ist jedoch weniger ihre Originalität, sondern vielmehr, wie sehr sie die Interessen der relevanten Entscheidungsträger – Kunden, Mitarbeiter und Aktionäre – trifft und wie einfach sie in eine realistische Wettbewerbsstrategie umgesetzt werden kann. Senge spricht in diesem Zusammenhang von der Herausforderung, eine ›creative tension‹ zu erzeugen, die als integrierender Faktor fungiert. »Creative tension comes from seeing clearly where we want to be, our ›vision‹, and telling the truth about where we are, our ›current reality‹. The gap between the two generates a natural tension«.[25] Diese Spannung wiederum erzeugt einen enormen Motivationsschub.

Nur wenn es gelingt, alle Mitarbeiter und Führungskräfte in eine Richtung zu lenken, wird sich der wirtschaftliche Erfolg einstellen. Dies ist eine Leadership-Aufgabe ersten Ranges und stellt große Ansprüche an die Überzeugungskraft und Motivationsfähigkeit des Top-Managements. Echte Leadership baut auf gutem Management auf und geht in entscheidenden Situationen weit darüber hinaus.

Management	**Leadership**
Zielsetzung und Kontrolle	Inspirierende, richtungsweisende Vision
Führen durch Vorgaben	Führung durch Motivation
Umgang mit Komplexität	Umgang mit Wandel
Arbeit im System	Arbeit am System
Passive Zielorientierung	Aktive Zielgestaltung
Orientierung am Notwendigen	Orientierung am kreativen Prozess
Organizing People	Aligning People

Tab. 1: Management/Leadership

24 Haspelagh/Jemison, 1992, S. 24 ff.
25 Senge, 1998, S.297.

Die Mitarbeiter haben ein sehr gutes Gespür dafür, ob ihr Chef hinter den organisatorischen Neuerungen steht oder nicht. Es ist deshalb unerlässlich, das Management des zu integrierenden Unternehmens frühzeitig über die Ziele, Gründe und Vorteile des Mergers zu informieren. Unter Umständen bieten sich auch konkrete gemeinsame Workshops mit Führungskräften beider Unternehmen an.

Gleichzeitig muss das operative Geschäft stabilisiert werden, z. B. durch kurzfristig zu erreichende Zielvorgaben, durch strikte Performance-Kontrolle und Wiederherstellung des Kundenfokus. Nicht nur die Mitarbeiter sind verunsichert, auch viele Kunden fragen sich: Wie wird es weitergehen bei meinem Lieferanten? Wird er sein Produkt- und Dienstleistungsspektrum beibehalten? Werde ich weiterhin so gut bedient werden? Werde ich meine Ansprechpartner behalten? Verunsicherte Mitarbeiter werden die Kunden nicht optimal bedienen, sondern eher noch Gerüchte extern verbreiten, die sich geschäftsschädigend auswirken.

Es gilt die Regel: Lieber von den Mitarbeitern in dieser Situation mehr fordern und sie stärker einspannen, als zu wenig. Das Ziel ist, schnelle Win-Situationen herbeizuführen – selbst wenn es nur kleinere Erfolge sind. Gerade kurzfristig erreichbare Ziele und Ergebnisse stärken das lädierte Selbstvertrauen der übernommenen Mitarbeiter.

bb) Integrationsmanagement

Die operative Integrationsphase ist mit Sicherheit die kritischste Phase im gesamten Fusionsprozess: Jetzt müssen die unterschiedlichen Organisationen, Unternehmenskulturen, Managementstile, Systeme, Prozesse und Strukturen zusammengeführt werden, damit die erwarteten Synergien auch wirklich eintreten. Es wurde nachgewiesen, dass Unternehmen, die der Post-Merger-Integration eine hohe Bedeutung beimessen, kulturelle Unterschiede leichter bewältigen und den gesamten Integrationsprozess effizienter bewältigen.[26]

Hierzu einige Erfahrungen und Anregungen:

- Empfehlenswert ist der Einsatz einer Projektorganisation mit Integrationsteams, die für die Integration von betriebswirtschaftlichen Funktionen wie Vertrieb, Produktion, IT-Systeme, Human Resources oder von Kernprozessen verantwortlich sind.
- Die Teams sollten aus Mitarbeitern *beider* Unternehmen bestehen. Dies vermindert den WIR/IHR-Gegensatz und signalisiert Rücksichtnahme auf das akquirierte Unternehmen. Außerdem ist viel Know-how des übernommenen Unternehmens nutzbar.
- In die Integrationsarbeit sollten nicht nur Führungskräfte des übernommenen Unternehmens einbezogen werden, weil diese ihren Verantwortungsbereich sehr genau kennen und zum Teil auch wichtige Meinungsbildner sind. Auch »normale« Mitarbeiter sind soweit wie möglich einzubinden. Je mehr gemeinsame, positive

26 Kearny, 1999, S. 11.

Erfahrungen zwischen Mitarbeitern aus übernommener Firma und Käuferfirma in Projekten gemacht werden, um so schneller und stärker wird das gegenseitige Vertrauen wachsen und Barrieren werden abgebaut.

- Für den gesamten Integrationsprozess sollte es ein verantwortliches Integrations-Headquarter geben, am besten besetzt mit jeweils einem Verantwortlichen aus dem Zukauf und dem Käuferunternehmen. Das Integrations-Headquarter steuert den Gesamtprozess, ist Mitglied im Steering Committee und verfügt über eine hohe Autorität – auch gegenüber der Geschäftsleitung. Es ist gleichzeitig erster Anlaufpunkt und Klagemauer, aber auch die treibende Kraft – ausgestattet mit erheblichen Entscheidungskompetenzen.
- Auf den gesamten Integrationsprozess sollten die Prinzipien der »Organizational Justice«[27] angewandt werden. Hierdurch wird verhindert, dass die Betroffenen das Gefühl haben, andere würden besser behandelt als sie selbst oder als die eigene Gruppe. Das Gefühl der Fairness ist entscheidend für den Erfolg eines Mergers. Denn oft ist es nicht der Umfang der Veränderungen, welche die Mitarbeiter frustriert, sondern die Art und Weise, wie sie eingeführt werden. Haben die Mitarbeiter das Gefühl, unfair behandelt zu werden, zweifeln sie an der Glaubwürdigkeit des Managements, aber auch an den Entscheidungen und der gesamten Vorgehensweise.
- Eine konsistente und offene Kommunikation während der gesamten Integrationsphase ist von allergrößter Bedeutung. Fehlende Informationen werden durch Vermutungen und Gerüchte ersetzt – mit schwerwiegenden Folgen. Selbst wenn es nichts Neues zu kommunizieren gibt, sollte man sagen, wann welche Neuigkeiten oder Entscheidungen zu erwarten sind. Gleichzeitig können die bisherigen Statements wiederholt werden. Das hat durchaus seinen Sinn, weil die Mitarbeiter von Mal zu Mal neue Informationsfacetten entdecken, die ihnen helfen, einen Gesamteindruck zu gewinnen und Entscheidungen nachzuvollziehen. Auch die Ziele des M&A, der Terminplan und die Integrationsfortschritte – und hier besonders die Early Wins – sollten immer wieder kommuniziert werden.
- Eine einheitliche Personalführung in den sich zusammenschließenden Unternehmen trägt dazu bei, bisherige Unterschiede in den Unternehmenskulturen zu nivellieren und eine gemeinsame Vertrauensbasis herzustellen. Bei jedem Merger muss deshalb frühzeitig entschieden werden, ob und inwieweit die in beiden Unternehmen vorhandenen personalbezogenen Systeme angeglichen werden sollen. Hierzu zählen insbesondere Einkommens-, Anreiz-, Führungs-, Personalentwicklungs- und -administrationssysteme.

Unterschiedliche Systeme führen leicht zu Missstimmungen und rufen unter Umständen Neid hervor, vor allem wenn es sich um finanzielle Aspekte handelt. Es stellt sich bei den Mitarbeitern dann rasch das Gefühl einer Zweiklassengesellschaft ein, vor allem dann, wenn eine *direkte* Vergleichbarkeit möglich ist, wenn also Mitarbei-

---

27 Hubbard, 1999, S. 136 f.

ter aus Akquisition und aufnehmendem Unternehmen eng zusammenarbeiten und so Einblick in möglicherweise eklatante Unterschiede bei ihren Einkommen oder anderen Firmenleistungen erhalten.

cc) Optimale Stellenbesetzungen nach einem Merger

Die dem Merger zugrunde liegende Strategie bestimmt den langfristigen Personalbedarf und damit den Personalplanungsprozess hinsichtlich der qualitativen und quantitativen Zusammensetzung der Mitarbeiterschaft.

Bereits in der Due Diligence-Phase bzw. kurz danach sollten Überlegungen über die Besetzung von Schlüsselpositionen und über eine vorläufige Organisationsstruktur sowie Prozessänderungen angestellt worden sein. Diese Überlegungen bilden dann die Grundlage für den Personalplanungsprozess.

Die Auswahl und Benennung des neuen Management-Teams sollte unbedingt spätestens 100 Tage nach der Ankündigung des Mergers erfolgt sein. Dies geschieht aber einer Studie zufolge nur in 39% aller Fälle.[28]

Mit den Schlüsselpersonen werden in der Regel bereits in der Transaktionsphase Gespräche über den weiteren Verbleib in der Firma geführt. In der Integrationsphase geht es darum, den Auswahlprozess für das Gros der Mitarbeiter zu gestalten.

Dies geschieht am besten in einem systematischen Personalplanungsprozess:

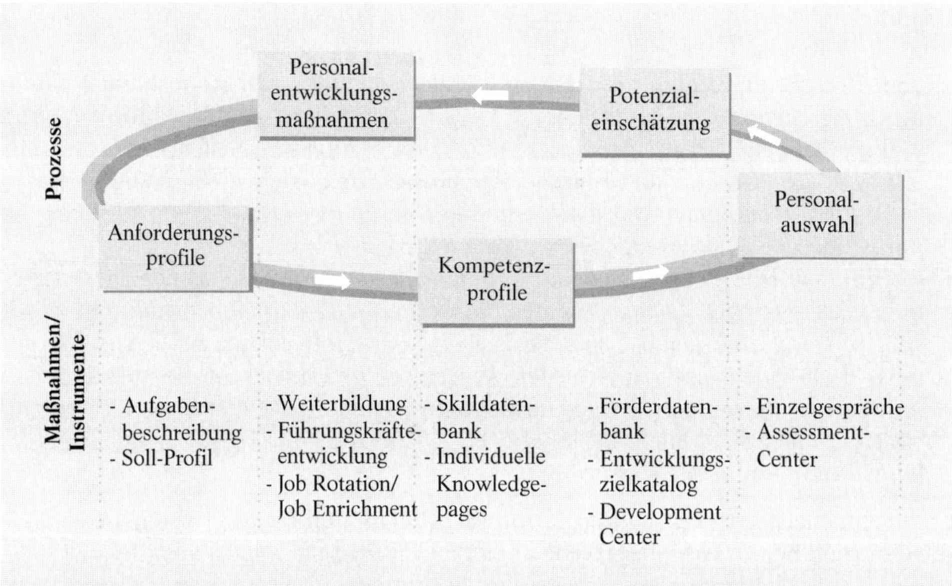

Abb. 6: Vorgehen bei Stellenbesetzungen nach einem Merger

28 Kearny, 1999, S. 16.

Im Personalplanungsprozess sind zunächst die zukünftigen Aufgaben zu beschreiben und entsprechende *Soll-Profile* zu erstellen. Ein Soll-Profil definiert Ziele, Aufgaben und Kompetenzen der jeweiligen Funktion. Diese Anforderungsprofile werden dann mit vorhandenen Kompetenzprofilen verglichen. Insbesondere Großunternehmen haben zu diesem Zweck so genannte *Skill-Datenbanken* entwickelt. Sie sind besonders bei großen ›Mergers of Equals‹ oder länderübergreifenden Mergers von hoher Bedeutung. ›Gefüttert‹ und gepflegt werden diese Datenbanken bei personenbezogenen Daten vom Mitarbeiter selbst beziehungsweise bei leistungsbezogenen Daten von der Personalorganisation. Diese führt in der Regel einmal jährlich nach den Leistungsdurchsprachen einen Update durch. In diesen Skilldatenbanken wird somit neben den Kompetenzen und Qualifikationen auch die Leistung dokumentiert.

Eine zweite Möglichkeit, Kompetenzprofile systematisch zu erfassen, sind die sogenannten ›*Individuellen Knowledge-Pages*‹. Hier werden die Informationen vom einzelnen Mitarbeiter selbst eingespeist, d.h. der Mitarbeiter gibt seine bisherige Berufserfahrung, seine Kompetenzen und seine Interessen zur persönlichen Weiterentwicklung selbst in ein standardisiertes elektronisches Formular ein. Der Mitarbeiter kann dadurch seine persönlichen Wünsche und Vorstellungen zur beruflichen Weiterentwicklung oder Veränderung weiten Kreisen zugänglich machen. Die Knowledge-Pages dienen somit in erster Linie gewissermaßen als Kontaktbörsen und erhöhen die individuellen Chancen auf eine berufliche Veränderung.

Beide Methoden haben den Vorteil, dass sich die Kompetenzprofile auch hoher Belegschaftszahlen auf diese Weise erfassen lassen. Außerdem ist durch die internationale Standardisierung beider Verfahren eine länderübergreifende Transparenz sichergestellt.

Die konkrete Personalauswahl erfolgt in der Regel durch die Führungskräfte vor Ort.

Interessant sind hierbei zwei Varianten:

- *Jeder* Mitarbeiter kann sich neu bewerben. Problematisch ist dabei die Frage, wer die Mitarbeiter wirklich neutral beurteilen kann. Weder die alten Chefs sind wirklich neutral, noch ist das Management der Käuferfirma in der Lage, aufgrund von vorliegenden Beurteilungen die richtige Wahl zu treffen.
- Es werden mit den (ehemaligen) Führungskräften der Mitarbeiter strukturierte Interviews geführt. Diese werden ergänzt durch ein Background-Interview zwischen dem Mitarbeiter und einem externen professionellen Personalberater.[29]

Von besonderer Bedeutung bei der Personalauswahl für die einzelnen Stellen ist auch die *Einschätzung* des individuellen *Potenzials*. In Zeiten, in denen alle drei bis fünf Jahre völlig neue Technologien und Dienstleistungen den Arbeitsalltag be-

29 Pritchett, 1997, S. 91 ff.

stimmen, sind ein entsprechendes Potenzial und Flexibilität der Beschäftigten unerlässlich. Dieses Potenzial muss mit steigender Stellung in der Hierarchie um so genauer analysiert werden, denn Fehlbesetzungen ziehen, wenn auch zeitlich versetzt, enorme Folgekosten nach sich. Die Potenzialeinschätzung erfolgt in der Regel im Rahmen der jährlichen *Leistungsdurchsprachen* sowie von *Development-Centern* und findet ihren Niederschlag in *Förderdatenbanken* und *Entwicklungszielkatalogen*. Hier finden sich Aussagen zur langfristig erreichbaren Zielfunktion für den einzelnen. Aus diesen werden dann individuelle *Personalentwicklungsmaßnahmen* abgeleitet. Personalentwicklung ist ein Geschäftsprozess, welcher die Kompetenzen der Mitarbeiter in messbare Geschäftsergebnisse und Erfolge transformiert. Maßnahmen bestehen beispielsweise in einer gezielten *Job Rotation*, individuellen *Weiterbildungsmaßnahmen* oder einer systematischen *Führungskräfteentwicklung*.

Meist werden jedoch in der Integrationsphase Personalentwicklungsaspekte weit hinten an gestellt, wenn nicht sogar gänzlich negiert. Man ist vielmehr bemüht, jedem Mitarbeiter möglichst rasch seinen neuen Platz im System zuzuweisen, beziehungsweise sich von Mitarbeitern zu trennen, deren Aufgaben entfallen. Bei fast jedem Merger gibt es Funktionen, die aufgrund der Fusion mehrfach besetzt sind. Der hieraus resultierende *Trennungsprozess* ist nicht nur für die Betroffenen, sondern auch für Führungskräfte und Personalfachleute eine schwierige Aufgabe. Nach welchen Kriterien werden die betroffenen Mitarbeiter ausgewählt? Wer informiert die Betroffenen? In welcher Form werden die Mitarbeiter informiert, dass sie sich einen neuen Arbeitsplatz suchen müssen? Welche monetären und nicht-monetären Unterstützungen erhalten sie? Es empfiehlt sich dringend, den Prozess des Trennens mit der größtmöglichen Fairness durchzuführen. Eine faire Trennung bietet auch die Chance, gute Leute, die man in der jetzigen Situation beim besten Willen nicht einsetzen kann, zu einem späteren Zeitpunkt wieder einzustellen. Dieser Aspekt ist insbesondere bei Experten nicht zu unterschätzen.

dd) Entsendepolitik

Auch die Entsendepolitik ist ein Teil des Personalplanungsprozesses in der Integrationsphase. Durch Entsendung von Mitarbeitern aus der Käuferfirma soll die An- und Einbindung, meistens aber die Kontrolle der übernommenen Firma verbessert werden. Dieser Ansatz ist sicherlich richtig, weil insbesondere in der ersten Zeit nach der Ankündigung der Merger beziehungsweise die Akquisition stabilisiert und auf Kurs der Mutterfirma gebracht werden muss.

Häufig tritt jedoch das Problem auf, dass das neuerworbene Unternehmen regelrecht mit Führungskräften, Coaches, Referenten und anderen »Ratgebern« aus der Käuferfirma überschwemmt wird.[30] Hier kann es schnell zu kulturellen Abwehrreak-

---

30 Hermsen, 1994, S.145.

tionen kommen, von denen die Bezeichnung »Käufermafia« für die Entsandten nur die Spitze des Eisbergs darstellt.

Schlimm sind hier »die provinziellen Wichtigtuer« unterhalb der oberen Führungsebenen. Leichsenring bringt dies auf den Punkt: »Die fliegen hier wie Geier ... ein und aus und gebärden sich ... als wären sie die geistige Gesundheitspolizei«.[31]

Ein Beispiel aus USA verdeutlicht, dass das Käuferunternehmen in jedem Fall sehr sensibel vorgehen und sich auch auf die ›andere‹ Unternehmenskultur einstellen muss, wenn die Akquisition erfolgreich sein soll: Bevor das Kommunikationsunternehmen ROLM zu Siemens kam, hatte IBM das Unternehmen erworben. Es handelte sich zu jenem Zeitpunkt noch um die »alte«, straff und sehr zentral organisierte und DV-orientierte IBM. Und diese schickte ihre Manager in blauen Anzügen und gestärkten Hemden in eine typische Start-up-Firma im Silicon-Valley, deren Mitarbeiter in Turnschuhen daherkamen und eher in Netzwerken als in Hierarchien dachten und somit eine völlig andere Firmenkultur als IBM hatten.

Es dauerte nicht lange, bis sich eine Zweiklassen-Gesellschaft gebildet hatte: Das Management kam von IBM und verkündete, was das Headquarter gerne hätte, und die Mitarbeiter – sofern sie noch da waren – versuchten mehr schlecht als recht, diese Anordnungen zu erfüllen. Konsequenz der Geschichte: Nach einigen Jahren hatten viele der hoch qualifizierten ROLM-Mitarbeiter das Unternehmen verlassen.

Um ein solches ›intellektuelles Ausbluten‹ zu verhindern, empfiehlt es sich dringend, vor dem Merger eine Cultural Due Diligence durchzuführen und die kulturelle Integrationsstrategie festzulegen, um so bewusst die Kulturintegration zu managen und unerwünschte Nebenwirkungen zu vermeiden.

5. Unternehmenskultur und Integrationsprozess

a) Maßnahmen zur kulturellen Integration

Wie intensiv die Kulturen zusammengeführt werden müssen und welche Maßnahmen konkret zu ergreifen sind, hängt vom angestrebten Integrationsgrad ab. Sicher kann man Unternehmenskulturen und damit den Prozess der kulturellen Integration nicht so managen wie z.B. Fertigungsprozesse, Finanzen oder Vertriebswege. Dazu hat die Unternehmenskultur zu viele Facetten und Antriebsstrukturen, die teilweise nur sehr schwierig steuerbar sind, da ihre Wurzeln in der Vergangenheit, teilweise sogar außerhalb des Unternehmens, liegen. Möglich dagegen ist ein *»kulturbewusstes« Management*. Dieses setzt seinen Fokus auf die Personalführung und geht sehr sensitiv mit kulturellen Unterschieden um. In der Regel sind weniger die Kulturun-

---

31 Leichsenring, 1999, S. 98.

terschiede selbst das Problem, als vielmehr die Tatsache, dass diese Unterschiede nicht gebührend berücksichtigt und entsprechend behandelt werden.

Voraussetzung für ein kulturbewusstes Management ist eine Kulturanalyse, mit deren Hilfe man genau feststellen kann, wo kulturelle Differenzen zwischen beiden Firmen liegen. Diese Analysen gehen tiefer als der erste, vorläufige ›Kulturcheck‹ im Rahmen der Due Diligence.

Nach jedem Merger wird der Einfluss der jeweils anderen Kultur in der Regel von den Mitarbeitern zunächst als störend empfunden, zeigen sich doch hier andere als die gewohnten Denkmuster und Verhaltensweisen. Im Laufe der Zeit wird sich jedoch, unabhängig von der gewählten Kultur-Integrationsstrategie (Monokulturstrategie, Multikulturstrategie oder Mischkulturstrategie), zwangsläufig ein gewisser Anpassungsprozess einstellen, weil die Mitarbeiter aufgrund der täglichen Zusammenarbeit gezwungen sind, sich mit der Kultur des anderen Unternehmens auseinanderzusetzen. Im Verlauf der Integration zeigt sich meist auch die Tendenz, dass Mitarbeiter verstärkt auch die eigene Unternehmenskultur hinterfragen, insbesondere in den Punkten, in denen sie die ›fremde‹ Kultur als sympatischer empfinden. Somit wird immer eine ›neue‹ Unternehmenskultur entstehen. Diese ist geprägt durch die Wechselwirkungen zwischen beiden Kulturen sowie den Grad der angestrebten Harmonie. Eine erfolgreiche Kulturintegration ist immer dann zu erwarten, wenn das Verhältnis zwischen übernehmender Gesellschaft und Akquisition gut ist, beziehungsweise wenn bei schlechtem Verhältnis das akquirierte Unternehmen sich dem übernehmenden unterordnet.

Die kulturelle Integration kann dann als erfolgreich abgeschlossen bezeichnet werden, wenn die verbleibenden Unterschiede zwischen Mutter und Tochter, wie groß oder gering sie auch immer sein mögen, ohne größere Konflikte bestehen bleiben können.[32]

Der Erfolg und die Geschwindigkeit der kulturellen Integration hängen stark ab

- vom Dominanzverhalten des stärkeren Unternehmens
- von der Einstellung der Mitarbeiter und Führungskräfte zum Merger
- vom angestrebten Grad an Harmonie
- vom kulturellen Freiheitsgrad, der dem Merger zugestanden wird.

Dabei spielen aber auch organisatorische Rahmenbedingungen eine bedeutende Rolle. Kritisch wird die Situation dann, wenn das stärkere Unternehmen eine ausgeprägte Dominanz gegenüber der Akquisition geltend macht. Dies ist insbesondere dann zu erwarten, wenn im aufnehmenden Unternehmen starke Netzwerke bestehen, die die Veränderungsphase dazu benutzen, ihren Mitgliedern günstige Positionen zu verschaffen.

Solche ›sozialen Netzwerke‹ existieren in jedem Unternehmen. Sie entstehen aus dem Grundbedürfnis eines jeden Menschen nach Nähe, Geborgenheit, Freundschaft und Sicherheit und bilden die informelle Struktur eines jeden Unternehmens. Sie

---

32 Sewing, 1996, S.166.

sind von hoher Bedeutung für den Akquisitionserfolg. Sie äußern sich in wechselseitigen sozialen Verpflichtungen, verbunden mit einem hohen Sanktionspotenzial. Jedes Unternehmen besteht aus unzähligen solcher sozialen Netzwerke, mit teils engen, teilweise aber auch schwachen Bindungen.

Zur erfolgreichen Integration gilt es deshalb zunächst, die Meinungsführer in den wichtigsten Netzwerken aufzuspüren, denn sie üben eine starke Orientierungsfunktion aus. Diese ist insbesondere in den Unsicherheitsphasen, in denen Stellen neu besetzt und andere Veränderungen vorgenommen werden, nicht zu unterschätzen. Eine geringe Berücksichtigung der Meinungsführer führt leicht zur ›Cultural Resistance‹ und zum Scheitern des Mergers.

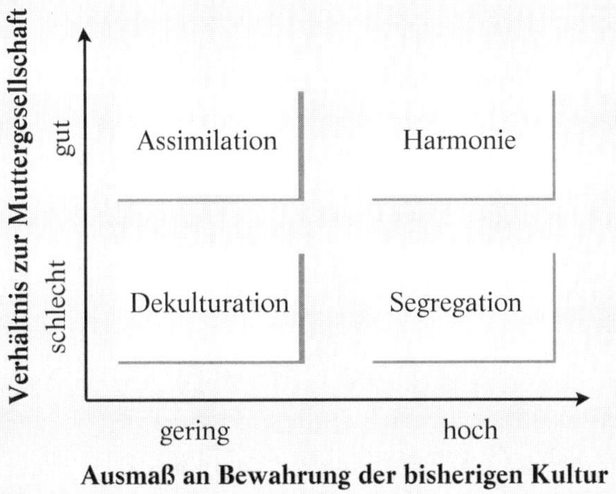

Abb. 7: Bilanz der Kulturintegration

Das Verhältnis zwischen der übernehmenden Gesellschaft und dem akquirierten Unternehmen sowie die individuelle Einstellung der Mitarbeiter und Führungskräfte zur Integration sind die kritischen Faktoren für das Gelingen. Überwiegend sind vier Ergebnisse einer Kulturintegration beobachtbar:

Im günstigsten Fall stellt sich ein *harmonisches Verhältnis* zwischen der Unternehmenskultur des Käufers und des Targets ein. Dies ist dann zu erwarten, wenn in beiden Belegschaften eine hohe Akzeptanz des Mergers oder der Akquisition vorliegt. Es entsteht eine neue Kultur mit den besten Elementen aus beiden. Diese Form der Kulturintegration ist besonders bei ›Mergers of Equals‹ und bei geozentrischen Unternehmensmodellen von Vorteil.

Auch bei der *Assimilation* haben beide Unternehmen ein gutes Verhältnis zueinander, wobei allerdings im zugekauften Unternehmen das Bestreben gering ist, eigene Kulturelemente zu erhalten. Vielmehr integriert sich die Neuakquisition ohne größere Probleme in die übernehmende Gesellschaft und passt sich an deren Wertvorstellungen und kulturellen Besonderheiten an. Das Verhältnis zwischen beiden Mitarbeiterstämmen ist gut. Dies ist besonders günstig bei ethnozentrischen und polyzentrischen Unternehmensmodellen.

Schwierig gestaltet sich die kulturelle Integration bei einem angespannten Verhältnis zwischen beiden Unternehmen und Belegschaften, beispielsweise wenn es sich um eine feindliche Übernahme handelt oder wenn der Merger beziehungsweise die Akquisition schlecht kommuniziert wurde. Dann kann es zu einer *Segregation* oder einer *Dekulturation* kommen. Bei der Segregation versucht das übernommene Unternehmen krampfhaft, seine Kultur beizubehalten, während sich die Belegschaften bei der Dekulturation ohne großes Interesse an einer Zusammenarbeit in die neue Situation ergeben. In solchen Fällen besteht akute Gefahr eines Scheiterns, sodass die kulturellen Integrationsmaßnahmen mit der größten Sorgfalt geplant und durchgeführt werden müssen.

Die Vorteile einer erfolgreichen kulturellen Integration sind mannigfaltig:

- In verschiedenen Studien wurde nachgewiesen, dass der Steuerungs-, Anweisungs- und Regelungsbedarf im Unternehmen um so geringer ist, je stärker die Unternehmenskultur ist.[33]
- In Unternehmen mit einer starken Unternehmenskultur wissen die Menschen bis zur untersten Ebene in den meisten Situationen, was von ihnen erwartet wird, denn die Grundwerte sind gleich. Sie verfolgen gemeinsame Ziele und agieren in eine Richtung.

Die große Herausforderung an das Integrationsteam besteht deshalb darin, Begeisterung für die Gemeinsamkeit zu erzeugen, denn nur dann können Synergien sich richtig entfalten. Dies gelingt am besten anhand einer gemeinsamen Vision, mit der sich alle identifizieren können. Es ist deshalb von größter Bedeutung, möglichst rasch nach einem Merger eine gemeinsame Zielrichtung zu entwickeln und eine gemeinsame Wertebasis herbeizuführen. Diese bildet die Grundlage für eine gemeinsame Identität, festigt den Zusammenhalt und richtet die Organisation auf gemeinsame Ziele hin aus.

Dem Personalführungssystem und den Führungsinstrumenten kommt beim ›kulturbewussten Management‹ eine Schlüsselrolle zu. Personalentwicklungs- und Führungsinstrumente sowie Einkommenssysteme sind so zu gestalten, dass gewünschte Verhaltensweisen belohnt und unerwünschte sanktioniert werden. Hinzu kommen Maßnahmen mit Symbolcharakter wie gemeinsame Veranstaltungen (es kann auch ein Picknick sein) oder ein neues Corporate Design.

Häufig sind es ›Kleinigkeiten‹, die sich dann beim näheren Hinsehen als Handicap der kulturellen Integration entpuppen können, wenn sie nicht zur Zufriedenheit aller gelöst werden. Das Beispiel eines M&A zweier amerikanischer Firmen, bei denen unterschiedliche »Picknick«-Kulturen existierten, soll dies verdeutlichen. Die einen machten ihr Picknick *mit* ihren Partnern, die anderen *ohne* diese. Um dieses schwie-

33 Hofstede, 1997, S.248.

rige Thema zu lösen, einigte man sich darauf, in Jahren mit »geraden« Jahreszahlen die Partner mitzunehmen, in »ungeraden« mussten diese zu Hause bleiben.

Im einzelnen haben sich folgende *Schritte zur kulturellen Integration* bewährt:

1. *Vertrauensaufbau und mentale Vernetzung:*

Dies geschieht am besten durch Einbindung möglichst vieler Mitarbeiter und Führungskräfte in Veränderungsprozesse sowie durch Integrationsteams, die sich aus Mitarbeitern beider Unternehmen zusammensetzen. Dadurch wird das gegenseitige Kennenlernen erleichtert, entstehen Gemeinsamkeiten und werden Vorurteile abgebaut. Gleichzeitig nehmen Kreativität, Lernbereitschaft und Toleranz gegenüber ›anderen‹ Ideen zu. Die Bereitwilligkeit steigt, Informationen schneller und freiwillig zu geben. Dies bildet die Grundlage für eine ›mentale Vernetzung‹. Diese ist dann erreicht, wenn alle Partner innerhalb des Netzes in die gleiche Richtung denken und handeln. Erfolgsfaktoren dafür sind gemeinsame Ziele, ähnliche Wertvorstellungen, Verhaltensweisen und Entscheidungsmuster, die mit den langfristigen Unternehmenszielen kongruent sind.

2. *Gemeinsame Werte/Leitbild formulieren:*

Wer gleiche Wertvorstellungen hat, der beurteilt auch Sachverhalte ähnlich und versteht sich besser. Das minimiert die Reibungsverluste und den Koordinationsaufwand – insbesondere beim Zusammenspiel weltweit verteilter Partner. Leitbilder bilden die Grundlage der Vertrauensorganisation, denn ähnliche Wertvorstellungen bieten ein Grundmaß an Stabilität und Kontinuität und sind eine wesentliche Voraussetzung für die Bindung an ein Unternehmen. Sie vermitteln eine Art ›Heimatgefühl‹ in Zeiten von permanenten Änderungen, denen insbesondere Mitglieder in virtuellen Teams ausgesetzt sind.

Dabei ist der konkrete Inhalt dieses Leitbildes weniger wichtig als die Intensität, mit der ein Unternehmen daran glaubt und sämtliche Verhaltensweisen darauf ausrichtet. Collins/Porras haben in ihren Studien überzeugend nachgewiesen, dass Unternehmen mit einem konsequent gelebten Leitbild wesentlich erfolgreicher sind als andere.[34] Dies äußert sich vor allem in erstklassigen finanziellen Renditen über lange Zeiträume hinweg. Außerdem besitzen sie eine erstaunliche Regenerationsfähigkeit, die es ihnen erlaubt, auch schwere Krisen zu überstehen.

Das Leitbild eines Unternehmens fließt in sämtliche Ziele, Strategien, Verfahren und Prozesse ein. Es wirkt sich auf Arbeitsgestaltung und Führungsinstrumente aus. Diese unternehmensspezifischen Rahmenbedingungen wiederum prägen das Verhalten und die Motivation der Mitarbeiter. Auf diese Weise entsteht ein »totales Umfeld«,[35] das die Mitarbeiter mit einer Fülle von Signalen überhäuft, die – und das ist entscheidend – konsistent sind und sich gegenseitig verstärken.

34 Collins/Porras, 1995.
35 Collins/Porras, 1995, S. 282.

Bei der Akquisition eines kleineren Unternehmens durch ein Großunternehmen zeigt die Erfahrung, dass in der Regel das Leitbild des größeren Unternehmens auch die Akquisition durchdringt.

3. *Gewünschte Werte mit dem Unternehmensalltag vergleichen:*

Zu diesem Zweck können die Ergebnisse der Cultural Due Diligence herangezogen werden, sofern eine durchgeführt wurde. Dies ist jedoch in den meisten Fällen nicht der Fall. Dann tritt unter Umständen ein sehr schmerzhafter und konsequenzenreicher Prozess in Gang, schließlich verfolgt das Käuferunternehmen mit der Akquisition immer ein bestimmtes Ziel und erwartet, dass auch die Mitarbeiter und Führungskräfte der Akquisition dieses Ziel verinnerlichen und akzeptieren. Zeigen sich nun in der täglichen Zusammenarbeit Denkweisen und Verhaltensmuster, die den Werten des Käuferunternehmens entgegenlaufen, so sind geeignete Maßnahmen zu ergreifen. Integrationsworkshops mit Mitarbeitern und Führungskräften aus beiden Unternehmen, die zukünftig auch verstärkt zusammenarbeiten sollen, haben sich hier sehr bewährt. Gemeinsam können dann in der Gruppe bestimmte Verhaltensweisen und individuelle Vorstellungen diskutiert werden. Meist enden derartige Workshops mit konkreten Maßnahmenplänen, was man bis zu welchem Termin gemeinsam erreichen möchte und wer welchen Part dazu beiträgt. Ein derartiges Commitment ist der erste Schritt zur effizienten Zusammenarbeit.

4. *Gemeinsames Führungsverständnis schaffen:*

Die Führungsinstrumente stellen ein sehr wirkungsvolles Instrument zur kulturellen Integration beider Unternehmen dar, denn um länderübergreifende Synergie- und Optimierungspotenziale zu nutzen, ist es unerlässlich, eine weltweit verbindliche Personalstrategie und ein globales Führungskonzept zu etablieren. Dabei sind je nach Unternehmensmodell Unterschiede in der Steuerungsintensität zu beobachten. So wird man bei ethnozentrischen Unternehmen das Führungssystem eher bis ins kleinste Detail regeln und auf die Akquisition übertragen, während man sich bei polyzentrischen und geozentrischen Unternehmen darauf beschränkt, weltweit wenige gültige Standards zu etablieren, die dann je nach Gegebenheit in den verschiedenen Ländern beziehungsweise Akquisitionen individuell umgesetzt werden. Die Devise dabei lautet: So lokal wie möglich, aber so global wie erforderlich. Dadurch wird, trotz aller lokalen Freiheiten, die internationale Zusammenarbeit im Unternehmen auf eine gemeinsame Basis gestellt, werden Leistungen weltweit vergleichbar und wird der länderübergreifende Personalaustausch erst ermöglicht.

b) The Siemens Way of Integration: Identität durch das Siemens - Leitbild

In einem Großkonzern wie Siemens, der mit rund 440.000 Mitarbeitern in 190 Ländern dieser Erde tätig ist, sind Akquisitionen und die Integration kleinerer Unternehmen, aber auch Joint-Ventures mit Unternehmen im In- und Ausland an der Tagesordnung. Um diese Kooperationen zügig in den Konzernverbund zu integrieren und eine gemeinsame Kultur herbeizuführen, setzt das Unternehmen stark auf das Unternehmensleitbild.

Abb. 8: Das Siemens-Leitbild

Das Siemens-Leitbild wurde 1997 neu formuliert. Mit den Kategorien ›Kundennutzen‹, ›Innovationen‹, ›Erfolgsstreben‹, ›exzellente Führung‹, ›Lernfähigkeit‹, ›Zusammenarbeit‹ und ›gesellschaftliche Verantwortung‹ setzt das Unternehmen deutliche Zeichen für Mitarbeiter und Führungskräfte, aber auch für Geschäftspartner, Kunden, Lieferanten und zukünftige Mitarbeiter, welche Werte das Unternehmen verfolgt und was dem Unternehmen wichtig ist.

Abgeleitet wurde das Leitbild aus den bei den weltweiten Mitarbeitern vorhandenen Einstellungen und Werten. Zu diesem Zweck wurde eine intensive Werteanalyse durchgeführt. Basis hierfür war ein Modell von Hall-Tonna[34] mit einer Fragebogen-

36 Hall, 1995.

methode zur Evaluierung der Wertevorstellungen der Mitarbeiter. Ein ähnliches Vorgehen lässt sich auch für die Kulturanalyse bei einem Merger oder einer Akquisition nutzen. Das Ergebnis der Kulturanalyse gibt vielfältige Aufschlüsse darüber, auf welchen Feldern intensiv gearbeitet werden muss, um die Unterschiede auszugleichen.

Eine einfache Methode zur Messung der Unternehmenskultur ist der elektronische ›Werte-Quickcheck‹. Beim Quickcheck werden am Bildschirm ca. 60 Fragen gestellt, die der Mitarbeiter beantwortet. Die Fragen unterteilen sich in die Kategorien ›Ziele auf lange Sicht‹ sowie ›Fähigkeiten und Fertigkeiten‹. Aus mehreren Alternativen wählt der Antwortende dann diejenige aus, welche seine Person und Einstellung aus seiner Sicht am besten beschreibt. Redundanzen in unterschiedlichen Anwortkombinationen erlauben eine sorgfältige Evaluierung. Der Quickcheck gibt somit Aufschluss darüber, inwieweit die Werte der einzelnen Mitarbeiter mit dem Unternehmensleitbild übereinstimmen. Mittels dieser Methode wird transparent, an welchen Stellen konkrete Maßnahmen einzuleiten sind, um auf die gewünschte Unternehmenskultur hinzuarbeiten.

Auszüge aus Quickcheck:

Fähigkeiten und Fertigkeiten

Ich bin ein Mensch, der meint:
A. durch gute Organisation Abläufe im Griff zu haben.
B. fähig zu sein, gut für meine Sicherheit und mein Überleben sorgen zu können.
C. meine Grenzen zu akzeptieren.
D. neue Wahrheiten zu entdecken, zu erforschen und zu untersuchen.
E. derzeit nicht zutreffend

Ich bin ein Mensch, der meint:
A. das Zusammenwirken von Menschen zu verbessern, indem ich Gruppen bilde, die sich unterstützen bzw. zusammenarbeiten.
B. mich für Benachteiligte einzusetzen, indem ich die Zusammenarbeit verschiedener Organe fördere.
C. von meinen Freunden gemocht zu werden.
D. mich aktiv für Menschenrechte einzusetzen.
E. derzeit nicht zutreffend

Ich bin ein Mensch, der meint:
A. meine Aus- und berufliche Bildung abgeschlossen zu haben.
B. fähig zu sein, für meine Sicherheit und mein Überleben sorgen zu können.
C. ständig neu zu erforschen, was mir etwas bedeutet und was ich im Leben erreichen kann.
D. Technik zu verwenden, um das Leben zu vereinfachen.
E. derzeit nicht zutreffend

Ich bin ein Mensch, der meint:
A. erfolgreich zu sein und meine Ziele zu erreichen.
B. gegenüber der Konkurrenz immer einen Schritt voraus zu sein.
C. meine kreativen Ideen anzuwenden.
D. meine Zeit so einzuteilen, dass Zeit zur Entspannung bleibt.
E. derzeit nicht zutreffend

Ich bin ein Mensch, der meint:
A. meine Grenzen zu akzeptieren.
B. Muster, Ordnung und technisches Design zu schätzen.
C. für Wachstum und Weiterentwicklung eines Unternehmens zu arbeiten.
D. Respektspersonen zu kennen, die ich ehre und achte.
E. derzeit nicht zutreffend

Ich bin ein Mensch, der meint:
A. ein Mensch zu sein, der anderen zuhört und sich ihnen anvertraut, so dass sie dies auch tun.
B. verantwortlich und verlässlich zu sein.
C. auf allen Ebenen Teams und Gruppen mit hohem Zusammenhalt zu schätzen und aktiv zu fördern.
D. mich gegenüber anderen, mit denen ich zusammen lebe und arbeite, als gleichwertig zu betrachten.
E. derzeit nicht zutreffend

Abb. 9: Auszüge aus dem Quickcheck zu Einstellungen und Werthaltungen

Generell gilt für die Kulturintegration: Möglichst umfangreiche Kontakte zwischen beiden »Welten« herstellen, die das gegenseitige Kennenlernen der eigenen Mitarbeiter mit denen der Akquisition ermöglichen und unterstützen. Das hat natürlich seine Grenzen: Es können nicht ganze Entwicklungsabteilungen zu Besuch an einen Standort der Akquisition fahren, um die neuen Kollegen kennenzulernen. An dieser Stelle wird man eher auf die projektbezogene Zusammenarbeit setzen. Und diese gibt es in der Integrationsphase in großer Zahl. Durch diese Zusammenarbeit entsteht sehr schnell gemeinsame Erfahrung und – besonders wichtig – Vertrauen zueinander.

Siemens hat zur Anpassung der Kultur von neuerworbenen Unternehmen an das Leitbild eine Art Standardvorgehen entwickelt:

- Es wird ein gemeinsames Integrationsteam »Unternehmenskultur« gebildet – und zwar mit Teammitgliedern aus beiden Partnerfirmen. Danach erfolgt die bereits erwähnte Analyse der Werte der Targetkultur.
- In einem Workshop mit den Topmanagern von Akquisitionen werden die Analyseergebnisse vorgestellt. Hierzu zählen die Grundwerte, die besonderen Kompetenzen und die Änderungsbereitschaft. Außerdem werden die Unterschiede zum Siemens-Leitbild, welches sozusagen die Soll-Kultur bei Siemens darstellt, aufgezeigt.
- Danach folgt eine intensive Diskussion, ein manchmal ziemlich emotional ablaufender Prozess, in dessen Verlauf versucht wird, Verständnis zu wecken und Commitment zu erzeugen. Dass das häufig nicht im ersten Anlauf gelingt, ist verständlich. Deshalb wird dieser Workshop nach einiger Zeit wiederholt.
- Daran schließt sich die Kommunikation mit den Mitarbeitern an. Hierzu gehören Meetings, aber auch Teamworkshops, in denen anhand von Praxisbeispielen aus der täglichen Arbeit diskutiert wird, wie die Werte des Leitbildes angewendet werden können. Ergänzt werden die Maßnahmen durch gemeinsame Projekte und Trainingsmaßnahmen zum Unternehmens-Leitbild.

Der wirkungsvollste Hebel für die Umsetzung des Leitbildes sowie die zügige Integration sind jedoch die Führungsinstrumente. Siemens hat zu diesem Zweck weltweit gültige Standards geschaffen, die das gesamte Führungssystem konsequent am Leitbild ausrichten:

- *Zielvereinbarungen* zeigen, welche konkreten Beiträge vom einzelnen Mitarbeiter zum Geschäftserfolg erwartet werden. Sie geben dem einzelnen Orientierung und die notwendigen Handlungs- und Entscheidungsspielräume. Gleichzeitig ermöglicht die spätere Durchsprache der Zielerfüllung eine konkrete Leistungsbeurteilung.
- *Standardisierte Mitarbeiterbefragungen* dienen der regelmäßigen Bestandsaufnahme bezüglich der Unternehmenskultur. Ziel ist eine Steigerung des Geschäftswertbeitrages jeder Abteilung durch das Aufdecken von Handlungsbedarf und Verbesserungspotenzial.
- Im jährlichen *Führungsgespräch* vermitteln die Mitarbeiter ihrer Führungskraft, was sie positiv erleben und wo sie Verbesserungsbedarf bezüglich der individuel-

len Führung sehen. Die Führungskraft vergleicht dieses Feedback mit ihrer Selbsteinschätzung und leitet daraus gemeinsam mit den Mitarbeitern Verhaltensziele für sich ab, die innerhalb eines Jahres umgesetzt werden sollen.

- Der *Siemens Führungsrahmen* gibt jeder Führungskraft die Möglichkeit, sich selbst ein klares Bild von der eigenen Leistung zu verschaffen. Er macht die Anforderungen des Unternehmens unter Berücksichtigung des Unternehmensleitbildes deutlich und vergleicht sie mit der tatsächlich erbrachten Führungsleistung. Daraus werden dann Maßnahmen zur Verbesserung der Führungsqualität abgeleitet.
- In der jährlichen *Leistungsdurchsprache* spricht jeder Mitarbeiter mit seiner Führungskraft über die erbrachte Leistung und das persönliche Potenzial. Gemeinsam werden dann konkrete Maßnahmen zur weiteren persönlichen Entwicklung beschlossen.
- *Variable Entgeltsysteme* koppeln das Einkommen an den Geschäftserfolg und honorieren sowohl Einzel- als auch Gruppenerfolge. Sie binden Management Incentives, Jahresbonus und Stock Options an das Erreichen der Geschäftsziele.
- Das *Management Learning* verankert die Ziele des Leitbildes im Bewusstsein der Führungskräfte. Dabei werden kompetente Mitarbeiter mit Führungspotenzial in internationalen Kursteams gezielt auf Führungsaufgaben und Schlüsselpositionen vorbereitet. Dabei wechseln sich Phasen des Selbststudiums mittels neuester Medien, Wissensvermittlung in Workshops sowie interdisziplinäre konkrete Business-Projekte ab. Durch diese Vorgehensweise werden gezielt Kompetenzen für den Geschäftserfolg aufgebaut und die bereichsübergreifende Kooperation gefördert.

Die Anforderungen an ein effizientes weltweites Personalmanagement können nur durch eine Personalorganisation erfüllt werden, die sich als globales Netzwerk von HR Professionals versteht und in der Entscheidungen gemeinsam getroffen werden. Siemens hat zu diesem Zweck das ›Personnel World Council‹ gegründet, in dem HR-Vertreter der Zentrale, der Länder und Regionen sowie der verschiedenen Unternehmensbereiche gleichberechtigt vertreten sind. Dieses Council trifft alle HR-Entscheidungen von weltweiter Relevanz und sorgt auch für die Implementierung der beschlossenen Maßnahmen. Dadurch ist gewährleistet, dass insbesonders bei internationalen Mergers & Acquisitions die personelle und kulturelle Integration weltweit nach einheitlichen Kriterien erfolgt und zügig vonstatten geht.

6. Schlussbemerkungen

Was sollte bei der personellen und kulturellen Integration von Mergers & Acquisitions unbedingt beachtet werden?

- Kein erfolgreiches M&A ohne die Einbeziehung der Mitarbeiter.
- Einbindung der Personalfachleute als strategische Partner schon in den Phasen Konzeption, Due Diligence und Integrationsplanung.
- Fundierte und genau terminierte Kommunikationsplanung.
- Kontinuierliche, offene und schnelle Kommunikation einschließlich Feedback.
- Vorbereiten des Managements auf Reaktionen der Mitarbeiter und wie es damit umgehen sollte.
- Präventives Risikomanagement bezüglich sinkender Produktivität und steigender Fluktuation.
- Integration-Office als Treiber und Verantwortlicher für die Integration.
- Konsequente Anwendung von Organizational Justice.
- Gezielte Maßnahmen zur kulturellen Integration ergreifen.
- Klare Vorstellungen über Kompatibilität und Grad der Angleichung der Unternehmenskulturen.

Wenn die These richtig ist, dass der Erfolg von Unternehmen vor allem durch die Menschen bestimmt wird, dann kommt diesem Faktor bei Mergern und Akquisitionen eine ganz entscheidende Rolle zu. Es ist Aufgabe des Personalmanagements, Unternehmen und Mitarbeiter durch alle Phasen der Integration aktiv zu begleiten.

Literatur

Gertsen/Soderberg/Torp, Cultural Dimensions of International Mergers and Acquisitions, 1998.

Gut-Villa, Human Resource Management bei Mergers & Acquisitions, 1997, S.123.

Collins/Porras, Visionary Companies – Visionen im Management, 1995.

Grant, The resource-based theory of competitive advantage: implications for strategy formulation‹, in: California Management Review, 1991, pp. 114-135.

Hall, Values Shift, 1995.

Haspelagh/Jemison, Akquisitionsmanagement, in: DB 1992.

Hermsen, Mergers & Acquisitions – Integrationsmanagement von Akquisitionsobjekten, 1994, S. 79, 81, 133.

Hofstede, Lokales Denken, Globales Handeln, 1997.

Hubbard, Acquisition – Strategy and Implementation, 1999, S. 14 – 16, S. 27, 48, 62, 136 ff.

Kearny, Integration nach Unternehmenskauf – Ihr Weg zur Post-Merger-Excellence, 1999.

Keller, Management in fremden Kulturen, 1982.

Kraillinger, M&A – Managing the Transition, 1997.

Leichsenring, Corporate Vulture – über den Umgang mit fremden Unternehmenskulturen; in: Wirtschaftswoche Nr. 25, 1999, S. 98.

Marks/Mirvis, Track the impact of mergers and acquisitions, in: Personnel Journal 4/1992, S. 70-92.

Perlmutter, The Tortous Evolution of the Multinational Corporation, in: Columbia Journal of World Business, Vol. 4, 1969, S. 9-18.

Pritchett, After the Merger, 1997, S. 91 ff.

Reichwald/Möslein/Sachenbacher/Englberger/Oldenburg, Telekooperation – Verteilte Arbeits- und Organisationsformen, 1998.

Rosenstiel, in: Gut-Villa, Human Resource Management bei Mergers & Acquisitions, 1997, S.123.

Senge, The Leaders's New Work: Building Learning Organizations, in: Segal-Horn, S. (Hrsg.): The Strategy Reader, 1998, S. 296-311.

Scholz, Personalmanagement. Informationsorientierte und verhaltenstheoretische Grundlagen, 1993.

Sewing, Akquisitionserfolg durch Integration der Mitarbeiter, 1996.

XI. Interne und externe Kommunikation

1. Einführung

Im Rahmen von M&As werden Anforderungen an die Kommunikation gestellt, die mit insgesamt *sieben Grundfunktionen* dargestellt werden können. Nicht alle Grundfunktionen sind zwangsläufig auch in allen Fällen gefordert. Die Vergegenwärtigung und Priorisierung der im Folgenden beschriebenen Grundfunktionen bildet die erste Aufgabe der Kommunikationsplanung im Vorfeld eines M&A.

a) Kommunikation als stakeholder value

Die industrielle Logik von M&As ist in hohem Maße vom Shareholder-value-Gedanken geprägt. Durch Mergers oder Akquisitionen sollen Geschäftsfelder in ihrer Wettbewerbsfähigkeit mit dem Ziel verbessert werden, mittelfristig Werte zu heben, die eine konkurrenzfähige Kapitalverzinsung gewährleisten. Höhere Werte durch Fusionen entstehen beispielsweise durch eine Verbreiterung der Kundenbasis, durch einen erweiterten Zugang zu neuen Märkten, durch Vertriebsoptimierung, durch Bündelung von Ressourcen, durch Skaleneffekte und Synergieeffekte oder durch komplementäre Verknüpfung von Best-practise-Bereichen der Merger-Kandidaten zu neuen Prozessketten.

Die Stoßrichtung der Argumentation, die die Kommunikation bei M&As vorfindet, richtet sich so zwangsläufig auf einen höheren Benefit und eine höhere Akzeptanz bei Aktionären, Gesellschaftern und der financial community. Welchen Nutzen die Kunden und die Mitarbeiter der zu verschmelzenden Unternehmen von einer geplanten Fusion oder einer geplanten Integration eines Unternehmens in das andere haben könnten, ist im Vorfeld von M&As in der Regel allenfalls als vage Idee vorhanden. *Mehrwert für Kunden und Mitarbeiter ist naturgemäß nicht das Motiv für M&As.*

Die Unternehmenskommunikation (corporate communications) hat demgegenüber grundsätzlich die Aufgabe, die Leistung und den Nutzwert eines Unternehmens gegenüber allen seinen Stakeholdern zu dokumentieren und anschaulich zu machen (siehe Abb. 1).

Die ganzheitliche Betrachtung aller Bezugsgruppen eines Unternehmens wirft sofort einen Konflikt zwischen zielgruppenspezifischen Informationen und Botschaften für die vier Bezugsgruppen einerseits und eine konsistente, durchgängig plausible Story andererseits auf. So gehört es in der Regel zum Pflichtprogramm, für die financial community darzustellen, welche Synergieeffekte und damit Gewinnsteigerungen

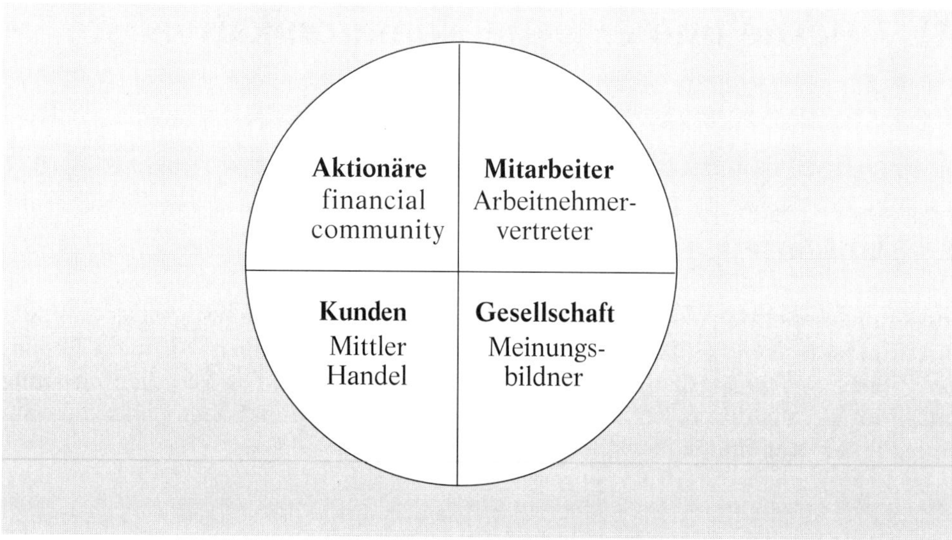

Abb. 1: stakeholder

aus der Zusammenlegung von Querschnittsfunktionen oder der Reduktion von Standorten resultieren. Was auf der einen Seite Vertrauen in die Sinnhaftigkeit eines Investments oder gar Kursphantasie produziert, löst auf der Seite der Mitarbeiter Demotivation oder Frustration aus. Auch in den Ohren der Kunden würden die M&A-Konzepte, wie sie den Aufsichtsräten dann vorliegen, kaum nach einer verbesserten Wertschätzung klingen, sondern eher nach Marginalisierung oder Standardisierung ihrer persönlichen Kundenbeziehung. In Konsequenz der M&A-Logik müssten sie wohlwollend zur Kenntnis nehmen, dass die cost-income-ratio pro Kunde sich künftig verbessert und das Unternehmen beabsichtigt, Euro XY p. a. mit jedem Kunden zu verdienen. Bei dienstleistenden Unternehmen sind M&As häufig mit der Neudefinition und Standardisierung von Dienstleistungsprozessen verbunden, bei denen die Anzahl der zu betreuenden Kunden pro Berater erhöht oder die Vielfalt der Serviceleistungen reduziert wird. Auch bei produzierenden Unternehmen entstehen durch M&As, etwa durch Plattform-Strategien, Global-sourcing-Maßnahmen oder integrierte Logistik, Verluste an Nähe, an Kontinuität der Ansprechpartner oder an Tailor-made-Ansprüche bei den Kunden.

Die oben genannten Beispiele sollen verdeutlichen, dass die zwingend erste Aufgabe der Kommunikation im Falle von M&As nicht etwa in einer Übersetzungs- oder Transportleistung von Sachverhalten und Botschaften besteht, sondern in der Entwicklung einer *kommunikativen Logik* aus den gegebenen Eckpunkten der M&A-Motivation. Das Ziel dieser kommunikativen Logik ist es, im Rahmen einer Plausibilitätsprüfung festzustellen, welcher (gesteigerte oder geschrumpfte) Nutzwert für alle vier Bezugsgruppen durch den geplanten M&A gegeben ist und ob sich dieses Nutzwert-Portfolio vermitteln lässt. Akzeptanz und Sympathie für die Unternehmensstrategie und die Unternehmensperformance nach dem M&A sind intendierte Wirkungen der Kommunikation, die sich aus der Substanz der Nutzwerte herstellen lassen.

b) Kommunikation als Plausibilitätsprüfung

Die oben geschilderte Nutzwert-Analyse für alle vier Bezugsgruppen der beteiligten Unternehmen wird idealerweise in Form einer Swot-Analyse (**s**trength/**w**eaknesses/**o**pportunities/**t**hreats) durchgeführt, bei der für alle vier Bezugsgruppen unmittelbare Vor- und Nachteile sowie mittelbare Chancen und Gefahren aus dem geplanten M&A ermittelt werden. Die Kommunikationsberater haben sich hier jeweils in die Interessensposition der untersuchten Bezugsgruppe zu versetzen und deren Wahrnehmung und Kritikpotenzial in Worst-case- und Best-case-Szenarien zu schildern.

Dieser kommunikativen Analyse kommt so häufig die Funktion eines Belastungstestes oder einer Plausibilitätsprüfung für den geplanten M&A zu. Die Implikationen für die Mitarbeiter, die Kunden und die Gesellschaft, Volkswirtschaft bzw. die Meinungsbildner sind in der Regel im Rahmen der M&A-Planungs- und Entscheidungsphasen nicht konsequent durchdekliniert worden. Zu geringe Nutzwerte beispielsweise für Kunden würden im Rahmen einer reaktiven M&A-Implementierung zu einem späteren Zeitpunkt als Problem an das Marketing delegiert werden, das hierauf vermutlich mit gesteigerten Marketing-Investitionen oder dem Hilferuf nach Produkt- oder Service-Innovationen antworten würde. Führt man die Plausibilitätsprüfung vor dem announcement durch, kann entweder das Nutzwert-Portfolio innerhalb der vier Bezugsgruppen besser ausbalanciert oder können die gegensteuernden Maßnahmen als inhärenter Bestandteil der M&A-Strategie dargestellt werden.

Wer die Reichweite und Implikationen der M&A-Strategie für die Bezugsgruppen in der Phase des announcements nicht überschaut oder unklar lässt, läuft Gefahr, zu einem späteren Zeitpunkt und gegebenenfalls auf Hinweis aus diesen Bezugsgruppen nachbessern zu müssen oder gar eine Teilstrategie des M&A zu verändern. Dies müsste als kommunikativer Misserfolg gewertet werden, weil es kaum geräuschlos durchgeführt werden kann. Hingegen ist es ein erster und klarer kommunikativer Erfolg, zum Zeitpunkt des announcements die Benefits des M&A für Aktionäre, Kunden und Mitarbeiter darstellen zu können, zumal die hohe Publizität und Außenwirkung, die das announcement mit sich bringt, in der Signalwirkung nach innen und auch gegenüber den Kunden zu Zwecken der richtigen kommunikativen Weichenstellung genutzt werden sollte. Ein wesentlicher erfolgskritischer Faktor bei M&As ist die optimale Nutzung des *Momentums*, also der Schumpeter'schen »kreativen Selbstzerstörung«, die enorme Kräfte in der Organisation und gegenüber dem Markt freisetzen kann. Es ist Aufgabe der Kommunikation, dieses Momentum vom announcement bis zum endgültigen Abschluss der Post-merger-Integration aufrechtzuerhalten. Jeder Abriss im Nutzwertversprechen geht auf Kosten des Momentums. Eine kommunikative Plausibilitätsprüfung sollte deshalb unbedingt in der Premerger-Phase durchgeführt werden.

c) Kommunikation als Treiber

Mit dem Blick auf den stakeholder value und die Plausibilitätsprüfung der Nutzwerte für alle Bezugsgruppen ist eine wichtigte Grundfunktion der corporate communications beschrieben, nämlich für Kohärenz zu sorgen – und zwar unabhängig von der späteren Segmentierung und Ausgestaltung von Inhalten und Botschaften je nach Zielgruppen. Das strategische Programm eines Unternehmens und damit auch seine Zukunftsvision sind zunächst einmal unteilbar. Als unteilbares Ganzes muss diese Strategie auch allen Bezugsgruppen vermittelbar sein. Neben diese Kohärenz-Funktion tritt insbesondere auch bei M&As die Funktion der Unternehmenskommunikation als »Treiber«. Treiber heißt, den Durchsatz der Projekte, beispielsweise der Integration-Teams, innerhalb der definierten Zeiträume zu gewährleisten und eine Organisation auf ein prozessuales Denken umzustellen. Die treibenden Kräfte der Kommunikation sind natürlich im Zusammenhang mit den ziehenden Kräften zu sehen, die im Rahmen des stakeholder value und der Plausibilitätsprüfung ermittelt worden sind. Die Mitarbeiter werden »gezogen« und »angezogen« durch die Plausibilität der gesamten Story, durch die ermittelten Nutzwerte für die Bezugsgruppe der Mitarbeiter (Migrationsmöglichkeiten im Konzern, internationaler Horizont, Karriereperspektiven, Kontext Wettbewerbsfähigkeit und Arbeitsplatzsicherheit), durch die positive Kraft der Unternehmensvision und das Momentum im change management. Wo Schnelligkeit erwünscht ist, und dies ist bei M&A eigentlich immer der Fall, verlässt man sich aber tunlichst nicht allein auf die ziehenden Kräfte, sondern setzt zusätzlich treibende Kräfte ein. Im Einzelnen müssen folgende »treibende« Kommunikationsschritte nach innen erfolgen:

Information:	Prozesstaktung Post-Merger-Integration
Information:	die Milestones im Prozess, Kriterien für die Messung der Planerfüllung
Argumentation:	warum diese Milestones, warum diese Kriterien
Argumentation:	Bedeutung des Zeitfaktors für den M&A-Erfolg
Motivation:	Incentivierung der Planerfüllung
Involvement	Prozess Tracking, zeitnahe Nachvollziehbarkeit der abgearbeiteten und noch abzuarbeitenden Prozessschritte für alle betroffenen Mitarbeiter
Involvement	spielerische Begleitung, Infotainment

Abb. 2: Kommunikative Treiber in sieben Schritten

Empirische Vergleiche aus M&A-Projekten der European Communications Consultants zeigen, dass kommunikative Treiber nicht allein zu einer Beschleunigung der Prozesse beitragen, sondern vor allem Orientierung stiften über die Stoßrichtung der Veränderung und die jeweilige Ist- und Soll-Position. Vor allem für das mittlere Management und die Mitarbeiter insgesamt sind diese explikativen Leistungen von hohem Wert, sie steigern die Identifikation mit den formulierten Zielen und entlasten das Top-Management von für sie redundanten Erklärungen und dem ständigen Beantworten von Verständnis- und Sinnfragen. Allerdings sollte es sich bei den Prozess-Trackings, wie bei allen Maßnahmen der internen Kommunikation, nicht um eine reine »Bringschuld« der Unternehmensleitung im Sinne einer Top-down-Information handeln, sondern ebenso um eine »Holschuld« der engagierten Mitarbeiter. Es kommt weniger darauf an, alle wesentlichen Informationen und Einbindungsmaßnahmen regelmäßig an alle zu distribuieren, sondern vielmehr auf Zugangs- und Partizipationsmöglichkeiten. Über Intranets und Extranets, Call Center und offene Veranstaltungen kann man nicht nur Zugangs- und Partizipationsmöglichkeiten offerieren, sondern auch messen, wer sie wie häufig nutzt.

Unabhängig von der Integrationsaufgabe und den darin definierten Teilprojekten ist die Funktion der Kommunikation als Treiber für eine Vielzahl anderer strategischer Unternehmensprojekte unerlässlich. Beispielsweise die Einführung von »balanced score cards« oder anderen Benchmark- und Kontrollsystemen ist ohne die klärende und stimulierende Wirkung der kommunikativen Treiber schlichtweg unmöglich.

d) Kommunikation als Zentripetalkraft

Die Funktion von Kommunikation als Zentripetalkraft ist sicherlich bereits seit den frühen 80er-Jahren gelernt und wird von den meisten Unternehmen im Rahmen von Corporate-identity- oder Corporate-culture-Programmen eingesetzt. Ohne Frage sind aber die Zentrifugalkräfte in den letzten Jahren auch stärker geworden. Dezentralisierungs- und Globalisierungsprozesse, schnelles Wachstum, rasche Veränderungen im Portfolio der Unternehmen, das Wegfallen »alter« Geschäftsbereiche und das Entstehen von »neuen« Geschäftsbereichen, die Segmentierung von ehemaligen Produktionsgruppen, Werken, Geschäftsbereichen zu neuen profit center, die Vernichtung von Traditionen und traditionellen seit Jahrzehnten gelernten Unternehmensnamen sowie die Etablierung von neuen, zumeist synthetischen, häufig computergenerierten Namen – dies alles sind Faktoren, die den gemeinsamen Nenner eines Unternehmens auseinanderreißen und die soziokulturellen Bindungskräfte diffundieren lassen. Je stärker die Zentrifugalkräfte wirken, desto mehr muss man mit kommunikativen Zentripetalkräften gegensteuern. Dazu reicht es bei weitem nicht aus, alle Mitarbeiter mit einem Logo zu versorgen oder »Leitbilder« zu entwerfen, die über die Hauspost verteilt werden und anschließend in den Schubladen landen. Gerade bei M&As, erst recht bei bi-nationalen M&As, sind kulturelle Identitäten ja nicht bloß gefährdet, sondern teilweise bewusst zur Revision freigegeben. Der Aktionismus, der im Umfeld von M&As streckenweise sehr leichtfertig neue Identitätskonten eröffnet und alte schließt, lässt eine Reflexion auf erwünschte »Heimatbegriffe« der Mitarbeiter viel zu häufig vermissen.

Grundsätzlich ist zu überprüfen, wie viele und welche Identitätskonten im Konzern überhaupt möglich und durchsetzbar sind.

Die Identitätsangebote mehrstufiger Unternehmen sind häufig nicht koordiniert. Mitarbeiter erhalten Briefe, Mitarbeitermagazine, Einladungen zu Veranstaltungen oder Anschluss an Intranets, corporate missions und Leitbilder sowohl des Konzerns (bzw. der Dachmarke) wie auch der Spartengesellschaften oder ihres Mikrokosmos GmbH bzw. Profitcenter. Die Anstrengung der Synthese, diese unterschiedlichen Identitätsangebote zu versöhnen, bleibt in der Regel die Aufgabe des Mitarbeiters selbst. Solches »identity shopping« führt fast immer zu höchst unterschiedlichen Zugehörigkeitskonzepten. Vor allem langjährige Mitarbeiter knüpfen ihr Zugehörigkeitsgefühl gerne an Standorte, jüngst dazugestoßene Mitarbeiter orientieren sich am Denken nach Divisionen.

Bei M&As treten eine Fülle von Ängsten und gelernte Ablehnungsmuster hinzu. Es ist nicht leicht, einen ehemaligen Wettbewerber plötzlich als Verbündeten zu sehen. Der Entwurf von Corporate-identity-Konzepten am grünen Tisch führt daher kaum zu erwünschten Ergebnissen. Wer kulturellen Zusammenhalt und Identifikation mit dem Unternehmen für einen wichtigen Faktor im Wettbewerb hält, ist gut beraten, bereits die Entwicklung partizipativ und als Prozess anzulegen. Eine gute Denkfigur für identitätsstiftende Konzepte ist die »Flotte«, die als Verband unter Führung eines Flaggschiffes gemeinsame Operationen durchführt, dennoch für jedes einzelne Schiff eine klar abgrenzbare Aufgabenorientierung formulieren kann.

e) Kommunikation als Themengenerator

»Wenn das Unternehmen wüsste, was das Unternehmen weiß« ist ein beliebtes Bonmot, um die Potenziale verborgener und ungehobener Kompetenzen zu illustrieren. Gerade im Falle von M&As kommt dem Wissensmanagement als Positionierungsgrundlage eine entscheidende Bedeutung zu. Selbst wenn M&As die Kernkompetenzen des Unternehmens nicht grundlegend verändern, so werden sie doch zumeist tiefer vertikalisiert oder in ihrer Reichweite ausgedehnt. Nach der Diversifikationsperiode der Siebziger und Achtziger Jahre dominieren heute Re-Fokussierungs- oder Fokussierungskonzepte, die eine Massierung von Volumen und entsprechenden Kernkompetenzen in präferierten Geschäftsfeldern anstreben. Innerhalb der industriellen Logik des M&A sind die definierten Kerngeschäftsfelder immer auch *Themenfelder.*

Zwei Beispiele seien hier genannt: Das Themenfeld life sciences ist Auslöser einer ganzen Reihe von M&As im Bereich der Chemieunternehmen gewesen. Der Begriff bildet den Versuch, die Aktivitäten im klassischen health care und Pharmasektor mit den Aktivitäten im Agrar- und Veterinär-Sektor zu einem ganzheitlichen Fokus und Geschäftsverständnis zu versöhnen. Aus einer Fülle von Gründen, die in der Forschung beginnen und im Vertrieb enden, erschien es den Chemieunternehmen sinnvoll, sich künftig nicht mehr als Zwei-Säulen-Modell mit zwei Sparten zu präsentieren, sondern zumindest einen einheitlichen Grundgedanken über das ehemals getrennte Geschäftsfeldverständnis zu stellen. Life sciences ist jedoch zunächst kein Markt, sondern vielmehr eine abstrakte Idee, die sich auf dem Wege über eine selffull-filling prophecy ihren Markt erst schaffen muss. Positionierungssubstanz entsteht in dem Maße, in dem die Idee »life sciences« thematisch mit Leben gefüllt wird. Ein anderes Beispiel sind die Überlegungen oder bereits beschlossenen Pläne der Energieunternehmen, sich künftig als utilities oder Grundversorger zu fokussieren. Gerade die Energieunternehmen haben über Jahrzehnte eine Diversifikationsstrategie verfolgt und ordnen nun einen Teil ihrer Geschäfte dem neuen Grundgedanken unter, integrierter Versorger mit Strom, Gas, Wasser zu werden. Streckenweise werden die ehedem völlig getrennten Geschäfte mit Strom oder Gas einem neuen, nur vermeintlich anschaulichen und in Wahrheit abstrakten Oberbegriff, der Wärme, untergeordnet. Die industrielle Logik schreibt in beiden Fällen vor, dass Fokussierung einer Streuung vorzuziehen sei und an der Börse mit höheren Multiples honoriert werde. Um den unternehmerischen Rückbau mit rechenbaren Vorteilen für den shareholder value zu gestalten, müssen die organisatorischen Strukturen und Geschäftssysteme auf den Gedanken der Fokussierung bezogen werden.

In beiden Fällen ist aus der industriellen Logik eine nicht wirklich neue, aber neu gesehene Kernkompetenz entstanden. Es gibt keine Nachfrage nach »life sciences« oder »utilities«, die Kunden wollen (zumindest vorerst) entweder Kopfschmerztabletten oder Pflanzenschutzmittel kaufen, selten beides zusammen. Auch die Idee, Strom, Gas, Wasser und vielleicht noch die Abfallentsorgung im Paket bei einem Dienstleister zu kaufen, wird nur in dem Maße auf fruchtbaren Boden fallen, wie man thematisch zusammenwachsen lässt, was zusammengehören soll.

Die Kommunikation und innerhalb der Kommunikation insbesondere der Journalismus müssen hier ansetzen und aus Ideen Geschichten schreiben. Dazu ist zunächst eine Fülle von handwerklichen Schritten erforderlich: konzerninterne Recherchen, welches »Denken«, welche Studien, welche Daten zum neu erkorenen Themengebiet vorliegen; externe Recherchen, welche Veröffentlichungen zum Themengebiet oder zu affinen Themengebieten vorliegen, welche Universitäten, Institute, »Vordenker« oder Wettbewerber sich geäußert haben; retrospektive Medienanalysen, eigene demoskopische Studien. In einem zweiten Schritt sollten unterschiedliche Abteilungen aus den beiden gemergten Unternehmen zusammengeführt werden, um möglichst viel »Fleisch« an den »Knochen« zu bringen. In einem dritten Schritt kann die gewonnene Positionierungssubstanz dann extrapoliert und zu einer *Themenkarriere* entwickelt werden.

Der systematische Umgang der Kommunikation mit dem *Thema* fördert hierbei die Auseinandersetzung mit dem *Geschäftsfeld.* Neue Tendenzen, bisher nicht beachtete Aspekte, interessante Anwendungsbeispiele oder Kulminationspunkte des öffentlichen Interesses an diesem Thema werden zu Tage gefördert und vergrößern durch diesen input auch den output. Kommunikation hat so die Funktion, Themen zu generieren, bei denen Meinungsführerschaft oder zumindest eine gewichtige Rolle im share of voice möglich sind. Gleichzeitig entfaltet sie aus der neu definierten Kompetenz des Unternehmens eine erlebbare Interpretationsmacht, die aus einsamen Begriffen auf einem Strategiechart interessante Geschichten machen kann und den Grundstein legt für eine Auseinandersetzung mit der neuen Geschäftsorientierung.

f) Kommunikation als Mehrwert

Jedes Unternehmen muss, so hatten wir unter 1a) festgestellt, Nutzwerte gegenüber seinen stakeholdern vermitteln und argumentieren. Kommunikation ist das Medium, in dem dies geschieht. Kommunikation ist aber gleichzeitig auch ein Lieferant von Informationen, die als vierter Produktionsfaktor gelten und in der Wertschätzung der *Informations- und Wissensgesellschaft* beständig steigen. Die Verfügbarmachung, Bereitstellung und Aufbereitung von Informationen über Themen, Branchen, Märkte, Zielgruppen, Verbraucher, Trends ist folglich eine Leistung, die nicht allein das Unternehmen als Wissenden und Absender dieser Informationen profiliert, sondern es ist auch eine Leistung in sich, sofern die Qualität der Informationen oder der Komfort des Zugangs und der Selektionsmöglichkeit für die empfangende Zielgruppe einen Wert darstellen.

Alle im engeren Sinne nicht unternehmensspezifischen Informationen, die ein Unternehmen verbreitet oder zugänglich macht, stellen insofern einen kommunikativen Mehrwert dar, der die Produkte und Services des Unternehmens um einen Informationsservice ergänzt. Diese Einsicht ist selbstredend nicht neu und wurde in der Vergangenheit gerade von solchen Unternehmen, die von differenzierungsschwachen Produkten leben, zum Anlass genommen, Mehrwerterlebnisse für ihre Kunden (oder Geschäftspartner/oder die Gesellschaft insgesamt) zu ermöglichen. Ein prominentes Beispiel ist das BAT Freizeitforschungsinstitut, das seit vielen Jahren Studien über das Freizeitverhalten der Deutschen durchführt und publiziert. Der Mehrwert entsteht hier für die Gesellschaft insgesamt. Ratgeber oder Orientierungshilfen bilden einen Mehrwert für Kunden und potenzielle Kunden, Marktinformationen oder Branchendienste stiften Mehrwert entweder für die Mittler und Handelspartner oder für die Journalisten und Meinungsbildner.

Bei M&As sind vorhandene Mehrwert-Funktionen zu überprüfen und mit der Soll-Positionierung der NewCo sowie ihrer Zielgruppenorientierung abzugleichen. In der Regel entstehen durch M&As in mindestens einem Geschäfsfeld TOP 3 Marktpositionen im globalem Vergleich. Hier bietet es sich an, die hohe Marktkenntnis und Interpretationsfähigkeit, die Marktpräsenz und den Marktgestaltungsanspruch des Unternehmens durch Informations-Mehrwerte zu hinterlegen, die sich vornehmlich an die business community und die Meinungsbildner richten.

g) Kommunikation als Differenzierung

Jeder M&A ist ein harter Schlag für die Theorie der Differenzierung, weil er vorführt, dass am Ende des Tages andere Dinge wichtiger sind als die (kommunikative) Unterscheidbarkeit von zwei Unternehmen oder Marken. Mit einem Schlag werden durch den M&A Differenzierungen nivelliert oder gar niedergerissen, die vorher vielleicht in Jahrzehnten mühevoll aufgebaut worden waren. Das, was früher »das Andere« war, gegenüber dem man sich abzusetzen und zu unterscheiden hatte, ist nun »das Gleiche«. Differenzierungsbeschwörungen wirken vor diesem Hintergrund leicht unglaubwürdig, sie erinnern an Lippenbekenntnisse, die schnell nichts mehr wert sind, wenn es um Geld geht. Mergen heißt zunächst »unterschiedslos machen« und ist insofern das Gegenteil von Differenzierung.

Erschwerend kommt hinzu, dass die alten Namen aus politischen Gründen nur selten noch fortgeführt werden, dass neue Namen auftreten, die so wenig bedeuten wie nackte Projektionsflächen und deshalb von der Mühe der Differenzierung noch weit entfernt sind. M&A-Kandidaten stehen zunächst vor der Aufgabe klarzustellen, dass ihre Unternehmen oder Teilbereiche ihrer Unternehmen überhaupt eine Form haben, die Ausdruck des neuen Inhalts ist. Dabei gilt es sogleich, eine mathematische Unmöglichkeit zu vermitteln, nämlich dass einerseits $A + B = C$, andererseits aber auch $C > A + B$ im Sinne von »mehr wert« ist.

Der Stellenwert von Differenzierungsstrategien wächst mit der Reife von Unternehmen und der Differenzierungsschwäche ihrer Produkte und Services. M&A-Kandidaten sind aber nach dem Merger ein sehr junges Unternehmen, außerdem hat dieses Unternehmen durch den Merger neues Differenzierungspotenzial erobert, zum Beispiel Kostenvorteile, die an die Kunden weitergegeben werden können, einen verbesserten global reach, der sich begünstigend auf den Service auswirkt, oder stärkere Forschungsressourcen, die für Produktinnovationen sorgen werden. Dementsprechend gering ist zunächst der Stellenwert von Differenzierung gegenüber Wettbewerbern in der Kommunikation.

Generell gilt, dass Kommunikation in der Rolle des Differenzierers augenscheinlich die Funktion eines Lückenbüßers übernehmen muss, weil durch Bilder Unterschiede vorgetäuscht werden, die in der Produktrealität nicht begründet sind. Dies ist im Bereich der fast moving consumer goods normal und unvermeidlich, verweist aber immer auch darauf, dass es kein überlegenes Geschäftskonzept gibt. Im Bereich der Business-to-business-Kommunikation oder gegenüber Meinungsbildnern spielt Differenzierung qua Kommunikation ohnehin eine geringere Rolle. Wer die Funktionen »Kommunikation als stakeholder value« und »Kommunikation als Themengenerator« konsequent ausübt, erreicht über die Profilierung auch automatisch Differenzierung, allerdings als Folgeerscheinung einer autonomen Themenpolitik. Differenzierungsstrategien, die beim Wettbewerb ansetzen, haben immer nur extrapolierenden Wert und schaffen keine Quantensprünge.

2. Kommunikationsmanagement

a) Führung

Die Frage der Führung von Kommunikation ist mit Blick auf die herrschenden Praktiken in den Unternehmen nicht standardisiert zu beantworten. Überraschenderweise unterscheiden sich die Organigramme der Kommunikationsabteilungen auch solcher Unternehmen sehr stark, die hinsichtlich ihrer Größe, ihrer Internationalität oder ihrer Branchenzugehörigkeit vergleichbar sind. Während in eigentlich allen anderen Unternehmensbereichen aufgrund von reengineering, best practice und benchmarking spätestens seit den 80er Jahren organisatorische Optimierungsprozesse in Gang gesetzt wurden, die im globalen Vergleich zu einer höheren *Ähnlichkeit* der Strukturen geführt haben, sind die Kommunikationsabteilungen ungehindert organisch und je individuell gewachsen. Die Unternehmen ordnen ihre Verantwortlichkeiten und Führungsaufgaben in der Kommunikation teilweise nach Kommunikationsdisziplinen (Werbung, public relations, sponsoring, sales promotion, direct marketing, online relations, event marketing), teilweise nach Zielgruppen (financial community, Endverbraucher, Handel, Meinungsbildner, Journalisten) oder auch nach schwer abgrenzbaren Ordnungsbegriffen wie investor relations, corporate communications, public relations, public affairs, Umwelt & Gesellschaft, Kultur & Gesellschaft, marketing, marketing services oder brand management. Die traditionelle Abstinenz gegenüber Veränderungsprozessen in den Kommunikationsabteilungen führt häufig zu »Sonderkulturen« und mangelnder Transparenz. Die Schwierigkeiten beginnen beim Vergleich von zwei Kommunikationsabteilungen im Falle eines geplanten Mergers: Organigramme liegen nicht immer vor; gleiche Funktionsbezeichnungen meinen nicht immer dasselbe; Jobprofile existieren nur selten. Organisatorische Grundsatzentscheidungen wie beispielsweise die Trennung von marketing communications und corporate communications sind häufig zum letzten Mal vor 20 Jahren getroffen worden, auf neue Entwicklungen wurde durch »Anbau« reagiert. Jüngere Aufgabenbereiche der Kommunikation wie Multimedia, Evaluation oder online/interactive finden sich höchst unterschiedlich »angedockt« wieder.

Die Fülle der organisatorischen Unklarheiten und Abgrenzungsschwierigkeiten setzt sich fort in der Führungsfrage. Disziplinarische Führung und fachliche Führung liegen häufig in verschiedenen Händen, viele Mitarbeiter berichten an mehrere Führungskräfte. Traditionell sind auch verschiedene Vorstände involviert. Die interne Kommunikation beispielsweise ist manchmal beim Vorstandsvorsitzenden angebunden, häufig aber auch beim Personalvorstand. Schon an der Frage, was eigentlich der Kommunikation zuzurechnen ist, scheiden sich die Geister. Gehört zum Beispiel eine Stiftung, die vor Jahren ins Leben gerufen wurde, dazu? Ist die Förderung des ortsansässigen Tennisclubs Teil des Repräsentationsetats des CEOs oder Kommunikation? Dementsprechend chaotisch verlaufen auch die Budgetierungsprozesse. Nur wenige Kommunikationschefs können die Frage beantworten, wie viel Geld sie jährlich für Kommunikation ausgeben. Erst recht nicht beantworten können sie die Frage, wie viel Geld sie am 1. Januar eines jeden Jahres aufgrund von gebundenen Budgets bereits ausgegeben haben.

Die hier angesprochenen Definitionsprobleme wachsen sich bei M&As immer dann zu unüberschaubaren und nicht mehr beherrschbaren Konglomeraten aus, wenn beide Unternehmen über große Kommunikationsabteilungen verfügen, d. h. zusammen mehr als cirka 80 Personen auf die Waage bringen. Gleichzeitig entwickelt sich mit der M&A-Information nach innen ein offenbar naturgegebener *beauty contest* zwischen den Kommunikationsabteilungen beider Häuser, die nicht selten ein sofortiges Wettrüsten mit Sonderbudgets, Agenturen und Maßnahmen beginnen. Aus Gründen des politischen Proporzes werden die Positionen der NewCo dann gerne doppelt besetzt oder aber – noch schlimmer – Phantasiefunktionen kreiert, die sich auf Dauer als Lähmschicht in den Unternehmen festsetzen.

Aus all diesen Gründen resultiert eine klare Empfehlung für die Organisation und Führung der Kommunikation bei M&A: das Prinzip »Grüne Wiese«. Wie in der Abbildung 3 beschrieben, etabliert man idealerweise eine task force, die den Veränderungsprozess treibt und durchführt und aus der dann nach dem Abschluss der Integrationsperiode eine neue Kommunikationsabteilung hervorgeht. Dieses Vorgehen bietet nur Vorteile. Die neue Kommunikationsabteilung kann in ihren Strukturen und Funktionen aufgabenorientiert definiert werden und nutzt die Gunst der Stunde, um sich aller Altlasten zu entledigen. Die task force operiert prozessorientiert statt strukturorientiert und braucht keine Rücksicht auf komplizierte Berichtswege zu nehmen. Sie bringt ihre Projekte schnell auf die Straße. Schließlich gibt man der NewCo mit einem Streich Stimme und Gesicht in der Kommunikation und beendet die Rivalitäten der beiden Abteilungen, noch bevor sie begonnen haben.

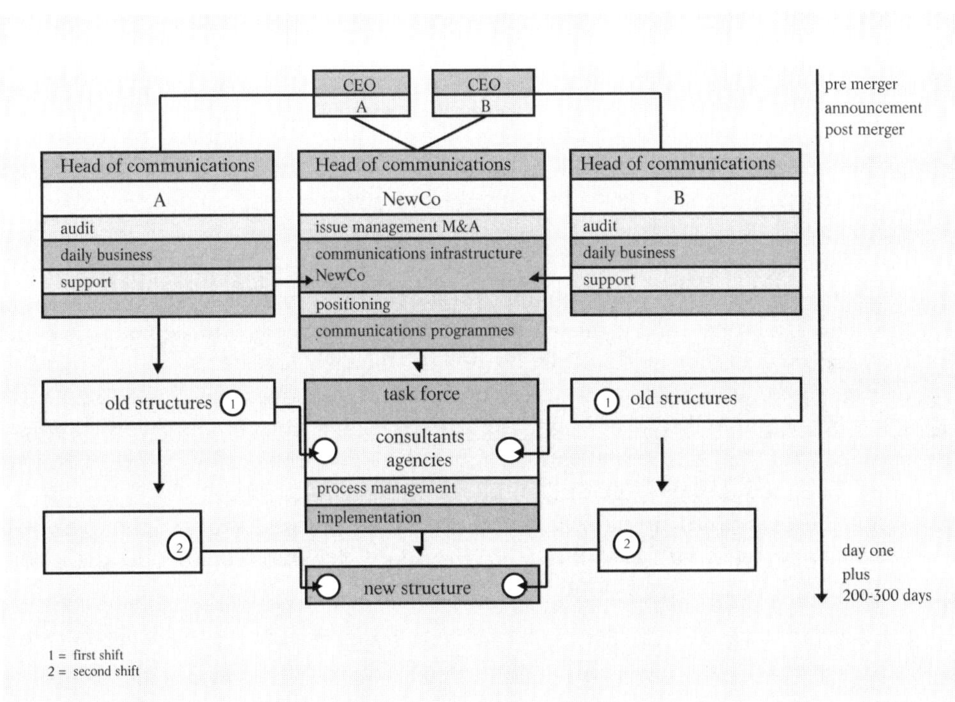

Abb. 3: Kommunikationsmanagement bei M&A

b) task force

Eine task force (für die Kommunikation) ist das einzig sinnvolle Instrument zur Planung und Umsetzung von Kommunikationsaufgaben bei M&As. Die task force bildet die Schnittstelle zur Unternehmensleitung, zu den involvierten Investmentbankern, Unternehmensberatern, Wirtschaftsprüfern und Anwälten sowie zu den vorhandenen Ressourcen in den beiden Häusern. Die Führung der task force ist an eine Person zu übergeben, die gleichzeitig der designierte Kommunikationschef der NewCo sein sollte. Aus den Kommunikationsabteilungen beider M&A-Unternehmen können einzelne Mitarbeiter herausgezogen werden, die sofort und zu 100% für die task force tätig sind. Die Übernahme in die task force muss als Auszeichnung verstanden werden. Erfahrene consultants aus Beratungsunternehmen für Kommunikation oder aus Agenturen ergänzen die task force. Es kommen nur solche consultants in Frage, die Erfahrungen mit M&As vorweisen können. Außerdem ist auch bei den externen Mitarbeitern der task force sicherzustellen, dass sie während der Prozessdauer von anderen Aufgaben freigestellt sind und der task force zu 100% zur Verfügung stehen. Je nach Komplexität der Aufgabe und Anzahl der beteiligten Länder sollte die task force aus sechs bis zwölf Personen im Startszenario bestehen. Sie delegiert Projektaufgaben zu einem Teil an Teams aus den beiden Unternehmen innerhalb der »alten« Strukturen. Ein größerer Teil wird aus Gründen der Vertraulichkeit und vor allem der Schnelligkeit in der Anfangsphase an externe Teams zu delegieren sein. Deshalb ist es ratsam, zwei principals oder senior consultants externer Beratungsunternehmen in die task force zu integrieren, die aus der task force heraus Ressourcen ihres regulären Apparates steuern können. Mit Beginn der Post-Merger-Phase können Aufgaben sukzessive wieder »ingesourct« werden. Die Geschwindigkeit dieses Insourcing ist abhängig von der Verlagerung der Ressourcen aus den »alten« Strukturen in die task force bzw. in die hieraus entstehenden »neuen« Strukturen. Die Intensität des Insourcing ist eine betriebswirtschaftliche und politische Frage, die grundsätzlich entschieden werden muss (siehe dazu unter 2. g). Selbstverständlich haben alle eigenen Mitarbeiter sowie auch die externen Mitarbeiter spezifische Vertraulichkeitserklärungen zu unterschreiben. Die *standard operation guidelines, code of conducts, technologischen Sicherheitsstandards und Vertraulichkeitsgarantien* der beratenden und dienstleistenden Unternehmen müssen überprüft werden.

c) audit

Der Planung künftiger Strukturen und Aktivitäten sollte eine gründliche Analyse der Ist-Situation in beiden Unternehmen vorausgehen. Zu diesem Zweck führt man in den zu verschmelzenden Unternehmen ein communications audit durch. Es erhebt mit Methoden des desk top research und durch Interviews mit Mitarbeitern der Kommunikationsabteilungen sowie des Controllings folgende Fragen:

Ressourcen:	Organigramm der Kommunikationsabteilung/Funktionen
Ressourcen:	Berater, Agenturen, Dienstleister (Verträge & Agreements)
Ressourcen:	Daten, Verteilerstruktur, Kontakte, Kooperationspartner
Methoden:	Planungszyklen, Zielorientierung, Marktforschung, Evaluation
Werte:	Mission Statements, Leitbilder, CI/CD-Handbücher, Guidelines
Pflichten:	definierte Servicefunktionen
Pflichten:	eingegangene comittments, erteilte Aufträge, Buchungen
Resonanz:	Daten gestützte/ungestützte Markenbekanntheit, Markenattribute, quantitative/qualitative Medienresonanz, Kundenzufriedenheit, Akzeptanzdaten Zielgruppen, Awards, Ranking-Positionen Image-Barometer
Budget:	Struktur, gebundene/ungebundene Budgets
Routinen:	durchlaufende Maßnahmen
Output:	Publikationen, Websites, Kampagnen, Magazine etc.

Abb. 4: Communications

Beide ineinandergelegte audits ergeben dann ein vollständiges Bild zu den Stärken und Schwächen, zu Restrukturierungsansätzen und Schnittstellen, zu vorhandenen Zielgruppenbindungen sowie zu Planungsgrundlagen und bereits mittelfristig terminierten Aufgaben. Die audits helfen zudem, die eigenen Zielvorstellungen und Aktivitäten für die Kollegen der jeweils anderen Kommunikationsabteilungen transparent zu machen. Güterabwägungen, welche Leistungen und Services künftig auf welcher technischen Plattform oder mit welchen Systemen erbracht werden, fallen leichter, weil die beiden audits die Grundlagen und performance der beiden Abteilungen vergleichbar machen.

d) Management-Informations-Systeme

Management-Informations-Systeme für die Mitarbeiter der Kommunikationsabteilungen und die Führungskräfte insgesamt sind gerade bei dezentralen, multi-national operierenden Unternehmen von entscheidender Bedeutung, um sowohl den Informationsstand der Zentrale über die Aktivitäten in der Fläche wie auch die Information aller dezentralen Mitarbeiter in der Kommunikation sicherzustellen. Die technische

Basis für diese Systeme ist mittlerweile über Intranets oder Extranets in idealer Form gegeben. Allerdings ist die Qualität in hohem Maße abhängig von der Art der zentral wie dezentral eingepflegten Daten sowie von der Homogenität der Reporting-Ebenen.

monitoring

- Erfolgen Medienbeobachtung, trackings, webwatch in allen Ländern nach den gleichen Prinzipien und werden sie in einheitlichen Reporting-Formaten dokumentiert?
- Wer stellt die reportings in welcher Frequenz in Datenbanken ein oder distribuiert sie?
- Gibt es dezentrale Zugriffsmöglichkeiten?
- Können issues zeitnah und international erhoben werden, gibt es tagesaktuelle quick reports oder Pressespiegel?
- Sind die Stichwörter für die Kodierung der Medienbeobachtung standardisiert, können aktuelle Stichwörter schnell in die Monitoring-Routine integriert werden?
- Ist die Frequenz der reportings akzeptabel?
- Gibt es retrospektive Suchfunktionen und Dokumentationsmöglichkeiten, zum Beispiel elektronische Pressearchive?
- Passen die gestellten Fragen zu den definierten Zielen und benchmarks?
- Wie ist das *Nutzungsverhalten* bei den Kommunikationsleuten im Unternehmen?
- Werden die Monitoring-Daten zu Planungszwecken eingesetzt?
- Sind die learnings zufriedenstellend?

controlling

- Gibt es Projektdatenbanken oder Budgetsteuerungstools?
- Wie zeitnah sind abgeflossene und offene Budgets dokumentierbar?
- Erfolgen die Statusreports der einzelnen Abteilungen nach einheitlichen Prinzipien?
- Erfolgt der Transfer von Informationen ausschließlich zu Zwecken der Bottom-up- Information oder profitieren beispielsweise einzelne Länder auch bilateral von den Daten anderer Länder?
- Helfen die reportings, den taktischen Mitteleinsatz zu optimieren und Budgetverschiebungen nach dem Bedarf aktueller Anforderungen zu organisieren?
- Wie sind die Entscheidungsprozesse zwischen Fachabteilungen und Einkauf geregelt?
- Ist die Anzahl der Budgetentscheider richtig definiert?
- Funktioniert die Budgetplanung als strategisches Steuerungsinstrument oder als nachlaufende Anpassung an bereits getroffene Programmentscheidungen?

Planung

- Werden die geplanten Projekte, Termine, Kampagnen ex ante dokumentiert?
- Ist es möglich, sich einen Überblick über sämtliche Kommunikationsaktivitäten des Konzerns innerhalb einer Kalenderwoche zu verschaffen?

- Sind die Inhalte von Kommunikationsmitteln, zum Beispiel Texte, vor Veröffentlichung für alle Mitarbeiter der Kommunikationsabteilung zugänglich?
- Werden Inhalte länderübergreifend genutzt oder aufgabenteilig produziert?
- Wer pflegt und ediert die Planungsdaten, wer hat Revisionsmöglichkeiten?
- Wie zeitnah erfolgt die Aktualisierung?
- Wieviel Zeit bindet die Pflege der Planungsdaten, stehen Aufwand und Nutzen in einer vernünftigen Relation?

Dokumentation

- Gibt es Datenbanken oder gesammelte Informationen zu bevorzugten Dienstleistern, Autoren, Ghostwritern, Künstlern, Referenten, locations?
- Sind die produzierten Kommunikationsmittel und Kampagnen dokumentiert und retrospektiv abrufbar?
- Können einzelne Abteilungen oder einzelne Länder vom Know-how oder bereits geleisteter Arbeit aus früheren Tagen profitieren?
- Sind Best-practise-Prozesse beschrieben und dokumentiert, sodass vergleichbare Projekte von vornherein optimal strukturiert werden können?
- Gibt es abrufbare Checklisten?
- Sind die Evaluationsdaten oder Erfolgskontrollen aus retrospektiven Aktivitäten abrufbar, können Erfahrungen aus Erfolgen und Misserfolgen für die künftige Maßnahmenplanung genutzt werden?
- Sind die Daten sinnvoll organisiert und verstichwortet, sind gewünschte Informationen schnell und leicht erhältlich?

agenda setting

- Können aktuelle Informationen der Unternehmensentwicklung schnell distribuiert werden?
- Gibt es Zugriffsmöglichkeiten auf Basis-Materialien, zum Beispiel Vorstandsreden, Positionierungsgrundlagen, Leitbilder, Themenrecherchen, Schlüsselbotschaften?
- Wird die inhaltliche Orientierung der Kommunikationsverantwortlichen zentral gesteuert?
- Wie schnell folgt die Kommunikation der Unternehmensstrategie?
- Erreichen wichtige Informationen die Mitarbeiter der Kommunikationsabteilungen vor den anderen Mitarbeitern, werden sie ausreichend qualifiziert, um interne wie externe Fragen zu beantworten?
- Werden Questions & Answer-Papiere zu Schlüsselthemen distribuiert?
- Kann die Kommunikation von aktuellen key issues schnell und zeitgleich international organisiert werden?

Bei M&A ist der Durchsatz von Informationen und die Frequenz von jeweils neuen und veränderten Informationen traditionell hoch. Um eine konsistente und widerspruchsfreie Informationspolitik konzernweit zu garantieren, sind die Mitarbeiter der Kommunikationsabteilungen vorzüglich einzubinden und als Multiplikatoren zu nutzen. Sie gehören neben den Personalabteilungen im Falle von Veränderungen zu den bevorzugten Ansprechpartnern der Mitarbeiter und müssen auch externe Fragen beantworten können. Dementsprechend müssen die Verteilerkreise für alle M&A relevanten Informationen, abgestuft nach Vertraulichkeit und Relevanz, sowohl für die Kommunikationsverantwortlichen als auch für die Führungskräfte in den Unternehmen und im Anschluss für die Mitarbeiter insgesamt definiert werden.

e) Investitionsplanung

Wenn das Management von Kommunikation so angegangen wird, wie in 2a) beschrieben, werden die Investitionen für Kommunikation der NewCo gegenüber den ursprünglichen Budgets der Merger-Kandidaten mittelfristig sinken. In den ersten beiden Jahren sind vor allem für die interne Kommunikation vergleichsweise hohe, jedoch außerordentliche Investitionen zu tätigen, die teilweise absorbiert werden können, wenn die alten Infrastrukturen in den Kommunikationsabteilungen entschlossen rückgebaut werden. Für die interne Kommunikation sind nach einer Faustregel rund 500 Euro pro Mitarbeiter der NewCo im ersten Jahr der post-merger-integration und rund 300 Euro im zweiten Jahr zu investieren. Die externe Kommunikation ist nur individuell und in Abhängigkeit von Unternehmensgröße, Internationalisierungsgrad und Branchenzugehörigkeit zu bestimmen, liegt aber in der Regel mindestens auf gleichem Niveau wie die Aufwendungen für die interne Kommunikation. Die Kommunikationsbudgets lassen sich als Sonderaufwendungen für Kommunikation im Rahmen der M&A-Restrukturierungskosten deklarieren und fallen, selbst wenn sie großzügig veranschlagt sind, zwischen den vielen, exponentiell höheren Restrukturierungskosten in anderen Bereichen kaum auf. Richtig ist auch, dass Kommunikation aus Sicht eigentlich aller Post-merger-integration-Studien als entscheidender Faktor für das Gelingen von mergers angesehen wird, weshalb es nicht ratsam ist, an einer erfolgskritischen Stelle zu sparen. Dennoch können die notwendigen Investitionen abgefedert werden, indem man beispielsweise den kostentreibenden beauty contest zwischen den Kommunikationsabteilungen nach dem announcement und vor der rechtlichen Verbindlichkeit des M&A verhindert oder aber bereits budgetierte Projekte, die vor dem Hintergrund des M&A ohnehin nicht mehr sinnvoll sind, möglichst rasch umwidmet und zur Finanzierung von M&A-Projekten nutzt.

f) Top-down/Bottom-up-Dynamik

Wer Kommunikation dialogisch und nicht als Einbahnstraße versteht, hat gerade in großen, dezentralen und internationalen Unternehmen die Schwierigkeit, sich ein umfassendes und korrektes Bild vom Denken und Fühlen der Mitarbeiter zu machen, weil nur selten Wege zur Verfügung stehen, auf denen dieses Denken und

Fühlen von unten nach oben gelangen kann. Natürlich versucht man allenthalben, diese Lücke mit »Leserbriefen« an das Mitarbeitermagazin, einem chatroom im Intranet, einer für alle zugänglichen e-mail domain des CEO oder ähnlichen Maßnahmen zu schließen. Dennoch: Das emotionale Überzeugungs- und Glaubwürdigkeitspotenzial von medialer Kommunikation ist gering, erst recht, wenn sehr schnell zusammenwachsen soll, was nur notdürftig vermittels Punktschweißung aneinander gekoppelt ist. Ebenfalls mit Vorsicht zu genießen sind die klassischen reporting lines über etablierte Hierarchiestufen, die häufig nur das sehen und hören, was sie auch sehen und hören wollen.

Überdies hat Kommunikation im Rahmen von M&A schlicht mehr Aufgaben als im normalen Geschäftsprozess. Es muss innerhalb kürzester Zeit sehr viel *gelernt* werden über Motive für den M&A, neue Strategien, neue Prozesse, neue Kollegen, neue Spielregeln und Produkte, neue Namen und Formulare, neue Verantwortungen für und neue Erwartungshaltungen an jeden persönlich. Schon die abstrakte Definition dieser Veränderungsschritte in den Stäben und bei den Beratern ist schwierig genug. Unerwartet komplex wird es dann in der Regel bei der Implementierung, die nicht funktionieren kann, wenn sie nur *deduktiv* angelegt ist. Sie muss auch *induktiv*, also vom Besonderen zum Allgemeinen gedacht werden, und dazu braucht man nahezu alle Mitarbeiter. Alles, was gelernt werden soll, muss auch vermittelt und verstanden werden, es muss von unten nach oben korrigierbar oder modifizierbar sein, wenn sich die Handlungsanweisungen der Stäbe an der Basis nicht umsetzen lassen oder anders besser und schneller umgesetzt werden können. Für alle diese Abstimmungsprozesse ist Kommunikation der Transmissionsriemen. Darüber hinaus hat sie dann noch die klassischen Aufgaben der kulturellen Integration sowie der Perspektivbildung und Motivation zu lösen.

Folglich reichen Systeme, die für eine geringere Last kalkuliert sind, für dieses Arbeitspensum nicht aus. Ergänzende Maßnahmen müssen ergriffen werden, um die Top-down- und Bottom-up-Dynamik überhaupt zu ermöglichen. Erprobt und bewährt bei M&A als ein Interims-Instrument für die Dauer von 9 bis 18 Monaten sind quer zur Hierarchie stehende *Scouts* oder *Botschafter*, die aus den Reihen der Mitarbeiter gewonnen und mit besonderen Aufgaben betraut werden.

Scouts werden für einen befristeten Zeitraum zu 25% ihrer Arbeitszeit von ihren regulären Aufgaben befreit. In dieser Zeit sollen sie Meinungen, Verständnisschwierigkeiten, Kommentare und Anregungen ihrer Kollegen sammeln und in einem wöchentlichen reporting an die Kommunikationsleitung weitergeben. Das Verfahren wird vollständig offen gestaltet. Ziel der Übung ist nicht etwa das »Ausspionieren« der Mitarbeiter, sondern der bessere Transport von Meinungen im Rahmen eines Meinungsbildungsprozesses. Mitarbeiter sehen so das ernsthafte Interesse der Unternehmensleitung an ihrem Denken. Diese wiederum kann Probleme viel besser lokalisieren und schneller reagieren. Gleichzeitig haben die Scouts eine Transmissionsfunktion für alle Top-down-Botschaften. Diese können nicht mehr bloß medial, sondern auch personell im Rahmen von Workshops oder Präsentationen vermittelt werden und erreichen in dieser Interaktivität eine höhere Effizienz. Die Scouts werden regelmäßig mit Chartpräsentationen, Q&As, Materialien versorgt, sie treffen sich zu Trainings und Gedankenaustausch und diskutieren auch direkt mit der Unternehmensleitung. Neben den regulären reporting lines wird so ein unabhängiges und sehr schnelles Kommunikationsinstrument etabliert. Die Anzahl von Mitarbeitern, die ein Scout erreichen kann, liegt etwa bei 100. Wer in dieser Relation arbeitet, erhält einen hervorragenden Multiplikationseffekt.

g) Insourcing/Outsourcing-Ratio

Die Insourcing/Outsourcing-Kultur ist bei den Unternehmen höchst unterschiedlich ausgeprägt, extreme Varianten bei ähnlichen Unternehmen sind gang und gäbe. Zudem ist das Thema ideologisch besetzt. Agenturvertreter argumentieren traditionell eher in Richtung outsourcing und setzen sich dem Verdacht des Pro-domo-Denkens aus. Unabhängig von diesen Diskussionsfeldern gilt aber die herrschende Lehrmeinung, dass von 100% Kommunikationskosten inklusive aller Inhouse-Kosten (Gehälter, overheads) mindestens 70% frei verfügbar und ungebunden sein sollten. Diese Faustformel wäre in Zeiten intensiver unternehmerischer Transformation eher zugunsten der Flexibilität zu verändern. Es ist dementsprechend zu empfehlen, dass die Unternehmen für sich einmal ausrechnen, wieviel Prozent ihres Kommunikationsbudgets durch Mitarbeiter in Kommunikationsabteilungen gebunden sind. Sobald diese Zahl ermittelt wurde, fühlen sich die Unternehmen nicht selten in ihrer Investitionsfreiheit bedroht und erkundigen sich nach Outsourcing-Möglichkeiten.

Kommunikation ist zwar nicht Teil der Kernkompetenz eines Unternehmens (sofern es nicht in der Kommunikationsbranche tätig ist), aber gleichwohl eine zentrale Kompetenz zur Absicherung und Förderung des Unternehmenserfolges. Deshalb sollten alle Unternehmen darauf achten, die Kommunikationsleitung und ihre engsten Mitarbeiter so hochkarätig wie irgend möglich zu besetzen – sowohl in inhaltlicher und intellektueller Hinsicht wie im Hinblick auf die Management-Kompetenz. Jenseits dieses kleinen und sehr feinen Teams reicht es völlig aus, wenn man 10% der Köpfe und Hände an Bord hat, die man braucht. Erfahrungsgemäß braucht man im nächsten Jahr nämlich andere Köpfe und auch andere Hände, um anstehende Aufgaben zu erledigen.

Bei M&A empfiehlt sich in jedem Fall, eine hohe Outsourcing-Quote einzuplanen. Die immensen Anforderungen an Flexibilität, Mobilität und einen hohen zeitlichen Einsatz sind auch häufig von den eigenen Mitarbeitern gar nicht einzufordern.

3. Namensbildung und Imagekonten

In den meisten Unternehmen gibt es mehrere Imagekonten, auf die die Unternehmensaktivitäten und Kommunikationsaktivitäten einzahlen. Das sind beispielsweise der Name des Unternehmens, die Namen von Marken oder Töchtern, die Namen der wichtigsten handelnden Personen oder auch Gattungsbegriffe, die mit dem

Unternehmen verknüpft sind. Bei M&A verdoppelt sich die Anzahl dieser Imagekonten. Weil es sich in der Kommunikation immer auch um einen Wahrnehmungswettbewerb handelt, ist aus grundsätzlichen Erwägungen immer eine Konzentrationspolitik zu bevorzugen und die Zahl der Konten zu minimieren. Je weniger Imagekonten es gibt, desto besser können sich die Investitionen in der absoluten Höhe des Kontostandes auch zeigen. Viele Imagekonten sind immer dann nützlich, wenn es um Risikostreuung oder Krisenkommunikation geht. Beispielsweise indem gerne versucht wird, die Krise eines Tochterunternehmens von der Dachmarke fernzuhalten. Das gelingt allerdings selten, weil die Zuordnungsprinzipien der Medien anders funktionieren, als das in teilweise akademischen Marketing-Präsentationen angenommen wird. So ist es zum Beispiel für eine große und eingeführte, ja paradigmatische Marke wie die Deutsche Bank sehr schwierig, Tochterfirmen oder Beteiligungen zu etablieren, die nicht mit ihren Aktivitäten dennoch auf das Imagekonto der Deutschen Bank einzahlen (oder auch abbuchen). DB Investor oder die Deutsche Bank 24 sind hierfür Beispiele. Die Halbwertzeiten längst gelöschter Imagekonten im Kopf der Menschen sind überdies sehr lang, neue Konten haben eine lange Anlaufzeit. Viele Konglomerate haben mehrere Jahre lange versucht, der Welt beizubringen, dass sie aus soundso vielen Sparten mit ihren jeweiligen Namen bestehen. Das ist nur mäßig gelungen und durch zwischenzeitliche Portfolioverschiebungen auch wieder beeinträchtigt worden. Im Bereich der corporate issues merken sich die Journalisten am liebsten diejenigen Namen, wo auch die Entscheidungen getroffen werden, und lassen sich von jeweils neuen Subsumierungen von Geschäften unter neuen Namen wenig beeindrucken.

Bei M&A ist deshalb zu empfehlen, frühzeitig klare Entscheidungen zu treffen. Die NewCo braucht einen Namen, und zwar bereits beim announcement. Unangenehme Entscheidungen, die vielleicht noch auf alte (Namens-)Konten gebucht werden sollen, müssen dementsprechend vor dem announcement erfolgen. Für den neuen Namen gilt, dass es häufig besser einer der alten wäre. Wenn neue Namen dem einzigen Motiv entspringen, dass zwei M&A-Kandidaten sich aus Gründen der Eitelkeit nicht auf einen der beiden Namen einigen können und ausschließlich aus Proporzgründen einen neuen, für beide erträglichen Namen wählen, dann ist der Name meistens so schwach wie das Motiv. Die Menschen spüren sehr genau, wenn sie einen Pappkameraden vorgesetzt bekommen, und empfinden überflüssige Neufirmierungen zu Recht als unglaubwürdigen Etikettenschwindel. Wenn dann der neue Name auch noch aus den synthetischen Labors stammt und aller semantischen Bezüge beraubt wurde, wird es schwer, aus einem bedeutungslosen Vokalgeklingel die Flagge für eine neue Company zu machen. Erschwerend kommt hinzu, dass die Wortschöpfungen erschreckend verwechselbar sind (»Aventis« vs. »Avanza«) und mit den begrabenen alten Namen viele hundert Millionen Mark an brand equity in den Köpfen der Verbraucher vernichtet sind.

Grundsätzlich ist gegen neue Namen nichts einzuwenden, im Gegenteil. Es ist ein großer und freiheitlicher Akt der Selbstbestimmung, sich selbst einen Namen zu geben. Schon in der Pubertät haben zumindest die Jungens ein großes Faible für selbstgewählte Geheimnamen oder den Brauch der Indianer, sich ihren Namen bei der Mannwerdung selbst zu träumen. Allerdings steckt in solchen Namen immer auch eine Programmatik, die zur Entfaltung kommen soll. In dieser Weise stiften neue Namen ein hohes Maß an Momentum und Identifikation mit dem Programm der Zukunft.

Natürlich ist es nicht leicht, unbesetzte Namen zu finden, die gleichzeitig die eigene Programmatik zum Ausdruck bringen. Moderne Wegelagerer haben sich darauf spezialisiert, Namen schützen zu lassen, die sie gar nicht brauchen. Besonders beliebt ist das bei Domain-Adressen für das Internet. Im Zweifelsfall ist es aber immer lohnend, die Rechte an einem optimalen Namen zu erwerben, auch wenn dies mit hohen einmaligen Investitionen verbunden ist. Die Investition amortisiert sich spielend. Man sieht am Beispiel von »Yello«, einem Spin-off des Energieversorgers EnBW, wie man innerhalb von drei Monaten zur bekanntesten Marke in einem Segment werden kann, in dem andere seit Jahrzehnten tätig sind. Die geniale Entscheidung, dem unsichtbaren Strom eine Farbe zu geben, korrespondiert mit der Anschaulichkeit und Transparenz dieses Dienstleisters in einem abstrakten Low-interest- und Low-involvement-Markt. Jeder andere Wettbewerber wird auf Jahre hinaus ein Mehrfaches in Kommunikation investieren müssen, um den Startnachteil ihrer minderwertigen Namensgebung wettzumachen.

4. Positioning

a) Kernkompetenzen und Profilierungsthemen

Kernkompetenzen sind die wichtigsten Positionierungsgrundlagen. So gerne allerdings der Begriff im strategischen Vokabular Verwendung findet, so schwierig ist er in der Praxis mit Leben zu füllen. Sobald eine Kernkompetenz nach außen als solche dargestellt wird, sollte sie nämlich tunlichst zwei Bedingungen erfüllen: erstens die der Selbstähnlichkeit und zweitens die der Wettbewerbsdifferenzierung. Eine behauptete Kernkompetenz, die nicht belastbar ist und von der Unternehmensrealität nicht gedeckt wird, entwickelt sich leicht zur Achillesferse und sorgt auf Jahre hinaus für Spott, Hohn und mangelnde Glaubwürdigkeit. Eine Kernkompetenz, die ich dutzendweise auch an anderer Stelle haben kann, ist austauschbar und wenig attraktiv. In dieser Klemme zwischen Selbstähnlichkeit und Wettbewerbsdifferenzierung wird die eigene Leistungsfähigkeit gerne bis zum Letzten ausgereizt, um in der vergleichenden Wahrnehmung gegenüber dem Wettbewerber Vorteile zu generieren. Aber der Wettbewerber macht genau dasselbe, man kommt schnell in die Spirale und entfernt sich kommunikativ gerade von dem, was das Eigentliche ist: der wirklichen Kernkompetenz.

Für die Kommunikation gilt, dass man thematisch in den Griff bekommen muss, was in Produktion oder Service als Kernkompetenz gilt. Wer beispielsweise »Logistik« als seine Kernkompetenz versteht, sollte auch alles über Logistik wissen und mehr noch: in der Lage sein, dieses Wissen anderen zu vermitteln. Es reicht nicht, etwas zu tun, man sollte auch publizieren und sein Wissen und Denken mitteilen. Viele Unternehmen haben die Schwierigkeiten, dass sie hochspezialisierte Experten an Bord haben, in deren Köpfen sich viele interessante Informationen und Thesen über die Kernkompetenz des Unternehmens und seine Anwendungsgebiete tummeln, dieses aber leider nicht zu Papier bringen wollen oder können. Im Regelfall recherchieren dann Institute, Ghostwriter und Agenturen nach spannenden Themen rund um das Kompetenzfeld, schreiben Texte und formulieren Prognosen. Die wahren Experten bleiben stumm, und die Kernkompetenzen werden von anderen kultiviert.

Die thematische Lufthoheit erobert nur der, der es versteht, beide Ressourcen miteinander zu verbinden. So wertvoll die Zeit der »brains« im Unternehmen für die Geschäfte auch sind, es ist im Sinne des Marketings dieser Geschäfte zwingend erforderlich, dass diese »brains« in die Briefing-Prozesse bei der Positionierung involviert sind. Es gehört zur Sicherung der Kernkompetenzen, dass sie dokumentierbar und vermittelbar sind. Diese intersubjektive Kontrolle stellt auch sicher, dass keine allzu große Lücke zwischen vermittelten Images und Realitäten klafft, die sich auf kurz oder lang immer als Akzeptanzfalle erweist.

Gerade bei M&As kommt es also darauf an, die »brains«, die Repräsentanten der definierten Kernkompetenzen aus beiden Unternehmen, mit den Kommunikationsleuten zusammenzubringen, damit deren Wissen in den Positionierungsprozess einfließt.

b) Innovationskraft und Zukunftsinterpretation

Innovationsfähigkeit gilt als hohes Gut und mittlerweile als selbstverständliche Schlüsselqualifikation eines jeden erfolgreichen Unternehmens. Es ist wohl neben »Verantwortung« der häufigste Begriff, der in Positionierungspapieren oder Leitbildern auftaucht. Schon in den Geschäftsberichten der meisten Unternehmen ist aber zu sehen, dass von Innovationen gerne ex post gesprochen wird, außerdem auch in Beschwörungsformeln oder claims, höchst selten aber in Form von Zukunftsprognosen. Wer seine Zukunftsfähigkeit unter Beweis stellen möchte, kommt nicht umhin, die Zukunft zu interpretieren, nicht im Stil der Trendforscher, sondern durchaus mit wissenschaftlicher Sorgfalt und in Kooperation mit führenden Köpfen zu den Anwendungsgebieten der eigenen Leistungen. Wer über die Zukunft nachdenkt und etwas Substanzielles über die Zukunft sagen kann, der erschließt diese Zukunft für seine Bezugsgruppen und ist insofern schon *spürbar und nachvollziehbar* innovativ. Zukunftsinterpretation ist auch immer der erste Schritt zu neuen Standards, die ein Unternehmen setzen kann. Dementsprechend sind für den Positionierungsprozess der NewCo Quellen außerhalb des Unternehmens zu nutzen, die Aussagen über die Entwicklung von Technologie, Kundenerwartungen, sozialen und kulturelle Rahmenbedingungen und anderen Faktoren machen können, die die Positionierung des Unternehmens betreffen. Die entsprechenden Lehrstühle, Institute, Autoren müssen recherchiert und beobachtet werden. Auftragsforschung, Auftragspublikation oder gemeinsame Projekte fördern die Vernetzung und die Reputation, ganz zu schweigen von wertvollen Impulsen für das eigentliche Geschäft. Auch hier gilt also, dass man im Besitz der Themenhoheit sein sollte, auch wenn es nur der Zwerg ist, der sich auf die Schultern eines virtuellen globalen Wissensriesen stellt. Nichts wirkt unglaubwürdiger als beispielsweise eine Bank, die sich als »Bank der Zukunft« oder »Bank für Übermorgen« apostrophiert, ihren Zielgruppen aber keine Vorstellung vermittelt, wie aus ihrer Sicht Banking in 10 Jahren aussehen wird oder aussehen sollte.

Bei M&A ist die Prognostik mittelfristiger Marktentwicklungen sicherlich ein immanenter Bestandteil der industriellen Logik. Verknüpft man diese industrielle Prognostik mit einer seriösen soziokulturellen Extrapolation, gewinnt man nicht nur Positionierungssubstanz, sondern nebenbei noch Argumente für die zwingende Notwendigkeit des M&A. Generell ist es ja wünschenswert, den M&A nicht als erzwungene Reaktion auf Versäumnisse der Vergangenheit oder Wettbewerbsnachteile in der Gegenwart zurückführen zu müssen, sondern vielmehr als Vorbereitung auf die Zukunft und deren Rahmenbedingungen.

c) Marktbegriff, Marktposition, Marktinterpretation

Die dritte thematische Recherche und inhaltliche Sicherung für die Positionierung betrifft den Markt, den Wettbewerb und damit die wirtschaftlichen Rahmenbedingungen. M&As werden durchgeführt, um Marktpositionen zu verbessern. Wer das möchte, muss einen Begriff von diesem Markt haben, muss den Markt beschreiben und interpretieren können. Ist dies geleistet, so können auch die eigene Position und die eigene künftige Rolle in diesem Markt verdeutlicht werden. Eine marktprägende und marktgestaltende Rolle wird erst dann glaubwürdig, wenn der Markt mit seinen Mechanismen, Rahmenbedingungen und Perspektiven auch von demjenigen interpretiert werden kann, der eine marktprägende Rolle für sich reklamiert. Viele Unternehmen machen den Fehler, ihre Reflexion über den Markt geheim zu halten, weil sie Angst haben, der Wettbewerb könnte von den Überlegungen profitieren. Wer jedoch darauf verzichtet, öffentlich zu interpretieren, wird leicht als Mitläufer gesehen, der in einem Markt nur mitschwimmt, ohne Standards und Akzente zu setzen. Überdies ist Marktinterpretation immer auch im Kontext der »Kommunikation als Mehrwert« zu sehen (vgl. 1f), das heißt sie stiftet für die business community und die Meinungsbildner und Journalisten einen erkennbaren (Informations-)Mehrwert und profiliert den Absender als Informations- und Interpretationsquelle. Die Etablierung eines Kompetenzimages innerhalb eines bestimmten Marktes wird so möglich.

Gerade bei M&A sind prospektive Marktbegriffe häufig eine Grundlage oder gar Motivation für Fusionen und Akquisitionen. Weil ja deutlich werden muss, dass die NewCo sich im Hinblick auf künftige Marktkonstellationen positioniert, ist es unverzichtbar, die Veränderungsdynamik des Marktes auch nach außen darzustellen. Auch die relationale Standort- und Rollenbestimmung im Verhältnis zu den wichtigsten Wettbewerbern gehört in diesen Kontext.

d) Leitbild und Vision

Wenn die grundlegenden inhaltlichen Vorarbeiten im Hinblick auf »Kernkompetenzen«, »Innovation und Zukunft« sowie »Markt und Marktbegriff« getan sind, müssen sie in ein Leitbild einfließen. Leitbilder werden häufig als statische Zustandsbeschreibung oder Definition unverrückbarer kultureller Grundwerte im Unternehmen gesehen, wobei Visionsprozesse dann parallel organisiert werden und in eine Unternehmensvision einfließen. In einem modernen Verständnis haben Leitbilder jedoch dynamische Orientierungsfunktionen und müssen dementsprechend fortgeschrieben werden. Im Rahmen von M&A gehört aber die Neudefinition von Werten und Spielregeln im Hinblick auf die NewCo selbstredend dazu.

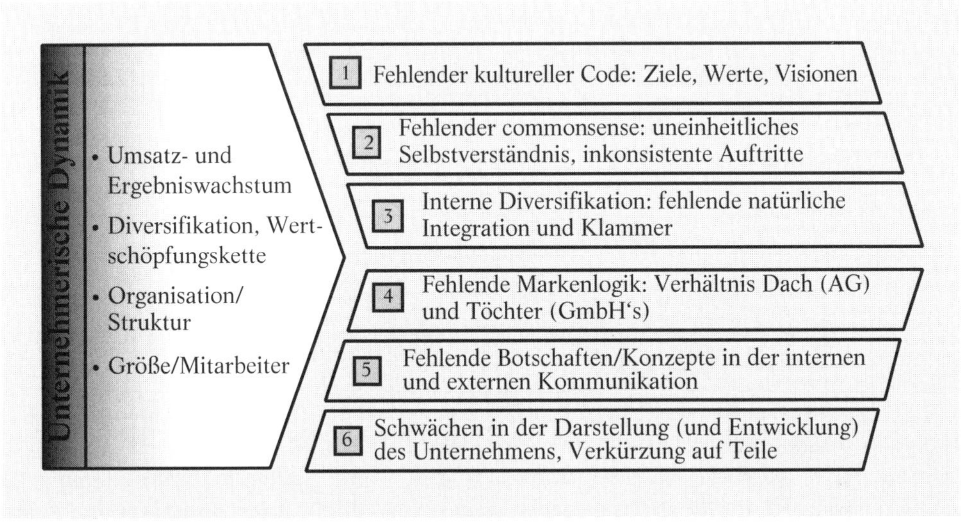

Abb. 5: Neudefinition von Werten und Spielregeln

Die Entwicklung des Leitbildes ist ein dynamischer und partizipativer Prozess – und das roll out des Leitbildes im Unternehmen sowie auch gegenüber externen Bezugsgruppen ist es auch. Sofern Leitbilder kein stilles Grab für schöngeistige Prosa bleiben sollen, müssen sie auch unmittelbar in Aktion und Maßnahmen übersetzt werden. Sie bilden damit das Gerüst für die Programmplanung der Kommunikation. Das folgende Schaubild verdeutlicht den exemplarischen Leitbild-Prozess, bei dem neben den oben bereits erwähnten Rechercheschritten weitere Studien zu Selbst- und Fremdbild berücksichtigt werden.

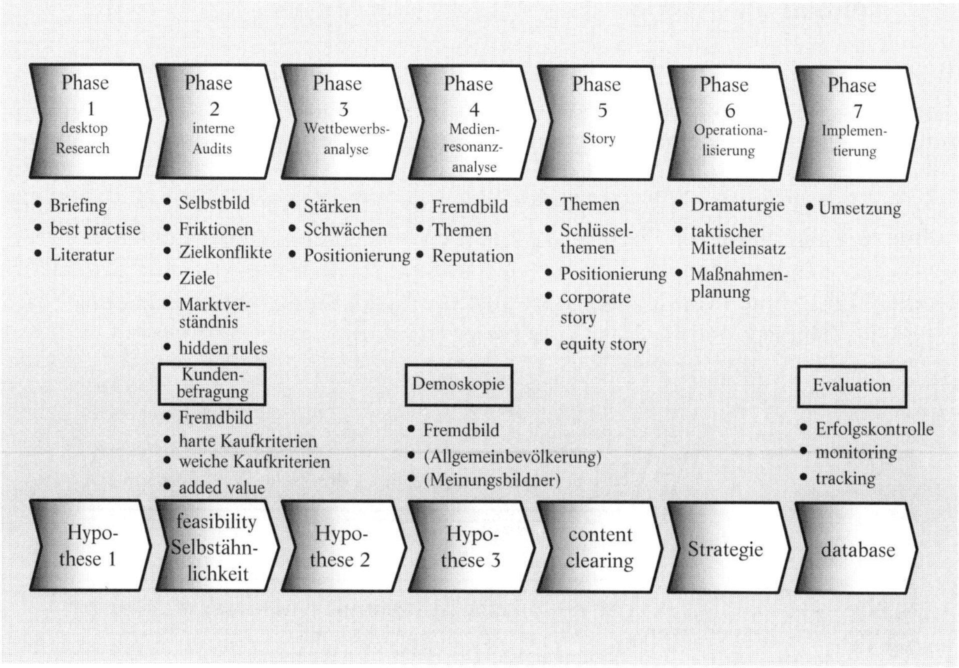

Abb. 6: Leitbild Prozess

Bei mehrstufigen Unternehmen oder Multi-Brand-Unternehmen ist bereits innerhalb des Leitbildes auch die Aufgabenorientierung der verschiedenen Unternehmensteile zu berücksichtigen. Die Primärverantwortung gegenüber einer Bezugsgruppe sollte klar definiert nur bei einer legal entity bzw. nur bei einer Marke liegen. Die Rollentrennung zwischen Holding und operativen Gesellschaften folgt dabei auch in der Kommunikation der regulären Geschäftsverantwortung. Mit Blick auf die Kommunikation als »stakeholder value« (siehe 1a) ist hier die Fusionsstrategie in die unterschiedlichen Währungen »Rentabilität und Wachstum«, »Karriere und Perspektiven«, »Nähe, Service und Qualität« sowie »Arbeitsplätze und Gemeinwohl« zu übersetzen.

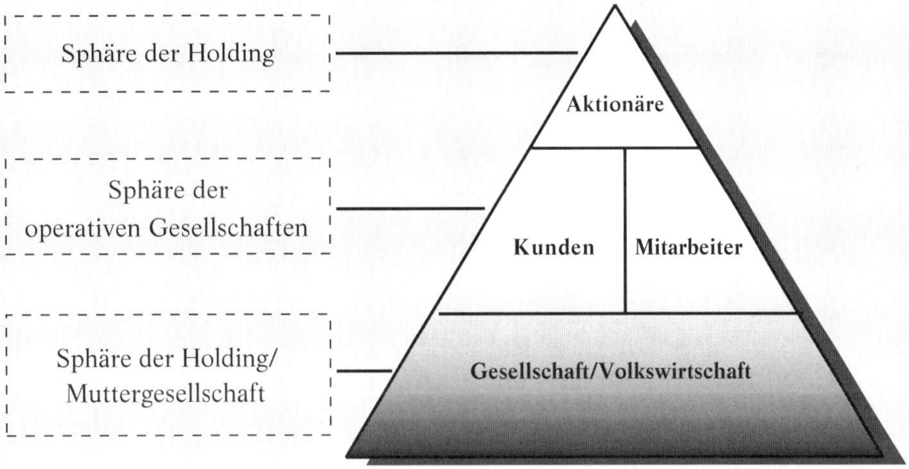

Abb. 7: role sort

e) Corporate Story

Die corporate story umfasst alle publikationsfähigen Bestandteile des Leitbildes, also diejenigen Aussagen über das Unternehmen, die nicht nur für die Führungskräfte und ihre Managementaufgaben programmatisch sind, sondern an alle Mitarbeiter und alle externen Bezugsgruppen vermittelt werden können und sollen. In der corporate story gewinnt das Leitbild die Form von Botschaften. Dementsprechend tritt hier zum ersten Mal die Reflexion auf die Vermittlung und Vermittelbarkeit, nicht in inhaltlicher, jedoch in logischer, kausaler und semantischer Hinsicht auf den Plan. Bevor die corporate story geschrieben wird, steht inhaltlich alles fest, was zu sagen ist. Aber es ist noch nicht definiert, wie und in welcher Reihenfolge es gesagt wird, welche Begriffe gewählt werden und welche Argumente je nach anzusprechender Bezugsgruppe wie zu gewichten sind.

Die corporate story gliedert sich in der Regel zunächst in die *equity story*, die in den Grundzügen von den Investbankern geschrieben wird, und die rechenbaren Argumente gegenüber der financial community darzustellen sowie Zukunftsphantasie zu wecken hat. Sie wird hauptsächlich für die Analysten gemacht und orientiert sich folglich auch an den Kriterien und Terminologien, die für Analysten wichtig und verbindlich sind.

Die *management story* personalisiert die Unternehmensstrategie und macht die Quellen und Treiber des Veränderungswillens anschaulich. Sie muss klarstellen, welche Menschen (Vorstände) für welche Programmatik und Aufgaben stehen, mit welchem Stil sie angegangen werden. Die Qualität des Managements ist bekanntlich ein entscheidender Faktor für die Glaubwürdigkeit und Attraktivität gegenüber Investoren und Mitarbeitern. Außerdem ist eine Strategie nicht viel wert, wenn sie nicht von Menschen repräsentiert wird, die sie umsetzen werden. Die Anonymität von Aktiengesellschaften und die hohe Abstraktion komplexer Unternehmen verlangen nach Anschaulichkeit und human touch. Vor allem die Medien und insbesondere auch die meinungsbildende Presse im Bereich der Wirtschaftspublizistik personalisieren ihre Berichterstattung in hohem Maße. Dementsprechend orientiert sich die management story in ihrer Vermittlungsleistung an den Gebrauchsformen des Journalismus und den Nachrichtenfaktoren. Change management braucht management of change. Wer das macht und wie er es macht, ist ein interessanter news value, der in hohem Maße auf das Imagekonto einzahlt.

Die *customer story* adressiert alle unmittelbar oder mittelbar aus dem M&A resultierenden Nutzwerte für die Kunden und ist gemeinsam mit den Marketingverantwortlichen zu schreiben. Sie bietet dann sowohl die stoffliche Grundlage für die produktbezogene Presse- und Medienarbeit wie auch die Briefing-Grundlage für alle Aktivitäten der vertriebsunterstützenden Kommunikation.

Die *employee story* thematisiert alle Aspekte der inneren Veränderungen sowie die sich aus einer verbesserten Wettbewerbsfähigkeit ergebenden Chancen für die Mitarbeiter. Sie ist Grundlage der Programmplanung für die interne Kommunikation, wobei diese nicht allein die Botschaften der employee story, sondern auch alle anderen stories zu transportieren hat. Die Mitarbeiter sollten die Argumente und ihre Darstellung zumindest gegenüber den Kunden und dem externen meinungsbildenden Publikum kennen und verstehen, bevor sie von außen darauf angesprochen werden.

5. Dramaturgie

a) Immanente Milestones

Zeit ist ein erfolgskritischer Faktor bei M&As, weil die Synergiepotenziale schnell gehoben werden müssen, um einen Ausgleich für den goodwill, die über dem Marktpreis liegende Akquisitionsprämie, zu schaffen. Deshalb gibt es bei jedem M&A einen Zeitplan, der aus der industriellen Logik heraus die Milestones für den Veränderungsprozess definiert und vorgibt, welche Schritte in welchem Zeitraum abgearbeitet werden müssen. Vor dem d-day oder dem Tag 0 der NewCo liegen regulatorische oder rechtliche Milestones, Termine für Aufsichtsratssitzungen, Verschmelzungsberichte, Hauptversammlungen, Kartellamtsbeschlüsse oder Genehmigungen der EU. Nach dem Start der NewCo sind in der Regel Milestones definiert, die die Schließung oder Etablierung, Migration oder Integration von Abteilungen betreffen, nachgelagerte Desinvests oder IPOs von Unternehmensteilen, Zäsuren in der Restrukturierung von Prozessen oder neue Vertriebssystematiken und Launches von Produkten, Services und Programmen.

Kommunikation hat die Aufgabe, das Momentum im Veränderungsprozess aufrechtzuerhalten und die schnelle Abarbeitung der definierten Prozessschritte zu gewährleisten (siehe 1c, »Kommunikation als Treiber«). Deshalb ist es eine probate Methode, für die Kommunikation keine eigenständige Kampagnendramaturgie zu wählen, sondern sich von vornherein an den immanenten Milestones zu orientieren und eine Dramaturgie des »Etappenrennens« zugrunde zu legen. Das hat den Vorteil der Prozesstransparenz und vermittelt außerdem Erfolgserlebnisse nach innen in dem Maße, wie einzelne Etappen erfolgreich absolviert wurden. Es kommt hier vor allem in der internen Kommunikation darauf an, die einzelnen Post-merger-integration-Schritte, die ja nur auf der Ebene der industriellen Logik ein ganzheitliches Sinnangebot stiften und in der Einzelbetrachtung leicht zusammenhanglos wirken können, in eine ganzheitliche und anschauliche Metaphorik zu überführen, die die Interdependenz der Maßnahmen auch für den gesunden Menschenverstand plausibel macht.

b) Emmanente Milestones

Bei M&As, die keine stringente innere Taktung erforderlich machen oder lange Pausen zwischen ihren Milestones und Zäsurpunkten haben, ist es empfehlenswert, das Momentum durch selbstgewählten Zeitdruck zu begünstigen und Zieltermine zu setzen, die aus dem Kalender des Marktes oder Meinungsmarktes entnommen werden. Die bekannte 100-Tage-Schonfrist für den CEO ist ein solcher willkürlicher emmanenter Milestone, der einen bewussten Zeitdruck auf die inneren Prozesse ausübt und die Wegstrecke der Veränderung in eine erste Etappe gliedert. Carly Fiorina, der CEO von Hewlett Packard, hat bei ihrer Nominierung angekündigt, diese Frist auf 90 Tage zu verkürzen und nach diesem Zeitraum die künftige HP-Strategie vorstellen zu wollen. Die Kompression ist ein starkes Signal nach innen und außen, hat treibende Funktion und illustriert den sense of urgency des Unternehmens. Saisonale Termine, Messetermine, prominente Events oder zahlenarithmetisch definierte Etappen sind weitere Möglichkeiten für eine emmanente Taktung.

6. Externe und interne Kommunikation

a) Wechselwirkungen

Externe und interne Kommunikation sind gerade bei M&A kaum zu trennen. Die inhaltlichen Schnittmengen sind ausgesprochen hoch, weil nahezu alle Informationen, die nach außen zu den Kunden oder in die Gesellschaft vermittelt werden, vorher auch nach innen vermittelt werden müssen, sofern man nicht Gefahr laufen möchte, dass die eigenen Mitarbeiter unvorbereitet oder ahnungslos reagieren, wenn sie von außen angesprochen werden. Dies gilt natürlich besonders für alle Mitarbeiter mit Kundenkontakten, im Sinne der Gleichbehandlung und kulturellen Geste aber gleichermaßen für alle. Auch im Hinblick auf die Prozesse sind die Zeitpläne für die externe und interne Kommunikation kaum verschieden. Sie orientieren sich an den definierten Milestones und geben der internen Kommunikation allenfalls einen kleinen zeitlichen Vorlauf. Aufgrund der Durchlässigkeit großer Organisationen ist aber ein zu großer zeitlicher Vorlauf nicht ratsam. Interne Argumentarien oder Vorabdrucke von Broschüren landen leicht bei der Presse und verwässern den angestrebten, eigentlichen Launch-Termin. Insofern laufen interne und externe Kommunikation nicht nur inhaltlich, sondern auch zeitlich synchron.

Zudem ist immer wieder zu betonen, dass die externe Kommunikation die Wahrnehmung der Mitarbeiter in höherem Maße prägt als die ausschließlich intern adressierten Informationen. Ein Artikel in der FAZ oder im Handelsblatt, der die neue Unternehmensstrategie vorstellt, hat für die Mitarbeiter höhere Objektivität und Verbindlichkeit als ein gleichlautender Text, der beispielsweise als Brief des Vorstandsvorsitzenden distribuiert wird. Die Evaluation von Verständnis und Akzeptanz von M&A-Strategien bei Mitarbeitern hat eindeutig belegt, dass sowohl in der Erinnerung wie auch in der Überzeugungskraft externe Propheten mehr gelten als die aus dem eigenen Hause. Man darf nicht unterschätzen, dass auch in einer gesunden Unternehmenskultur im Falle von Fusionen ein hohes Misstrauenspotenzial ausbrechen kann, das argwöhnisch bezweifelt, auch über die hidden agenda informiert zu werden. Weil die Mitarbeiter Journalisten offenbar für besser informiert und in der Beurteilung von Strategien auch für kompetenter halten als sich selbst, trauen sie den Analysen und veröffentlichten Erfolgswahrscheinlichkeiten mehr über den Weg als aller Ankündigungsprosa der eigenen Unternehmensleitung. Interne mediale Informationen leiden auch häufig unter dem Überfütterungseffekt, der bei M&A nicht selten die Informationspolitik konterkariert. Aus ehrenvollen Motiven heraus werden die Mitarbeiter über alle Details informiert, man möchte sich nicht dem Vorwurf aussetzen, etwas verschwiegen zu haben. Weil so aber eine zu große Fülle von Informationen immer auch auf zu viele Menschen hereinbricht, für die diese Informationen keine Relevanz besitzen, bekommt die gesamte interne M&A-Kommunikation dann leicht ein Relevanzproblem. Wirklich relevante Botschaften werden im Wust der irrelevanten Informationen nicht mehr identifiziert oder übersehen. Dies gilt besonders, wenn diese Informationen auf Routinewegen, beispielsweise über die Postfächer, zu den Mitarbeitern gelangen. Ein Brief, der die private Adresse des Mitarbeiters bedient, wird mehr als doppelt so oft gelesen und produziert mehr als dreimal so viel Resonanz und Rückfragen wie derselbe Brief in den Postfächern. Der Unterschied zwischen einer (vermeintlich) individuellen Ansprache durch den Serienbrief an die private Adresse und der (vermeintlichen) Massenansprache über die Postfächer spiegelt sich deutlich messbar in der Rezeption.

Öffentliche Aufmerksamkeit und öffentliche Urteile haben eine große selbstbestätigende Wirkung und zudem den Vorteil der intersubjektiven Überprüfbarkeit. Die interne Ankündigung, dass keine Arbeitsplätze verloren gehen, ist aus Sicht der meisten Mitarbeiter immer revidierbar. Sie rechnen damit, dass man ihnen dann etwas von veränderten Rahmenbedingungen erzählt. Wird dieses Versprechen öffentlich gegeben, so kann der Vorstand es ohne Gesichtsverlust nicht zurücknehmen – so einfach funktioniert die Logik.

Deshalb sollte dem corporate advertising, der Presse- und Medienarbeit und dem Publishing ein hoher Stellenwert auch für die Überzeugungsprozesse nach innen beigemessen werden. M&As sind gerade für kleinere Unternehmen ja auch häufig eine Spitze der Publizität im Vergleich zu ihrer bisherigen Medien- und Media-Präsenz. Es fördert den Stolz und die Identifikation, wenn die Mitarbeiter bemerken, dass sich die Welt bzw. die business community mit »ihrem« Unternehmen beschäftigt. Es konnte bei kleineren und mittelständischen Unternehmen mehrfach beobachtet werden, dass beispielsweise eine Anzeige, die in einem ausländischen Wirtschafts-Medium (z. B. Financial Times, Fortune, Wall Street Journal) zur NewCo erschienen war und auch intern zur Kenntnis distribuiert wurde, mehr Fusionsakzeptanz und Zukunftsoptimismus verbreiten konnte als die fünffache Investition in interne Informationsmittel. Auch die erschienenen Berichte in den Medien sollten in der Post-Merger-Integration grundsätzlich in einen erweiterten Verteilerkreis nach innen gegeben werden. Eine getrennte Budgetierung der internen und externen Kommunikation ist vielleicht formal erforderlich, unter Wirkungsgesichtspunkten jedoch immer obsolet.

b) Instrumente

Die Frage des Einsatzes der Kommunikationsinstrumente ist technischer und handwerklicher Natur. Standardempfehlungen können hier nicht gegeben werden. Generell gilt, dass die Anzahl der Instrumente bzw. Kommunikationskanäle, die Inhalte vom Absender zum Empfänger transportieren oder interaktiv vermitteln, strukturell begrenzt ist. Die Wahl der Instrumente und der Mix der Kanäle sind unter Effizienzgesichtspunkten zu treffen (siehe Abb. 8).

Je nach Clustering stehen zwischen 15 und 24 Kommunikationskanäle zur Verfügung, im oben dargestellten Modell sind es 21. In den vier Mediengattungen Print, TV, Radio und Online kann jeweils werblich oder redaktionell gearbeitet werden. Intranets und Extranets sind Subkategorien des redaktionellen Online-Kanals. Eigene Publikationen, seien es Periodika, Broschüren, CD-ROMs oder Filme, können auf eigenen Distributionswegen verteilt oder über etablierte Distributionswege gestreut werden. Ein Kundenmagazin beispielsweise kann parallel über den Postversand an vorhandene Kundenadressen verschickt und gleichzeitig einem Wirtschaftstitel als Supplement beigelegt werden. Im Bereich der Dialogkommunikation kann strukturell zwischen Brief, E-mail, Telefon und dem persönlichen Gespräch (face-to-face) unterschieden werden. Das Gespräch kann innerhalb eines Workshops hohe Intensität haben oder im Rahmen einer Promotion und Straßenansprache nur minimale Reste persönlicher Verbindlichkeit herstellen. Die integrierte Nutzung von Websites

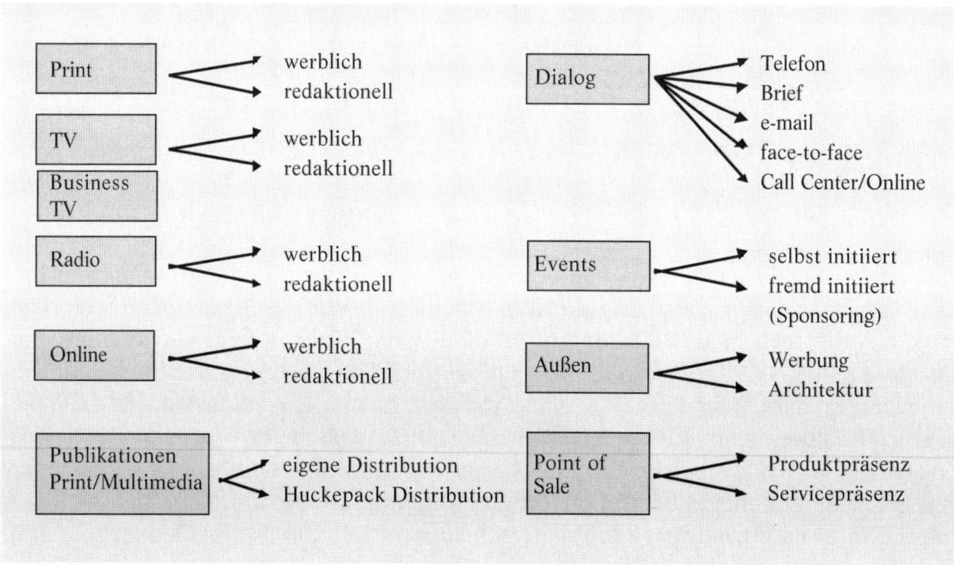

Abb. 8: Kommunikationskanäle

und Call Centern beispielsweise in der Kundenberatung oder im technischen Service ist ein eigener Weg. Veranstaltungen sind entweder selbst initiiert und unter vollständiger Kontrolle des Gastgebers oder es werden bereits existierende Veranstaltungen (Tennisturnier, Kunstausstellung, Olympia etc.) über den Weg des Sponsorings für eigene Zwecke instrumentalisiert. Im Außenbereich sind neben Plakaten, Aktionen auch die kommunikativen Funktionen der Architektur zu berücksichtigen. Am Point of Sale schließlich repräsentieren entweder der Servicemitarbeiter selbst die Markenwerte oder aber das Produkt in seiner Gestaltung und Präsentation.

Für M&A gilt, dass in der externen (auch nach innen wirkenden) Kommunikation die Presse- und Medienarbeit sowie Anzeigenkampagnen, Publishing und professionelle Onlinepräsenz die wichtigsten Träger der Kommunikation sind. In der internen Kommunikation sind es Events, persönliche Gespräche und Präsentationen im Rahmen von Workshops sowie Intranets und Magazine.

7. Beherrschbarkeit von Prozessen

IBM hat sich gefreut. Der Star in der Post-Merger-Integration von DaimlerChrysler hieß Klara und ist ein think pad. Auf ihm kann Jürgen E. Schrempp, wie das ManagerMagazin und viele andere Titel fasziniert meldeten, jederzeit verfolgen, ob die Prozesse in den Integration-Teams vorangehen und im Zeitplan sind. Einen schnellen

Überblick verschafft sich der Meister mit Hilfe der beliebten McKinsey-Ampel-Indikation, so simpel wie im Kindergarten und ungeheuer praktisch angesichts der erdrückenden Komplexität von Mergers. Grün heißt »alles in Ordnung«, gelb heißt »besser mal aufpassen und eventuell intervenieren«, rot heißt »hier brennt was an«. Dieses smarte Tool zog sich wie ein roter Faden durch die Berichterstattung, signalisierte es doch allen Skeptikern der Punktschweißung großer Unternehmen, dass DaimlerChrysler seine Prozesse nicht nur im Griff hat, sondern kinderleicht zu steuern versteht. Auch die Deutsche Post AG, einer der größten McKinsey-Klienten überhaupt, bedient sich dieser Systematik, wie der SPIEGEL mit leuchtenden Kinderaugen notiert: »Dank eines ausgetüftelten Computersystems kann sich Zumwinkel jederzeit einen genauen Überblick über den Planungsstand verschaffen. Wurde ein vorher definiertes Ziel wie beispielsweise die Neulackierung der Lastkraftwagen eines spanischen Betriebs nicht pünktlich umgesetzt, leuchtet auf Zumwinkels Computermonitor eine kleine rote Ampel auf«.[1]

Es ist kein Wunder, dass dieses niedliche kleine System so viele Freunde findet, denn es bietet wohl die maximale Reduktion von Komplexität mit gleichzeitig integrierter Handlungsanweisung: »lass laufen«, »frag nach«, »hau drauf«. Keine Frage, die Beherrschbarkeit von Prozessen wird zum großen Thema der change mania. Unter der Hand geben viele Unternehmensberater längst zu, dass die Prozesse kaum noch zu beherrschen sind. Gestartet werden die Prozesse zwar nach wie vor mit strategischen Apotheosen, einem toughen Zeitplan und ausgeklügelten Engpass-Management-Methoden, aber spätestens drei Wochen später triumphiert das Step-by-step-Management, gerne auch induktives Management genannt, weil es nicht ganz so stark an Improvisation erinnert. Niemand ist schuld an diesen Zuständen, sie sind systemimmanent.

Das Kommunikationsmanagement steht vor ähnlichen Problemen wie die Unternehmen und Unternehmensberater auch. Die Prozesse werden komplizierter und gleichzeitig in immer kürzerer Zeit abgearbeitet.

Was ist zu tun, um mit diesen Anforderungen Schritt zu halten? Erstens: Man braucht task forces in der Kommunikation, denn es ist nicht möglich, mit einem nicht prozess-, sondern strukturorientierten Kommunikations-Team ein Projektteam aus Stäben und Beratern zu begleiten. Die übliche Abarbeitung von Konzepten in der Arbeitsteilung zwischen der Abteilung Unternehmenskommunikation und den betreuenden Teams in den Agenturen funktioniert nicht. Man muss in solchen Fällen sofort trennen können zwischen solchen Inhouse-Mitarbeitern und Agentur-Mitarbeitern, die sich um das Tagesgeschäft kümmern, und solchen, die gemeinsam und ausschließlich das definierte Change-Projekt treiben. Zweitens: Man muss im Falle von Strategiewechseln oder Change-Projekten kurzfristige Investitionsentscheidungen in der Kommunikation treffen können. Da ist es von großem Vorteil, wenn man möglichst wenige langfristige Investitionsentscheidungen getroffen hat und mög-

1 SPIEGEL 29/99, S. 86.

lichst viele Budgets ungebunden sind. Drittens: Man muss die Zahl der Entscheider klein halten, weil man sonst in Abstimmungsprozessen ertrinkt. Viertens: Man braucht ein effizientes Management-Informations-System für die Kommunikation, damit man die eigenen Leute und alle Dienstleister und Berater möglichst zeitnah auf Ballhöhe halten kann. Fünftens: Man braucht Stand-by-Ressourcen, die ad hoc zu 100% auf das Projekt einschwenken können und frei von anderen Aufgaben sind. Sechstens: Man braucht Mitarbeiter in der Kommunikationsabteilung, die unabhängig von ihren regulären Aufgaben flexibel und offen sind, in den nächsten Wochen und Monaten etwas völlig anderes zu tun und im übrigen auch Bereitschaft zeigen, in der erfolgskritischen Phase (die manchmal bis zu 9 Monaten dauert) täglich 12 Stunden zu arbeiten, wie die Stäbe auch. Siebtens: Man braucht Dienstleister, Berater, Agenturen, die task force fähig sind und im Bedarfsfall für Wochen und Monate zum Kunden ziehen.

8. Evaluation

M&As bieten die Chance, die künftigen Evaluationsstandards auf eine neue Grundlage zu stellen. Häufig ist es ja so, dass die Unternehmen ihr Fragebogendesign in demoskopischen Studien oder ihre Stichwörter der Medienbeobachtung nicht verändern, weil sie die Vergleichbarkeit der Daten über die Jahre sicherstellen wollen. Die NewCo bietet deshalb die willkommene Gelegenheit, alte Imagekonten zu löschen und neue zu eröffnen. Dementsprechend kann die gesamte Evaluationssystematik dann auch nach neuesten Erkenntnissen und modernsten Methoden aufgestellt werden.

Im Bereich der Evaluation werblicher Aktivitäten hat sich in den letzten Jahren das Erkenntnisinteresse zunehmend verschoben. Quantitative Erfolgsparameter wurden um qualitative ergänzt oder ersetzt. Die Qualität der erreichten Zielgruppe und ihre Affinität zu den Themen des Unternehmens spielen eine größere Rolle als die Masse. Exemplarisch kann man das am Beispiel des Fernsehsenders n-tv beobachten, der im Bereich der 1000er-Kontaktpreise schwerlich konkurrieren kann, dafür aber ein homogenes und soziokulturell beschreibbares Publikum bietet.

In der Evaluation der Medienberichterstattung gibt es seit geraumer Zeit differenzierte Methoden, die über das bloße Sammeln und ggf. Verstichworten von Clippings weit hinausgehen. Qualitative Medienresonanzanalysen bieten eine präzise Analyse der veröffentlichten Meinung, sei es regionalisiert, national oder international.

Auch in der Demoskopie und Marktforschung gibt es zahlreiche Fortschritte, gerade im Hinblick auf die Erhebung europäischer oder internationaler Stichproben. So gibt es zum Beispiel mittlerweile international besetzte Call-Center mit native speakers, die zentral von einem Ort aus europäische Verbraucher- oder Meinungsbildnerbefragungen telefonisch durchführen, wodurch die Aggregierung von je unterschiedlichen nationalen Panels entfallen kann und für Zeitvorteile und eine verbesserte methodische Transparenz sorgt. Gerade in der integrierten Analyse von öffentlicher Meinung mit den Mitteln der empirischen Sozialforschung und der Analyse von veröffentlichter Meinung mit den Mitteln der Inhaltsanalyse sind heute bessere Grundlagen vorhanden, die allerdings erst spärlich genutzt werden. In vielen Unternehmen sind die Verantwortlichkeiten für Marktforschung und Medienforschung unterschiedlich angebunden, demoskopische Studien und Medienresonanzanalysen werden unabhängig voneinander beauftragt, das Erkenntnisinteresse ist nicht koordiniert. Während in der Marktforschung in der Regel gestützt oder ungestützt nach der Markenbekanntheit oder der Erinnerung und Assoziation von Markenattributen gefragt wird, erhebt die Medienforschung Themen, Botschaften und Meinungen, die über das Unternehmen publiziert wurden. Die Wege der Meinungs- und Imagebildung sind jedoch komplex und können im Sinne einer Planungshilfe für künftige Maßnahmen der Kommunikation nur dann von Wert sein, wenn sie ganzheitlich und langfristig angelegt sind. So braucht man zum Beispiel ein vergleichbares Studiendesign in Demoskopie und Medienresonanz, um herauszufinden, ob überhaupt und mit welcher Zeitverzögerung und mit welchen Abstrichen die veröffentlichte Meinung den Weg in die Köpfe der Zielgruppe findet.

Besonders wichtig bei M&A ist ein zeitnahes Tracking der internen Ansichten und Stimmungen. Dies kann über Fokus-Gruppen, mit Hilfe der bereits beschriebenen Scouts, intranet-basiert, schriftlich, telefonisch oder in One-to-One-Interviews geschehen.

Nach einer Faustformel sollten rund 5% des jährlichen Kommunikationsbudgets in die Evaluation und Marktforschung investiert werden.

9. Ausblick

Die Kommunikation im Umfeld von M&As und besonders in der Post-Merger-Integration ist Kommunikation im Ausnahmezustand. Das bedeutet nicht allein, dass innerhalb des Ausnahmezustands andere Spielregeln gelten, sondern auch, dass im Zuge des Ausnahmezustandes und seiner naturgemäßen revolutionären Implikationen eine Reihe von Spielregeln für immer verändert wird. Es wird nie wieder so sein wie vorher, der Ausnahmezustand ist logischerweise immer auch die Legitimation für eine Verfassungsänderung. Dieser Sachverhalt bietet Unternehmen die Chance, ihre Kommunikation inhaltlich, konzeptionell, methodisch und strukturell neu zu definieren, sie innerhalb von neun bis zwölf Monaten revolutionär zu verändern, anstatt zähflüssige Optimierungsprozesse in Gang setzen zu müssen, die ja immer auch gegen bestehende Usancen, Seilschaften und Strukturen ausgeführt werden. Das Verständnis von Kommunikation im M&A-Prozess ist also ein doppeltes. Einerseits müssen aktuelle und außergewöhnliche Anforderungen zeitnah abgearbeitet werden. Dieses Ziel legt den Ansatz einer kurzfristigen Interventionsmentalität nahe, spricht für Pragmatismus anstelle von Visionen und Lösungen mit einer kurzen Halbwertzeit. Andererseits zielt die Kommunikation aber nicht nur auf einen befristeten Ausnahmezustand, sondern auf eine grundlegende Veränderung der eigenen Konstitution, weshalb sie dann doch langfristig und visionär angelegt sein sollte. Kurzfristige Bedürfnisse mit langfristig sinnvollen Strukturen und Verfahren zu versöhnen, ist deshalb die große Kunst des Kommunikationsmanagements bei M&As. Es ist unbedingt zu empfehlen, das kurze Zeitfenster der Post-Merger-Integration zu nutzen, um die eigene Kommunikationspolitik wie auf der grünen Wiese neu zu gestalten und auf die Anforderungen der kommenden zehn Jahre auszurichten. Was in der Revolution versäumt wurde, muss nämlich hinterher den Gang durch die Institutionen antreten. Das kann bekanntlich dauern.

Literatur

Appel et al., Strategisches Informationsmanagement: Die Erfolgsfaktoren interne und externe Kommunikation, 1998.
Bate, Cultural change: Strategien zur Änderung der Unternehmenskultur, 1997.
Buchner, Visionen und Wandel. Neuorientierung und Transformation von Unternehmen, 1996.
Cartwright/Cooper, Managing Mergers Acquisitions and Strategic Alliances: Integrating People and Cultures, 1996.
Deekeling/Fiebig, Interne Kommunikation: Erfolgsfaktor im Corporate Change, 1999.
Doppler/Lauterburg, Change Management, 1999.
Feldman/Spratt, Five Frogs on a Log: A Ceo's Field Guide to Accelerating the Transition in Mergers, Acquisitions and Gut Wrenching Change, 1999.
Große-Oetringhaus/Wigand, Strategische Identität. Orientierung im Wandel. Ganzheitliche Transformation zu Spitzenleistungen, 1996.
Habeck/Kröger/Träm, Wi(e)der das Fusionsfieber. Die sieben Schlüsselfaktoren erfolgreicher Fusionen, 1999.
Henkel von Donnersmark/Schatz, Fusionen, Gestalten und Kommunizieren, 1999.
Langer, Früherfassung der Unternehmenskultur als Risikofaktor bei mergers & acquisitions: eine methodisch-kritische Pre-Merger-Analyse; Zugl.: Frankfurt (Oder), Univ., Diss., 1999 (Schriftenreihe innovative betriebswirtschaftliche Forschung und Praxis, Bd. 108).
Mohr/Woehe, Widerstand erfolgreich managen: Professionelle Kommunikation in Veränderungsprojekten, 1998.
Quirke, Communicating Corporate Change: A Practical Guide to Communication and Corporate Strategy, 1996.

Sachverzeichnis

Herausgeber und Autoren

Dr. Helmut Bergmann

ist Managing Partner des Berliner Büros der internationalen Anwaltssozietät Freshfields Deringer. Er ist auf deutsches und europäisches Kartellrecht sowie auf die Beratung von Unternehmen bei der Planung und Durchführung von Mergers & Acquisitions spezialisiert. Er hat eine Vielzahl von Vorträgen im In- und Ausland zu deutscher und europäischer Fusionskontrolle gehalten und publiziert laufend zu kartellrechtlichen Themen.

Freshfields Deringer
Charlottenstr. 65
10117 Berlin
Telefon: +49 (30) 201744-28
Telefax: +49 (30) 201744-20

Dr. Alexander Dibelius

ist Managing Director von Goldman, Sachs & Co., Co-Head des Bereichs Investment Banking von Goldman, Sachs & Co. oHG und trägt Klienten- und Transaktionsverantwortung in Deutschland, Österreich und der Schweiz. Herr Dibelius ist seit 1993 für Goldman Sachs tätig und wurde 1997 zum Managing Director befördert. Zuvor war Herr Dibelius Partner bei McKinsey & Co. Davor arbeitete er als Chirurg in der Universitätsklinik Freiburg.

Goldman, Sachs & Co. oHG
MesseTurm
Friedrich-Ebert-Anlage 49
D-60308 Frankfurt am Main
Telefon: +49 (69) 7532 2205
Telefax: +49 (69) 7532 2800

Dr. Stephan Eilers, LL.M. (Tax)

Ist seit 1994 Partner der Sozietät Freshfields Deringer, in die er 1992 eintrat. Zuvor war er drei Jahre lang bei einer großen wirtschaftsberatenden Sozietät in München und Frankfurt tätig. Stephan Eilers ist spezialisiert auf nationales und internationales Steuerrecht, einschließlich Unternehmensnachfolgeplanungen, Steuerliche Behandlung von Kapitalmarkttransaktionen (Börseneinführungen, Derivate, Schuldverschreibungen, Optionen), Nationale und Internationale Betriebsprüfungen. Er ist Autor zahlreicher Veröffentlichungen zu Problemstellungen auf diesen Gebieten.

Freshfields Deringer
Heumarkt 14
50667 Köln
Telefon: +49 (221) 20507-212
Telefax: +49 (221) 20507-345

Dr. Tomas Koch

Ist Senior Projektleiter im Chemiesektor bei McKinsey&Company und Mitglied der Post Merger Management Practice. Neben mehreren regionalen und überregionalen-Post Merger Management-Projekten auf Konzern- und Geschäftsbereichsebene, untersuchte er im Rahmen einer globalen Studie die Erfolgsfaktoren für Integrationen im Chemiebereich.

McKinsey&Company, Inc.
Taunustor 2
60311 Frankfurt
Tel: +49 (69) 7162 5306
Fax: +49 (69) 7162 5307

Heinrich Pack

ist kaufmännischer Geschäftsführer der Mannesmann Dematic AG für die Bereiche Komponenten sowie Kran- und Handhabungstechnik. Daneben ist er seit 1989 Lehrbeauftragter der Universität Witten/Herdecke im Bereich Controlling und seit 1998 am »Institute for Mergers & Acquisitions – IMA«.

Mannesmann Dematic AG
Ruhrstraße 28
58300 Wetter
Telefon: +49 (2335) 92-7408
Telefax: +49 (2335) 92-2404

Prof. Dr. Gerhard Picot

ist seit 1979 Rechtsanwalt und Partner der internationalen Anwaltssozietät Freshfields Deringer. Er ist spezialisiert auf die Planung, Durchführung und Implementierung von (crossborder) Mergers & Acquisitions, d.h. Unternehmenskäufe und -verkäufe, Unternehmenszusammenschlüsse, Joint Ventures und Kooperationen, Going Public / Börsengänge (IPO) und Restrukturierungen. Zugleich ist er Inhaber der wirtschaftsrechtlichen Professur am »Institute for Mergers & Acquisitions – IMA« der Privatuniversität Witten/Herdecke. Zu seinen zahlreichen Publikationen zählen die Standardwerke »Unternehmenskauf und Restrukturierung«, »Mergers & Acquisitions in Germany« sowie »Unternehmenskrise und Insolvenz« (Co-Autor: Dr. Franz Aleth).

Freshfields Deringer
Heumarkt 14
50667 Köln,
Telefon: +49 (221) 20507-206
Telefax: +49 (221) 20507-306

Prof. Peter Pribilla

ist Mitglied des Zentralvorstandes der Siemens AG mit den Zuständigkeitsbereichen ›Personal‹ und ›Wirtschaftsregion Amerika‹. Im Verlauf seines beruflichen Werdegangs widmete er sich im wesentlichen den Bereichen Informationstechnik und Telekommunikation. Er war mehrere Jahre in den USA tätig. Peter Pribilla ist Honorarprofessor und Lehrbeauftragter der Technischen Universität München.

Siemens AG
Wittelsbacherplatz 2
80333 München
Telefon: +49 (89) 636-34340
Telefax: +49 (89) 636-34342

Dr. Frank Richter

ist Partner bei McKinsey & Company, Inc., in Düsseldorf, dort zuständig für den Bereich Corporate Finance & Strategy. Zugleich vertritt er den Lehrstuhl für Unternehmensstrategie und M&A am »Institute for Mergers & Acquisitions – IMA« der Privatuniversität Witten/Herdecke.

McKinsey & Company, Inc.
Königsalle 60c
40027 Düsseldorf
Telefon: +49 (211) 1364 136
Telefax: +49 (211) 1364 137

Dr. Rainer Zimmermann

ist seit Januar 2000 geschäftsführender Partner und Chairman der BBDO GmbH Deutschland. Er publiziert regelmäßig zu Kommunikationsthemen und gibt u.a. das »Handbuch der Unternehmenskommunikation« heraus. Nach dem Studium der Germanistik, Publizistik und Soziologie war er zunächst freier Lektor und Journalist, ab 1988 Consultant bei ABC/Eurocom und zugleich Dozent für Integrierte Kommunikation an der European Business School Oestrich-Winkel. Ab 1991 Mitglied der Geschäftsleitung bei ABC/Eurocom. Danach Geschäftsführender Partner und CEO der European Communications Consultants GmbH (ECC), vormals: Kohtes Klewes Kommunikation GmbH (Holding).

BBDO Düsseldorf GmbH
Königsallee 92
40212 Düsseldorf
Telefon: +49 (211) 1379-328
Telefax: +49 (211) 1379-362